U0139283

香港中文大學中國語言文學系主編
魏晉南北朝文學國際研討會論文集

魏晉南北朝文学論集

文史哲出版社印行

國立中央圖書館出版品預行編目資料

魏晉南北朝文學論集 / 香港中文大學中國語言文學系主編. -- 初版. -- 臺北市 : 文史哲, 民83
面 ; 公分
ISBN 957-547-919-X(平裝)

1. 中國文學 - 六朝(222-588) - 論文,講詞等

820.903 83011646

魏晉南北朝文學論集

主編者：香港中文大學中國語言文學系
出版者：文史哲出版社
登記證字號：行政院新聞局局版臺業字五三三七號
發行人：彭正雄
發行所：文史哲出版社
台北市羅斯福路一段七十二巷四號
郵撥○五一二八八一二彭正雄帳戶
電話：三五一一〇二八
印刷者：文史哲出版社

平裝定價新臺幣七〇〇元

中華民國八十三年十一月初版

究必印翻・有所權版

ISBN 957-547-919-x

《魏晉南北朝文學論集》

編輯委員會

鄧仕樑主任
鄺健行博士
楊鍾基先生
蔣英豪博士
黃坤堯博士

文史哲出版社
1994

魏晉南北朝文學論集

目　錄

序

鄧仕樑

魏晉南北朝在中國文學發展上，有非常重要的地位。這時期開始了文學的自覺，引起了文學求新求變的傾向，在五言詩、辭賦、駢文、小說、文學理論各方面，都有空前的成就。

可是在唐代以後，不少人對這個時期存有偏見。有些偏見可以說一直維持到二十世紀後半，而且有愈來愈嚴重的趨勢。其中原因非常複雜，也許正是當前要探討的課題之一。

民初以還，中華民族面臨種種危難。憂患之感既深，務實之情彌篤。無論從事創作或研究者，大都主張文學的功能在於反映社會，培養愛國家民族的情操。這和儒家「興、觀、羣、怨」之旨很接近。又儒家論文，重質實而不主雕琢，與近世論文者基本反對唯美文風，可謂不謀而合。因此雖然不乏優秀的學者，魏晉南北朝文學的研究，卻不能算發達，而且跟宋代以來的看法，沒有太大的改變。這時期除了黃侃、劉師培、黃節及其諸弟子的著述外，魯迅在1927 年發表的《魏晉風度及文章與藥及酒之關係》，是研究魏晉文學最重要的一篇論文。[1] 此文對魏晉文壇和文人種種現象作了深入分析和解釋，與一般泛作批判的文章有所不同。四十年代王瑤撰成《中古文人生活》、《中古文學風貌》、《中古文學思想》三書，也以探索和解釋現象居多。王氏自稱《中古文人生活》主要是繼承《魏晉風度及文章與藥及酒之關係》一文加以研究闡發的。[2] 比起有些研究

1 魯迅文收在《而已集》中。

2 見王氏之書自序，序文作於 1948 年。

者，如胡適以爲三張二陸兩潘一左只是「詩匠」[3]、陸侃如、馮沅君二氏以爲潘陸都是「低能詩人」，是「同樣的不高明」[4]，王氏的論述是客觀得多了。陸馮二君對此時期的詩歌，下了一句很簡要直截的判斷：「此時詩歌的基本思想，大都是不健全的。」[5]可以代表一般輕視低貶六朝詩者的態度。

1949 年以後，中國大陸和臺港兩個華文地區，對魏晋南北朝文學的研究，有不同的趨向。

中國大陸標舉文學爲工農兵服務的口號，不少學者以爲六朝文學只代表貴族士大夫心聲。通行的文學史，雖不否認此時期文學在藝術技巧上的進步，但《在延安文藝座談會上的講話》確定了政治標準第一，文藝標準第二，因此處理古典文學，往往把「現實主義」作爲衡量的標準。對於六朝，很容易得出「形式主義」、「不能反映民生疾苦」等結論。翻檢 1949 至 1966 年間的論文，有關六朝文學的研究，少得跟別的時代不成比例。倘若把範圍收窄一點來考察，譬如以宮體詩爲例，也許更容易看到研究取向。北京師範學院中文系資料室及中國社會科學院文學研究所圖書資料室合編的《中國古典文學研究論文索引 1949–1966》(增訂本)[6]，列舉了文革前古典文學研究論文篇目，其中研究六朝山水詩的論文尚有十餘篇，有關宮體詩的一篇也沒有。洪順隆主編《中外六朝文學研究文獻目錄》所輯中文日文有關宮體詩及《玉臺新詠》論文十餘篇中，無一是中國大陸學者之作。[7]似乎宮體詩是當時學術研究的禁區。

文革期間，古典文學研究走進了困境。此時極端强調「思想內

---

3 胡適：《白話文學史》，香港：應鐘書屋，1959 年，頁 95。

4 陸侃如、馮沅君：《中國詩史》，北京：人民文學出版社，1983 年，頁 342 及 351。

5 《中國詩史》，頁 335。

6 《中國古典文學研究論文索引 1949–1966》，香港：三聯書店，1980 年。

7 洪順隆主編：《中外六朝文學研究文獻目錄》，臺北：文津出版社，1987 年。

容」，要求一切作品主題先行，六朝文學自然更遭歧視。但文革以後，文學研究有蓬勃氣象。六朝的研究，恢復得很快。研究範圍也有所拓展，能注意過去不會注意的問題，在方法上也趨向嚴謹，少作主觀空泛的判斷。

此時最值得注意的，是文學觀念改變了，能夠反省過去的態度。八十年代初已有文章指出過去很長一段時間，學術界流行對魏晉南北朝文學貶斥的觀點，其實那些作品中值得繼承和借鑑的地方還是不少的。[8] 也有人分析六朝文學的歷史地位，認爲六朝是新的文學高潮到來之前的孕育期。[9] 其後章培恒在 1987 年發表了《關於魏晉南北朝文學的評價》一文[10]，章氏在分析了五十年來忽視六朝的原因外，並提出了新意見。他認爲在魏晉南北朝文學中，人的自我意識加强是最令人矚目的。這表現於對個人價值新的認識，和對違背傳統道德觀念的個人欲望的肯定，因而呈現出新的鮮明顏色。另外章氏提出此時期文學的特色，是文學與哲學的結合，並以創造「美」爲文學的首要任務。此文發表後，引起了廣泛注意，有關報刊或全文轉載，或摘要刊登，但也有反對的意見。[11] 可見要求重新評價六朝文學，在中國大陸是一樁大事情。發表章文的學報編者，認爲意見分歧，不僅表現在對魏晉南北朝文學的評價問題上，

---

8 如卡齊《魏晉南北朝文學研究情況簡介》中關於「魏晉南北朝文學的評價」一節，《文科月刊》1984 年第 8 期，頁 28–29。曹道衡《談談魏晉南北朝文學》，《文史知識》，1982 年第 7 期；《再談魏晉南北朝文學的幾個問題》，《光明日報》1982 年 11 月 30 日。

9 葉幼明《六朝文學的歷史地位》，《湖南師院學報》，1982 年第 3 期。

10 《復旦學報》(社科版)，1987 年第 1 期。

11 其後有劉世南《究竟應該怎樣評價南北朝文學——與章培恒同志商榷》一文(《復旦學報》社科報 1988 年第 1 期)。劉文指出章氏「誤入歧路」，並認爲章文問題的關鍵，主要就是抽掉了文學的政治性亦即階段性。章氏隨後發表《再論南北朝文學的評價問題——兼答劉世南君》一文(《復旦學報》社科版 1988 年第 2 期)，文中在開始即表示：「在近幾年的學術討論中，這樣的聲音已經很不容易聽到。」

還涉及究竟應該以甚麼標準來評價文學，如何看待文學傳統等大問題。

1949 年以後的華文地區臺灣和香港，初期在一定程度上繼承了五四以來的文學觀，並沒有對六朝發生太大的興趣。但早年在臺港大學任教的學者，不少曾承教於黃侃、黃節諸先生，經過多年耕耘，奠定了六朝文學研究的基礎。一方面，這些地區不必遵行大陸的文藝路綫；另一方面，外來的資訊比較易得。因此臺港在文學研究方面，自成一個局面。近三十年臺港研究生的畢業論文，以六朝爲研究對象的不少。有些大學設立了六朝文學研究小組、六朝文學研究室等專門研究單位。

至於近代日本學者，對六朝文學的重視是明顯的。黃侃在北京大學和中央大學講授《文心》、《文選》之際，鈴木虎雄正在日本京都從事《文心雕龍》和《玉臺新詠》的研究。其弟子吉川幸次郎和斯波六郎分別在京都大學和廣島大學展開了六朝文學研究，加上其他學者的努力，其成績是有目共睹的。

再看看西方學術界。西方學者研究六朝文學，既沒有附和貶低六朝的意見，也不認爲有爲這時代辨解的需要。霍克斯教授 1961 年在牛津大學中文講座教授就職演講中，以六朝詩人與唐代詩人並論，指出其內在價値及重要性，並不亞於先秦諸子的著作。[12] 大抵用西方的文學觀去考察六朝文學，會傾向於肯定這個時代很有値得研究之處。例如近年在一本研究六朝詩歌的英文著作序言裏，作者指出在早期中國，政局動亂往往引發豐富的文學想像。六朝詩人

---

12 見 David Hawkes, "Chinese: Classical, Modern and Humane, An Inaugural Lecture delivered at the University of Oxford on 24 May 1961"，此文收在 *Classical, Modren and Humane* 書中 (edited by J. Minford and S.K. Wong, Hong Kong: The Chinese University Press, 1989.)

13 見 Kang-i Sun Chang, Preface to Six Dynasties Poetry (Princeton University Press, 1986.)

有高度的個人觸覺，能把困擾的政治形勢轉化爲詩歌靈感。又謂除了表達自我，六朝詩人更關注外在世界的瑰奇，因此也善於刻劃自然。[13] 這些觀點跟中國傳統以爲衰世之音，難有雅正之調，因而加以鄙棄的態度，簡直是背道而馳的。

這裏再以宮體詩爲例，看看中外研究取向和文學觀念的差異。宮體詩在傳統學者眼中，大遭咎病。論詩者提到宮體詩，似乎覺得不痛罵幾句，不免有失體統。到了四十年代，更有聞一多的大力攻擊，認爲「這時期卻犯了一樁積極的罪，它不是一個空白，而是一個汚點」。[14] 流行的文學史，沒有一本不對宮體詩大加排斥的。數年前出版的一本古籍詞典，全書千餘頁，收古籍近五千種。凡例說明凡流傳至今有籍可徵的古代主要典籍，均在收選之列，尤側重文史及綜合參考類古籍。[15] 根據該書宗旨，從保存資料的角度看，《玉臺新詠》也是極爲重要的總集，但該詞典卻沒有收錄，可見一時還沒有改變長久以來的成見。反觀日本和西方，則對宮體詩完全沒有偏見。日本學者對《玉臺新詠》全書作解釋或譯注的，就有鈴木虎雄、日泉內之助、小尾郊一等幾種。西方則在八十年代出現了《玉臺新詠》全譯本。[16] 譯者 Anne Birrell 在序文中指出自隋代以來，《玉臺新詠》備受攻擊，時至今日，猶有餘響，如非有近代漢學大家如鈴木虎雄的研究，此書可能湮沒無聞。使她大惑不解的是，一般攻擊宮體詩者，指這些詩有賣弄技巧、用典、雕琢等等毛病，其實這些正是詩歌的特點，正是其可貴之處。在序文中作者更坦然提出：用不正確的批評標準去評價宮體詩是徹底的錯誤。這裏比較詳細徵引《玉臺新詠》譯者的意見，旨在提出研究者的背景和觀念不

---

14 聞一多《宮體詩的自贖》，原載《當代評論》第 10 期，收在《唐詩雜論》書中，《聞一多全集選刊》之三，上海：上海古籍出版社，1957 年，頁 11。

15 《簡明中國古籍詞典》，長春：吉林出版社，1988 年。

16 Anne Birrell, *New Songs from a Jade Terrace,* Penguin Books, 1986.

同，對研究方向有決定性的影響。

上文略述幾個地區、時期的研究概況，當然有過分簡單之弊。但在文學研究的意義說，研究魏晉南北朝文學，跟研究其他時期，甚至研究用其他語言作爲媒介的文學，有共通的地方。我們對文學的意義、功能、價值儘管有各種各樣的看法，但倘若文學研究這回事，在不同的地區可以指完全不同的心智活動，到底是大大的憾事。意見分歧是不能避免的，研究方法也儘可各行其是，但如果有機會交流觀摩，虛心參考他人的研究態度和成果，總可以尋求共同的語言，或者至少知彼知己，認淸自己的路向。

就目前情況看，大陸和臺灣旣同屬華文地區，在資訊發達的今天，溝通必然日漸頻密，這有助於意見交流和資料搜集。只要保持開放的態度，文學觀念容易趨向於接近。這不是說要放棄傳統的研究方法。[17] 但古典文學研究者，至少該有權從文學的角度去看文學。有了這樣的共識，就有可以理解的取向。我們相信，今天學術界對文學有比較一致的認識，更適切的方法，觀念上也不再囿於成見，魏晉南北朝文學的研究，一定引起各地區學者更大的興趣。

香港中文大學中文系同人中，研究魏晉南北朝文學的有好幾位。我們不自量力，在紀念中文大學成立三十週年之際，籌辦「魏晉南北朝文學國際研討會」，原意在向前輩和時賢請益問學。藉著交流討論，把六朝文學的研究往前推進一步，是我們的願望。以魏晉南北朝爲專題的研討會，在香港這還是第一次。據中國大陸來的

17 研究方法本來沒有絕對的優劣，主要應該看其在於解決問題是否適合。如法國漢學家 Donald Hozman 是研究魏晉南北朝文學的學者，他原是新批評大師 Wimsatt 的弟子，但認爲新批評、結構主義、解釋主義、解構主義都不適用於中國文學，因爲中國文學深刻地嵌入歷史中，中國詩人非常傾向於自傳式，要理解詩歌的內容，必須緊扣自傳式的特點進行研究，詳見《海外學人專訪錄》，載《文學遺產》1989 年第 4 期。當然這只是 Hozman 個人的意見。今天的文學研究者，應該擴展視野，虛心學習，然後用他能夠掌握的最適合的方法，不必唯新是尙，也不能故步自封。

學者說，大陸還沒有舉辦過這個專題的會議。臺灣近年定期舉行魏晋南北朝學術會議，而研究的對象，不限於文學。我們人力有限，經驗不足，幸賴學術界賢達不吝賜予指導，又蒙友校不少學者惠然肯來，擔任研討會主席等任務。回想起來，籌辦的過程還算順利。

值得高興的，是這次研討會集合了不少各地六朝文學專家。他們有早負時譽的學者，在六朝文學研究有領導地位；也有一些比較年青的學者，他們努力不懈，未來肯定有更光輝的貢獻。遺憾的是有些學者原先計劃來港參加的，可是由於種種原因，結果不能出席。譬如開會兩星期前才接到楊明照教授來信說來不了，這是非常可惜的。

在這裏要特別感謝北山堂基金利榮森博士，沒有他的慷慨支持，這個研討會不可能辦成功。

作爲籌備委員會主席，我還要感謝中文系同人包括老師、同學、職員的通力合作，在有限的資源下，不辭勞苦。一年後這本論文集得以出版面世，也是羣策羣力的結果，謹在此再三致謝。

一九九四年夏日序於沙田

從對立角度談
魏晉南北朝文學發展的路向

饒宗頤

魏晉南北朝是一個複雜混亂的時代，也是一個承先啟後的時代；從三國的鼎立，到南北朝的對峙，又是一個對立的時代。除了是政治的對立，還有思想的對立和文字的對立。思想的對立，主要表現在廟堂和山林的對立；換言之，在野的想出來做官，做官的卻想退隱。文字的對立，即是胡與漢的對立。這樣的對立，貫串了整個時代；而文學的發展，便在這對立情況之中，有著各種各樣的表現。

魏晉南北朝文學的最大發展，是「集部」的形成和推進。集是收集的意思，除了彙集個人的作品，還把別人的作品收集累積。過去是沒有這樣的「集」的名目，漢人是把思想性、政治性或各種的文章組織成集，是屬於「子部」的。魏晉南北朝以來的集就不同了，這種蒐集的工夫，我們把他叫做 collective work 。除了個人自己蒐集以外，還有奉詔采集的，例如裴松之注《三國志》，據《宋書・裴松之傳》記載，是宋文帝命裴松之采三國異同作注。裴松之於是「奉旨尋詳，務在周悉」，「鳩集傳記，增廣異聞」的了。這個時代，王家和私家都紛紛從事輯集的工作，集的發展就成爲南北朝文學的特徵。

我認爲魏晉南北朝文學如此的多姿多采，文字上胡漢的對立亦是一個重大關鍵。所謂「胡」，在漢代是指匈奴，魏晉以後，已不止是匈奴了。這時代的胡語，印歐語系，連帶伊朗語系也包括在內了。從敦煌經卷中的佛教經典，可以幫助我們理解當時的胡語究竟是甚麼樣的了。在胡、漢對立中，歷史上有一件事，是大家都未曾注意的，就是漢靈帝時，中國開始盛行胡化。《後漢書・五行志》說「靈帝好胡服、胡帳、胡牀、胡坐、胡飯、胡空侯、胡笛、胡舞，京都貴戚皆競爲之。」而這個所謂胡者，事實也不單是指印度的。在語言文字的胡漢對立當中，首先面對的是繙譯的問題。關於內典的繙譯，梁朝僧祐(《文心雕龍》作者劉勰的老師)《出三藏記集》，輯釋道安《大品般若經序》，文中提到「五失本三不易」的說法，就是討論佛經的繙譯問題。在胡漢的繙譯中，胡人曾有很大的推動力；其中最有成效的，我認爲不是鳩摩羅什，而是更早期的支謙和康僧會二人。支謙是月支人，其父於漢靈帝時歸化中國。他「十三學胡書，備通六國語」。(《祐錄・支謙傳》)在孫權黃武元年 (222) 開始繙譯佛經，至孫亮建興中 (252–253) 共譯了四十九部之多，他的譯文非常優美。至於康僧會，「其先康居人，世居天竺，其父因商賈移于交阯。十餘歲出家。」(《祐錄・康僧會傳》)他在孫權赤烏十年 (247) 來到建業，並開始繙譯佛經的工作。他譯的《六度集經》，文字好得很。康僧會是以文言來繙譯的，文字水平極高，其風格又與支謙不同。我認爲做繙譯的人，應該先通一種文字，再通別種，這樣的繙譯才好。我們看錢鍾書的繙譯文字非常好，我就說是他的中文好，中文比英文好，所以他繙譯法文、德文都是那麼好。因此，繙譯之功，支謙、康僧會二人當在鳩摩羅什之上。有了繙譯以後，對文學視野的拓展，起了很大的推動力。

在胡漢對立的問題上，駢文也有很密切的關係。駢文的前身，就是駢字。清雍正時編了一部《駢字類篇》，他在序文解釋駢字的意思，「比事屬辭，蓋駢文義也。」六朝時代，駢字的發展特別多，像《世說新語》中就有不少駢字，在《文學篇》舉一個例子說：「桓玄下都，羊孚時爲兗州別駕，從京來詣門牋云：『自頃世故睽離，心事淪蘊，明公啟晨光於積晦，澄百流以一源。』」其中睽離、淪蘊，都是駢字。有人統計《世說新語》裏頭的駢字有一千五百四十一個，還不包括常用名詞；《楞嚴經》裏的駢字有四千二百個。到了謝靈運時代，他的詩文眞是駢字滿眼了。我覺得駢字的發展，是駢文發展的基礎；而佛經的繙譯，給我們有很大的推動。很多佛經的序文，差不多有百分之六、七十，是用駢文寫成的。這可反映駢文與佛教關係的密切了。這也是我在胡漢對立問題上的一點看法。

在「集」的方面，除了爲個人著作、他人著作，以至某種文體編集外，更有「別傳」和「方志」的收集。魏晋以來寫別傳的風氣很流行。雖然別傳帶有小說的色彩，但又可在正史傳記外提供另外的資料；在文獻學上的價值是重要的。劉孝標注《世說新語》，就把當時的別傳收集起來。根據宋人高似孫《緯略》統計，劉孝標的注中收錄別傳一百六十八家，數量是驚人的，所以他的注特別出名，就是因爲他保存了這麼多的原始資料。這方法當然是學裴松之注《三國志》的了。至於方志的收集，則有《水經注》。今天研究《水經注》的都不在地理方面，因那些地理也不一定準確。酈道元是北方人，並未到過南方，所以廣東、雲南的水道，都有錯誤之處。然而，史稱「道元好學，歷覽奇書」。(《北史・酈範傳》)故《水經注》徵引的方志很多，給後人提供不少寶貴的文獻資料。例如今天發現的南越王墓並不是尉佗的墓，而是他的孫子趙眜的墓，據《水經注》所引裴淵《廣州記》謂「城北有尉佗墓，墓後有大岡，謂之馬鞍岡」。及王氏《交廣春秋》謂「佗之葬也，因山爲墳，其壠塋可謂奢大」。從這些方志的敍述中，可知尉佗墓之大。《水經注》在這些小地方也講得非常清楚，文字亦優美。《水經注》的寶貴，就是酈道元蒐集方志的結果。

此外，類書的編集也對六朝文字起了推動的作用。魏晋以來，競用故事；而典故不能全放在腦袋裏頭，要靠翻書的。類書始於曹丕《皇覽》，據《隋書・經籍志》，《皇覽》有一百二十卷，現已散佚。後人輯有《冢墓記》及其他片段共二十餘條資料；在我看來，他不甚像後來的類書。當時負責編撰的有韋誕、劉劭、桓範、繆襲和王象等五人，其中最主要的是秘書監王象。六朝時代，從類書的編撰也可以反映出南北的對立。大家都知道，梁武帝學問很好，亦雅好文學，但心胸卻不廣。他的弟弟蕭秀也「精意術學，搜集經記」。(《梁書·安成康王秀傳》)曾招劉孝標編一部類書《類苑》，共一百二十卷。劉孝標曾在梁武帝的圖書館看過書，後來因策錦被疏用典故事開罪了梁武帝，武帝沒給他任何升遷的機會。梁武帝亦因這部《類苑》，詔徐勉舉學士入華林，花了八年的時間，編了七百卷的《華林遍略》。目的就是要超過他的弟弟，不讓蕭秀佔先。

這是南朝的事。後來《華林遍略》傳到北朝去，傳到北方的揚州，賈人以爲奇貨。當時高洋領中術監集書手多人一日一夜寫畢。退其本，曰：「不需也。」這是很有名的故事。後來祖珽聽從陽休之的計策，把《華林遍略》改造，補充一些材料，特別是補入了《十六國春秋》——這書是蕭方等於二十二歲時寫成的，後來散佚了很是可惜！祖珽的輯補成爲《玄洲苑御覽》，後來改名爲《聖壽堂御覽》，後又更名爲《修文殿御覽》，因爲北齊大同有七個修文殿之故。《御覽》的名稱就由北而來，後來北宋的《太平御覽》便是仿此。敦煌鳴沙山石窟發現一寫本，伯希和列目 P. 2526 號，存有鳥部鶴類四十六條、鴻類十八條、黃鵠類十五條、雉類四條，合共八十三條資料。羅振玉肯定就是《修文殿御覽》，訂名爲《修文殿御覽殘卷》，收入於《鳴沙石室佚書》中；而吾鄉潮陽鄭氏刻《龍溪精舍叢書》，亦據羅氏影本刻入，亦依題爲《修文殿御覽》。但是，洪業卻加反對。(見《所謂〈修文殿御覽〉者》，《燕京學報》十二期。)認爲《修文殿御覽》主要是徵引《十六國春秋》，而殘卷第七十七條不引《十六國春秋》而引《趙書》，內有小注，斷定殘卷並非《修文殿御覽》，而是《華林遍略》。現在暫且不管殘卷究屬何書，類書的編撰，正好反映了梁武兄弟間的對抗，南北的對立。編輯類書工作的競爭，這說明類書在撰文運用事類的重要性，也對六朝文學起了很大的推動作用。

此外，我們讀顏之推《觀我生賦》，其中他自己的注語有說他負責編撰《修文殿御覽》的。據《北齊書·文苑·顏之推事》曰：「之推撰《觀我生賦》，自注曰：『齊武平中，署文林館侍詔者，僕射陽休之、祖孝徵以下三十餘人。之推專掌其撰《修文殿御覽》、《續文章流別》等，皆詣進賢門奏之。』」說到顏之推，大家都熟知他的《顏氏家訓》，原來他也編類書，編文集的。有趣的是，南朝有昭明太子編《文選》，北朝也繼摯虞《文章流別》，來一個《續文章流別》。從文集的編撰，也反映到南北對立的層面上來。

說到編集之事，六朝時除了各種文體都有集外，連聲音也有集。最早是呂靜《韻集》，他是《字林》的作者呂忱的弟弟。可惜此書已佚。據《魏書・江式傳》：「呂忱弟靜，放故左校令李登《聲類》之法，作《韻集》五卷，宮、商、龣、徵、羽各爲一篇。」呂靜用音來編集，開後世韻書的先河。

集的作用，是把資料集中在一起，以供學習研究。這時期的作者，一方面做文章，一方面亦做文章的收集和研究。我說文學應包括兩部份，文是文篇，學是學術。編集就是文與學兩方面的結合，以學術來促進文學。因此，把文章收集，加以整理研究，是有助文體推波助瀾的功用。《文心雕龍》一書就是個好例子。上半部講文體，當時每種文體都有集，賦有賦集、詩有詩集，而《文章流別》其書還存在於世，所以劉勰分析文章文體時很是方便，因有很多已集中起來的材料可供使用。甚至當時仍流傳著某類的文集，集內序文的文學理論，都可以給他應用。可惜這些集差不多統統散佚了，我們今天也無從核對。但是可以肯定地說，《文心雕龍》中的文體理論部分是大量利用了六朝以來各類總集的材料的。從這裏可以看出，某一類別總集的編撰，對文學理論發展大有幫助的地方。

《文心雕龍》下半部的很多文學觀念。內容太多，不一贅述。不過，說到文學觀念，有一事應該提出。我覺得《世說新語・文學篇》很重要，雖然篇幅很小，但提出很多重要的文學概念。姚鼐所說的「神、理、氣、味」，《文學篇》幾乎都有提到。其中最多的是「理」字，有勝理、名理、精理、義理、本理、唱理、性理，又有理源、理窟等不下七、八處之多。言「神」，則有阮籍《勸進文》，「時人以爲神筆」。言「氣」，則有王逸少「本自有一往雋氣」，張憑「貧其才氣」，「劉伶著《酒德頌》，意氣所寄」。至於「味」，則謂「莊子《逍遙篇》，舊是難處，諸名賢所可鑽味，而不能拔理於郭、向之外。支道林在白馬寺中，將馮太常共語，因及《逍遙》，支卓然標新理於二家之表，立異義於衆賢之外，皆是諸名賢尋味之所不得。後遂用支理。」談《逍遙遊》卻有「鑽味」、「尋味」。由此可見，單從《文學篇》已可得到如此重要的文學概念。當時那些論「文學」者，一半是和尚，一半是玄學家。因此，我有一個奇怪的想法，魏晉時代是個「先理學時代」。今天稱宋學爲理學，並不很對，應該添一個「先理學時代」的魏晉。大家都把魏晉學術說成「玄學」，而漏掉「理」；以爲只是說「玄」而不談「理」，這是不正確的。理有宇宙之理、天地之理、人生之理、文學之理；這一時代理是常常說到的，不是宋代的人才懂得說理學。所以，與其說魏晉是「玄學時代」，不如說是「先理學時代」了。

一直以來，大家對魏晉時代的談理都不大重視；因爲談理的大多數是和尚。這正好說明佛教入中國以來，對思想界、文學界產生的影響力。南北朝時代，南北對立、胡漢對立，種種的對立衝擊，把文學變得五光十色、光怪陸離了。但總的來說，魏晉時代的文章風格是「清遠敻絕」的，齊梁以後，就變爲「繁縟典麗」了。雖然大家都不甚注意「清遠敻絕」，只有章太炎提出魏晉玄遠的說法。文章之所以「清遠」，原因是用以談「玄」。《世說新語・文學篇》就提到「荀粲談尚玄遠」，又謂「支(道林)初作，改轍遠之；數四交，不覺入其玄中。」由於入於玄中就不覺風致清遠。魏晉以來，無論是辯論的文章，論才性的文章，大抵形成「清遠」的風格，開後來散文一路。魏晉時代的文章，最好是以郭象《莊子注》爲代表，郭《注》的文章好極了，是可以背誦的，允爲「清遠」的文風的典型。齊梁以後則是駢文了，大家都熟知的，我也不必講了。

我今天從對立的角度來講魏晉南北朝文學，其中很多的論點和材料都是零零碎碎的，由於文獻不足之緣故。我感到最可惜的是中國人歷代戰爭打仗事情太多，文獻材料不能保留下來，歸於澌滅。現在我們要講的東西很多，卻苦於沒有材料。舉例來說，梁朝時代，劉宋幾個君主都有文集，到了隋朝就很多都沒有了。在《隋書・經籍志》裏集部所錄的書，今天幾乎全都散佚了。我們是世界上最能毀壞自己文獻的民族，別的國家是沒有這樣自我拋棄的。就連阿剌伯人都不會這樣，我們在外國可隨處見到阿剌伯人的寫本，可遠追溯到文藝復興以前的時代；中國人卻甚麼書都沒有了，現在就只靠敦煌出土的一些零星的資料，非常可惜，也是我們最大的不幸。我們要研究魏晉南北朝時代，就必須從其他地方，辛苦地把資料勾索出來重新整理，才可以弄清問題。但是，還有一點要提出來的，是佛經並無太大的損失，歷代的佛經大致能夠保留下來；雖然佛經並不是太多人有興趣去看，但是在佛經中尋找新的研究材料，是很重要的，也希望大家多多注意和努力。

郭璞詩爲晋「中興第一」說辨析

周勛初

郭璞的詩，鍾嶸譽之爲晋「中興第一」。這一命題，可從文學發展、政治影響、文化背景等方面展開論證，挖掘其義蘊。

一

晋室「中興」之說，實際上是一種自我安慰的不實之詞。西晋亂起，懷、愍二帝先後淪爲囚俘，司馬睿渡江後，在南下諸大族的支持下，於建康稱帝，維持晋室一脈。其時政局危殆，廣大人民飽受戰亂之苦，但剛到江南立足不久的士大夫卻故態復萌，不以世務縈心而以清談爲高了。與此相應，其時文風也與時局頗相扞格，所以《文心雕龍·時序》篇上說：「自中朝貴玄，江左稱盛，因談餘氣，流成文體。是以世極迍邅，而辭意夷泰；詩必柱下之旨歸，賦乃漆園之義疏。」由此可以看到後世所謂玄言詩在當時風行的盛況。

《世說新語·文學》篇載：「簡文稱許掾云：『玄度五言詩，可謂妙絕時人。』」簡文帝是談玄的名家，也是玄言詩的倡導者和愛好者。這裏他把許詢的作品譽爲並世無雙，則是以爲許詢詩爲「中興第一」了。劉孝標爲之作註，引檀道鸞《續晋陽秋》曰：

> 詢有才藻，善屬文。自司馬相如、王褒、揚雄諸賢，世尚賦頌，皆體則《詩》、《騷》，傍綜百家之言，及至建安，而詩章大盛。逮乎西朝之末，潘、陸之徒，雖時有質文，而宗歸不異也。正始中，王弼、何晏好《莊》、《老》玄勝之談，而世遂貴焉。至過江佛理尤盛，故郭璞五言始會合道家之言而韻

之。詢及太原孫綽轉相祖尚，又加以三世之辭，而《詩》、《騷》之體盡矣。詢、綽並爲一時文宗，自此作者悉體之。至義熙中，謝混始改。

這一段文字敍述詩歌的流變頗詳，對玄言詩的興衰更有扼要的介紹，影響後世甚巨。王瑤贊成此說：「據檀道鸞此說，則郭璞實是玄言詩的創始人。但鍾嶸《詩品》於敍述孫、許詩『平典似《道德論》』後，接言『先是郭景純用雋上之才，變創其體；劉越石仗清剛之氣，贊成厥美，然彼衆我寡，未能動俗。』則似乎以郭璞、劉琨爲永嘉後想變創玄言詩體的人，雖然並未成功。按郭璞卒於太寧二年 (324) ，劉琨卒於建武元年 (317) ，與潘、陸年皆相若，則《詩品》之說，似難成立；應以檀說爲是。」[1]

但檀道鸞的這一段文字中有些地方頗難理解，例如他說「至過江佛理尤盛，故郭璞五言始會合道家之言而韻之」，似乎郭璞原先以宣揚佛理爲特點，後來才會合道家之言而成了玄言詩。郭璞的詩固因遺佚過多，難窺全豹，但不論從他傳世的詩文來看，還是從記敍他的爲人的史籍來看，均與佛理無涉。

余嘉錫有見於此，遂評論曰：「《宋書・謝靈運傳論》曰：『在晋中興，玄風獨扇。』《文心雕龍・明詩》篇曰：『江左篇製，溺乎玄風。』《詩品序》曰：『永嘉貴黃老，尚虛談，爰及江左，微波尚傳。』三家之言皆源於檀氏。重規疊矩，并爲一談，不聞有佛理之說。」[2] 這一駁難甚爲有力，然而在他的論證文字中，卻也有辨析不清的地方，其中論及《詩品》的一段文字，實則與檀氏之說不合。我們不妨把《詩品序》中敍及玄言詩的一段全文徵引於下：

---

1 王瑤《玄言・山水・田園(論東晉詩)》，載《中古文學史論集》，上海：上海古籍出版社，1982 年。

2 余嘉錫《世說新語箋疏》，北京：中華書局，1983 年，頁 265 。

> 永嘉時，貴黃老，稍尚虛談。於時篇什，理過其辭，淡乎寡味。爰及江表，微波尚傳。孫綽、許詢、桓(溫)、庾(亮)諸公詩，皆平典似《道德論》，建安風力盡矣。先是郭景純用雋上之才，變創其體；劉越石仗淸剛之氣，贊成厥美，然彼衆我寡，未能動俗。逮義熙中，謝益壽斐然繼作。元嘉中，有謝靈運，才高詞盛，富艷難蹤，固已含跨劉、郭，淩轢潘、左。

鍾嶸的意思很清楚，玄言詩在渡江之前即已達到興盛階段，渡江之後仍有作之者，郭璞、劉琨的詩歌，對此起過衝擊作用，但未能扭轉局面。[3] 顯然，鍾嶸對玄言詩評價甚低，而對郭璞、劉琨改變詩風的作用則評價頗高。

但檀道鸞說「王弼、何晏好《莊》、《老》玄勝之談而世遂貴焉」，則是符合事實的判斷，後人大都信從此說。正始之時，王、何等人爲玄學的興起在理論上奠定了基礎，但是還沒有人依據這種玄勝之談而運用文字形式表現出來。玄言詩的興起，看來要到晉朝建立之後。依據鍾嶸的分析，這種創作風氣晉代初期即已出現。

《詩品》將晉驃騎將軍王濟、晉征南將軍杜預、晉廷尉孫綽、晉徵士許詢的詩都列入下品，評云：

> 永嘉以來，淸虛在俗。王武子輩詩，貴道家之言。爰洎江表，玄風尚備，眞長、仲祖、桓、庾諸公猶相襲。世稱孫、許，彌善恬淡之詞。

可見鍾氏是把這一組人作爲玄言詩的代表人物而評論的。

鍾嶸考察歷史，以爲早在晉初王濟、杜預等人已有玄言詩的寫

3 參看王鍾陵《中國中古詩歌史》第八編第一章《玄言詩的發展過程》，江蘇教育出版社，1988 年。

作，東晉之時，此風仍盛。他在評語中云「爰洎江表，玄風尚備」，《序》中云「爰及江表，微波尚傳」，二處都用上了一個「尚」字，則寓有比較之意，以爲東晉之時的玄言詩，其盛況已比不上南渡之前。由於晉代文獻散佚極爲嚴重，學者之間根據現存文獻爭辯玄言詩到底起於何時，以及何時爲盛等等，彼此都難找到足夠的證據說服對方。在鍾嶸的時代，能夠看到的文獻很多，而他又是研究詩的專家，他的論述，應當可信。

鍾嶸把晉弘農太守郭璞的詩列入中品，評曰：

> 憲章潘岳，文體相輝，彪炳可玩，始變永嘉平淡之體，故稱中興第一。《翰林》以爲詩首。但《遊仙》之作，詞多慷慨，乖遠玄宗，其云「奈何虎豹姿」，又云「戢翼棲榛梗」，乃是坎壈詠懷，非列仙之趣也。

郭璞受當時文壇的影響，自有其玄言的一面，但在他的創作中，跳動著時代的脈搏，傾注著深沈的情思，抒發了慷慨的懷抱，而又出之以絢爛的文彩。這就在競尚平淡的文壇上迸發出異彩。劉勰《文心雕龍．才略》篇說：「景純艷逸，足冠中興。」可見其時的有識之士，都與鍾嶸持同樣的觀點。

謝混繼之而起，重視詩歌的美學特點，寫作形式華美的詩篇，也起到了端正發展方向的作用。《詩品》卷下評東陽太守殷仲文曰：「義熙中，以謝益壽、殷仲文爲華綺之冠，殷不競矣。」

由於謝混之詩殘佚特甚，今日已難看清他在創作上所取得的成就，但如《詩品序》中說到他的《離宴》詩，乃「五言之警策者也，所以謂篇章之珠澤，文采之鄧林。」達到了「華綺」的極致。《宋書．謝靈運傳論》上說：「有晉中興，玄風獨振，爲學窮於柱下，博物止乎七篇，馳騁文辭，義殫乎此。自建武暨乎義熙，歷載將百，雖綴響聯辭，波屬雲委，莫不寄言上德，託意玄珠，遒麗之辭，無聞焉爾。仲文始革孫、許之風，叔源大變太元之氣。」同樣說明了謝混在改變玄言詩的創作風氣上，曾起重要的作用。

正像郭璞一樣，謝混也是在歷史發展到另一階段時，作出了新的貢獻，但仍有其局限。《文心雕龍·才略》篇說：「殷仲文之《孤興》，謝叔源之《閑情》，並解散辭體，縹渺浮音，雖滔滔風流，而大澆文意。」可見這些人物還是有其受玄風影響的一面。

謝靈運繼起，玄言與文彩的結合問題才得到了較爲合適的解決。他狀物抒情，文辭之美，達到了「富艷難蹤」的高度；而他由此觸發的玄思，因與塑造的形象融合在一起，成了詩歌中完美意境的一個部分，因而克服了玄言詩那種空談玄理忽視文學特點的錯誤傾向，使詩歌重新走上了正常發展的道路，因此博得了鍾嶸等人的一致讚譽。《南齊書·文學傳論》上說：「江左風味，盛道家之言，郭璞舉其靈變，許詢極其名理。仲文玄氣，猶不盡除；謝混情新，得名未盛。顏、謝並起，乃各擅奇；休、鮑後出，咸亦摽世。朱藍共妍，不相祖述。」從蕭子顯所介紹的這一段歷史中，也可看出郭璞「靈變」所起的巨大作用。儘管後起詩人各有其成就與貢獻，但郭璞的首開風氣之功，卻是不容低估的。「中興第一」之說，固指其創作成就之高而言，但也應從郭璞維護詩歌美學特點所作的努力在文學史上所起的巨大作用來加以認識。

鍾嶸評郭詩「中興第一」之後，又稱「《翰林》以爲詩首」，言下之意，當然也是推崇之詞了。但此語涵義不太清楚，可以作些分析。

按前引余嘉錫駁檀道鸞《續晋陽秋》之文，以爲「至過江佛理尤盛」一語與事實不合，故又引《文選集註》六十二公孫羅引檀氏《論文章》中「至過江李充尤盛」一語，以爲「佛理」二字原作「李充」，這樣始可與上下文義銜接。然而這樣改動文字，仍然未能解決問題，因爲此一名詞之納入過嫌突兀，史籍上也無任何記載可以用來說明李充是玄言詩的重要作家。

李充生卒雖不詳，按其行年而論，應該晚於郭璞。他所著的《翰林論》雖然殘佚特甚，但從存世的文字中仍然可以看出他的評詩宗旨。

李書以「翰林」爲名，表示他論文之時，重視形式華美。《初學記》卷二一引李充《翰林論》曰：「潘安仁之爲文也，猶翔禽之羽毛，衣被之綃縠。」又鍾嶸《詩品》上評潘岳詩曰：「《翰林》嘆其翩翩然如翔禽之有羽毛，衣服之有綃縠，猶淺於陸機。……《翰林》篤論，故嘆陸爲深。」可見《初學記》的引文有删節。李充認爲陸詩的深度優於潘詩，但二人之作都富於形式美。陸機《文賦》描繪創作之情狀曰：「粲，風飛而飆豎，鬱，雲起乎翰林。」李書之名當取義於此。又《文選》卷二一錄應璩《百一詩》，李善註引《翰林論》曰：「應休璉五言詩百數十篇，以風規治道，蓋有詩人之旨焉。」說明李氏論詩亦重內容，對儒家宗旨甚爲推重，凡此均與玄言詩的旨趣有異。由此可知，李充推郭璞之作爲「詩首」，當是以爲郭璞之詩可以爲詩歌之首，或郭璞可爲詩人之首的意思。這與劉勰、鍾嶸的看法是完全一致的。

檀道鸞是檀超的叔父，事迹附見《南史，檀超傳》。同書《恩倖·徐爰傳》記載，他在宋孝武帝孝建之時即已官至尚書金部郎，其生活年代與郭璞前後相接，不應記事隔膜如此。按古書校勘有上下兩句誤倒例，程千帆以爲《續晋陽秋》中「至過江佛理尤盛」一句與「故郭璞五言始會合道家之言而韻之」一句互倒，此處應作「正始中，王弼、何晏好《莊》、《老》玄勝之談，而世遂貴焉，故郭璞五言始會合道家之言而韻之。至過江佛理尤盛，詢及太原孫綽轉相祖尚，又加以三世之辭，而《詩》、《騷》之體盡矣。」這樣，前後文義也就豁然貫通了。檀氏以爲郭璞詩中融入玄理，成績可觀，可作這類詩的早期傑出代表看待。這一評價，是以《詩》、《騷》爲主體而展開評價的，故與鍾嶸的評論郭璞視角不同，而實質上差異不大。

二

鍾嶸著《詩品》，成了我國有史以來研究詩歌的第一部專著。他曾提出過許多有價值的觀點，作爲裁奪作品的標準。這些觀點和劉勰在《文心雕龍》中所持的理論是一致的。用此衡詩，則優劣立現，很有說服力。

《詩品序》曰：「氣之動物，物之感人，故搖蕩性情，形諸舞詠。」鍾嶸以爲詩人之所以會產生創作的要求，是受到了外物的激發，這種學說，繼承了《樂記》的理論遺產。《禮記・樂記》中說：「凡音之起，由人心生也。人心之動，物使之然也。感於物而動，故形於聲。」劉勰在《文心雕龍・明詩》篇和《物色》等篇中闡發的理論，也都源於《樂記》。

但從漢末起，社會經歷了長時期的戰亂，一些文學理論家認識到，人們感情上的波動，固然受到外界自然景物變化的影響，但人們感觸最深的，則是政治形勢和政治事件的强烈刺激，所以《詩品序》上又說：「若乃春風春鳥，秋月秋蟬，夏雲暑雨，冬月祁寒，斯四候之感諸詩者也。嘉會寄詩以親，離羣托詩以怨。至於楚臣去境，漢妾辭宮，或骨横朔野，魂逐飛蓬；或負戈外戍，殺氣雄邊；塞客衣單，孀閨淚盡；或士有解佩出朝，一去忘返；女有揚蛾入寵，再盼傾國。凡斯種種，感蕩心靈，非陳詩無以展其義，非長歌何以騁其情？故曰詩可以羣，可以怨。」上述事例，江淹《恨賦》也曾加以詠嘆，可見時人都以爲社會人事更足以激動人心。

玄言詩的弊病就在缺乏眞情。所謂「世極迍邅而辭意夷泰」，是說這類作品與時代完全脫了軌，其中旣無社會動亂帶給人民的苦難而產生的哀怨，甚至看不到個人在日常生活中觀察自然變化而產生的眞實感受。《文心雕龍・情采》篇中說：「故有志深軒冕，而泛詠皐壤，心纏幾務，而虛述人外。眞宰弗存，翩其反矣。」以此作爲對孫綽等人的評語，也是適當的。

就在永嘉之亂前後的這段日子裏，文壇還爲玄言詩所籠罩，但在時代的孕育下產生了劉琨、郭璞二人。他們早先也曾沈溺於玄風，但在時局的衝擊下，終於不同程度地有了覺醒，從而逐漸脫離了玄學的羈絆。劉琨本是太康時期的著名文人，曾經厠身二十四友之中，參予過八王之亂，前半生的經歷無甚光彩可言。但當匈奴入侵，天下分崩之時，他受命轉戰於北地，力圖挽狂瀾於既倒。這時他寄身鋒鏑，備歷艱難，目睹廣大國土淪爲異域，廣大人民輾轉溝壑，他的心情自然與前此階段有了根本的不同。他的詩歌，轉爲慷慨激烈，這完全是壯士心聲的自然傾吐。而他在答盧諶的信中說：「昔在少壯，未嘗檢括，遠慕老莊之齊物，近嘉阮生之放曠，怪厚薄何從而生，哀樂何由而至？自頃輈張，困於逆亂，國破家亡，親友凋殘，負杖行吟，則百憂俱至；塊然獨坐，則哀憤兩集。……然後知聃、周之爲虛誕，嗣宗之爲妄作也。」這是一篇用血淚寫下的文字，對前此的生活作了深刻的反省，劉琨在慘烈的現實的教育下，終於明白了玄學的無補時用，因而徹底與之決裂了。

經歷了這麼一場天翻地覆的變動，很多人都有了不同程度的覺醒，即使是以清言享大名的宰相王衍，在他被殺之前，也沈痛地懺悔道：「嗚呼！吾曹雖不如古人，向若不祖尙浮虛，戮力以匡天下，猶可不至今日。」[4] 同樣對玄風的消極作用作了否定。

郭璞的情況與此有相似處。但他的情況畢竟與劉琨有別，他還未做到明確宣佈「聃周之爲虛誕」而徹底與之決裂。我們所應注意的，就是他在時行的文風中增加了新的因素，那就是個人的至情所寄，這裏有他的感受與懷抱。

郭璞在幾首四言詩中，表達了慷慨的胸懷，《答賈九州愁詩》其二：

4 見《晉書・王衍傳》。

顧瞻中宇，一朝分崩。天網既紊，浮鯢橫騰。運首北眷，邈哉華恒。雖欲凌翥，矯翮靡登。俯懼潛機，仰慮飛罾。惟其嶮哀，難辛備曾。庶睎河清，混焉未澄。

《與王使君詩》之一：

道有虧盈，運亦凌替，茫茫百六，孰知其弊。蠢蠢中華，遘此虐戾。遺黎其咨，天未忘惠。云誰之眷，在我命代。

可以說，這些詩的風格與劉琨的四言詩極爲相近，借用《文心雕龍·時序》篇中的話來說，正是「世積亂離，風衰俗怨，並志深而筆長，故梗慨而多氣也。」

郭璞與劉琨的經歷也有相似之處。郭璞家居河東，西晉亂起，他見機先覺，《晉書》本傳上說：「璞筮之，投策而嘆曰：嗟乎！黔黎將湮於異類，桑梓其翦爲龍荒乎！」於是聯合親戚交遊數十家，避地東南。在這奔波萬里的過程中，目睹廣大人民的苦難，使他感觸至深。《流寓賦》中說：「戒雞晨而星發，至猗氏而方曉，觀屋落之隳殘，顧徂見乎丘棘。嗟城池之不固，何人物之希少。越南山之高嶺，修焦丘之微路，駭斯徑之峻絕，感王陽而增懼。」《登百尺樓賦》中說：「嗟王室之蠢蠢，方構怨而極武。哀神器之遷浪，指綴旒以譬主。雄戟列於廊技，戎馬鳴乎講柱。」郭璞詩風的形成，中多「坎壈詠懷」之語，應當與他的這番經歷有關。

《文選》卷二一錄郭璞《遊仙詩》七首，李善註曰：「凡遊仙之篇，皆所以滓穢塵網，錙銖纓紱，飡霞倒景，餌玉玄都，而璞之制，文多自叙。雖志狹中區，而辭兼[5]俗累，見非前識，良有以哉。」這也就是說，郭璞的遊仙詩不合這一體製的規範，因爲他在

5 此字通行本均作「無」，今從胡克家《文選考異》卷四與梁章矩《文選旁證》卷二十改。

仙景的描寫中夾入了很多自抒世情之詞，這與道家的宗旨不合，從而招致他人「辭兼俗累」的指責。現在看來，郭璞遊仙詩之所以取得巨大成就，就得力於這一「俗」字，因爲他沒有忘懷現實，他抒寫的是人人都能領會的感慨。郭璞《遊仙詩》其五曰：

逸翮思拂霄，迅足羡遠遊。清源無增瀾，安得運吞舟？珪璋雖特達，明月難暗投。潛穎怨春陽，陵苕哀素秋。悲來惻丹心，零淚緣纓流。

作者在詩中抒發了生不逢時的悲哀。這裏有他的自信，然而沒有施展才能的餘地。他還不像劉琨那樣能壯烈地幹一番事業。劉琨孤軍奮戰，處境艱危，但畢竟能獨當一面，在管轄的範圍內還能有所作爲，而郭璞則寄身幕府，卻從未參與機要，雖以才學見重，而明帝亦未委以重任。時代要求他有所作爲，而他祇能坐看時光流馳。最後兩句表達出的感情，慘烈沈痛，慷慨激越，在玄言詩中從未出現過。他在《遊仙詩》第四首中表達的是同樣的感情。

六龍安可頓，運流有代謝。時變感人思，已秋復願夏。淮海變微禽，吾生獨不化。雖欲騰丹溪，雲螭非吾駕。愧無魯陽德，廻日向三舍。臨川哀年邁，撫心獨悲吒。

《論語・子罕》：「子在川上曰：逝者如斯夫，不舍晝夜。」孔子短短的幾句話，激起過後人的多少感慨。有人以爲其中深寓哲理，有抱負而感到歲月虛度的人則每產生寂寞的共鳴。郭璞此詩雖以遊仙爲名，但卻深感時光流馳，成仙虛幻，祇是增加了悲哀與惆悵。《藝文類聚》卷七八引郭璞《遊仙詩》曰：「靜嘆亦何念，悲此妙齡逝。在世無千月，命如秋葉蔕。」抒發的是同樣的悲慨。

何焯《義門讀書記》卷四六評郭璞《遊仙詩》曰：「景純之《遊仙》，即屈子之《遠遊》也。」這話有其合理之處，但尚未中肯綮。《遠遊》非屈原之作，考其內容，中多神仙家說，許多文句乃雜湊

《離騷》中的文句與《九歌》、《天問》、《九章》、《大人賦》、《七諫》、《哀時命》、《山海經》及《老》、《莊》、《淮南》諸書文句而成，[6]缺乏眷戀故國的情思和耿介不羣的胸懷。郭璞的《遊仙詩》則「坎壈詠懷，非列仙之趣。」應當說是接近屈原在《離騷》中抒發的感情，故與《離騷》爲近，而與《遠遊》爲遠。何焯僅從遊仙之「遊」字著眼，尚未達一間。

屈原身處楚國危亡之時，雖欲捨身許國，然而壯志難酬，故有歲月虛度時不我與之嘆。《離騷》中說：「紛吾既有此內美兮，又重之以修能。扈江離與辟芷兮，紉秋蘭以爲佩。汩余若將不及兮，恐年歲之不我與。忽馳騖以追逐兮，非余心之所急。老冉冉其將至兮，恐修名之不立。」若將郭璞上述二詩與之比較，則《遊仙》遠承《離騷》之說，應當說是信而有徵的了。[7]郭璞《遊仙詩》第九首曰：

> 采藥遊名山，將以救年頹。呼吸玉滋液，妙氣盈胸懷。登仙撫龍駟，迅駕乘奔雷。鱗裳逐電曜，雲蓋隨風廻。手頓羲和轡，足蹈閶闔開。東海猶蹄涔，崑崙螻蟻堆。遐邈冥寂中，俯視令人哀。

閱讀此詩，就會使人想起《離騷》中類似的文句。屈原在天上到處奔波，「駕八龍之蜿蜿兮，載雲旗之委蛇。抑志而弭節兮，神高馳之邈邈。奏《九歌》而舞《韶》兮，聊假日以愉樂，陟昇皇之赫戲兮，忽臨睨夫舊鄉，僕夫悲余馬懷兮，蜷局顧而不行。」這與郭璞詩中的精神可謂一系相承，在寫作手法上也有相通之處。[8]二人都

---

6 參看胡小石《〈遠遊〉疏證》，載《胡小石論文集》，上海：上海古籍出版社，1982年。

7 參看黃侃《文選平點》卷三《遊仙詩》，上海：上海古籍出版社，1985年。

8 參看曹道衡《郭璞和〈遊仙詩〉》，載《中古文學史論文集》，中華書局，1986年。

目睹了國運的衰敗，力圖振作而又不能，意欲超脫而又不可，因爲他們都對人民的苦難抱有同情。《離騷》中說「長太息以掩涕兮，哀民生之多艱」，這應當是屈、郭二人千古同心的根本原因。

郭璞《遊仙》出於楚辭，不但可從其精神意脈上去考察，而且可從他所襲用的《楚辭》中的許多專門詞彙上加以證實。現舉例如下：

蓬萊（其一、六） 蹇修（其二） 赤松（其三）
遠遊（其五） 九垓（其六） 蓐收（其七）
女蘿（其七） 蕣榮（其七） 王孫（其七）
暘谷（其八） 羲和（其九） 閶闔（其九）
崑崙（其九） 西海（其十）[9]

大家知道，曹操的樂府詩中也有許多遊仙的內容，並有繼承楚辭的脈絡可循。他一方面意欲超脫這塵俗世界，一方面又感到時局擾攘，生民困苦，意欲建功立業，而有「烈士暮年，壯心不已」的感慨。曹操的這類作品，構成了後世所謂「建安風骨」的內涵。其後晉代文人日益背離這一傳統，詩歌由浮靡趨於平淡，玄言詩興起後，「建安風力盡矣」。郭璞的《遊仙詩》中則還可以看到建安文學的踪迹，因此從鍾嶸的論述來看，他是把劉琨、郭璞看作是建安風力的繼承者的。

但鍾嶸評詩時祇從形式著眼，不能從內容、形式的高度綜合上去深入體察。郭璞的詩文彩華麗，所以鍾嶸以爲「憲章潘岳，文體相輝，彪炳可玩」，這就不見得很妥當。比之潘岳，郭璞的年齡雖略小一些，但僅相差二十多歲，二人在西晉時並未發生過任何聯繫，也找不出前後影響的踪迹。即以二人的思想和好尚來說，也絕無關係可言。郭璞好用形容彩色的詞彙，好用組織工整的對偶句法，這些都是太康文人的共同特點。他既身經此一階段，自會帶上

9 此處乃按逯欽立《先秦漢魏晋南北朝詩》中錄存之《遊仙詩》十九首次序標目。

這一時期的特點。要說郭璞「憲章潘岳」，就他現存的詩作來考察，似嫌根據不足。郭璞的詩應當說是「其源出於楚辭」，還接受過曹操樂府的影響，經過時代的蘊育，這才呈現出一家風貌。

三

郭璞思想的主流承襲了儒家的傳統，這樣說或許好多人會不同意，因爲在文獻記載和後世傳說中，郭璞實爲一方術之士，他的爲人，與一般人印象中的儒生形象相距太遠了。

但儒家之中流派甚多，儒家學術代有變化。隨著時代的發展，儒生形象也呈現出不同的面貌。綜觀郭璞的立身行事與詩文創作，可說他是一位綜合了其時各種學術成分而呈現出明顯的時代風貌的文士。

《晋書》本傳上說：「〔璞〕好古文奇字，妙於陰陽算曆。有郭公者，客居河東，精於卜筮，璞從之受業，公以《青囊中書》九卷與之，由是遂洞五行、天文、卜筮之術，攘災轉禍，通致無方，雖京房、管輅不能過也。」這是本諸時人記載而著錄的。《世說新語・術解》篇劉孝標註引王隱《晋書》曰：「璞消災轉禍，扶厄擇勝，時人咸言京、管不及。」可見他所繼承的是京房、管輅的《易》學傳統。

京房是西漢時期今文《易》學京氏《易》的首創者，這一學派體現了漢代儒家重天人關係的特點，也承襲了陰陽家說，好以災異推論時政得失，曾在後代產生巨大的影響。

《晋書》本傳上說「璞好經術」，《世說新語・術解》篇引《郭璞別傳》也說「璞少好經術，明解卜筮」。《晋書》本傳上就提到「於時陰陽錯謬，而刑獄繁興，璞上疏曰：『臣聞《春秋》之義，貴元愼始，故分至啓閉，以觀方物，所以顯天人之統，存休咎之徵。』」他像京房一樣，依據天人感應的理論而進行諫諍。疏中還說「《坎》爲法象，刑獄所麗」。吳士鑑《晋書斠註》卷七二引邵晋涵《爾雅正義》曰：

「《坎》卦主法，《易》家之舊說也。」可知郭璞在《因天變上疏》等文中闡發的理論，所承襲的，正是漢儒《易》學主災異一系的傳統。

曹魏之時，管輅也以占筮著稱，《三國志·魏書·管輅傳》引《管輅別傳》曰：「明《周易》，仰觀風角、占相之道，無不精微。」史書上記下了好幾則有關他占筮靈驗的事，與郭璞的一些有關記載相同。

漢代本多喜言災異的經師。董仲舒是《公羊》學的大師，《史記·儒林傳》上說他「以《春秋》災異之變，推陰陽所以錯行，故求雨，閉諸陽，縱諸陰，其止雨反是。」《春秋繁露》記求雨、止雨之法，用的就是巫術。劉向爲著名的儒家學者，亦以風水之論抨擊王氏。東漢之時，此風更烈，可見儒生兼綜方術，乃是時代潮流之所向。夏曾佑考察儒家與方士之分合與道教之起曰：「故一切神怪之談，西漢由方士幷入儒林，東漢再由儒林分爲方術，於是天文風角、河洛五星之說，乃特立於六藝之外，而自成一家，後世所相傳之奇事靈迹，全由東漢人開之。……及張道陵起，衆說乃悉集於張氏，遂爲今張天師之鼻祖，然而與儒術無與矣。」[10] 郭璞晋人，可以歸爲由漢儒發展而來的儒術、方術混而不分的一派，尤與京房、管輅等人以占筮爲主的一派爲近。至於《晋書》本傳上說他「裸身被髮銜刀設醊」，又如本傳與《搜神記》卷三中所記以巫術取孟原之婢、治趙固之馬等等，則已近於原始道教中的作爲了。

道教是植根在華夏本土的一種宗教，不但在宗教儀規等方面吸收各種原始信仰的內容，而且把儒、道、墨、法等學派中的許多理論，兼收並蓄，也融合了進去。郭璞的《遊仙詩》中也反映出了這一色彩斑駁的特點。他在《遊仙詩》中列舉了許多仙人的名字，如赤

---

10 《中國古代史》第六十節《儒家與方士之糅合》、第六十二節《儒家與方士之分離即道教之原始》敘此頗詳，可參看。三聯書店，1955 年。

松、浮丘、洪崖、安期、子喬等，有趣的是《遊仙詩》第二首中還敘及鬼谷子其人：

青溪千餘仞，中有一道士，雲生梁棟間，風出窗戶裏。借問此何誰，云是鬼谷子。翹迹企潁陽，臨河思洗耳。閶闔西南來，潛波渙鱗起。靈妃顧我笑，粲然啓玉齒。蹇修時不存，要之將誰使？

《文選》李善註引庾仲雍《荊州記》曰：「臨沮縣有青溪山，山東有泉，泉側有道士精舍。郭景純嘗作臨沮縣，故《遊仙詩》嗟清溪之美。」可證郭璞對鬼谷子的情況很熟悉，這裏他以歆羨的心情介紹了鬼谷子其人。

衆所周知，鬼谷子是戰國時期縱橫家的代表人物蘇秦、張儀的老師。《史記·蘇秦列傳》曰：「蘇秦者，東周洛陽人也。東事師於齊，而習之於鬼谷先生。」裴駰《集解》引《風俗通義》曰：「鬼谷先生，六國時縱横家。」又《史記·張儀列傳》曰：「始嘗與蘇秦俱事鬼谷先生，學術，蘇秦自以不及張儀。」

鬼谷子的最初形象，祇是一位縱橫家的理論家，但他隱居在景色幽絕之處，而自漢末神仙之說大盛之後，人們以爲神仙多隱居於巖壑之中，所以鬼谷子又由隱士而升爲神仙了。

唐末杜光庭的《仙傳拾遺》一書，集合道教神仙之說多種材料而成，《太平廣記》卷四引此，有「鬼谷先生」的傳記，文曰：

鬼谷先生，晋平公時人，隱居鬼谷，因爲其號。先生姓王名利，亦居清溪山中。蘇秦、張儀從之學縱横之術。二子欲馳騖諸侯之國，以智詐相傾奪，不可化以至道。夫至道玄微，非下才得造次而傳。先生痛其道廢絕，數對蘇、張涕泣，然終不能寤。蘇、張學成別去，先生與一只履，化爲犬，北引二子即日到秦矣。先生凝神守一，樸而不露，在人間數百歲，後不知所之。

此中說到蘇、張以智詐相傾奪，鬼谷先生則痛至道之廢絕，說明鬼谷子恪守道家宗旨，已經超越於縱橫之術，因爲縱橫家僅重以謀略取權勢，而無宗旨之可言，也無道德可言的。[11]《藝文類聚》卷三六《隱逸》上引袁淑《眞隱傳》，亦言「蘇秦、張儀事之，遂立功名，先生遺書責之。」可見魏晉時期鬼谷子的形象，已經塗抹上了這一時代的特定色彩，這還可從其時的一些著作中看出。

《隋書・經籍志》史部・雜傳著錄《關令內傳》一卷，鬼谷先生撰。

同上子部・縱橫家著錄《鬼谷子》三卷，註：「皇甫謐註。鬼谷子，周世隱於鬼谷。」

同上子部・兵家著錄《鬼谷先生占氣》一卷。

由此可見，郭璞之所以推崇鬼谷子，正因魏晉時期所塑造的鬼谷子的宗旨和術數與他情況相近，郭璞也是一位行爲與智術極爲奇特的人物。他因綜合了前人的各種學說而呈現出極爲複雜的面貌。

正像魏晉時的許多人物一樣，郭璞身上集中了似乎截然相反的一些品格，在歷史上，也有關於他行爲放浪的記載。《晉書》本傳上說他：「嗜酒好色，時或過度，著作郎干寶常戒之曰：『此非適性之道也。』璞曰：『吾所受有本限，用之恒恐不得盡，卿乃憂酒色之爲患乎！』」而郭璞的這一特點，在反對王敦作逆的其他一些人物中，也有類同的表現。

周顗是因爲激烈反對王敦謀奪晉室而被殺的，古時史家對他評價一直很高，但在《世說新語・任誕》中卻有另一種記載，文曰：

11 參看拙撰《韓非子札記》，《韓非對縱橫家的批判》一文，江蘇人民出版社，1980年。

有人譏周僕射：「與親友言戲，穢雜無檢節。」周曰：「吾若萬里長江，何能不千里一曲。」

劉孝標註引鄧粲《晋紀》曰：「王導與周顗及朝士詣尙書紀瞻觀伎。瞻有愛妾，能爲新聲。顗於衆中欲通其妾，露其醜穢，顏無怍色。有司奏免顗官，詔特原之。」又王敦密謀反叛時，謝鯤任大將軍史，屢次婉言勸阻，《晋書》本傳上說「是時朝望被害，皆爲其憂，而鯤推理安常，時進正言。敦既不能用，內亦不悅。」可見他持正不阿，處境是很危險的。

謝鯤是著名的「八達」之一。《世說新語・德行》篇曰：「王平子、胡毋彥國諸人皆以任放爲達，或有裸體者。」劉孝標註引王隱《晋書》曰：「魏末阮籍嗜酒荒放，露頭散髮，裸袒箕踞。其後貴遊子弟阮瞻、王澄、謝鯤、胡毋輔之之徒皆祖述於籍，謂得大道之本。故去巾幘，脫衣服，露醜惡，同禽獸。甚者名之爲通，次者名之爲達也。」

謝鯤作達，《晋書》本傳上還記載一事曰：「鄰家高氏女有美色，鯤嘗挑之，女投梭，折其兩齒。時人爲之語曰：『任達不已，幼輿折齒。』鯤聞之，傲然長嘯曰：『猶不廢我嘯歌。』」這與周顗衆中欲通人之妾，郭璞以術數取人之婢，其作風頗有相通之處。

自阮籍等人放浪形骸蔑棄禮教之後，阮瞻、王澄、謝鯤、胡毋輔之等人變本加厲，達到所謂「露醜惡，同禽獸」的程度。這類人物之中，固然混雜了許多心靈和行爲同樣醜惡的人物，但也有一些人，以爲男女之情乃至性的表現，而在時代思潮的推動下，演出了種種不合禮法甚至不合社會習俗的鬧劇。但永嘉之亂以後，這些人中頗有覺醒者，《世說新語・言語》篇載：「過江諸人，每至美日，輒相邀新亭，藉卉飲宴。周侯中坐而嘆曰：『風景不殊，正自有山河之異。』皆相視流淚。」也正是這一周侯，竟因反抗王敦作亂而被害。就在這次動亂中，素稱行爲放浪的幾位名士，卻都表現出了過人的節氣。可見郭璞的嗜酒好色，也是時代風氣的表現。這一類人喜縱性而行，性中就包容著過人的節操。

四

《晉書》本傳上說：「璞既好卜筮，縉紳多笑之。」隨著社會的進步，必然會出現上述情況。《漢書·王貢兩龔鮑傳》曰：「蜀有嚴君平，……以爲筮者賤業，而可以惠衆人。有邪惡非正之問，則依蓍龜爲言利害。與人子言依於孝，與人弟言依於順，與人臣言依於忠，各因勢導之以善。」可見西漢之時社會輿論已對卜筮表示輕視。但卜筮之事，上可以推論時政得失，下可以推斷個人命運之否泰。京房生於西漢之時，位爲大臣，故每藉之議政；管輅則常以之判定個人吉凶；郭璞則兼而有之，表示他既繼承了西漢經師的傳統，又有以此賤業見長而被時人輕視的一面。

京房雖行類方士，然秉性堅貞，終因彈劾中書令石顯與尚書令五鹿充宗而被讒害致死，這與郭璞因阻擋王敦作逆而以身殉國，其立身處世，頗爲相似。

如果有人把郭璞的博學列爲晉「中興第一」，那就很少有人會持異議吧。《晉書》本傳上列舉他種種占驗方面的異聞，充滿著神秘色彩，但看他屢上奏章，詳陳天變而請求省刑赦罪，則是在用占驗爲手段而達到儒家仁民的目的。又看他的反對王敦謀叛晉室，又以占驗爲手段而鼓動溫嶠、庾亮勸帝討伐，可見他既不像縱橫家那樣隨機應變以謀取富貴，也不像道家那樣不分逆順以全身避害，而是恪守儒家的道德規範，從容就義。張溥爲《漢魏六朝百三家集》中的《郭弘農集》題辭曰：「余謂其抗節王敦，贊成大事，匡國之志，〔殷〕嶠可庶幾，〔庾〕亮安敢班哉！」所以張溥再三痛惜地說：「烈士殉義，雖死可生，亂臣賊子，不能殺也。……南崗斷頭，遺文彌烈，今讀其集，直臣諫諍，神靈博物，無不有也。如斯人而不謂之仙乎？不可得已。」

總結上言，可知郭璞一身既體現了自漢儒演化而來的方術之士的很多特點，也體現了早期道教學說中兼綜各家而顯示出來的斑爛色彩。郭璞的行事與思想雖極奇詭，但從他的奏議與政治歸宿來看，則以儒家思想為主導，這與他在《遊仙詩》中表現出來的及時努力和仁民愛物的思想是一致的。

論六朝敍事詩

洪順隆

序言

「六朝」的概念出現在文獻中，大概有五種。[1]我所用的，其時限涵蓋自司馬炎建國至隋恭帝亡國期間——晉、宋、齊、梁、陳、隋等六個朝代；其空間則袤延那期間的南朝和北朝所轄領的領土。凡這期間在那廣袤土地上活動過的詩人，我都稱他爲六朝詩人。六朝詩人所寫的詩，我都稱它爲六朝詩。我數十年來閱讀、注解、分析的六朝詩都在這時空交錯，概念籠罩的範疇內。我一向運用類型學，依題材把六朝詩分成玄言、隱逸、山水、詠物、遊仙、宮體、田園、敍事、抒情等九個類型處理，這次要談的敍事詩就是那九種類型中的一種。由於這一類型的名稱與翻譯名詞epic混淆不清，而且在討論時，我用它含攝一些名稱稍異而本質相同的詩歌，所以有必要對它的概念作一番說明和釐清。

從訓詁學方面來說，敍事詩的本質是以詩體去敍事，《國語・晉語》三：「紀言以敍之。」注：「敍，述也。」《說文》：「敍，次第也。」是依次第陳述的意思。事，是事情、事件、事物，《大學》云：「物有本末，事有終始。」事具時間性，是有情節發展的。所以敍事詩的本質有三個因素：就思維的方式說，它是敍事的；就題材性質說，它是具時間性，有情節發展的事；就文學體裁說，它必是

1 見拙論《漢魏六朝文學叢考》—《六朝詞義考》，載《林景伊教授八十冥誕紀念論文集》，臺北：文史哲出版社，1993年2月。

詩歌。有人說：「敍事詩就是以記敍事物爲主的一種詩。」[2]又有人說：「狹義的敍事詩則專指記事類詩歌。」又有人說：「敍事詩，詩歌的一種，以寫人敍事爲主，一般有比較完整的故事情節和鮮明的人物形象。敍事詩雖然要寫人物和事件，但與小說相比較，在人物塑造方面，並不那樣精雕細刻；在情節故事方面，並不那樣具體、豐富。它在寫人記事方面要求更集中、概括、允許跳躍式地展開，在一唱三歎、反覆歌詠中塑造形象，表現主題。」[3]以上三個見解雖然詳略有別，但都沒有脫離我所使用的敍事詩的本質範疇，尤其是後一種說法可以說是歸納近年來中國學者對中國固有的敍事詩，所持的見解的一種總概括，最具代表性，與日人澤田總淸所說的個人敍事詩相近。[4]因此，我依上述的概念來處理六朝敍事詩。也就是說，本論文所探討的六朝敍事詩，必定具有上面引述的敍事詩的一般性本質，其中無論其篇幅的長短，詩題的名稱，形式的多樣，均以敍事詩含蓋。所以長篇的故事詩可稱敍事詩，[5]短篇和絕句也可以歸入敍事詩；[6]不管是文人作品或民間歌詩，所敍對象是古代或

---

2 蘇添穆《歷代故事詩選》導言，臺北：神州書局，1956年9月，頁5。

3 吳慶元《歷代敍事詩賞析・序》：「敍事詩是記敍人物事件爲主的一種詩體。」山東：明天出版社，1990年4月，頁1。路南孚《先秦兩漢魏晉南北朝時期的敍事詩》——代《中國歷代敍事詩歌：先秦兩漢魏晉南北朝編》前言，濟南：山東文藝出版社，1987年10月，頁1。

4 朱子南《中國文體學辭典》，湖南教育出版社，1988年11月，頁27。洪順隆《六朝建國史詩試論》序言引《中國韻文史》：「個人敍事詩不但歌詠歷史和傳說，而且詩人自己也歌詠在內。」載《魏晉南北朝文學與思想學術研討會論文集》，臺北：文史哲出版社，1991年8月，頁1-2。

5 吳慶元《歷代敍事詩賞析・序》云：「具備完整的情節和鮮明的人物形象，長篇敍事詩是這樣，短小的敍事詩也是這樣。」

6 聞國新《唐人敍事小詩百首賞析・前言》云：「絕句的敍事，在時間與空間兩個方面，都有其必然的制約與限制。在構思上，無論寫一個人還是一個故事，詩人必須採取高度集中的手段，精選其中最爲典型(包括詩人自己)最爲動人的片段，用適當的藝術手法表現出來。」他也把敍事體絕句列入敍事詩中。路南孚

當代的，都在本文討論範圍；[7]又由於六朝詩本身已有題名，又有詩題組羣，比方詠史詩、邊塞詩、遊獵詩、征戍詩、贈答詩，以及學者研究已命名的，如建國史詩、史詩之類，在討論時視其命題在本論文中的適應性，可取以爲類型詩組的代名，以進行討論。不過有些敍事詩的概念，雖然名稱相同，內涵卻不一定一致的，也需要釐淸它。比方我在數年前曾說：「所謂敍事詩，即西洋人所說的epic poetry。它另有一個名字叫史詩。這種詩體，在前面所說的詩歌定義範疇中，較傾向於『事』的一端，和傾向於感情一端的抒情詩(西洋人稱它爲lyric poetry)，是相對的。因爲抒情詩以表現思想感情爲主，而敍事詩是以記敍人物事件爲主的。」[8]文中的「敍事詩」和「史詩」一樣都是epic的譯語，epic的正統含義和我論六朝敍事詩時所用「敍事詩」是不同的。[9]所以以「各民族遠古時期對自然、人類的起源和發展的解釋，以及關於民族遷徙等重大事件的經歷」爲條件，到我所論「六朝敍事詩」中找成員，是走錯了地方；或以「完整的故事情節」、「典型形象的刻劃」到我所論的「六朝敍事詩」中，檢查身份，衡量品種，也是不合理的；甚而以「一般的世界背景，神和命運的指引」要求我所論的「六朝敍事詩」內容，也是找錯對象。

在《先秦兩漢魏晋南北朝時期的敍事詩》一文把《蜡辭》、《彈土》、《擊壤歌》等也列入敍事詩。

7 陳來生云：「中國古代敍事詩是應該包括文人敍事詩和民間敍事詩兩大組成部分的。」《史詩．敍事詩與民族精神》下篇，頁83。

8 洪順隆《由詩歌與歷史的關係論傅玄「鼓吹曲辭二十二首」的敍事詩性格》，《木鐸》第十期，1989年6月，頁94－118。

9 我論六朝敍事詩時所用的「敍事詩」是中國語言所傳達的訓詁義「敍事詩」，不是翻譯上格義性的「敍事詩」，它和epic不盡相同；它可以含蓋epic型的「敍事詩」，但epic的個性在那義界中並不明朗。學術界對「敍事詩」(包含「史詩」的含義的理解並不一致，但要知道定義是由衆多的材料概括出來的，概括材料，貴於從現象發現規律，依規律檢驗定義的科學性，如不這樣做，硬用翻譯義套本土義，削足適履，以管窺天，以勺測海，以杯套碗，其見不吻合也必然。

[10]不過，epic的確也是我所說的敍事詩，只是六朝敍事詩中，沒有epic譯語所指稱的那類敍事詩。中國的epic，如蒙族的《江格爾》、新疆柯爾克孜族的《瑪納斯》，西藏族的《格薩爾王傳》，直到近世才被挖掘出來，它產生年代也遠在六朝之後，[11]所以用epic譯語的敍事內容和形式來要求六朝敍事詩，當然也是不科學的。這篇論文的目的是依現有六朝敍事詩材料分類分析詮釋，從各類材料的現象中去發現規律，概括定義，歸納各類型敍事詩的典型性、普遍性，突現各類型敍事詩的個別性，從而綜合六朝敍事詩的特性(共性和個性)。在這一個前提下，我將六朝敍事詩分爲敍史詩和敍時詩。敍史詩又分建國史詩、詠史詩；敍時詩分遊獵詩、征戍詩、邊塞詩、遊俠詩等。分別討論，再綜合作結。

六朝敍事詩的類型

詩歌創作的思維方式與主題和題材有密切的關係，寫景詩的思維形式最重形象；抒情詩的思維形式，形象和抽象兼重；敍事詩的思維形式，則講求形象和事件，以及抽象思考的綜合運用。

主題和題材在思維式的運作下，往往產生不同的體裁。詩人創作時以思維方式組合題材以表現主題，並決定風格。六朝敍事詩的特色就是在詩人的這種創作律則下產生的。如果我們依文體類型學的原則，打破傳統的分類法，將六朝敍事詩依主題、題材和思維形式、修辭技巧的傾向特徵加以分析，則六朝敍事詩可分爲敍史事和

---

10 關於epic和中國敍事詩的不同，論者甚多，這裏無暇一一列出。我曾在《由詩歌與歷史的關係論傅玄「鼓吹曲辭二十二首」的敍事詩性格》、《六朝建國史詩試論》等兩篇論文中，觸及這個問題，可作參考。

11 參考潛明茲《史詩探幽》，北京：中國民族文藝出版社，1986年12月。巫瑞菁《民間文學名作鑒賞》，湖南文藝出版社，1988年9月。陳來生《史詩·敍事詩與民族精神》，上海社會科學院出版社，1990年6月。

敍時事兩大類型。敍史詩又可分爲建國史詩和詠史詩；敍時詩又分遊獵詩、征戍詩、邊塞詩、遊俠詩等。下面由實際作品分析歸納所得，篩選各類的代表作品，依分類次序，加以論述。

一、敍史事的六朝敍事詩：六朝史詩

在六朝敍事詩中，有一種歌詠過去的人物和事件的，我稱它爲史詩。這種史詩，正如美國意象派詩人所說的：「就是包含歷史的詩。」(An epic is a poem including history.)[12]它一方面與歷史有關，一方面與日常現實相連。它雖也以敍事爲主，主題嚴肅，但不一定產生於英雄時代；不一定有人神相互交通，互相影響；內容不一定是創世神話，不一定是神話式英雄事跡；不一定表現神與命運的指引；不一定是長篇巨製；不一定有完整的情節；不一定有典型明晰的人物形象；不一定……；只要它是表現歷史(過去)的人物和事件，不管個人或集體，都稱它爲「史詩」。這種史詩和黑格爾所說的正統史詩不盡相同，卻具備黑格爾所說史詩的一般性質，和西洋雛型的史詩的特性相近。[13]有個人的史詩，也有團體的史詩；有文人的史詩，又有民間的史詩。那些詩原來各有詩題，有的詩題與「史詩」有關，如「詠史」；有的詩題是一般性的。爲了討論的方便，

---

12 Paul Merchant：*The Epic*, Methuen & Co Ltd, Laneon, 1971, p.1。
保羅・麥錢特《史詩論》一、導論：「艾茲拉・龐德在《閱讀ABC》(倫敦・1961年，頁46)中提出了另一個簡潔明確的定義：『史詩就是包含歷史的詩。』」金惠敏、張穎譯，山西：北岳文藝出版社，1989年12月，頁1。

13 關於西洋的正式(正宗)史詩(epic)可參考下列諸書：
黑格爾著、朱孟實譯：《美學》(四)，臺北：里仁書局，1983年3月，頁105–165。
Paul Merchant：*The Epic*.
潛明茲：《史詩探幽》。
陳來生：《史詩・敍事詩與民族精神》。
羅青：《關於史詩》，臺北：中央日報副刊《文藝評論》第十六期，1984年7月12日。

本文不管其原詩題如何，只要內容和題材和歷史有關的，都取以爲討論的對象，都爲本文的概念所涵蓋。下面我們先討論建國史詩。

(一)六朝的建國史詩

所謂建國史詩，即敍述建國建朝的史實，歌頌建國建朝的功德的詩歌。六朝除了北魏文化比較落後，作家少，見不到留有史詩外，其餘各代均有這類作品。它們依舊有的分類，有的屬郊廟歌辭，有的屬鼓吹曲辭，有的屬舞曲歌辭。有的用於祭祀祖先，有的用於游宴，有的是在郊廟朝饗飲宴時，爲配合舞蹈而使用的。不管這些詩歌當時的用途如何，它們都有一個共同的主題，那就是歌功頌德。在歌功頌德的主題下，陳述建國的人物、事跡、功德。它們如依詩歌的題材和內容分析，又可分爲歌功型建國史詩和頌德型建國史詩。

甲、歌功型建國史詩。這類建國史詩的內容，大都頌述建國和立國者的受天命、繼祖業、立戰功、遂治績等事迹，把它們連綴起來成一完整的組詩，而它的題材又可以在史書上得到印證。這一類型的作品，具代表性的，有組曲和散詩兩種。組曲以傅玄《鼓吹曲辭》二十二首，和沈約《鼓吹曲》十二首最富特色；散詩如宋何承天《鼓吹饒歌》中的《朱路》、《思悲公》、《雍離》、《戰城南》、《巫山高》等。先論組曲，傅玄《鼓吹曲辭》二十二首，敍述晋以功德代魏。二十二篇就好像後世戲曲的套數，由頭到尾，恰好把司馬懿到他孫子司馬炎之間的重要歷史事件，跳躍點綴地交代清楚了。我們拿這套組曲和記載晋國開國史事的《晋紀》、《晋書》、《資治通鑑》等史書文獻相印證，[14]就可以發現自建安十三年至咸寧三年，七十年間，司馬氏建功立業，大晋皇朝開國立基的史跡閃耀在這些詩歌中。晋國

14 亦見房玄齡等撰《晋書・樂志》，臺北：鼎文書局，頁702。以下引《古今樂錄》語，均見《晋書・樂志》，不另作注。
司馬光《資治通鑑》，臺北：大明王氏出版社，粹文堂，頁2314。

建國事件，在作者敍事的思維形式推展下，以精粹的、重點的面目，跳躍地展現出來，成了精核的情節單元，圍繞著建國的英雄人物形象輝映。詩歌是以建國英雄人物爲主軸，由頌述的對象，把前後跨度相當大的事件情節連接起來，成爲敍事詩體的。再如梁沈約《鼓吹曲》十二首：《木紀謝》頌述梁的仁化、禮教、德澤；《賢首山》敍述梁武帝登基前率師破北魏軍隊於司部賢首山的事跡。[15]《桐柏山》敍述梁武帝蕭衍爲司州州牧，始有領土鎮邊關、威外族、勸農富民、化功無極的事跡，這些都可在《梁書》卷一《武帝紀》上找到它的題材原型。《道亡》、《忱威》、《漢東流》、《鶴樓峻》、《昏主恣淫慝》、《石首局》敍述齊東昏侯即位至被廢期間蕭衍的功業。《朝運集》敍述齊和帝即位後，蕭衍的「膺寶符」、「龍躍」、「鳳起」、受「謳歌」、理「獄訟」諸事；《於穆》敍述和讚美梁武和羣臣的樂宴和禮容，讚頌梁武帝的帝德。《惟大梁》讚頌梁德屬運，仁化洽遍。拿這十二首詩和《梁書．武帝紀》的記載相對照，它的敍事組曲的性質和傅玄《鼓吹曲》二十二首是一致的。另庾信《周祀宗廟歌》十二首，除前三首及後兩首寫祭祀禮儀樂奏外；自第四首至第十首，歷敍宣帝皇祖宇文韜、皇曾祖宇文肱、皇祖宇文泰、世父閔帝宇文覺、世父明皇帝宇文毓、父武皇帝宇文邕的淵源，把北周宇文氏自炎帝以下的先祖和歷世祖先的事跡、立國規模呈現出來。也可列在這一類型之中。

散詩，雖不是完整的組曲，卻是以數篇或單篇，敍述建國的具體史實。如宋何承天《鼓吹鐃歌》中《朱路》、《思悲公》、《雍離》、《戰城南》、《巫山高》等五篇，敍劉裕戰功。沈約《明之君》六首，敍天監治跡。陸卯等《登歌樂》其七至十五，由北齊天子先祖起，歷敍其事跡，直至顯祖文宣皇帝止。庾信《燕射歌辭》、《周五聲調曲》、《宮調》五首，首章敍太祖變魏作周，王業之所由興，次三章言閔帝

15 姚思廉《梁書》卷一，臺北：藝文印書館，頁10。以下引《梁書》同，不另作注。

受命，及明帝、武帝德化之所被。周弘讓《武德舞》之「大定揚越，震威衡楚」均是。這些詩篇，就個別內容或數篇成組看，其頌述歷史事件均簡潔有序，精粹具體，有建國史詩的性格。

乙、頌德型建國史詩。這類詩歌，其內容頌述各朝代建國之君的文德。諸如天命所屬、天象呈瑞、萬民歸依、夷狄入貢、禮樂興作，如傅玄《晋宗廟歌》十一首、《登歌七廟》七篇。謝超宗《文德宣烈樂》、《武德宣烈樂》。王儉《高德宣烈樂》。謝朓《雩祭歌》、《世祖武皇帝》三章。無名氏《鼙舞曲》三首、沈約《皇雅》三曲，《宗廟登歌》其二，蕭子雲《俊雅》其一、《介雅》其二、《雍雅》其一。周弘讓《陳太廟舞辭》七首，陸卬等《登歌樂》、其八《始基樂恢祚舞》、其九《始基樂恢祚舞》。牛弘《離曲歌辭》其一《文舞歌》、其一《武舞歌》等。如陸卬《始基恢祚舞》是皇帝初獻六世祖司空公神室時演奏。《始基樂恢祚舞》是皇帝初獻五世祖吏部尚書室時演奏。詩是陸卬奉武成帝之命而作的。《北齊書・武成紀》：「世祖武成皇帝諱湛，神武皇帝第九子」(卷七)，則其六世祖是高隱，五世祖是高慶。《北齊書・神武紀》上：「齊高祖神武皇帝，姓高名歡，字賀，六渾、渤海、修人也。六世祖隱，晋玄菟太守。隱生慶，慶生泰，泰生湖，三世仕慕容氏。」(卷一)[16]玄菟，郡名，朝鮮咸鏡道及吉林南境，古營州之地(今河北省遼寧省以及朝鮮之地)，高隱爲玄菟太守，故詩云：「業弘營土，聲被海方。」全詩除了這兩句外，均是抽象頌述。後一首頌高慶，則無一句具體之言。這一類建國史詩，以頌德、述天命、說民夷之歸依、國家基構的建置爲主，沒有具體事件出現詩中，然綜合全詩，卻傳述一段史事。再如牛弘的《舞曲歌辭》：《文舞歌》、《武舞歌》，據《隋書・樂志》曰：「文帝開皇中，詔牛弘、姚察、許善心、何妥、虞世基、劉臻等詳定雅樂。」[17]《隋

16 李百藥《北齊書》卷七，臺北：藝文印書館，頁48。
17 魏徵《隋書》，臺北：藝文印書館，頁157−210。

書·牛弘傳》:「開皇九年,奉詔改定雅樂。又作樂府歌辭。撰定圜丘、五帝凱樂。」(卷四十九)[18]知上引兩詩爲牛弘等所作。詩中所頌述皇帝即隋文帝楊堅。所敍「天眷」、「后德」、「君臨」、「昭事」、「畢歸」、「皆至」、「獻彩」、「表異」、「禮樂」、「陰陽」、「御宇」、「乘乾」、「夷險」、「救燔」、「化覃」,不外籠統敍述其統一天下,政美人和,天瑞呈現,禮樂攸作。這些詩和上述陸卬詩一樣,內容除「濯以江漢,樹之風聲」,頌其平陳外,概無具體史實題材出現,是以頌德爲主的作品,所以屬頌德型建國史詩一類。

(二)六朝的詠史詩

詠史詩,也是我所謂史詩的一種。它的內容以史事和歷史人物爲主。這類詩中,就題目而言,有題作《詠史》的;有另訂題名,而內容卻是敍史的。有詠個別人物的,有敍集體事件,即直接歌詠歷史題材(包括人物或事件),以寄寓思想感情,表達見解,在敍述中,往往夾雜議論的。歷來研究詠史詩的人,在處理它的體裁類屬時,大概分爲兩派:一派把它和敍事詩、史詩區別開來,强調它的獨立個性;[19]一派把它和敍事詩以及史詩歸屬一類。[20]乍看好像雙

---

18 魏徵《隋書》,臺北:藝文印書館,頁640-647。

19 齊益壽《談六朝詠史詩的類型》,臺北:《中華文化復興月刊》第十卷四期。儲大泓《世界詩壇的奇葩——談我國的詠史詩》:「詠史詩是介於敍史與詠懷之間。」《歷代詠史詩選註》代前言,陝西人民出版社,1990年12月,頁2。
降大任《古代詠史詩初探》:「要確定甚麼是詠史詩,需要同三個概念區分:一是史詩(指的是epic),二是詩史,三是懷古詩。」《晋陽學刊》總第12期,山西省社會科學院,1983年5月,頁30-35。

20 彭功智《中國歷代著名敍事詩選》收錄陶淵明《詠荊軻》,河南:黃河文藝出版社,1985年6月。
路南孚《中國歷代敍事詩歌——先秦兩漢魏晋南北朝編》收錄班固《詠史詩》,濟南:山東文藝出版社,1987年10月。
蕭馳《中國古典詠史詩的美學結構》云:「如陶潛的《詠荊軻》簡直就是一篇小敍事詩。」《學術月刊》,1983年12月20日,頁43。

方格格不入，南轅北轍。其實仔細檢驗彼此論說的焦點，用詞的含意，不難看出由於詠史詩、史詩、敍事詩三者有共性，又有個性，仁者見其同，智者見其異。見同則合之，見異則分說。分合雙方都沒有錯，也沒有爭論的必要。這裏爲了研究上的方便，我因其共性而將詠史詩列爲史詩，且屬於敍事詩的領域，把它當作六朝敍事詩的一種類型來討論。

六朝詠史詩和六朝建國史詩，同屬史詩的範疇，它們同源於《詩經》的雅、頌《文王有聲》、《公劉》、《大明》、《文王》、《生民》、《玄鳥》、《殷武》等。不過《詩經》還未正式採用《詠史》的提法。直接以《詠史》命名的，當推東漢班固的《詠史詩》，這時詠史詩已和建國史詩分流。六朝建國史詩承漢代《短簫鐃歌》二十二首、魏十二曲、吳十二曲的餘緒。[21]班固《詠史詩》則由王粲、曹植、阮籍、左思、張協、陶淵明、盧湛、謝瞻、顏延年、謝靈運、鮑照等人的詠史篇什繼嗣。[22]如對左思以下的作品加以觀察，不難發現，它們有組詩，如左思《詠史》八首、謝靈運的《擬魏太子鄴中集》八首、鮑照的《詠史》組詩。但這些組詩，不像傅玄和沈約《鼓吹曲辭》，是敍述歷史的連續劇，而是組曲個體在作者的同一創作動機下連綴起來的。就題材而言，個體詩是各自獨立的；又有的是個體詩，它們有的以詠史爲名，有的不以詠史命篇，但內容卻是詠史。下面依上文的義界，分人物和事件兩類，取其代表作品加以分析。

21 洪順隆《由詩歌與歷史的關係論傅玄「鼓吹曲辭二十二首」的敍事詩性格》，頁95。

22 蕭統：《昭明文選》第二十一卷詩乙、詠史收有王仲宣《詠史詩》、曹子健《三良詩》、左太沖《詠史》八首、張景陽《詠史》、盧子諒《覽古》、謝宣遠《張子房詩》、顏延之《秋胡詩》、《五君詠》、鮑明遠《詠史詩》、虞子陽《詠霍將軍北伐》。而阮籍《詠懷詩》中有嚴格意義的詠史詩如《詠懷詩》其六之詠邵平、陶淵明有《詠荊軻》等、謝靈運有《述祖德》二首、《擬魏太子鄴中集》八首。當然這些也只是略舉其大概而已。

甲、詠歷史人物。依題目又可分爲兩類：即題名詠史和一般題名而敍述歷史人物的史詩。題名詠史的作品：如張協《詠史詩》、劉駿《詠史詩》、左思《詠史》八首等。這類詠史詩，可以張協那首爲代表。張協《詠史詩》，敍述西漢疏廣疏受叔侄，達人知足，功成身退，淡泊淸高的行事，借以喻明自己的理想人格。詩由二疏辭官，羣公餞別說起；「朱軒」二句，描寫別宴的盛況；「達人」二句議論二疏的爲人。「抽簪」三句，敍其辭官歸鄉，行人慕情；「賢哉」以下，以讚美的語氣，夾敍夾議，說二人返鄉後，與族人同樂，共享天子的恩賜。結尾二句，以警告時人作結。詩的內容均可在《漢書》本傳，找到題材原型。作者是用敍述和議論兩種手法交錯的方式推展情節的，除了史事之外，人物的精神風貌也躍然紙上。有題名不是詠史，卻是詠歷史人物的，如陶潛《詠二疏》、鮑照《詠蜀中四賢詩》、范泰《經漢高廟詩》、謝瞻《經張子房廟詩》、左思《詠史》八首其八、陶潛《詠荊軻詩》、周弘正《賦得荊軻詩》、薛道衡《昭君辭》等。這一類詠史詩，可以陶潛《詠二疏》和薛道衡《昭君辭》爲代表。陶潛《詠二疏》，內容都在敍述疏廣、疏受二人，尤其著重讚美他們功成身退的行爲。詩一開端，以興的手法，借自然規律，表現一則推移進退的法則；接著推出二疏，天人相類比，於是以概括、跳躍的語言，敍述他們辭官還鄉，達官貴人餞別，然後，以議論插枝表現自己的主觀評斷，再回筆敍述二人返鄉後，與閭里歡聚，共享餘榮，以教示鄉里愚昧，過完快樂的晚年，最後讚美他們千古流傳的高尚風範。題目雖非詠史，內容卻是道地的詠史篇什。詩中兼用「興」、「賦」的手法，「敍述」和「議論」間出，夾敍夾議，主觀感情相當濃厚。語言既概括又跳躍，既順序，又穿插。至於薛道衡《昭君辭》詩中人物是昭君，在樂府中，有《昭君怨》這類型的歌曲。薛道衡這首也是其中之一，敍昭君一生的事跡；敍述的觀點是採用詩中女主角口氣敍述的那種方式。開端二句敍她的家世、身分，接著敍她入宮以後，在掖庭所受到的不公平遭遇。自「啼沾」以下敍她和番，出嫁匈奴單于。其間又可分爲敍途中行程和描寫途中的風候，到匈奴的衣食風俗起居習慣的改變，受封閼氏，戀念漢土等。全首由始至終寫昭君，而且都是鋪敍典型事跡。也可算是一首敍古事的詩。

這一類詠史詩，和前面界定的敍事詩，本質相合，都是運用敍事的思維形式推展情節的；內容都是寫歷史人物，可在歷史上找到題材原型，具備史詩的素質。這類作品在表現情節和人物形象的過程上，配合了描寫的思維形式，凸現了歷史人物形象，突出了詠敍歷史人物的內容和形式的個別性。

乙、詠歷史事件。所謂詠歷史事件的篇什，指的是詩的內容偏向事件，較少抽象的人物個性、品格、德行的敍述和描寫的作品。這類篇什，單篇的，只有一般題名的敍史，組詩則有詠史和一般題名的敍史兩類。先從單篇談起，盧諶《覽古詩》的內容雖然是敍述藺相如，但無論題材和語言都表現出豐富的敍事性，情節曲折多樣，較少抽象的議論，而傾注精力於具體事跡的敍述。詩一開端就呈現衝突，趙國擁有和氏璧，暴秦要求市買，卻徒托空言。矛盾的呈現帶來了緊張氣氛，富有戲劇性；「與之」以下敍述趙朝廷商討對策，要選拔一位足當重任的外交人才，以保全寶物，不負使命，以上是故事背景的敍述。由於引出詩中的主角藺相如；自「藺生」以下，敍述藺相如因繆賢的推薦，得趙王的信任，持璧出使强秦。於是接敍他「出境」、「入關」、「上秦庭見秦昭襄王」、「交璧」、「返璧」等，把藺相如的「出身」、「完璧歸趙」這兩大情節交待完了；「爰在」以下，繼敍「秦、趙澠池會」、分「拆穿秦襄埋兵陰謀」、「脅秦王擊缶以答趙王鼓瑟」等兩個細節敍述；自「捨生」以下，敍「將相如」，先以四句概括性的評議開端，再分「邯鄲讓道」、「負荊請罪」兩個細節敍述。這一部分夾議夾敍，到最後二句，以評議抒懷作結。全詩的結構是敍功、頌德前後鋪排，手法是敍事和議論兼用。它概括了《史記・藺相如傳》的重要事件，結局也套搬《史記》，立意更是承襲《史記》。《史記・藺相如傳》是它的題材原型；它是《史記・藺相如傳》的縮影，充分表現了詩人的剪裁概括能力，把藺相如那禦暴安內的超人智勇，公忠無私，深明大義的高尚品質突現出來了，是一首相當精彩的敍事詩。

陶潛《詠荊軻詩》，以歷史記載爲依據，敍述荊軻刺秦王的事跡，借古喻今，懷古寄慨，表現了作者對暴君的厭惡，歌頌慷慨赴義的自我犧牲精神。詩的開頭四句，敍述荊軻與燕丹的關係，交待了背景，算是序幕，語言帶有强烈的感情色彩。「君子」以下六句，敍荊軻離燕京，賓客慷慨送行：其中「秦驥」二句，有力地渲染送行時慷慨悲壯的氣氛；「雄髮」二句，突顯荊軻的猛氣和義憤，使人物形象有血有肉，具體豐盈；「飲餞」以下四句，正面描寫易水上，爲荊軻置酒餞行的感發人心的場面；「蕭蕭」四句，把宴會的悲壯激昂氣氛推向高潮，渲染了送別的悲涼色彩，並以音樂的轉換，引發感情的變化，反映了場面的悲壯激昂。「登車」以下，敍荊軻入秦刺秦王：前二句寫荊軻一往無前的英雄氣慨；「凌厲」二句，敍行程，「國家」二句敍結局。末四句以議論抒慨作結。詩的敍述與議論接合，敍事與抒情並用。凡分三大情節，前兩大情節中，各包含兩個小單元。情節的鋪排，層次的推進相當成功，具小說故事的情節素質；人物的描寫，能運用心理刻劃、行動敍描的手法，形象鮮明生動，又能以景物烘托和氣氛渲染，突出人物的思想性格。剛勁豪放的語言，由作者慕情的內模擬發露出來，令人感受到雄壯和悲慨。它可以說是在以欣歆惋惜悲慨爲美的快感心理基礎上，創造出來的成熟的敍事藝術。技巧高明，形象具典型性。也是一首英雄人物的悲壯頌歌。

又虞羲《詠霍將軍北伐詩》是一首標準的敍述古代歷史事件的作品，題目已告訴讀者，詩中所敍是霍去病討伐匈奴的豐功偉業。是一首中國式的英雄史詩。詩自霍去病率大軍出關著筆，然後借寫景敍行程，成一個情節單元。自「深秋」以下，先敍匈奴入侵，再敍大軍所經，由「飛狐」，到「瀚海」，敍事兼寫景，語言概括簡短，成一情節。「羽書」二句，敍駐軍情景；「乘墉」二句，敍作戰；「雲屯」二句，敍戰陣，又成一情節；「胡笳」二句，閑筆寫胡地；「骨都」四句，敍勝利息兵，也是一情節；「位登」二句，敍受封，亦成一情節；「天長」四句，敍病卒，又一情節，結尾以賞美作結。詩有敍有議，有平鋪，有頌揚。筆調意氣風發，昂奮開朗。有色有聲，構畫了漢軍大敗匈奴的鏖戰圖；刻劃了一位擁旄出征，騁馬奔突，揮劍殺敵，驅兵布陣，威鎮邊陲的英雄戰將的形象，想像飛躍，情節有序，是一首非常典型的英雄史詩。王由禮《賦得馬援詩》由題名「賦得」馬援看，似乎應屬敍述歷史人物一類。其實內容偏重事跡，主旨在敍述馬援的功業。詩自馬援遨遊公孫述和劉秀二帝之間開端。全詩一句表現一個情節，「五溪」一句又是一個情節，敍東漢光武帝建武十四年，馬援奉旨，領兵征五溪蠻事；「受詔」二句，敍建武十八年，馬援受封伏波大將軍，拜璽書征交阯。建武二十年，以在交阯所得駱越銅鼓，鑄銅馬，天子詔置宣德殿下，詩正是敍其事。「聚米勢」一句敍建武八年，光武親征隗囂，馬援在光武前聚米爲山谷，指劃形勢，開示衆軍所從道徑往來，回應首句，「薏苡情」一句敍馬援在交阯飲食養生，回應三、四句，補充前面情節。末二句，敍明帝時圖畫建武中名臣列將於雲臺，馬援以馬皇后父故，未列雲臺，後修封樹，起祠堂，流傳千古，又是一個情節。詩短短八句，四十字，卻敍述了馬援一生功業，尤其敍述時，時間交叉，前後互置，在詠史詩中，自具獨特色彩。其次論組詩詠史。

顏延之《秋胡行》是標準的組詩，詩由九章組成。首章用四句興語起筆，然後接敍秋胡妻嫁秋胡，讚美她高潔明艷；二章敍新婚燕爾，秋胡離家，遠至陳國仕宦，著重寫新婚別，路途遙，新娘依依不捨；三章敍秋胡行役情事，著墨旅途景色，作者感受；四章敍秋胡別後，妻子在家，空房獨守，青春寂寞；五章敍秋胡返家，路遇採桑女，驚艷駐馬；六章敍兩夫婦當面不相識，胡秋贈金戲妻，爲妻所拒；七章敍秋胡至家，上堂拜母，間妻何在，妻至昏乃返，引見之下，慚愧難當；八章敍秋胡妻訴苦，責秋胡久遊不返；九章以興筆起，接敍秋胡妻憤懣惱怨，終於投川自沈。詩的主旨是在敍秋胡和他妻子的事迹，讚美秋胡妻的節操，借悲劇的結局，控告男性爲情不專。樂府《秋胡行》屬相和歌清調曲，古辭敍述秋胡的故事，後來出現有不敍秋胡夫妻故事的，如曹丕、曹植均有《秋胡行》，卻敍魏德而不敍史，晉傅玄亦有《秋胡行》，也是敍史，由於論建國史詩取傅玄《鼓吹曲》爲例，故這裏不用傅玄之作，改取顏延之作品分析。傅玄《秋胡行》，除首句三言，其餘均四言。內容大致與這首詩同，成就較差。這首組曲主題鮮明，題材原型也是古辭《秋胡行》所取民間傳說故事，而情節完整，發展有規律，就如一篇小說，有開端，有發展，有高潮，有結局。有情節鋪敍，有細節描寫；人物形象鮮明。有衝突場面，敍事條件完整。至於表現技巧，敍述中夾議論，帶抒情，運用典故，借用對比，故事效果，美感享受，都達到相當高的水準。六朝詩中，這類作品相當多，如《陌上桑》、《昭君怨》、《銅爵妓》等樂府題型的系列作品都屬這一敍事類型，作品相當多，不另舉述。

二、詠時事的六朝敍事詩

六朝詠時事的敍事詩以當代人物和事件爲題材，以現實生活原型爲敍述的對象。當然，所謂當代和歷史的觀念區別，不在讀者，而是在作者。作者的創作動機和創作感覺以及他選擇的題材的性質，才是決定當代和歷史的辨色器官，在創作動機、創作感覺、題材性質相互作用下，六朝詠時事的敍事詩的特色才顯現出來。不過，要有一層認識爲前提，那就是六朝史詩和六朝詠時事敍事詩，兩者關係是相對的，它有彼此所擁有的交叉領域，而在交叉領域的作品，可以互相交流。

(一)遊獵詩

這類的敍事詩在六朝詩中爲數不多，內容亦大致相近。張華《遊獵詩》的主題是敍述狩獵的事跡，而以狩獵宜檢束，不至於狂荒爲誡。所敍是當代事，親見親歷事；再次敍獵狩的場所，包括獵手的活動和獵器的布置。凡用直陳、比喻、誇張等三種手法；又次八句，敍述獵事：分獵手、獵技(獵況)、獵獲等三個細節進行，也用直陳、用典、誇張等三種手法；其次十二句爲高潮所在，敍述勇士帶獵犬、獵鷹與野禽野獸搏鬥；又其次八句敍獵後飲宴慶功，最後十二句論人生短促，不可耽於禽荒，全用議論手法。這首詩是六朝遊獵詩的代表，由這首詩，我們可以了解，六朝遊獵詩的思維形式。它以敍事爲主要手法，並配用描寫，議論則視需要而用。在修辭上，除了直陳、素描外，亦用典故、誇張等方法。情節結構的單元單位相當明晰，全詩共分六個情節單元：即時節、隊伍、獵場、獵事、慶宴、誡荒等。敍述偏於客觀，主觀情緒比較淡薄，有抒情而情感在客觀的描述中淡化了。故詩偏於冷靜的觀察，缺少激情的洋溢，豪興的遄飛。

庾信《從駕觀講武詩》的主旨也是敍述狩獵，慰「遠來客」。「校戰」二句敍述始獵；「置陣」以下敍獵事：獵事的細節分「陣容、門戶、馬匹」、「寶劍、名馬、戰鼓、甲冑」、「禽獸草木」、「歌頌」等四個單元。背景描寫佔重要地位，人物形象不明晰。全詩採用敍述手法，又用描寫、頌美等輔佐之。其他如王褒《和張侍中看獵詩》、庾信《冬狩行四韻連句應詔詩》、《見征客始還遇獵》、《伏聞遊獵》、陳叔寶《五言同管記陸瑜九日觀馬射詩》等都屬於這一題材類型。

(二)征戍詩

以戰事爲題材的敍事詩，因敍述焦點的集中角度不同，又可分爲以武士爲主、以戰馬爲主、以演武爲主、以戍守爲主、以征途爲主、以戰事爲主、以受降爲主、以閨思爲主等八個方面。下面依主題傾向性和題材的集中度，分八個小類加以論述。首先論敍壯士的篇什，張華《壯士篇》敍述壯士，從事刻劃人物。開端「天地」四句，議論手法，說人生天地間的常理，借以敍述人物的性格；「年時」以下四句，敍壯士心懷憤激，欲建功名，亦出以議論；「乘我」以下，敍述壯士形象，凡著眼於馬(坐騎)、弓劍(繁弱、長劍)、冠帽等，又在句中以「乘」、「撫」、「橫」、「拂」，引發動感，把人物和器物結合起來，賦與形象以整體生命；然後又以「慷慨」、「嘯吒」、「震響」、「奮威」等形容動詞的詞語，將人物動作立體化，讓它擴延推演，使事件時間化，再以「滄海」、「大漠」定點事件的空間特性，形成完整的情節；最後以「獨步」二句，頌美作結。

詩共分四個敍事情節：人格、心志、征戰、歌頌。以征戰一節爲核心，詩人採用的是第一人稱觀點，以詩中主人翁的口氣敍述，推演情節，人物形象具體鮮明，主題傾向，顯然以人物爲主，題材也集中於刻劃人物。在形象思考方面，凡運用了敍事和議論兩種手法，而且議論比重相當有分量，大概以人物爲主的敍事詩中，這種傾向最明顯；而在修辭手法上，則直陳、比喻、用典等技巧均有。風格豪邁奮厲。武士讚歌的形貌非常明顯，不過讚頌的對象不是歷史人物，而是現實的一般性典型武士。其他尚有傅玄《失題》、劉孝威《驄馬驅》、何遜《見征人分別詩》等，都是文人敍戰士的好作品，除了文人作品外，民間歌謠亦有武士讚歌，如《祖狄讚歌》、《山襄兒童爲山簡歌》、《隴上爲陳安歌》、《軍中爲汲桑歌》、《大業長白謠》等，但民間歌謠中的這類作品最具代表性的要算《木蘭詩》。

《木蘭詩》敍述木蘭代父從軍，歷來都把它與《孔雀東南飛》稱作中國文學史上的敍事詩雙璧。也是一篇可入於戰爭敍事詩範疇的作品。本文把它放在這裏，作爲英雄讚歌來討論。

全詩可分爲幾個大情節：第一個情節敍木蘭從軍的原因，詩從敍事開始，揭示矛盾(衝突)，通過對話的方式展現木蘭的心理世界；第二個情節，敍述出征的準備和急速出發，鋪陳排比，渲染了人物的緊張心情和戰爭氣氛，加强了人物的英雄氣概。加上以環境的變化烘托了人物的心理變動，敍得情景交融，景變情亦隨之而變；景與景、情與情互相對照，情景又交互映襯，人物的心理活動和心理發展，如影如繪地被展現出來，生動萬分；第三個情節，敍木蘭十年戰鬥，勝利榮歸，情節簡括，音調鏗鏘，對偶工整，筆墨酣暢淋漓，氣勢雄壯飛動，刻劃有力，英雄形象突出，尤其結尾，敍述木蘭返家後的情景，先用之排敍全家歡樂；次用鋪陳獨白，敍木蘭恢復往日生活，又由同伴的驚嘆敍述反襯木蘭的機智，具有強烈的喜劇效果；末以歌者身分口氣，用比喻發議論，極力讚嘆木蘭喬裝之妙。

這首詩塑造了木蘭英雄的光輝形象。主角既是現實人物，又是理想化的典型。詩人經過高度的藝術概括、集中、典型化，運用複疊和鋪陳排比的筆調，進行藝術渲染，使人物形象生動活潑，饒有情趣。詩中以敍述爲主，對話、描寫、議論、抒情爲輔，進行形象思考，又用直陳、比喻、對偶、反襯、頂眞等修辭法，達到高水準的表現效果，是一首難得的英雄讚歌，戰事敍事詩，它的光輝照亮了六朝敍事詩的形貌。談完武士讚歌式的戰爭題材敍事詩，下面接談相關的題材，先談以戰馬爲題材的作品。

以戰馬爲題材的敍時詩，如劉孝威《驄馬驅》和張正見《君馬黃》等。張正見《君馬黃詩》敍述戰馬的馳驅，隨而帶出戰事，放在寫戰馬的征戰敍事詩，更能顯出它的個性。首二句敍幽并的戰馬，「風去」以下四句敍戰爭行程，結尾二句抒情。全詩既有敍述也有抒情，合乎敍時戰爭敍事詩條件。其次談以講武爲題材的作品。

以演武爲題材的作品，敍述的是現實性遊獵，以演武爲主題。蓋演武是戰爭的準備，所以歸屬征戍類。齊王融《從武帝琅邪城講武應詔詩》、伏知道《從軍五更轉》等屬這一類。王融應詔詩敍述演習武事，訓練軍隊。「治兵」四句，議論治兵訓旅之事，具教民任智的實際效用；「白日」以下四句，敍述演武；「凝葭」以下四句，寫軍中音樂，頌美講武；結尾二句抒情以表示輸誠。全詩分四個情節。

在形象思考形式上，敍述與議論並用，描寫穿插其間，是一首典型的敍述演武的詩。再談以征途爲題材的作品。

以征途的題材爲觀察焦點的征戍敍時詩，如沈約《從軍行》、吳均《入關》、張弘正《入武關詩》等。沈約《從軍行》詩敍述征人行軍，歷盡千山萬水之苦，征途所經之事。「惜哉」二句敍歎恨，「浮天」以下敍征途：分征地、風候，交叉穿插，敍述和描寫互用；末二句抒情作結。修辭上直陳之外，也用典，具備以征途爲焦點的敍事詩特色。

以戰事爲敍述主題的征戍敍時詩，如陸機《從軍行》、顏延之《從軍行》、鮑照《建除詩》、孔稚珪《白馬篇》、吳均《戰城南》三首、《入關》、《胡無人行》、《從軍行》、劉孝儀《從軍行》、劉孝威《半渡溪》、《驄馬驅》、蕭綱《從軍行》二首、《隴西行》三首、戴嵩《從軍行》、張正見《從軍行》、《度關山》、《戰城南》、庾信《同盧記室從軍詩》、王褒《關山篇》、《從軍行》二首、《飲馬長城窟行》、楊廣《飲馬長城窟行》、《白馬篇》、盧思道《從軍行》、明餘慶《從軍行》、隋民間歌謠《長白山歌》、《煬帝幸江南時聞民歌》等。陸機《從軍行》是敍述戰爭軍旅生活的代表作，詩的內容，敍征人長途跋涉，轉戰南北之苦。全詩共分五個情節：第一情節「苦哉」四句，敍征途遙遠；第二情節「深谷」四句，敍行軍艱辛；第三情節「隆暑」四句，敍氣候惡劣；第四情節「胡馬」四句，敍戰事激烈；最末一情節「朝食」四句，敍營地緊張備戰，以不勝悲傷與首節相應。

作者按照遠征的戍所，征程的地勢和征時的節候，戰爭的實況，營地的生活等五個情節，推展故事。詩一開始以詩人的旁白拉開序幕，節奏時進時止，手法時敍事時描寫；描寫時往往借背景的推移，凸現事件的變動，產生時間效果，是以描寫執行了敍述的任務，這是中國敍事詩的一大特色。自「胡馬」以下寫戰事，突顯了雲光、星雲的胡馬越旗，呈現鳥瞰式的戰地全景；又以刀光劍影以及相互應和的響箭，敍述戰鬥的激烈，對戰事作了有聲有色的渲染，令讀者如見其景，如聞其聲。最後敍述軍士早餐仍戴頭盔，夜裏仍負戈戍守，突現了軍中的緊張生活。末二句照應首句，抒發詩人感受。

顏延之《從軍行》，這首詩的主題與陸機《從軍行》相近，可能受陸詩的影響。詩泛寫遠征兵士戰陣之苦，以敍戰事爲主。據《南史．顏延之傳》記載，宋武北伐時，延之曾「有宋公之授」。可推知他有過隨軍生活的經驗，詩的創作具生活原型。「苦哉」等首四句以感嘆的語言敍遠征將士的艱苦，所敍是一般性的經驗；「地廣」以下六句敍行軍途中的艱苦，是具體見聞的個別體驗，然正面寫山水、四時，通過對巖阿、冰沙的描寫，從側面烘托出征途的險惡環境，借用想像，呈現出征途的艱辛，是以描寫爲敍述的輔助，借烘托暗示敍述的空白，虛筆手法運用特妙；「閩烽」以下六句，筆鋒轉換，波瀾頓起，敍風雲之突變，形勢之緊張，時局之莫測；「接鏑」以下六句，直接敍戰事，用側筆敍述情況的激烈，以至刁斗急擊，烽煙乍起，將士不寧，日夜不息；末二句抒情，以對遠征將士同情作結。全詩共分五個情節單元：即嘆苦、征途、時局、戰事、嘆美等。情節推展，跨度大，跳躍而連續。戰事爲主，其餘爲副，可爲戰爭敍事詩的代表。

鮑照《建除詩》雖以遊戲之作受垢病，[23]不過，主題敍述征討西羌之開疆拓土的事，合乎戰爭敍事詩的概念。開端自「建旗」以下至「旗鼓」等八句，敍出兵：其間，首二句敍出征的路線和征討的對象；三、四句敍兵士之多；五至八句敍軍旅氣勢之盛，以上多描寫之筆；第九句「定舍」以下敍行軍及戰鬥：其間，九至十二句敍行軍的遑急，表現出戰事迫在眉睫，情況緊張，所以戰士全副武裝，絲

---

23 潘愼《鮑照建除詩鑑賞》云：「有遊戲筆墨的性質，……內容不見佳妙。」，《漢魏晉南北朝隋詩鑑賞詞典》，山西人民出版社，1989年3月，頁838。

毫不敢鬆懈。「破滅」以下敍勝利凱旋：其間，「破滅」四句敍滅敵擒王，平亂設關；「成軍」二句敍凱旋，「收功」二句敍功就，「開壤」二句敍受封。結尾二句，議論以抒情流露羨慕之意，斥隱居治學之愚。全詩的情節分明，細節詳盡，出戰立功，經歷完整，又有衝突性、進展性，敍事性質濃厚，雖無生活原型，卻是生活見聞的概括表現，也應算是表現當代戰事的典型作品。其思考形式以敍事爲主，描寫爲副，偶用議論以抒情；修辭方面，有直陳、鋪排、誇張、用典等藝術手法的運用。

庾信《同盧記室從軍詩》是一首標準的以戰爭爲題材的敍事詩。詩敍北周齊煬王宇文憲伐北齊時絳汾之役的戰事。《周書》卷十二《齊煬王憲傳》記載北周天和四、五年間宇文憲在絳汾一帶與北齊大將斛律明月激戰之事。又建德三年，憲又率兵攻齊，在絳汾一帶與齊兵對壘，這首詩敍述的就是其間的戰爭。詩開端四句，敍謀略的設定和作戰工程的營作；「函犀」以下敍北周軍隊攻至絳汾(北絳縣和西汾，都在齊國邊境)；「寇陣」以下敍齊軍潰敗，周兵攻城略地，往敵方推進。「箭飛」二句承上敍戰場攻戰和城陷，末二句讚美。是一首最具現實性的敍時征戰歌。

其他，隋煬帝楊廣《雲中受突厥主朝宴席詩》敍受降；徐摛《胡無人行》敍女子和番等，應是這一類型的附屬作品。

(三)邊塞詩

邊塞詩是「指以塞外邊地的自然風光和邊地將士戍守戰鬥生活爲描寫對象的詩歌。」「寫作邊塞詩的詩人，一般都從戎邊地，富有熱情和進取精神，有著豐富的邊地生活體驗，因而作品帶著雄奇豪放的風貌。他們能將邊地奇麗的自然風光傳神地表現出來，帶有濃厚的地方色彩和情調，艱苦的戍守生活和激烈的戰鬥場面，被他們寫得壯烈而有生氣。有的詩人還能揭示邊地將士間的矛盾，描寫征夫的疾苦，思婦的情懷，擴大了邊塞詩的題材範圍。」[24]這是一本近年出版的文學辭書的記載，它的定義比較合乎實際。不過朱書所舉的例子都是唐人的作品，實則六朝已有合乎上引邊塞詩概念的作品。如鮑照《代出薊北門行》、《代陳思王白馬篇》、《白馬篇》、劉孝威《隴頭水》、劉峻《出塞》、蕭統《飲馬長城窟行》、蕭綱《雁門太守行》三首、蕭繹《紫騮馬》、《驄馬驅》、《隴頭水》、《關山月》、吳均《度易水》(一作《荊軻歌》)、《送歸曲》、《邊城將》四首、《與柳惲相贈答六首》、《答柳惲詩》、王訓《度關山》、張正見《飲馬長城窟行》、《出自薊北門行》、《結客少年場行》、徐悱《白馬篇》、王褒《度河北詩》、《入塞》、《關山月》、庾信《飲馬長城窟行》、徐陵《飲馬長城窟行》、《出自薊北門行》、《結客少年場行》、江總《隴頭水》二首、《雨雪曲》、《關山月》、陳暄《雨雪曲》、賀力牧《關山月》、《妾薄命》、吳邁遠《胡笳曲》、《長相思》、《櫂歌行》、陳叔寶《紫騮馬》二首、《雨雪曲》、何妥《入塞》、顧野王《隴頭水》、阮卓《關山月》、謝燮《隴頭水》、《關山月》、楊素、虞世基、薛道衡《邊塞詩》各二首。以及晋雜歌謠辭等，作品非常多。下面分細類舉代表作論析之。

邊塞詩中，有以人物爲觀察中心的作品，如鮑照《代出薊北門行》。此詩敍述壯士從軍衞國的壯志，是從軍詩中較早的一首描寫到邊塞景色和軍旅生活的詩，具有濃厚的現實主義色彩。詩的結

24 朱子南《中國文體學辭典》之《文體類別．邊塞詩》，湖南教育出版社，1988年11月，頁50。又蕭澄宇《關於唐代邊塞詩評價的幾個問題》云：「究竟甚麼邊塞詩？我想，就範圍來看，必須是以邊塞題材爲內容的詩，才可以稱爲邊塞詩。既稱邊塞詩，自然應以邊塞爲特徵，離開邊塞的特點，就無所謂邊塞詩了。」他又將邊塞詩的內容分爲：第一，是寫邊塞戰爭或邊塞有關的行軍生活、送別酬答、將士矛盾、士卒思親懷故、喜怒感慨、牢騷勸勉等；第二，是寫邊塞風光、自然景物的；第三，是寫邊地風土人情和民族交往的，頁27－28。《唐代邊塞詩研究論文選粹》，西北師範學院中文系，西北師範學院學報編輯部，1988年，頁26。

構，自首句「羽檄」以下八句，敍述邊地傳來警訊，朝廷派兵救朔方；「雁行」以下八句敍述軍旅沿途所歷：分行軍、軍樂、旌甲、風候、艱苦等五個細節；結尾四句以議論抒情，表現主人翁的忠誠。全詩凡分：出征、征途、言志等三個情節單位。詩中有邊塞景色、軍旅生活，沒有戰鬥場面。在思考形式上以敍事爲主，描寫爲副，議論又次之。修辭以直陳、鋪述爲主，又用比喻。性質與征戍敍事詩的敍人物部分作品相近。徐悱《白馬篇》敍述戰士的經歷，塑造了白馬少年豪邁勇武的愛國志士形象，讚美其急赴國難，馳騁戰地，殺敵衞國的精神，對他表示敬仰和嚮往之情。詩的情節結構：自開端「妍蹄」以下六句，敍述其來歷、裝束、行蹤，敍述和描寫兼用，呈現了他的颯爽英姿和豪俠風度；「聞有」以下十八句，敍述他從軍擊敵，急赴國難。歌頌他勇於獻身的愛國精神，讚美他的人物威名，勇武的忠誠，表現了他殺敵滅虜、報國揚名的雄心壯志。邊敍邊議，以刻劃人物形象爲主要目的；結尾二句，以銘功賜爵，讚頌他的成就。全詩凡分三個情節，中間有細節鋪排，敍事描寫並用，又以議論抒情，人物性格和形象相當突出。由於敍述的層次分明，描寫的角度靈活，議論概括有力，故在藝術成就上，達到相當高的水準。詩的類型介於人物和事跡之間，因其主旨以頌人爲目的，故列於此。也是屬於以現實人物的典型爲敍述對象的作品。

劉孝威《隴頭水》通過塑造戍邊軍人的形象，抒發悲壯昂揚的豪放之氣，壯烈之情。詩人以戰士口氣，一開頭以四句之篇幅敍述戍邊的生活感受，以下四句，敍述戰士誓逐入侵者的壯志，多以用典爲表情的手段，最後兩句抒情，對當權者提出指控。全詩表現了一種悲憤蒼涼之感和渴求建功立業之情，富現實性。也是一首人和事並陳的作品，可移於戰事類，亦可當邊塞詩處理，這裏作爲武士讚歌的典型。

吳均《邊城將》都是敍述邊城將帥：第一首敍述應募投軍；「刀含」四句敍他的武裝打扮；末二句言志。著重於人物描寫，分外表和心理兩部分描述。既有敍事，又有描寫和抒情。其二，「僕本」四句敍人物，寫其馳射武勇；「勳輕」四句敍其功名；末二句言志抒情。其三，「聞君」四句敍人，寫其重恩義，佩名劍，騎金絡馬；「高旗」以下四句敍其馳騁疆場；「歲晏」二句抒情言志。其四，「臨淄」四句用典敍述邊城將的身分性格；「君看」四句借班超典故寫人；末二句言志。四首詩都以詩中主人翁的口氣敍述，寫出邊城戰將豪情壯志，以及重義輕軀的心理，著重其英雄本色。全詩未敍及戰事。

其次論以征途和征戰經歷為觀察焦點的邊塞詩。如王訓《度關山》敍述武士往邊關征戰的經歷，是以戎歷嵌合形象，本應列在邊塞戰事一羣，然而詩的敍述口氣傾向於作品中的主人翁，故放在這裏討論。詩自開端「邊庭」以下兩句，敍述邊警；「從軍」以下二十六句，敍述主人翁將軍轉戰各地；看來似敍戰事，實際卻是藉敍戰事，呈現戰士思念家鄉之情，征戰艱苦之感，批評將領疲懶盲動，以至失利敗北，藉此刻劃主人翁的內心世界。詩的情節完整分明，人物形象具體活潑。在形象思考方法上，敍述與描寫兼用；在修辭技巧上，直陳與用典並使，具備武士讚歌的條件，所讚美的也是現實的、一般性典型武士。

江總《隴頭水》其一，敍述士子出使邊關異地的征途經歷，首四句敍事兼寫景又帶抒情；「驚湍」四句寫景、抒情相結合，且借用典以敍事。其二，也敍征途，首二句寫景，「徒傷」二句抒情，寫景以空間轉移推動情節敍事；抒情時以時間流轉，推動情節兼敍事。「無期」二句敍事，以時間推動事件的發展，末二句抒情。江總另一首《雨雪曲》也是敍征途的篇什。

再次論戍邊的敍時詩。可以鮑照《代陳思王白馬篇》論之。此詩敍述一位戍邊的戰士在揚鞭赴敵的途中所見所聞、所感所受。「白馬」以下四句敍赴邊塞；「閉關」以下八句敍戍守；「含悲」以下六句敍悔恨；結尾四句抒發心志。詩的思考形式含敍事和描寫；修辭以直陳爲主，用典偶現。著眼戍邊之苦、邊地風光等。戰事則不見。

楊素《出塞》二首，其一敍述將軍出塞、禦敵、戍守。「漢南」四句敍將軍出關；「冠軍」以下四句敍列陣克敵；「橫行」四句敍述沙場縱橫；「嚴鐎」四句敍述戰後防戍。「休明」四句敍功成返都。

其二，「漢虜」四句敍出鎮；「據鞍」敍思功名；「荒塞」四句寫景；「交河」四句寫景兼敍事；「河朔」四句敍其久行役，後兩首都運用敍事兼描寫的手法。詩的修辭全用敍述。虞世基、薛道衡都各有《出塞》二首，都是和楊素作的，類型相近。合楊素二首，三人六篇是最成熟的邊塞詩。

又次論敍述戰事的敍時邊塞詩。徐陵《出自薊北門行》詩敍述一位希望立功封侯的將士在邊地抗敵。首四句敍將士赴邊地：前二句敍事，後二句寫景；「屢戰」以下四句敍戰事；「漬士」以下四句敍克敵封侯。詩在思考形式上用了敍事和描寫；在修辭上用了直陳、用典等手法，也是一首情節完整、條件完備的邊塞詩。

劉峻《出塞》的主題敍述邊塞將士的戍邊生活：作戰、行役。「薊門」四句敍將士出塞：前二句敍事，後二句寫景；「陷敵」四句敍戰事；結尾二句言守邊日久，胡樂撩愁。全詩共二個情節：出塞、守城(戰爭、夜戍)，每個情節都是前敍事，後描寫。以上是以戰事戍邊的題材爲中心的敍時性邊塞詩。

最後，論敍征戰生活的敍時邊塞詩。庾信《飲馬長城窟行》藉兵官的口氣敍述征戰的生活，征途的情況。「末德」以下議論兼敍事，寫兵官的願望。全詩共分四個情節單元：即征途、轉戰、久戍、功成等。四個情節中，前面三個是互補結構，成一單元，情節的推展靠前後跨度的飛躍和事件的互補，以造成連續性。敍事和議論是詩中主要的思維手段，描寫在背景塗抹上發揮了相當大的功能，又和議論合作補足了敍事空隙。修辭上，直陳外又有用典。是一首以戰爭生活爲主要題材的典型敍事詩。除了以上所論述的標準的作品外，還有一些跟邊塞有關的作品，亦可列爲邊塞詩類型的，如賀力牧《關山月》詠月抒懷，《妾薄命篇》敍流浪邊塞婦女的閨怨，吳均《與柳惲相贈答詩》六首、《答柳惲詩》述邊地友情；吳邁遠《胡笳曲》、《長相思》、《櫂歌行》、顧野王《隴頭水》、阮卓《關山月》、謝燮《隴頭水》、《雨雪曲》、蕭統《飲馬長城窟行》、蕭繹的《紫騮馬》、《驄馬驅》、《隴頭水》、《關山月》以及晋雜歌謠辭等，均與邊塞有關。

(四)遊俠詩

在六朝詩歌領域中，以遊俠這類人物為題材中心，去敍述描繪人物，敍述他們勇敢赴邊，想為國用；敍述他們仗義行俠，為人伸寃報仇；敍述他們遊戲狹邪，驅馬都邑；敍述他們不遇的悲嘆；以及其他相關的事跡，產生了不少作品。如張華《博陵王宮俠曲》二首、陸機《長安有狹邪行》、鮑照《代門有車馬客行》、《代結客少年場行》、《代堂上客行》、孔欣《相逢狹路間》、沈約《相逢狹路間》、《長安有狹邪行》、蕭統《將進酒》、蕭綱《長安有狹邪行》、蕭繹《劉生》、費昶《發白馬》、吳均《征客詩》、《結客少年場行》、何妥《門有車馬客行》、王筠《俠客篇》、張正見《輕薄篇》、《長安有狹邪行》、《劉生》、《門有車馬客行》、《紫騮馬》、沈炯《長安少年行》、何遜《擬輕薄篇》、《門有車馬客行》、庾信《結客少年場行》、王褒《遊俠篇》、《長安有狹邪篇》、《結客少年場行》、徐陵《劉生》、《長安道》、顧野王《長安道》、陳叔寶《劉生》、賀徹《俠客控絕影詩》等，下面再分細類取其代表作論述之。

首先要論述的是以遊俠人物和他們的心志為題材中心的作品。陸機《長安有狹邪行》敍述遊俠心志。首四句敍述長安街上車水馬龍，來往繽紛；「鳴玉」四句敍俠士志操及服飾；「余本」四句敍俠士交遊；「守一」四句敍俠士蕭灑不拘的處世態度；「守一不足矜，歧路良可遵。規行無曠迹，矩步豈逮人。」是他們的人生理想標準。「投足」四句抒情，論俠士自己的特立獨行。全詩都是敍事和描寫，直陳和刻劃。何遜《擬輕薄篇》敍遊戲狹邪的城東美少年。首四句敍少年心性和裝束；「長安」四句寫長安城環境；「走狗」十二句敍少年的遊樂生活；分遊觀、嫖妓、詠情等情節。其中，「百戲」、「三市」、「象牀繡被」、「玉盤綺食」、「倡女」、「小婦」等，是招牌題材、生活典型。末四句敍其夜生活，表現了及時行樂的思想。詩的思考形式以敍事、描寫爲主；修辭手法以直述、誇張、比喻、用典爲中心。鮑照《代門有車馬客行》借主客問答，敍車馬客行李生涯，也屬這一類型。

其次看以俠客仗義行俠，鋌而走險等題材爲中心的敍時類遊俠詩。張華《博陵王宮俠曲》二首敍述俠客的行徑。其一敍俠客鋌而走險，搶劫維生。首四句敍其居處；「歲暮」四句敍其爲窮寒所逼，憤激不平；「干將」以下四句敍其持弓劍打劫；「收秋」二句敍其所得巨大；「棲遲」四句以官不能禁，俠客逍遙法外，諷刺現實政治。全詩敍事，以直陳行之。其二，敍俠客爲人抱不平而挺身殺仇家。首四句敍其重義氣，爲人抱不平；「吳刀」以下八句敍其高强的武技；分兵刃、身手等細節敍之；「寧爲」六句結尾敍俠客豪勇，無視法禁，寧死不屈。全詩以敍事爲主，偶有描寫。有直陳，有比喻。

鮑照《代結客少年場行》敍述俠客避罪遠行，再返家，已歷三十載，見家園面目已非而憂傷。首四句敍其犯罪；「追兵」以下四句敍逃罪復返；「升高」以下十句敍市朝變異，貧富懸殊；結尾以自歎不遇作結。全詩敍事。還有費昶《發白馬》，敍俠士從軍。前四句敍俠士應召加入羽林軍習戰；「弓弢」四句敍赴前線；末四句，敍臨行寄言家中妻妾。全詩敍事，與邊塞，征戍類作品相近。至如沈烱《長安少年行》敍少年出行，遇一老翁，聽其述往事，心懷悲慨，可謂遊俠詩的變種。全詩分三個情節：少年出遊，遇翁聽其述往，少年悲慨。詩中有敍事，有議論，情與事相滲透；其修辭手法，有直陳，有比喻，有用典。

六朝敍事詩的特色

一、六朝敍事詩的共性

六朝敍事詩中，敍史詩羣和敍時詩羣之間的共性是由它們的共名——敍事詩決定的。敍事詩的本質，就是以詩體去敍事。事就是敍事詩的根本因素。作爲敍事詩本質的事，在本文的義界中，含蘊人、事、物的連繫脈絡關係，所以「事」，具時間性、空間性，是有情節發展的。因此，敍事詩中的要素「事」：就思維形式言，它是敍事的；就題材性質說，它是具時間性和空間性的交構組織的；就文學體裁說，它是詩歌的。這些就是敍史詩和敍時詩兩大類型的根本共性。雖然詩人在創作時，有時以人敍事，以事寫人；有時以景載人，借景運事，乃形成種種人和事、人和景、事和景的組合形態，但卻也因而形成了六朝敍事詩類型的多樣化，但各類型需有其內容本質——事的因素。

再者，由於詩人創作敍事詩時，其思維形式受傳統文化機制的影響，除少數篇什如費昶《發白馬》、鮑照《代結客少年場行》、張華《博陵王宮俠曲》等，全詩用敍事手法外，其餘多數作品都敍事與議論，敍事與描寫結合而穿插運用。或借議論以抒情、評斷，或用描寫鋪排景物，構造故事環境，渲染情節氣氛，形成了六朝敍事詩(甚至可以說是中國敍事詩)的思維形式共性。對於這種情形，前人曾有論述，[25]蕭馳以爲「變是從客體向主體，從述史向詠懷的轉化。」[26]他們以正變分別詠史詩，就班固《詠史詩》以來的發展說是對的；可是左思《詠史詩》八首，正變互陳，敍事與詠懷並有；又有

---

25 何義門《義門讀書記》下《文選卷》第四十六卷《張景陽詠史詩》條：「詠史不過美其事而詠歎之，檃栝本傳，不加藻飾，此正體也；太冲多自攄胸臆，乃又其變。敍致本事能不冗不晦，以此爲難。」北京：中華書局，崔高維點校，1987年6月，頁893。

26 蕭馳《中國古典詠史詩的美學結構》，頁42。

顏延之《秋胡行》，敍事與寫景交錯，可見他們所謂正變之體是同時存在的，不是敍事詩體發展的結果，而是六朝敍事詩常有和共有的現象。也就是說在傳統文化機制的影響下，詩人的創作心理所引發的對作品題材和內容的選擇和展現，必然要受到限制，思維形式也會受到制約。當詩人的主體意識和客體形象契合，而產生類比作用，引起快感，而產生創作動機時，發洩個人的情緒重於娛樂讀者、教育讀者的心思，於是除了故事的敍述外，很容易傾向於借議論去評斷，去表情；借描寫去肆意加强自我的喜、怒、哀、樂，渲染背景氣氛，這也可以說是產生六朝敍事詩思維形式的共性的審美心理因素。[27]

其次，由於中國傳統詩歌體制和創作機能的制約，以及三國魏以來，玄學上「得意忘言」、「言不盡意」、「寄意言外」等認識論的影響，[28]六朝敍事詩人在情節的安排和推展上，往往是單位(空間)簡短概括，推展(時間)間隔跳躍。留有讓想像去連接的空白，以虛境去補充實事的餘地。所以，情節的展露都畫龍點睛式的；情節的砌造都是截斷衆流，抽刀斷水式的，斷而猶流。所以一個情節單元，有時就是一句、兩句，甚至是一組由兩、三個字組成的詞。隨之語言也極端概括、濃縮、簡短。

再次，在修辭技巧上，六朝敍事詩，無論敍史類或敍時類，都以賦體的直敍為主，以比喻、用典、興體為副。又經常運用誇張、對仗以及對比、照應、烘托等手法。雖然不是每一首都如此，但在

---

27 降大任《古代詠史詩初探》三《詠史詩的價值》云：「詠史詩往往集敍事、抒情、議論三者爲一體，而且往往偏於理性認識。」《晋陽月刊》總第12期，山西省社會科學院，1983年5月，頁33。

28 孔繁《魏晋玄學和文學》，孔繁說：「正始以後，文學家受玄學的影響，大多注意探討文學的作用和本質，而接受玄學『得意忘言』、『言不盡意』的宗旨，用以指導和分析文學創作。」中國社會科學出版社，1987年12月，頁50−58。

兩大敍事詩族羣中，這些修辭因素是齊備的，不必在這裏例舉，也可想像得知的。

至於，敍史類和敍時類，各次級類型的共性：簡單說，敍史類中的建國史詩和詠史詩，其所敍的事，都是歷史事件，所敍的人物，都是歷史人物；敍時類中的遊獵詩、征戍詩、邊塞詩、遊俠詩，所敍的事，都是當時事，所敍的人物，都是詩人目見耳聞的人物。當然這種時間性的判別，是以詩人的創作意識爲準，而不是以創作時運用的題材和對象爲準的。

二、六朝敍事詩的個性

論及六朝敍事詩各類型的個性，首先得談敍史類和敍時類的界限，那就是兩類所敍之事，一爲過去的歷史人物事件，一爲當時的現實人物事件。其次談敍史類中各類作品的個性。

(一)六朝建國史詩的個性

六朝建國史詩，合歌功與頌德兩類言之，它的個性有下列數端：

1. 它寄身於樂府詩中，在那些祭祀宗廟、燕射樂舞詩中設籍生長。

2. 它的內容以史實爲主，以六朝各代君主的起源、建國、天命、戰功、政績爲題材。作者創作這類詩歌時是取材於歷史，尤其是其所處朝代的建國史。而以與建國、治國有關的人、事、物作爲表現對象，將人物、事件組合成情節，呈現整個建國歷史風貌。

3. 它的表現藝術技巧，以敍事爲主。作者在敍事時，又以直敍爲多，有時也用典，用比喻對照的手法，甚至有誇張的場面。但不管作者採用的是甚麼藝術手法，都遵守一個原則。那就是要求運用客觀描寫的手法，眞實地再現客觀的史實，記敍本身就要求對描寫對象忠實。

4. 它的語言以四言爲主，有時也用三言、雜言，是極端精粹、典型的文學語言，詩的語言不長，篇幅也比較短。因此，詩中表現的事跡(故事)線索單純，情節濃縮而跳躍，有時連合多首成一組曲，以達到其完整性。有時只是點綴性的史實呈現，僅止於單一事件的敍述。也就是說它是以精粹、濃縮、跳躍作爲其敍述情節的典型的。

5. 它的創作心理是崇高爲美，以歌頌他人的偉大、回憶和誦述已往的豐功偉業、高尚德教爲滿足，在內心引發美感模仿和產生轉化作用，而獲得快感的。

大抵歌功類以具體的功業和戰績爲主，頌德類以抽象的德性題材爲主。歌功類的思維形式偏於敍事；頌德類的思維形式偏於說明。

(二)六朝詠史詩的個性

六朝詠史詩分詠人和詠事兩大類型，而在那兩大類型中，又各有單篇獨詠和連篇組詩；有詠史標題的，有一般題名的；有詠一人的，有詠多數人的；有合組詠多數人的；有單篇詠一事的，有連篇詠一事的；有正體的，有變體的。但無論是是那一體類，它區別於其他敍事詩羣，在於題材和內容。

1. 就內容言：有詠人物行儀，人物心性，人物品德的；有詠人物功業，人物事跡，人物生活故事，人物愛情故事的；有作者感受，主觀議論，價值定位等情節單元。一篇之中，題材內涵和情節單元往往數種並陳，多元表事，多彩多姿。詩的情節因素雖然多重，情節鋪排雖然多樣，卻有規律可循。一般說，以詠歷史人物爲主的作品以人物爲主題的核心題材，內容偏於人物心性、品德、節操，事件題材往往只是爲服務人物心理的呈現而選用，在作品內容上是附屬題材，故有時與心性題材結合，爲心性題材增色，有時與心性題材並列，印證並襯托人物心性，且多借助作者的抒感和評議。人物形象突出，情節軌跡模糊；詠歷史事跡爲主的作品，以事件爲主題的核心題材，內容偏於人物的事跡。心性、品德、節操往往隱伏在事件情節中，要借由讀者的想像、補充，才顯現出來。即使心性題材直接出現作品中，也是偶然視需要而點綴，在作品中，屬次元題材，作者的議論和評斷、抒感，都是次元性的，爲對事件的評價、總結，加强事件的性向而出現的。在這類作品中，人物形象借事件顯現，情節軌跡明晰，情節性强，情節之發展緊湊。

2. 詠史詩的詠人題材和建國史詩的頌德題材有別，一者詠常人之像，一者詠受天命、應期運之德；詠史詩的詠事題材和建國史詩的歌功題材也不同：一者敍常事，一者敍建國之事。

3. 就詩人的創作意識而言，敍史類作品的作者都是向歷史尋求客體，但兩者的審美心理不同。六朝是一個動亂頻起，政治黑暗，生命危淺的時代，知識分子在那種環境中，對個人的命運往往會產生沈痛的思索與憂憤的情感，以及對過去的嚮往。這種心理容易在類比的意識作用下，向古代尋找客體，把情感投入客體對象中，讓主體的自我向客體的題材對象化。也就是說，作者往往爲個人的命運，主體的意識的憂憤或嚮往情緒，尋求一個客觀的歷史對象，於是產生了詠史詩。[29]在這創作心理基礎上，作品題材和內容的選擇和展現，必然要受到限制。詩人往往在主體意識與客體形象契合時，產生了由類比而引起的快感。詠史詩的作者就是在這樣審美心理基礎上，產生創作動機的。蕭馳說：「詠史像自然詩一樣，意在『從對象中尋回自我』，表達的是理性的激情，它所憑藉的往往是對歷史和現實的冷峻思索聯想。」又云：「惟其出自對個人命運哀歎，因而也就更情感化、情緒化。這體現在藝術功能手段上就是以情動人的唱歎。」又云：「由於唱歎在抒懷，作者所描繪的歷史和歷史

29 蕭馳云：「主宰著六朝時代詠史詩的，是險惡黑暗政治下封建知識分子對其個人命運的沈痛思索與憂憤情感的混合物。」，頁42。

人物，實際上也就是詩人自身情感的客觀化所著意製造的心理距離，詩人在現實中的痛切感受要通過一面歷史的鏡子返照出來。」[30]六朝詠史詩所以不走向純客觀敍事，往往帶有議論、抒情色彩，所以脫離不了抒情的覊絆，甚至有些篇什，抒情濃於敍事，道理就在此。建國史詩的作者，其創作動機是崇拜和頌美，是客觀的模仿和轉化，所以和主觀抒情關係較少，審美心理也自不同。

(三)六朝遊獵詩的個性

六朝遊獵詩的個性，由題材和內容，結構和風格表現出來。

1. 六朝遊獵詩的內容：這類所敍述的內容，是當代的，是眼前耳聞的事件，是遊獵活動和理念，這是它和前面所論六朝史詩不同的要點。它的題材，以季節(獵時)、空間(獵地)、事件(獲事：器具、徒御、箭手、禽獸)、獵獲、慶宴為主要因素，有時帶有諷勸思想，目的意念(訓武作用)等。這是它別於其他敍事詩的題材因素。

2. 六朝遊獵詩的敍事結構，一般分獵地、獵事、慶宴三個基本情節單元，可增減可潤飾，諸如季節情節、抒情情節、議論情節等比較少見。情節的脈絡清晰可見，雖然情節單位也簡短潔淨，可是不如六朝史詩情節那樣濃縮跳躍，而更具連續性、衝突性。情節構造中，事件為主，人物為副，人物形象不如六朝史詩具體明晰，比較偏於一般性、典型性。

3. 六朝遊獵詩的修辭，較之其他類型的敍事詩，少用比喻和興體。

4. 六朝遊獵詩的風格，豪放而少激情，形象模糊，規律而輕快。不如建國史詩莊嚴，不如詠史詩凝重。

---

30 蕭馳《中國古典詠史詩的美學結構》，頁43。

5. 六朝遊獵詩的詩人，不是向歷史尋求對象，而是向現實尋找快慰。所以詩人創作時的審美情趣是娛樂的快慰和尚武感情的寄托。在娛樂心理和尚武情結中，回歸自我，激發創作動機。這是和建國史詩和詠史詩不同的創作心理機制。

(四)六朝征戍詩的個性

六朝征戍詩，由題材又可分爲戰馬、演武、守城、征途、戰事、受降、和番等八個範疇。它的個性由下列各項體現出來。

1. 詩的內容都以武士(包括兵官、將軍)、武備(武士的隨身武器)、坐騎(馬以及馬身裝備)、戰地(如雲中、隴上等邊城)、都城等爲主要素材，配合征途風景、氣候、軍中生活等，組合成情節單元。由於分八個觀察角度進行敍述，乃形成了八種題材類型。題材的性質和人物身分異於建國史詩，和詠史詩中詠英雄、功臣的族羣相近，卻不盡相同。如詠史詩中的隱士、刺客、殉情女是征戍詩中所沒有的。

2. 如拿這一類型作品和上面所論同是當代的敍事作品——遊獵詩作比較，其實可列爲廣範圍的戰事敍事詩。不過兩者之間，題材內容，戰事與狩獵，人物對象與野獸對象；戰地與獵場等不同外，在形式上，其表現技巧也異，前者以敍事爲重，議論抒情爲副；後者(戰爭詩)則以敍述爲主，描寫佔相當大的分量。

3. 就審美心理的創作機制而言，征戍詩以立功揚名和對於戰爭艱辛的批判和歎苦爲美感心理基礎。前者以崇拜欽敬爲美，在轉化作用的審美情趣下引發創作動機；後者以對醜惡的批判否定，獲得快感。

(五)六朝邊塞詩的個性

六朝邊塞詩，或敍安邊的心志(情)；或敍邊城將士(人)；或敍邊疆戰爭、風光等，均是在邊塞的時空制約下，呈現與戰事有關的題材，和上面征戍詩可以說是孿生兄弟的類型。它的個性根據前面的論析和其他敍事詩比較，可由下列諸點看出來。

1. 就內容而言：

Ⅰ以邊塞爲背景，這是與以普通戰場爲背景，以獵場爲背景，以內地爲背景的征戍詩、遊獵詩、建國史詩等最顯明不同的地方。

Ⅱ以邊塞的人物(將帥、軍官、士卒、使節、和番美人、流浪漢、閨思女孩)爲人物題材。這是它和建國史詩、遊獵詩等相別的徽誌。

Ⅲ以邊警、出征、征途、守城、克敵、凱旋、受封、戍邊、祈封、戰敗、陷敵等爲核心的敍事情節。這是它和建國史詩、遊獵詩的分歧要點。

Ⅳ以羽檄、邊急、馬、弓箭、刀劍、邊地、關隘、高山峻嶺、塞川冷水爲常用物質和空間題材，這是它和建國史詩、詠史詩、遊獵詩同中有異的地方。

Ⅴ以秋、冬爲常用的季節題材。

Ⅵ以立功邊陲、刻碑銘石、封侯賜爵、克敵固疆爲理想情志的題材。

Ⅶ以久戍之苦、邊地之艱、思鄉之殷、思婦之切的悲苦心理爲題材；也有意氣風發，以克敵建功爲志的作品。

2. 就詩人的創作機制而言，它是在批判艱苦的創作意識下，對美感反面事物的否定破壞，再不然就是立功封侯的希冀心理在模仿和轉化過程中，得到滿足，而產生美感作用的。因此，它的審美情趣和征戍詩相近，而和遊獵詩、建國史詩、詠史詩等大異其趣。

(六)六朝遊俠詩的個性

六朝遊俠詩，據上面的論述，它是以遊俠爲題材的敍事詩。在這類遊俠詩中，有敍人物家世和心志的；有敍俠客遠行的；有敍其仗義行俠或鋌而走險的。

1. 就內容和題材言，它們都是以俠客爲詩中的主人翁，有時是俠客自述，有時是詩人敍述；有時則借愛慕的婦女道出。俠客的身分大都是俊民豪彥，不羣士、貴遊士、美少年、萬里客；他們或遊覽名都大市，馳騁大道廣陌，交遊享樂，出入狹邪高第；也有仗義行俠，爲人打抱不平；代人報怨，接受封賞，榮華富貴；可也有鋌而走險，打劫攔路，犯法違禁，避罪熊羆穴，逃亡虎豹林；他們大都騎名駒、裝玉勒、背神弓、佩寶劍、驅車騎，負氣吟嘯，飲名酒、食蘭肴，甚至「握蘭登建禮」，或爲「羽林郎」。大都抱有理想，立功成名，以俠義自負。

拿它和當代戰爭敍事詩和遊獵詩以及邊塞詩比較；有主角的不同：如一者是戰士，一者獵者；一者是將軍或兵士，一者是俠客；其次是題材的不同：如弓箭、劍刀是共同題材；唯俠客詩比較少見箭矢之類，因爲沒有敍戰事；空間上，一者是戰場，一者是獵場，一者是邊關，一者是都會；事跡方面也有不同，一者戰爭，一者打獵，一者戍邊，一者是行俠；風格方面較之其他二者，俠客詩除豪邁風格之外，有華麗、浮靡，是其他類型所無的。

就它與歷史題材的史詩比較，其中心主題以及主要題材，人物形象的不同，不僅是時間性，一古一今之異；而且，人物身分、題材性質都大異其趣。

2. 就詩人創作的美感心理意識而言，詩人創作遊俠詩時，是以扶持正義和自由解放的感覺爲快的。所以，和建國史詩的崇拜敬仰心理略不同；和詠史詩的欽慕、批判心理也異；和遊獵詩的娛樂心理不是一家；和征戍詩和邊塞詩那種慕功嘆苦的心理，也大異其趣。

六朝敍事詩的敍事性格

六朝敍事詩之名，由創作的敍事思維形式而得。我們在上面反覆論述過。其中各類型均具有敍事詩的三要素：即敍事、情節、詩。但在前面論述過程中，我們發現，所謂六朝敍事詩，其思維形式的文體效應是不純的，也就是說，六朝敍事詩中，純敍事的作品是極端少的。所以它的敍事性格，無論那一種類型，都是和議論、描寫相交叉配合構造成的。所以，六朝敍事詩的情節，往往混合著議論和描寫，借描寫繪畫鋪排背景，以背景代替事件，轉化環境和事件，借以推展情節；又借議論抒情，發洩情懷，批判事件，用以補足情節，達到情、事交融，事、景合一的境界。

又由於創作文化心理的影響，詩歌體制的制約，語言概括簡短，情節濃縮跳躍，促使詩人的敍事要運用虛實互補，以橫越情節跨度，這對六朝敍事詩的敍事性格產生影響，造成異乎小說和西洋正宗敍事詩所共有的那種詳細的細節描寫敍事色彩，成了中國敍事詩獨有的敍事格調。

這種敍事性格把它和西洋正宗敍事詩區別開來，也和近世發掘出來的中國少數民族長篇敍事詩大不相同。

但六朝敍事詩這種敍事性格，並不是六朝詩人創造的，而是由《詩經》、《楚辭》、漢賦、古詩等一脈相傳的傳統敍事思維形式，發展過來的。

結論

以上我們在序言中爲這篇論文所要討論的對象——六朝敍事詩作了概念和範疇的界定；然後根據個別作品的主題、題材和思維形式、修辭技巧，將界定下的六朝敍事詩，宏觀地分爲敍史詩和敍時詩。又微觀地，再細分，將敍史詩分爲建國史詩和詠史詩兩類；敍時詩提出遊獵詩、征戍詩、邊塞詩、遊俠詩等四類，分六個題材類型加以引證論析。六個題材類型，又依題材分配的集中度和比率，更微觀地，將敍史詩中的建國史詩分爲歌功型和頌德型；詠史詩分爲詠歷史人物和詠歷史事件；又將敍時詩中的遊獵詩，分爲敍獵事和敍演武；征戍詩分爲敍戰士和敍戰事，以及其他敍戰馬、敍演武、敍征戍、敍受降、敍戍邊、敍邊塞戰爭、敍邊塞征戰生活；遊俠詩分俠客、狹邪生活、仗義行俠、俠士心志等。然後依其主題、題材和思維形式、修辭技巧，篩選各類的代表作品加以分析、論述。經過類型的分析、論述；共性和個性的討論；確定了敍事性。我們的結論是：

六朝的建國史詩、詠史詩、遊獵詩、征戍邊、邊塞詩、遊俠詩等都具有敍事性格，它們應可以統稱爲敍事詩。不過，本文所謂敍事詩是訓詁義，非翻譯義。

六朝敍事詩的思維形式，有純用敍事一種技巧完成敍事任務的；有的兼用描寫和議論兩種思維形式，發揮敍事功能的。但不管思維形式的純或駁，它們的修辭方式，往往以直陳式的敍述爲主，以用典、誇張、對比、比喻爲副，甚至也會採用對仗、倒置，以及興的手法。

六朝敍事詩的內容，以情節分明，形象明晰，語言概括見長。它們的情節是極端濃縮(一句一個情節，甚至一句包含兩個情節單元)，它們的情節的展現是既秩序又跳躍的；它們所刻劃的形象是極端典型性的，是德性形象濃於肉體形象，是以片面代全體的，以重點突現整體，是畫龍點睛式的；它們的語言都是既概括又濃縮，既簡短又豐富的，既跳躍又賡續的，它們是在虛實互補的作用下，完成意象的連續性，完成敍事的完整性。

六朝敍事詩的所有共性，既在敍事的功能下產生，又在詩歌體制的約制下成型。

可是六朝敍事詩之間，除了共性之外，也有它們的個性，那些個性如依其類別比較，約有下列數端：

一、敍史詩和敍時詩最大的標誌是時間性的不同，敍史詩所敍的人、物、事跡，都是過去的，歷史的；敍時詩所敍的人、物、事跡都是現實的，是當代的。當然；題材的古今之分，依創作者詩人的創作意識爲判斷標準。雖然詩人創作敍史詩和敍時詩時，都有「由對象尋回自我」的傾向，[31]但所尋對象有古今之分，因此，我們便可以說，敍史詩的敍時詩的區別，主要在於詩人所選擇題材的時間性上面。

二、敍史詩中，建國史詩和詠史詩，在共性之外，也有各自的個性，即建國史詩所敍的對象是建國立朝的帝王及其祖先，詩人對創作對象是崇高的頌美，是卑微對崇偉的審美情懷的表白；詠史詩所敍的對象是一般人物，雖然有時也包含王侯將相，但往往隱者高士、刺客草莽，甚至吏士庶人，也成爲吟詠對象。因此，詩人對於所創作的對象是敬仰的讚美，是感情的同化，是批判的審美，是對象的自我化；所以，兩者的人物題材既異，審美情趣也有所區別。

三、就敍時詩的四種類型而言，他們在共性之外，也各有個性。就主題和題材而言，狩獵講武的題材，組成遊獵詩；一般戰事題材，組成征戍詩；邊塞題材，組成邊塞詩；遊俠人事題材，組成遊俠詩。各類型中所使用的題材，都含有個性。就人物而言，遊獵詩除了主獵者外，必有獵人；征戍詩，是征人(將軍或官兵)；邊塞詩，是守邊人；遊俠詩，是俠客。就事件而言，遊獵詩以獵狩爲主；征戍詩以戰事防戍爲主；邊塞詩以禦異族外敵爲主；遊俠詩以仗義行俠爲主。就地點而言，遊獵詩以獵場、上林苑、講武館爲主；征戍詩以戰場，往往是一般性地名，九野、上郡、雲中、榆南、絕域；邊塞詩以隴水、河西、隴右；遊俠詩則以伊洛、山險、街陌等爲主。就器物而言，遊獵詩以獵犬、鵠鷹、弓箭爲主；征戍詩以弓、矢、寶劍、戈戟爲主；邊塞詩以弓、劍、酒食爲主；遊俠詩以刀劍爲主。可以說它們類型的產生，是由題材決定的，與情節和修辭技巧關係不大。

31 蕭馳《中國古典詠史詩的美學結構》，頁43。

總之，六朝敍事詩的類型是多彩的，它們依共性，在六朝九個題材詩中聚合成一大團體；又依個性，在所有六朝敍事詩中，分化成各種類型。它們和西洋的正宗epic不同，可是和epic的雛型卻相近。六朝敍事詩中的建國史詩和詠史詩，合乎龐德所說的epic定義，可說是龐德心目中的epic可不是西洋文體學中的一般性epic。它是中國固有的敍事詩，只要你從中國訓詁學上的方法論去理解敍事詩，就可以如是稱呼它們。

它們和其他六朝題材詩：山水、田園、玄言、遊仙、詠物、隱逸、宮體等的分別，主要的還是題材上的差異，但思維形式上，也不盡相同。比如山水、田園、詠物均以描寫爲主要手段；玄言以議論、說明爲主要手段；遊仙、隱逸，描寫、敍事並重；宮體，描寫、議論並重；但也要敍事作輔助。這裏無暇詳論，僅略舉犖犖大端，以突現六朝敍事詩的總體特徵。

梁朝邊塞詩小論

劉漢初

近年以來，研究中古文學的學者，頗有注意及南北朝時期各種題材類型的詩歌中，除了習見的隱逸、玄言、山水、詠物、宮體等等外，還有一種類似唐人邊塞詩的作品。[1] 這些東西合有隋一代充其量不過二百首左右，而且寫得好的並不多，難怪千百年來乏人注意。可是這些詩歌的重新發現，實在可以幫助我們理解唐人所以工於摹寫塞外風光的歷史淵源，可爲文學史補足空白，意義自然重大。我在多年前曾有未刊舊稿《梁朝邊塞詩初探》，今日看來許多未盡之處已經時賢充分抉發，但私心仍認爲或有微末可以置喙的餘地，因此特爲重新改寫，以就正於方家。

---

1 1984 年 8 月，大陸學者在蘭州舉辦中國唐代文學學會第二屆年會暨學術研討會，以唐代邊塞詩爲主題，後來結集爲《唐代邊塞詩研究論文選粹》，甘肅：甘肅教育出版社，1988 年 5 月。其中有多篇文章注意到唐以前邊塞詩的問題，較重要的如邱俊鵬的《唐代邊塞詩與傳統征戍詩》，頁 53–62，余恕誠的《戰士之歌和軍幕文士之歌》，頁 109–124。另外又有閻采華《梁陳邊塞樂府論》，《文學遺產》1988 年第六期。在臺灣方面，王文進的成果最值得稱道，他曾先後發表《邊塞詩形成於南朝說——兼論文學史上南北朝詩風交融之說》，《古典文學》第十集，臺北：學生書局，1988 年 12 月，頁 139–168。《邊塞詩形成於南朝的原因》，《魏晉南北朝文學與思想學術研討會論文集》，臺北：文史哲出版社，1991 年 8 月，頁 49–70。《南朝邊塞詩的類型》，《中外文學》二十卷七期，1991 年 12 月。《六朝遊俠樂府在文學史上的意義》，《俠與中國文化》，淡江大學中文系主編，臺北：學生書局，1993 年 4 月，頁 131–147。

中國有關戰爭征戍的詩歌，最早自然可以追溯到《詩經》，如《秦風》中的《無衣》，《邶風》中的《擊鼓》，《豳風》中的《東山》、《破斧》，《小雅》中的《采薇》、《杕杜》、《六月》、《采芑》、《何草不黃》，《大雅》中的《常武》等。這些詩有對戰爭的歌頌，有對征途艱困的描寫，有征人思念故鄉和親人的刻畫，至於像《衛風・伯兮》一類詩，則又是思婦閨怨的典型了。發展到屈原的《國殤》，刻意描述戰爭的場面，其驚心動魄處，又不同於《詩經》的樸素。這些作品的內容雖然都不涉邊塞，但後代邊塞詩所吟詠的範圍大都在這裏面了，《詩經》和《國殤》的原創意義是不容忽視的。

在《詩經》和屈原的時代，中國的戰爭大抵是漢族內部的衝突而致，諸如「薄伐玁狁」之類的事情並不常見，即有規模也不甚大。到了秦漢，守邊和開邊才成爲極重大的國防問題，因之和北方外族的大戰屢屢發生。但大漠煙塵似乎沒有引起當代文學家的注意，自兩漢迄東晉，中間歷經五胡亂華，描寫邊疆風雲的作品少之又少，起碼在詩歌的表現上即是如此。極而言之，像馬援《武溪深行》寫南征水程險惡，和後來邊塞詩關懷北地顯然不同；至如曹植(192–232)《白馬篇》寫少年遊俠揚聲沙漠，爲建立功名而視死如歸，後來張華(232–300)的《壯士篇》和陸機(261–303)的《飮馬長城窟行》，都是重複這個主題。

> 白馬飾金羈，連翩西北馳。借問誰家子，幽并遊俠兒。少小去鄉邑，揚聲沙漠垂。宿昔秉良弓，楛矢何參差。控弦破左的，右發摧月支。仰手接飛猱，俯身散馬蹄。狡捷過猿猴，勇剽若豹螭。邊城多警急，胡虜數遷移。羽檄從北來，厲馬登高堤。右驅蹈匈奴，左顧陵鮮卑。寄身鋒刃間，性命安可懷。父母且不顧，何言子與妻。名編壯士籍，不得中顧私。捐軀赴國難，視死忽如歸。(曹植《白馬篇》)

天地相震蕩，回薄不知窮。人物稟常格，有始必有終。年時俛仰過，功名宜速崇。壯士懷憤激，安能守虛沖。乘我大宛馬，撫我繁弱弓。長劍橫九野，高冠拂玄穹。慷慨成素霓，嘯吒起淸風。震響駭八荒，奮威曜四戎。濯鱗滄海畔，馳騁大漠中。獨步聖明世，四海稱英雄。(張華《壯士篇》)

驅馬陟陰山，山高馬不前。往問陰山候，勁虜在燕然。戎車無停軌，旌旆屢徂遷。仰憑積雪巖，俯涉堅冰川。冬來秋未反，去家邈以綿。獫狁亮未夷，征人豈徒旋。末德爭先鳴，凶器無兩全。師克薄賞行，軍沒微軀捐。將遵甘、陳跡，收功單于旃。振旅勞歸士，受爵藁街傳。(陸機《飲馬長城窟行》)

郭茂倩《樂府詩集》卷六十三說《白馬篇》是「言人當立功立事，盡力爲國，不可念私也」；卷六十七認爲《壯士篇》出於荊軻《易水歌》，他的意思按詩意當是偏指建功立名的慷慨行徑；兩詩不約而同誇耀武勇，而且把功名大業寄託在邊庭戰役之上。《飲馬長城窟行》見於卷三十八，原有「青青河畔草，綿綿思遠道」一首古辭，郭氏以爲是「言征戍之客，至於長城而飲其馬，婦人思念其勤勞」，後有陳琳、傅玄兩首，也都極力鋪陳征戍的苦況和思婦的情切，陸機詩雖仍大體保留原意，但中篇以下意思就轉了一個方向，一面指稱戰事的凶險和無奈，一面又用肯定的語氣表達立功邊疆的必要。[2] 三首詩都語涉邊塞，主題重點雖或未必在此，卻可視爲邊塞詩的起點。[3]

---

2 《樂府詩集》，臺北：里仁書局，1980 年 12 月，頁 914, 973, 555–557。

3 《樂府詩集》卷十八有繆襲 (186–245)《魏鼓吹曲》十二首，其中《屠柳城》詠曹操破三郡烏桓事：「屠柳城，功誠難。越度隴塞，路漫漫。北踰岡平，但聞悲風正酸。蹋頓授首，遂登白狼山。神武慹海外，永無北顧患。」十二首曲都是歌頌功德的廟堂樂章，與一般述志言情的詩篇性質不同，似不宜一概而論。

尤可注意的是，這三位詩人都是他們那個時代相當有代表性的，影響特別大的文壇領袖，他們的作品無論從內容還是形式看，都是傾向華綺的風格的，而華綺的風格正是南朝詩的主流。六朝詩散佚的情況十分嚴重，尤其是梁朝以前的亡失更多，我們難以確定魏晉時代語涉邊塞的詩能有多少。

二

據現存資料看，劉宋的鮑照（414 ？ −466）可能是第一個大量試作邊塞詩的人，有關詩篇如《東武吟行》、《出自薊北門行》、《白馬篇》、《行路難》十八首之十四、《王昭君》、《擬古》八首之三，《學劉公幹體》五首之三、《建除詩》等，合共八首之多，自漢以及宋、齊，他是邊塞詩寫得最多的人。前面五首屬於樂府詩的範圍，其中《出自薊北門行》最堪注意：

> 羽檄起邊亭，烽火入咸陽。徵騎屯廣武，分兵救朔方。嚴秋筋竿勁，虜陣精且強。天子按劍怒，使者遙相望。雁行緣石徑，魚貫渡飛梁。簫鼓流漢思，旌甲被胡霜。疾風衝塞起，沙礫自飄揚。馬毛縮如蝟，角弓不可張。時危見臣節，世亂識忠良。投軀報明主，身死爲國殤。

如上節所言，曹植等人的詩未必專詠邊塞，到了鮑照這一首，完全別開生面，全篇集中抒寫邊塞征伐之事，王壬秋以爲是「作邊塞詩，用十二分力量，是唐人所祖」，[4] 試看「疾風」以下四句，具體而有力地刻劃了塞外風沙，配合著篇末的昂揚意氣，其精神魄力的峻健豪宕，正足以與唐人聲氣共通。《建除詩》是頗爲奇怪的一首：

4 引自錢仲聯《鮑參軍集注》，臺北：木鐸出版社，1982 年 2 月，頁 168。

建旗出燉煌，西討屬國羌。除去徒與騎，戰車羅萬箱。滿山又填谷，投鞍合營牆。平原亙千里，旗鼓轉相望。定舍後未休，候騎敕前裝。執戈無暫頓，彎弧不解張。破滅西零國，生虜郅支王。危亂悉平蕩，萬里置關梁。成軍入玉門，士女獻壺漿。收功在一時，歷世荷餘光。開壤襲朱紱，左右佩金章。閉帷草太玄，茲事殆愚狂。

這一首詩論內容平平無奇，有些地方文義還不大通順。可注意的是它的題目，據《史記・日者列傳》，漢武帝曾聚會占者七家，辯訟不決，內中有一家就是建除家。這家術士以建、除、滿、平、定、執、破、危、成、收、開、閉十二辰，與十二地支相配，以定日辰吉凶，詳見《淮南子・天文訓》，鮑照這是嵌字句首的文字遊戲，[5] 其文學性不高，自然不足爲異，只是他運用了許多邊塞戰事的名詞故實，我們或可猜測，以邊塞的素材入詩，可能在劉宋時代已日漸普遍，所以鮑照會引以爲戲，即使退一步說，這最少也是鮑照慣熟的詩材，他可算是我國第一個有意識地運用邊塞題材的作者。

其次，他的邊塞詩還頗有造詣，《學劉公幹體》五首之三：「胡風吹朔雪，千里度龍山。」是傳頌不衰的名句。《王昭君》：「既事轉蓬遠，心隨雁路絕。霜鞞日夕驚，邊笳中夜咽。」形式上十分接近近體絕句，其內涵又頗凝練含蓄，應屬南朝邊塞詩的精品。

三

爲了方便討論，茲將自宋至隋有關邊塞題材的詩具列如下。

---

5 鮑照大概喜歡以詩爲戲，嚴羽《滄浪詩話》有《詩體》一節，其中論雜體十五種，內有建除、字謎、數名三種，都以鮑照所傳詩最早。參郭紹虞《滄浪詩話校釋》，北京：人民文學出版社，1961 年 5 月，頁 93–99 。又宋范晞文《對牀夜語》卷一引鮑照數名詩，稱「卦名、人名及建除等體，世多有之，獨無以此爲戲者」。見丁福保《歷代詩話續編》，臺北：木鐸出版社，1983 年 9 月，頁 413 。

宋

顏延之　從軍行

鮑照　東武吟行　出自薊北門行　白馬篇　行路難十八首之十四　王昭君　擬古八首之三　學劉公幹體五首之三　建除詩

吳邁遠　胡笳曲

齊

孔稚珪　白馬篇二首

謝朓　從戎曲

陸厥　蒲坂行

釋寶月　行路難

梁

江淹　古別離　從蕭驃騎新亭　古意報袁功曹(樂府作從軍行)　征怨

范雲　傚古

虞羲　詠霍將軍北征

沈約　有所思　明君詞　飲馬長城窟行　白馬篇

何遜　長安少年行　學古三首之一、三　見征人分別

王訓　度關山

吳均　戰城南二首　入關　從軍行　胡無人行　渡易水　邊城將四首　和蕭洗馬子顯古意六首之六　閨怨　古意詩二首之一

劉峻　出塞

王僧孺　白馬篇

徐悱　白馬篇　古意酬到長史溉登琅邪城

裴子野　答張貞成皋詩

劉遵　蒲坂歌

蕭子顯　燕歌行　從軍行

褚翔　雁門太守行
劉孝威　隴頭水　驄馬　驄馬驅　怨詩行　思歸引　妾薄命　結客少年場行　侍宴賦得龍沙宵明月
徐摛　胡無人行
劉孝儀　從軍行
蕭綱　上之回　度關山　明君詞　從軍行二首　隴西行三首　雁門太守行二首(又殘一首)
柳惲　贈吳均三首之三
庾肩吾　隴西行　登城北望
蕭繹　隴頭水　關山月　驄馬驅　燕歌行　將軍名詩
江洪　胡笳曲二首
費昶　發白馬
戴暠　度關山　從軍行
車敹　隴頭水

北齊

裴讓之　從北征
祖珽　從北征
蕭慤　上之回

北周

王褒　出塞　入塞　關山月　燕歌行　從軍行三首　飲馬長城窟行
宇文招　從軍行
庾信　昭君辭應詔(樂府作明君詞)　燕歌行　怨歌行　出自薊北門行　奉報寄洛州　謹贈司寇淮南公　奉報趙王出師在道賜詩　和趙王送峽中軍　同盧記室從軍(樂府作從軍行)　詠懷二十七首之七、九、十、十七、二十六　反命河朔始入武州　詠畫屏風詩二十五首之十一、十九　將命使北始

渡瓜步江詩　冬狩行四韻連句應詔詩

尚法師　飲馬長城窟行

陳

周弘正　隴頭送征客

顧野王　有所思　隴頭水

張正見　上之回　戰城南　君馬黃二首　有所思　隴頭水二首　關山月　紫騮馬　雨雪曲　度關山　飲馬長城窟行　星名從軍詩(樂府作從軍行)　遊龍首城

陳叔寶　隴頭　隴頭水二首　關山月二首　紫騮馬二首　雨雪　昭君怨　飲馬長城窟行示從征羣臣

徐陵　隴頭水二首　折楊柳　關山月二首　驄馬驅　出自薊北門行　長相思

陸瓊　關山月

陳暄　紫騮馬　雨雪曲

祖孫登　紫騮馬

岑之敬　折楊柳

謝燮　隴頭水　雨雪曲

阮卓　關山月

江總　隴頭水　關山月　紫騮馬　驄馬驅　雨雪曲　雜曲之一

賀力拔　關山月

伏知道　從軍五更轉五首

李燮　紫騮馬

江暉　雨雪曲

隋

盧思道　從軍行

明餘慶　從軍行

何妥　入塞

楊廣　飲馬長城窟行　紀遼東二首　雲中受突厥主朝宴席詩
楊素　出塞
薛道衡　出塞二首　明君詞　昔昔鹽
王胄　白馬篇　紀遼東二首
虞世基　出塞二首
王由禮　驄馬
陳子良　上之回　讚德上越國公楊素
孔紹安　結客少年場行

這個篇目是採取較寬的認定而製成的，但凡詩中有涉及邊塞的人地事物都一概收入，其中又有因征人遠去邊疆引起的鄉愁客思，以及思婦閨怨一類，如同唐代邊塞詩的廣闊義界。列舉的次序是先採《樂府詩集》，次取丁福保《全漢三國晋南北朝詩》，再參逯欽立《先秦漢魏晋南北朝詩》補訂，所以先採《樂府詩集》的原因，是因爲南北朝的邊塞詩以樂府佔大多數。[6]

從上列總目可知，宋享國六十年，齊二十四年，除了鮑照的作品外，有關邊塞之作寥寥可數，這就反映出鮑照的傑出地位。到了梁代，五十六年間邊塞詩大量出現，如果加上流亡到北朝和活到陳朝的詩人，情形更爲可觀。當然我們也要考慮梁人的作品流傳下來的要比其他朝多，但這樣不成比例的現象還是很奇特的。

還有一點値得注意，梁代的詩人雖不能說一定沒有從戎的經驗，但南北交鋒或南朝內戰，戰場應不至漠北一帶，我們隨意舉幾首梁詩看看。

---

6 拙著「梁朝邊塞詩初探」手稿曾據《樂府詩集》摘出南北朝邊塞詩篇目，王文進補訂後收入所著《邊塞詩形成於南朝的原因》文中。又王文另有一南朝邊塞詩總表，現再加增删，成南北朝及隋邊塞詩總表如上。可參王氏該篇頁 58-61 ，又頁 67-70 。

薊門秋氣清，飛將出長城。絕漠衝風急，交河夜月明。陷敵撝金鼓，摧鋒揚旆旌。去去無終極，日暮動邊聲。（劉峻《出塞》）

甘泉驚烽候，上谷抵樓蘭。此江稱豁險，茲山復鬱盤。表裏窮形勝，襟帶盡巖巒。脩篁壯下屬，危樓峻上干。登陴起遐望，回首見長安。金溝朝灞滻，甬道入鴛鸞。鮮車騖華轂，汗馬躍銀鞍。少年負壯氣，耿介立衝冠。懷紀燕山石，思開函谷丸。豈如霸上戲，羞取路旁觀。寄言封侯者，數奇良可歎。（徐悱《古意酬到長史溉登琅邪城》）

胡地憑良馬，懷嬌負漢恩。甘泉烽火入，回中宮室燔。錦車勞遠駕，繡衣疲屢奔。貳師已喪律，都尉亦銷魂。龍堆求援急，狐塞請先屯。櫪下驅雙駿，腰邊帶兩鞬。乘障無期限，思歸安可論。（劉孝威《思歸引》）

這幾篇詩都提到北境異域的人事地物，劉峻詩爲樂府古曲名，既以「出塞」爲名，寫塞外風塵自是本意；徐悱一首明明是登琅邪城，這城在今南京市北，爲南朝僑置，如何能有登高望遠竟爾聯想到甘泉、樓蘭乃至長安的異事？劉孝威的《思歸引》，《樂府詩集》卷五十八本有石崇一首，泛寫思歸之情，原沒有特定地點，現在劉孝威翻新舊曲，卻大量加入邊塞的成分。從這種種跡象看來，當時恐怕有一種這樣的風氣，詩人寫某一類詩的時候，並不像處理詠物和宮體那樣偏重寫實摹畫，而是大量運用想像的。

有關這個問題的解釋，王文進有頗爲新穎的說法。他認爲南朝人的空間意識往往把江南視作中原，把建康比附作長安；在時間思維上，也動輒以漢朝和匈奴之役自況。另外，南朝地方官制採取州府僚佐雙軌的制度，州刺史可以除授中央的文人，這些人隨府主遊仕各州鎮，因此得以親歷南北交戰要塞的經驗。[7]照這個說法，南朝人寫邊塞詩，主要仍是出於現實生活的經驗，只是在表現之際運用了時空想像力，把今昔遠近互相滲透反映。這樣說是可以講得通的。

現在可以進一步思索下列這些問題：梁朝人寫邊塞詩絕大多數用樂府舊題，如果要寫眞實的經歷爲甚麼不用普通五、七言體，那豈不是要自由得多？用樂府舊題不免多少受著原題和本辭的影響拘限。又梁陳兩代的邊塞詩衆多，細看它們的內容，不外是立功邊疆的豪情壯志，或者是征途艱困的描述，有時也表現征夫的鄉愁和思婦的情怨，偶或敍寫戰事，卻多渲染場面的聲勢之盛，少有涉及戰爭慘烈殘忍的一面，更不要說厭戰的思想了；這個現象似乎不合一般人對戰爭的常識性思考和感受。梁陳那麼多的邊塞詩，卻有幾個樂府舊題特別常用，如《隴頭水》、《出塞》、《關山月》、《紫騮馬》、《從軍行》、《飲馬長城窟行》、《白馬篇》等，這樣集中出現，到底是巧合，還是另有理由？

四

《周書・王褒傳》云：

> 褒曾作《燕歌行》，妙盡邊塞苦寒之狀，元帝及諸文士並和之，而競爲淒切之詞。（卷四十一）

今傳《樂府詩集》卷三十二載梁人《燕歌行》，有蕭繹、蕭子顯、王褒、庾信各一首，《燕歌行》最早的當爲曹丕「秋風蕭瑟天氣涼」及「別日何易會日難」兩首，郭茂倩引《樂府解題》謂：「言時序遷換，行役不歸，婦人怨曠無所訴。」王褒等四人所作，仍不出這個範

7 參閱注 6 所揭文，特別是頁 50−58。

圍，可見是摹仿古辭的。曹丕詩只是泛說男子「客遊」，並沒指出所遊之地，其後曹叡、陸機、謝惠連繼作，都是如此，謝靈運一首提到「邊城」了，但仍無確實地點，到了王褒等人四首，卻全作思念邊塞征人之語，而且地名指說歷歷在目，具體而似眞實。今以庾信所作爲例：

> 代北雲氣晝昏昏，千里飛蓬無復根。寒雁丁丁渡遼水，桑葉紛紛落薊門。晋陽山頭無箭竹，疏勒城中乏水源。屬國征戍久離居，陽關音信絕能疏。願得魯連飛一箭，持寄思歸燕將書。渡遼本自有將軍，寒風蕭蕭生水紋。妾驚甘泉足烽火，君訝漁陽少陣雲。自從將軍出細柳，蕩子空牀難獨守。盤龍明鏡餉秦嘉，辟惡生香寄韓壽。春分燕來能幾日，二月蠶眠不復久。洛陽遊絲百丈連，黃河春冰千片穿。桃花顏色好如馬，榆筴新開巧似錢。蒲桃一杯千日醉，無事九轉學神仙。定取金丹作幾服，能令華表得千年。

其實我們如細細觀察這些詩所舉之地，畢竟還是泛指的居多，比如這篇，代北、遼水、薊門、晋陽、疏勒、屬國、陽關、甘泉、漁陽等等，地域非常廣闊，恐怕不是征人一時可到。《顏氏家訓．文章篇》：

> 文章地理必須愜當。梁簡文《雁門太守行》乃云：「鵝軍追日逐，燕騎蕩康居。大宛歸善馬，小月送降書。」蕭子暉《隴頭水》云：「天寒隴水急，散漫俱分瀉。北注徂黃龍，東流會白馬。」此亦明珠之纇，美玉之瑕，宜慎之。

所引蕭綱四句應是褚翔詩，這裏指出地名不相連屬的問題，一如盧文弨注所說：「黃龍在西北，白馬在西南，地皆隔遠，水焉得相及。」足見這一類詩多是想像之詞，恐非寫實，顏之推以地理的眞實性考求，自然認爲不合。種種證據顯示，梁代的邊塞詩有很大的想像成分，這本是文學作品的通例，梁人這樣寫邊塞詩，態度與唐人不甚相同，不止無足深怪，甚至更可成爲他們的特色。

梁人詩文酬唱的風氣極盛，文學活動集團化的程度較前代尤爲深刻，蕭氏父子兄弟大多長於詩文，以其政治上的優勢地位推動文學創作，他們往往集合大批文人，飲讌遊賞，酒酣耳熱之際，賦詩屬文。[8] 由於文獻有缺，這些文學活動的眞實情況，詳情不得而知，但從現存詩文看來，還可略窺彷彿。以詩而論，梁人有大量的應詔、應制、應令和侍宴詩，其餘如詠物、宮體之類，可信有相當數量是在同樣背景下產生的。他們甚至還發展出一種聚會時分題賦詠的新方式，這些作品有時以「賦得」的題目出現，如庾肩吾有《賦得有所思》、《賦得橫吹曲長安道》，劉孝威有《侍宴賦得龍沙宵明月》，這些詩以文爲戲的意味十分濃厚，按其分題的狀況可別爲四大類：詠物，以樂府爲題，以詩句爲題，以古人名爲題。[9] 其中第二類值得我們注意，據樂府舊題作詩，甚至以詩爲戲，或者是梁人的習氣，他們所用的本題，如《白馬篇》、《飲馬長城窟》、《從軍行》、《隴頭水》、《關山月》、《入塞》、《出塞》等等，根據題名和本辭，本易引起邊塞的聯想，且自鮑照以後，語涉邊塞似已漸漸成爲文人習性，而鮑照以邊塞題材爲文字遊戲的態度，可能也產生一些影響，[10] 邊塞詩大盛於梁代的主客觀條件大抵如此。

---

8 有關梁代的文學活動集團化的問題，可參森野繁夫《梁初的文學集團》，原載日本京都大學《中國文學報》第二十一册，又《梁代文學集團》，原載《中國學會報》第二十册；拙著《蕭統兄弟的文學集團》，臺北：臺灣大學碩士論文，1975 年 6 月；清水凱夫《梁代中期文壇考》，收入《六朝文學論文集》，韓基國譯，重慶：重慶出版社，1989 年 5 月；張淑芬《梁蕭氏文學集團研究》，臺北：淡江大學碩士論文，1993 年 5 月。

9 參拙著《蕭統兄弟的文學集團》，頁 142－146。

10 蕭子顯在梁武帝天監年間寫成的《南齊書．文學傳》後論中分析了齊梁的文學流派有三，一爲謝靈運體，一爲用事體，另一則爲「發唱驚挺，操調險急，雕藻淫艷，傾炫心魂」的鮑照體。(卷五十二)可見鮑照詩在齊梁時很有影響力。

五

梁人邊塞詩未必爲眞實經驗的反映，已略論如上述。而這種多半是所謂「案頭風雲」的作品不止在梁代大行其道，而且在陳隋仍創作不衰，我們可以借用法國文學社會學名家高德曼 (Lucien Goldmann 1913–1970) 有關「世界觀」的基本概念去解釋。高德曼認爲文學現象的社會特性重於個人特性，通常，作品的行爲並不是作者的行爲，而是一個社會團體的行爲，個人的思想方式和感受方式，必須屈服在無數的影響之下，作者可以不屬於這個社會團體，但他仍須接受社會團體的影響。文學是作家世界觀的表達，而世界觀不是永遠都在變化中的個人觀點，而是一羣人的思想體系。在一部文學作品中，作者的意圖沒有想像的那麼重要，具決定性作用的，是作品所獲得的客觀意義，而這個客觀意義，是獨立於作者意圖之外，甚至有時會違反作者原來的意願。所以，文學是對世界的觀點的表達方式，是屬於一個社會團體或社會階級的社會事實，是一個對現實整體和衆多個人思想的結構緊密、協調一致的觀點。[11]

南朝是中國文學史上文學活動集團化最劇烈的年代，甚中尤以梁朝最爲深刻徹底。此種活動的結果，文學創作在應用上即充滿遊戲的興味，而作品中所呈現的世界觀亦有同一化集體化的趨向。梁朝邊塞詩並不能反映作者的私人經歷和觀點，詩中所表現的北國和域外風雲，可能只是集團分子集體意識的反覆揉合，不一定具備現實生活的意義，而其竟能下開有唐一代波瀾壯闊的雄麗詩風，則是集團分子未必預料得到的驚人成就。

---

11 高德曼的學說主要參考何金蘭《文學社會學》第五章《文學的辯證社會學》，臺北：桂冠圖書公司，1989 年 8 月，頁 73–136。又 Mary Evans: Lucien Goldman: An Introduction,《郭德曼的文學社會學》第二章《郭德曼的方法論》，廖仁義譯，臺北：桂冠圖書公司，1990 年 3 月，頁 37–59。又戈德曼著、牛寶宏譯《文學社會學方法論》附錄一《發生結構主義方法在文學史研究中的運用》，北京：工人出版社，1989 年 3 月，頁 178–198。

陶淵明與白居易

松岡榮志

陶淵明對白居易的影響特別深刻，這個論點一定是大家都承認的。

一般地說，唐代的文學家對陶淵明比較冷淡，這也是文學史上的定論。其中確實有喜歡和仰慕陶淵明的人，如王維、孟浩然、韋應物和白居易。

白居易的文集裏，我們容易看到有關陶淵明的作品。其中最有名的就是《效陶潛體詩十六首》、《題潯陽樓》、《訪陶公舊宅》。《題潯陽樓》詩曰：

常愛陶彭澤，文思何高玄。又怪韋蘇州，詩情亦淸閑。

又在《自吟拙什》裏說：

時時自吟詠，吟罷有所思。蘇州及彭澤，與我不同時。

那麼，白居易為甚麼酷愛陶淵明呢？可能有幾個原因。

最大的原因是與他當時的社會情況有關。白居易一生之間，有幾次接近陶淵明的經驗。最有名的是元和十年 (815) 貶謫到江州司馬的時候。他仕途不得意，而且江州是陶淵明的故地，他親自訪問陶淵明的遺迹，懷念古人而賦詩。《題潯陽樓》、《訪陶公舊宅》都是這個時期的作品。但是，早在元和六年 (811) 到八年 (813)，他住在老鄉下邽渭村賦《效陶潛體詩十六首》。我們研究白居易與陶淵明之關係的時候，這十六首是最重要的。其序曰：

> 余退居渭上，杜門不出，時屬多雨，無以自娛。會家釀新熟，雨中獨飲，往往酣醉，終日不醒。懶放之心，彌覺自得，故得於此而有以忘於彼者。因詠陶淵明詩，適與意會，遂效其體，成十六篇。醉中狂言，醒輒自哂。然知我者，亦無隱焉。

陶淵明的《飲酒二十首》序曰：

> 余閒居寡歡，兼比夜已長，偶有名酒，無夕不飮，顧影獨盡。忽焉復醉，旣醉之後，輒題數句自娛，紙墨遂多。辭無詮次，聊命故人書之，以爲歡笑爾。

以上兩篇很相似，白居易顯然追求陶淵明的意境。兩人都愛喝酒，但一個在白天喝(白)，一個在夜裏喝(陶)。

白居易第一次看到陶淵明的作品可能在《文選》之中，就是開始準備科擧的時候。《文選》裏有陶詩九首，《飲酒》詩二首也在其中(題《雜詩二首》，卷三十)。從跟陶淵明的關係來說，前輩詩人之中以韋應物最受影響。白居易對韋應物非常推崇，《與元九書》裏說：

> 其(韋)五言詩又高雅閑淡，自成一家之體。

韋應物也有《效陶彭澤》詩：

> 霜露悴百草，時菊獨妍華。物性有如此，寒暑其奈何。掇英泛濁醪，日入會田家。盡醉茅檐下，一生豈在多。

又有《與友生野飲效陶體》詩，他也愛喝酒。

我們細看《效陶潛體詩》十六首的時候，容易發現其「效」的內涵有三種。

一、「效」用陶淵明常用的字和詞。

二、「效」用陶淵明愛好的題材和表現。

三、追求陶淵明詩的意境。

其九曰：

原生衣百結，顏子食一簞。歡然樂其志，有以忘飢寒。今我何人哉，德不及先賢。衣食幸相屬，胡爲不自安。況茲淸渭曲，居處安且閑。楡柳百餘樹，茅茨十數間。寒負檐下日，熱濯澗底泉。日出猶未起。日入已復眠。西風滿村巷，淸涼八月天。但有雞犬聲，不聞車馬喧。時傾一樽酒，坐望東南山。稚侄初學步，牽衣戲我前。即此自可樂。庶幾顏與原。

一讀這首詩，就看到陶淵明的影響。先從字和詞的角度來說，「安」、「閑」、「餘」等字和「樂其志」(《五柳先生傳》：酣觴賦詩，以樂其志)、「忘飢寒」(《祭從弟敬遠文》：其不多乏，忽忘飢寒)、「衣食」(《庚戌歲九月中於西田獲早稻》：人生歸有道，衣食固其端)、「胡爲」(《形影神・影答神》：立善有遺愛，胡爲不自竭)等，還有「楡柳百餘樹，茅茨十數間」(《歸園田居五首》：方宅十餘畝，草屋八九間。楡柳蔭後檐，桃李羅堂前)、「稚侄初學步，牽衣戲我前」(《和郭主簿二首・其一》：弱子戲我側，學語未成音)等例子，不勝枚舉。[1]

陶詩「篇篇有酒」是蕭統之語。白居易的這些詩也有不少有關飲酒之句。例如：

幸及身健日，當歌一樽前。(第一首)

不以酒自娛，塊然與誰語。(二)

朝飮一杯酒，冥心合元化。(三)

一酌發好容，再酌開愁眉。(四)

---

1 參松岡榮志《白居易與陶淵明》，《白居易研究講座》第 2 卷，勉誠社，1993 年 7 月，頁 397–415。

朝亦獨醉飲，暮亦獨醉睡。(五)

攜置南檐下，舉酌自殷勤。(六)

臨觴忽不飲，憶我平生歡。(七)

客去有餘趣，竟夕獨酣歌。(八)

時傾一樽酒，坐望東南山。(九)

湛湛樽中酒，有功不自伐。(十)

舉杯還獨飲，顧影自獻酬。(十一)

其他不可及，且效醉昏昏。(十二)

願君且飲酒，忽思身後名。(十三)

處處去不得，卻歸酒中來。(十四)

遲疑未知問，且以酒爲娛。(十五)

唯當多種黍，日醉手中觴。(十六)

最後，我們要談意境的問題。白居易所理解的陶淵明是清閑安逸、高雅脫俗的人。所以，他在這些詩裏追求的意境是「閑適」。白居易賦詩的目的在「效」陶淵明的詩體而抒寫自己的感懷，當然不在代陶發言。況且白居易生活在四百年以後的唐代。陶淵明做《飲酒二十首》時，已經辭職而歸隱了。但白居易做《效陶潛體詩十六首》的時候，只是服喪回家而已。因此，他們在詩裏所表現的意見、感情和希望不太一致，是出於不得已的。有的學者以前批評過白居易並不「效」陶淵明，因爲白居易的處世態度和詩裏的主張跟陶淵明不一樣。不過，這樣的要求簡直是「得隴望蜀」之嘆。

總之，白居易對陶淵明的理解相當深刻而全面，這是肯定的。

論謝靈運《擬魏太子鄴中集詩》

鄧仕樑

一

摹擬之風，在六朝甚盛。傳統以摹擬前代佳作爲學習屬文的主要方法，在文學史上不乏有關的資料。[1] 早在漢代，揚雄本傳就說他仿《離騷》而作《廣騷》，又心慕司馬相如之賦，「常擬之以爲式」。[2] 到了魏晋，是文學的自覺時代，而此時摹擬的風氣尤盛，倒是值得注意的。

大抵摹擬盛行，必然在文學傳統已經形成，或文人對傳統有深刻認識的世代，因爲有了前人豐富可觀的遺產，才有摹仿的對象。詩三百篇和《楚辭》的作者，了無依傍，只好自我作古，提筆草創。而經魏歷晋，文學傳統愈見宏富，因此摹擬之習更爲顯著。由這個現象，我們看到當時文人對前代文學的肯定，並且試作摹擬，以求加深認識。本文即試圖通過分析摹擬之作，考察文學傳承和創新的問題。

後世對於摹擬，有種種意見。有些人對此很不以爲然，認爲蹈襲前人，是從事創作的大忌。這些意見，在古代不算多，如顧亭林《日知錄》有《文人摹倣之病》一條，固是一例。[3] 至於梁簡文帝批評

---

1 王瑤：《擬古與作僞》，載《中古文人生活》，香港：中流出版社，1957 年，頁 117。

2 《漢書・揚雄傳》：「先是時，蜀有司馬相如，作賦甚弘麗溫雅。雄心壯之，每作賦，常擬之以爲式。」北京：中華書局，1962 年，卷八十七上，頁 3515。

3 黃汝成：《日知錄集釋》，上海：上海古籍出版社，1984 年，卷十九。

效謝康樂者，是由於學者不得其精華，但得其冗長而已。[4] 唐代皎然不能容忍「偸語」，但他對擬作可以有很高的評價，說詳下文。[5] 但到了現代，如胡適之在《文學改良芻議》提出八項主張，其二即曰「不摹仿古人」。而梁容若在《中國文學史上的僞作擬作與其影響》中論擬古風氣對創作的影響說：

擬古仿古阻遏破壞了文人的創作力、想像力、發展力。[6]

對於擬古之妨礙創作，非常肯定，可以代表部分現代人的看法。其實文學上的摹擬，不論在中國或西方，都是存在已久的問題。西方古羅馬修辭家如霍雷斯 Horace 、西莎羅 Cicero ，提倡後學應浸淫於古希臘大家之作。文藝復興時代及新古典主義的批評家，也肯定摹擬的意義，認爲擬則古典，可以採擷英華而免病累。[7] 下面我們試從《文選》選錄的情況和當時人的評價，去考察六朝人是怎樣看摹擬的。

案《文選》第十九卷至三十一卷錄詩。詩中復按其題材或性質分類，計共二十四類。排列的次序，似乎依其類別的重要性爲先後，故以補亡、述德、勸勵、獻詩、公讌諸類居首。補亡蓋以補《詩經》逸詩之亡，述德所以述先世之德，勸勵旨在勵志諷諫，獻詩公讌作於朝會讌樂。可是二十餘類的先後次序，也不能一一爲之解釋。例如何以遊覽先於詠懷，贈答後於哀傷，其故就無從說明。而最末一

4 蕭綱：《與湘東王書》：「又時有效謝康樂、裴鴻臚文者，……是爲學謝則不屆其精華，但得其冗長；師裴則蔑絕其所長，惟得其所短。」見《梁書・庾肩吾傳》，北京：中華書局，卷四九。

5 皎然評論下文第七節。

6 梁容若：《中國文學史上的僞作擬作與其影響》，收在梁著：《中國文學史研究》，臺北：三民書局，1970 年，頁 19–42 。

7 Frodsham 指出類似陸機、謝靈運、江淹諸人的摹擬，在英國詩壇未見盛行，但也有值得注意的擬古之例，如 Pope 和 Lowell 的擬作。見 J. D. Frodsham, *The Murmuring Stream*, Kuala Lumpur: University of Malaya Press, 1967, p. 159.

類為雜擬，選錄陸士衡至江文通諸家擬古之作共六十三首，在數量上超過一卷。雜擬居末，尋繹其因，可能有二：第一是《文選》編者認為擬古之作最不重要，第二是擬詩題材紛雜，無從歸類。這兩個原因，似乎以第二較為可信。這由於雜擬的前一類是雜詩，雜詩本是題材複雜，包括各種內容的詩歌，其中有極重要的作品，如世傳蘇李詩，和劉勰以為居五言之冠冕、鍾嶸以為幾乎一字千金的古詩十九首。這些詩居於最末一類之前，相信並非由於編者表示不重要，只是不能憑其內容分類而已，如果《文選》編者以為擬古之作價值不高，故置於末，那可以說當時已輕視摹擬之作。但倘若只是由於與雜詩同樣不能憑內容歸類，則可見當時人對擬古沒有甚麼成見。五臣注良曰：「雜謂非一類。」正好加强這種看法的可信性。[8]

又根據當時論文者對這類擬作的評價，可見六朝人絕不輕視這類詩。考《文選》雜擬類中，首錄陸士衡《擬古詩十二首》，同卷復錄謝靈運《擬魏太子鄴中集詩八首》（李善注本目錄作《擬鄴中詠八首》），陸謝在當時固有高名，《詩品》並列為上品，並以陸機為太康之英，謝客為元嘉之雄，而《詩品・序》中列舉「五言之警策」，以為「篇章之珠澤，文采之鄧林」者，於陸則舉「士衡《擬古》」，於謝則舉「靈運《鄴中》」，可見直以這些詩為陸謝的代表作，謝擬詩何以能列於大謝最受重視的作品，且待下文討論，這裏要說明的是六朝擬古，在當時不但沒有遭受輕視，反而有可能成為首要之作。[9]

六朝是求新尚變的時代，求新容易傾向於訛變。訛通常指不合規範、不擇手段的變。把這種傾向與擬古風氣結合起來考察，可見六朝作者，注意到怎樣避免為求新而過分背離傳統的問題。如江淹

---

8 「雜擬」類詩下五臣注良曰：「雜謂非一類。擬、比也，比古志以明今情。」《六臣注文選》卷三十，臺北：廣文書局。奇怪的是五臣在「雜詩」類下沒有加類似的注。

9 鍾嶸《詩品・序》，見車柱環《鍾嶸詩品校證》，漢城：漢城大學校文理科大學，1967年，頁53–54。

鮑照，在當時屬於唯新是尙的作者，而二家都有大量擬古之作。江淹有《雜擬》三十首，全爲《文選》收錄，是書中同一作者獲選錄同一性質最多的詩。此外江氏還有《效阮公詩》十五首，《學魏文帝》一首，鮑照集中則有《擬古》八首、《學劉公幹體》五首、《擬行路難》十九首，此外在樂府詩中有好幾首「代某某」之作，算起來超過三十首。[10] 這似乎顯示了鮮爲人注意的現象：當時文人，愈有創新的勇氣，愈留意於繼承傳統的問題。擬古本來未嘗沒有創新的意義，此在下文再論。但文士操筆擬古，必然先對所擬對象有深切的體會。也許我們還可以看到一條規律：大凡致力於擬古的作者，都是勇於嘗試、銳意求新的。此在陸機、謝靈運、陶淵明、江淹、鮑照、庾信，莫不如此。他們都有擬古之作，而在當時都是勇於開創的詩人。

二

就《文選》雜擬類下所錄六十餘首詩加以分析，可以發現擬作不出四類，分列於下。相信這個分類法不但可以把《文選》所錄一一歸類，還足以包括一切擬古詩。再進一步說，此四類實可概括一切文學上擬古或摹擬之作，不獨於詩爲然。

第一類，假想自己是古人，視古人的身世遭遇爲作者個人的身世遭遇。寫作的特點是參照古人口吻，寫出古人感受。謝擬《鄴中》八首，正屬此類。江淹的《雜擬》三十首，也屬借古人口吻出之的作品。江氏所謂「斆其文體」，[11] 其實包括在題材和風格兩方面刻意步趨古人。這類擬作，如果託古人之名流傳於世，則屬作僞。不過

10 《鮑參軍集注》目錄。上海：古典文學出版社，1958 年。王瑤以爲「代」的意思有時和「擬」相同。出處同注 1，頁 125。

11 江淹《雜體詩序》：「今作三十首詩，斆其文體，雖不足品藻淵流，庶亦無乖商榷云爾。」見《文選》，北京，中華書局影重刻宋淳熙本，1977 年，卷三一。

在文學史上，詩歌「作偽」的情況不多。至於後世有人誤江淹鮑照詩為原作，又把江淹擬陶詩作為《歸園田居》第六首，收入陶集，純為誤記誤察引起的誤會，江氏本無作偽之意。[12] 世傳蘇李詩，學者多未之信，其實很可能是由於佚去擬作者之名，遂以之歸蘇李，作者固未必有意作偽。[13]

第二類，題目標明摹仿古代某家某類甚至某首詩作，一般借用古人情事，在題材和風格都以古人為式，但詩中寫的是自己的感受。如陸機《擬行行重行行》，寫行邁之憂思，命意遣辭俱有十九首之遺，但詩中「佇立想萬里，沈憂萃我心」之「我」，可視為陸機本人，或陸機所想像之「閨婦」，[14] 而不必直為十九首中《行行重行行》一首之主角。當然所謂「不必」，也不排除把它視作古人之作而讀之的可行性。第二類與第一類最大的分別，是第一類即使未嘗沒有自己的感受，這些感受要借古人之口出之，第二類則是詩中感受雖然也可能屬於古人，但究以作者本人為主。《文選》中袁淑《倣曹子建樂府白馬篇》、鮑照《學劉公幹體》，可入此類。

第三類，題目明標擬古，或逕以古代詩題為題，詩中也往往引用古事，但意旨則關乎當今。這自是以古諷今的手法。用「擬古」或直以古題為題，只是技巧的一部分。作者旨在批評當世，或欲直抒胸臆而不願明言，故刻意用之。這類名為擬古，但摹擬的成分並不

---

12 曹道衡：《魏晉南北朝文學史札記——江淹的雜體詩》，載曹著：《中古文學史論文集》，北京：中華書局，1986 年，頁 447。

13 有關蘇李詩的眞偽問題，可參考逯欽立：《漢詩別錄．辨偽第一》，見逯著《漢魏六朝文學論集》，西安：陝西人民出版社，1984 年，頁 2–22。

14 五臣注濟曰：「此明閨婦之思。」見《六臣注文選》卷三十。

太顯著。陶淵明《擬古》九首，屬於此類。[15]又庾信有《擬詠懷》二十七首，倪璠注云：

> 昔阮步兵《詠懷》詩十七首，顏延年以爲在晋文代慮禍而發。子山擬斯而作二十七篇，皆在周鄉關之思，其辭旨與《哀江南賦》同矣。[16]

案庾作與阮公格調殊不相類。雜用古事，則二家同致。這類詩只是借用古人處理題材的手法，並不刻意在詩的風格技巧上摹仿，在庾信之前，江淹有《效阮公詩》十五首，已見上文。此外，諸家《詠史》、《感遇》之作，亦可算入此類。

第四類，從詩的命意遣辭看，頗有摹擬之迹，而題目大都不標擬古。作者在創作時未必刻意摹仿某一家某一首，指出其淵源或有所仿擬，只是讀者或評論者的意見。這一類作品可說非常廣泛，甚至不妨說所有創作都可能有不自覺的摹仿成分。爲了根據實際情況界定類別，可以把不屬於前三類的摹擬之作，歸入此類。如杜甫的《兵車行》、《三吏》、《三別》，手法上有參照古代樂府如陳琳《飲馬長城窟行》等詩之處，可屬此類。至《文選》所錄雜擬之作，可以分屬前三類。在雜擬以外，反而有不少詩可歸此類。

三

上文說謝靈運《擬魏太子鄴中集詩》屬於第一類，這是顯而易見

---

15 陶淵明《擬古》九首，海濤偉 Hightower 譯爲 Imitations。見 R. J. Hightower, *The Poetry of T'ao Ch'ien*, Oxford: Clarendon Press, 1970, p. 169.
海氏在詩題下加案語謂這些詩屬於 in the manner of old poems，並說「擬古」不一定是摹擬某一模式。陶公《擬古》的創作背景無由考訂，海氏以爲並非純作練習之用，而實代表作者(對世事)的態度和反應。有幾首表達了最深切的感受，顯然與陶公言志之作無異。最後海氏認爲現代讀者對這些詩掌握不易，因此在陶詩中較不受重視。

16 倪璠注：《庾子山集注》，北京：中華書局，1980 年，卷三，頁 229。

的。這一組詩，每首用鄴中詩人的口吻寫出各人感懷。八首詩的主人，是魏太子、王粲、陳琳、徐幹、劉楨、應瑒、阮瑀、平原侯植。詩前有總序，是擬作者代魏太子所撰，序中之「余」自指魏太子。各人詩前有簡注兩三句，可視爲小序。魏太子一首無之，代撰集諸詩的魏太子設想，自然沒有必要在自己的一首下加注。

這類篇章，古代不乏其例。如《西京雜記》載有枚乘《柳賦》、公孫詭《文鹿賦》、鄒陽《酒賦》、羊勝《屏風賦》等篇。[17]《西京雜記》爲後出之書，固無可疑，惟其中賦篇雖非西漢人原作，也未必即爲後世編者所杜撰。諸賦作者，也未必有意作僞。六朝風氣，慣用代言之體寫作，如謝莊《月賦》、謝惠連《雪賦》，即爲其例。[18] 康維達認爲稱這些賦爲贋品並不恰當，或可謂之誤認撰人 misattribution。六朝人時用虛擬人物之法寫作，即假借古人之口出之。這些作品本來標明作者，非有作僞之意。[19] 後世或佚去作者姓字，讀者遂以作者爲所假借之古人。亦有作者不難考定，而讀者不察致誤，如蘇軾誤以江淹擬作爲陶詩，即爲一例。其實江淹這一組詩，以《雜體詩》爲總題，非有假冒陶公之意，甚爲明顯。[20]

---

17 《西京雜記》載枚乘《柳賦》、公孫詭《文鹿賦》、鄒陽《酒賦》、公孫乘《月賦》、羊勝《屏風賦》，其中《文鹿賦》存十句，《屏風賦》則爲四言短章，共十句，頗似贊文或銘文。又謂韓安國作《几賦》不成，鄒陽代作。見四部叢刊本《西京雜記》卷四，頁 3a。

18 謝惠連《雪賦》謂梁王游於兔園，命司馬相如作賦；謝莊《月賦》述陳王初喪應劉，端憂多暇，乃命王粲作《月賦》，二賦並見《文選》卷十三。

19 康維達認爲中國文學常有虛擬前代人物之寫作手法。"In China, literary impersonation takes the form of a poet writing in the persona of a famous person of an earlier period." 見 David R. Knechtges， "The Fu in the Xijing Zaji". (《西京雜記中的賦篇》)該文爲 1992 年 11 月在香港中文大學召開之第二屆國際賦學研討會宣讀論文。

20 江淹《雜體詩》三十首中，其一爲陶徵君田居。也許擬得迫眞，宋紹熙本《陶淵明集》收江擬作爲《歸園田居》第六首，下加案語云：「或云此篇江淹雜擬，非淵明所作。」香港：文文出版社， 1970 年。其實江詩明見於《文選》，不必存疑。可見宋後期人不甚讀《文選》。

澄清了六朝文人這種風氣，再去讀謝擬詩，相信有比較全面的理解。下文且就謝擬詩的取材、風格技巧、前人評價等問題加以分析。

四

先就這組詩的取材討論，我們首先要探討這組詩擬作的對象是哪些詩。

從題目《擬魏太子鄴中集詩》考察，可以肯定當時有明確的擬作對象，對象就是魏文帝所輯《鄴中集》裏面的八首詩。[21]

《鄴中集》今不見於《文選》、《魏文帝集》等書。李善在《文選》謝擬詩序「撰文懷人，感往增愴」下引魏文帝《與吳質書》曰：「撰其遺文，都爲一集。」[22]案魏文書中所謂「遺文」，當指諸子生前所作詩賦及其他文章，非僅謂作於鄴中之五言詩。黃節在《謝康樂詩注》謝擬詩下補注引《初學記》所輯《魏文帝集》。

> 爲太子時，北園及東閣講堂並賦詩，命王粲、劉楨、阮瑀、應瑒等同作。

並加案語云：「此即鄴中集詩也。」[23]其實魏文與諸子在鄴都所作同題詩賦甚多，非止一二例，似不必牽合於《初學記》所引《魏文帝集》。今考之唐人著作，猶有「鄴中集」之目。皎然《詩式》有「鄴中集」一條目，此條本文云：

---

21 案《文選》「集」下無「詩」字，今本《謝康樂集》則有之，古籍中詩題或有「詩」字，或無「詩」字，靡有定準。如《文選》陶公《擬古詩》題中有「詩」字，宋紹熙本陶集則但作《擬古》。

22 《文選》卷三十李善注，「卻」字爲「都」字之誤。

23 黃節：《謝康樂詩註》，臺北：藝文印書館影印民國十三年刊本，卷四，頁 10。

> 鄴中七子，陳王最高，劉楨辭氣偏，王得其中。[24]

可知中唐人猶及見《鄴中集》諸詩。皎然未列舉「七子」之名，但既云「陳王最高」，則當包括曹植。

提到七子，有人會立刻聯想到建安七子。但世所共知的建安七子與《鄴中集》的七子並不完全相同。世傳「七子」之目，蓋見於魏文帝《典論・論文》：

> 今之文人，魯國孔融文舉、廣陵陳琳孔璋、山陽王粲仲宣、北海徐幹偉長、陳留阮瑀元瑜、汝南應瑒德璉、東平劉楨公幹。斯七子者，於學無所遺，於辭無所假，咸以自騁驥騄於千里，仰齊足而並馳。[25]

其中孔融與餘子年輩不相若。融尤長於曹操兩歲，復不以詩名。[26]在文學史上，其實不宜把孔融與諸子合論。魏文帝《與吳質書》稱「一時之儁」的「諸子」，就完全沒有提及孔融。這可以解釋何以原來的《鄴中集》沒有孔融之作。另外，《三國志・魏書・王粲傳》敍述王粲事跡後，有一段話值得注意：

> 始文帝爲五官將，及平原侯植皆好文學。粲與北海徐幹字偉長、廣陵陳琳字孔璋、陳留阮瑀字元瑜、汝南應瑒字德璉、東平劉楨字公幹並見友善。[27]

---

24 皎然：《詩式》，臺北：藝文印書館《歷代詩話》本，頁 7。此本「王」作「正」。近刊李壯鷹校注《詩式》，以十萬卷樓叢書本所收五卷本爲底本，今從之改「正」爲「王」。

25 《文選》卷五二。

26 孔融致曹操《論盛孝章書》：「歲月不居，時節如流，五十之年，忽焉已至。公爲始滿，融又過二。」見《文選》卷四一。可見融長於曹操兩歲。又《文心雕龍・才略》篇稱孔融「氣盛於爲筆」。見范文瀾《文心雕龍註》，香港：商務印書館，1960 年，頁 699。

27 《三國志》，北京：中華書局，1959 年，卷廿一，頁 599。

繼敍幹、琳、瑀、瑒、楨五人事跡，並及五人卒年：

瑀以十七年卒，幹、琳、瑒、楨二十二年卒。

復引錄魏文帝《與吳質書》，以見其悼念之情。《王粲傳》可視作曹魏之世的文苑傳，曹氏父子地位與諸子不同，故不入傳，其他文人俱在搜羅之列，傳中繼續敍列邯鄲淳、繁欽、路粹等文人，並加總結，謂諸人「亦有文采，而不在此七人之列」。應注意傳中所謂「七人」，讀者實無從確指。如就上文「粲與……並見友善」一節計算，則爲王粲、徐幹、陳琳、阮瑀、應瑒、劉楨，僅得六人之數。如包括前文所舉曹丕曹植兄弟，則爲八人。《三國志》中孔融並無傳，《王粲傳》敍列一代文人，也未及孔融。裴注引《典論·論文》作補充，似乎要把孔融加進去合成七人之數，但不見得是《三國志》原意。《典論》及《王粲傳》兩項資料，研究者多加引錄，而這問題迄未能澄清，倒是可怪的。但就《鄴中集》的作者言，曹氏兄弟與王粲等六人在鄴下作詩，正足八人之數，這恰好解釋了集詩何以共有八首。根據謝擬詩和皎然《詩式》的資料，我們知道魏文當時確曾撰《鄴中集》[28]，集中錄了曹丕、王粲、陳琳、徐幹、劉楨、應瑒、阮瑀、曹植八人之詩各一首。這些材料，可以作爲後世對建安文學認識的一點補充。[29]

至於魏文所撰《鄴中集》裏的詩是哪幾首，問題不難解決。根據謝擬詩序和各詩題材，可以推斷摹擬的對象。《擬鄴中集詩·序》云：

---

28 曹丕《與吳質書》：「撰其遺文。」《文選》李善注引《廣雅》云：「撰，定也。」（卷四二）定者，蓋以時在鄴宮朝遊夕讌之作輯爲一集。

29 近人汪辟疆《方湖日記幸存錄》有《建安七子》條，載《汪辟疆文集》，上海：上海古籍出版社，1988年，頁833。汪氏注意到「建安七子」應何所指的問題，其中論及「以曹子建爲首而去北海者」，本於陳壽《魏書》。其實《魏書》只述文帝及平原侯植皆好文學，其後復敍粲與其餘五子並見友善，細讀之仍不能確定平原侯植可預於七子之列，已見上文分析。似不若據《鄴中集》作者八人，減去文帝，乃得七子之數。

> 建安末，余時在鄴宮。朝遊夕讌，究歡愉之極。天下良辰、美景、賞心、樂事，四者難並，今昆弟友明，二三諸彥，共盡之矣。古來此娛，書籍未見。何者？楚襄王時，有宋玉、唐、景。梁孝王時，有鄒、枚、嚴、馬，遊者美矣，而其主不文。漢武帝徐樂諸才，備應對之能，而雄猜多忌，豈獲晤言之適！不誣方將，庶必賢於今日爾。歲月如流，零落將盡，撰文懷人，感往增愴！[30]

可見諸詩寫的是鄴宮中朝遊夕宴、極盡歡娛的盛事。這些詩在建安衆作中，正是《公讌》一類詩。公讌在《文選》分類之廿餘類中，列於第五，可見這類題材在當時所受重視，五臣濟在曹子建《公讌詩》下注云：

> 公讌者，臣下在公家侍讌也。此讌在鄴宮，與兄讌飲。[31]

案《文選》公讌類錄曹植、王粲、劉楨三首以《公讌》爲題的詩，而繼之以應瑒《侍五官中郎將建章臺集詩》。應詩不以「公讌」爲題，而實屬公讌之類。又諸詩不盡爲侍魏太子讌之作，王粲的一首末四句：

> 願我賢主人，與天享巍巍。克符周公業，奕世不可追。

在建安中能稱克符周公佐輔大業者，唯有曹操足以當之，故李善謂「此詩侍曹操讌」，又以爲「主人謂太祖也」。[32]但王粲很可能尚有侍魏太子遊宴之作，如其《雜詩》之第一及第二首，中有「吉日簡清時，從君出西園」，「列車息衆駕，相伴綠水湄。……白日已西邁，歡樂忽忘歸」諸句[33]，顯然是隨太子同遊而作。當時公讌之作，除

---

30 《文選》卷三十。
31 《六臣注文選》卷二十。
32 《文選》卷二十。
33 第一首見《古文苑》卷八。第二首見《藝文類聚》卷廿八。

《文選》所錄四首而外，尙有阮瑀《公讌》。[34] 陳琳則有《宴會》詩，惜僅存六句，不能判斷是否鄴宮侍宴之作。[35] 至魏文帝位爲太子，在讌會中所作自不能算「臣下在公家侍讌」，因此他所自作，雖也寫鄴都西園之遊，卻以《芙蓉池作》爲題，入於遊覽類。從上所述，鄴中同遊八人之中，完全不可考定其侍宴作詩的，只有徐幹一人。[36] 由此可見，謝擬詩的對象，是非常具體的。

五

根據建安這一類詩在內容和風格上的特點，我們可以進一步考察謝擬詩有哪些地方摹仿這些詩，又有哪些地方顯示了自己的面貌。

今人論建安文學，多強調其描寫世積亂離，風衰俗怨的一面。[37] 這固然不錯。諸子經亂流離，備嘗苦辛，既有感於人間哀痛，也傷一己之志不獲伸，這些都成爲詩歌的素材。但這一類題材，不見得是建安詩的全部。《文心雕龍．明詩》篇論建安詩，有一段話指出了建安詩的內容題材：

> 曁建安之初，五言騰踊。文帝陳思，縱轡以騁節；王徐應劉，望路而爭驅。並憐風月，狎池苑，述恩榮，敘酣宴。[38]

---

34 見《初學記》卷十四。

35 陳琳有《宴會》詩，見《藝文類聚》卷三九。又有《遊覽》二首，見《藝文類聚》卷二八。察《遊覽》內容，當非在鄴宮作。

36 《文選》錄張華《答何劭詩》第一首：「良朋貽新詩，示我以遊娛」句善注引徐幹《贈五官中郎將詩》：「貽爾新詩。」(卷廿四)案徐幹性情不偶於俗，同遊之際，或用四言作詩，但由謝擬可見當時徐幹實有五言詩，不然就沒有擬作的對象。

37 《文心．時序》篇論建安文風：「觀其時文，雅好慷慨，良由世積亂離，風衰俗怨，並志深而筆長，故梗慨而多氣也。」見《文心雕龍註》頁 673–674 。一般文學史多引此數句說明建安文學梗慨多氣之風，卻鮮引用《明詩》篇「憐風月，狎池苑」數句。

38 《文心雕龍註》頁 66 。

其中「憐風月」四句，自是就其題材說。當然這些題材不能說是建安詩的全面，但至少是劉勰認爲重要的一面，其重要性並不下於刻劃風衰俗怨的詩。事實上，諸子公讌詩都是憐風月、狎池苑、述恩榮、叙酣宴之作，試舉王粲的一首爲例加以說明：

昊天降豐澤，百卉挺葳蕤。涼風撤蒸暑，清雲卻炎暉。高會君子堂，並坐蔭華榱。嘉肴充圓方，旨酒盈金罍。管絃發徽音，曲度淸且悲。合坐同所樂，但愬杯行遲。常聞詩人語，不醉且無歸。今日不極歡，含情欲待誰。見眷良不翅，守分豈能違。古人有遺言，君子福所綏。願我賢主人，與天享巍巍。克符周公業，奕世不可追。[39]

此詩首六句顯然是憐風月、狎池苑的內容。而「見眷良不翅」以下，則以述恩榮爲主。「見眷」句李善注云：「言上見恩遇，不翅過於本望。」感恩之意甚明。至於中間「嘉肴充圓方」十句，自是叙酣宴之樂。可見《明詩》篇數句，足以概括公讌詩的全部內容。王粲此詩寫景不多，但他人這類詩和上文所舉可能是王粲從遊之作的《雜詩》第一、二首，在憐風月、狎池苑方面都有頗爲詳盡的描寫。[40] 寫得最突出的當推曹植《公讌》：

公子敬愛客，終宴不知疲。清夜遊西園，飛蓋相追隨。明月澄清景，列宿正參差。秋蘭被長坂，朱華冒綠池。潛魚躍淸波，好鳥鳴高枝。神飇接丹轂，輕輦隨風移。飄颻放志意，千秋長若斯。[41]

---

39 《文選》卷二十。

40 王粲《雜詩》第二首，見《藝文類聚》卷二八。全詩十句全屬「憐風月，狎池苑」的內容。

41 《文選》卷二十。

此詩十四句中，寫景超過半數，而且多用對偶。「秋蘭被長坂，朱華冒綠池」兩句，設色鮮妍，刻劃朱華從清澈的池水淩波而出，借用王國維評論詞的口吻，可謂著一「冒」字而境界全出。初唐王勃著名的《滕王閣序》有兩句：「鄴水朱華，光照臨川之筆。」[42] 表示謝擬詩深得曹植原詩的神髓，故能兩相輝映。以王勃之才，可信其妙解文理，這樣的體會應當不錯。且看謝擬平原侯植一首：

> 朝遊登鳳閣，日暮集華沼。傾柯引弱枝，攀條摘蕙草。徙倚窮騁望，目極盡所討。西顧太行山，北眺邯鄲道。平衢脩且直，白楊信裊裊。副君命飲宴，歡娛寫懷抱。良遊匪晝夜，豈云晚與早。衆賓悉精妙，清辭灑蘭藻。哀音下迴鵠，餘哇徹清昊。中山不知醉，飲德方覺飽。願以黃髮期，養生念將老。[43]

此詩首十句屬於憐風月、狎池苑，是謝擬詩中寫景最多的，而且也頗用對偶，可見謝擬詩步趨原詩的程度，也可見曹植詩實開南朝文采之先。[44]

這些詩的風格，《文心·明詩》篇也描述得很清楚：

> 慷慨以任氣，磊落以使才。造懷指事，不求纖密之巧；驅辭逐貌，唯取昭晰之能。此其所同也。[45]

這一節描述，既就公讌詩言，也可概括建安其他詩歌。當然這只是就其大體說，如曹植鄴水朱華之句，固不僅爲唯取昭晰之能而已。謝靈運固不及見《文心》的評語，但由其擬詩的表現看來，他跟劉勰

42 見《王子安集》，臺北：商務印書館，國學基本叢書本，1968 年，卷五，頁 39。

43 《文選》卷三十。

44 大謝《遊南亭》：「澤蘭漸被徑，芙蓉始發池。」見《文選》卷廿二。此二句爲寫景名句，似乎有「秋蘭被長坂，朱華冒綠池」的痕跡。

45 同注 38。

兩人對建安詩的印象，倒是非常接近的。我們先就擬詩的寫景部分觀察。擬詩寫景的特點，其一是寫景成分甚少，通常不出四句，甚或僅得兩句，而這四句或兩句也不純寫景物；其二是即使焦點在景物，也只是略事鋪陳，合乎「唯取昭晰之能」的原則，下面且把擬詩中鋪陳景物加上遊覽飲宴的部分引錄，其中擬平原植一首已見上文。

澄觴滿金罍，連榻設華茵。急絃動飛聽，清歌拂梁塵。（魏太子）

並載遊鄴京，方舟汎河廣。綢繆清讌娛，寂寥梁棟響。（王粲）

愛客不告疲，飲讌遺景刻。夜聽極星爛，朝遊窮曛黑。哀哇動梁哇，急觴動幽默。（陳琳）

行觴奏悲歌，永夜繫白日。（徐幹）

朝遊牛羊下，暮坐括揭鳴。終歲非一日，傳卮弄新聲。（劉楨）

列坐蔭華榱，金樽盈清醑。始奏延露曲，繼以蘭夕語。（應瑒）

念昔勃海遊，南皮戲清沚。今復河曲遊，鳴葭汎蘭汜。……傾酤係芳醑，酌言豈終始。（阮瑀）

試取大謝山水詩與上面所舉比較，不難發現擬詩與其所自作有明顯不同的取向。首先，大謝山水詩一般寫景之句接近甚至超過全詩篇幅的一半。如《石壁精舍還湖中作》：

昏旦變氣候，山水含清暉。清暉能娛人，游子憺忘歸。出谷日尚早，入舟陽已微。林壑斂暝色，雲霞收夕霏。芰荷迭映

> 蔚，蒲稗相因依。披拂趨南逕，愉悅偃東扉。慮澹物自輕，意愜理無違。寄言攝生客，試用此道推。[46]

此詩十六句中，前十二句寫景。有些句子不單純鋪陳景物，如「披拂趨南逕」，兼用《莊子》「孰居無事而披拂是」之意，使人聯想閑逸的心情，這正是時至宋初寫景進步的表現。[47] 又如《從斤竹澗越嶺溪行》一首，全詩廿二句中，寫景共十四句，佔其大半。[48] 可見謝的擬作，即使要表現「憐風月、狎池苑」的內容，仍然嚴守建安的習慣，寫景點到即止，不像他自己模山範水之際，外無遺物，極盡繁富之能事。[49]

其次，謝詩寫景，名章迥句，處處間出，有些句子，如「巖下雲方合，花上露猶泫」、「白雲抱幽石，綠篠媚清漣」等等[50]，刻劃細緻中如見動態，技巧確比建安進步得多。但其擬作卻不見這些句子，如寫南皮泛舟之遊，擬王粲一首但云：「方舟泛河廣」、擬阮瑀一首云：「南皮戲清沚」，都只是粗略的敘川上之遊，遠不如大謝自己的名作《登江中孤嶼》寫亂流渡江來得細緻：

> 江南倦歷覽，江北曠周旋。懷新道轉迴，尋異景不延。亂流趨正絕，孤嶼媚中川。雲日相輝映，空水共澄鮮。[51]

此詩寫尋幽探勝的心情和感受，配合起空水雲日，實非不求纖密之巧的建安詩所能比擬。當然，謝擬詩到底有個人面目，不可能完全

---

46 《文選》卷廿二。

47 案善注亦引《莊子》此句。

48 《文選》卷廿二。

49 如劉楨《公讌》寫景之句有：「月出照園中，珍木鬱蒼蒼。清川過石渠，流波爲魚防。芙蓉散其華，菡萏溢金塘，靈鳥宿水裔，仁獸遊飛梁。」亦頗繁富。謝擬劉楨則略點染景物而已，可見擬作强調了不多寫景的特點。

50 分別見《從斤竹澗越嶺溪行》及《過始寧墅》二詩，見《文選》卷廿二及廿六。

51 《文選》卷廿六。

貼合建安。但由上文分析，可見他怎樣努力在題材和風格方面擬則建安。

在題材方面，值得注意的是六朝另一名家江淹所撰三十首《雜擬》中，擬建安的共有四首：

1. 魏文帝遊宴
2. 陳思王贈友
3. 劉文學感遇
4. 王侍中懷德

江擬詩每首標明題材內容，使讀者明確知道他擬的是哪一類甚至哪一首詩。擬魏文帝遊宴一首，五臣注濟曰：「此擬芙蓉池作。」擬陳思王贈友一首，五臣注翰曰：「擬贈丁儀王粲等詩。」擬劉文學感遇一首，五臣注濟曰：「思其有幸遭遇。」擬王侍中懷德一首，五臣注銑曰：「謂懷魏武帝之德。」[52] 由此觀之，除了擬曹植是擬其贈友，其餘擬的都是公讌詩的題材，可見六朝人十分著重公讌之作。再看擬魏文一首，較著重「憐風月、狎池苑」，擬王劉則以「述恩榮」爲主，故擬魏文寫景較多：

> 綠竹夾清水，秋蘭被幽涯。月出照園中，冠珮相追隨。

但也不至於細巧。至於擬王劉則有「侍讌出河曲，飛蓋遊鄴城」，「華明照方池，列坐金殿側」等句，確是「唯取昭晰之能」。江淹自己本來也屬寫景名家，且看他擬謝臨川遊山一首有些句子：

> 平明登雲峯，杳與廬霍絕。碧障長周流，金潭恒澄澈。洞林帶晨霞，石壁映初晰。乳竇既滴瀝，丹井復寥泬。嵓嶺轉奇秀，岑崟還相蔽。赤玉隱瑤溪，雲錦被沙汭。[53]

---

52 《六臣注文選》卷三十。
53 《文選》卷三一。

以晨霞映照石壁，岑崟蔽於峇𡽪，呈現一片有如幻景的瑰奇，當然不是但求「昭晰」而已。可證江擬詩自謂「斅其文體」[54]包括了取材和表現手法各方面。取材自是取其最重要最為人熟知的題材。至於仿效原作者的表現手法，不免著意於強調原詩的特點。這些特點，可能比原詩更顯著。建安詩風到了南朝中期，已經不為時尚，謝與江的擬作，可以說比建安更像建安。也可以說，讀這個時代的擬詩，好比通過一面有分析能力的鏡子去觀察原物，更容易看到原物的面貌特徵。[55]

建安的精神，在於慷慨任氣，磊落使才。諸子望路爭驅，興酣落筆，故能稱心而發，究極哀愉。公讌諸詩，自然也是用這樣的態度去創作的。論者或以為非感時傷亂，悲憫流離之作，不足以言慷慨磊落，只是一偏之見。如果大謝對建安詩有這樣的認識，則其擬作也會盡量表現這樣的精神。觀諸詩前附案語，略點明各人的身世和處境，擬詩也每從諸子身世說起。至於各詩的主要內容，同樣可以用《文心》「憐風月」那四句話去概括。茲以擬王粲一首加以說明：

> 幽厲昔崩亂，桓靈今板蕩。伊洛既燎煙，函崤沒無象。整裝辭秦川，秣馬赴楚壤。沮漳自可美，客心非外獎。常歎詩人言，式微何由往。上宰奏皇靈，侯伯咸宗長。雲騎亂漢南，宛郢皆掃盪。排霧屬盛明，披雲對清朗。慶泰欲重疊，公子特先賞。不謂息肩願，一旦值明兩。並載遊鄴京，方舟汎河廣。綢繆清讌娛，寂寥梁棟響。既作長夜飲，豈顧乘日養。[56]

此詩大用排偶之筆，其中「整裝」二句、「排霧」二句、「綢繆」二句，

54 見江淹《雜體詩序》。參考注 11。

55 曹道衡以為：「像江淹那樣通過擬作來說明前人的創作特點，其實也不失為批評的一法，值得予以重視。」可供參考。同注 12。

56 《文選》卷三十。

尤爲工整。但從全詩看，仍見其有異於晉宋間風調，而頗帶建安的渾厚。「沮漳自可美，客心非外獎」兩句，隱括了《登樓賦》下面幾句文意：

> 挾清漳之通浦兮，倚曲沮之長洲。……雖信美而非吾土兮，曾何足以少留。[57]

接著寫得遇曹操父子。「排霧屬盛明，披雲對清朗」兩句，使人想起大謝《初去郡》之句：「野曠沙岸淨，天高秋月明。」[58]《初去郡》寫從永嘉辭官，決心放棄仕途，頓覺天地之間，澄明清澈，正好襯托自己的心境。不同的是，擬詩全用虛寫，《初去郡》則實中見虛，即通過具體景物見出作者心情，是進一步的技巧。又這些地方無論實寫虛寫，似乎都以用對偶更爲有力。至於寫宴遊部分，上文已舉出八首中有關句子，篇幅雖不多，但到底是一篇的重心，各首都在寫到宴遊之樂後結束全詩。諸詩所同的，是盡力表現「歡愉之極」那種豪情逸興。寫飲宴之樂，更極盡狂放。也許經歷過長期亂離，一旦得以息肩，難免有此感受，即《文心》所謂「傲雅觴豆之前，從容衽席之上，灑筆以成酣歌，和墨以藉談笑」[59]，這使人想起楊惲有名的《報孫會宗書》那幾句：

> 酒後耳熱，仰天撫缶而呼嗚嗚。其詩曰：……人生行樂耳，須富貴何時？是日也，拂衣而喜，奮袖低昂，頓足起舞，誠淫荒無度，不知其不可也。[60]

這種「淫荒無度」，可以從諸子日以繼夜的飲宴看出來。擬詩八首，其實篇篇有酒，依次列舉如下：

---

57 《文選》卷十一。
58 《文選》卷二六。
59 《文心雕龍註》頁 673。
60 《文選》卷四一。

澄觴滿金罍。(魏太子)

既作長夜遊，豈顧秉日養。(王粲)

急觴蕩幽默。(陳琳)

行觴奏悲歌，永夜繫白日。(徐幹)

傳卮弄新聲。(劉楨)

金樽盈清醑。(應瑒)

傾酤係芳醑。(阮瑀)

副君命飲宴，……中山不知醉。(曹植)

後漢社會本來富裕。有學者注意到士人生活日益優閑，常常賓客滿座的現象。[61] 我們從張衡《南都賦》寫東漢後期南陽一帶之既麗且康，可以窺見當時社會生活。且舉敍述遊宴飲酒的兩節以爲參考：

> 儇才齊敏，受爵傳觴，獻酬既交，率禮無違。彈琴擫籥，流風徘徊，清角發徵，聽者增哀。客賦醉言歸，主稱露未晞。
>
> 於是日將逮昏，樂者未荒。收驩命駕，分背廻塘。車雷震而風厲，馬鹿超而龍驤。夕暮言歸，其樂難忘。[62]

南陽在洛陽之南，光武舊里在焉，故稱南都。我們看當時客主飲酒盡歡，加以奏樂，而筵席未終，命駕廻塘，完全符合公讌諸作及魏太子《與吳質書》等篇所描寫的景象，可以互爲注腳。今學者有從後漢南陽浮雕考察當時人宴樂情況的，指出浮雕的素材，如人與動物

61 余英時：《漢晋之際士之新自覺與新思潮》，載《士與中國文化》，上海：上海人民出版社，1987 年，頁 287–400。從史傳中，常看到後漢名士賓客盈門的盛況，到漢末孔融尚有「坐中客恒滿，尊中酒不空，吾無憂矣」之語。見《後漢書》本傳。

62 《文選》卷四。

或動物與動物的搏擊，表現了勁力與動感。[63]這倒使我們想起劉勰在《詮賦》篇批評王延壽的《靈光殿賦》：「延壽《靈光》，含飛動之勢。」[64]《靈光殿賦》鋪陳漢代魯靈光殿的雕縷和壁畫，其中飛禽走獸，山神海靈，騰驤萬狀，變怪多奇。《後漢書・文苑傳》言：

> 後蔡邕亦造此賦，未成。及見延壽所爲，甚奇之，遂輟翰而已。[65]

從蔡邕之「甚奇之」，可見漢末人甚爲欣賞那種「飛動之勢」。「飛動之勢」，正是建安文學的精神。

另外可注意的，是八首擬作都寫到音樂。讀了建安原作及魏文諸書，自當理解這樣取材是自然不過的。音樂本來是士大夫的寄託和娛樂，但也可見建安作者的藝術心靈特別敏銳。魏文比文事於曲度，繁欽論歌者之哀感頑艷[66]，都可見當時對音樂的感悟。古詩「不惜歌者苦，但傷知者稀」的慨歎[67]，更是當時知識分子的深切感受。當時描寫音樂有兩個習慣，其一是誇張其超妙，其二是强調其哀怨。漢魏六朝樂音以悲爲美，固無足怪。

---

63 參考 Richard C. Rudolph, "The Enjoyment of Life in the Han Reliefs of Nanyang", in *Ancient China: Studies in Early Civilization*, Edited by David T. Roy and Tsuen-hsuin Tsien, Hong Kong: The Chinese University Press, 1982, pp. 268–279. 今存南陽浮雕中，喜以投壺之戲爲題材，投壺必用酒，以酒尊置於作戲之二人間，可見後漢貴族生活與酒的關係，也可解釋公讌詩差不多都寫酒，而擬作更篇篇有酒。

64 《文選》卷十一。

65 王延壽事蹟附載其父王逸傳內，見《後漢書・文苑傳》，北京，中華書局，1965年，頁 2168。

66 繁欽：《與魏文帝牋》形容當時歌者：「而此孺子遺聲抑揚，不可勝窮。……悽入肝脾，哀感頑艷。」見《文選》卷四十。

67 漢末士人流離蓬轉，鮮能遇合。我以爲「但傷知音稀」一語，可以作爲建安文學的基調。參考拙著：《建安時代的文學觀念》，載《中國文哲研究通訊》二卷二期，臺北：中央研究院文哲研究所，1992 年，頁 32–48。

由上文分析，可以說大謝對建安詩的理解，非常深刻。謝不及見《文心》，但相信他必然同意《明詩》篇對建安詩的一節評語。用這些評語加之於謝擬詩，其實也是合適的。同時，我們也不妨通過謝的擬作，去加深對建安的認識，因爲擬作往往有把原作風格表現得更加突出的傾向。尤其重要的，是大謝幫助我們澄清了一個概念，即慷慨磊落的詩風，本不限於某些內容。西園明月之下，諸子縱筆酣歌，正是用慷慨磊落的胸襟作詩的。

六

考察了謝擬詩的取材和風格，對於大謝怎樣步趨前人，應該有一定的認識。但大家之作，無論怎樣刻意模仿，到底不可能沒有自己的面目。一如臨蘭亭序者，即使力求形似神似，但馮本、褚本、虞本，仍然各有其面貌。我們說過擬古未嘗沒有創作的意識，要繼續探討這個問題，似乎得先就傳統有關作意的說法加以分析。

謝擬詩無疑屬於擬作的第一類，即視古人身世遭遇爲己有，用古人的口吻，試圖寫出其感受。但爲甚麼要作這些詩呢？在文學上的考慮，這可以說是作者嚮慕某一時代、作家、流派，因而用摹擬的手段，作練習之用。《詩品》說大謝「源出於陳思」[68]，如果說大謝刻意擬建安詩，目的在豐富自己的創作經驗，以便形成個人風格，是不難接受的。當然，遍擬《鄴中集》八人之作，也可能要證明自己的才華，擬哪一家就是哪一家。江淹的雜擬，可以說包括了上述兩種意義，甚至有意與前人爭勝。

擬作不可以完全抹掉作者個人影子。這包括個人偏好的語言習慣和表達方式，還有個人的性情和感受。論者每喜從政治角度去看

68 見《詩品》謝靈運評語。參考拙著：《鍾嶸詩品謝靈運評語試釋》，載《香港中文大學中國文化研究所學報》，第19卷，1988年，頁91–108。

問題。[69] 如吳淇在《六朝選詩定論》中提出可在分題之下諸序探索「康樂隱情」：

> 然弁數語於分題之下者，以為代本人作詩之柄。康樂隱情，盡在此諸序之中。作者依此為柄而作，讀者依此為柄而讀，斯得之矣。[70]

案這一組詩每首用鄴中詩人口吻抒寫其感懷，每首前所謂小序，原是擬作者代魏太子下的案語。吳氏以為「讀者依此為柄而讀」，可察康樂隱情，恐怕不然。因為擬作者設想魏文帝在諸子零落將盡，感往增愴之際，乃在各人詩前附綴數語，略見其性情、身世、遭遇，以備後人采覽。至於魏文自己的詩，自然沒有必要加這類案語。現在先把七人詩前小序列下：

王粲：家本秦川貴公子孫，遭亂流寓，自傷情多。

陳琳：袁本初書記之士，故述喪亂事多。

徐幹：少無宦情，有箕潁之心事，故仕世多素辭。

劉楨：卓犖偏人，而文最有氣，所得頗經奇。

應瑒：汝潁之士，流離世故，頗有飄泊之歎。

阮瑀：管書記之任，故有優渥之言。

曹植：公子不及世事，但美遨遊，然頗有憂生之嗟。

這些案語雖寥寥數句，卻足以概括諸人的實況。試就王粲的案語分析。

「家本秦川貴公子孫」，指王粲籍屬秦川，粲曾祖父龔、祖父暢，並為漢三公，正是「貴公」之子孫。「遭亂流寓」，指獻帝西遷，粲徙長安。及長安擾亂，粲乃往荊州依劉表。此在粲本傳及其《七

---

69 Frodsham 認為謝擬詩不但有文學意味，更有政治目的，大謝以曹魏比於劉宋，寫個人在仕途之感受。同注 7。

70 吳淇語轉引自《謝康樂詩註》卷四。

哀詩》可見。《七哀詩》第一首：「西京亂無象，豺虎方遘患。復棄中國去，遠身適荊蠻。」[71] 當是謝之所本。「自傷情多」，言王粲自傷之情殊多。諸序往往在最後一句論定其詩的題材風格前，加一「故」字。此處加「故」字於「自傷情多」之前，未嘗不可。

綜上所論，可見擬王粲詩前的小序只是設想魏文根據對王粲認識而下的一般案語，大謝自己對王粲的認識，自當根據史料和王粲的作品。而吳氏論此序云：

> 諸子中唯仲宣才高而望重，故康樂首取以自況。其曰秦川貴公子孫，謂王爲漢之世臣，猶曰江表貴公子孫，喻身爲晋之世臣耳。自傷情多，不專指遭亂流寓。時其歸魏以來，値子建有憂生之嗟，求一試而不可得，況仲宣耶？仲宣之依劉表，苟全性命而已，本知其不足有爲，無厚望也。……其虛拘於鄴下，依然不異流寓於荊州也。康樂自視過高，故獨寫此意於擬王詩中者，特借自傷之情，以表己之爲王粲也。[72]

其言有三點可以商榷。第一，謂王爲漢之世臣，猶康樂自言爲江表之世臣，恐怕扯得太遠，但也無妨如此比況。不過仲宣遭西京擾亂而遠適荊蠻，與大謝遭遇，大不相同。第二，大謝本傳說他既不見知，常懷憤憤，但擬王粲的一首，分明寫出恩遇之深，吳氏謂「康樂首取以自況」，牽强得很，除非把全詩看成反諷，但這樣一來，對這一組詩的理解便得根本改變，所謂「歡愉之極」、「晤言之適」，都要變成牢落不平的反話了。[73] 大謝倘若要表示自己心念晋室，他會不會用傾心曹魏的王粲自比呢？第三，吳氏謂「自傷情多，不專指遭亂流寓」，並以「子建有憂生之嗟，求一試而不可得」比王粲

---

71 《文選》卷廿三。

72 同注 70。

73 Frodsham 曾指出謝以晋比漢，以宋比魏，但於吳說亦頗存疑，同注 7。

之拘於鄴下，不異流寓於荊州，這樣的推論，也不合理，因為「遭亂流寓」之後，接以「自傷情多」，則其自傷顯然有由，否則四字可以泛指任何情事。任意引申，恐怕不是解決問題的方法。因此，我認為康樂以王粲列為魏文之後的第一首，只是因為王粲是建安文人的領袖，並非由於自比康樂。[74]

其餘各小序，也可參照現存材料，結合諸子身世去理解，不暇詳論。而最後擬平原侯植的一首，論者或謂以曹植比廬陵王義眞，則尚待一辨。[75] 考此序有「然頗有憂生之嗟」一句，最易使人結合曹植《求自試表》所言「臣獨何人，以堪長久。常恐先朝露塡溝壑，墳土未乾，而聲名並滅」，以及《求通親親表》所言「至於臣者，人道絕緒，禁錮明時，臣竊自傷也」諸語去理解。[76] 黃節補注引《魏書》植本傳：

> 十一年中而三徙都，常汲汲無歡。[77]

但黃氏似乎忽略了一點，就是徙都云者， 應指魏文帝黃初三年(222)立為鄄城王，四年(223)徙封雍丘王，明帝太和元年(227)徙封浚化，三年(229)徙封東阿，六年(232)封為陳王。據此則由黃初三年至太和六年十一年間，實為四徙，所謂「三徙」，不知道怎樣算出來，而大部分徙都，是在明帝之世，為文帝所不及見。小序假設出於文帝之手，自不宜引《魏書》的材料為注。

看來注者頗有把問題看得過於複雜的傾向。我則以為憂生之嗟，本非指子建受文帝明帝迫害。案曹植《節遊賦》云：

---

74 觀《三國志・王粲傳》附載當世文士，可視作一代文苑傳，已見上文。

75 葉笑雪以為此詩「最後四句……流露了小序所說的『憂生之嗟』，暗地裏指出他不斷遭受阿哥和侄兒的猜忌和迫害」。《謝靈運詩選》，上海：上海古籍出版社，1957 年，頁 142 。Frodsham 亦有此意見，可能俱受吳氏影響。

76 曹植二表並見《文選》卷三七。

77 《謝康樂詩註》卷四。

> 於是仲春之月，百卉叢生。萋萋藹藹，翠葉朱莖。竹林青葱，珍果含榮。凱風發而時鳥讙，微波動而水蟲鳴。感氣運之和順，樂時澤之有成。遂乃浮素蓋，御驊騮。命友生，攜同儔。誦風人之所歎，遂駕言而出遊。步北園而馳鶩，庶翱翔以解憂。望洪池之滉瀁，遂降集乎輕舟。浮沈蟻於金罍，行觴爵於好仇。絲竹發而響厲，悲風激於中流。且容與以盡觀，聊永日而忘愁。嗟羲和之奮迅，怨曜靈之無光。念人生之不永，若春日之微霜。諒遺名之可紀，信天命之無常。[78]

其中鋪寫遊觀之盛，過於當時五言，而感念人生不永，天命無常，正好作爲「但美遨遊，然頗有憂生之嗟」的注腳。《節遊賦》不知作於何時，《藝文類聚》二十八有楊修《節遊賦》，就當時同題並作的風氣考慮，疑是同時之作。 考楊修見誅於曹操，時爲建安二十四年(219)。曹楊之賦，大抵作於同遊之時，爲文帝所曾寓目，因此我以爲「憂生之嗟」只是一般人生無常之感，此是漢末人詩賦中常見的主題，不過在「不及世事」的公子而有此想法，頗堪注意，故序中有此言耳。又諸子大都在建安廿二年謝世，子建賦中無常之感，是否與此有關，也是值得考慮的。

上面的分析，顯示讀這一組詩，不宜附會過多，但讀者固未嘗不可以假設大謝在有意無意間發抒了個人的感懷。尤其是序中提到良辰、美景、賞心、樂事，四者難並。大謝爲貴公子孫，優遊林藪，良辰美景，本非難遇。賞心當指昆弟友朋。謝詩云：「含情尙勞愛，如何離賞心。」[79] 可見謝之珍惜賞心。以謝之高傲，賞心固不易得，但尤難得者，則爲樂事。有學者以爲樂事指音樂，恐未得

78 汪紹楹校：《藝文類聚》，北京：中華書局，1965 年，卷廿八。

79 謝詩中用「賞心」一詞達六次，除「賞心唯良知」一句之賞心泛指推心相賞外，俱指知心朋友。

其旨。[80] 擬詩固然首首寫到音樂，但對貴族言，音樂並不難得。從序文大意看，樂事當指君臣相得，即序中所謂「究歡愉之極」，又慨歎武帝雄猜多忌，時雖有俊才，而未獲晤言之適。這一來，倒像說出了大謝自己的心裏話。[81] 所以我們讀這些詩，大可忘記是擬古之作，不過如果處處要實指託喻甚麼，恐怕也非善讀者。

關於這一組詩的寫作年代，如果能夠考定，可能幫助瞭解其作意，但也不是絕對能夠解決問題。對於作年，有幾種說法，都不見得有絕對說服力。《謝靈運集校注》作者顧紹柏以爲此八詩屬元嘉三年（426）或四年（427）在宋任秘書監、侍中時所作，編在《廬陵王墓下作》之後。[82] 此蓋就大謝與廬陵王的關係推測而得。靈運爲廬陵愛賞，與諸子見知於魏文，處境相同。這個推測，不無道理，可是並沒有足夠的證據。至顧氏以爲序中「歲月如流，零落將盡，撰文懷人，感往增愴」諸句，「分明是爲義眞遇害而發」[83]，卻頗堪商榷。案此數句表示魏文帝對諸子的悼念，試分析「零落將盡」一句，「將盡」云者，自是友朋大半謝世，而未盡亡故，蓋尚有吳質等人在，故不宜謂此數語但指廬陵一人。[84] 又大謝在宋，雖未能參時

80 Frodsham 譯「樂事」爲 Music，出處同注 7。

81 論詩者自不難看到這一點，如方虛谷云「其主不文」、「雄猜多忌」等語，使宋武帝文帝見之，皆必切齒。

82 顧紹柏《謝靈運集校注》附錄二《謝靈運事跡及作品繫年》，在元嘉四年（417）下謂擬詩「蓋亦作於是年或去年」。鄭州：中州古籍出版社，1987 年，頁 439。

83 《謝靈運集校注》頁 137。

84 案魏文《與朝歌令吳質書》云：「每念昔日南皮之遊，……余顧而言：斯樂難常。足下之徒，咸以爲然。」又《與吳質書》云：「何圖數年之間，零落略盡，恐不復得爲昔日遊也。」可見同遊者尚有吳質輩在，「零落將盡」云者，謂諸子大半零落，不復有昔時遊興耳。以此句指廬陵遇害，恐有未安。且大謝有《廬陵王墓下作》一詩，直言：「眷言懷君子，沈痛切中腸。道消結憤懣，運開申悲涼。」（《文選》卷廿三）又對宋文帝問南行來何所制作，直答云：「過廬陵王墓下作一首。」（見本傳）可見他不諱言對廬陵的哀痛，這些感慨毋須託擬詩表達。

政，卻也不能說不見禮遇。[85]建安諸子之朝遊夕讌，亦不外如謝之日夕引見，侍宴談賞而已。因此擬詩的感懷，是一般的指士不見知，還是特爲廬陵而發，恐難確證。何焯以爲「當是與廬陵周旋時所擬」[86]，固有相當理由，不過也不能排除大謝作於早歲摹擬用功於五言的可能性。而最重要的一點，是寫作年代沒有得到確證，並非不能讀這一組詩。

七

最後，我們要探討謝擬詩何以在當時有那麼重要的地位。澄清這個問題，也許可以使我們更瞭解傳統的詩學觀念。

第一節已經提到鍾嶸在《詩品》標舉五言之警策，於謝舉「靈運《鄴中》」。鍾嶸大抵不以爲這些詩可以掩蓋大謝的山水詩，但至少認爲《擬鄴中集》可列入謝的代表作。類似的意見，不獨見之於南朝。到了唐代，也有論者特重這一組詩。皎然《詩式》裏有《文章宗旨》一條論謝靈運，稱其「發皆造極」：

> 至如《述祖德》一章，《擬鄴中》八首，《經廬陵王墓》、《臨池上樓》，識度高明，蓋詩中之日月也，安可扳援哉！……故能上躡風騷，下超魏晉，建安之作，其椎輪乎！[87]

皎然以《擬鄴中》八首爲「詩中之日月」，地位與大謝山水名作《登池上樓》不殊，固然值得注意，更有趣的，是他評價謝詩，以爲「上躡風騷，下超魏晉」，而以建安之作爲「椎輪」，意謂五言至大謝而益

---

85 案《宋書》本傳：「太祖登祚，……乃出就職，……尋遷侍中，日夕引見，賞遇甚厚。……旣自以名輩，才能應參時政。初被召，便以此自許。旣至，文帝唯以文義見接，每侍上宴，談賞而已。」

86 見何義門、孫月峯：《評注昭明文選》，上海：上海掃葉山房石印本，卷七，頁36b。

87 李壯鷹校注：《詩式校注》，濟南：齊魯書社，1986年，頁90。

成熟，此八首雖效建安，而建安在詩歌發展上，只能充當先導，論成就，尚不足與大謝比肩。此論與後世崇尚建安，賤視南朝者，大異其趣。

案皎然論詩，尚獨創而忌剽竊，以爲「雖(須)以敵古爲上，不以寫古爲能」，又謂「前無古人，獨生我思」[88]，提出語、意、勢，俱不可偷，其中「偷語最爲鈍賊」，至謂「若使貧道片言可斷，此輩無處逃刑」[89]，則其深惡剽賊可知。但在皎然心中，擬作絕對不能算「偷」。《詩式》嘗比較班婕妤《團扇詩》和江淹的擬作云：

> 江則假象見意，班則貌題直書。……吾許江生情遠詞麗，方之班女，亦未可減價。[90]

可見皎然站在詩的藝術手法立論，以爲江擬詩不讓原作。此與唐代某些論者如陳子昂輩，深抑齊梁後詩，以爲建安風骨，晋宋莫傳者，誠不可同日而語。當然這只表示文學觀念的不同，毋須判定誰對誰不對。如果皎然的評論可以代表傳統的一面，則可見傳統詩論者有純從文學藝術角度論詩的，雖然這樣的論者爲數不多。擬作者借用前人的主題和題材，參照其表達手法，但並非沒有創作成分。這好比作曲家採用前人的主題旋律，加以變奏，或借用民間音樂素材，在自己曲子裏作有機的組合，從來沒有人不以爲是創作。鍾嶸把士衡《擬古》和靈運《鄴中》並列爲警策，是不是早就體會這個道理呢？案鍾嶸評陸機所擬的古詩原作爲「幾乎一字千金」[91]，但陸的

---

88 前二語見《文鏡秘府論》，今世學者輯校《詩式》或采之，見《詩式校注》附錄二，頁 267。後二語見同書頁 254。

89 《詩式校注》頁 46。

90 《詩式校注》頁 97。

91 見《詩品》古詩評語。案《詩品》視古詩爲一家，與諸家並列，提出「陸機所擬十四首，文溫以麗，意悲而遠，驚心動魄，可謂幾乎一字千金。」(《鍾嶸詩品校證》頁 30。)

擬作，也堪稱上品。[92] 此猶乎建安詩卓爾不羣，而靈運《鄴中》，足與陳思《贈弟》、仲宣《七哀》、公幹《室思》，同為五言之警策，可見鍾嶸對擬作的態度。[93]

後世論者，每以建安為五言的極至。南朝刻意求變，其異於建安者，不免為人視作缺乏建安風骨。這種文學觀的毛病，是不能接受創新，鍾嶸就沒有這種態度。上文說過在六朝言，大凡致力於擬古的作者，往往是銳意求新的，事實上，不了解傳統，就看不出創新的意義。《文心・知音》篇六觀中，其一為通變，即觀察作品在繼承與創新兩方面怎樣協調和平衡。關於這一點，我們不妨拋開六朝，取一首一千年以後的詩加以討論，即清初王士禛的《秋柳》第一首：

秋來何處最銷魂？殘照西風白下門。
他日差池春燕影，祇今憔悴晚煙痕。
愁生陌上黃驄曲，夢遠江南烏夜村。
莫聽臨風三弄笛，玉關哀怨總難論。[94]

王漁洋《秋柳》四首，當時大有高名，唱和者達數十人，奠定了漁洋在清代詩壇的地位。分析起來，此詩透露了一點今昔之感，但不容易確指它的寓意。所用典故，如「黃驄曲」、「烏夜村」，和詩意結合起來也可以有不同的理解。[95] 關於這首詩為甚麼富有魅力的問

92 《文選》收陸機《擬古》十二首，與《詩品》所舉數目不同。從《詩品》論古詩而舉陸機所擬之原作十四首，可知當時無人不知有陸擬詩。

93 《詩品》所舉五言之「警策」，俱為名家之代表作，其中「士衡擬古」與「靈運鄴中」屬擬古之作。

94 王士禛：《漁洋山人精華錄》，臺北：商務印書館，國學基本叢書本，1968年，卷五，頁99。

95 胡適《文學改良芻議》論用典之拙者，即舉王漁洋《秋柳》第二首為例，指出：「此詩所用諸典無不可作幾樣說法者。」《胡適文存》第一集，臺北：遠東圖書公司，1953年，頁14。

題，日本學者吉川幸次郎曾作專文探討。他指出這首詩的語彙，有新鮮及古典的傾向。這種傾向產生的魅力，深爲當時人所喜愛，他以爲：

> 題材的求新只是破壞古典氣氛，無助於增加詩的新鮮感。這首詩所以受到歡迎，可能是因爲它給人一種安全感，令人感到穩重而實在。
>
> 與其說把感情寄託在詩歌的事物中，還不如說是寄託在言詞中。這不但是近人作詩最安全的道路，也是中國過去詩的正道。這類傾向最明顯的有齊梁詩。[96]

大謝開山水詩風，本來有標新立異的傾向，所以鍾嶸說他「麗曲新聲，絡繹奔會」。[97] 吉川的話，也許可以幫助我們了解《擬鄴中集》的性質，而這組詩受人推重，是不是由於能「保持古典氣氛」，也不妨加以考慮。

清水茂曾提出《楚辭》、漢賦、六朝賦皆有虛構成分，因此他以爲中國在戲劇小說還沒有發達以前，虛構文學是由辭賦擔任的。[98] 其實我們還可以進一步引伸說，一切文學，包括緣情的詩，都不免有虛構成分。所謂虛構，是設想其爲實有而加以抒寫。在藝術的意義上說，虛構是透過作者心靈對現實的個人體會。如果不嫌其爲玄，我們不妨說，虛構可能比現實更加眞實。每首詩有情理景物，不論是建安之作還是元嘉之作，能夠使讀者感不絕於其心者，就是詩之所以爲詩的本質。鍾嶸大抵是持此態度論詩的。

---

96 吉川幸次郎：《漁洋山人的秋柳詩》，劉向仁譯，載《中國詩史》，臺北：明文書局，1983 年，頁 465–476。

97 見《詩品》謝靈運評語，諸本作「麗典新聲」，我以爲「典」字爲「曲」之訛。參考拙著：《鍾嶸詩品謝靈運評語試釋》，《香港中文大學中國文化研究所學報》，第 19 卷，1988 年，頁 91–108。

98 見清水茂：《辭賦的虛構》，該文爲香港中文大學第二屆國際賦學研討會宣讀論文。

[illegible]

[illegible]

[illegible]

[illegible]

[illegible]

[illegible]

《文選序》疑義答問

屈守元

〔問 1〕《文選》的編輯是否出於劉孝綽？《文選序》是否也是劉孝綽作的？蕭統是否只掛上一個名字？這部書是否也像明清時代帝王編書的敕撰？

〔答〕劉孝綽是蕭統東宮文士集團中的「十學士」之一，在「十學士」中，他最受蕭統敬重，這一點可以參看拙著《昭明太子十學士說》(《昭明文選研究論文集》，吉林文史出版社，1988 年 6 月)；拙著《昭明文選雜述及選講》(天津古籍出版社，1988 年 6 月，臺北貫雅文化事業有限公司重印）及《文選導讀》(巴蜀書社，1993 年)，論之尤詳。《文選》的編輯，他作爲蕭統東宮文士集團的重要成員，肯定是參加了的。這一點《文鏡秘府論》和《玉海》也有所記載，但是《文選》的體例和入選篇目就不能說是全由他決定了。第一，蕭統門下的文士很多，資深望重，行輩較長的有陸倕、張緬等人；戚屬親近的有王錫、張纘等人，怎麼可能由劉孝綽獨斷呢？第二，蕭統早年編輯《正序》及《英華集》等，他對於總集自有定體、選材的經驗，怎麼會讓劉孝綽來指揮、利用，把他架空呢？蕭統不是明代的朱元璋、清代的胤禎那種不識字或識字不多的人，怎麼會只是掛名、敕撰而已呢？至於《文選序》出於劉孝綽代作，這在日本所傳的古抄無注三十卷卷子本的第一卷《文選序》，確實有一條標注說：「太子令劉孝綽作之云云。」這條標注究竟是何時何人所加，訖今尚無法解決。據古抄本的標注，它不但引用李注、五臣、《音決》、《抄》、陸善經諸種注釋，還有「今案」(這是編輯《集注》本的人加上的)等語，其出於《集注》本之後，是毫無問題的。古抄本和它上面的標記、旁注，不出於一個時代。據初步估計，古抄本可能出平安朝，向宗魯在所校古抄本後的識語說：「《集注》引陸（善經）說，作者當在中唐以後；抄本旁注引《集注》語，當更出其後矣。」古抄本的第一卷（即載有《文選序》者），其標記、旁注的寫入者，據清水凱夫告訴我，懷疑是鎌倉幕府時代的人。這一點，他還要繼續考查。總之，其稱《文選序》是蕭統令劉孝綽代寫，並無甚麼依據；但也值得重視。即使劉孝綽代蕭統作《序》，但《序》中反映的文學思想，仍應當是蕭統的。不能以此《序》出於劉孝綽代筆，而輕易取消蕭統對於這篇《序》授意的實際著作權，更不能因此而否定了蕭統編輯《文選》，認爲他僅僅是掛名敕撰。

蕭統的生母丁貴嬪，出身微賤，曾受到蕭衍皇后郗氏的凌辱。後來丁貴嬪死後，爲了墓葬的問題，蕭統幾乎成爲梁代的「戾太子」。因此蕭衍、蕭統父子之間，不是那末愉快的。劉孝標的《辨命論》，明目張膽地指斥蕭衍，如果是劉孝綽作主張，是絕對不敢冒昧地入選的。但這篇文章不僅入選，並且把劉孝標對於蕭衍旨意的駁斥，也按原文全部載入。除了蕭統以外，別人會這樣大膽嗎？蕭衍所不喜歡的人，如沈約、任昉等，他們的著作，入選不少。《天監三年策秀才文》，是任昉搞掉御史中丞職務的一個文件，蕭統也把它選載。如此等等，都足以說明《文選》選目的安排，只有蕭統才敢作出這些決定，劉孝綽是不可能代庖的。關於這些問題的資料，已寫入拙著《文選導讀》中，這裏無法煩瑣羅縷。

〔問 2〕《文選序》的中心思想，從清代阮元以來，即强調「事出於沈思，義歸乎翰藻」兩句，是否準確？應當怎樣來理解《文選序》的全部思想內容？

〔答〕王運熙《〈文選〉選錄作品的範圍和標準》（《復旦學報》1988 年第 6 期）指出，《文選序》所涉及的，有選錄範圍和標準二者，這二者雖有一定的聯繫，但畢竟不能等同起來。「事出於沈思，義歸乎翰藻」這兩句，把它說成《文選》的選錄標準未嘗不可，但它並不概括《文選序》的全部思想內容。而且這兩句本只是說史傳裏的論贊序述的，它原不是說《文選》全書的選錄標準。把它說成《文選》的選錄標準，不過假借引申而已。還有，《文選序》除了說選錄標準而外，還有很大部分在說它的選錄範圍。《文選序》全文除涉及選錄標準和範圍以外，還著重闡述了兩個重要問題：一個是「物固有之，文亦宜然」、「照燭三才，煇麗萬有」的天文、地文與人文關係的自然論觀點。這是與劉勰《文心雕龍・原道》以及鍾嶸《詩品序》「氣之動物，物之感人」的指導思想並無二致。第二是《文選序》很明白地宣稱「踵其事而增華，變其本而加厲」的「隨時改變，難可詳悉」的文學發展觀點是蕭統編輯《文選》，選錄文章的依據原則。明乎此，才能理解《文選》選錄齊梁之文有一定數量的道理。要瞭解《文選序》所發揮的思想內容，必須全面地掌握這一切。不然就會出現偏見，阮元便是如此。

〔問3〕《文選序》中「姬公之籍」以下說明《文選》不選經書。「老莊之作」以下說明不選諸子。「記事之史」以下說明不選史傳；這些都能一目了然。何以說明不選諸子和不選史傳之間，插入「賢人之美辭」一段，專講謀夫、策士之言不選呢？它們不是「概見墳籍，旁出子史」嗎？已經聲明了不選子史，有甚麼必要要專寫這一段？能講出其特殊意義否？

〔答〕「賢人之美辭」一段很唐突地插入敍述諸子和史傳之間，在《文選序》的整個結構上，確實是一個值得研究的問題。而這樣的問題卻歷來無人論及。我認爲《文選序》中的這段話是有爲而發的。有很大的可能，便是針對杜預的《善文》。章炳麟曾說，杜預《善文》早於摯虞《文章流別集》，應爲「總集」之首(《太炎文錄》卷一《文例雜論》)。這個說法未必準確。杜預與摯虞同時，他們一起討論「諒陰」

之制(《晋書·摯虞傳》),《善文》一書並不早於《文章流別集》。《隋書·經籍志》的《總集類》,兩書皆已著錄,而謂《文章流別集》爲「總集」之首,撰《經籍志》者,並不是不知道有《善文》一書,他這樣安排,肯定是有依據的。《史記·李斯列傳》的《集解》引秦辯士《遺章邯書》,謂在《善文》中,《玉海》卷四十五已指明此事。《高祖本紀》的《索隱》還有同樣的引用。據此,則《善文》所收錄的,並非集部之文,而是些讜言、史料。它既沒有「自詩、賦下各爲條貫」的特徵,則不能代替《文章流別集》居集部總集之首,《隋志》的編纂者是有理由,經過考慮,而不是率爾爲之的。章炳麟要用《善文》取代《文章流別集》居總集之首的說法,是不妥當的。

我們從《善文》這個書名來想一想吧。想到《善文》,很容易聯繫到《說苑》的《善說》篇。《善文》在文章選本上也是頗有影響的。《說苑》有《正諫》篇。劉向編輯《說苑》,同時又編輯了一部《新序》。蕭統早年曾編輯《正序》,《正序》的名稱不是從這些書篇中產生出來的嗎?他後來認識到《正序》的編輯不是總集的正途,又怕別人同他一樣編纂總集誤走《善文》的路子,於是特寫了這一段,把不是文學作品的辯說之辭,屏諸總集之外。近世姚鼐《古文辭類纂》分出一個「書說類」,把蕭統屏棄了的東西又撿拾起來,歷史的循環,往往有這麼不可理解的現象。章炳麟還說:「蘇張陳說,度亦先有篇章。」(《國故論衡·文學總略》)這完全出於推測,可以存而不論。

《文選序》的這段文章,既指斥了頗有影響的《善文》的錯誤,也對蕭統自己舊編《正序》之失,作了深刻的檢討。這段文章,不是一般無所謂的空論。在「總集之成法」(章炳麟《國故論衡·文學總略》中語)的形成過程中,是值得注意,很有作用的。

〔問 4〕《文選序》說明不選經、子,而《文選》中卻選有《尚書序》、《毛詩序》、《春秋序》,這不是經嗎?又有《過秦》、《典論·論文》,這不是子嗎?是否蕭統自己對於選文的範圍,不嚴格遵守,時時破例？

〔答〕「集」在典籍中成爲獨立的類目，出於建安以後。范曄《後漢書》的《文苑傳》，記載那些文士的作品，還稱某類作品若干篇，沒有集名。范書的《文苑傳》，大體本之西晋張騭的《文士傳》，前人已有所論列。可見建安以後，許多文士的作品，仍以單篇形式流行。王運熙曾經指出，《文選序》中的「篇章」、「篇翰」、「篇什」諸詞，所包含的意義，實與「集」同。這三個詞的「章」、「翰」、「什」三字，雖有文采、音律的藝術特徵，但都稱爲「篇」，可見並不是已編入「集」裏。這些有文學藝術特徵的作品，儘管以單篇形式流行，它與編入「集」裏的作品，並不兩樣，所以總集採錄，並無違反義例。

《文選》裏選入的《尚書序》、《毛詩序》和《春秋序》，决不是採之經書。《春秋正義》的杜預《序》下疏云：「晋太尉劉實，與杜同時人也。宋太學博士賀道養，去杜亦近。俱爲此序作注。」劉文淇《左傳舊疏考正》云：「注《春秋序》者，古皆單行。《隋書・經籍志》云：『劉實集解《春秋序》一卷；《春秋序》一卷，賀道養注。《春秋左傳杜預序集解》一卷，劉炫注。』」既是單行，即可稱之「篇章」、「篇翰」、「篇什」，與別集同流。推之《尚書序》、《毛詩序》，蓋皆如此。《文選》不錄經史諸子，其範圍確定，非此數篇爲例外。讀《文選》者，往往囿於文集一隅，不能博覽，動輒對蕭統肆意攻擊，皆所謂知二五而不知一十的寡聞之士也。即史部選論贊序述，亦不始於蕭統。《文心雕龍・頌讚篇》云：「紀傳後評，亦同其名。而仲洽《流別》，謬稱爲『述』，失之遠矣。」顏師古《漢書・敍傳》注云：「後之學者，不曉此爲《漢書》敍目，見有『述』字，因謂此文追述《漢書》之事，乃呼爲《漢書述》，失之遠矣。摯虞尚有此惑，其餘曷足怪乎？」根據劉勰、顏師古所言，乃知摯虞《文章流別集》已選錄史傳的序述。《文章流別集》固是總集，屬於集部。蕭統所選，安知不是採之《文章流別集》，而不直選史傳乎？在選錄範圍上，這些文章的入選，並無破例之失。而且建安以後的別集出現，這些論贊序述，早已成爲「篇章」、「篇翰」、「篇什」，而收入諸家集中。班固、范曄、沈約諸人，固皆有集。蕭統所選序論，也可能錄之諸家別集，而非採於史傳。但觀《文選》所載班、范、沈諸文，往往字句與現存《漢書》、《後漢書》、《宋書》不同，其故可以知矣。以此推之，賈誼《過秦》，必非採自《新書》。左思《詠史詩》已有「著論准過秦」之語，可知其以單篇流播，蓋已久遠。《隋書·經籍志》著錄有《賈誼集》，此文採之集部，有何超越範圍之失。《典論·論文》亦必採之《魏文帝集》，自與子書《典論》無關也。《文選》選錄的作品，違反範圍義例的失誤，是完全不存在的。

至於《文選序》中所談到的選錄標準，反映在全書所選的作品中，情況錯綜複雜，但是沒有一篇違反義例，以蕭統一己感情用事塞入，更不能拉扯協助蕭統編書的劉孝綽了。此事將寫《文選李注疏義》，逐篇說明，最近出版的拙著《文選導讀》中，特別選入陸倕《新刻漏銘》、王巾《頭陀寺碑》等文，即有意回答這些疑義的。這篇論文力求簡短，不復羅縷。

蕭統《文選》研究述略

穆克宏

《昭明文選》是今存最早的詩文總集。其主編是昭明太子蕭統。

蕭統，字德施，南蘭陵(今江蘇常州市西北)人。生於齊和帝中興元年(501)，卒於梁武帝中大通三年(531)，梁武帝天監元年(502)立爲太子，未及即位而卒。諡昭明，世稱昭明太子。事見《梁書》卷八，《南史》卷五十三《昭明太子傳》，蕭統的年譜有：

《梁昭明太子年譜》附《昭明太子世系表》，周貞亮編，《文哲季刊》第二卷第一號，1931年。

《昭明太子年譜》一卷附錄一卷，胡宗楙編，1932年胡氏夢選樓刊本。

《蕭統年表》，何融編，見《文選編撰時期及編者考略》，《國文月刊》七十六期，1949年2月。

蕭統的著作，《梁書》本傳云：「所著文集二十卷；又撰古今典誥文章，爲《正序》十卷；五言詩之善者，爲《文章英華》二十卷；《文選》三十卷。」《昭明太子集》初爲劉孝綽所編，《隋書・經籍志》、《舊唐書・經籍志》、《新唐書・藝文志》皆著錄二十卷。《宋史・藝文志》著錄爲五卷。宋以後散失。今存《昭明太子集》系明人輯本。現在常見的有：張溥輯《漢魏六朝百三家集》本、丁福保輯《漢魏六朝名家集初刻》本、《四部叢刊》本、《四部備要》本。《正序》十卷，《隋書・經籍志》已不見著錄，早已散失。《文章英華》二十卷，《隋書・經籍志》著錄爲三十卷，但注明「亡」。這說明隋代已散失。另有《古今詩苑英華》(見蕭統《答湘東王求文集及〈詩苑英華〉書》)，(《隋書・經籍志》著錄十九卷，《舊唐書・經籍志》、《新唐書·藝文志》皆著錄二十卷，宋以後散失。《文選》原爲三十卷，李善注後，析爲六十卷，今存。

《文選》是中國古代文學史上影響最大的一部詩文總集。《文選》之研究從隋代就開始。隋代有蕭該，著《文選音義》(《隋書·經籍志》作《文選音》三卷，《舊唐書·經籍志》、《新唐書·藝文志》皆作《文選音義》十卷)，早已散失，蕭該父梁鄱陽王蕭恢之子，恢爲梁武帝蕭衍之弟，則該爲蕭統之侄。

蕭該之後，隋唐之間的曹憲，以《文選》學著名，著《文選音義》，頗爲當時所重，但久已散失。曹憲曾任隋代秘書學士，精通文字方面的書籍，唐太宗徵他爲宏文館學士，以年老不仕，乃遣使就家拜朝散大夫。唐太宗曾碰上字書上查不到的難字，寫下來問曹憲。曹憲就告訴他該字的讀音含義，清清楚楚。唐太宗甚感奇異。

曹憲以後，有許淹、公孫羅和李善等人傳授《文選》。許淹有《文選音》十卷，久已亡佚。公孫羅有《文選注》六十卷，《文選音》十卷，亦久已亡佚，僅可於日本京都帝國大學文學部影印唐抄本《文選集注》中窺其部分內容。李善注《文選》六十卷，集當時選學之大成，最爲流行。當時尚有魏模及其子景倩亦傳授《文選》，無著作流傳。

《四庫全書總目·文選注》提要云：

> 案《文選》舊本三十卷，梁昭明太子蕭統撰。唐文林郎守太子右內率府錄事參軍事崇賢館直學士江都李善爲之注，始每卷各分爲二。《新唐書·李邕傳》，稱其父善始注《文選》，釋事而忘義，書成以問邕，邕意欲有所更，善因令補益之，邕乃附事見義，故兩書並行。今本事義兼釋，似爲邕所改定。然傳稱善注《文選》在顯慶中，與今本所載進表，題顯慶三年者合，而《舊唐書》邕傳，稱天寶五載，坐柳勣事杖殺，年七十餘。上距顯慶三年，凡八十九年，是時邕尚未生，安得有助

> 善注書之事！且自天寶五載，上推七十餘年，當在高宗總章、咸亨間，而舊書稱善《文選》之學，受之曹憲，計在隋末，年已弱冠，至生邕之時，當七十餘歲，亦決無伏生之壽，待其長而著書。考李匡乂《資暇錄》曰：李氏《文選》，有初注者，有覆注，有三注四注者，當時旋被傳寫。其絕筆之本，皆釋音訓義。注解甚多，是善之定本。本事義兼釋，不由於邕。匡乂唐人，時代相近，其言當必有徵，知《新唐書》喜采小說，未詳考也。其書自南宋以來，皆與五臣注合刊，名曰《六臣注文選》，而善注單行之本，世遂罕傳。

對於提要的這一段話，高步瀛有評論，他說：

> 《四庫書目》從李濟翁說，以今本事義兼釋者為李善定本，其說甚是，足正《新傳》之誣。然顯慶三年表上之本，必非其絕筆之本。書目既以今本為定本，則雖冠以顯慶三年上表，其書晚年定本固無妨也。至謂善受《文選》在隋末，生邕時當七十餘歲，則非是。《舊傳》：善卒在載初元年，即永昌元年。上推至貞觀元年，凡六十三年。《舊書・儒學傳》言曹憲百五歲卒。《新書・文藝傳》亦言憲百餘歲卒。使貞觀元年憲七八十歲，尚有三二十年以外之歲月。善弱冠受業，當在唐初，不在隋末也。由此言之，假使善生貞觀初年，則總章、咸亨間亦僅四十餘歲，安得謂七十餘歲始生邕哉！(《文選李注義疏》第一册，中華書局，1985年，頁34-35）

高氏言之有理。唐玄宗開元年間，工部侍郎呂延祚批評李善注《文選》說：「忽發章句，是徵載籍，述作之由，何嘗措翰。使復精核注引，則陷於末學，質訪旨趣，則歸然舊文，祇謂攪心，胡為析理。」(《進五臣集注文選表》)這是認為李善注只引詞語典故出處，不注意疏通文義，又很繁縟，所以，他召集呂延濟、劉良、張銑、呂向、李周翰五人重新作注，這就是《五臣注文選》。呂延祚指出他們新注的特點是：「相與三復乃詞，周知秘旨，一貫於理，杳測澄懷，目無全文，心無留義，作者爲志，森乎可觀。」(同上)這部新注本雖然受到唐玄宗的嘉獎，其實它還不如李善注。《四庫全書總目・六臣注文選》提要云：

> 觀其所言，頗欲排突前人，高自位置。書首進表之末，載高力士所宣口敕，亦有「此書甚好」之語，然唐李匡乂作《資暇集》，備摘其竊據善注，詆其注揚雄《解嘲》不知伯夷太公爲二老，反駁善注之誤。王楙《野客叢書》，詆其誤敍王暕世系，以覽後爲祥後，以曇首之曾孫爲曇首之子。明田汝成重刊《文選》，其子藝衡，又摘所注《西都賦》之「龍興虎視」，《東都》之「乾符坤珍」，《東京賦》之「巨猾閒亹」，《蕪城賦》之「袤廣三墳」諸條。今觀所注，迂陋鄙俚之處，尚不止此，而以空疏臆見，輕詆通儒，殆亦韓愈所謂「蚍蜉撼樹」者歟。

這裏引用前人對《六臣注文選》的批評，都是有根據的。然而《提要》也指出此書「疏通文意，亦間有可采」，說明此書也有一定的參考價值，持論比較全面。

宋元明三代選學漸衰，至清代而昌明。張之洞《書目答問》附錄《清代著述諸家姓名略》，列清代文選學家錢陸燦、潘耒、何焯、陳景雲、余蕭客、汪師韓、嚴長明、孫志祖、葉樹藩、彭兆蓀、張雲璈、張惠言、陳壽祺、朱珔、薛傳均十五家，指出「國(清)朝漢學、小學、駢文家皆深選學。此舉其有論著校勘者」。可見還有許多研究者沒有舉出來。現將一些比較重要的《文選》研究著作開列如下：

《義門讀書記》五十八卷，清何焯撰，中華書局，1987 年。其中第四十五卷至第四十九卷是評《文選》的。

《文選音義》八卷，清余蕭客撰，乾隆靜勝堂刻本。

《文選紀聞》三十卷，清余蕭客撰，《碧琳琅館叢書》本。

《文選理學權輿》八卷，清汪師韓撰，《叢書集成初編》本。

《文選理學權輿補》一卷，清孫志祖撰，《叢書集成初編》本。

《文選考異》四卷，清孫志祖撰，《叢書集成初編》本。

《文選李注補正》四卷，清孫志祖撰，《叢書集成初編》本。

《文選考異》十卷，清胡克家撰，附刊於李善注《文選》。

《選學膠言》二十卷，清張雲璈撰，三影閣原刊本。

《文選旁證》四十六卷，清梁章鉅撰，榕風樓刊本。

《文選集釋》二十四卷，清朱珔撰，朱氏家刻本。

《文選古字通疏證》六卷，清薛傳均撰，《益雅堂叢書》本。

《文選古字通補訓》四卷，清呂錦文撰，光緒辛丑 (1901) 傳硯齋刻本。

《文選箋證》三十二卷，清胡紹煐撰，《聚學軒叢書》本。江蘇廣陵古籍刻印社 1990 年影印貴池劉世珩校刊本。

《重訂文選集評》十六卷，清于光華撰，同治壬申年 (1872) 江蘇書局刊本。

《文選拾瀋》二卷，近人李詳撰，光緒甲午 (1894) 刻本。又見《李審言文集》，江蘇古籍出版社 1989 年排印本。

對以上著作的評論，可參閱駱鴻凱《文選學》，中華書局 1941 年出版，又 1989 年增訂新版。

今人治《文選》而有卓越成就的，一是高步瀛，高先生著有《文選李注義疏》八卷。此書注釋旁徵博引，極爲詳贍，校勘亦極精審，惜只完成八卷，實爲美中不足。建國前曾由北京文化學社排印出版， 1985 年，中華書局出版了點校本。一是黃侃，黃先生是音韻訓詁學家，文字學家，亦精於選學，著有《文選平點》。此是由其侄及弟子、武漢大學中文系黃焯(耀先)教授編輯成書的，上海古籍出版社於 1985 年影印出版。此外，駱鴻凱的《文選學》，作爲現代唯一的一部《文選》研究專著，頗有影響。此書《敍》云：「今之所述，首敍《文選》之義例，以及往昔治斯學之途轍，明選學之源流也。末篇所述，則以文史、文體、文術、諸方，析觀斯集，爲研習選學者之津梁也。」這確是一部對研究《文選》很有幫助的書，值得重視。此書近年由中華書局增訂重印。

縱觀《文選》注本，仍以李善注本最爲重要，《文選》李善注六十卷，版本繁多，以中華書局於 1977 年影印出版的胡克家刻本最爲常見。上海古籍出版社於 1986 年標點出版的本子，使用方便。其次是五臣注。《五臣注文選》之價值不如李善注，但是，其疏通文義，亦可參考。《文選》刻本，以《五臣注文選》較早。五代時，毋昭裔鏤版於蜀(見《宋史・毋守素傳》、王明淸《揮麈錄》)。《李善注文選》到北宋景德、天聖年間才得以刊行。以後，有人將李善注與五臣注合刻，宋陳振孫《直齋書錄解題》即著錄《六臣注文選》六十卷，最早的大概是崇寧五年 (1106) 的裴氏刻本。

自從《六臣注文選》出現之後，李善注本、五臣注本都逐漸稀少，今天，五臣注本已經罕見，李善注本，一般也認爲是從《六臣注文選》中摘出的。《四庫全書總目・文選注》提要云：

> 其書自南宋以來，皆與五臣注合刊，名曰《六臣注文選》，而善注單行之本，世遂罕傳。此本爲毛晋所刻，雖稱從宋本校正；今考其第二十五卷陸雲《答兄機詩》注中有「向曰」一條，「濟曰」一條，又《答張士然詩》，注中有「翰曰」「銑曰」「向曰」「濟曰」各一條，殆因六臣之本，削去五臣，獨留善注，故刊除不盡，未必眞見單行本也。他如班固《兩都賦》，誤以注列目錄下。左思《三都賦》，善明稱劉逵注《蜀都》、《吳都》，張載注《魏都》，乃三篇俱題劉淵林字。又如《楚辭》用王逸注，《子虛》、《上林》賦用郭璞注，《兩京賦》用薛綜注，《思玄賦》用舊注，《魯靈光殿賦》用張載注，《詠懷詩》用顏延年、沈約注，《射雉賦》用徐爰注，皆題本名，而補注則別稱「善曰」，

> 于薛綜條下發例甚明，乃於揚雄《羽獵賦》用顏師古注之類，則竟漏本名，於班固《幽通賦》用曹大家注之類，則散標句下。又《文選》之例，於作者皆書其字，而杜預《春秋傳序》，則獨題名。非從六臣本中摘出善注，以意排纂，故體例互殊歟？至二十七卷末，附載樂府《君子行》一篇，注曰：「李善注本古詞止三首，無此一篇，五臣本有，今附于後。」其非善原書，尤爲顯證。以是例之，其孔安國《尚書序》、杜預《春秋傳序》二篇，僅列原文，絕無一字之注，疑亦從五臣本剿入，非其舊矣。

這些例證頗說明汲古閣本《李善注文選》是從《六臣注文選》中摘出的，所以出現這些羼合現象。至於尤袤刻本，顧廣圻也認爲是從六臣注本摘出的，而日本學者岡村繁卻有不同看法。他根據中國程毅中、白化文之說（見《略談李善注〈文選〉的尤刻本》，《文物》1976年11期），並根據北宋國子監刻李注本的存在，認爲尤本——胡刻本與六家本——六臣注爲並列的兩個系統，否定了上述李注摘出說（見岡村繁《文選集注與宋明版行的李善注》，《加賀博士退官紀念中國文史哲論集》）。雖然如此，顧氏的看法，仍是大多數研究者所同意的。

在《文選》研究中，有爭議的問題頗多，茲擇其要者，略述如下：

一、《文選》的編者問題。

《文選》的編者是蕭統，這本是毫無問題的，因爲《梁書·昭明太子傳》記載其著作，其中有「《文選》三十卷」。《隋書·經籍志》著錄：「《文選》三十卷，梁昭明太子撰。」但是，古代帝王編撰的書，往往出自其門下文人學士之手，蕭統身爲太子，十五歲加冠之後，「高祖便使省萬機，內外百司奏事者塡塞於前」（《梁書》本傳）。他不可能有過多的時間親自編選《文選》。他的門下文人學士很多，自然有負責編選《文選》的人，由於史籍失載，遂成疑案。唐代日僧空海云：「晚代銓文者多矣。至如昭明太子蕭統與劉孝綽等，撰集《文選》，自謂畢乎天地，懸諸日月。」(《文鏡秘府論·南卷·集論》)宋《中興館閣書目·文選》條云：「昭明太子蕭統集子夏、屈原、宋玉、李斯及漢迄梁文人才士所著賦、詩、騷、七、詔、册、令、教、表、書、啓、箋、記、檄、難、問、議論、序、頌、讚、銘、誄、碑、志、行狀等爲三十卷。」注云：「與何遜、劉孝綽等選集」。(趙士煒《中興館圖書目輯考》卷五)唐宋人的記載值得我們重視。但是，說何遜參加《文選》的編選工作，似不可信。考何遜一生的經歷，不曾與蕭統交往，不可能參加《文選》的編選工作。再說，何遜大約卒於天監十八年 (519)，當時蕭統年十九歲，尚未開始編選《文選》，怎麼能參與其事。《中興館閣書目》誤以何遜參與《文選》的編選工作，可能是因爲梁時何遜與劉孝綽齊名，連帶而及。

至於劉孝綽參加《文選》的編選工作，則完全可能。根據《梁書·劉孝綽傳》的記載，劉孝綽任太子舍人一次，任太子洗馬兩次，掌東宮書記兩次，與蕭統相處的時間較長。蕭統對劉孝綽最爲信任，他首先讓畫工在樂賢堂畫上劉孝綽的像，又親自委托劉孝綽代編他的文集。劉編的《昭明太子集》雖已散失，而劉孝綽寫的《昭明太子集序》尚存。劉孝綽很可能是《文選》的主要編選者。

參加《文選》編選工作的絕不止劉孝綽一人。曾任太子洗馬、太子中庶子、太子家令，兼掌東宮書記的王筠，亦可能是適當人選。蕭統對王筠之愛重僅次於劉孝綽。王筠「少擅才名，與劉孝綽見重於世」，中大通三年 (531)，蕭統去世，梁武帝命王筠作哀策文，「復見差賞」。所以，王筠亦可能是《文選》的編選者之一。

除劉、王之外，曾任太子侍讀、直東宮學士省的殷芸，曾任太子舍人、太子中舍人、侍讀、太子家令、太子中庶子的到洽，曾任太子僕、太子家令的張率，曾任太子舍人、太子洗馬、太子中舍人的王規，曾任太子舍人、太子家令、東宮學士及三任太子中庶子的殷均，曾任太子舍人，太子洗馬的王錫，曾任太子舍人、太子中庶子的張緬，曾任太子舍人、太子洗馬、太子中舍人的張纘，曾任太子洗馬、太子中舍人、太子家令、太子中庶子、並三次掌管記的陸襄，曾兼任東宮通掌舍人的何思澄，曾兼任東宮通事舍人的劉杳等都有可能參與《文選》的編選工作。參閱何融的《〈文選〉編撰時期及編者考略》(《國文月刊》第 76 期， 1949 年 2 月)。

當代日本學者清水凱夫認爲，編選《文選》的中心人物不是昭明太子，而是劉孝綽，並對此作了比較詳細的論證。他指出，《文選》所收宋玉《高唐賦》、《神女賦》、《登徒子好色賦》及曹植《洛神賦》皆爲無諷諫可言之艷情作品，與蕭統《陶淵明集序》中「白璧微瑕，惟在《閒情》一賦」的觀點不合，這是蕭統未參加編選的一個證據。又徐悱詩在當時評價不高，而其《古意酬到長史溉登琅邪城》並非「文質彬彬」之作，卻選入《文選》。這是因爲徐悱是劉孝綽的妹婿，劉孝綽爲了悼念早逝的妹婿而選入《文選》的。還有，《文選》選入了劉峻的《廣絕交論》、《辯命論》。前者是劉孝綽爲了報「宿仇」而諷刺到氏兄弟的，後者是劉孝綽爲五次遭罷官依然狷介與世不合的本人「辯命」的。最後說到何遜在當時評價很高，又符合蕭統的文學觀點，《文選》卻一篇未收。這是感情起作用。因爲劉孝綽視何遜爲「文敵」，反映了他避忌何遜的意向。以上論證多爲推測，還可以進一步探討。清水凱夫的看法，詳見《〈文選〉撰者考》、《〈文選〉編輯的周圍》二文(《六朝文學論文集》，韓基國譯，重慶出版社， 1989 年 10 月)。

二、《文選》編選的年代問題。

《文選》編於何時？由於史無明文，迄無定論。衢本《郡齋讀書志》卷二十《李善注〈文選〉》條云：「竇常謂統著《文選》，以何遜在世不錄其文。其人既往，而後其文克定，然則所錄皆前人作也。」這裏說，以何遜在世不錄其文，不確。前面已經提到，何遜卒於天監十八年 (519) ，編選《文選》是在他去世以後。至於不選他的作品，當另有緣因。但是，《文選》選錄作品不錄在世者，卻是事實。根據這一原則，我們考查《文選》的梁代諸文士卒年，便可大致確定《文選》的成書年代。經查《梁書》、《南史》等史料，可知范雲卒於天監二年 (503)，江淹卒於天監四年 (505)，任昉卒於天監七年 (508)，丘遲卒於天監七年 (508)，沈約卒於天監十二年 (513)，王屮卒於天監四年 (505)，虞羲卒於天監五年 (506)。以後，劉峻卒於普通二年 (521)，陸倕卒於普通七年 (526)，徐悱卒於普通五年 (524)。這些都是《文選》中的梁代文士，這些文士的卒年以陸倕爲最晚，爲普通七年 (526)。由此可以斷定，《文選》成書當在普通七年以後。蕭統卒於中大通三年 (531)，《文選》成書又當在此以前。這個結論是所有《文選》研究者所同意的，但是，諸家仍有細微的差別。例如：

1. 何融認爲，《文選》諸作家直至普通七年始盡卒。可見《文選》之編成，應不早於普通七年。《文選》雖在普通七年劉峻、徐悱、陸倕諸作家俱已逝世之後始克定稿。然頗疑其在普通七年以前，即普通三年至六年東宮學士最稱繁盛時期，業已着手編撰。又據《梁書·王規傳》所載，此後至普通七年數年間，規與殷鈞、王錫、張緬等奉敕同侍東宮，俱爲昭明太子所禮，東宮名才雲集，故疑在此期間已着手爲《文選》之編撰矣。故《文選》之編撰係開始於普通中，而完成於普通末年(即七年)以後。(參閱《〈文選〉編撰時期及編者考略》)。

2. 繆鉞認爲，陸倕與劉孝綽、王筠等皆爲昭明所賓禮(《梁書·劉孝綽傳》)，劉、王二人尤被賞接。……然《文選》中不錄劉、王之作，而取陸倕《石闕銘》及《新刻漏銘》，蓋撰集《文選》時，劉、王尚存。陸倕已卒。倕卒時，昭明二十六歲，由此且可知《文選》編定，在昭明二十六歲之後也。(即普通六年至中大通三年數載之中)蓋其人已往，其文克定，不錄生存之作，正見其態度之愼重。(《〈文選〉和〈玉臺新詠〉》，見《詩詞散論》，上海古籍出版社 1982 年 11 月)。

3. 日本學者淸水凱夫認爲，《文選》的編輯時間可進一步縮小到普通七年 (526) 以後和中大通三年 (531) 以前。確定《文選》的編輯時間的有效辦法是詳細考察實際撰錄《文選》的中心人物劉孝綽在這六年期間的活動情況。劉孝綽以母憂辭去官職，其時，根據其弟劉潛(孝儀)、劉孝威傳(《梁書》卷四十一)的記載，可定爲中大通元年(529)。處於連禮儀細節都規定得相當嚴格的梁代，是不可能在服喪期間受昭明太子之命從事《文選》的撰錄的，因此，《文選》的撰錄正當定爲任太子僕的時期，亦即大通元年——大通二年之間。《文選》是以太子僕劉孝綽爲中心於大通元年——大通二年間編輯完成的(參閱《〈文選〉編輯的周圍》，《六朝文學論集》，重慶出版社，1989年。)

以上三說，何氏、繆氏二說，大致確定《文選》的成書時間，其編選時間較長。淸水氏把《文選》成書時間確定在大通元年 (527) 至大通二年 (528) 間，値得注意。

三、《文選》的選錄標準問題。

甚麼是《文選》的選錄標準呢？這也是研究者注意的問題。探討這個問題，已有研究論文十餘篇，其見解，約而言之，主要有四說：

1. 朱自淸說：《文選序》述去取的標準云：「若夫姬公之籍……若其讚論之綜輯辭采，序述之錯比文華，事出於沈思，義歸乎翰藻，故與夫篇什，雜而集之。」阮元是第一個分析這一節文字的人，他在《與友人論文書》裏說：「昭明《選序》，體例甚明。後人讀之，苦不加意。《選序》之法，於經、史、子三家不加甄錄，爲其以立意紀事爲本，非『沈思』『翰藻』之比也。」在《書昭明太子〈文選序〉後》裏說的更明白：「昭明所選，名之曰文，蓋必文而後選也。經也，子也，史也，皆不可專名爲文也。故昭明《文選序》後三段特明其不選之故，必『沈思』『翰藻』，始名爲文，始以入選也。」這樣看來，「沈思」「翰藻」可以說便是昭明選錄的標準了。(《〈文選序〉事出於沈思義歸乎翰藻說》，見《朱自淸古典文學論文集》上，上海古籍出版社，1981年7月。)

這一見解爲多數研究者所同意。但是，對「事出於沈思，義歸乎翰藻」二句的理解又不盡相同。朱自淸認爲：「『事出於沈思』的事，實當解作『事義』『事類』的事，專指引事引言，並非泛說。」「『沈思』就是深思。」「『翰藻』昭明借爲『辭采』『辭藻』之意。『翰藻』當以比類爲主」「而合上下兩句渾言之，不外『善於用事，善於用比』之意。」駱鴻凱認爲，「事出於沈思」即「情靈搖蕩」，「義歸乎翰藻」即「綺穀紛披」。(《文選學·義例第二》)郭紹虞認爲，「事出」二句，「上句的事，承上文的『序述』而言，下句的義，承上文的『讚論』而言，意謂史傳中的『讚論』和『序述』部分，也有『沈思』和『翰藻』，故可作爲文學作品來選錄。沈思，指作者深刻的藝術構思。翰藻，指表現於作品的辭采之類。二句互文見義。」(《中國歷代文論選》第一册頁333)殷孟倫認爲：「『事』，指『寫作的活動』和『寫成的文章』而言，『出』是『產生』，『於』，介詞，在這裏的作用是表所從，『沈思』，猶如說『精心結構』或『創意』；『義』，指『文章所表述的思想內容『而言』，『歸』，歸終，『乎』，同『於』，介詞。這裏的作用是表所向。『翰藻』，指『確切如實的語言加工』。用現代漢語直譯這兩句，應該是說：「寫作的活動和寫成的文章是從精心結構產生出來的；同時，文章的思想內容終於要通過確切的語言加工來體現的。」結合兩句互相關係來說，又可以作進一步的理解，那便是：就文章的設言、命意、謀篇來說，必須和所要表達的思想內容緊密結合，因爲後者(沈思)是前者(事)所由來；就文章所要表達的思想內容說，又必須和它的確切如實的語言加工緊密結合，因爲前者(義)是賴於後者(翰藻)來體現的。」(《如何理解〈文選〉編選的標準》，《文史哲》，1963年第一期)在以上四種不同的理解中，以郭紹虞說影響較大，因爲郭氏主編之《中國歷代文論選》，爲高等學校文科教科書，流傳廣泛。朱自淸說在學術界頗有影響。

2. 黃侃認爲：「『若夫姬公之籍』一段，此序選文宗旨，選文條例皆具，宜細審繹，毋輕發難端。《金樓子》論文之語，劉彥和《文心》一書，皆其翼衞也。」(《文選平點》，上海古籍出版社，1985年7月，頁3)。黃侃將《文選序》「若夫姬公之籍」一段，與蕭繹《金樓子》、劉勰《文心雕龍》合觀，認爲後者是前者的「翼衞」，對我們頗有啓發。

3. 日本大多數《文選》研究者都把「夫文典則累野，麗亦傷浮，能麗而不浮，典而不野，文質彬彬，有君子之致。」(蕭統《答湘東王求文集及〈詩苑英華〉書》)作爲昭明太子的文學觀，並認爲《文選》是以此爲標準撰錄的。(見清水凱夫《〈文選〉編輯的目的和撰錄標準》，《六朝文學論文集》頁75)持此見解的有鈴木虎雄《支那詩論史》以及小尾郊一《昭明太子文學觀——以〈文選序〉爲中心》(《廣島大學文學系紀要》頁27)、船津富彥《昭明太子文學意識——其基本因素》(《中國中世紀文學研究》頁5)、林田愼之助《編輯〈文選〉與〈玉臺新詠〉的文學思想》(《中國中世紀文學批評》第五章)、森野繁夫《齊、梁的文學集團和中心人物——昭明太子》(《六朝詩的研究》第二章)等。(參閱清水凱夫《〈文選〉編輯的目的和撰錄標準》)我國也有研究者持此看法，如沈玉成《〈文選〉的選錄標準》(《文學遺產》1984年第二期)等。

4. 日本學者清水凱夫認爲，《文選》的選錄標準是沈約的《宋書・謝靈運傳論》(以下簡稱《傳論》)。他在《〈文選〉編輯的目的和撰錄標準》一文中，對《傳論》逐段論述，借以證明《文選》所選錄的作品與沈約所論完全一致。

四、《文選》與《文心雕龍》的關係問題。

這個問題，研究者亦有不同看法。統而言之，不同看法有兩種：

1. 大多數研究者認爲《文選》受到《文心雕龍》的影響。駱鴻凱認爲：「昭明選文，或相商榷。而《劉勰傳》載其兼東宮通事舍人，深被昭明愛接；《雕龍》論文之言，又若爲《文選》印證，笙磬同音。是不謀而合，抑嘗共討論，故宗旨如一耶。」(《文選學‧纂集第一》，中華書局 1941 年 3 月三版)此外，如莫礪鋒《從〈文心雕龍〉與〈文選〉之比較看蕭統的文學思想》(《古代文學理論研究》第十輯，上海古籍出版社，1985 年 6 月)、穆克宏《蕭統〈文選〉三題》(《昭明文選研究論文集》，吉林文史出版社，1988 年 6 月)、王運熙《蕭統的文學思想和〈文選〉》(《中國古代文論管窺》，齊魯書社，1987 年 3 月)等都有類似的看法，不過論述得更爲具體。

日本學者也有持此種看法的如興膳宏在《文心雕龍》(《世界古文學全集》25)的「總說」中說：「現在看一下蕭統編輯的美文集《文選》，就發現，其中收錄的作品有相當多一部分是劉勰在各篇中提到的作品。我想這大概是劉勰的批評對《文選》的編者決定作品的選擇起了重要作用。」此外，戶田曉浩的《文心雕龍》(《中國古典新書》)，大矢根文次郎的《〈文心雕龍〉、〈詩品〉、〈文選〉的一、二個問題》(《早稻田大學教育系學術研究》11)以及森野繁夫的《六朝詩的研究》第五章《以昭明太子爲中心的「古體派」》等都有論述《文心雕龍》對《文選》之影響的內容。(參閱清水凱夫《〈文選〉與〈文心雕龍〉的相互關係》，《六朝文學論文集》頁 105)。

2. 日本學者清水凱夫認爲，《文心雕龍》對《文選》沒有影響。爲了論證這個問題，他寫了《〈文選〉與〈文心雕龍〉的相互關係》、《〈文心雕龍〉對〈文選〉的影響——關於散文的研討》、《〈文選〉與〈文心雕龍〉的關係——關於韻文的研討》(見《六朝文學論文集》)三篇論文。《〈文選〉與〈文心雕龍〉的相互關係》以《文選序》和《文心雕龍》中的《序志》、《原道》、《明詩》、《書記》作比較，得出的結論是：「即便《文心雕龍》和《文選》之間存在着現象上相似之處，也不過是現象上相似而已，實際上兩書的觀點在根本上是完全不同的。《文選》的編輯實未受《文心雕龍》的影響，其實《文選》是以文學發展觀爲立足點，注重所謂『近代』文學，多數撰錄的是宋、齊、梁代的詩文，而

《文心雕龍》鼓吹祖述經書，以復古思想的基本理念，因此《文選》的編輯不可能受《文心雕龍》的影響。二者之間有相似之處只是一種現象，並不是《文選》遵循《文心雕龍》的見解的結果，正如劉勰在《序志》篇（第五十）中自己所作的說明：『及其品列成文，有同乎舊談者，非雷同也。勢自不可異也。』《文心雕龍》也有與『舊談』即確乎定評互相一致的地方，《文選》也是根據同一定評選錄的。」

在《文選》研究中有爭議的問題還有一些，如《文選》的文體分類到底是 37 類，還是 38 類？蕭統之死，是死於「蕩舟」還有死於「埋鵝」事件，研究者尚有不同看法。這裏就不再一一介紹了。

以上介紹了《文選》的一些研究情況和《文選》研究中一些有爭議的問題。《文選》研究從隋代已經開始，隋唐之際形成文選學，迄今已有一千四百年，有關研究資料十分豐富，二十世紀三十年代出版的高步瀛的《文選李注義疏》，是《文選》注解的集大成之作，駱鴻凱的《文選學》是《文選》研究的總結性著作，都很值得我們注意。但是，高箋僅有八卷，遠未完成注釋全書的任務，駱著的出版亦有五十多年，已不能適應今天讀者的需要，選學的研究有待進一步地開拓和發展。

《文選》編纂實況研究

清水凱夫

歷來，《文選》始終沒有被人懷疑，一直被認爲：這是由「昭明太子撰」的詩文集。其結果，通過對收錄作品內容逐一具體詳細的分析，歸納出內在於作品中的選錄基準——這一種不可缺少的研究方法，由於極爲複雜的困難，一直被放置而無人加以研究。與此同時，研究者從《答湘東王求文集及詩苑英華書》、《陶淵明集序》等昭明太子著述中，抽出文質兼有及無害風教的思想，簡單地結論爲：《文選》是以太子的這種思想而編纂出來的。然而，以這種方法得出的結論去對照實際收進《文選》中的具體作品，就會發現，已收錄的許多作品與此思想不符合，甚至存在著根本性的矛盾。

儘管如此，這種(所謂以昭明太子文學觀編纂的)觀點卻一直得到廣泛的支持，並成爲了定論。我認爲，這是由於歷來的研究者，沒有注意到史書在記載總集的時候，往往只是記載名義上的編者。因此，研究者把《梁書・昭明太子傳》及《隋書・經籍志》以來的史書所記載的「文選三十卷昭明太子撰」這一內容原封不動地盲信爲太子是《文選》的實際撰者。

近年來，日中兩國在《文選》研究中，終於開始注意到：太子親信劉孝綽是最有力的編纂者，《文選》是依據劉孝綽的意志來選錄作品這一點也愈來愈明確了。但是，這只是萌芽，目前中國幾乎所有的研究者在拿不出任何確實證據的情況下，依然相信仍是昭明太子所編，根本沒有擺脫傳統的觀點。好不容易摒除了舊說的弊端，出現了新的曙光，但由於他們沒有擺脫舊的偏見，曙光便又封閉於暗雲之中。所以，今後如果想在《文選》的編纂實際狀態的研究方面有所進展的話，有必要從根本上拋棄有「可靠性」和「定評」，但實際上只有記載而沒有根據的《隋書・經籍志》的「文選三十卷昭明太子撰」的所謂昭明太子中心的研究方法。我認爲，有必要在究明當時的總集編纂的基礎上，再來明確《文選》是由誰作爲中心來編纂出來的。

我的這篇小論，就是對《梁書》、《隋書》的記載稍做些分析研究，在查明梁代總集實際上是如何被編纂之後，進一步具體探討了《文選》在當時編纂時的實際狀態。

一

齊、梁時代，姚察的《梁書》有這樣記載：「觀夫二漢求賢，率先經術；近世取人，多由文史。」(江淹・任昉傳)據此，品評文壇的人物自不必說，就連選舉官員，也是依據「文史」來決定是否採用——齊、梁是一個偏重「文史」的時代。帝、王乃至豪門權貴也的確反映出重視「文史」(特別是重「文」)這樣一個時代的潮流，爲了提高自己的聲威，爭先恐後地將優秀文人籠絡在自己的身旁，形成了各自的文學集團，並往往讓其中有實力的文人編纂總集。

《隋書・經籍志》記載：總集者，以建安之後，辭賦轉繁，衆家之集，日以滋廣。晋代摯虞，苦覽者之勞倦，於是採擿孔翠，芟剪繁蕪。自詩賦下，各爲條貫，合而編之，謂爲流別。是後文集總鈔，作者繼軌，屬辭之士，以爲覃奥而取則焉。

總集是因建安以後各類創作繁浩，以致閱覽者無所適從，於是從衆多的文章中挑選，整理出優秀的帶有「文」之性質的文章，使讀者易於享受這些文學成果而編纂的。這樣的總集，在偏重「文史」的時代作爲作詩、作文的參考書而具有愈來愈重要的意義。編纂優秀總集，對於一個想提高聲望的集團來說是一件必不可少的事情，也是關係到這個集團的沈浮的重大事業，它不僅是單純地爲了滿足集團主的個人文學愛好。因而，總集的編纂，往往盡可能地委托當時最有名望的文人來擔任。

這種總集編纂的一般情況，在我已發表的拙論《〈文選〉編輯的目的和選錄基準》裏已進行了詳細的敍述，這裏不再重複。在本文，我只舉梁代編纂總集的實例，來具體地分析一下它的實際狀態。

首先從昭明太子的同母弟簡文帝蕭綱的總集編纂狀況來進行研究說明。簡文帝編纂的總集，並沒有流傳至今。根據《南史・庾肩吾傳》，他從晋安王時代就開始致力於總集的編纂並取得了相當的成果。但是，實際的編纂，在大多數情況下，是委任以近臣庾肩吾、徐摛為首的「高齋學士」而完成的：

> 初爲晋安王國常侍，王每徙鎮，肩吾常隨府。在雍州被命與劉孝威、江伯搖、孔敬通、申子悅、徐防、徐摛、王囿、孔鑠、鮑至等十人抄撰衆籍，豐其果饌，號高齋學士。

又《梁書・簡文帝紀》記載：「所著昭明太子傳五卷、諸王傳三十卷、禮大義二十卷、老子義二十卷、莊子義二十卷、長春義記一百卷、法寶聯璧三百卷，並行於世焉。」而《法寶聯璧三百卷》，據《南史・陸罩傳》記載：

> 初簡文在雍州，撰《法寶聯璧》。罩與羣賢並抄掇區分者數歲。中大通六年而書成，命湘東王爲序。其作者有侍中祭酒南蘭陵蕭子顯等三十人，以比王象、劉劭之《皇覽》焉。

實際的選錄工作，蕭綱本人並沒有參加，是由蕭子顯等三十七名文人完成的。對這件事，湘東王蕭繹的《梁簡文帝法寶聯璧序》(《廣弘明集》卷二十)更詳細地舉出了編纂者的具體名字。

> 每至鶴關旦啓，黃綺之儔朝集，魚燈夕朗，陳吳之徒晚侍，

皆仰稟神規，躬承睿旨，爰錫嘉名，謂之聯璧。聯含珠而可擬，璧與日而方升，以今歲次攝提，星在監德，百法明門，於茲總備，千金不刊，獨高斯典，合二百二十卷，號曰《法寶聯璧》。雖玉杯繁露，若倚蒹葭，金臺鑿楹，似吞雲夢。繹自伏櫪西河，攝官南國，十廻鳳琯，一奉龍光。筆削未勤，徒榮卜商之序，稽古盛則，文慚安國之製。謹抄纂爵位，陳諸左方。(梁元帝《梁簡文帝法寶聯璧序》)

在這裏，我們來考察一下，作爲參加「抄纂」有「爵位」的三十七名人員的構成狀況：除了徐摛、庾肩吾等近臣以外，以沒有仕奉皇太子蕭綱(包括了晉安王時代)的蕭子顯爲首的八名「南蘭陵蕭氏」、可以明確的是與蕭綱的思想相對立的古體派劉顯以及屬於謝靈運派的王籍等也參加了編纂。

這就是說，在編纂總集的時候，不一定以集團主的思想作爲中心而編纂。相反地，可以說是盡可能地委托有文學聲望的著名文壇人物來完成的。如果是以集團主的思想、意向爲中心來編纂總集的話，那麼，有對立思想的著名文人參加將會妨礙編纂工作，因此是不可能加入編纂者中去的。

《隋書・經籍志》也記有「《長春義記》一百卷，梁簡文帝撰」，但正如《南史・許懋傳》所言：「皇太子(按：指簡文帝)召與諸儒錄《長春義記》。」實際上是太子蕭綱招聘許懋和其它文人一起參加選錄的。

在齊、梁時代，從《梁書・庾於陵傳》的記載中也可以看出，「齊隨王子隆爲荊州，召爲主簿，使與謝脁、宗夬抄撰羣書。」往往是招聘當世著名文人與自己幕僚中的文人一起抄撰羣書，這樣的情況是很普遍的。

總之，被《梁書》、《隋書・經籍志》記載的「簡文帝撰」的兩種總集，實際上並非是以簡文帝爲核心起著重要作用的。

昭明太子異母弟的元帝蕭繹也是一樣，據他在自著的《金樓子》中說，似乎他也編纂了許多總集，例如碑文總集《碑集十帙百卷》，但是據它的注記「付蘭陵蕭賁撰」可知，是元帝讓蕭賁作爲中心進行選錄，而決非是蕭繹自己直接從事編纂。《顏氏家訓・文章篇》又記有：「梁孝元在蕃邸時，撰《西府新文》」，而實際上總集《西府新文》在《隋書・經籍志》中，明確地記載著「《西府新文》十一卷，梁蕭淑撰」，仍是侍臣蕭淑等選錄的。像以上這樣記載爲「梁元帝撰」的總集，也實際上是請在這些方面有力的文人及近側文人一起編纂的。

昭明太子的叔父安成王蕭秀也是這樣，「當世高才遊王門者，東海王僧孺、吳郡陸倕、彭城劉孝綽、河東裴子野」(《梁書・安成康王秀傳》)，招集了許多文人，以此來提高自己的聲望。在編纂總集《類苑》時，「精意術學，搜集經記，招學士平原劉孝標，使撰《類苑》，書未及畢，而已行於世。」(同前)安成王也與簡文帝、元帝同樣，自己沒有作爲中心編纂，而特意招聘當時著名文人學士劉孝標進行編纂工作。

當時，討厭劉孝標的梁武帝爲了阻止《類苑》流傳，與此對抗而編了一本總集《華林徧略》，這也是如下面引文所說，武帝本身並未參加編纂，是命令臣下諸位學士撰寫的。

> 初，梁武帝招文學之士，有高才者，多被引進，擢以不次。峻率性而動，不能隨衆沈浮。武帝每集文士策經史事，時范雲、沈約之徒皆引短推長，帝乃悅，加其賞賚。會策錦被事，咸言已罄，帝試問峻，峻時貧悴冗散，忽請紙筆，疏十餘事，坐客皆驚，帝不覺失色。自是惡之，不復引見。及峻《類苑》成，凡一百二十卷，帝即命諸學士撰《華林徧略》以高之，竟不見用。乃著《辨命論》以寄其懷。論成，中山劉沼致書以難之，凡再反，峻並爲申析以答之。會沼卒，不見峻後

報者，峻乃爲書以序。其文論並多不載。(《南史・劉峻傳》)

此外，雖然不是總集，《梁書・武帝紀》記有「又造《通史》，躬製贊序，凡六百卷。」《隋書・經籍志》也載有「《通史》四百八十卷，梁武帝撰」。但是所記的《通史》，《梁書・吳均傳》中是「尋有勅召見，使撰《通史》。起三皇，訖齊代，均草本紀、世家，功已畢，唯列傳未就。」從中可以看出，實際撰者是吳均等人，梁武帝只不過是撰寫「贊序」而已，這在唐劉知幾《史通》中也是明確地有記述的。

通過以上總集編纂的實例可以知道，對梁代的總集，在一般情況下，《梁書》、《隋書・經籍志》往往把下編纂命令的帝、王，作爲編纂者並把名字作爲「撰者」記錄下來。

以我的管見所限，可以斷言，有明確的證據的以帝、王本身作爲實際中心，直接親自參加編纂的總集是一本也沒有的！從這一點來看，梁代的總集是爲了提高集團的聲望，在盡可能的範圍內以最著名的文壇領袖人物爲中心，在本集團文人的協助下進行編纂——可以斷定這就是一般的、大多數的情況。

下面，我們就昭明太子編纂總集的情況，來進行具體的分析研究。

二

昭明太子編纂的總集，根據《梁書》及《隋書・經籍志》記載有：《正序》十卷(《隋書》未載)、《文章英華》二十卷(《隋書》作三十卷)、《文選》三十卷、《古今詩苑英華》十九卷(《梁書》未載)四種。其中《正序》與《文章英華》分別是把「古今典誥文言」和「五言詩之善者」加以編纂而成的——我們只知道以上這樣一點簡單的內容。

《梁書》沒有記載而被《隋書・經籍志》記載的《古今詩苑英華》十九卷，根據現存的昭明太子的書簡《答湘東王求文集及詩苑英華書》是可以確認它曾存在過，同時還可以知道一些它的內容和編纂的實際狀態。

在這書簡中，敍述了太子本人從小愛好文章、學問，喜歡四季各異的自然風光，也記下了以詩文創作自樂的日常生活。他親近文人、學者，晚上常常宴飲，與這些人討論古今經書、探討篇籍，興高采烈地進行詩文的創作：

> 愛賢之情，與時而篤。冀同市駿，庶匪畏龍。不追子晋，而事似洛濱之游。多愧子桓，而興同漳川之賞。漾舟玄圃，必集應阮之儔。徐輪博望，亦招龍淵之侶。校覈仁義，源本山川。旨酒盈罍，嘉肴益俎。曜靈既隱，繼之以朗月。高春既夕，申之以清夜。並命連篇，在茲彌博。

在以上的部分中，給人留下與近側文人一同編纂詩文集這樣一個强烈的印象。關於《詩苑英華》的編纂，連太子本人也自述爲：

> 往年因暇，搜採英華，上下數十年間，未易詳悉。猶有遺恨，而其書已傳。雖未爲精覈，亦粗足諷覽。

毫無疑問，大家會把太子當作實際的編纂者來理解的。但是只根據以上這樣的記載就確定太子是直接參加了選錄工作是不妥當的。爲甚麼呢？其一如昭明太子之父武帝，自己只下了命令編《通史》而並沒有直接加以撰錄，但史書就記載爲「我造《通史》，此書若成，衆史可廢。」(《梁書·蕭子顯傳》)從這些記載就可以看出：在當時，對於某某下令的選錄，一般就記載爲某某撰。其二生於梁代而又活到隋朝的顏之推，在《顏氏家訓》中明確地記載著：《詩苑》是劉孝綽編纂的。(《詩苑》是《古今詩苑英華》的簡稱，我已在拙論《文選撰者考》中詳盡敍述過了。)

> 何遜詩實爲清巧，多形似之言。揚都論者，恨其每病苦辛，饒貧寒氣，不及劉孝綽之雍容也。雖然，劉甚忌之。平生誦

> 何詩，常云：「『蘧居響北闕』，憧憧不道車。」又撰《詩苑》，止取何兩篇。時人譏其不廣。劉孝綽當時既有重名，無所與讓。唯服謝朓，常以謝詩置几案間，動靜輒諷味。（《顏氏家訓》文章篇）

鑒於有以上這樣的實際情況存在，僅根據昭明太子書簡內容為依據，就確定《詩苑英華》是昭明太子爲主體所編撰是根本不可能的。相反，同時代人的顏之推所寫的詳盡、具體的記事反而有可靠性。所以同其它梁代所編的總集情況一樣，《詩苑》是昭明太子下命令，由劉孝綽編纂的可能性是非常大的。《文選序》也是一樣，它與《答湘東王求文集及詩苑英華書》屬於同類性質，也似乎表現爲昭明太子本人在進行選錄工作：

> 余監撫餘閑，居多暇日。歷觀文囿，泛覽詞林，未嘗不心遊目想，移晷忘倦。自姬漢以來，眇焉悠邈，時更七代，數逾千祀。詞人才子，則名溢於縹囊，飛文染翰，則卷盈乎緗帙。自非略其蕪穢，集其清英，蓋欲兼功，大半難矣。

在這裏，與上述《詩苑英華》同樣，只根據《文選序》，是不能成爲確定昭明太子本人親自作爲中心直接參加選錄的依據的。

下面爲了究明有關昭明太子編《文選》的實際狀態，我擬將梁代昭明太子集團及太子本身的具體的生活情況先作詳細的探討。

歷來，認爲《文選》是在太子主持下，依照他的文學觀編纂出來的。研究者主張：從太子的性格、才能、日常生活等等情況來考慮，具有固定文學觀的太子是不可能將總集的編纂委托他人的。那麼，從昭明太子集團及太子本人具體生活面來進行精確的研究，對究明《文選》編纂的眞相無論怎麼說也是非常必要的了。

三

根據《梁書・昭明太子傳》，他的日常生活是：

> 太子自加元服，高祖便使省萬機，內外百司奏事者塡塞於前。太子明於庶事，纖毫必曉，每所奏有謬誤及巧妄，皆即就辨析，示其可否，徐令改正，未嘗彈糾一人。平斷法獄，多所全宥，天下皆稱仁。

除了公務以外，他的生活情況是：

> 性寬和容衆，喜慍不形於色。引納才學之士，賞愛無倦。恆自討論篇籍，或與學士商榷古今。閒則繼以文章著述，率以爲常。于時東宮有書幾三萬卷，名才並集，文學之盛，晋宋以來未之有也。
>
> 性愛山水，於玄圃穿築，更立亭館，與朝士名素者遊其中。嘗泛舟後池，番禺侯軌盛稱此中宜奏女樂。太子不答，詠左思招隱詩曰，何必絲與竹，山水有淸音。侯慚而止。出宮二十餘年，不畜聲樂。少時，敕賜太樂女妓一部，略非所好。

這記載與上述的《答湘東王求文集及詩苑英華書》中太子自己說的有關部分內容是完全一致的。太子的生活情況是，在嘔心瀝血於公職之外，或愛好山水，或埋頭於學問及文章著述——這一判定是不會錯的。

另外，他的才能與生俱來就特別優秀，對經學、文學、佛學的造詣很深，關於這些方面，有關的記載也是很多的：

> 太子生而聰叡，三歲受《孝經》、《論語》，五歲遍讀五經，悉能諷誦。八年九月，於壽安殿講《考經》，盡通大義。講畢，親臨釋奠于國學。太子美姿貌。善擧止。讀書數行並下，過

> 目皆憶。每遊宴祖道，賦詩至十數韻。或命作劇韻賦之，皆屬思便成，無所點易。高祖大弘佛教，親自講說；大子亦崇信三寶，遍覽衆經。乃於宮內別立慧義殿，專爲法集之所。招引名僧，談論不絕。太子自立二諦、法身義，並有新意。

像這樣生來就有優秀才能，學問傑出的太子，他「引納才學之士，賞愛無倦。恆自討論篇籍，或與學士商榷古今；閒則繼以文章著述，率以爲常。」加以上引《文選序》的記述，任何人都不得不認爲，《文選》是在太子本人主持下，按他的文學觀，在他近側的文人協助下編纂出來的。歷來的評論家大概也根據史書「《文選》三十卷，昭明太子撰」的記載，加之《梁書》及《文選序》等記述，也就不抱任何懷疑地、自信地斷定昭明太子是實際上的編纂者。

但是，實際上，從《文選》收錄的作品來看，如果說《文選》是昭明太子以自己固有的觀點而進行選錄的話，就存在著種種矛盾。因此，至少有必要對《梁書》等所記載的昭明太子的生活情況，再做詳細考核、研究，分析產生牴牾的原因。可是，確信昭明太子自撰的歷來的研究者，完全不懂得對《梁書》本傳的內容進行詳細的檢證，至今也沒有一個人去做這種嘗試。以下我就做這方面的嘗試，先來探討一下太子的才能和性格方面的問題。

在《梁書》本傳，昭明太子的學問、詩文的傑出和才能、愛好情況是十分清楚的。歷來的研究者，一直肯定：像太子這樣有高超才華又愛好文學，在自己計劃編總集的時候，是不可能委托近側文人的。從史書記載及遺存下來的太子的著作來看，他愛好文學，具有傑出才能，這是沒有問題的。但是，在《梁書》裏，對同母弟簡文帝、異母弟元帝也有幾乎完全相同的褒辭記載著，並非只有昭明太子一個人是傑出的，三兄弟都同樣在學問、詩文方面有傑出才能，愛好文學等也相同。正如上文所記，簡文帝、元帝對自己計劃編寫的總集是委托給集團內的文人了，從這個事實來看，以昭明太子有優秀才能及性格爲依據，認爲太子自己主持編《文選》這個傳統的看法在立論上也就失去了依據。也就是說，在研究《文選》選錄眞相的時候，太子的文學才能和愛好並不能成爲太子是否主持直接選錄的決定性依據。因此。在我這篇論文中，沒有必要再對這一問題做更多的探討。下面，我們著重研究太子的日常生活問題。

在梁代，作爲時代的潮流，有著非常强烈的偏重文學的傾向。梁武帝對自己的兒子的文學素養很重視，從幼年時代開始，在他們各自身邊，配置了著名的文人學士，讓文人學士對諸子進行教育。例如，對簡文帝蕭綱，武帝本人特意委托宰相周捨進行斡旋，起用徐摛作爲監管兼教育的官員。

> 摛幼而好學，及長，遍覽經史。屬文好爲新變，不拘舊禮。起家太學博士，遷左衞司馬。會晉安王綱出戍石頭。高祖謂周捨曰，爲我求一人，文學俱長兼有行者，欲令與晉安遊處。捨曰，臣外弟徐摛，形質陋小，若不勝衣，而堪此選。高祖曰，必有仲宣之才，亦不簡其容貌。以摛爲侍讀。後王出鎭江州，仍補雲麾府記室參軍，又轉平西府中記室。王移鎭京口，復隨府轉爲安北中錄事參軍，帶郯令，以母憂去職。王爲丹陽尹，起摛爲秣陵令。普通四年，王出鎭襄陽，摛固求隨府西上，遷晉安王諮議參軍。大通初，王總戎北伐，以摛兼寧蠻府長史，參贊戎命，教命軍書，多自摛出。王入爲皇太子，轉家令，兼掌管記，尋帶領直。(《梁書・徐摛傳》)

不用說，像這種監管兼教育的官員，不限於一個人，除徐摛以外，像庾肩吾那樣有力的文人也被擧用充當這種工作。

> 肩吾字子愼。八歲能賦詩，特爲兄於陵所友愛。初爲晉安王國常侍，仍遷王宣惠府行參軍，自是每王徙鎭，肩吾常隨

府。歷王府中郎、雲麾參軍，並兼記室參軍。中大通三年，王爲皇太子，兼東宮通事舍人，除安西湘東王錄事參軍，俄以本官領荊州大中正。累遷中錄事諮議參軍，太子率更令，中庶子。

初太宗在藩，雅好文章士，時肩吾與東海徐摛、吳郡陸杲、彭城劉遵、劉孝儀、儀弟孝威，同被賞接。及居東宮，又開文德省，置學士。肩吾子信、摛子陵、吳郡張長公、北地傅弘、東海鮑至等充其選。(《梁書・庾肩吾傳》)

可見幼年的晉安王，通過徐摛、庾肩吾的指導教化，形成了自己的文學觀，這一點是不容置疑的。這只要讀一下《梁書・徐摛傳》、《庾肩吾傳》和簡文帝的著作就很清楚了。

摛文體既別，春坊盡學之，宮體之號，自斯而起。高祖聞之怒，召摛加讓，及見，應對明敏，辭義可觀，高祖意釋。因問五經大義，次問歷代史及百家雜說，末論釋教。摛商較縱橫，應答如響，高祖甚加歎異，更被親狎，寵遇日隆。(《梁書・徐摛傳》)

以上記載中，武帝並不直接傳問太子蕭綱，而先召來徐摛加以斥責，這說明徐摛對東宮的詩風是負有責任的。總之，太子蕭綱是在徐摛的教化下而喜好「新變」，進行了宮體的創作。《梁書・庾肩吾傳》云：

齊永明中，文士王融、謝朓、沈約文章始用四聲，以爲新變，至是轉拘聲韻，彌尚麗靡，復踰於往時。時太子《與湘東王書》論之。

傳文中記載了太子蕭綱《與湘東王書》一事，也明確地談到了太子對「拘於聲韻，崇尚麗靡」的徐摛、庾肩吾見解的強烈支持與擁護並以書信加以探討。

從現存簡文帝(晋安王)的詩文也可以看出，拘於聲韻，崇尚麗靡的「新變」風格這一特點非常醒目。簡文帝由於從幼年時受到徐摛、庾肩吾教化，在他們的影響下形成了與他們差不多同樣傾向的文學觀，所以其後在爲本集團編纂《法寶聯璧》等總集時，放心地委任他們去選錄。

昭明太子的情況也一樣。

> 時昭明尚幼，未與臣僚相接。高祖敕太子洗馬王錫、祕書郎張纘，親表英華，朝中髦俊，可以師友事之。(《梁書·王錫傳》)

武帝也像對晋安王一樣，對昭明太子也在幼年時在身旁安置了優秀的人才對他進行認眞的教育。

在天監初年，齊梁文壇的領袖人物沈約、范雲就職於東宮，但這一時期昭明太子還是幼兒，直接接受他們的教育尚不可能，所以幾乎沒有受到他們的影響。天監五年建立了東宮，年已六歲的昭明太子纔住進東宮。但正如下面所記載的那樣，留在永福省時間還是很多的，無論如何與東宮的臣僚親密的交往狀態在這時還沒有形成。

> 五年六月庚戌，始出居東宮。太子性仁孝，自出宮，恆思戀不樂。高祖知之，每五日一朝，多便留永福省，或五日三日乃還宮。

到了七歲時也還是這樣，《梁書·徐勉傳》云：

> (天監六年)領太子中庶子，侍東宮。昭明太子尚幼，敕知宮事，太子禮之甚重，每事詢謀。

年幼的太子對東宮諸事全都詢問徐勉，所以，太子以自己的意志與臣僚們作學問、論文學而成長起來這事是很難說的。

以上這種好不容易纔變成可能的狀態的時間，無論怎樣推算也只能早至天監七、八年，太子八、九歲時開始。天監七年太子「納妃」，八年，在壽安殿講孝經，盡通大義，講畢後，「親臨釋奠于國學」。這時候，在太子近側所配置的，有太子洗馬劉孝綽、太子中舍人王筠、太子中舍人到洽、太子庶子陸倕、太子家令殷鈞等人。這以後，至天監十一年，據《南史・王錫傳》記載，有所謂「十學士」配置在東宮：

> (王錫)十二爲國子生，十四擧清茂，除祕書郎，再遷太子洗馬。時昭明太子尚幼，武帝敕錫與祕書郎張纘使入宮，不限日數。與太子游狎，情兼師友。又敕陸倕、張率、謝擧、王規、王筠、劉孝綽、到洽、張緬爲學士，十人盡一時之選。(《南史・王錫傳》)

這些學士、文人作爲太子的侍臣，佔有重要的地位，這以後，給予少年時期的太子以某種影響。從《梁書》等史書記載來看，在這衆多文人中，劉孝綽、王筠、陸倕、到洽等在東宮任職時間比較長，並深得太子禮遇。在這四位侍臣中，曾受到沈約、任昉等文壇領袖人物的高度評價，而且在當時被世人稱道爲後進文人的劉孝綽和王筠更特別受到太子的高度信任。也可以這樣說，這二位文人的文學觀給與他們相差二十歲的年輕的太子以強有力的影響。尤其是劉孝綽，他親身經歷了「承華肇建，濫齒時髦。居陪出從，逝將二紀」。(《昭明太子集序》)從以上自述中可以看出，雖然他曾經有過免職、出爲地方官的時期；但是，自東宮建立以來，幾乎將有近二十年陪伴太子，得到了太子的强烈信賴。在太子的文集編纂的時候，太子一手委托於他，甚至請劉孝綽爲自己的文集寫序。

> 敕權知司徒右長史事，遷太府卿，太子僕，復掌東常管記。

時昭明太子好士愛文，孝綽與陳郡殷芸、吳郡陸倕、琅邪王筠、彭城到洽等，同見賓禮。太子起樂賢堂，乃使畫工先圖孝綽焉。太子文章繁富，羣才咸欲撰錄，太子獨使孝綽集而序之，遷員外散騎常侍，兼廷尉卿，頃之即眞。(《梁書·劉孝綽傳》)

累遷太子洗馬，中舍人，並掌東宮管記。昭明太子愛文學士，常與筠及劉孝綽、陸倕、到洽、殷芸等遊宴玄圃，太子獨執筠袖撫孝綽肩而言曰，所謂「左把浮丘袖，右拍洪崖肩」，其見重如此。(《梁書·王筠傳》)

昭明太子從少年時期起就受到自己深深信賴的劉孝綽的教化，所以在太子形成自己文學觀的時候也不難想像當然會受到劉孝綽的最大影響。

事實上，如果把《答湘東王求文集及詩苑英華書》中所反映的太子的文學觀，與劉孝綽的《昭明太子集序》中表現出的文學觀加以比較，可以這樣說，儘管兩人的表述手法有些不同，但在內容上幾乎完全一樣。

夫文典而則累野，麗亦傷浮。能麗而不浮，典而不野，文質彬彬，有君子之致。(《答湘東王求文集及詩苑英華書》)

能使典而不野，遠而不放，麗而不淫，約而不儉。獨善衆美，斯文在斯。(《昭明太子集序》)

據《顏氏家訓》記載，太子曾經下令命劉孝綽編纂《詩苑》，所以，在編纂《文選》的時候，也可以說已經放心委托劉孝綽了。日僧遍照金剛的《文鏡祕府論》中，抄錄了大致可推定爲初唐元兢的《古今詩人秀句》的序文：

或曰，晚代銓文者多矣。至如梁昭明太子蕭統與劉孝綽等選

> 集《文選》，自謂畢乎天地，懸諸日月。然於取捨，非無舛謬。（南卷・集論）

像以上所記載的，已對昭明太子下令，實質是劉孝綽等人爲中心編纂的事情說得很明白了。至於中國方面的資料，南宋王應麟《玉海》卷五十四藝文載《中興書目》的原註也記下了《文選》是昭明太子與何遜、劉孝綽共同選錄的。

不管怎麼說，在這些記事中，已表明了《文選》編纂工作不可能是蕭統一個人的力量進行的。至少說明，劉孝綽在編纂過程中起到了重要作用。因此，忽視劉孝綽的存在而來究明《文選》的編纂實際狀態是根本不可能的。不用說，我的意思並非是認爲昭明太子毫無關係，因爲教化太子的是劉孝綽、王筠，所以，以劉孝綽、王筠爲中心來研究《文選》選錄的標準將會是更有效的方法。

像我以上所論述到的那樣，梁代的總集編纂，目的是爲了提高集團的聲譽。以當時最著名的文人爲中心進行選錄是一般情況，那麼，只有昭明太子集團纔是例外這是不可能的！劉孝綽以下的有力文人作爲侍臣陪伴幼年的太子，並進行精心教育，所以，我們當然必須考慮到這些條件來探討總集編纂的眞相，缺少對這一點的考慮，一味地過於固執於昭明太子文學觀的研究方法，目前應該到了斷然加以徹底改變的時候了。

四

天監八、九年，仕奉太子的主要的著名的文人，在很短的期間內就各自轉任他職去了。太子的年齡纔八、九歲，無論說他是怎樣早熟的才子，在這樣的幼年時期，他與著名的才學之士直接討論篇籍、與學士對等地商榷古今是不可能的。當時，劉孝綽、王筠已二十八、九歲，陸倕三十九、四十歲，到洽三十二、三歲，張率三十四、五歲。所以，《梁書》本傳所說的：「引納才學之士，賞愛無倦。恆自討論篇籍，或與學士商榷古今；閒則繼以文章著述，率以爲常。」這樣的生活，只能是在太子元服(十五歲)以後，上述的有力文人重新回到東宮就職，在太子宮殿中會合在一起的天監十四年以後的生活情況，這是毫無疑問的。在這樣的宴席上，太子與文人討論篇籍，商榷古今的日常生活，確實，作爲《文選》選錄的場合，也是非常合適的。

因此，歷來的許多批評者，大概是見到了《梁書》上有這樣的記載，纔確信：在宴坐上昭明太子是中心人物，把討論古今詩文優劣得出的結果，讓身旁的文人加以整理編纂而成《文選》。在這種先入爲主的觀點下滋生了昭明太子主持及編纂一說，並加以固定化。這個結果，如果再從昭明太子著述中把他的文學觀加以歸納，就考慮到這些更是與《文選》的選錄標準有一致性，所以纔得出了我文章開頭所述說過的結論，並感到非常的滿足。這樣，以劉孝綽等著名文人作爲中心力量的探討《文選》編纂眞相的研究方法及從《文選》收錄的作品中去歸納選錄標準的研究方法全都被忘卻而放置不顧，使《文選》實際的眞相研究從根本上陷入停頓的狀態。

像上述那樣的宴坐中，昭明太子作爲主持人，即使在《文選》選錄的場合，確實也是很合適的。但是，在實際上，像這樣的日常生活情況，是不可能在天監十四年元服以後一直能持續下來的。所以，對這一時期的內涵範疇不加以全面調查研究，就武斷地與《文選》的編纂直接連繫起來是過早了。

在《梁書》上，這樣的會集文人學士，對學問、詩文進行商榷的年代，並沒有特別的明確說明。但是，我們從《昭明太子傳》、《劉孝綽傳》、《王筠傳》中，考察一下與此相關的記載，可以大致確定，這一時期是從天監十四年太子元服到普通六年劉孝綽免職爲止。

更進一步從《梁書》各列傳的記載，把主要近側文人經歷一一加以研究來看，很多的文人在《文選》編纂之前(普通七年)就已經離開東宮，不能出席這樣的宴坐的人是很多的。因此，把太子宴坐的討論、商榷直接與《文選》的編纂連繫起來的觀點可能是一種誤解。

昭明太子文學集團的核心人物劉孝綽，天監初以著作佐郎起家，不久成爲太子舍人。這以後，出任安成王的記室，還受過免職處分，但是幾乎所有的時間，他任東宮職，常常可以出席太子的宴坐。而普通六年，因前一年任廷尉卿時携妾入官府而將母親留於私宅之事件，而被御史中丞到洽所彈劾，審案結果被免職而隱居。

另外，此後不久，他因爲出任荊州的湘東王府，離開了京都，普通六、七這兩年間，他出席昭明太子宴坐是不可能的。

太子集團的另一位著名文人是王筠。天監初以臨州王行參軍起家後，不久遷太子舍人。以後累遷太子洗馬、中舍人，掌東宮管記，幾乎常常能出席太子宴坐。但是，他也於普通元年後的三年中，因丁母憂過於勞累而生病，至普通六年止，處於療養狀態，所以，這一期間不能參加太子宴坐。

到洽於天監七年遷太子中舍人，開始時同陸倕一起任掌東宮管記，歷任太子家令、太子中庶子等，一直受太子禮遇並出席宴坐。但是，他也從普通二年後三年間丁母憂後，本應復職太子中庶子，但未奉指令而任尚書左丞、御史中丞。這以後，接著出任尋陽太守赴地方，大通元年卒於當地。所以到洽也於普通二年以後，差不多無法出席宴坐。

陸倕以太子中舍人、掌東宮書記爲起點，歷任太子庶子、太子中庶子，長年仕奉太子，這期間可出席宴坐。普通六年，任太常卿、揚州大中正，七年死去，這期間不能出席宴坐。這之中，他的《新漏刻銘》、《石闕銘》兩篇作品被《文選》收錄，所以陸倕能直接參加《文選》編纂之事是很難設想的。

張率，據《梁書》本傳記事來看：

俄遷太子家令，與中庶子陸倕、僕劉孝綽對掌東宮管記，遷黃門侍郎。出為新安太守，秩滿還都，未至，丁所生母憂。大通元年，服未闋，卒，時年五十三。

普通六、七年任新安太守赴地方，也不能參加太子宴席。

殷鈞從普通五年，陸襄從普通六年，各自因為母服喪而都離開東宮，也不能參加宴坐。

這以外，十學士中的謝舉(普通六年以左民尚書、吏部尚書、侍中歷任後，出任晉陵太守)、王規(普通六年侍中)、張緬(普通六年以後作為豫章內史赴地方)、王錫(普通三年二十四歲時遷給事黃門侍郎、尚書吏部郎中，他稱疾辭官以後過著:「拒絕賓客，掩扉覃思，室宇蕭然」的生活)、張纘(普通初任大尉諮議參軍、尚書吏部郎兼侍中，大通元年以寧遠華容公長史而赴地方)五人，也可以說都不能出席太子宴坐。

這樣，在普通六年以後，主要近側文人，幾乎都離開東宮，或赴地方或服喪或免職隱居，都不可能出席宴坐，像《梁書》所說的那樣昭明太子在東宮宴坐上，會集文人學士，對學問、詩文進行商討的生活已經是不可能存在的了。

普通七年，太子的生母丁貴嬪薨，昭明太子因連續地侍母疾、服喪，精神、身體已十分疲憊不堪，失去了與近側一起宴會的可能性。可以設想，他連親自編纂總集也是十分困難了。

(普通)七年十一月，貴嬪有疾，太子還永福省，朝夕侍疾，衣不解帶。及薨，步從喪還宮，至殯，水漿不入口，每哭輒慟絕。高祖遣中書舍人顧協宣旨曰:毀不滅性，聖人之制。禮，不勝喪比於不孝。有我在，那得自毀如此。可即强進飲食。太子奉敕，乃進數合。自是至葬，日進麥粥一升。高祖又敕曰:聞汝所進過少，轉就羸瘵。我比更無餘病，正為汝如此，胸中亦圮塞成疾。故應强加饘粥，不使我恆爾懸心。雖屢奉敕勸逼，日止一溢，不嘗菜果之味。體素壯，腰帶十

圍，至是減削過半。每入朝，士庶見者莫不下泣。(《梁書・昭明太子傳》)

後太子由於生母的墓陵之事，引起父親武帝發怒，他非常痛心難過。即使近側文人可能出席，但是也不能宴坐，討論古今篇籍或創作詩文。即使太子有相當强韌的精神力量爲支柱，由於在服喪之中，宴坐也是斷然不允許的。

初，丁貴嬪薨，太子遣人求得善墓地，將斬草，有賣地者因閹人俞三副求市，若得三百萬，許以百萬與之。三副密啓武帝，言太子所得地不如今所得地於帝吉，帝末年多忌，便命市之。葬畢，有道士善圖墓云；地不利長子，若厭伏或可申延。乃爲蠟鵝及諸物埋墓側長子位。有宮監鮑邈之、魏雅者，二人初並爲太子所愛，邈之晚見疎於雅，密啓武帝云：雅爲太子厭禱。帝密遣檢掘，果得鵝等物。大驚，將窮其事。徐勉固諫得止，於是唯誅道士，由是太子迄終以此慚慨，故其嗣不立。後邵陵王臨丹陽郡，因邈之與鄉人爭婢，議以爲誘略之罪牒宮，簡文追感太子寃，揮淚誅之。邈之兄子僧隆爲宮直，前未知鮑之姪，即日驅出。(《南史・昭明太子傳》)

在梁初，不遵守喪禮規定的事似乎是很多的，自普通六年，徐勉和各學士修訂了五禮儀注並呈奉於武帝後，禮的規定得到整頓並須嚴格遵守。因此，普通七年的母親之薨，昭明太子必須按凶禮的規定服喪。據《儀禮》喪服規定：父在，爲母服喪是齊衰杖期。父親武帝還在世的昭明太子當然要服從而必須實行齊衰杖期。所謂齊衰杖期是指一年間的服喪。實際上，在《儀禮・喪服傳》中，正如注釋所說的那樣：

何以期也，屈也。至尊在，不敢伸其私尊也。父必三年然後娶，達子之志也。

本來爲母服喪是三年，但由於子屈服於父親而沒有服喪三年。也就是說：有至尊的父親還在世，兒子考慮到這一點，因此兒子對母親無法表達自己的孝義之心，而服了齊衰杖期，而在他心中當然必須服喪三年。

始興王憺在同樣場合，毅然地修改了《東宮儀記》的規定，那麼，重情的昭明太子在生母薨去之際只是服了一年間的喪期是不可能的，當然他肯定要服從齊衰杖期本來的精神心喪三年的。

古來，在母親喪服期中，正如《禮記・檀弓上》所說：

穆公之母卒。使人問於曾子曰，如之何？對曰：申也聞諸申之父。曰：哭泣之哀，齊斬之情，饘粥之食，自天子達。

從天子到庶人尊卑相同都哀切到了極點，這種傷心是很厲害的。天子也好，皇太子也好，父母之喪的場合，規定很嚴格，就像《禮記・喪服大記》云：

父母之喪，居倚廬不塗，寢苫枕凷，非喪事不言。君爲廬宮之。大夫襢之。既葬與人立，君言王事，不言國事。大夫士言公事，不言家事。

可以說王事、公事，但不許說國事、家事。如從根本上來講，除了服喪之事外其他的事都不能說，在服喪中開宴主持總集編纂是根本不可能的，也是不允許的。

實際上，梁武帝對爲父母服喪一事特別重視，要求必須嚴格遵守。據《顏氏家訓》，對除服後面色良好，缺乏悲哀表情的人物，以後是不能得到武帝信任的。

江左朝臣，子孫初釋服，朝見二宮，皆當泣涕。二宮爲之改容。頗有膚色充澤無哀感者，梁武薄其爲人，多被抑退。裴

政出服，問訊武帝，貶瘦枯槁，涕泗滂沱。武帝目送之曰：裴之禮不死也。(《風操篇》)

另外，孝心深厚的臣下、子民，追悼亡故父母的心願很強烈，一生中都決不忘記悲哀。

二親既沒，所居齋寢，子與婦弗忍入焉。北朝頓丘李構，母劉氏夫人亡後，所住之堂，終身鏁閉，弗忍開入也。夫人宋廣州刺史纂之孫女，故構猶染江南風教。(中略)吳郡陸襄，父閑被刑，襄終身布衣蔬飯，雖薑菜有切割，皆不忍食；居家唯以掐摘供廚。江陵姚子篤，母以燒死，終身不忍噉炙。豫章熊康，父以醉而爲奴所殺，終身不復嘗酒。(《風操篇》)

還有梁元帝在生母阮修容薨以後，在誕生日按常例舉行的會餐也全部取消了。顏之推因爲在喪服中，連整理編纂父親的文集也變得不可能。在梁代，爲父母服喪之時，酒宴、聚餐自不必說，就連像文集編纂這樣的事也是要到控制和收斂的。

梁孝元帝年少之時，每八月六日載誕之辰，常設齋講。自阮修容薨歿之後，此事亦絕。(《風操篇》)

吾家世文章，甚爲典正，不從流俗。梁孝元在蕃邸時，撰《西府新文》(紀)，無一篇見錄者。亦以不偶於世，無鄭衞之音故也。有詩賦銘誄書表啓疏二十卷。吾兄弟始在草土，並未得編次，(盧文弨曰：草土，謂在苫凷之中也。)便遭火盪盡，竟不傳於世。銜酷茹恨，徹於心髓。操行見於《梁史・文士傳》及《孝元懷舊志》。(《文章篇》)

從以上的事可以斷定，在爲母親丁貴嬪服喪期間中，昭明太子親自主持《文選》的編纂是不允許的。

《梁書》本傳在普通七年以後的大通元年、二年、中大通元年這三年間，對昭明太子的事蹟未作記載，這也表示在這期間，昭明太子正在服喪(齊衰杖期、心喪三年)的吧。

昭明太子服喪完畢是在中大通元年以後了，從史書及《文鏡祕府論》、《文選》的作品採錄情況來看，確實參與《文選》編纂的劉孝綽在這時像和太子替換一樣，也爲母親服喪。所以，自中大通元年前後有三年左右(二十七個月間)，劉孝綽從事《文選》編纂也是不可能的。然後在中大通三年三月，昭明太子也亡故了。

這樣的結局是：《文選》的編纂只能定在大通元年、二年這兩年間。

這期間，如上所述，正是昭明太子爲母親服喪與武帝之間產生意見的憂愁時期，是不可能親自參與總集編纂的。所以，《文選》當然和《詩苑》一樣，是在太子命令下，由劉孝綽爲核心去整理編纂的結論是能夠成立的。

再者，在兩年這樣短的時間內，要讀大量的古今詩文，並判定它們的優劣，這三十卷詩文集的整理編纂是可能的嗎——對這方面也許有點擔心吧？但是因爲過去昭明太子集團已編完了《古今詩苑英華》、《古今文章英華》，所以在這基礎上完成《文選》選錄該是容易的吧。再說，爲了對抗劉孝標的《類苑》而被編纂的《華林徧略》共有六百二十卷，這樣龐大的總集，據下面引用的史書的記載，也僅僅用了三年時間(天監十五年至十七年)就完成了，那麼《文選》三十卷用兩年時間完成當然是可能了。

> 尋佐周捨撰國史。出爲臨津令，有善績，秩滿，縣人三百餘人詣闕請留，敕許焉，杳以疾陳解，還除雲麾晉安王府參軍。詹事徐勉舉杳及顧協等五人入華林撰《徧略》，書成，以本官兼廷尉正，又以足疾解。因著《林庭賦》，王僧孺見之而歎曰：《郊居》以後，無復此作。普通元年，復除建康正，遷尚書駕部郎。(《梁書・劉杳傳》)

後詹事徐勉舉杳及顧協等五人入華林撰《徧略》，書成，以晋安王府參軍兼廷尉正，以足疾解。因著《林庭賦》，王僧孺見而歎曰：《郊居》以後，無復此作。(《南史·劉杳傳》)

以上，拙論非常執拗地論述了對昭明太子主持一說持否定的觀點，也許對揭示《文選》眞相還有相當的距離。但是，目前許多研究者過於固執地從昭明太子的著作中歸納他的文學觀，而忽略了最重要的從《文選》收錄作品中探討其法則性的研究，拙論特意再次把《文選》編纂的實際狀態加以探討與修正，明確地論述了把由「昭明太子爲中心」之說轉換到探討以「劉孝綽爲中心」的研究的必要性，我想，這也許是具有重要的意義的吧！

正確地把握《文選》眞相一事，不止是《文選》本身的問題，同時也連繫到《文選》在各時代的地位及理解齊梁時代文學思想的傾向，所以這是一定必須究明的重大課題。

在今後，我想把上述的編纂實態放入廣闊的視野之中，通過對《文選》收錄作品的逐一分析研究，探索《文選》的選錄標準，探究它的眞實面貌。拙論《從文選編纂看文學觀——〈頌〉、〈上表〉選錄爲中心》(載《文選學論文集·選學國際研討會論文集》，長春：時代文藝出版社)一文，即是表示這種方向性的最初嘗試。以後也打算照這一方向進行研究，敬請各位學者、專家給予大力地批評、指正。

由京都賦之發展見魏晉京都之時代精神

高桂惠

前言

魏晉辭賦以「體物瀏亮」之賦最爲豐收，此類作家順應潮流，放眼未來，其於語言、形式之美學追求，頗有助於文學之發展。《文賦》云：「其會意也尚巧，其遣言也貴妍。暨音聲之迭代，若五色之相宣。」正是魏晉以來賦家用力之處。然於此風氣之下，卻隱隱然仍可見「諷諫征實」之風氣亦執守著歷史之傳統，於亂世之中善盡其職責。歷來研究辭賦者每以京都之作臃腫凝滯，堆砌名物之下，一無見識、情感，實則賦家嘔心瀝血，演爲鉅作，除炫學之外，選擇此類題材，亦多有歷史責任、學術思想之表徵。

辭賦作品中京都題材之概況

梁・蕭統《昭明文選》分文體爲三十八類，以賦居首。所選以賦名篇者爲一類，復依其內容性質，都爲十五小類；曰：京都類、郊祀類、耕籍類、畋獵類、紀行類、遊覽類、宮殿類、江海類、物色類、鳥獸類、志類、哀傷類、論文類、音樂類、情類。姚鼐譏其「分體碎雜，立名多可笑」，然以題材分類，蓋以文筆肇端，其所謂京都類，後或謂都邑之屬，[1]皆同一類。《文選》而後，踵之者有姚鉉《唐文粹》，呂祖謙《宋文鑑》，蘇天爵《元文類》，程敏政《明文衡》

1 瞿兌之《中國駢文概論》分賦體爲十類，都邑之屬即文選所列之京都，實則城邑一類當與京都有別。

及姚椿《清朝文錄》，皆斷代選錄，然可彼此銜接。四庫全書珍本第九集清聖祖御覽《歷代賦彙》，蒐集歷代都邑作品七十篇，由卷三十一至卷四十，網羅各書京都賦作，堪稱博洽，今參照之，並與嚴可均《全晋文》、《明文在》、《明文海》、《古今文鈔》及史傳之選文對照，列概覽表以見一斑：

歷代京都賦作概覽表

時代	作者	篇名	都城	形式	字數	出處
西漢	揚雄	蜀都賦	成都	直陳賦文	一千四百餘	古文苑卷四，御定歷代賦彙卷三十二
東漢	班固	西都賦	長安	有序，設西都賓與東都主人之問答鋪敍賦文，末結以五首詩。	二千三百餘	文選卷一，御定歷代賦彙卷三十一
		東都賦	洛陽		一千七百餘	
東漢	張衡	南都賦	南陽	直陳賦文，末結之以歌及頌。	一千五百餘	文選卷四，御定歷代賦彙卷三十二
東漢	張衡	西京賦	長安	設憑虛公子、安處先生之問答貫穿全文。	三千九百餘	文選卷二，御定歷代賦彙卷三十一
		東京賦	洛陽		一千七百餘	

東漢	傅毅	洛都賦	洛陽	直鋪賦文	三百餘	御定歷代賦彙卷三十二
魏	徐幹	齊都賦			二百四十餘	御定歷代賦彙卷三十七
魏	劉楨	齊都賦			三百四十餘	御定歷代賦彙卷三十七
魏	劉劭	趙都賦			四百三十餘	御定歷代賦彙卷三十七
晉	左思	蜀都賦	成都	有序，並設西蜀公子，東吳王孫，魏國先生之問答串連篇章。	一千九百餘	文選卷四，御定歷代賦彙卷三十二
		吳都賦	蘇州		三千二百餘	文選卷五，御定歷代賦彙卷三十二
		魏都賦	鄴		三千九百餘	文選卷六，御定歷代賦彙卷三十二

晋	庾闡	揚都賦			六百六十餘	御定歷代賦彙卷三十七，全晋文卷三十八
唐	李庾	西都賦	長安	有序，設洛汭先生及里人問答，以鋪陳賦文。	二千四百餘	唐文粹卷二，欽定全唐文卷七四，御定歷代賦彙卷三十三
		東都賦	洛陽		一千七百餘	
宋	王騰	辨蜀都賦	成都	有序，設辨疑先生及東方客問答引發賦文。	二千一百餘	御定歷代賦彙卷三十二
宋	周邦彥	汴都賦	開封	有序，設發微子、衍流先生引出賦文。	六千七百餘	宋文鑑卷七，御定歷代賦彙卷三十三
宋	李長民	廣汴都賦	大梁（開封）	有序，設博古先生、大梁公子之問答以賦，末結之以	七千餘	古今文鈔卷九十六，御定歷代賦彙卷三十四

				歌，並以公子得一賦之義，理曰引出騷式喟歎，總理全文。		
宋	王仲敷	南都賦	南京	有小段前言，設華陽先生，渙上公子問答以賦。	二千七百餘	宋文鑑卷十，御定歷代賦彙卷三十四
宋	楊侃	皇畿賦	開封	以賦家者流及作者對話引發賦文。	三千八百餘	宋文鑑卷二，御定歷代賦彙卷三十四
宋	楊維楨	鎬京賦	鎬京（長安）	以西都賓，北都主人鋪陳賦文。	三千八百餘	御定歷代賦彙卷三十五
元	黃文仲	大都賦	大都（北平）	有序，設大都主人與客對話引發賦文，末以客之「歌」結尾。	二千六百餘	御定歷代賦彙卷三十五

明	董應舉	皇都賦	北京	有序，有亂，中間直陳賦文。	一千一百餘	御定歷代賦彙卷三十五
明	胡啓先	皇都大一統賦	北京	以儒生小臣，先生長者引發賦文。	一千一百餘	御定歷代賦彙卷三十五
明	楊榮	皇都大一統賦	北京	有序，不設問答，末結之以歌。	二千九百餘	明文海卷二，御定歷代賦彙卷三十五
明	金幼孜	皇都大一統賦	北京	有序，直陳賦文。	一千六百餘	明文海卷二，御定歷代賦彙卷三十五
明	李時勉	北京賦	北京	直陳賦文，末結之以「歌」	二千一百餘	明文海卷一，明文衡卷二，明文海卷二，御定歷代賦彙卷三十六
明	陳敬宗	北京賦	北京		一千六百餘	御定歷代賦彙卷三十六

明	盛時泰	北京賦	北京		三千二百餘	御定歷代賦彙卷三十六
明	黃佐	北京賦	北京		四千七百餘	御定歷代賦彙卷三十六
明	余光	北京賦	北京		三千四百餘	御定歷代賦彙卷三十六
明	桑悅	南都賦	金陵	設博古先生，如今之問答以賦。	五千四百餘	明文海卷一
		北都賦	北平		五千四百餘	
明	莫旦	大明一統賦	北京	以眞人，不虛先生貫串賦文。	四千四百餘	御定歷代賦彙卷三十五
清	聖祖御製	盛京賦	北京	有序，直陳賦文。	二千八百餘	皇淸文穎卷十八

京都賦之結構、內容

由上表參照原作，可知京都賦一般之共同特點爲：

(1) 虛擬人物，藉問答以成篇，此法率見於長篇巨著中，蓋取法乎子虛、上林，而可溯源於屈賦，開端設引言以啓發賦文，所虛擬人物往往冠以地名，或見聞之特性，而由其論辯闡發義理；末了之謝辭往往爲一篇警策，而亂、歌、頌等詞有加强語氣之作用，諷諭、讚頌之旨輒常寓焉。

(2) 京都率多長篇，動輒千言以上，如班固兩都計四千餘言，張衡二京七千餘言，左思三都近萬言，周邦彥汴都賦則單篇多至六千餘言，李長民踵事增華，作廣汴都賦，有七千餘言，類此鉅著，充斥京都諸作，見前表字數略計可知，若短篇者變化較少，但平鋪直敍，長篇者則多賴作者善用架構，以排比、列舉、鋪陳，故屢見其著述之嘔心瀝血。

(3) 京都賦於《文選》、《古文苑》、《唐文粹》、《明文海》中率多排於全書之前端，故知其時此類題材於賦中之地位最爲重要，至《宋文鑑》則散置之，而清朝《御定歷代賦彙》已排於三十卷之後，至此，此類題材已漸不爲時所重；甚至《元文類》、《清朝文錄》全不載京都賦，但列他類賦作，是其作品之衰竭，無復漢代以京都爲辭賦大宗之盛況矣。

(4) 京都賦與都邑賦二類屢爲分類之困擾，是其分類誠然不易，若《御定歷代賦彙》卷三十四都邑類載宋祁之《王畿千里賦》，而三十七卷以後者率多短篇，或記城邑，或載風俗，或賦關隘、橋樑，或抒己懷，已非盛讚京都之大作，其所賦者，或僅京都之一端，已無京都廣蒐博洽之特性，此乃二者之大較也。

(5) 此外，京都賦之內容，不外以描摹京都爲主，京都中所可敍述者，多爲人文狀況，宮城廬邑，而再深入核心者，則爲帝德之廣被及反映時人之觀念；推而廣之，爲草木鳥獸與山川土域，若有接連二、三篇者，則一篇壯似一篇而屢屢相映照。如《三都賦》之中，重點各異，蜀都以矜夸物土之繁盛爲能事，首爲山川土域、草木鳥獸之鋪陳，次爲風土歌謠，而所見率多歡樂之景象、神怪人理亦僅小小之篇幅。吳都之重點則在風土民情，其山澤、物產則已非主題所寄。至魏都，又僅於前略提其形勢，後之長篇鉅幅全爲鋪演其歷史成就、風土民情；其山川土域、草木鳥獸僅散於其他標目之下，下另列標目以鋪敍。由是觀之，《蜀都賦》重在物土，《吳都賦》重在風俗，《魏都賦》重在歷史。

(6) 至於揚雄《蜀都賦》純屬物土之排列，班固《兩都》，西都矜夸館室，保界河山，信識昭襄東都賦語，而東都駁以風俗舊章。張衡《二京》，其內容互相呼應，二者皆夸飾風土，而東京益飽以大道文義耳(東京賦語)。張衡南都主在美其物土。李庾《兩都》除物土美俗外，並昭聞十四聖制度(西都賦序)，二都有兼美之勢，無駁斥之語氣。楊侃《皇畿》重在政化之美，云：「漢以宮室壯麗威四夷，宋以畿甸風化正萬國。」周邦彥《汴都》美其高顯宏麗，百美所具。王仲敷《南都》兼有山川城邑、人物風俗、禽獸草木。李長民《廣汴都》之內容，如其序云：「始則本制作之盛者，分維而第之，中以帝室皇居之奧，任賢使能之效，而終之以持守。」亦爲一格。李時勉《北京賦》亦爲物土風俗之臚舉；桑悅《兩都》規仿班、張之作，亦排列物土而責以風俗。楊榮、金幼孜之《皇都大一統賦》皆夸言北京山川形勢之壯，帝王基業之盛(楊榮皇都大一統賦)；清聖祖御製之《盛京賦》除誇言京都之盛況外，特重於文治武功及帝統之傳承，所謂「周覽山川之渾厚，民物之樸淳，穀土之沃肥，百昌之繁庶，洵乎天府之國，興王之會也。」具有政治目的。

由此可見，京都之作，作者大多秉其內美修能，以政治教化之功能爲寫作指引，此種現象，由兩漢以來，直至清代，未嘗稍歇，此類作品，正反映出由「升高能賦，頌其所見」之《詩》教所孕育之士子心中之「理想國」藍圖；於物質層面上，難免期望物阜民豐，於精神層次上，復回歸於質樸之道德規範；兩種力量之並峙衝突之下，積澱成騁辭大賦數百年來牢不可破之傳統。

京都賦之立意

京都賦之立意，約有二端：

一爲時代之頌美；時代承平，社會人文之壯盛，作者皆言受其感動，發而爲文，爲京都賦之共同旨意，此固多阿諛之意，但亦爲欲予諷諭之先聲，一如藥丸之糖衣，餵食苦藥先喝糖漿。班固《兩都賦》序云：

> 臣竊見海內清平，朝廷無事，京師脩宮室，浚城隍，起苑囿，以備制度。

張衡《二京賦》云：

> 方今聖上，同天號於帝皇，掩四海而爲家，富有之業，莫我大也。
>
> 於斯之時，海內同悅，曰：吁，漢帝之德，侯其禕而，蓋蓂莢爲難時也，故曠世而不覿，惟我后能殖之以至和平，方將數諸朝階。……登聖皇於天階，章漢祚之有秩，若此故王業可樂焉。

張衡《南都賦》云：

> 於顯樂都，既麗且康，陪京之南，居漢之陽，割周楚之豐壤，跨荊豫而爲疆，體爽塏以閒敞。

左思《三都賦》云：

> 正位居體者，以中夏爲喉，不以邊垂爲襟也。長世字甿者，以道德爲藩，不以襲險爲屏也。

李庾《兩都賦序》云：

> 幸生聖時，天下休樂，雖未及(班)固(張)衡之位，敢效臯陶奚斯庶幾之誠，謹冒死再拜，獻兩都賦，凡若干言，以詘夸漢者，昭聞我十四聖之制度。

楊侃《皇畿賦》云：

客旣聞臣之言，而知漢以宮室狀麗威四夷，宋以畿甸風化正萬國，彼尚侈而務奢，此訶道而詠德。

周邦彥《汴都賦序》云：

奉迎鸞輿，至汴而上，是爲東京，六聖傳繼，保世滋大，無內無外，涵養如一，含牙帶角，莫不得所。

王仲敷《南都賦》云：

上自五帝，中接三代，下訖漢唐，目擊而可知，指陳而可喻。

李長民《廣汴都賦》云：

今日治效如此，正臣子歌功頌德之秋也。

李時勉《北京賦》云：

逮我聖上，……旣致治於太平，遵皇衢以省方，仰先志之未遂，度弘規以作京，羌經營之伊始，遍華夏其歡騰。

桑悅《兩都賦》云：

……所以延王業於悠久，等神基於華嵩者也。

楊榮《皇都大一統賦》云：

翼翼皇都，萬方之會兮，聖德之宏實同覆載兮，聲教所暨一統無外兮。

金幼孜《皇都大一統賦序》云：

幸際昌期，躬睹盛美，謹鋪張爲賦，以彰太平之偉烈，且以昭示於無窮。

綜上可知，京都之賦，多言海內清平，而其所夸飾者，非惟山川土域、草木鳥獸、風俗歌謠；更標榜道德之隆盛，政治之清明，如《三都賦》之魏都特稱「以道德爲藩」，楊侃《皇畿賦》謂「歌道而詠德」，李時勉《北京賦》舉「政治於太平」，金幼孜《皇都大一統賦》特用之「以彰太平之偉烈」，此其所賦者爲人文社會之美，[2] 以頌時代之昇平也。

再者，有以京都之作表現文學使命者；其一乃出於「諷諭譎諫」之動機，此類作品，有刻意於諷諭之要旨者，如班固《兩都賦序》云：

或以抒下情而通諷諭，或以宣上德而盡忠孝，雍容揚著於後嗣，抑亦雅頌之亞也。

有懸標的於上，「及則美之，不及則勉之」之意者，如李庾《兩都賦序》云：

幸生聖時，天下休樂，雖未及固衡之位，敢效臯陶奚斯庶幾之誠，謹冒死再拜，獻兩都賦，凡若干言，以詘夸漢者，昭聞我十四聖之制度。

周邦彥《汴都賦》末云：

---

2 唐君毅《中華人文與當今世界》云：「屈原之文學，皆表現屈原的『內美』和『修能』，至於屈原賦以外之荀子的賦中，……皆是以人文事物之美，爲其所賦。……一般說，中國後來之賦，多是言情、詠物的。但最初之賦不是如此。如在《昭明文選》放在第一位置的賦，如班固《兩都賦》，張衡《兩京賦》，左思《三都賦》等，都不以言情、詠物爲主。這些長賦描寫的對象，卻是大城市的人文社會狀態，而以此人文社會之美爲其所賦。」

客迺虎虎然驚，拳拳然謝曰：非先生無以刮吾之矇，藥吾之瞶，臣不能究皇帝之盛德，謹再拜而退。

是知本篇頗重於「皇帝之盛德」矣。有昭示來茲，以爲楷模者，如金幼孜《皇都大一統賦》云：

臣叨居禁苑，職業文詞，幸際昌期，躬睹盛美，謹鋪張爲賦，以彰太平之偉烈，且以昭示於無窮。……傳盛事於將來，奚往牒之足數，視聖壽於萬年，播皇猷於千古。

楊榮《皇都大一統賦》亦云：

臣備員侍從。睹茲盛美，敢不鋪張其事，以昭示於無窮焉。

此外，尙有欲留賦作以不朽者，如楊侃《皇畿賦序》云：

有賦家者流，欲馳名於當世，思著詠於神州，忽念前古，深懷景慕，誦二京於張衡，覽兩都於班固，於是輟卷意慚，閣筆心伏，讓而謂臣請書簡，臣辭不獲已。

此以「賦家者流」之理想隱含其作賦之自許；李長民《廣汴都賦序》云：

太學生周邦彥嘗草汴都賦，奏御神考，遂託國勢之重，傳播士林，然其所紀述，大率略而未備。……因改前賦而推廣焉，始則本制作之盛者，分維而第之，中以帝室皇居之奧，任賢使能之效，而終之以持字，冀備一覽之末。

二者一求「欲馳名於當世，思著詠於神州」，一求「傳播士林」而「冀備一覽之末」。凡上所述，大抵有「文以載道」之抱負，頗類於「愛國歌曲」、「愛國電影」等之「愛國」藝文，透露時代心聲，擔負教化責任。其或因在位者示意，或因賦家獻諛之作，或果眞以之爲不朽之盛事，創作心理不一而足，但在創作之際則無不附著時代色彩。

魏晋京都賦之時代精神

今存魏晋京都之作，除左思三都、李庾兩都爲完整外，餘如劉劭《許都賦》、《洛都賦》已佚，何楨《許都賦》、吳質《魏都賦》則殘缺不全[3]。由較爲完整之三都賦及兩都賦審視，尤以三都拔萃於京都諸作，造成「洛陽紙貴」之現象，形成所謂「騁辭大賦最後的輝煌」[4]，更反映出時代之精神面貌。《文心雕龍時序篇》云：

> 自中朝貴玄，江左稱盛，因談餘氣，流成文體。是以世極迍邅，而辭意夷泰。詩必柱下之旨歸，賦乃漆園之義疏。

由此所發展之文體，由於「義貴圓通，辭忌枝碎」(《文心雕龍・論說篇》)，遂於文辭表達之形式、組織產生更爲細密之影響，而有虛張言辭、隱藏語意之習氣；擴大運用，則成奇偶相生，正反一意之駢儷文體，此爲談辯之外在作用。

至若談辯影響文學內容，則爲名法、玄虛思想之汲取。《文心雕龍・論說篇》云：「魏之初霸，術兼名法；傅嘏王粲，校練名理。」即因漢魏之際，曹操重才士，舉名法之學，用人重在考覈，務求責實；處事重在嚴謹，務求周密；故當時善爲文者，多遵此途。此種引名法爲文之現象及其起源，劉申叔先生闡析頗詳：

> 建安以後，羣雄分立，游說風行。魏祖提倡名法，趨重深刻，故法家縱橫又漸被於文學，與儒家復成鼎足之勢。儒家則東漢之遺韻，法家則當時之新變也。七子之中，曹子建可代表儒家，其作法與班、蔡相同，氣厚而有光，惟不免雜以

---

3 劉劭賦見《三國志、劉劭傳》，柯楨《許都賦》見《全晋文》卷三十二。吳質《魏都賦》見《全三國文》卷三十。

4 程章燦著《魏晋南北朝賦史》第五章第三節標題。

> 慨歎耳。王仲宣介乎儒、法之間，其文人大都淵懿，惟議論之文，推析盡致，漸開校練名理之風，已與兩漢之儒家異貫。蓋論理之文，「跡堅求通，鉤深取極」，意尚新奇。文必深刻，如剝芭蕉，層脫層現；如轉螺旋，節節逼深。不可爲膚裏脈外之言，及鋪張門面之語，故非參以名法家言不可，仲宣即開此派之端者也。[5]

此種爲文善於說理之要求，使得文章轉爲深刻透徹，而其源起於王粲，必求於「意尚新奇」、「文必深刻」。沿此以下，綜合名實者有崔寔，仲長統之流，迨及曹魏，任法之士益夥，辯理求其精微，論事務極通透，敍事要求明暢，故文學因名法之融入，益深刻而條貫，此其功也。

玄澹自由之風尚亦波及文學領域，其源可溯至漢世罷黜百家、獨尊儒術，卻兼採陰陽五德終始之說。觀其時文學家傳略，若《嵇康傳》謂其「好言老、莊，而尚奇任俠」(《魏志》卷二十一)，阮籍則「行己寡欲，以莊周爲模則」(《魏志》卷二十)。由建安下逮正始，以老莊之言述作者，已成風氣，則文學內容以玄理入文，爲當時之實況。左思家世儒學，亦不免兼善陰陽之術，實帶有時代之色彩。

西晋賦選擇題材，寫成最強烈無聲之宣言，左思一方面積極發掘嶄新之題材，一方面嚴守辭賦之傳統典範；前者如《白髮賦》之譏刺俗薄與蒼莽感傷之《詠史》八首相呼應，皆隱括個人身世之感慨、人生之沈重及歷史之滄桑，而後者則爲左思有意以《三都賦》爲傾注一生精力之名山之作，更是其回歸儒家傳統之精神表現，一爲亂世之哀音，一爲盛世之切響，二者各有不同之描寫對象及價值取向，然一重內容之充實，一重文體之傳承，相對於當時名法玄虛入文之風，左思採取傳統題材以寫傳統內容，王鳴盛《十七史商榷》云：「左思於西晋初，吳蜀始平之後作《三都賦》，抑吳都、蜀都而申魏

5　參閱劉師培《漢魏六朝專家文研究》十，論各家文章與經子之關係。

都，以晉承魏流耳。」(卷五十一)其寫作態度雖帶「以晉承魏」爲正統之主觀認定，然亦植基於廣大羣衆迫切渴慕和平之心理，此或可解釋《三都賦》之引起「洛陽紙貴」之現象，除了符合其時以「隸事」爲文之類書功能外，文人學士津津樂道，甚或摩拳擦踵思創作三都者，[6]乃因其深具時代意義，是以時賦容或有「漆園義疏」之現象，京都之作，於體制及思想之傾向，仍深深烙印於士子之心中，孫興公以之爲經典羽翼，[7]直至北宋周邦彥猶云：「伊彼三國，割據方隅，區區之霸，言餘事乏，而三都之賦，磊落可駭，人到於今稱之。」(《汴都賦序》)文人士子關心國是，回顧歷史，撫今追昔，代表一朝一代之精神標幟者，莫若「京都」，由此角度省視京都之作，或可於繁華落盡之際，窺見文人反覘時代之心。

結語

京都之作，由漢代之班固、張衡始，即與作者之學養、識見隱然相合；班固以一介史家提筆創作，反覆論辯之際，無不充滿了鳥瞰歷史、勸諫當世之風範。張衡復以思想家之嚴謹，一方面斥虛妄，一方面又洋洋灑灑地推衍「大漢之德馨」。降及魏晉，左思更堅守其儒家人生及創作志向，服膺張衡「疾虛妄」之理念，大張「美物者貴依其本，讚事者宜本其實」之旗幟，無奈，京都賦之歷史傳統與夫創作實質之矛盾仍無法獲致圓滿之結局。魏晉京都以《三都賦》爲典範，除頌美人文社會之美盛、揄揚經國之大道外，更渴求太平盛世、長治久安之皇家盛業；此後騁辭大賦之漸呈衰退之勢，是亦時代之反映。

---

6 《晉書・左思傳》記載：「初陸機入洛，欲爲此賦，聞思作之，撫掌而笑，與弟雲書曰：『此間有傖父，欲作《三都賦》，須其成，當以覆酒甕耳。』卷九十二。足見此題材曾引起文人注意。

7 《世說新語》卷二，文學第四。

出題奉作
曹魏集團的賦作活動

鄭良樹

一

「出題奉作」和「同題奉和」雖然都是一種集體的文學活動，卻有相當大的差別。「同題奉和」可以指一羣作家在不同時代、不同地點，對一個共同題目進行相同體裁的文學創作；「出題奉作」卻指一羣作家在相同的時間及空間內，對某人倡導的一個題目進行相同體裁的文學創作。從文學活動效果的角度來說，「出題奉作」由於是一個羣體在同時、同地進行文學製作，所以，相對的比較能夠產生「推波助瀾」的活力和影響，催造出一個時代的文學主流，燦爛一段文學史。相反的，「同題奉和」由於應和的作家比較零星，分佈的時代、地點也比較疏散，所以，往往像不同季節、不同天空裏的流星一樣，一閃而過就成爲「絕響」。

在文學的大觀園裏，最早出現「出題奉作」的活動的，應該是賦了。遠在文景的時代，梁孝王就倡導過「出題奉作」的賦作活動。《史記．梁孝王世家》說：

> 於是孝王築東苑，方三百餘里，廣睢陽城七十餘里，大治宮室，爲複道，自宮連屬於平臺三十餘里。

東苑，又名梁園、梁苑，故址在今河南商丘縣城東至城東北平臺集一帶；《西京雜記》二稱爲「菟園」，記載得更詳細：

> 梁孝王好營宮室苑圃之樂，作曜華宮，築兔園。園中有百靈

山，山有膚寸石、落猿巖、棲龍岫。又有雁池，池間有鶴州鳧渚。其諸宮觀相連，延亘數十里。奇果異樹，瑰禽怪獸畢備。王日與宮人、賓客弋釣其中。

根據此文的記載，梁孝王經常和宮人及賓客在園內弋釣、娛樂，《西京雜記》四說：「梁孝王遊於忘憂之館，集諸遊士，各使爲賦。」娛樂之館，乃倡議「諸遊士」就園中景物「各使爲賦」；《西京雜記》底下即轉錄枚乘的《柳賦》、路喬如的《鶴賦》、公孫詭的《文鹿賦》、鄒陽的《酒賦》、公孫乘的《月賦》、羊勝的《屏風賦》，「韓安國作《几賦》，不成，鄒陽代作，其辭曰……」，[1]可知當日奉命作賦的有枚乘等七人，而其主題即梁園中的景景物物了。[2]

儘管今傳枚乘《柳賦》及路喬如《鶴賦》等的可靠性頗成問題，不過，《西京雜記》及《古文苑》載梁孝王當日曾出題命身邊文士奉作，恐怕於史確有其事。《史記・司馬相如列傳》說：「會景帝不好辭賦，是時梁孝王來朝，從游說之士齊人鄒陽、淮陰枚乘、吳莊忌夫子之徒，相如見而說之，因病免，客游梁。」可知梁孝王底下聚集了一班文人雅士。《漢書・枚乘傳》說：「梁客皆善屬辭賦，乘尤高。」而且，這批文人雅士都是辭賦高手。梁孝王既有經營苑圃宮室的樂趣，又好奇果異樹、弋釣娛歡，那麼，在樂趣、娛歡之餘，出題命這些雅士集體製作，應該是一件很自然的事。

據《西京雜記》所載：事畢，「鄒陽、安國罰酒三升，賜枚乘、路喬如絹，人五匹」；可見當日遊宴作賦的樂趣了。

---

1 章樵注《古文苑》卷三亦備錄此事。

2 《古文苑》三載枚乘又有《梁王菟園賦》一首，章樵《注》曰：「乘有二書諫吳王濞，通亮正直，非詞人比。是時梁王宮室逾制，出入警蹕，使乘果爲此賦，必有以規警之。詳觀其詞，始言苑圃之廣，中言林中禽鳥之富，繼以士女遊觀之樂，而終之以郊上采桑之婦人，略無一語及王，氣象蕭條。蓋王薨乘死後，其子皋所爲！隨所睹而筆之。史言皋詼笑類俳倡，爲賦疾而不工，後人傳寫誤爲乘耳。」其說蓋是；故不列入此次文學活動內。

在五言詩還沒有成爲文學主流之前，辭賦的創作和鋪寫仍然是文人雅士文學活動的主體。兩漢四百年，辭賦的活動除了私家創作之外，就是「同題奉和」了。例如枚乘始作《七發》，於是傅毅《七激》、張衡《七辯》、崔駰《七依》及馬融《七廣》等等，皆「同題」附和了。又比如屈原《離騷》在前，其後揚雄《反騷》及《廣騷》、班彪及梁竦《悼騷》；班固作《兩都賦》於前，張衡作《兩都賦》、左思作《三都賦》於後；這些，都是不同時代、不同地點「同題奉和」的文學活動。

辭賦「出題奉作」的活動到了東漢末年又重新點燃，而且火勢非常盛，經歷頗長的一段時間。點燃這把文學火炬的，就是在中古文學裏佔有很重要地位的曹氏父子了。曹魏集團是中國古代文學發展史上一個繼往開來、成績輝煌的文學團體；這個團體，以俊才雲蒸、羣星燦爛的姿勢，在創作的園地裏到處栽植奇葩珍草，而且結出碩大繽紛的異果，放射出閃爍萬丈的光芒，成爲後世讚賞和學習的對象。

曹操在建安元年將獻帝遷至許都並且控制朝政後，就開始籠絡文士。當時孔融、禰衡雖然名噪一時，但是，和曹操齟齬甚深，無法被接受，終於被排斥殺害。一直到建安三年，阮瑀及陳琳擔任司空軍謀祭酒，掌理記室的工作，[3] 曹操籠絡文人雅士才開始見功。其後，應瑒、劉楨及徐幹等紛紛來歸，曹氏父子周圍乃人才鼎盛，成爲主領文學流風的一個重鎮。誠如劉勰在《文心雕龍・時序》裏所說：「建安之末，區宇方輯，魏武以相王之尊，雅愛詩章；文帝以副君之重，妙善辭賦；陳思王以公子之豪，下筆琳琅；並體貌英逸，故俊才雲蒸。」政治相對穩定，居上者又積極倡導，於是流芳萬代的曹魏文學集團就迅速地形成了。

---

3 《魏志・王粲傳》曰：「建安中都護曹洪欲使掌書記，瑀終不爲屈。太祖並以琳、瑀爲司空軍謀祭酒，管記室。」

二

曹魏文學集團形成之後，在曹氏父子倡導、建安七子應和之下，經常舉行「出題奉作」的文學活動，其中最頻繁的便是辭賦的製作，其次是詩歌的唱和。根據筆者的統計，在建安時代的二十餘年裏，大約出現了二十餘次「出題奉作」的賦作活動，遠遠地超過了詩歌唱和次數的數倍。

(一)建安十二年(207)

最早一次辭賦「出題奉作」的活動應該是在建安十二年；那個時候，陳琳及應瑒已經在曹操麾下擔任職務了。

該年五月，曹操帶兵北征三郡烏桓，《三國志・武帝紀》說：「(十二年)七月，大水，傍海道不通，田疇請爲鄉導，公從之。引軍出盧龍塞，塞外道絕不通，乃塹山堙谷五百餘里，經白檀，歷平岡，涉鮮卑庭，東詣柳城。」這次軍事行動，一直到十一月方始結束。

陳琳集中有《神武賦》，其《序》說：「建安十二年，大司空武平侯曹公東征烏丸，六軍被介，雲輜萬乘，治兵易水，次於北平。」賦曰：「旆旣軼乎白狼，殿未出乎盧龍。……單鼓未伐，虜已潰崩。」所言皆與《武帝紀》合，可知本賦作於本年平定烏桓之後；陳琳隨軍出征，所以才有此作。

應瑒撰有《撰征賦》，已佚，《藝文類聚》五十九引存序辭及正文十餘句。賦曰：「奮皇佐之豐烈，將親戎乎幽鄰。飛龍旗以雲曜，披廣路之北巡。……辭曰：烈烈征師，尋遐庭兮。悠悠萬里，臨長城兮。」據文內描寫，曹操親征，路過幽州，且北臨長城，應瑒大概隨軍出征，所以描寫逼眞生動。

曹操雖是親征，實際上曹丕及曹植也都從行。洪《譜》說：「觀《燕歌行》詩意，第一首……第二首……尤其第二首首二句與北征烏桓所歷類似。……由上述作品，可證丕此年隨父征烏桓。」[4] 考訂曹丕隨父出征，甚是。《曹植傳》載植《求自試表》說：「臣昔從先武皇帝……北出玄塞。」張《譜》據《三國志集解》引趙一淸「玄塞，盧龍之塞也，謂柳城之役」，因曰：「據此，知曹植是年從征。」[5] 張說甚是，今從之。因此，陳琳及應瑒二賦雖無史籍明說是誰出題而奉作，不過，以曹氏父子後來的習慣證之，二賦的製作恐怕和「出題奉作」的活動有關係，所以始列爲此類文學活動的首宗。

俞《譜》於建安十年下曰：「應瑒約三十一歲，隨曹操北征幽州，作《撰征賦》。」其下並有考證。[6] 然十年曹操北伐，不見曹丕、曹植及陳琳等隨師出征，應瑒獨自一人隨師而已乎？揆諸往後史實，蓋無此例，故不取俞說。

(二)建安十三年(208)

七月，曹操率軍出征荊州劉表，事見《武帝紀》。隨軍南征者有曹丕、陳琳、阮瑀、徐幹、劉楨及應瑒諸人。

陳琳撰《神女賦》，已佚，《類聚》七十九保存二十餘句，首四句曰：「漢三七之建安，荊野蠢而作仇。贊皇師以南假，濟漢川之淸流。」荊，即荊州；皇師南假，即曹師向南出征；漢川，即漢水，南伐荊州必經之地；賦內所言諸事，都與史實相合，可知作於此時了。俞《譜》曰：「疑賦文之『三七』爲『十三』之抄誤。蓋《類聚》輯此文，初將『十三』倒作『三十』，經發見，乃於『十』字右下方加注小字『乙』，而轉誤成『三七』耳。」若如俞說，則賦內已誌明作於本年了。

應瑒亦有《神女賦》，佚，《太平御覽》三八一保存了四句。應瑒

4 洪順隆著《魏文帝曹丕年譜暨作品繫年》，臺北：臺灣商務印書館，1989 年 2 月，頁 115—6。

5 張可禮編著《三曹年譜》，濟南：齊魯書社，1983 年，頁 97。

6 俞紹初《建安七子年譜》，見《建安七子集》附錄，北京：中華書局，1989 年，頁 403。

是年亦隨軍南征，與陳琳同行，故疑二賦乃當時「出題奉作」之作品。

王粲亦有同題賦，佚，《類聚》八十九及《御覽》三八一分別保存一部分，合計得四十餘句。考曹操南征之前，王粲任職於荊州已十六年，劉表雖愛其才，卻不重用他，故曹軍出征時，王粲勸表子琮投降，及曹師至新野，劉琮遂降，其後王粲乃歸曹操，受封爲關內侯。該賦之作，大概就在歸曹之後。撰作時間雖稍遲，亦應視作「出題奉作」的作品。

俞《譜》繫陳、應及王諸賦於十四年二月，曰：「陳琳《神女賦》云……賦以隨征荊州起首，點明來漢水因由……蓋粲等遊漢水，有感游女之事，乃各擬宋玉《神女賦》而有是作。琳賦又云：『感仲春之和節，歎鳴雁之噰噰。』知在二月，亦與曹操還襄陽時間相合。」竊疑俞說不可從。據《武帝紀》所載，曹操去年十二月大敗於赤壁，引兵而退；本年三月，軍至譙，作輕舟，治水師；在新敗之後，治理水師之前，曹操及其文士有心遊覽漢水嗎？筆者頗感懷疑。陳琳賦已言「贊皇師以南假，濟漢川之淸流」，曹操遊漢水，當在南征劉表之前，其時軍威正盛，軍行過漢水之際，順道遊覽耳；陳、王二賦，據其內容考察，當作於這個時候。至於陳賦「感仲春之和節」，恐是辭人設想之詞，不必執著。

(三)同年

曹丕隨軍出征劉表，撰有《述征賦》，佚；《類聚》五九引存十八句，首四句曰：「建安之十三年，荊楚傲而弗臣，命元司以簡旅，予願奮武乎南鄴。」荊楚，即指荊州劉表；奮武，即出征之謂；可知此賦乃隨軍出征劉表之作，作成時代在本年。

王粲撰有《初征賦》，佚；《類聚》五十九引存十八句。俞《譜》繫於十四年三月，曰：「是粲此行與曹操自襄陽北還譙之路線相符。又『春風穆其和暢』云云，時令亦合。知賦之所敍當是途中情景。至於此賦下文『當短景之炎陽』云云，疑是入譙以後之事，惜賦遭刪殘，難悉其詳。」[7]考今存十八句可分兩小節，首句至「踐周豫之末畿」，蓋謂自己居荊州之困頓及曹軍征戰的經過、功績；自「野蕭條至騁望」至末句，則描述歸曹後的喜悅及沿途所見所感；賦中云：「當短景之炎陽，犯隆暑之赫曦。薰風溫溫以增熱，體燁燁其若焚。」可知王粲描寫的，應該是七月暑熱焚身的情景，與曹操七月出征劉表的季節相符合，則本賦似當以繫於本年爲宜。大概王粲歸曹後見曹丕有《述征賦》之作，乃撰文追敍自己身世及曹軍出征之經過。俞繫於十四年，又疑「當短景之炎陽」爲入譙後之事；但是，曹軍入譙在三月，夏天又有其他軍事行動，與出征荊州無關矣。

阮瑀撰有《紀征賦》，佚，《類聚》五十九引存十六句；其中有云：「惟蠻荊之作仇，將治兵而濟河。遂臨河而就濟，瞻禹績之茫茫。」所說的和陳琳《神女賦》「荊野蠢而作仇」相合，可知也是敍寫本年征伐荊州之作。劉《編年史》[8]、俞《譜》及韓《校注》[9]皆繫於本年，是也。

徐幹有《序征賦》，佚；《類聚》五十九引存二十二句。賦曰：「慮前事之既終，亦何爲乎久稽？乃振旅以復踪，泝朔風而北歸。及中區以釋勤，超棲遲而無依。」前事，蓋暗指赤壁之敗；此節大概說赤壁戰敗，軍旅不必稽留於此，於是，乃振奮北行，返朝釋勞。據此，可知本賦也作成於本年十二月南征荊州、赤壁戰敗之後。諸家皆繫於本年，是也。

本次賦作活動雖然未必有出題者，不過，曹丕首作的影響相當大，所以，追隨者就圍繞著同一主題，在短短數個月內完成自己的作品。

(四)建安十四年(209)

---

7 同上注，頁415。

8 劉知漸著《建安文學編年史》，重慶：重慶出版社，1985年。

9 韓格平著《建安七子詩文集校注譯析》，吉林文史出版社，1991年。

七月，曹操引水軍自渦入淮，出肥水，軍合肥；十二月，軍還譙；事見《武帝紀》。《通鑑．漢紀》所載亦同。

曹丕撰有《浮淮賦》，佚。《北堂書鈔》一三七、《類聚》八及《初學記》引存部分文字，《初學記》並載其《序》曰：「建安十四年，王師自譙東征，大興水運(《古文苑》六「運」作「軍」)，浮舟萬艘。時余從行，始入淮口，行泊東山，睹師徒，觀旌帆，赫哉盛矣！雖孝武、盛唐之狩，舳艫千里，殆不過也。乃作斯賦云。」據此，可知曹賦作於此行。張《譜》及俞《譜》皆繫於七月，洪《譜》曰：「張《譜》繫於七月，本無疑，唯《武帝紀》云七月入淮水，然後出肥水，軍合肥，疑是在合肥作，則未可泥於七月也。」[10] 賦既以浮淮爲題，曹軍於七月入淮，自可繫於七月。

王粲有同題賦，佚，《初學記》六引存三十餘句。賦曰：「從王師以南征兮，浮淮水而遐逝。背渦浦之曲流兮，望馬丘之高澨。……軸艫千里，名卒億計。」渦即渦水，淮河之支流，循此支流可入淮河。馬丘，地名，在今安徽鳳陽縣，位於渦口正東。所描寫者與曹軍此行相合，可知王賦作於此時。

《古文苑》六引曹賦《序》末有「命粲同作」四字；可知此次文學活動，乃曹丕出題，自作之外，又命王粲奉作了。

(五)建安十五年(210)

春天，曹操發表《求賢令》，提出「唯才是舉」的原則，藉以網羅收攬在野的知識分子，充實曹魏政權的統治力量。

曹植撰《七啟》，在曹集中。《序》曰：「昔枚乘作《七發》，傅毅作《七激》，張衡作《七辯》，崔駰作《七依》，辭各美麗，余有慕之焉！遂作《七啟》，並命王粲作焉。」趙《校注》疑作於本年，曰：「曹植以統治集團成員立場，熱烈歌頌求賢措施的必要性，而且極力闡述國家對此的決心。並借獻帝劉協的號召，期求鼓舞在野士族參加

---

10 同注 4，頁 145。

政治之積極情緒，從而創建國富民康的理想社會。通過玄微、鏡機問答，更深刻指出不願爲當前政治服務的思想，是錯誤的，這就配合曹操政治意圖作了有力的宣傳，顯示文學與政治具有密切的聯繫性。文中稱曹操爲聖宰，是在操任丞相時。故疑此文作於《求賢令》之後，即建安十五年左右。」[11] 趙《表》同，[12] 今從之。

據曹《序》，王粲曾奉作。考《文館詞林》四一四引有王粲《七釋》一篇，文甚長。王粲首先極述五味、宮室、音樂、游獵及美色之奢侈華靡，以反激讀者的心志，繼而筆鋒一轉，盛譽君子之美行，可爲當政者之輔助，喚起隱士出仕的心意；主題與操《求賢令》及植《七啟》契合。此外，賦中潛虛丈人爲一虛構隱士，亦與植賦玄微子爲同類人物。據此二端以覘之，其爲奉作，已無可疑。劉勰曰：「仲宣《七釋》，致辨於事理。」[13] 已確定其可靠性矣。韓《集校》說：「文中有『巴渝代起』句，考《俞兒舞歌四首》作於建安十八年秋曹操爲魏公之後，在此之前，巴渝舞因無人通曉其句度而近於湮滅。疑本文作於建安十八年秋天之後。」[14] 韓說若可信，則此次「出題奉作」之時間頗長，王粲一直要遲至建安十八年才完成此篇奉和之作了。

徐幹有《七喻》，佚，《類聚》五十七引存三十餘句，《御覽》四六四引存另外十餘句。徐賦亦虛構一隱居之逸俗先生，說客則以廣博華奢之言辭遊說之，主旨及人物和王粲《七釋》相類。《文館詞林》引曹植《七啟・序》後三句作「余有慕焉，遂作《七啟》，並命王粲等並作焉」，「慕」下無「之」字，「王粲」下有「等並」二字；若所引不誤，則當日奉作者除王粲之外，徐幹恐怕也是其中的一位了。

這一次的文學活動，出題者是曹植，奉作者有王粲及徐幹，曹

---

11 趙幼文著《曹植集校注》，北京：人民文學出版社，1984年，頁28—29。

12 趙幼文編《曹植年表》，見《曹植集校注》，頁564—583。

13 見《文心雕龍・雜文》。

14 同注9，頁218。

植也帶頭作了一篇。從三賦的內容來考察，它們都是應曹操《求賢令》而發的，所以，從另一個角度來看，眞正的出題者是曹操。

(六)建安十六年(211)

正月，丕爲五官中郎將，置官屬，爲丞相副，天下向慕，賓客如雲；事詳《武帝紀》及《通鑑・漢紀》。《魏書・王粲傳》曰：「始文帝爲五官將，及平原侯植皆好文學。粲與北海徐幹字偉長、廣陵陳琳字孔璋、陳留阮瑀字元瑜、汝南應瑒字德璉、東平劉楨字公幹並見友善。」裴《注》引《魏略》載曹丕《與吳質書》，其中追憶鄴中遊讌曰：「昔年疾疫，親故多離其災，徐、陳、應、劉，一時俱逝，痛何可言邪！昔日游處，行則同輿，止則接席，何嘗須臾相失！每至觴酌流行，絲竹並奏，酒酣耳熱，仰而賦詩。當此之時，忽然不自知樂也。」據此兩段文字來觀察，曹丕、曹植兄弟與王粲等六人來往甚密，文學活動異常頻繁，蓋曹魏文學集團已進入盛境矣。

俞《譜》本年曰：「受曹丕命，阮瑀與陳琳各作《止欲賦》，王粲作《閑邪賦》，應瑒作《正情賦》。劉楨有《清慮賦》，載本集。據題意似亦屬《止欲》、《正情》一類。又繁欽有《抑檢賦》，其殘文云：『翳炎夏之白日，救隆暑之赫曦。』見《文選》卷二六潘岳《在懷縣作》詩注，當同時所作。」據俞氏考證，則阮瑀、陳琳之《止欲賦》，與王粲《閑邪賦》、應瑒《正情賦》、繁欽《抑檢賦》、劉楨《清慮賦》，皆曹丕本年出題奉和之作。

阮瑀《止欲賦》，佚，見引於《類聚》十八、《文選》曹攄《思友人詩》李《注》及《文鏡秘府論・西卷》內，共得三十餘句。

陳琳《止欲賦》，佚，《類聚》十八引存二十餘句，《文選》江淹《雜體詩》李《注》引存兩句。

王粲《閑邪賦》，佚。《類聚》十八引存十餘句；《文選》謝玄暉《暫使下都夜發新林至京邑贈西府同僚詩・注》、《書鈔》一三六引各存一句。

應瑒《正情賦》，佚。《類聚》十八引存四十句，《書鈔》一三六引存二句。

劉楨《清慮賦》，佚。見《初學記》二七、《書鈔》一三三、一四〇、一四四及《御覽》八〇八、九七四引，共得二十餘句。

至於繁賦，則已全佚了。

此年，曹氏兄弟與六子除辭賦出題奉作外，亦讌集鄴中，賦詩唱和，《初學記》十引《魏文帝集》曰：「爲太子時，於北園及東閣講堂並賦詩，命王粲、劉楨、阮瑀、應瑒等同作。」俞《譜》繫於本年，蓋是。

(七)同年

七月，曹操率軍西征馬超，曹丕留守鄴；事見《武帝紀》及《通鑑・漢紀》。

曹丕撰有《感離賦》，今存《類聚》三十內。《序》曰：「建安十六年，上西征，余居守。老母、諸弟皆從，不勝思慕，乃作賦曰……。」可知作於本年七月。洪《譜》據賦內所言節候、思情及別意，論證作於本年，是。

曹植撰有《離思賦》，見曹集中，恐非完篇。《序》曰：「建安十六年，大軍西討馬超，太子留監國，植時從焉。意有憶戀，遂作《離思賦》云。」可知曹植此賦爲其兄而作。賦曰：「在肇秋之嘉月，將曜師而西旗，余抱疾以賓從。」曹植蓋抱病從征。

二賦雖非「出題奉作」之活動，不過，曹植《離思賦》顯然是回應其兄《感離賦》而作，有「奉作」的心意在，故列於此。

(八)同年

洪《譜》謂本年曹丕有《瑪瑙賦》，曰：「陳琳《瑪瑙勒賦序》云：『五官將得瑪瑙……。』王粲《瑪瑙勒賦》云：『御世嗣之駿服兮……。』是瑪瑙之貢在丕爲五官將時也。據《武帝紀》丕於建安十六年正月受封五官中郎將。……又據《王粲傳》建安二十一年從征吳，二十二年於途中卒。……因此，丕和王、陳之賦，其創作年代止於十六年正月至二十年末之間。……而此年丕新封五官將，服飾翻新，情理所有，故繫於此年末。」[15] 今從洪說。

曹賦已佚，《書鈔》一二六、《類聚》八四、《御覽》三五八、八〇八引，合而計之，存約三十句。並有《序》一則，曰：「瑪瑙，玉屬也。……余有斯勒，美而賦之；命陳琳、王粲並作。」據此，可知此次文學活動參與者尚有陳、王二人。

陳琳《馬瑙勒賦》已佚，《書鈔》一二六及《御覽》三五八、八〇八引存數句；《書鈔》引《序》曰：「五官將得馬瑙以爲寶勒，美其華采之光艷，使琳爲之賦。」與丕《序》合，可知陳賦乃奉和之作。

王粲《瑪瑙勒賦》亦佚，《類聚》八四引存十四句，亦奉和之作。

（九）同年

曹操自將伐馬超，隨師者除曹植外，還有王粲、徐幹及應瑒諸人。

曹丕《典論．論文》謂王粲有《征思賦》，《文選》顏延之《三月三日曲水詩序．注》引王粲《思征賦》曰：「在建安之二八，星步次於箕維。」二八，即十六年；箕，星宿名。韓《校注》曰：「東方蒼龍七宿之末宿，今夏至節子初三刻十四分之中星。」因斷定李《注》引之《思征賦》，即曹丕所稱之《征思賦》，且作於本年。

應瑒撰《西征賦》，佚，《水經注．渠水注》引存二句，見韓《校注》內。韓曰：「曹操在建安十六年和二十年曾兩次西征。考應瑒在建安二十年任曹丕的五官中郎將文學，而曹丕未參加建安二十年的西征，則本文描述的當爲建安十六年曹操西征馬超事。」[16] 今從之。

徐幹亦撰有《西征賦》，佚，《類聚》五十九引存十四句。俞《譜》

15　同注 4，頁 164。

16　同注 9，頁 403–4。

繫於本年，曰：「徐幹卒以前，凡有西征二次：一在建安十六年，一在二十年。二十年時幹侍曹植於鄴，未從征，故其隨軍西至洛陽當在是年。」韓《校注》亦繫於本年，曰：「曹植曾隨父西征馬超，作有《述行賦》、《贈丁儀王粲》，記述觀秦政墳與游長安事，與本文『過京邑』、『觀帝居之舊制』相近，則此文當作於從曹操西征馬超，得勝而歸之時。」

上述三賦，都和出征馬超有關；作者也都曾隨師出征。雖然無法確知賦題是誰出的，不過，他們都圍繞著相同的一個主題來創作，可說類似「奉作」了，故可認為一次共同的文學活動。

(十)建安十七年(212)

春天，銅雀臺成，曹操攜諸子登臺。《集解》引《水經》十《濁漳水注》曰：「魏武又以郡國之舊，引漳流自城西東入，逕銅雀臺下，伏流入城東注，謂之長明溝也。……城之西北有三臺，皆因城為之基，巍然崇舉，其高若山。……中曰銅雀臺，高十丈，有屋百一間，臺成，命諸子登臺，並使為賦。」諸子登臺之後，皆奉曹操之命，就題作賦。

曹丕賦已佚，《類聚》六十引存十餘句，有《序》曰：「建安十七年春，游西園，登銅雀臺，命余兄弟並作。」

曹植賦亦佚，《三國志》本傳裴《注》引《魏紀》載有二十餘句，非完篇。丁《譜》繫於建安十五年，[17] 以為曹植十九歲時之作品。《武帝紀》載建安十五年冬作銅雀臺，丁《譜》乃謂曹賦作於此年；實際上，銅雀臺至本年春始落成，曹氏父子於落成後始能登臺出題，曹丕賦序已說得極清楚。曹植賦曰：「仰春風之和穆兮，聽百鳥之悲鳴。」顯然登臺時間是在春天，才能有如此之描寫。趙《校注》曰：「作賦時期當在十七年春，與賦中所述景物相合，如丁晏攷作於十

---

17 丁晏編《魏陳思王年譜》，見《曹集詮評》。

五年冬，則與所述景物抵觸了，顯然是錯誤的。」[18] 所云極是。

實際上，此次文學活動曹操除出題之外，也自我奉作。前引《水經注》曰：「故魏武登臺賦曰：『引長明，灌街里。』」長明，即長明溝，漳水入城過銅雀臺下之渠流也。賦存二句，彌足珍貴。

本次「出題奉作」的賦作活動包括了曹操父子三人。

稍後曹丕又有《登城賦》，見引於《類聚》六三、《初學記》二四之內，亦非完篇。洪《譜》曰：「賦中所寫和子建《登臺賦》『仰春風之和穆兮』等頗相似，疑是稍後，登鄴之東城，受子建《登臺賦》影響而作，應在此年春天，較《登臺賦》稍後之作。」其說可從。

(十一)同年

曹植有《鸚鵡賦》，見曹集中；趙《校注》曰：「王粲、陳琳、應瑒、阮瑀俱作《鸚鵡賦》，見《藝文類聚》。瑀死於建安十七年，植賦當作於瑀死之前也。」今暫繫此次文學活動於本年。

諸賦已佚，在《類聚》九十一中，各家所存者皆不出十句。此次文學活動，恐是曹植出題，諸家奉作。

(十二)同年

阮瑀卒，張《譜》繫於十月。俞《譜》曰：「據《魏志・武帝紀》，曹操於是年正月引軍還鄴，瑀當卒於鄴。」俞似繫阮卒於春天。洪《譜》曰：「玩丕、粲詩賦之意，瑀卒在此年春、夏間，丕詩在秋末，丕、粲賦則在秋、冬之際。」阮卒月份，諸家不同若此。

阮卒，曹丕作有《寡婦詩》及《寡婦賦》。賦今亡，存於《類聚》三十四中，《序》則見引於《文選》潘岳《寡婦賦・注》之中，曰：「陳留阮元瑜，與余有舊，薄命早亡。每感存其遺孤，未嘗不愴然傷心，故作斯賦，以敘其妻子悲苦之情，命王粲並作之。」賦存十八句。

奉曹丕出題之命而作賦之王粲，其賦已佚，今存《類聚》及《文

18 同注 11，頁 47。

選・注》之中，合兩處共得十八句，恐殘奪頗多。

《全後漢文》自《類聚》、《文選・注》及《初學記》輯有《寡婦賦》一則，其作者《類聚》引作丁廙妻，《文選・注》作丁儀妻，《初學記》作丁儀；頗不一律。俞《譜》則斷爲丁廙妻之作。[19] 嚴可均《注》曰：「寡婦者，阮元瑜之妻，見魏文帝《寡婦賦・序》。言『命王粲等並作之』，此篇蓋亦當時應教者。」若如嚴說，當年曹丕出題命作者除王粲之外，尚有其他文士，則此賦之作者當是丁廙或丁儀，不當爲二人之妻輩耳。今存六十餘句，言辭淒婉動人，在曹、王之上。

（十三）建安十八年（213）

正月，曹軍至濡須口，破孫權江西營，引軍還譙；事見《武帝紀》及《吳主傳》。

曹丕撰有《臨渦賦》，佚，存於《類聚》八、《初學記》九、二十二、《御覽》三五九、五八七之內。《初學記》載其《序》曰：「上建安十八年至譙，余兄弟從上拜墳墓。遂乘馬遊觀，經東園，遵渦水，相佯乎高樹下，駐馬書鞭，爲臨渦之賦。」可知賦作於春天。賦有「萍藻生兮散莖柯，春木繁兮發丹華」句，與春日景致全合；張《譜》繫於正月，洪《譜》繫於春天，皆是。

曹植亦撰有《臨渦賦》，已佚。朱緒曾《曹集考異》四《臨渦賦》題曰：「《穆修參軍集・過渦河詩》：『揚鞭策羸馬，橋上一徘徊。欲擬《臨渦賦》，慚無八斗才。』自注：『昔曹子建臨渦作賦，書於橋上。』」[20] 據此，可知曹植當時亦撰有同題賦，且才思敏捷，於渦水橋上立即完成。

此次文學活動大概在春天，就在曹操還譙後拜墳觀園之際舉行。或曹操出題，或曹丕出題，今已不可考；惟兄弟皆同時參加活動，惜曹植賦已全佚。

---

19 同注 6，頁 427。

20 同注 5，頁 125。

(十四)、(十五)同年

春夏之交，大雨水；事見《獻帝紀》。

曹丕、曹植、王粲及應瑒皆有《愁霖賦》。《類聚》二引有曹丕、曹植二賦，丕賦存十二句，植賦存十句。《文選》江淹《雜體詩．注》曰：「王仲宣有《愁霖賦》。」王賦唐時猶存，今已亡。應賦見《類聚》中，存十四句。

四人又有《喜霽賦》。曹丕、曹植賦並見《類聚》；前者存十四句，後者存八句，蓋殘奪甚多。應賦已佚，《初學記》二《注》曰：「後漢應瑒、魏文帝、繆襲、晉傅玄、陸雲，並有《喜霽賦》。」是唐人猶見應賦。四人既皆有《愁霖賦》，今二曹、應亦皆有《喜霽賦》，則王粲亦當有《喜霽賦》。陸雲《喜霽賦．序》曰：「昔魏之文士又作《喜霽賦》，聊廁作者之末，而作是賦焉。」[21] 陸雲所指「魏之文士」，恐怕包括王粲。

趙《校注》繫曹植《愁霖賦》於本年，曰：「據曹丕《臨渦賦．序》，丕、植隨行。十八年夏四月反鄴。因由南而北，故賦有『迎朔風而爰邁』之句，可以設想，賦當作於十八年反鄴途中。」俞《譜》亦繫於本年，曰：「又曹丕、曹植、王粲、應瑒四人各有《愁霖》、《喜霽》二賦，疑自譙返鄴，道中所作。」二說相同。

惟洪《譜》繫丕、植《愁霖賦》於建安十二年，曰：「《三國志．田疇傳》：『疇隨軍至無終時，方夏水雨而濱海洿下，濘滯不通。』與丕賦『塗漸洳以沈滯，潦淫衍而橫湍』所寫節候、路途景觀相合。植《愁霖賦》之一云：『夫季秋之淫雨兮既彌日而成霖。』與《武帝紀》『秋七月，大水』一節所言時間、氣候也相吻合，均是寫行軍無終至柳城之行旅艱辛。而丕賦云：『脂全車而秣馬，將言旋乎鄴都。』以此和《通鑑．漢紀》獻帝建安十二年『操……行至易，辟田疇，疇隨軍至無終。時方夏水雨，而濱海洿下，濘滯不通。……八月，操登

---

21 見《全晉文》卷 102。

白狼山。九月，操引兵自柳城還』、《武帝紀》『建安十三年春正月，公還鄴』等相比照。知丕『將言旋乎鄴都』，乃指建安十二年九月『自柳城還』而言。所以，丕、植的《愁霖賦》可能同時之作，而且可能作於建安十二年九月至十三年正月間。如是還鄴作，當在建安十二年正月。」[22] 考《愁霖賦》乃二曹、王及應四人出題奉作之文學活動，王粲於十三年始來歸曹，前此不可能與二曹、應有奉作之活動，洪《譜》繫於十二月，不可遽從。

趙《校注》繫二曹《喜霽賦》於延康末(220)，曰：「攷《初學記》卷二引《魏略·五行志》：『延康元年，大霖雨五十餘日，魏有天下乃霽，將受大禪(《藝文類聚》卷二引作祚，是)之應也。』此賦所徵史實，如禹錫玄圭，湯禱桑林，皆古開國帝王傳說。而曹丕《喜霽賦》有句云：『厭羣萌之至願，感上下之明神。』顯然是準備受禪而言。此賦寫作時期，當在延康末將即帝位之日。」[23] 洪《譜》亦繫於本年，曰：「丕賦云：『啟吉日而北巡。』植賦云：『指北極以爲期。』似有相通之處，應是同時之作。……受禪活動十月以後就頻繁起來，《魏略·五行志》云：『魏有天下乃霽，將受大禪之應也。』可見丕、植作賦都以爲日霽是吉兆。又《文帝紀·注》引《獻帝故事》此年十月，侍中劉廙等奏言云：『故受命之期，時清日晏，曜靈施光，體氣雲蒸。』與此合。當作於此年十月四日後不久。」[24] 二家說法相同。俞《譜》繫於本年，「疑自譙返鄴，道中所作」。[25] 丕、植二賦是否有受禪之含義及預言在，頗難論斷。然《喜霽賦》除二曹同作之外，尚有王粲及應瑒二人奉作，王卒於建安二十二年，應亦約卒於同年；是二人不可能於二十五年與二曹出題奉作明矣。趙、洪訂此二賦作於二十五年，恐不可遽信。

---

22 同注 4，頁 117。

23 同注 11，頁 212。

24 同注 4，頁 344。

25 同注 6，頁 428。

(十六)同年

武帝出獵，曹丕等從游，出題命陳琳等四人奉作。《古文苑》七章樵《注》引摯虞《文章流別論》曰：「建安中，魏文帝從武帝出獵賦，命陳琳、王粲、應瑒、劉楨並作。琳爲《武獵》，粲爲《羽獵》，瑒爲《西狩》，楨爲《大閱》。」未明言此次文學活動之年代。張《譜》於本年末曰：「曹操出獵，曹丕從，作《校獵賦》，命陳琳、王粲、應瑒、劉楨並作。」繫此事於本年末。俞《譜》曰：「魏承漢制，於十月講武，故《西狩賦》又有『時霜凄而淹野，寒風肅而川逝』云。」[26]據應賦內容，斷出獵於十月。

曹丕《校獵賦》，佚，存於《初學記》二二及二四、《類聚》六六、御覽三三九，合計約四十餘句，惟非完篇。洪《譜》曰：「賦有『漳滏』、『雀臺』諸語，是校獵之地在鄴西也。」

陳琳《武獵賦》，已佚。

王粲《羽獵》，《初學記》二二、《類聚》六六並引，合計約存三十餘句，蓋有殘缺。賦有「濟漳浦而橫陳」語，洪《譜》曰：「王賦『濟漳浦』之語，正表示校獵地點與丕賦同。」其說甚是，可證王賦乃奉作無疑。

應瑒《西狩》，《書鈔》十四、《類聚》六六並引，合計約存四十餘句，亦非完篇。

劉楨《大閱》，佚。

(十七)建安十九年(214)

七月，曹操出兵伐孫權，曹植奉命留守鄴；事見《武帝紀》。《曹植傳》曰：「太祖征孫權，使植留守鄴，戒之曰：『吾昔爲屯邱令，年二十三。思此時所行，無悔於今。今汝年亦二十三矣，可不勉與！』」

曹植有《東征賦》，見曹集，又見於《御覽》三三六，皆非完篇。

---

26 同上注，頁429。

《序》曰：「建安十九年，王師東征吳寇，余典禁兵，衞官省。然神武一舉，東夷必克，想見振振之盛，故作賦一篇。」可知乃作於東征之際。《銓評》曰：「《御覽》卷三百三十六作《征東賦》。」篇題略異。

楊修有《出征賦》，佚，《類聚》五九引存二十餘句。賦曰：「嗟乎！吳之小夷，負川阻而不庭，……舫翼華以鱗集，蒼鷹雜以星陳，……於是州牧復舟，水衡戒事；飾師就部，乃講乃試。信大海之可橫，焉江湖之足忌。」可知乃本年出水師代東吳時所作。賦又曰：「公命臨淄，守於鄴都；侯懷大舜，乃號乃慕。」可知此賦乃回應曹植奉命守鄴之作。

兩賦雖然未必是出題奉和，但是，楊賦很明顯是爲伐吳事件而作，而且極可能應和曹賦之作；所以，也列入出題奉作之文學活動中。

(十八)建安二十年(215)

三月，曹操出征張魯，曹丕奉命守孟津；《三國志・吳質傳》裴《注》引《魏略》曰：「大軍西征，太子南在孟津小城。」曹丕大概四月間自鄴出發，赴孟津，隨行者有王粲及陳琳等人，經官渡，五月中抵達孟津。

曹丕有《柳賦》，佚，見《類聚》八九、《初學記》二八及《御覽》九五七內，合計約得三十餘句。有《序》曰：「昔建安五年，上與袁紹戰於官渡時，余始植斯柳，自彼迄今十有五載矣。感物傷懷，乃作斯賦。」建安五年植，十五年後即二十年，又於官渡再見此樹，時間及地點皆與史載相合。

王粲《柳賦》，佚，存於《類聚》及《初學記》中，合計約二十句。《古文苑》七章樵《注》引曹丕《柳賦・序》，其末又有「蓋命粲同作」一句，可知此次乃曹丕出題、王粲奉作。賦曰：「昔我君之定武，致天屆而徂征。元子從而撫軍，植佳木於茲庭。歷春秋以逾紀，行復出於斯鄉。」我君，指曹操；元子，指曹丕；所言人物，與史實相合。古以十二年爲一紀；逾紀，即超過十二年，謂十五年也；記時亦與史實相符。

陳琳《柳賦》，亦佚。《文選》潘岳《悼亡詩・注》引存兩句；《初學記》二八引存八句；合計之，得十句，蓋殘奪甚矣。賦曰：「天機之運旋，夫何逝之速也。」蓋狀時間運轉飛逝之迅速；五年植樹，十五年後樹已「偉姿逸態，綠條縹葉」，可知時運飛旋之迅速。陳琳本年與王粲同時隨曹丕出行，王粲既有奉作，陳琳亦當有奉作；曹丕《序》未言及陳琳，今賴此賦猶可考見。

繁欽亦有《柳賦》，見《類聚》八十九，存十句；曰：「有寄生之孤柳，託余寢之南隅。順肇陽以吐芽，因春風以揚敷。」繁欽所賦者，乃植於自己寢室南邊之孤柳；作賦之時間，乃「順肇陽以吐芽」之春天。應瑒亦有同題賦，見《類聚》內，存八句；曰：「赴陽春之和節，植纖柳以承涼。」則此乃應瑒春天栽植細柳後所賦之作品也。劉《編年史》謂二賦皆「可能都是『應教』而作」[27]，恐有誤。

俞《譜》曰：「陳琳、應瑒並作有《柳賦》，各載本集，惟其文皆不完具，是否與曹丕、王粲同時所作，殊難臆斷，存疑待考。」[28]陳琳隨曹出行，奉命作賦乃常情；應賦雖殘存數句，惟從內容觀察，非奉和之作。

(十九)建安二十一年(216)

盛暑，曹丕、曹植及王粲三人皆在鄴，曹丕出題作《槐賦》，命王粲奉作，曹植亦唱和。關於此次文學活動之年代，有十九年及二十一年兩個說法。

張《譜》繫於十九年六月間，曰：「曹丕自作《槐賦》，並命王粲作。曹植作《槐樹賦》。」俞《譜》本年曰：「王粲三十八歲，奉曹丕命

---

27 同注8，頁49。

28 同注6，頁434。

作《槐賦》。……又曹植有《槐樹賦》、繁欽有《槐樹詩》，並見《初學記》卷二八引，似亦同時所作。」所云與張《譜》同。劉《編年史》亦繫於十九年。

趙《校注》則繫此次文學活動於二十一年，曰：「則王粲爲侍中而夏季在鄴時只十九年與二十一年。十九年曹丕在孟津，惟二十一年夏，子建兄弟與王粲俱在鄴。而賦稱操爲至尊，當在操封魏王時。此賦創作時代，或在此時。」[29] 洪《譜》亦繫於本年，曰：「《武帝紀》建安二十一年五月，『天子進公爵爲魏王』，與植賦所尊『明后』、『至尊』更合，故繫此賦於建安二十一年五月下。」[30] 韓《校注》亦繫於本年。今後從者，繫於本年。

曹植賦見於《初學記》二八、《類聚》八八，存十二句；賦曰：「在季春以初茂，踐朱夏而乃繁。覆陽精之炎景，散流耀以增鮮。」可知乃盛夏之作。

王賦見《類聚》引，亦存十二句。賦曰：「形禕禕以暢條，色采采而鮮明。豐茂葉之幽藹，履中夏而敷榮。」形體禕美，色彩鮮明，葉茂幽薈，皆盛夏之景也。

(二十)同年

曹丕有《迷迭香賦》，見《類聚》八二及《御覽》九八二引，存十餘句。洪《譜》繫於本年，曰：「作賦時間，亦無文獻可考，唯阮瑀和劉楨集中未見《迷迭賦》，疑丕、植、粲、琳、瑒之作《迷迭賦》，在阮瑀卒後。……則丕等可能作於二十年底或此年春在鄴之時。」姑從之。

曹植賦見集中，存十餘句。賦曰：「播西都之麗草兮。」與曹丕賦「越萬里而來征」相合，知所賦者乃遠方之植物，二賦作於同時蓋無可疑。

---

29 同注 11，頁 148。

30 同注 4，頁 227。

王粲《迷迭賦》，佚，《類聚》八一引存十二句；應瑒同題賦，亦佚，今存於《類聚》中，得十二句。洪《譜》曰：「以(丕)賦與序相對照，無疑的，種迷迭的地方是鄴都丕居處之庭院，故云：『坐中堂以遊觀兮，覽芳草之樹庭。』……應瑒《竦迷迭香賦》云：『列中堂之嚴宇，跨階序而駢羅。』王賦又云：『去原野之側陋兮，植高宇之外庭。』是所賦與丕地點同。」[31] 丕、應及王所賦迷迭種植地點相同，可證是同一次文學活動之作品。

陳琳同題賦，佚，見於《類聚》中，存八句。

迷迭既種於曹丕庭院中，則此次文學活動蓋曹丕出題自作在先，曹植、陳琳、王粲及應瑒奉作在後。

(二十一)同年

曹丕因劉勳妻王宋被出，撰《代劉勳出妻王氏》詩二首。《序》曰：「王宋者，平虜將軍劉勳妻也。入門二十餘年，後勳悅山陽司馬氏女，以宋無子，出之。還於道中，作詩二首。」說詳劉《編年史》。[32]

曹丕撰詩二首後，又撰有《出婦賦》，已佚，見《類聚》三十，存二十餘句。賦曰：「信無子而應出，自典禮之常度。」無子被出，與《序》所言者合；可知是同時同事之作。

曹植撰有同題賦，見集中，計二十句，趙《校注》以爲「疑非全，或有佚句」。賦曰：「悅新婚而忘妾，哀愛惠之中零。遂摧頹而失望，退幽屏於下庭。」悅新忘舊，愛惠中落，幽退失望，終被棄逐；所賦者與丕詩內容亦相合，恐怕與丕賦乃同時同事之作。曹植又有《棄婦篇》，見曹集內；詩曰：「有子月經天，無子若流星；天月相終始，流星沒無精。棲遲失所宜，下與瓦石并。」婦棄蓋因無子，與丕詩相合。據此，曹植奉題製作者除賦之外，尚有詩耳。

---

31 同上注，頁222—3。

32 同注8，頁51—2。

王粲亦有同題賦，佚，見《類聚》內，存十六句。賦曰：「君不篤兮終始，樂枯荑兮一時。」始愛後棄，不能終始專一，恐怕與另結新歡有關；然則，其內容與曹丕所言者亦相合，蓋亦同時同事之作。

此次文學活動，雖非曹丕命作，不過，曹丕出題自作，其他曹植及王粲皆據題奉和，是可以肯定的。

(二十二)同年

曹植、劉楨及王粲各有《大暑賦》一首，張《譜》皆繫於本年。楊修《答臨菑侯牋》曰：「修之仰望，殆如此矣。是以對鶡而辭，作《暑賦》彌日不獻。」李《注》曰：「植爲《鶡鳥賦》，亦命修爲之，而修辭讓；植又作《大暑賦》，而修亦作之，竟日不敢獻。」張《譜》謂楊修《答臨菑侯牋》作於建安二十一年，是《大暑賦》「似亦是年之所作」。俞《譜》、趙《校注》及韓《校注》皆從之。

曹賦佚，見《類聚》五、《書鈔》一五六、《初學記》三、《御覽》一及三四中，存三十餘句。

王賦佚，《類聚》、《御覽》及《書鈔》一三二引存，得四十句。劉賦亦佚，《類聚》引存十六句。

楊修賦未獻，故不傳。

繁欽有《暑賦》，在《類聚》中，不足十句。

此次文學活動，很明顯的是曹植出題自作，王粲、劉楨及楊修奉題唱作；至於繁欽是否參與，則有待深考。

(二十三)同年

張《譜》本年曰：「《鶡賦》、《與楊德祖書》，蓋與《大暑賦》寫作時間相近，故一並繫於此。」曹植《鶡賦》，見曹集內。

王粲亦有《鶡賦》，佚，見《類聚》九十引，存十餘句。

《全三國文》輯有曹操《鶡雞賦．序》，曰：「鶡雞猛氣，其鬥終無負，期於必死。今人以鶡爲冠，像此也。」惟曹操《鶡雞賦》已佚，存此短序，至爲珍貴。趙《校注》曰：「疑此或屬曹植《鶡賦》序文，今集序有遺落，似應據此訂補。」[33]以爲此數句乃曹植《鶡賦》之序文，曹操當年未撰《鶡雞賦》，蓋過於武斷。

此次文學活動，恐是曹操出題自作，曹植及王粲則奉題唱作耳。

(二十四)同年

曹丕、曹植皆有《車渠椀賦》，趙《校注》繫於本年，曰：「《魏志·武帝紀》：建安二十年，曹操攻屠河池，西平、金城諸將麴演、蔣石等共斬送韓遂首。涼州平定，西域交通開始恢復，西域諸國餽送，才能達致鄴都。應、徐、王俱死於二十二年，則此賦創作時期，不會後於二十二年春天，是時王粲已死，據此或寫於二十一年中。」[34]韓《校注》從之。洪《譜》繫於建安十四年，曰：「唯遍查《獻帝紀》、《武帝紀》，(二十一年)這期間未見西域來貢。代郡、上郡與匈奴接界，或由西域輾轉至代郡、上郡，由普富盧，那樓進貢亦未可知，進貢在十二年，製造成酒椀，在十三年以後，至十四年征孫權，還譙飲宴時，方展示也未可知。」[35]今從趙、韓，繫於本年末。

曹丕賦有序，在丕集中。曹植賦已佚，存《類聚》七三、《御覽》八〇八內，得三十餘句。

王粲、徐幹及應瑒皆有同題賦，皆佚。王賦在《類聚》八四、《御覽》及《文選》左思《詠史詩·注》內，存十餘句；徐賦在《類聚》七三內，存八句；應賦亦在《類聚》內，存二十句。

此次文學活動，出題自作者恐怕是曹丕，曹植、王粲、徐幹及應瑒皆奉題和作。

---

33 同注 11，頁 151 內注 1 條。
34 同上注，頁 139。
35 同注 4，頁 149。

三

對曹魏集團「出題奉作」的辭賦活動來說，建安二十二及二十三年是兩個很不吉祥的年份。二十二年，陳琳、劉楨、應瑒及王粲同時謝世；二十三年，徐幹接踵而亡；兩年之內，五子先後離世。曹丕《與吳質書》曰：「昔年疾疫，親故多離其災，徐、陳、應、劉，一時俱逝，痛可言邪！昔日遊處，行則連輿，止則接席，何曾須臾相失？每至觴酌流行，絲竹並奏，酒酣耳熱，仰而賦詩。當此之時，忽然不自知樂也。謂百年已分，可長共相保，何圖數年之間，零落略盡，言之傷心。」曹丕一則說「痛可言邪」，再則說「言之傷心」，確是眞情之言。五子逝世之後，「出題奉作」的辭賦活動立刻戛然停止了。儘管曹丕、曹植往後還繼續寫賦，但是，只能出題自作，再也無人奉題應作了。對賦史來說，眞是一件莫大的損失。

從建安十二年至二十一年，前後九年之間，「出題奉作」的辭賦活動一共舉行了二十四次，平均每年二點六次，次數可謂頻繁。如果和其他「出題奉作」的文學活動相比較，顯然辭賦活動佔盡了主流。

底下是二十四次辭賦「出題奉作」的活動表：

		曹操	曹丕	曹植	陳琳	應瑒	王粲	阮瑀	徐幹	繁欽	劉楨	丁廙/儀	楊修	參與人數
1	十二(207)				神武	撰征								2
2	十三(208)				神女	神女	神女							3
3	十三(208)		述征				初征	紀征	序征					4
4	十四(209)		浮淮				浮淮							2

5	十五(210)			七啓			七釋		七喻					3
6	十六(211)				止欲	正情	閑邪	止欲		抑檢	清慮			6
7	十六(211)		感離	離思										2
8	十六(211)		馬瑙		馬瑙勒		馬瑙勒							3
9	十六(211)					西征	征思(思征)		西征					3
10	十七(212)	登臺	登臺	登臺										3
11	十七(212)			鸚鵡	鸚鵡	鸚鵡	鸚鵡	鸚鵡						5
12	十七(212)		寡婦				寡婦					寡婦		3
13	十八(213)		臨渦	臨渦										2
14	十八(213)		愁霖	愁霖		愁霖	愁霖							4
15	十八(213)		喜霽	喜霽		喜霽	喜霽							4
16	十八(213)		校獵		武獵	西狩	羽獵				大閱			5
17	十九(214)			東征									出征	2
18	二十(215)		柳		柳		柳							3
19	二十一(216)		槐	槐樹			槐							3

20	二十一(216)		迷迭香	迷迭香	迷迭香	迷迭香	迷迭香							5
21	二十一(216)		出婦	出婦			出婦							3
22	二十一(216)			大暑			大暑			大暑	大暑		大暑	5
23	二十一(216)	鶡雞		鶡			鶡							3
24	二十一(216)		車渠椀	車渠椀		車渠椀	車渠椀		車渠椀					5

從人數的參與方面，建安十六年曹丕出題命阮瑀、陳琳各作《止欲賦》那一次人數最多，共得六人。三人出題奉作的次數最多，得十次，也許因爲規模小，組合起來最方便。五人及二人的活動各得五次，四人的得三次。

在個人的參與方面，王粲一共參加了十九次，幾乎每場皆躬逢其盛，是奉題應作最多的一位。應瑒和陳琳也經常奉題應命，前者參加十次，後者八次；是兩位積極參與者。至於此項活動的主角——曹丕及曹植，他們不但經常出題，發號施令，而且也率先自作，以引起其他參與者的興趣，所以，曹丕寫了十五篇，曹植寫了十四篇，篇數僅次於王粲。曹魏集團的策劃人及核心人——曹操，在日理萬機、戰馬倥偬之下，也參與兩場，出題命作，自己興來之筆也寫上兩篇，可謂難得了。

由於「出題奉作」都是即時之作，所以，活動本身也給文學帶來一些影響。

首先，是諸家一生的賦作大部分都是活動的產品，捨活動之外，製作的數量就甚少。曹丕、植二兄弟的賦作，半數是在這一系列活動中完成的；諸子謝世以後，終曹丕一生，只寫了四篇；才思敏捷而又多產的曹植，也不過完成了十一篇，不及奉作的數量。至於陳琳以下諸子，絕大部分的賦作都是活動中的產品，奉作作品幾乎是非奉作作品的一倍，可見奉作活動的意義了。

因此，我們似乎可以這麼說，如果沒有「出題奉作」的文學活動，陳琳等諸子肯定不會有如此旺盛的寫作興趣，寫下總數達四十七篇的作品；如果沒有諸子催引和誘發，曹氏兄弟不但不會有二十九篇出題自作、奉作的作品，另外三十篇非奉作的作品恐怕也不會出現。所以，「出題奉作」的活動對這個時期的辭賦來說，有著不可忽視的意義。

	曹丕	曹植	小計	陳琳	應瑒	王粲	阮瑀	徐幹	劉楨	小計
奉作	15	14	29	8	10	19	3	4	3	47
非奉作	13	17	30	2	5	8	1	6	3	25
二十一年以後作者	4	11	15	0	0	0	0	0	0	0
總計	32	42	74	10	15	27	4	10	6	72

其次，曹操父子三人既然是出題者，而題材的選擇和內容的擬訂，幾乎都是即時即興，沒有固定的準則，那麼，幾乎甚麼題材、甚麼內容都可以是奉作的賦詠對象了。

曹魏集團賦作賦詠內容表																	
內容	天象			人事				人物			人情		器物		鳥禽	草木	
	雨霖	晴霽	大暑	兵戰	行遊	田獵	招賢	神女	棄婦	寡婦	離別	止欲	玉器	器物		樹木	花草
活動次第	14	15	22	1 3 9 19	4 10 13	16	5	2	21	12	7	6	8	24	11 23	18 19	20

從《賦詠內容表》的分類，即知曹魏集團寫作的題材和內容非常廣泛，上至天象，下至鳥禽，都是即興即時賦詠的對象，其中尤以人物、人事寫得最多。和兩漢辭賦相比的話，無疑題材及內容已寬廣得多了。

最後，「出題奉作」都是即時之作，成稿必須快速，賦詠必須簡切，才能按時交卷，不負出題者的厚望。在此形勢之下，小賦自然興盛起來，而且言情的賦作自然佔了主流。許多小賦，如《神女賦》、《迷迭香賦》、《止欲賦》及《大暑賦》等，短短的幾十句，寫得情眞意切，動人有趣。翻開諸家一系列的賦作，體制上都以短小的居多，多者幾百字，少者數十字，大部分是即物命題、即席賦詠之作，一則以切磋文學，一則以競騁才思，所以，快速成稿及文字簡切是兩個最基本的要求，誠如劉勰說：「洒筆以成酣歌，和墨以藉談笑。」[36] 在此既寓有遊戲娛樂，又帶有切磋競騁的情勢下，這一系列的文學作品自有可觀的一面。

36　見《文心雕龍・時序》。

論謝朓的宣城情懷

楊承祖

一

謝朓詩稱首齊梁，對唐賢影響甚深。而其集以「宣城」名，固然因爲曾守是邦，更重要的，是他膾炙人口的名篇佳句，頗多寫作於宣城。

謝朓研究，民國以來，還算受重視。伍叔儻撰《謝朓年譜》[1]，郝立權作《謝宣城詩注》，同是奠基的工作[2]；日本網祐次的《謝朓の傳記と作品》[3]，功深力勤，貢獻良多。其後李直方、洪順隆、楊宗瑩三位不約而同，以校注《宣城集》爲碩士學位論文，並且先後出版，可說集「一時之盛」了[4]。李先生在注本之後，附刊《謝朓研究》；洪先生也另有三篇論文，收在他的《六朝詩論》中[5]。以上所舉都論涉到謝朓宣城的生活與作品。他們的考證闡釋，相當精細，既便讀者，也予人不少啓示。其中洪氏提出謝朓作品裏的「危懼感」[6]，

---

1 收入《中國文學研究(上)》，上海：商務印書館，1927年。

2 初印本版記不詳，有民國二五年郝氏自序。臺北：藝文印書館，1971年。

3 《中國中世文學研究》，東京：新樹社，昭和三五年(1960)，頁484−561。

4 李直方：《謝宣城詩注・附謝朓詩研究》，香港：龍門書店，1968年。(省稱《李注》)
洪順隆：《謝宣城集校注》，臺北：中華書局，1969年。(省稱《洪注》)
楊宗瑩：《謝宣城詩集校注》，《臺灣省立師範大學國文研究所集刊》第十一號(上)。(省稱《楊注》)

5 《謝朓生平及其作品略論》、《謝朓作品所表現的「危懼感」》、《謝朓祖先對他作品的影響》，收入《六朝詩論》。臺北：文津出版社，1985年，頁156−253。

最具有突出的意義。我讀小謝，初亦有此感覺；但洪氏認爲《暫使下都夜發新林至京邑贈西府同僚》詩中初有「危懼感萌芽的兆象」[7]，而後來出守宣城，「他的危懼感更加深了」[8]。這樣强烈定向的解釋，反而引起我的懷疑。宣城對謝朓而言是非常重要的階段，因此我想一窺其當時的情懷，知人論世而讀其詩，宜當有此吧！

二

首先討論洪順隆强調謝朓作品中危懼感的說法。他根據《暫使下都夜發新林至京邑贈西府同僚》結篇提出此說：

> 常恐鷹隼擊，時菊委嚴霜；寄言罻羅者，寥廓已高翔。(《本集》卷三)[9]

這四句詩確有所指。《文選・李善注》(下稱《善注》)即引《南齊書・謝朓傳》(下稱《本傳》)，指他奉敕還都，離開隨王蕭子隆的荊州幕府，是受長史王秀之「密以啓聞」於世祖蕭賾的影響，故有前語。但旣已明說，恐怕「危懼」的成分並不很多，反而是憤激牢騷的意氣不少，而且還有明告對方勿復猜忌的作用。試觀其後唐玄宗時張九齡見忌於同列李林甫，乃「爲《海鷰》詩以致意」[10]，「林甫覽之，知其必退，恚怒稍解」[11]。張九齡的《海鷰》詩結句「鷹隼莫相猜」，顯然取效於宣城，二者翻轉比較，正可看出謝朓吐辭命意，旣思抒胸中之憤，也要對其人一罵爲快。誠然，像「常恐鷹隼擊」的句子，如果

6 見《謝朓生平及其作品略論》所收第二文。

7 見《謝朓生平及其作品略論》頁 200 引。

8 見《謝朓生平及其作品略論》頁 201 引。

9 謝朓集版本甚多，所收篇次或前後不一，茲據洪順隆校注本，其本實以《四部叢刊》本爲底本，省稱(《本集》)。

10 見孟棨《本事詩》。

11 見計有功《唐詩紀事》卷一五；其《張九齡》條述之甚詳。

孤立地推敲，不能說沒有「危懼」的成分，但若據以認爲謝朓「經常懷著恐懼之心，怕爲奸佞之人所害」[12]，可能就嫌稍過度了。

洪氏又舉《觀朝雨》「戢翼希驤首，乘流畏曝鰓」(《本集》卷二)兩句，而以曝鰓是「寓賢者爲讒佞之人所害，以致慘死」；並說這兩句「表現出了進退矛盾的感情，……既有拾階青雲之途的前進氣慨，……又畏懼失敗、蒙害，乃至死亡。……微微地透漏出一種『危懼感』」[13]。由一句「曝鰓」引出眞正的死亡威脅，是大出一般理解之外的。果眞如此，則唐人科場或宦途失意，就不會常常用之入詩了。如爲張九齡《酬王六霽後書懷見示》就寫：「作驥君垂耳，爲魚我曝鰓；更憐湘水賦，還是洛陽才。」(《曲江文集》卷二)。此詩作於開元五年(717)九齡忤當道告病還鄉期間，故而有自憐之語[14]，但並無危懼之情。洪氏可能受「危懼感」意識的影響，不知不覺把「曝鰓」的涵意看得嚴重了，遂作出「蒙害」和「死亡」的推論。

洪氏所舉第三個例證，是《之宣城出新林浦向版橋》詩的結句：「雖無玄豹姿，終隱南山霧。」(《本集》卷三)他又引《列女傳》記陶答子妻以豹隱成文章而犬豕肥遭禍的故事，謂謝朓既「自詡『玄豹姿』」，又「警戒自己避害免禍」[15]。雖然李善注是引了《列女傳》故事的首尾，但謝朓此篇在中幅已寫：「既懽懷祿情，復協滄州趣；囂塵自茲隔，賞心於此遇」，則末二句只是以終將歸隱作結而已。固然，劉履在《風雅翼》中已點出小謝「有全身遠害之志，故以玄豹隱霧之說終之」[16]，但「豹隱」不盡表示「危懼」，而由此篇前幅已自寫「懽」、「協」，則縱然說到「豹隱」，也不會有太多「危懼」的成分，未必能像洪氏推衍出：「這正是謝朓利用隱遁思想的表現形態，而

12 見《謝朓生平及其作品略論》頁 197 引。

13 見《謝朓生平及其作品略論》頁 196 。

14 詳拙撰《張九齡年譜》開元五、六年譜，臺北：國立臺灣大學，1964 年。

15 見《謝朓生平及其作品略論》頁 198 引。

16 引見《李注》、《洪注》。

流露出預感被害的『危懼』意識的變形」[17]。

洪氏以三例立證，企圖確認謝朓作品中的「危懼感」，都難成立。至於說到宣城以後，「危懼感更加深了」，恐怕更成問題。

三

現在我想討論謝朓出守宣城的心情並非憂懼，而是相當的舒放。

謝朓於齊明帝建武二年（495）由中書郎出爲宣城太守[18]。前此曾隨隨王蕭子隆赴荆州鎭三年，於永明十一年（493）還都。七月，武帝蕭賾崩，皇太孫鬱林王昭業即位，旋遭廢弒。弟海陵王昭文嗣立，復爲明帝蕭鸞簒弒。其間昭文嘗爲新安王，領中軍將軍；而謝朓則補中軍記室。及後明帝輔政，以朓爲驃騎咨議，領記室，掌霸府文書；再轉中書郎。當時政局，危疑詭險，謝朓掌霸府文書，已是帷幄中人；但蕭鸞登極爲明帝前後，頗戮夷諸王，隨王子隆夙與謝朓以文學相親，竟最先被殺[19]，則謝朓內心的憂畏感傷，當有筆墨不能形容者——非謂其文辭不足抒情，而是他必因懼禍而噤口擱筆。謝朓個性謹畏，不敢冒險，這從岳父王敬則欲起兵，他聞報之後，不敢同謀，反而首告以期自免一事，不難窺知[20]。亦由此可見其必愼於文字。因此，雖然謝朓甚有「危懼感」，也未必能從他的作品輕易看出。其實，除了十分敏感的悲憂恐懼未必能由作品盡窺之外，一定還有其他的情懷志意，可以供後人探討；畢竟詩人並非時時刻刻都念念於死亡和殺戮的。

---

17 見《謝朓生平及其作品略論》頁 198 引。

18 謝朓歷官行事，依伍叔儻《謝朓年譜》，不另出攷證。

19 隨王子隆於延興元年秋九月被殺；同年十月蕭鸞即簒立，是爲明帝。見《南齊書》卷五《海陵王本紀》。

20 詳《南齊書》卷二六《王敬則傳》、卷四七《謝朓傳》。

洪順隆先在《謝宣城集校注》的《序論》中强調謝朓的思想「蓋有二端：一曰用世之志；一曰退隱之思」[21]。然後再修訂爲：「隱遁思想也是『危懼感』的化身。」[22]其實從戰國時期莊老之說興起，就明顯可見隱遁思想多緣世亂而萌生。季漢以下，迄於六朝，這種意識見於文人者實繁，以之律諸謝朓，固或有當，但仍有進一步究察的餘地。我覺得他在詩文之中一再提到要退隱，也只是說說而已，並非眞正想去實行。大凡文人爲郡作縣，治民餘暇，遊山玩水，總不免會有些志在山林的話，這種情形，在謝朓的宣城詩中便很能見到。

由齊武帝崩至明帝即位之間，政局動盪極烈。經歷如許鉅變，謝朓能出守宣城，可能是當時最理想的出路；從宣城詩，不難感覺他心情上的舒放平衡，這可以從下面這些作品的闡釋得到印證。

前面提到《之宣城出新林浦向版橋》，全詩是：

> 江路西南永，歸流東北騖；天際識歸舟，雲中辨江樹。旅思倦搖搖，孤旅昔已屢；既懽懷祿情，復協滄州趣。囂塵自茲隔，賞心於此遇。雖無玄豹姿，終隱南山霧。（《本集》卷三）

雖然「歸舟」或有眷懷鄉國的涵意，可能是前此居京屢起鄉思的後遺[23]，但如今旣歡懷祿之情，復協滄洲之趣，可謂爵祿山林，兼得並享。從緇塵京國到了林野滄江，其忻怡可知；而他對於綰符州郡，並未表露厭煩的態度，自必不會眞想退隱了。出守宣城，無論其爲酬庸，或被疏外放，遠離政治鬥爭中心一定大大減輕了壓力和痛苦，而那些痛苦，原是不能表露的。所以他在赴任中途，能有很好的心情寫出這一首名篇。「囂塵自茲隔，賞心於此遇」纔是他當時感

---

21 見《洪注》頁 14。

22 見《謝朓生平及其作品略論》頁 205 引。

23 如《晚登三山還望京邑》云：「有情知望鄉，誰能鬒不變。」（《本集》卷三）

受的焦點；「豹隱」只不過表示謙退的門面話而已。

《始之宣城郡》也寫出相同的情懷：

> 下帷闕章句，高談愧名理，疎散謝公卿，蕭條依掾史。……心跡苦未幷，憂歡將十祀。……解劍北宮朝，息駕南川涘；……棄置宛洛遊，多謝金門裏。招招漾輕檝，行行趨岩趾；江海雖未從，山林於此始。（《本集》卷三）

謝朓把以往十年在荊州和京城的生活都算成憂歡並集，心迹相違的。來到宣城，治郡之暇，能有山林之樂，即使未遂退職休官、放乎江海的夙願，也得到身心的疏散平衡了。這種情懷，也能在其他的詩中見到，如《遊山》：

> 託養因支離，乘閑遂疲蹇。語默良未尋，得喪云誰辨？幸沚山水郡，復值淸冬緬。凌崖必千仞，尋溪將萬轉。……觸賞聊自觀，即趣咸已展。經目惜所遇，前路〔欣〕方踐。……尙子時未歸，〔邴〕生思自免。求志昔所欽，勝迹今能選；寄言賞心客，得性良爲善。（《本集》卷三）[24]

開篇四句，蓋總寫居京時的勞倦憂疑，與不能自定出處[25]，莫辨得喪；旣而莅守是邦，遂深自慶幸，以其能爲勝遊，賞心得性，良爲善也。全首寫爲郡而得山林之樂，言皆自然，無不由衷。

再看《遊敬亭山》詩云：

> 茲山亘百里，合沓與雲齊。……渫雲已漫漫，多雨亦淒淒[26]。我行雖紆組，兼得尋幽溪。……要欲追奇趣，即此陵丹

---

24 篇中缺字據《洪注》校補。

25 「語默良未尋」黃節注引《易繫辭》：「君子之道，或出或處，或默或語。」蓋「語默」即謂「出處」，讀上下句其意便曉。

26 「多」一作「夕」，今依李善注從《文選》本。

梯。皇恩竟已老，茲理庶無睽。(《本集》卷三)

同樣亦寫理郡而兼得山水之樂。凡此皆可窺見謝朓出守宣城，並無「危懼更深」的憂懔情懷。

四

根據網祐次《謝朓の傳記と作品》的研究[27]，謝朓在宣城可靠的詩計有：

[1] 《始之宣城郡》(《本集》卷三)
[2] 《之宣城郡出新林浦向版橋》(同上)
[3] 《郡內高齋閑坐答呂法曹》(同上)
[4] 《宣城郡內登望》(同上)
[5] 《冬日晚郡事隙》(同上)
[6] 《落日悵望》(同上)
[7] 《後齋迥望》(同上)[28]
[8] 《遊敬亭山》(同上)
[9] 《遊山》(同上)
[10] 《賽敬亭山廟喜雨》(同上)
[11] 《祀敬亭山廟》(同上)
[12] 聯句《祀敬亭山春雨》(《本集》卷五)
[13] 聯句《往敬亭山路中》(同上)
[14] 聯句《侍宴西堂落日望鄉》(同上)
[15] 聯句《閑坐》(同上)
[16] 聯句《紀功曹中園》(同上)

---

27 《中國中世文學研究》頁536-550。
28 「迥」網氏書引作「回」，今從《本集》。

[17]《新治北窗和何從事》(《本集》卷四)[29]

[18]《秋竹曲》(《本集》卷二)

[19] 聯句《還塗幽渚》(《本集》卷五)

[20]《和劉繪入琵琶峽望積布磯》(《本集》卷四)

[21]《休沐重還丹陽道中》(《本集》卷三)[30]

[22]《京路夜發》(同上)

[23]《賦平民田》(同上)

[24]《在郡臥病呈沈尚書》(《本集》卷四)

[25]《高齋視事》(《本集》卷三)

[26]《春思》(同上)

[27]《忝役湘州與宣城吏民別》(同上)

[28]《將遊湘水尋句溪》(同上)

此外，疑亦作於宣城之詩還有：

A《與江水曹至濱干戲》(同上)

B《送江水曹還遠館》[31](同上)

C《送江兵曹檀主簿朱孝廉還上國》(同上)

D《臨溪送別》(同上)

E《和何儀曹郊遊二首》(《本集》卷四)

F《落日同何儀曹煦》[32](同上)

G《和紀參軍服散得益》(同上)

至於辭賦，則有：

---

29 《洪注》云：「網祐次疑為東海郡詩。」案：網氏書實以此篇入宣城時詩，頁540。

30 網氏及《洪注》均以此篇為宣城詩，恐不然。休沐惟中朝官乃行之，州郡守非得有也。

31 「江」下或本無「水」字，見《洪注》。

32 或本「同」下無「何」字；「煦」一作「照」，見《洪注》。

《思歸賦》(《本集》卷一)[33]

在上列作品之中，已引[2]、[1]、[9]、[8]諸篇，論析謝朓出守宣城並非「危懼感更加深了」，反而兼得剖符爲政與遨遊山林之樂；而總合各篇的篇旨，則可析爲如下幾類(篇名以省題代之)：

(一)寫行役而兼抒懷者：

[22]《京路夜發》——寫初發京師，赴宣城任所。詩云：「故鄉邈已敻，……無由稅歸鞅。」則宦遊恒情耳。

[2]《之宣城郡》——赴宣城途中江上作；已析論，見前。

[1]《始之宣城》——初到宣城任所作；已析論，見前。

[27]《忝役湘州》——自宣城奉使祭南岳前作。詩云：「下車遽暄席，紆紱始黔竈；榮辱未遑敷，德禮何由導？……疲馬方云驅，鉛刀安可操？……吐納貼爾和，窮通勗所蹈。」實兼言其爲郡之心志也。

[28]《將遊湘水》——蓋亦赴湘前在宣城作。詩云：「魚鳥余方翫，纓緌君自縻；及茲暢懷抱，山川長若斯。」「余」與「君」皆自指，而將有遠行、登名山，遂大暢懷，因以屬之行役類。

(二)寫登臨遊宴而安於郡職者：

[8]《遊敬亭山》——遊敬亭山作；已析論，見前。

[9]《遊山》——宣城遊山作；已析論，見前。

[12]《祀敬亭雨》——聯句，有「行雨巫山來」之句，紀事耳。

[13]《往敬亭山》——聯句云：「芳年不共遊，淹留空若是」，樂同遊也。

[14]《侍宴西堂》——聯句云：「鄉山不可望，蘭卮且獻酬」，應酬語。

[15]《閑坐》——聯句云：「既闔穎川扇，且臥淮南秩」，眞安

33 伍叔儻《謝朓年譜》考定作於明帝建武三年 (496) 春。網氏從之。

於郡職者。

［16］《紀功曹園》——聯句云：「求志能兩忘，即賞謝丘壑。」可謂朝市山林俱不忘。

［19］《還途幽渚》——聯句云：「即趣佳可淹，淹留非下秩。」宦情逸趣實兩兼之。

(三)寫宦情而思退歸者：

［4］《宣城登望》——「結髮倦爲旅，……寧要白狐鮮？方棄汝南諾，言税遼東田。」

［5］《冬日晚郡》——「已惕慕歸心，復傷千里目。願言追逸駕，臨澤餌秋菊。」

［6］《落日悵望》——「已傷慕歸客，復思離居者。……既令琅邪政，方憩洛陽社。」

［7］《後齋迴望》——「鞏洛常睠然，搖心似懸旆。」思歸京邑。

［10］《賽敬亭廟》——「登山弛歸望，原雨晦茫茫；胡寧昧千里，解佩拂山莊。」

［23］《賦貧民田》——「會是共治情，敢忘恤貧病？……俾爾倉廩實，余從谷口鄭。」

［25］《高齋視事》——「空爲大國憂，紛詭諒非一；安得掃蓬徑，銷吾愁與疾。」

又《思歸賦》——「紛吾生之遊蕩，瀰一紀而歷兹。……睠崇芒而引領，望大夏而長思。……將整歸轡，願受一廛。」

(四)寫離情別緒及賓友唱酬者：

［3］《答呂法曹》——「惠而能好我，問以瑤華音。若遺金門步，見就此山岑。」

［17］《和何從事》——「國小暇日多，民淳紛務屏。不見城濠側，思君朝夕頃。」

［20］《和劉繪》——「山川隔舊賞，朋僚多雨散。……江潭良在目，懷賢興累歎。」

［24］《呈沈尚書》——「艮辰竟何許？夙昔夢佳期。」

［26］《春思》——「邊郊阻遊衍，故人盈契闊；夢寐藉假簧，思歸賴倚瑟。幽念漸鬱陶，山楹永爲室。」既懷友生，亦思歸去。

A《與江水曹》——「別後能相思，何嗟異封壤。」

B《送江水曹》——「日暮有重城，何由盡離席！」

C《送江兵曹》——「揮袂送君已，獨此夜琴聲。」

D《臨溪送別》——「荒城迥易陰，秋溪廣難渡；沬泣豈徒然？君子行多露。。」

E《和何議曹》——「未嘗遠別離，知此慼歸心。流泝終靡已，嗟行方至今。」(其一)「寄語持笙簧，舒憂願自假」(其二)

(五)記事詠物較乏感興者：

［11］《祀敬亭廟》——寫祀山廟。

［18］《秋竹曲》——詠竹。

F《落日同儀曹》——寫風殿晚景。

G《和紀參軍》——寫服藥散事。

由以上歸類[34]，可以覘見謝朓宣城時期情懷之大端，與自來剖符守大郡者的宦情詩思，實無多分別；更看不出「危懼感更加深了」的情形。

五

謝朓出守宣城，還有一種情懷，就是並不急於重返京邑，回到政治權力的中心。除了《後齋迥望》中「鞏洛常睠然，搖心似懸旆」兩句之外，幾乎別無依戀京華的文辭。如果比較他和風神近似的張九

34　網氏繫於宣城期的作品均已納入討論，唯［21］《休沐重還丹陽道中》一首從略；參看注30。

齡[35]，由二人同自京職出典外郡而情懷乃殊，便能體會出時代因素的影響。

張九齡與謝朓相同，都是以詞學受知於朝廷鉅公，然後成爲文學侍從之臣。張九齡於開元十五年外放洪州刺史[36]，曾作《忝官二十年盡在內職及爲郡嘗積戀因賦詩焉》一首(《曲江文集》卷五)，但觀製題，已見其情，其詩云：

> 江流去朝宗，……子牟存闕下。……愛禮誰爲羊，戀主吾猶馬。……願言采芳澤，終朝不盈把。

戀君之情，躍然如現。又《在郡秋懷二首》其一云：

> 未得操割效，忽復寒暑移。物情自古然，身退毀亦隨。……蘭艾若不分，安用馨香爲？(《曲江文集》卷五)

又其二云：

> 策蹇慚遠途，巢枝思故林。……無然憂成老，空爾白頭吟。(同上)

均充分表露遠去朝廷的怨抑之心。張九齡這種情懷，就志切功名的文人而言，是普遍而正常的；雖也不滿朝中某些人物或勢力，但對君國的忠愛，對本身的期許，卻熱忱眞摯得多。他所處的，是玄宗初政的開元盛世。

然而謝朓在宣城的情懷，則比較疏澹，如上文所析，主要是思歸，求退，而尤其是寄情於山水，並不求仕途更進，也不太想回到

---

35 杜甫《八哀詩》詠張九齡云「綺麗玄暉擁」，不祇贊其能爲篇什，蓋亦道出曲江詩學祧繼宣城之意。

36 曲江行事及有關之述叙，均據拙撰《張九齡年譜・附論五種》，臺北：國立臺灣大學，1964 年。

權力中心。這除了性格的溫謹之外，只能從朝廷奪權爭位殘酷的影響來加以解釋。而非常不幸的，謝朓後來終於在政爭的刀光劍影下，成了可悲的犧牲。

謝朓可算南朝文人悲劇的典型，但他在宣城時期的情懷，大致是安定而閑放的。從皇室骨肉相殘無情殺戮場的邊緣，脫身到滄江平楚的宣城，他不願也不敢眷懷京國，寧可登山遙矚，臨谿長吟，以文詞捕捉風物，與造化爭功，而內心的悲涼，則深藏而不露。亂世文人的哀情未必能直陳；而觸處點染的名篇美什，則留與後人，成爲無價的珍璧。

魏晉南北朝艷情文學的組成及其評價

孫琴安

中國歷史上有兩個十分重要的文學現象——即閨情文學與艷情文學，幾乎同時在魏晉南北朝這一時期內開始形成的，並對後世的詩、詞、曲、賦等文體帶來了十分深遠的影響。

中國艷情文學的源頭雖然可以追溯到《詩經·國風》中的一些情詩，但這種文學現象的眞正完成和確立，卻應是在魏晉南北朝。我們所謂的艷情文學，包括兩層含意，一指辭采之艷，一指內容之艷。過去有些文學史家雖也注意到了這時期的艷情文學，但對於它的組成，卻從未有過明確的說法，至多便是《玉臺新咏》外加南朝樂府民歌。而在筆者看來，它應該由以下幾個方面組成，即情詩與新婚詩、同性戀詩、《玉臺新咏》、感情豐富充滿慾望的抒情小賦、南朝樂府民歌。現在我們就分別對他們作一簡要的論述和評價。

一、情詩與新婚詩

兩晉至南北朝，除了向秀的《秋胡詩》等極少數的詩較詳細地寫了男女之情的具體過程外，一般的男女情慾，亦多爲擬古之作，不外游子、思婦之類。當我們提到情詩這一概念時，如果廣義地說，一切表現男女性愛、與男女情愛相關的詩歌，諸如閨思、宮怨等，都可以統稱爲情詩。但是，如果嚴格地說，以近世西方文學的一般觀念來說，情詩應該主要是指男女在未結婚成家前的那種互相思念眷戀、熱烈追求的眞摯感情。

然而，由於中國封建社會婚姻制度的限制，男女雙方在婚戀問題上無法自由選擇，也不能像今人那樣自由戀愛，在婚前有一個戀愛過程，這就使當時的文學中難以找到嚴格意義上的純粹的情詩。像張華雖有《情詩》五首，然視其內容，卻與今人的情詩概念尚有差別。確切地說，他的《情詩》依然是表現閨情的，試舉第三首爲例：

> 清風動帷簾，晨月照幽房。佳人處遐遠，蘭室無容光。襟懷擁虛景，輕衾覆空床。居歡惜夜促，在戚怨宵長。撫枕獨吟嘆，綿綿心內傷。

見一斑以窺全豹。其它四首也都是描寫閨情，只是感情上似乎比一般的閨情詩更眞摯動人些。

相對而言，比張華略早而差不多同時的傅玄，也有不少描寫男女性愛的詩篇，雖未冠以「情詩」，卻倒有些情詩的味道，如《車遙遙篇》：

> 車遙遙兮馬洋洋，追思君兮不可忘。君安游兮西入秦，願爲影兮隨君身。君在陰兮影不見，君依光兮妾所願。

此外，傅玄還敢於對女子的體態作較爲大膽的描寫，如「羅衣翳玉體，迴目流采章」(《秋胡行》)，「文袍綴藻黼，玉體映羅裳」(《有女篇》)等。不僅如此，他還喜歡對男子的情慾現象發議論，如「玉顏隨年變，丈夫多好新」(《苦相篇》)、「夫差耽淫穢，終爲越所圍」(《牆上難爲趨》)等。有些則是對情愛本身的描寫和讚美，如「情思如循環，憂來不可遏」、「魂神馳萬里，甘心要同穴」(《朝間篇》)等。有的則是對年老色衰的慨嘆，如「玉顏盛有時，秀色隨年衰」(《明月篇》)等。

封建社會的婚姻雖多父母之命，媒妁之言，缺少自由選擇和戀愛的過程，但這畢竟是男女結合、傳宗接代的一場盛會，人生的一件大事。這種熱鬧歡愉、成兩性之樂的場面，一定會引起詩人的注意，成爲詩人吟咏的對象。《詩經》中的《桃夭》雖然已開其先，但眞正較多地出現，也是在六朝，如晉嵇含有《伉儷詩》，極寫夫婦和睦，文字也很樸素。張華有《感婚詩》，記他游東邑時所看到的婚嫁場面，內有「窈窕出閨女，嬿婉姬與姜。素顏發紅華，美目流清揚」之句，極寫出嫁女子之美。陳周弘正《看新婚詩》中也有「婿顏如美玉，婦色勝桃花」諸句，描寫了新婚中的男女。然而，同類作品中描寫比較完整的，還是梁代的何遜和劉瑗。何遜《看新婚詩》云：

霧夕蓮出水，霞朝日照梁。何如花燭夜，輕扇掩紅妝。良人已灼灼，席上自生光。所悲高駕動，環佩出長廊。

劉瑗《詠左右新婚詩》云：

小使如初日，得婦類行雲。琴聲妾曾聽，桃子婿經分。娥眉參意畫，繡被共籠薰。偏增使君度，無趣遣相聞。

我們從這些詩中，可以窺見當時婚嫁時的某些風俗儀式。後來唐代的婚嫁詩很多，以及婚嫁時鬧新房常需男子當即吟詩等習慣，都與六朝的新婚詩有著極爲密切的關係，可以說是六朝新婚詩的發展。

不過，六朝中眞正的情詩，眞正放聲大膽、毫無顧忌地直接描寫男女兩性間的關係、心理和意識的，還都在南北朝樂府民歌之中。特別是南朝民歌中的《子夜歌》、《讀曲歌》、《華山畿》，不僅寫到了熱戀中男女的愛慕和心理，有的甚至還寫到了他們不算很放縱的性行爲。在這些民歌面前，六朝一般文人和君臣所描寫或模擬的男女相思之情的詩，似乎顯得縮手縮腳了，個別詩甚至還有點無病呻吟的味道。所以，我們在文章的最末還要專門論述南朝民歌。

二、同性戀詩的出現

雖然有人懷疑《詩經》中的《子矜》諸作，有可能是寫同性戀的，但由於年往代遙，後人各持一端，終究難以定論。根據比較可靠的考察，中國詩歌中直接描寫到同性戀的，似乎還得從六朝時候開始。

六朝中最爲心理學家所注目的同性戀詩，便是阮籍的《咏懷》之十二，詩云：

> 昔日繁華子，安陵與龍陽。夭夭桃李花，灼灼有輝光。悅懌若九春。磬折似秋霜。流眄發姿媚，言笑吐芬芳。携手等歡愛，宿昔同衣裳。願爲雙飛鳥，比翼共翱翔。丹青著明誓，永世不相忘。

安陵與龍陽均爲戰國時代的兩個美男子，安陵曾得楚王之寵，龍陽曾受魏王之寵，以至分別發生同性戀行爲，常爲後人所談起。元吳師道曾以爲安陵等爲美女，[1] 這種說法顯然是不妥的。唐歐陽詢撰《藝文類聚》，就把此詩列入寵幸類中，作爲同性戀的例子。梁徐陵《玉臺新咏》也曾收錄此詩，可見很久以前，大家就已經注意到詩中的特殊含意了。

自阮籍開其先，後人以同性戀者爲題的詩也就相繼出現了，如晋張翰的《周小史詩》：

> 翩翩周生，婉孌幼童。年十有五，如日在東。香膚柔澤，素質參紅。團輔圓頤，菡萏芙蓉。爾形既淑，爾服亦鮮。輕車隨風，飛霧流煙。轉側猗靡，顧盼便妍。和顏善笑，美口善言。

周小史是當時很有名的一個美少年，他的美貌曾得到過許多男性的青睞。此詩雖未直接寫到他的同性戀行爲，卻通篇極寫其光彩

---

1 吳師道《戰國策校注》在「龍陽君」下辨正說：「幸姬也。」

照人，皮膚之柔嫩，面容之美麗，服飾之鮮艷，神態之動人，全都括盡。大約周小史的艷名遐邇皆聞，至梁代仍有描寫他的詩篇，如梁劉遵的《繁華應令》云：

可憐周小童，微笑摘蘭叢。鮮膚勝粉白，慢臉若桃紅。挾彈雕陵下，垂釣蓮葉東。腕動飄香麝，衣輕任好風。幸承拂枕選，得奉畫堂中。金屏障翠被，藍帕覆薰籠。本知傷輕薄，含辭羞自通。剪袖恩雖重，殘桃愛未終。蛾眉詎誰嫉，新姬近入宮。

周小童即周小史，因其僅十五歲少年，且爲了押韻，故詩中改史爲童。詩中不僅寫到了他的粉白皮膚和桃紅顏容，而且隱隱寫到了他的寵幸情況。

此外，梁吳均也寫有這方面的詩，如《詠少年》云：

董生唯巧笑，子都信美目。百萬市一言，千金買相逐。

不道參差菜，誰論窈窕淑！願君奉繡被，來就越人宿。

董生即董賢，是漢哀帝時的寵臣，據《漢書．佞幸傳》記載，哀帝曾「悅其儀貌」，拜爲黃門郎，後又爲駙馬都尉，侍中，出則參乘，「入御左右，旬月間，賞賜累鉅萬，常與上卧起」。子都即馮子都，是漢大將軍霍光的監奴，因漂亮，霍光愛幸之，以至使他權傾都邑。詩中就是以他們的寵幸事迹來寫的。

綜觀以上那些以同性戀爲題的詩，似乎有兩個共同特點：一、都是以男子的同性戀者爲題，而非女子；二、描寫都比較含蓄，幾乎都只寫他們的外表之美，而很少，或簡直不寫他們的性行爲。即使如阮籍「携手等歡愛，宿昔同衣裳」諸句，也很難說是一種直接的或具體的性行爲描寫。

那麼，以同性戀者爲題的詩歌，爲甚麼不出現在先秦或秦漢之際，而偏偏出現在魏晉南北朝這一歷史時期呢？

這裏的原因當然是多方面的，但概括地說，主要有兩個原因：

首先，春秋戰國時期，中國主要以散文發達，歷史散文和諸子散文都相當繁榮，而詩歌除《詩經》與《楚辭》外，就沒有甚麼專集了。兩漢之際，詩歌雖然有所發展，但主要還是以辭賦和散文爲主。至六朝，詩人隊伍才大量湧現，數量也明顯增多，題材也得到進一步的擴大，諸如玄言詩、遊仙詩、詠史詩、詠懷詩等均萌發於此時。所以，戰國或秦漢等歷史上的一些君臣同戀，宦者得寵的現象，也就成了詩人筆下的題材，吟詠的對象。

其次，六朝時的同性戀現象十分嚴重，僅據當時各種歷史文獻有姓名記載的，就有十多人，其中有帝王，如魏太祖曹操、魏明帝曹睿、苻堅等(苻堅是十六國時期前秦皇帝，與東晋謝安同時)；有高官，如桓玄、王僧達等；有的本身就是詩人，如庾信等；另有孔珪、伍懷仁、慕容沖、鄭櫻桃、丁期、王確、蕭韶、曹肇等。而這些得帝王寵幸的男子，往往就憑自己與帝王的特殊關係，權益勢重，升官發財，沈約在《宋書恩幸傳序論》中曾感慨地說：「人主謂其身卑位薄，權不得重。曾不見鼠憑社貴，狐藉虎威，外無逼主之嫌，內有專用之功，勢傾天下，未之或悟，挾朋樹黨，政以賄成，構於床笫。」寥寥數語，正一針見血地指出了帝王好同性對朝政帶來的不良影響。不過，需要說明的是，像慕容沖、丁期這樣的美男子，往往都是由於得人主之寵後才同性相居，他們本身是否就有同性戀癖，這就很難說了。

正是由於以上兩個原因，才使六朝時出現了一些描寫同性戀者的詩。六朝以後，隨著正史中同性戀事迹的消失，詩歌中的同性戀者描寫也不容易見到。只有在一些野史筆乘和各類小說中，還能見到一些。[2]

三、艷情詩的集大成——《玉臺新詠》

我國最早的詩歌總集是《詩經》，其次爲《楚辭》，第三便要推《玉臺新詠》了。

此書爲南朝陳代徐陵所編，共十卷，徐陵 (507-583)，字孝穆，東海郯(今山東省郯城縣)人，是梁、陳時代的著名文學家。早年隨父徐摛常出入梁太子蕭綱的東官。詩與駢文都很艷麗，除此書外，尚有《徐孝穆集》。

《玉臺新詠》大約是在梁代末年編成的，後世刻本很多，然注本僅清吳兆宜一家。該書除了在編排體例等方面與《詩經》、《楚辭》都有差別外，在選詩標準方面也自有特點，這就是：前二種總集各類詩都收，而此書則主要選入表現男女相思或閨情的艷詩。「詞非關閨闥者不收」，[3] 徐陵所說的「弄筆晨書，撰錄艷歌」，[4] 胡應麟所說的「《玉臺》但輯閨房一體」，[5] 都是指的這一點。

中國的艷詩雖然可以追溯到《詩經》中的《鄭》、《衛》之音，劉禹錫在《竹枝詞序》中也曾以「艷」詩稱之，但那還只是個源頭，還未形成系列的艷詩風格。至六朝時，才眞正形成了一種鮮明的詩風，在當時甚至可以說是一種最主要的詩歌流派。而《玉臺新詠》專錄這類詩，數量達八千七百多首。因此，它不僅是我國最早的一部艷詩總

---

2 唐李頎有《鄭櫻桃歌》，載《全唐詩》卷一百三十三，題下有小字云：「石季龍寵惑優僮鄭櫻桃，而殺妻郚氏。更納清河崔氏，櫻桃又潛而殺之。櫻桃美麗，擅寵宮掖。樂府由是有《鄭櫻桃歌》。」《香艷叢書》九集卷二有吳下阿蒙所編《斷袖篇》，謂「唐李頎《鄭櫻桃歌》誤以爲婦人，且不得其實。」

3 清紀容舒：《玉臺新詠序》。轉引自《玉臺新詠考異》。

4 徐陵：《玉臺新詠序》。

5 胡應麟：《詩藪》。

集，也可以說是我國早期豔詩的集大成者。

需要說明的是，徐陵《玉臺新詠序》中所說的「豔歌」，其中的含意可能有二：一爲詞豔，這就是說，詩的語言和詞匯應該具有豔麗的色彩；二爲情豔，即該書所收詩必須是寫男女性愛和豔情的。所以，唐人或後世各代在作詩或評詩提及豔調、豔詞或豔曲者，基本上都是以《玉臺新詠》中的詩作來衡量的。

《玉臺新詠》在我國文學史上的地位是相當獨特的；若從性文學或豔情文學的角度來說，更有其不可忽視的重要地位。然而，我們近數十年來的一些文學史對它的評價卻似乎並不怎麼公允。如果比較簡括而又綜合地說，它至少有三方面的意義：

一、可以使我們瞭解到當時的文壇風氣。關於南朝帝王崇尚「宮體詩」，雖然各類正史都有所記載，當時各家的詩文集亦可得以瞭解，但由於作品實在太多，難以窺見一個大概，而此書的編成，卻解決了這一問題。誠如紀昀在《玉臺新詠校正》中所說：「《玉臺新詠》雖宮體，而由漢及梁文章升降之故，亦略見於斯。」

二、豔情文學的確立。描寫或表現男女相思和情愛的文學作品，雖然自《詩經》起就有，秦漢的辭賦、散文和詩歌中也不乏豔情和性愛的段落，但都不能目爲豔情文學，獨有徐陵的《玉臺新詠》，由於它「撰錄豔歌」，才可以躋入豔情文學的行列。儘管這些詩作的豔情描寫和性表現還不如以後韓偓的「香奩體」、王彥泓的「豔情詩」，更不及詞、曲、小說和戲劇，但它確實對它們都產生過影響。

三、當時男女性愛和夫妻生活的一側。六朝時雖然有不少史籍，文學中也有辭賦、駢文和志人、志怪小說，但野史、筆記之類畢竟遠不如唐宋之盛。所以，有關當時男女的婚嫁狀況、服飾梳妝、歡愛離異之類，都可以從《玉臺新詠》中找到不少的佐證。

總之，《玉臺新詠》對我國豔情文學的影響是巨大的，後世所謂的《玉臺後詠》、清朱存孝的《唐詩玉臺新詠》，乃至五代蜀後主王衍

《煙花集》、明揚肇祉《唐詩艷逸品》、周詩雅《唐詩艷》等，幾乎都是專選艷詩的總集，都曾受過此書的影響或啓示。至於它對後世文人詩歌創作上的影響，那就更多了。有些人作艷詩，甚至就是以此作根據的。

四、感情豐富、充滿慾望的抒情小賦

在魏晋南北朝的三百多年時間裏，辭賦一直是一種重要的文學形式，一般文人都作有不少的辭賦，並把它視爲自己重要的抒情工具之一。

如果說漢代的大賦主要是一種歌功頌德、溢美恢宏之辭，那麼六朝的辭賦，則幾乎成了表現人的內心世界和情緒慾望的優美文字。人類所具有的各種豐富的感情、心態和慾望，如喜怒哀樂、別離憂傷、思鄉、思友、感時、遐想、隱逸等，都在這些賦中得到了充分的反映。而男女歡愛和性慾，作爲人的內心世界和基本慾望之一，也在這些辭賦中得到了淋漓盡致的表現。

那時專門描寫女性形容之美的抒情短賦似乎很多，如江淹有《麗色賦》、沈約有《麗人賦》、《傷美人賦》，都極寫女子的美艷。王粲的《閑邪賦》、應瑒的《正情賦》、陳琳的《止欲賦》、曹植的《靜思賦》、阮瑀的《止欲賦》、張華的《永懷賦》等，在描寫讚嘆女性美艷的同時，還描寫了對她們的思念之情，而曹植在《洛神賦》中既流露了自己對洛神的愛慕，又抒發了自己不能如願的惆悵情懷。即使在江淹的《別賦》、《恨賦》，曹植的《叙愁賦》等作品中，也會掠過男女關係上的幾絲情縷。

隨著新婚詩、悼亡詩的出現，辭賦中描寫男婚女嫁，以及夫妻關係聚合或分離的情況也逐漸增多，如王粲有《出婦賦》，曹丕有《寡婦賦》，曹植有《出婦賦》、《感婚賦》，潘岳有《悼亡賦》、《寡婦賦》，張纘有《妒婦賦》等，都寫出了男女在婚嫁或獨身時種種錯綜複雜的情緒和心態。

陶淵明是生活於東晉時代的一位大詩人，素以隱逸得名。但魯迅卻看到了他「刑天舞干戚，猛志固常在」(《讀山海經》)的一面，而作爲一個備七情六慾的人，他當然也有男女性慾的一面。陶淵明《閑情賦》一篇，其中就直言不諱地寫出了他對一位異性女子的思慕和熱烈追求：他一會兒想成爲她衣服上的領子，可以吻她頸項上的餘香；又想成爲她衣服上的帶子，可以束住她苗條的細腰；又想成爲她腳上的絲襪，可以黏附在她白晰的纖腳上到處行走；又想成爲她手中的扇子，讓她柔嫩的纖指握著搧風。諸如此類的描寫和比喻，無疑都散發著一股性的氣息。

五、南朝民歌中的性描寫

從目前記載的情況來看，在隋唐以前，中國的民歌似乎比較集中地出現在三個時期：一個是周朝，主要是《詩經》中的作品；一個是漢代的樂府民歌；再一個就是南北朝時的樂府民歌。如果我們從男女性愛或是文學中的性描寫這一角度加以檢討，那麼南朝民歌不僅超過了《詩經》中的《國風》和漢代的樂府民歌，也遠遠地超過了北朝的樂府民歌。借用蕭滌非的一句話來說，南朝民歌已經「純爲一種以女性爲中心之艷情謳歌」。[6]

我們通常所說的南朝樂府民歌，嚴格說來，實際上就是從東晉到南朝宋、齊、梁、陳在長江中下游地區所產生的一些民間歌謠。一般說來，在封建社會裏，流傳於人民羣衆中的口頭創作，如果沒有文人的關心扶植或是統治階級的有意搜集，付諸文字，往往就會處於一種自生自滅的狀態，很難在歷史上長久保存而爲後世所知。

6 蕭滌非：《漢魏六朝樂府文學史》。

南朝民歌之所以至今數量最多，這跟當時朝廷中掌管音樂的官署搜集整理有關。至於南朝民歌中的情詩爲何如此之多，這恐怕本來就是一切民間文學的重大特點之一，要麼就是和當時沿江一些城市的發達和民間的風俗人情有關。如《南史・循吏列傳》記載宋文帝時城中歌舞盛況云：「凡百戶之鄉，有市之邑，歌謠舞蹈，觸處成羣。」又記齊永明時的盛況云：「都邑之盛，士女昌逸，歌聲舞節，袨服華妝，桃花綠水之間，秋月春風之下，無往不適。」此外，跟當時的政治鬥爭似乎沒有甚麼太密切或太必然的聯繫。

南朝民歌幾乎百分之九十以上都是表現男女情慾和性愛的情歌。風格一般都比較溫柔委婉、清新活潑。雖然其中也有些男女贈答之詞，但大多數還都是以女子的口吻來唱的。這些女子中有商家之女，或城市貧民，或村民，也有妓女，身分各不相同，大致還都在民衆範圍。

比較起《詩經》中的情歌來，南朝民歌中的性描寫似乎要大膽一些：

宿昔不梳頭，絲髮被兩肩。婉伸郎膝上，何處不可憐？（《子夜歌》之三）

芳萱初生時，知是無憂草。雙眉畫未成，那能就郎抱？（《讀曲歌》之二十五）

這兩首民歌，前者寫女子不梳妝就迫不及待地去和情郎聚會交歡，後者寫女子非要等梳妝完了再與情郎擁抱，都直接或間接地寫到了女子的性行爲，這在《詩經》中是沒有的。不過，眞正表現男女之間的性行爲或性交歡的，在南朝民歌中所佔的數量也很少，其中大量的還都是集中在對女子性慾望、性心理或性苦悶的表現上，如《讀曲歌》之五十五：

打殺長鳴鷄，彈去烏臼鳥。願得連冥不復曙，一年都一曉。

這裏雖然隱隱地從側面虛寫了男女之間的性交歡，但並沒有性行爲，主要表現的還是女子對性慾的一種貪戀和需求。至於對性苦悶的表現，諸如「夜覺百思纏，憂嘆涕流襟」(《子夜歌》之二十六)、「夜長不得眠，轉側聽更鼓」(《子夜歌》之二十八)、「思歡不得來，抱被空中語」(《讀曲歌》之四十七)等一些句子，那就更多了，可以說是滿目皆是。

南朝民歌中雖然也出現過不少負心郎，但其中的女子卻往往表現出對愛情的專一和忠實，她們在性愛上所顯示的堅貞精神令人感到欽佩：

> 華山畿，君既爲儂死，獨生爲誰施？歡若見憐時，棺木爲儂開。(《華山畿》之一)

有的則寫出了她們在與情人離別時的迷茫依戀之情：

> 執手與歡別，會合在何時？明燈照空局，悠然未有期。(《讀曲歌》之六十二)

有的則表現了她們在與情人分離後的深沈的思念：

> 秋夜入窗裏，羅帳起飄颺。仰頭看明月，寄情千里光。(《子夜秋歌》之十七)

特別值得我們稱道的，是《子夜歌》中的《子夜四時歌》，共七十五首，它們都以春、夏、秋、冬的節氣變化，來襯托暗示性愛心理的變化發展，如以春風吹拂來隱喻少女的春心萌動，以夏日的炎熱來說明少女的戀情的熱烈，以秋夜的清月來比喻少女心地的潔白和她們思念的深沈，以冬天的山雪來象徵男女結合的白髮到老。有的甚至以四季的花果草木、以至勞動生活的實物來比附男女性愛上的種種慾望和心理。其中有苦惱，也有歡樂；有離異，也有相會；有著少女色彩絢麗的羅裳裙裾，更有著她們充滿活力和芬芳之氣的女性體態之美。

由於中國文學中的性描寫主要集中在小說、戲劇或詞曲中，而當時的小說尚在發展中，戲劇尚未成形，詞和散曲也是唐以後的事，所以南朝民歌雖然已經很多地描寫到了男女性愛，但在表現的大膽和充分上，與宋元以後的小說、戲劇，明清之際的一些民歌還是不能比的。然而，即便如此，它們還是遭到了一些封建正統文人的譏諷和蔑視，如南朝民歌中那些「慷慨吐清音，明轉出天然」(《大子夜歌》之一)的《子夜歌》，清代的沈德潛《古詩源‧例言》儘管也承認它們「俚語俱趣，拙語俱巧，自是詩中別調」，但終因「雅音既遠，君子弗尚」的緣故，而終未選進《古詩源》中。

其實，用我們今天的眼光來看，南朝民歌中的男女性愛表現基本上還都是健康的，感情也很眞摯，無所謂甚麼輕佻、淫穢。其中有些女子的口氣雖然帶點天眞和稚氣，但這些女子的形象還是非常活潑可愛、令人喜歡的。正因爲如此，這些民歌不僅在當時就受到社會和一般文人的關注或模仿，也影響到後世文人的創作，如唐代的許多詩人，像李白、王維、劉禹錫等，都曾模仿過它們。唐代詩歌的繁榮固然受到漢魏六朝詩的影響，但無疑也從南朝民歌中汲取了不少的營養。

魏晉南北朝詩書畫之關係

陳華昌

中國詩書畫之互相影響、滲透、融合，經歷了漫長的歷程。

在理論上明確將詩和畫撮合在一起的是北宋的蘇東坡。他的《書鄢陵王主簿所畫折枝二首》詩云：「詩畫本一律，天公與清新。」[1] 他評論王維的詩云：「味摩詰之詩，詩中有畫；觀摩詰之畫，畫中有詩。」[2] 歐陽修、黃庭堅、郭熙雖也有類似的議論，但不及東坡的系統，影響亦不及東坡大。

在形式上將詩與畫結合在一起的是宋徽宗趙佶。他的《芙蓉錦雞圖》、《祥龍石圖》（北京故宮博物院藏）、《蠟梅山禽圖》（臺北故宮博物院藏）、《五色鸚鵡圖》（美國波士頓博物館藏），都在畫面上題了詩。但有宋一代，畫上題詩還不普遍。至元四大家，畫上題詩才成爲一種時髦。

在理論上明確提出「書畫用筆同法」的是唐代張彥遠。他論顧陸張吳用筆云：

> 昔張芝學崔瑗、杜度草書之法，因而變之，以成今草。書之體勢，一筆而成，氣脈通連，隔行不斷。唯王子敬明其深旨，故行首之字，往往繼其前行，世上謂之一筆書。其後陸探微亦作一筆畫，連綿不斷。故知書畫用筆同法。[3]

---

1 《蘇軾詩集》，北京：中華書局，1982 年，卷廿九，頁 1525。

2 《書摩詰藍田煙雨圖》，見《東坡題跋》卷五。

3 《歷代名畫記》第二卷。

郭熙亦有相同的議論：

> 故說者謂王右軍喜鵝，意在取其轉項如人之執筆轉腕以結字，此正與論畫用筆同。故世之人多謂善書者往往善畫，蓋由其轉腕用筆之不滯也。[4]

在繪畫美學史上影響最大的是趙孟頫《秀石疏林圖》題畫詩：

> 石如飛白木如籀，寫竹還應八法通。
> 若也有人能會此，須知書畫本來同。

此詩一出，後人爭相引用，反把張彥遠忘諸腦後了，以致使一些學者誤認為書畫同法論肇自趙氏。

理論是實踐的總結。詩書畫融合的理論比實踐滯後了幾百年。蘇東坡將詩畫融合的歷史上溯到唐代；張彥遠、郭熙都將書畫溝通的歷史上溯到魏晉。應該說，張彥遠、郭熙很有眼光。至於蘇東坡，他不是在作史的考證，不是在作學術的探討，而是就王維的作品發表評論。如果尋源溯流的話，詩畫融合的歷史應該上溯到魏晉時期。

如果將中國詩書畫的關係比作戀愛婚姻的關係，則魏晉南北朝乃青梅竹馬時期。這個時期，它們已成為了朋友，但卻缺乏自覺意識。互相之間已發生吸引，發生依戀之情，但又那麼朦朦朧朧，若即若離。由於朦朧，考察起來便很困難，往往須追尋蛛絲馬迹，方能發現隱情；也正由於朦朧，才更具有吸引力，更能激發人探勝訪幽的興趣。

讓我們沿著魏晉南北朝藝術家的足迹，作一番考察吧。

---

4 郭熙、郭思《林泉高致》。

一

中國詩歌、繪畫、書法有悠久的歷史。比較起來，資歷最老的要數繪畫。現在所能見到的繪畫作品，最早的是舊石器時代的洞穴畫。西安半坡遺址出土的彩陶器上，畫有魚、蛙、鹿、鳥及人頭，距今亦有六千年左右。以漢字爲藝術對象的中國書法藝術，須待漢字出現以後才能產生。口頭歌唱的歌謠，比文字產生得早，但用文字記錄詩，必須待文字發展到相當水平後才成爲可能。現在所能見到的最早歌謠，保存在甲骨卜辭中。如：「今日雨。其自西來雨？其自東來雨？其自北來雨？其自南來雨？」[5]

既然中國詩書畫的歷史這麼悠久，爲甚麼將它們之間的關係只上溯到魏晉南北朝呢？因爲它們之間要互相影響、滲透，必須具備一定的條件，而這種歷史條件到魏晉南北朝時才成熟。這猶如人要戀愛，須性覺醒一樣。

首先，魏晉南北朝的詩書畫都進入了「性覺醒」階段。

魏晉以前，中國的詩歌主要是羣衆性的創作。《詩經》的多數是民歌，其中雖有少數士大夫的作品，但這些作者的姓名都沒有保存下來。這說明社會對作者並不注意，作者也不想以詩名世。楚辭例外，有屈原、宋玉一批著名詩人。漢詩的主流是樂府民歌，有名的詩人不多，他們偶爾作幾首詩，大都模擬《詩經》和《楚辭》，缺乏個性風格。魏晉以降，有獨特創作個性的詩人大量湧現。並且，詩人是有意識地用詩歌作爲表現自己才能智慧的工具進行競爭，「各以所長，相輕所短」。[6]五七言成爲詩的主要形式，詩的聲律說興起，這些都表明詩歌的藝術形式已走向成熟。詩歌創作和批評理論

5 《卜辭通纂》375。

6 曹丕《典論・論文》。

取得空前未有的成就。曹丕《典論論文》提出「文以氣爲主」的命題，高揚了藝術家天賦的氣質、個性、才能在藝術創作中的重要作用。陸機《文賦》提出「詩緣情而綺靡」的命題，突出了詩的抒情本質。他們的理論標誌著「文的自覺」。

中國文字雖然產生很早，雖然人們在創造文字的時候也融進了審美意識，但其主要功能是實用。以審美的態度對待書寫文字，把文字作爲一種藝術來創作和欣賞，開始於漢代，盛行於魏晋。崔瑗的《草書勢》認爲草書的產生是由於政務日繁，要求書寫簡易快速，可見當時人們寫字主要是爲了實用。他還談到了創作和欣賞書法能引起聯想和情感活動，但像他這樣的人肯定不多，因爲歷來把他和杜度作爲章草的創始者看待。漢代的書法家並不多，只有杜度、崔瑗、張芝、蔡邕、師宜宮、梁鵠幾人。魏晋時期，眞書、行書、草書完全定型，漢字書體的演變已經完成，篆隸眞行草諸體咸備俱臻完善。同時，書家大量湧現。鍾繇首次明確地把美作爲書法藝術的追求：「用筆者天也，流美者地也。」[7] 到了東晋，書法家對書法的實用性幾乎不提，孜孜以求的是美的創造。這標誌著社會已把書法作爲一種藝術來看待了。

中國繪畫比詩歌和書法成熟得稍晚。到魏晋南北朝時，人物畫取得很高成就，人物畫理論亦正式建立起來。山水畫還處於幼稚階段，花鳥畫剛開始萌芽。如果說詩和書是貴族小姐的話，那末畫是白衣秀才。繪畫在魏晋前主要是畫工的職業，地位不高。魏晋藝術家往往從鑒戒教化的作用來提高繪畫的政治地位。曹植云：

> 觀畫者見三皇五帝，莫不仰戴；見三季異主，莫不悲惋；見篡臣賊嗣，莫不切齒；見高節妙士，莫不忘食；見忠節死難，莫不抗首；見放臣斥子，莫不嘆息；見淫夫妒婦，莫不

---

7 《書苑菁華》卷一《秦漢魏四朝用筆法》。

側目；見令妃順后，莫不嘉貴。是知存乎鑒戒者，圖畫也。[8]

陸機比曹植說得更激烈：

丹青之興，比《雅》《頌》之述作，美大業之馨香。宣物莫大於言，存形莫善於畫。[9]

陸機將繪畫抬舉到雅、頌的崇高地位，同時亦意味著詩與畫可以相通。他還指出了文學與繪畫的區別，可稱爲將詩與畫進行比較研究的開山之祖。顧愷之、謝赫的人物畫理論，宗炳、王微的山水畫理論，都對繪畫的本質特徵作了深刻的探討。魏晋南北朝藝術家對繪畫地位的重視和對繪畫藝術本質規律的認識意味著繪畫的自覺。

這種自覺是詩書畫「戀愛」的條件。舉例來說，眞書、草書的成熟，意味著中國書法的用筆達到了豐富多彩和富於表現力的境界，這才能對繪畫產生巨大的影響。關於這點，後面將作詳細討論。

詩書畫之間「戀愛」的第二個條件是必須有「紅娘」牽線。這個「紅娘」便是士大夫。如前所說，漢詩的主流是樂府民歌，魏晋南北朝時期詩的主流是士大夫的創作。繪畫在魏晋前主要是畫工的事，士人能畫的很少。謝赫《古畫品錄》[10]所記全是六朝畫家。唐張彥遠《歷代名畫記》從軒轅時記起，軒轅時史皇顯係傳說；周代的封膜見《穆天子傳》，小說家言，未足憑據；齊之敬君，顯係畫工；秦之烈裔，亦係畫工；漢之毛延壽、陳敞、劉白、龔寬、陽望、樊育皆畫工；後漢之趙岐、劉褒、蔡邕、張衡屬士大夫，劉旦、楊魯屬畫工。可見，從東漢時起，才有少數士大夫從事繪畫。魏之四人，吳

---

8 《歷代名畫記》第一卷《叙畫之源流》。

9 《歷代名畫記》第一卷《叙畫之源流》。

10 《古畫品錄》原名應爲《畫品》，今從俗稱。

二人，蜀二人，晋二十三人，宋二十八人，南齊二十八人，梁二十人，陳一人，後魏九人，北齊十人，後周一人，共百二十八人，絕大多數爲士大夫。至於書法，本來就屬於士大夫的藝術。

士大夫從事詩書畫的創作，不少人是通才，有的詩書畫皆能，有的兼善兩藝。他們在自己的創作實踐中，容易發現不同藝術形式之間存在的共同規律，會自覺不自覺地爲不同藝術形式之間的溝通架起鵲橋。

魏晋南北朝時期，政治混亂，戰亂頻仍，統治階級內部的鬥爭殘酷激烈，儒家思想受到懷疑和批判。世家大族建立起大莊園，聚族自保。不少士大夫爲了全身遠禍，逃避政治迫害，躲進莊園，沈湎於醇酒婦人和琴棋書畫中。他們有優裕的生活條件，有充足的時間，較少思想束縛，將自己的聰明智慧都貢獻於藝術創作中，爭奇鬥勝，旣獲得精神寄托和享受，又顯示自己的人格力量和存在價値。因而，他們很有條件成爲多才多藝的奇才。《歷代名畫記》所載魏晋南北朝畫家百二十八人中，善書畫，善詩畫，或詩書畫兼善的人不少。同時，「三絕」的稱呼開始出現，表示社會對通才的推崇。

據現有文獻記載，「三絕」之稱濫觴於漢末之蔡邕。《歷代名畫記》轉述《東觀漢記》和孫暢之《述畫》云：

> 靈帝詔邕畫赤泉侯五代將相於省，兼命爲贊及書。邕書畫與贊皆擅名於代，時稱三美。

當時贊與書畫之結合，亦即後代題詩於畫之濫觴。

「三絕」之名始見於《拾遺記》：

> 吳主趙夫人，丞相達之妹。善畫，巧妙無雙。能於指間以彩線織雲霞龍蛇之錦，大則盈尺，小則方寸，宮中謂之機絕。……權使寫九州江湖方岳之勢。……旣成，乃進於吳主。時人謂之針絕。……夫人乃拆發以神膠續之，……乃積爲羅

> 穀，累日而成，裁爲幔。……時人謂之絲絕。故吳有三絕，四海無儔其妙。

顧愷之乃溝通詩書畫之重要人物，《晉書・顧愷之傳》云：

> 俗傳愷之有三絕：才絕、畫絕、癡絕。

《南史・梁元帝本紀》云：

> 工書善畫，自圖宣尼像爲之贊而書之。時人謂之三絕。

由蔡邕的書畫與贊之三美到梁元帝之三絕，到唐代鄭虔，唐玄宗便讚之爲詩書畫三絕。[11]

社會的讚譽，自然有助於通才的成批出現。《歷代名畫記》所記畫家而兼書善文的主要有下列諸人：

諸葛亮，《隋書・經籍志》記載有集二十五卷，已散佚，中華書局有輯補的《諸葛亮集》。其文《出師表》，樂府詩《梁甫吟》，乃文學史上名篇。《歷代名畫記》云：「彥遠按：常璩《華陽國志》云：亮以南夷之俗難化，乃畫夷圖以賜夷，夷甚重之。」又據陶弘景《刀劍錄》載：「蜀主采金牛山鐵鑄八劍，並是亮書。」周越《古今法書苑》亦云：「先主常作三鼎，皆孔明篆隸，八分書極工妙。」

嵇康，《隋書・經籍志》記載有集十五卷，至宋代僅存十卷。現有魯迅輯校《嵇康集》和戴明揚著《嵇康集校注》。詩作《幽憤詩》、《贈秀才入軍十八首》和散文《與山巨源絕交書》均爲名篇。《歷代名畫記》云：「能屬詞，善鼓琴，工書畫，美風儀。」《晉書・趙至傳》云：「趙至年十四，詣洛陽，游太學，遇嵇康於學寫石經，徘徊視之不能去。」唐張懷瓘《書斷》云：「叔夜善書，妙於草制。觀其體

---

11 《歷代名畫記》第九卷。

勢，得之自然，意不在乎筆墨。」

荀勗，幼聰慧，十餘歲能寫文章。《隋書・經籍志》著錄有集三卷，已散佚，明人輯有《荀公曾集》。《歷代名畫記》云：「多才藝，善書畫。」

王廙，《隋書・經籍志》著錄有集三十四卷，已佚。今存《奏中興賦上疏》、《白兔賦》，載本傳及《初學記》，另有殘文《洛都賦》、《笙賦》，散見於《藝文類聚》等書。《歷代名畫記》云：「善屬詞，工書畫，過江後爲晋代書畫第一。」

王羲之，《隋書・經籍志》著錄有集十卷，已佚，明人輯有《王右軍集》二卷。《歷代名畫記》云：「書既爲古今之冠冕，丹青亦妙。」

王獻之，《隋書・經籍志》著錄有集十卷，已佚，明人輯有《王大令集》一卷。《歷代名畫記》云：「少有盛名，風流高邁。草隸繼父之美，丹青亦工。桓溫嘗請畫扇，誤落筆，因就成烏駮犊牛，極妙絕。又書犊牛賦於扇上。此扇義熙中猶在。」這種在畫上題文的形式已離畫上題詩不遠了。

顧愷之，《隋書・經籍志》著錄其《啓朦記》三卷、文集二十卷，已佚。今存《雷電賦》、《觀濤賦》、《冰賦》、《風賦》、《箏賦》、《神情詩》等十多篇，散見於《藝文類聚》等書。《歷代名畫記》云：「多才藝，尤工丹青，傳寫形勢，莫不妙絕。」《書斷》云：「長康亦善書。」

戴逵，《隋書・經籍志》著錄有集十卷，已佚。今存《流火賦》、《閑游贊》等文，散見於《初學記》、《藝文類聚》。《詩品》評價其詩謂「安道詩雖嫩弱，有清上之句。」《歷代名畫記》云：「善鼓琴，工書畫。……時稱詞美書精，器度巧絕。」

謝惠連，《隋書・經籍志》著錄有集六卷，已佚。明人輯有《謝法曹集》。《歷代名畫記》云：「書畫並妙。」

王微，《隋書・經籍志》著錄有集十卷，已佚。《宋書》本傳云：

「善屬文，能書畫，兼解音律、醫方、陰陽、術數。」有《叙畫》一篇，與宗炳《山水畫論》同爲山水畫理論的奠基之作。

謝莊，《隋書·經籍志》著錄集十九卷，已佚。明人輯有《謝光祿集》。《歷代名畫記》云：「性多巧思，善畫。」董其昌《戲鴻堂帖》云：「賀方回云：謝莊詞翰傳自高祖，廣平王聞得於南唐。字畫遒勁，勢若飛動。」

陶弘景，《隋書·經籍志》著錄文三十卷、內集十五卷，已佚。明人輯有《陶隱居集》。《歷代名畫記》云：「好著述，明衆藝，善書畫。」《書斷》云：「弘景書師鍾王，采其氣骨。時稱與蕭子雲、阮研等各得右軍一體。其眞書勁利，歐虞往往不如。」

蕭繹，《隋書·經籍志》著錄有集五十二卷，又有小集十卷，已佚。明人輯有《梁元帝集》。《歷代名畫記》云：「博涉技藝，天生善書畫。」《南史·梁元帝本紀》云：「帝工書善畫，……時人謂之三絕。」

顧野王，《隋書·經籍志》著錄集十九卷，已佚。《歷代名畫記》云：「善屬詞，能書畫。……野王善畫，王褒善書，俱爲賓友，時號二絕。」

以上是集詩文書畫爲一身的通才。他們在詩文書畫的融合中起了重要作用。其中，顧愷之起了特別重要的作用。至於善書畫，善詩畫，或善詩書的士大夫，魏晋南北朝就更多了。他們的作用亦不可低估。

二

文人從事繪畫，便開始追求繪畫的文學性。由於强調繪畫的政治教化功能，他們首先注意的當然是那些富於政治意義的文學作品。最早進行詩意畫創作的是漢末的劉褒。《歷代名畫記》載：

劉褒，漢桓帝時人。曾畫《雲漢圖》，人見之覺熱。又畫《北風圖》，人見之覺涼。官至蜀郡太守。

有人顧名思義，誤認爲《雲漢圖》和《北風圖》是山水畫，其實是人物畫。《雲漢》和《北風》乃《詩經》篇名。《雲漢》乃周宣王遭受大旱，祭神呼救之詩，共八章，章十句。首句「倬彼雲漢」，末章首句「瞻卬昊天」，中間六章首句都是「旱既大盛」，描寫大旱給人民帶來的痛苦，祈求祖先神靈保佑。詩中對旱情的描寫很形象，如：

旱既大甚，則不可推。兢兢業業，如霆如雷。

旱既大甚，則不可沮。赫赫炎炎，云我無所。大命近止，靡瞻靡顧。

旱既大甚，滌滌山川。旱魃爲虐，如惔如焚。我心憚暑，憂心如薰。

一幅河流乾涸、草木如焚、烈日如火、民不聊生的圖景。劉褒將之入畫，能使人觀畫而感覺熱，顯然具有很強的藝術感染力。此詩歌頌的是周宣王救民於水火的精神。畫家選它作畫，目的仍是：「成教化，助人倫。」考慮到當時人物畫已具有相當水平而山水畫尚稚拙的情況，可推斷此畫主要畫的是周宣王及其臣民祭神祈雨的情景，而山水只不過是人物的背景。

《北風》乃「邶風」篇名，詩不長，錄於下面：

北風其涼，雨雪其雱。惠而好我，攜手同行。其虛其邪？既亟只且！

北風其喈，雨雪其霏。惠而好我，攜手同歸。其虛其邪？既亟只且！

莫赤匪狐，莫黑匪烏。惠而好我，攜手同歸。其虛其邪？既亟只且！

有人說這是一首愛情詩，寫一對情人在雨雪中攜手同行的情景。有人說這是一首刺虐的詩，衞國行威虐之政，詩人號召他的朋友相攜同去。劉褒以之作畫，顯然是把它作爲一首政治詩來對待。《雲漢圖》畫的是賢君，《北風圖》刺的是暴政。能使人見之覺涼，藝術上顯然是成功的。

晉明帝司馬紹亦以《詩經》題材爲畫。《歷代名畫記》云：

> 彥遠曾見晉帝《毛詩圖》。舊目云：羊欣題字。驗其迹，乃子敬也。《豳詩七月圖》，《毛詩圖》二，《史記列女圖》二，《雜鳥獸》五，《游淸池圖》，《息徒蘭圃圖》，《雜異鳥圖》，《洛神賦圖》，《游獵圖》，《雜禽獸圖》，《東王公西王母圖》，《洛物風土圖》，傳於代。

依張彥遠所見，晉明帝畫了三幅《詩經》詩意畫。另外，還以《列女傳》爲內容畫了《列女圖》，以《洛神賦》爲題畫了《洛神賦圖》。這兩幅畫顧愷之亦畫過，且流傳下來。

衞協是當時名家，《抱朴子》云：「衞協、張墨、並爲畫聖。」《歷代名畫記》記載衞的畫迹中，以文學作品爲題材的有：《詩北風圖》、《史記伍子胥圖》，《詩黍稷圖》，《史記列女圖》，《小列女》。顧愷之《論畫》云：「《七佛》與《大列女》皆協之迹，偉而有情勢。《毛詩北風圖》亦協手，巧密於情思。」可見水平是相當高的。《詩黍稷圖》可能是以王風《黍離》爲題的詩意畫。詩三章，章八句。每章首二句皆爲「彼黍離離，彼稷之苗。」詩描寫周大夫行役過宗周鎬京，見舊時宮廟遺址，平爲田地，遍種黍稷，憂傷徬徨，不能自已。

顧愷之是魏晉南北朝時期溝通詩書畫的特別重要人物，其地位相當於唐代的王維。顧愷之人稱畫絕、才絕、癡絕。他的詩和散文都寫得很好，《晉書・顧愷之傳》云：

> 嘗爲《箏賦》成，謂人曰：「吾賦之比嵇康《琴賦》。不賞者，必以後出相遺；深識者，亦當以高奇見貴。」

自比於嵇康，可見他很自信。他作詩很投入，通宵達旦，不知疲倦。《續晉陽秋》云：

> 義熙初，爲散騎常侍，與謝瞻連省，夜於月下長詠，自謂得前賢風制。瞻每遙贊之，愷之得此，彌自力忘倦。瞻將眠，語捶腳人令代，愷之不覺有異，遂幾申旦而後止。

與謝瞻值夜班，月下作詩，謝瞻疲倦而睡去，令捶腳人代替他，顧愷之竟然毫無察覺，可見確實「癡絕」。他對嵇康的詩文很欣賞，不但將自己的文章和他比，還作了詩意畫。《歷代名畫記》云：「重嵇康四言詩，畫爲圖。常云：『手揮五弦易，目送歸鴻難。』」除嵇康之外，他對曹植亦很欣賞。《歷代名畫記》記錄他的繪畫作品有陳思王詩。現存顧愷之作品只有三種：《女史箴圖》，《洛神賦圖》，《列女圖》。這三件作品，都以文學作品爲題材。《列女圖》取材於漢代劉向所撰之《列女傳》。該書列記古代婦女事迹 104 則，旨在宣揚封建禮教。《女史箴圖》取材於張華所作《女史箴》。晉惠帝時，賈后專權，荒淫放恣，張華因作此文，以爲鑒戒。以上兩件作品，顯然是爲政教服務的。《洛神賦圖》取材於曹植所作《洛神賦》。該賦是我國文學史上的名篇，描寫詩人在洛水遇見洛神宓妃的情景。據說曹植在年輕的時候愛慕甄逸的女兒，沒有成功。袁紹破鄴，娶甄氏爲第二子熙之妻。後曹操破袁紹，曹丕又納爲夫人，繼立爲后，被郭后讒死。黃初三年，曹植入京朝見，丕將甄后所用之玉鏤金帶枕贈予植。植在歸途過洛水，因想到宋玉的《神女賦》，便作此賦。關於此賦，有多種不同的解釋，不在討論之列。顧愷之以之作畫，顯然脫離了政教的軌迹，變爲純藝術的追求。

史道碩，與王微並師荀勗、衞協，《歷代名畫記》所錄以文學作品爲題材的畫迹有《蜀都賦圖》、《酒德頌圖》、《琴賦圖》、《嵇中散詩圖》。

謝稚，以《列女傳》爲題畫有不少作品。

戴逵，《歷代名畫記》載畫有《南都賦》、《董威輦詩圖》、《嵇阮十九首詩圖》。

陸探微，畫有《詩新臺圖》。

劉斌，有《詩黍離圖》傳於代。

史敬文，有《張平子西京賦圖》。

顧景秀，有《陸機詩圖》。

王奴，有《嘯賦圖》。

王殿，有《列女傳圖》。

陳公恩，有《列女貞節圖》、《列女仁智圖》。

以上是《歷代名畫記》所記魏晋南北朝畫家以文學作品為題材進行創作的部分成果。可以看出，《詩經》是畫家喜愛的題材，《列女傳》也很受青睞。創作目的都是為政教服務。但在莊嚴說教的面孔後面，卻隱藏著藝術家對女性美的欣賞。這種藝術趣味，有離經叛道的傾向，導致了後來仕女畫的興起。到唐代張萱、周昉的綺羅人物，早已沒有了說教的意味，而變為純粹女性美的表現。

賦也是畫家喜愛的題材。詩詞曲賦是中國韻文的主體。詩與賦是兩種不同的文體，有區別亦有共性，但魏晋南北朝一些理論家卻比較强調它們的共性。摯虞的《文章流別論》云：「賦者，敷陳之稱，古詩之流也。」[12] 劉勰也認為賦的名稱和來源，起於《詩經》的「六義」。《文心雕龍・詮賦》云：「《詩》有六義，其二曰賦。賦者，鋪也；鋪采摛文，體物寫志也。」如果從中國畫的文學化和詩化的角度看，畫家們以《詩》為題材的作品文學性不强、詩意少，而以賦為題材的作品卻具有較强的文學性和較多的詩意。因為以《詩》為題材目的在於教化，而以賦為題材卻是追求作品中的詩意。顧愷之的《洛神賦圖》，將人物與山水景物合起來表現，山水樹石的描繪雖然

12 該書已佚，引文見《藝文類聚》卷 56 。

稚拙，但人物表現卻很傳神。尤其是洛神，那「翩若驚鴻，婉若游龍」的形象，飄飄欲舉，婀娜多姿；那含情脈脈，悠然神往的神情，使人可望而不可即。再加上長空的浮雲，洛水的清波，山石樹木，構成一幅富於詩意的圖畫。

魏晉詩人的作品成為繪畫題材，在詩畫融合的過程中具有重要意義。嵇康、阮籍、陸機的詩受到畫家的喜愛。這些作品，顯然完全脫離了政教的軌道，毫無鑒誡的作用。顧愷之看重嵇康四言詩，以之為畫，常云：「手揮五弦易，目送歸鴻難。」這首詩乃嵇康《四言贈兄秀才入軍詩十八章》中之一章。其詩云：

息徒蘭圃，秣馬華山。流磻平皐，垂綸長川。
目送歸鴻，手揮五弦。俯仰自得，游心太玄。
嘉彼釣叟，得魚忘筌。郢人逝矣，誰與盡言。[13]

這是一首贈別詩。嵇康之兄嵇喜入軍，嵇康作詩以送，表達了深厚的感情。將這首詩畫成畫，如《洛神賦》一樣，恐怕得採用連環畫或組畫的形式，因為這首詩有十八章。在這幅詩意畫的創作中，顧愷之有一條體會：「手揮五弦易，目送歸鴻難。」「目送歸鴻」這句詩，只有詩人與歸鴻兩個形象，但象外之意卻很豐富。詩人由歸鴻而聯想到遠去的親人，鴻尚且能歸，而人卻不能歸，此景此情，將何以堪！無盡思緒與眷念盡在不言中。詩觸物起興，含蓄蘊藉，意在言外。繪畫要畫出詩人與「歸鴻」兩個形象很容易，但要傳達出詩句的「言外之意」卻很困難。

以詩為題材創作詩意畫，在詩與畫的溝通上架起了鵲橋，但並不意味著畫便具有了詩意。以鑒誡為目的的繪畫作品，因目的在於教化，只能是詩歌政治內容的圖解，很少有詩意。顧愷之「目送歸

---

13 《先秦漢魏晉南北朝詩》，北京：中華書局，1984 年，頁 482。

鴻難」的創作體會，表明他已把詩意的表現作爲目的，具有重要的理論意義，值得我們高度重視。

應該說，最富有詩意的畫是山水畫，最富於畫意的詩是山水詩。在創作實踐中將詩與畫融爲一體，達到「詩中有畫，畫中有詩」藝術境界的是唐代詩人王維。顧愷之的《洛神賦圖》和以嵇康的四言詩爲題材創作的繪畫作品，還沒有達到畫中有詩的境界。但顧愷之在人物畫的創作中已很重視人與物的關係。《洛神賦圖》便是一例。「目送歸鴻難」命題的提出也證明了這點。又據《世說新語》記載：「顧長康畫謝幼輿在岩石裏。人問其所以，顧曰：謝云『一丘一壑，自謂過之』。此子宜置岩壑中。」藝術地處理人與物的關係，物我交融，情景交融，這是中國藝術意境產生的基礎。畫中有詩便是要求繪畫具有詩的藝術意境，在情景交融中生成象外之象、景外之景。顧愷之雖然還沒有達到這樣高的藝術境界，但他的實踐和理論探索無疑爲後人提供了寶貴的經驗。

三

上面的一節考察了繪畫向詩歌表示情意的方式和途徑，這一節考察詩歌的態度。

如果將東漢劉褒畫《雲漢圖》和《北風圖》作爲繪畫垂青詩歌之始，那末，詩注意畫要晚得多。題畫詩的大量出現是在唐代，但詩對畫的春情萌發早於題畫詩的出現，其標誌是詩對形似的追求。

形神論是魏晉繪畫美學的重大成果。繪畫美學中的形神論淵源於哲學中的形神論，誕生於魏晉時期人物品藻和玄學風盛的時代土壤之中。顧愷之主張「以形以神」[14]，强調通過眼睛來表現人物的

---

14 《魏晉勝流畫贊》。

個性：「傳神寫照，正在阿堵中。」[15] 關於顧愷之形神論的淵源及內容，論之者夥矣，在此不遑細論。

詩論中最早講形似的是劉勰，他說：

> 自近代以來，文貴形似，窺情風景之上，鑽貌草木之中。吟詠所發，志惟深遠；體物爲妙，功在密附。故巧言切狀，如印之印泥，不加雕削，而曲寫毫芥。故能瞻言見貌，即字而知時也。[16]

劉勰的生卒年已不可確考，大約生於宋明帝泰始初年 (465)，卒於中大通三年 (531) 前後。所謂「近代以來」，即指劉宋以來。「文貴形似」，是指山水詩、詠物詩都把自然美作爲獨立的審美對象來表現，一心追求把景物形狀描繪得逼眞。語言的巧妙，描寫景物形狀的準確，就將印像蓋在印泥上，絲毫不走樣。

與劉勰同時代的鍾嶸，在他的《詩品》中多次使用「形似」評論詩人。評張協：「文體華淨，少病累。又巧構形似之言。」評謝靈運：「其源出於陳思，雜有景陽之體，故尙巧似。」他認爲謝靈運之詩淵源於陳思王曹植，又受張協(字景陽)詩風的影響，「故尙巧似」。評顏延之：「尙巧似。」評鮑照：「其源出於二張，善制形狀寫物之詞。」二張即張協、張華。鮑照詩既源於二張，自然在形似上下功夫。

沈約《宋書・謝靈運傳論》說：「相如巧爲形似之言。」這裏指的是漢代司馬相如所作的賦。

顏之推《顏氏家訓》之《文章篇》云：「何遜詩，實爲淸巧，多形似之言。」

---

15 《世說新語・巧藝》。
16 《文心雕龍・物色》。

看來，南北朝文學理論家對「形似之言」基本持肯定的態度。直到唐代，詩人們才奮起反對形似，追求傳神。

文學理論中的形神論與繪畫理論中的形神論有無關係呢？有一種意見認爲，它們都來源於哲學中的形神論，誕生於喜好品評人物的社會氛圍之中，彼此並無關係。這種意見值得商榷。

最先使用形似一詞論詩文的劉勰，對繪畫很有研究，《文心雕龍》就汲取了畫論的營養。《文心雕龍・定勢》云：

> 是以繪事圖色，文辭盡情，色糅而犬馬殊形，情駁而雅俗異勢，熔範所擬，各有司匠，雖無嚴郛，難得逾越。

這裏用繪畫來說明文學作品不同的體勢。劉勰的時代，中國畫線條的表現力還未得到充分的發揮，其美學意義還未被認識，色彩仍然是繪畫的第一要素。因此，他認爲繪畫一定要用色彩，色彩不同就能畫出狗馬不同的形貌。文辭是用來傳達情感的，情感不同因而文章的體勢就有差異。劉勰對於繪畫藝術本質的理解，看來仍停留在陸機「宣物莫大於言，存形莫善於畫」的水平。但他關於文辭盡情的觀點，並由此而區別繪畫和文學的不同藝術本質的思想，顯然又比陸機前進了一步。

「道法自然」[17] 是道家思想的精髓。自然論首先進入畫論，顧愷之云：

> 《小列女》面如恨，刻削爲容儀，不盡生氣。又插置大夫支體，不似自然。

劉勰接受了畫論中的自然觀，《文心雕龍・原道》云：

17 《老子》第 25 章。

> 文之爲德也大矣，與天地並生者何哉！夫玄黃色雜，方圓體分，日月疊璧，以垂麗天之象；山川煥綺，以鋪理地之形；此蓋道之文也。仰觀吐曜，俯察含章，高卑定位，故兩儀既生矣。惟人參之，性靈所鍾，是謂三才。爲五行之秀，實天地之心，心生而言立，言立而文明，自然之道也。旁及萬品，動植皆文：龍鳳以藻繪呈瑞；虎豹以炳蔚凝姿；雲霞雕色，有逾畫工之妙；草木賁華，無待錦匠之奇；夫豈外飾，蓋自然耳。

劉勰認爲，天地萬物都有文彩，毋須人工雕飾。這種自然之美甚而至於超過人工之美，例如雲霞的色彩，就比畫工巧妙的佈色更美。

《文心雕龍》受畫論沾溉之處甚多，顧愷之比劉勰早百餘年，他創立的形神論自然會受到劉勰的注意。

文學理論著作中談到描繪自然景物時，提到形，如陸機《文賦》云：

> 體有萬殊，物無一量，紛紜揮霍，形難爲狀。辭程才以效伎，意司契而爲匠。在有無而僶俛，當淺深而不讓。雖離方而遁員，期窮形而盡相。

《文賦》還沒將形與似合爲一詞。似爲繪畫常用語，如顧愷之《論畫》云：

> 《小列女》……不似自然。
>
> 《伏義、神農》雖不似今世人，有奇骨而兼美好，神屬冥芒，居然有得一之想。
>
> 《列士》有骨俱。然藺生恨急烈，不似英賢之慨。
>
> 《東王公》如小吳神靈。居然爲神靈之器，不似世中生人也。
>
> 《嵇輕車詩》作嘯人，似人嘯，然容悴不似中散。

繪畫，特別是人物畫，藝術形象與原型之間，似與不似確實是很關鍵的問題。劉勰、鍾嶸論文學談形似，顯然受到畫論的影響。

但是，畫論與文論所談的形似內容卻有差異。魏晉南北朝畫論中的形神論還只應用於人物畫，未擴展到山水畫和花鳥畫領域[18]，形指人；文論中的形卻指自然景物。不管是畫論還是文論，當時都沒有把自然物當作人來看待，因而沒有外貌和精神的分別，也就不會提出傳神的要求。宗炳所謂「至於山水，質有而趣靈」，「山水以形媚道」，有人認為靈即是神，故宗炳主張傳山水之神。其實，這只不過是道家「道無不在」的思想。按道家看來，自然萬物都體現了道，山水畫即要通過山水與道交通。所以，宗炳對山水畫只提出「以形寫形，以色貌色」的要求，也就是形似的要求。

劉勰、鍾嶸讚美形似、將形神論引入文論，固然是受畫論影響，而更重要的是宋齊以來的文學潮流提供了現實的基礎。正如劉勰所說，「自近代以來，文貴形似」。劉宋以來的山水詩、詠物詩，追求描繪物象的準確、工細、實質上是在追求繪畫美。

學術界一般將曹操的《觀滄海》作為第一首比較成熟的山水詩，但山水詩作為一種完整的藝術形式，具有獨立的生命而與其他藝術形式的詩並立於詩國之林，則是在南朝的劉宋時期。謝靈運是第一個眞正的山水詩人。

謝靈運的詩大約在劉宋時即散佚，《文選》錄詩四十首，黃節《謝康樂詩注》有詩七十八首，逯欽立《先秦漢魏晉南北朝詩》有詩約百首。其中，山水詩佔了相當大的比重。謝靈運的山水詩不僅數量多，而且質量高，對當代及後代都有很大影響。在劉宋時代，他即成為模仿的對象，具有強大的吸引力。「每有一詩至都邑，貴賤莫

---

18 參看《唐代詩與畫的相關性研究》，西安：陝西人民美術出版社，1993 年。

不競寫；宿昔之間，士庶皆遍，遠近欽慕，名動京師。」[19] 從齊梁時的著名詩人謝朓、何遜、陰鏗、庾信到唐代王維、李白、孟浩然、杜甫、白居易、韋應物、柳宗元，在山水詩創作方面都或多或少地受到謝靈運的沾溉。

謝靈運山水詩的成就，與宗炳的《畫山水序》有關。宗炳(375—443)「妙善琴書圖畫，精於言理」[20] 。他的《畫山水序》是中國繪畫美學史上的第一篇山水畫論，是山水畫論的奠基之作。宗炳比謝靈運大十歲，屬於同時代人。兩人之關係，日人志村艮治概括爲九條：

(1) 兩人都師事慧遠，受其影響很大；
(2) 兩人都致力於描繪自然山水；
(3) 兩人的詩畫均有悟道者的特徵；
(4) 宗炳的「山水以形媚道」(《畫山水序》)和謝靈運的「孤嶼媚中川」(《登江中孤嶼》)相通，不僅媚的用法一樣，兩人的藝術主張也近似；
(5) 宗炳的「暢神」與謝靈運的「得意」、「自得」、「愜意」相關聯；
(6) 兩人都以山水的描繪來開拓詩和畫的新境界；
(7) 兩人的詩、畫對自然的描繪，都完成於親身體驗之後，所以和以往單憑想像的作品有所不同；
(8) 兩人都好尋幽探勝，而對平常的風景、草木不屑一顧；
(9) 都有士大夫的隱逸思想。[21]

---

19 《宋書・謝靈運傳》。

20 《宋書・宗炳傳》。

21 《謝靈運與宗炳》，載《齊齊哈爾師範學院學報》，1988 年第 2 期。。

這個概括很全面，除個別地方可以討論外，基本是正確的。我只想對謝詩作點分析，看看它的繪畫美。

宗炳對山水畫提出「以形寫形，以色貌色」的要求，前一個形和色指繪畫作品的形象色彩；後一個形和色，指自然的形貌色彩。也就是說，繪畫作品要忠實地再現自然的原貌。謝詩「尚巧似」，就是用語言來描繪自然的形貌色彩，達到「以形寫形，以色貌色」的藝術效果。謝詩採用移步換形的手法，將遊覽過程中所見山形地貌、景色風物準確地描繪出來，使人能知山勢的起伏變化以及山林洲渚的分佈構造，如《從斤竹澗越嶺溪行》：

> 猿鳴誠知曙，谷幽光未顯。巖下雲方合，花上露猶泫。逶迤傍隈隩，迢遞陟陘峴。過澗既厲急，登棧亦陵緬。川渚屢徑復，乘流玩回轉。蘋萍泛沈深，菰蒲冒清淺。企石挹飛泉，攀林摘葉卷。想見山阿人，薜蘿若在眼。

首兩句寫猿猴鳴叫知天色將曙，但山谷幽深光線仍然很暗，寫出山中早晨的特點。接著寫晨起所見景物：岩下雲合，霞光未生，山花嬌艷，朝露未晞。一遠景，一近物，大小相形，刻劃工細。再接著用「傍」、「陟」、「過」、「登」、「玩」、「挹」、「攀」、「摘」等動詞，極有層次地展現了詩人沿著山間小道登山涉水、游玩觀賞的過程；又用「逶迤」、「迢遞」、「厲急」、「回轉」、「沈深」、「清淺」等形容詞描繪出溪流在深山幽谷中回轉、山道在山陵坡陀上盤旋的情狀，同時亦信筆點染出沿途山花浮萍、菰蒲水草在深潭淺灘邊生長的姿態。山嶺坡谷，山道溪流，林木花草，組成一幅美麗的山水畫。

這一類詩，還有《入彭蠡湖口》、《登江中孤嶼》、《石壁精舍還湖中作》、《過白岸亭》、《過始寧墅》、《登石門最高頂》、《石門巖上宿》等。

謝詩描寫景物的色彩細膩生動，富於色彩美。像「春晚綠野秀，巖高白雲屯」[22]、「白雲抱幽石，綠篠媚清漣」[23]、「曉霜楓葉丹，夕曛嵐氣陰」[24]、「原隰荑綠柳，墟囿散紅桃」[25]、「白花皜陽林，紫蘤曄春流」[26]、「白芷競新苕，綠蘋齊初葉」[27]、「遨游碧沙渚，游衍丹山峯」[28]、「殘紅被徑隧，初綠雜淺深」[29]、「初篁苞綠籜。新蒲含紫茸」[30]、「陵隰繁綠杞，墟囿粲紅桃」[31]、「山桃發紅萼，野蕨漸紫苞」[32]、「銅陵映碧澗、石磴瀉紅泉」[33]等等。這些詩句，運用色彩對比，使景象生動鮮明，明麗如畫。

另外，謝詩還特別善於描寫日色霞光的陰晴早晚變化以及天容水色的交相輝映，把光影作用下自然界的色彩變化表現得非常迷人。如「雲日相輝映，空水共澄鮮」[34]、「江山共開曠，雲日相照媚」[35]、「林壑斂暝色，雲霞收夕霏」[36]、「日末澗增波，雲生嶺逾疊」[37]、「時雨夕澄霽，雲歸日西馳。密林含餘清，遠峯隱半規」[38]、「石淺水潺湲，日落山照曜」[39]等等。

---

22 《入彭蠡湖口》。
23 《過始寧墅》。
24 《晚出西射堂》。
25 《從游京口北固應詔》。
26 《郡東山望溟海》。
27 《登上戍石鼓山》。
28 《行田登海口盤嶼山》。
29 《讀書齋詩》。
30 《於南山往北山經湖中瞻眺》。
31 《入東道路詩》。
32 《酬從弟惠連》。
33 《入華子岡是麻源第三谷》。
34 《登江中孤嶼》。
35 《初往新安桐廬口》。
36 《石壁精舍還湖中作》。
37 《登上戍石鼓山》。
38 《游南亭》。
39 《七里瀨》。

與謝靈運合稱大小謝的謝朓，一方面繼承了大謝模山範水「尚巧似」的特點，另一方面又淡化了大謝談玄說理的玄學氣。大謝詩的弊病，往往在景物描寫以後，再來幾句關於玄學哲理的沈思遐想。小謝則在景物描寫以後來幾句情感抒發。如《晚登三山還望京邑》：

灞涘望長安，河陽視京縣。白日麗飛甍，參差皆可見。餘霞散成綺，澄江靜如練。喧鳥覆春洲，雜英滿芳甸。去矣方滯淫，懷哉罷歡宴。佳期悵何許，淚下如流霰。有情知望鄉，誰能鬢不變。

首二句說明，中六句寫景，接著兩句由寫景過渡到抒情，後四句抒情。中間六句寫景，描繪出一幅色彩鮮明、艷麗生動的圖畫。特別是「餘霞散成綺，澄江靜如練」兩句，更是千古佳句。小謝還有一些山水詩，將抒情說明的文字減少到兩句。如《游東田詩》：

戚戚苦無悰，攜手共行樂。尋雲陟累榭，隨山望菌閣。遠樹曖阡阡，生煙紛漠漠。魚戲新荷動，鳥散餘花落。不對芳春酒，還望青山郭。

「遠樹」、「生煙」描出的遠景，朦朦朧朧，淡遠寧靜；「魚戲」、「鳥散」的近景，卻是一派生機，與遠景相映成趣。詩人用筆靈動，觀察入微，確實有「曲寫毫芥」之致。

繼小謝之後的齊梁詩人，更加淡化了詩的說理功能，甚至情感抒發與說明文字亦漸趨減少，直到完全消失，成爲純粹的寫景。如吳均《山中雜詩》：

山際見來煙，竹中窺落日。鳥向檐上飛，雲從窗裏出。

四句詩，一句一景，每句都可單獨成畫，合起來構成一幅絕妙的薄暮山居圖。這首詩和王維「詩中有畫」的作品相比，毫不遜色，甚至可以說開了繪景小詩的先河。

從寫景談玄到寫景抒情，再到完全寫景，實質上是詩歌追求繪畫性的過程。詩的本質是情感，屬於表現藝術；畫的本質是形象，屬於再現藝術。用陸機的語言來說，就是「宣物莫大於言，存形莫善於畫。」正因爲齊梁詩人忘記了詩言志抒情的本質，在追求「形似」中失落了自我，因而受到唐人的批評。但齊梁詩人的探索也增強了詩歌語言的表現力，拓寬了詩的領域。以王維爲代表的唐代山水詩人，在南朝詩人的基礎上，進一步發揮了詩歌描繪景物的能力，將形似的水平提高了一步；同時，又融情入景，妙化無迹，創造出情景交融的意境，高層次地實現了「詩中有畫」的藝術境界。

四

在詩書畫的三角戀愛中，書畫的關係最爲密切。這主要是因爲書畫都使用同樣的工具：筆墨紙硯，並且都以線條作爲主要的造形手段。在書與畫的關係中，書法對繪畫的影響大，繪畫對書法的影響小；繪畫主動，書法被動；書法對繪畫的影響主要是現實性的，繪畫對書法的影響主要是精神性的。

本文第一節曾提到詩書畫的自覺是他們戀愛的首要條件。魏晋南北朝時期，書法諸體皆備：大篆、小篆自不必說；漢代隸書大盛；產生於漢代的章草、今草、行書、楷書，到魏晋時期已經完全成熟，產生了一批著名書法家和著名作品，形成中國書法史上的第一個高峯。

篆書的點畫形態非常單純，猶如一根粗細均勻的線條，所謂「玉著縱橫，銀絲盤曲」。篆書要求中鋒運筆，不偏不側。隸書用波磔、點、掠等多種不同的點畫形態取代了篆書的單一線條，將圓勻的線條截斷，化圓爲方，變弧線爲直線。隸書運筆講求起伏，起筆必須卷筆，結尾必須上翹，所謂「蠶頭燕尾」。楷書的點畫形態已經齊備，基本的點畫有八種，即永字八法：側、勒、努、趯、策、掠、啄、磔等。每種又有很多變化，於是永字八法再演化成七十二例法、一百二十八例法、二百例法等。例如努勢便可分爲鐵柱勢、懸針勢、垂露勢等。草書不拘泥於一筆一畫的雕琢，用筆「以靈動便捷爲要」，放縱飛騰，應變從心，常常把各種點融於一筆而書。輕重緩疾，巨細隱顯，濃潤枯淡，欹正斜側，變化無窮。

諸體皆備意味著書法的筆法大備。用筆是書法的靈魂。魏鍾繇說：「豈知用筆而爲佳也，故用筆者天也，流美者地也，非凡庸所知。」[40] 天與地不過是一種比喻，但這裏的天與地不僅是自然的概念，而且具有宗教哲學的內涵。天具有絕對權威，處於統治支配地位；地處於從屬被支配的地位。用筆在書法藝術中是佔首位的、關鍵的環節，書法美即由此而產生。

用筆的基本要求是要有骨力。傳爲衞夫人所作《筆陣圖》云：

> 善筆力者多骨，不善筆力者多肉。多骨微肉者謂之筋書，多肉微骨者謂之墨豬。多力豐筋者聖，無力無筋者病。

魏晉南北朝書法家普遍將骨力作爲評論的標準。唐張懷瓘《書斷》有所記載：

> 韋誕云：杜氏(即杜度)傑有骨力，而字筆畫微瘦。
>
> 晉衞瓘字伯玉，河東安邑人。……常云：我得伯英(即張芝)之筋，恆(即衞恆)得其骨，靖(即索靖)得其肉。

衞恆兼精體勢，時人云：得伯英之骨。南齊王僧虔《論書》云：

> 張芝、索靖、韋誕、鍾會、二衞(即衞瓘、衞恆)並得名前代，無以辨其優劣，惟見其筆力驚異耳。

---

40 《書苑菁華》。

孔琳之書天然放縱，極有筆力規矩。

王僧虔《又論書》云：

崔杜之後，共推張芝，仲將(即韋誕)謂之實聖，伯玉(即衞瓘)得其筋，巨山(即衞恆)得其骨。

梁武帝《古今書人優劣評》云：

蔡邕書骨氣洞達，爽爽如有神力。[41]

用筆要有骨力，必須遵循一定的規律。因此，書家對於筆法的追求，簡直到了如癡如狂的地步。《書苑菁華》關於鍾繇的筆法有一段生動的記載：

魏鍾繇少時，隨劉勝入抱犢山學書三年，還與太祖、邯鄲淳、韋誕、孫子荊、關枇杷等議用筆法。繇忽見蔡伯喈筆法於韋誕座上，自捶胸三日，其胸盡青，因嘔血。太祖以五靈丹救之，乃活。繇苦求不與，及誕死，繇陰令人盜開其墓，遂得之。

這則記載也許有些誇大，但鍾繇對藝術的獻身精神，確實令人感動。

魏晉南北朝時期的繪畫，眞迹已不可見，只能從後人的摹本來窺其面貌。顧愷之《女史箴圖卷》，根據時代風貌和書法的特點，可能是隋唐官本；《洛神賦圖卷》據淸內府臣工考定爲宋人摹本；《列女仁智圖》亦屬後人摹本。梁元帝蕭繹《職供圖》乃北宋年間摹本，忠實地反映出南朝人物畫的風範。北齊楊子華的《北齊校書圖》爲宋人摹本，與山西太原南郊王郭村北齊婁睿墓壁畫風貌相合，證明宋

41 以上王僧虔、梁武帝三條見《佩文齋書畫譜》卷八。

人必有原本爲依據，比較眞實地反映了楊子華畫的風貌。

從以上畫迹來看，畫家用的是粗細均勻的線條，即所謂鐵線描或高古游絲描。明何良俊論白描畫云：

> 畫家各有傳派，不相混淆。如人物，其白描有二種：趙松雪出於李龍眠，李龍眠出於顧愷之，此所謂鐵線描；馬和之、馬遠則出於吳道子，此所謂蘭葉描也。

鐵線描筆法即篆書筆法。魏晉南北朝人物畫的線條是很單純的，缺乏表現力。當時的山水畫、花鳥畫，是用勾線塡色的辦法，線條也很單純，基本上採用的是人物畫的鐵線描。張彥遠云：

> 魏晉以降，名迹在人間者，皆見之矣。其畫山水，則羣峯之勢，若鈿飾犀櫛。或水不容泛，或人大於山。率皆附以樹石，映帶其地，列植之狀，則若伸臂布指。[42]

這裏指出魏晉以來山水畫的兩大缺點：一是山、水、樹、石、人的比例不當；二是羣峯、樹石的描繪皆未達到自然、形似的水平。後一種缺點的造成，很重要的原因就是筆法太單調，各種點法、皴法還未被創造出來，繪畫技巧太貧乏。各種點法、皴法的創造，一是畫家觀察自然，加以提煉、總結、概括而形式化；二是將書法的筆法直接運用於繪畫。魏晉南北朝眞草隸篆諸體皆備、筆法臻於完善，爲豐富繪畫技巧提供了可能。但可能並非現實，在魏晉南北朝，並未有人明確地爲書與畫牽線搭橋，只有一些旁敲側擊、隱隱約約的暗示。

曹植《畫贊序》云：「蓋畫者，鳥書之流也。」所謂鳥書，即鳥篆。晉索靖《草書勢》云：「倉頡旣生，書契是爲。科斗鳥篆，物類

---

42 《歷代名畫記》第一卷《論畫山水樹石》。

象形。」鳥篆是鳥形的象形字。曹植認爲鳥篆即是繪畫，這就隱含了書畫同源的意思。

關於書與畫是否同源的問題，歷來有爭議，亦不是本文所要討論的問題。這種思想的價值不在於本身的眞理性，而在於潛臺詞。中國人是個歷史感很沈重的民族，往往一種新的思想要加上歷史的包裝，方容易獲得社會認同。說書畫同源，即是說書與畫之間有密切的關係。這如同要拉關係，便說三百年前是一家一樣。「蓋畫者，鳥書之流也。」雖沒有具體論述書與畫之間的關係，但已爲它們認了同宗，爲它們之間的溝通開了方便之門。

詩文書畫皆能的王微，第一個談到將書法的筆法用於繪畫。通才在詩書畫融合方面的重要作用又一次得到證明。其《叙畫》云：

> 曲以爲嵩高，趣以爲方丈。以叐之畫，齊乎太華；枉之點，表乎龍準。

這裏談的是繪畫的用筆問題。嵩山有三尖峯，中曰峻極、東曰太室、西曰少室，所以用曲筆來表現。蓬萊、方丈、瀛洲，乃渤海中的三神山。「趣」通「趨」，乃急促前行之意，在書畫方面指奮迅揮灑的筆法，相當於蔡邕《九勢》中的疾勢。海上仙山，虛無縹緲，境界開闊，故放筆揮寫。關於：「叐之畫」、「枉之點」，徐復觀《中國藝術精神》作如下解釋：

> 以叐(集韻蒲撥反)之畫，齊乎太華。枉之點，表夫隆準。(按後漢趙壹非草書中言草書之法爲「擲扶柱桎，詰曲叐乙。」上句之「叐」，當即「叐乙」之「叐」。下句之「枉」字當爲「柱」字之誤，即「柱桎」之「柱」，上脫一「以」字。故原文當爲「以柱之點」。皆言用筆之情形。)[43]

43 徐復觀《中國藝術精神》，臺北：學生書局，1966年2月，頁244—245。

這兩句的意思是：應用草書詰曲多變的筆法來描繪太華山；以高峯墜石般沈重有力的點來描繪正面突起之山石。

南齊謝赫《古畫品錄》提出六法，被宋代郭若虛譽爲「六法精論，萬古不移」(《圖畫見聞志》)。六法之第二法「骨法用筆是也」，謝赫雖然沒有對骨法用筆的內容作具體闡述，但從他對各個畫家的品評來看，顯然是吸收了鍾繇「用筆者天也」和其他書法家關於骨力的思想，把用筆與骨法聯繫起來。他將骨法用筆作爲六法中的第二法，放在氣韻生動之後，確立了線條在中國畫中的重要地位，對後代中國畫的發展具有重要影響，對中國繪畫技巧的發展成熟具有重大意義。關於這點，李澤厚、劉綱紀的《中國美學史》第二卷第十九章第四節《釋「骨法用筆」》論之甚詳，在此毋須細說。

王微、謝赫的理論是他們藝術實踐的總結，但自覺與不自覺地在繪畫創作中學習運作書法筆法的藝術家不止他們二人。前引張彥遠「書畫用筆同法」的一段議論就指出，王獻之作「一筆書」，陸探微亦作「一筆畫」。魏晉南北朝的藝術家，書畫兼善的人不少，他們都有可能在溝通書畫方面作過某些探索。但從整體上看，書法藝術豐富多彩的筆法並未被繪畫很好運用。書法筆法的全面進入繪畫領域，是在水墨畫興起的宋元時期。

五

詩歌與書法的關係，不如詩與畫、書與畫之間的關係密切，但究其本質，二者卻最接近。詩歌在語言文學中，表現性最強，表情是抒情詩的首要因素。繪畫屬於再現性藝術，以色彩、線條、形狀來反映生活，《釋名》云：「畫者，挂也，以彩色挂物象也。」關於書法藝術的本質，有各種不同的觀點。有的認爲書法是造形藝術；有的認爲「書法藝術的本質在於用一種形象化的符號表現客觀事物的美與人格的美；其中表現人又是更爲重要的。」有的認爲「中國書法是一門特殊的、複雜而微妙的視覺藝術，它既是精神性的實用藝術，又是偏於抽象性的表現藝術，體現了表義性、表形性和表情性的統一」。如果將表現與再現作爲藝術分類的原則，那末，書法無疑屬於表現型藝術，和詩歌屬於同類。

魏晋以前的詩論强調言志，《尚書・虞書・舜典》云：「詩言志，歌永言，聲依永，律和聲。」《毛詩序》云：「詩者，志之所之也，在心爲志，發言爲詩。」所謂志，主要屬於思想認識。

魏晋以降，對於詩的情感作用有了更加清醒和自覺的認識。陸機《文賦》云：「詩緣情而綺靡。」鍾嶸《詩品序》認爲詩「吟詠情性」，具有「動天地，感鬼神」的巨大力量。

對於書法的表現性，西漢揚雄有一定認識：「故言，心聲也；書，心畫也；聲畫形，君子小人見矣。聲畫者，君子小人之所以動情乎？」[44] 他認爲言和書都是用來表現人的思想感情的，所以言便是心聲，書便是心畫。

揚雄所謂的書，指的是書面語言，並非指書法藝術。但書法是兼實用與審美的藝術，故揚雄的觀點亦可視作書法美學理論並給後代書法家以影響。就整體而言，漢代的書法理論對書法藝術的表現性遠未有自覺和清醒的認識。

魏晋南北朝的書論在詩論的影響下，對書法藝術的情感問題大爲重視，具體表現在强調意同書法的聯繫。成公綏《隸書體》、索靖《草書狀》、衞恆《四體書勢》都有所論及。一代書聖王羲之更是把意作爲創作的中心問題。他說：「頃得書，意轉深。點畫之間皆有意，自有言所不盡。」[45] 由此可知，他認爲書意有深淺，意深則佳。書意不但從整體上表現出來，而且點畫之間皆能使人玩味到意

---

44 揚雄《問神》。

45 張彥遠輯《法書要錄》。

的存在。這種書意深蘊於書寫文字之中，又不被文字所窮盡，意在書外。

王僧虔的《筆意贊》明確地提出書法要傳達創作主體的感情：

> 書之妙道，神采爲上，形質次之，兼之者方可紹於古人。以斯言之，豈易多得？必使心忘於筆，手忘於書，心手達情，書不忘想。是謂求之不得，考之即彰。

形神論進入文藝領域的次序是：先書法，次繪畫，次詩歌。書論中最早用形神論的是蔡邕，其《篆勢》云：「體有六篆，要妙入神。」最早論述形與神之關係的，就是王僧虔。他是主張形神兼備的，但又認爲，形與神之間有主次輕重的，神采是第一位的，形質是第二位的。怎樣才能使書有神采？必須在進入創作時，沒有任何創作意識，心忘記筆的存在，手忘記在書寫，因而毫不注意運筆，也不注意所寫字的美醜。心和手只隨著情感的運動變化而運動變化，處於一種完全自然放鬆的狀態。情感在這裏是第一位的。所謂書法作品的神采，看來就是藝術家情感的自由表現。

魏晉南北朝的書法家，在創作中是有意無意地聽任情感自由抒發的。唐孫過庭《書譜》評王羲之的作品云：

> 寫《樂毅》則情多怫鬱，書《畫贊》則意涉瑰奇，《黃庭經》則怡懌虛無，《太師箴》又縱橫爭折。暨乎蘭亭興集，思逸神超；私門誡誓，情拘志慘。所謂涉樂方笑，言哀已嘆。

王羲之的每件作品，都蘊含著他當時的思想感情，後人便能按圖索驥，與之情感交通。據說他寫《蘭亭序》後，又多次重寫，總不能如意。其原因就在於事過境遷，不復當時情懷了。他的《十七帖》，宋代朱熹評道：

> 十七帖玩其筆意，從容衍裕，而氣象超然，不與法縛，不求

法脫。眞所謂一一從自己胸襟流出者。[46]

重在抒寫情意，自然率眞，正是王羲之書法取得卓越成就的根本原因。

由此出發，我們可以換一個角度來探討行書、草書興盛的原因。古人總是從實用的角度來看待草書的產生和興盛。東漢崔瑗的《草書勢》是流傳至今的最早一篇書法論文，今摘引一段如下：

> 書契之興，始自頡皇。寫彼鳥迹，以定文章。爰暨末葉，典籍彌繁。人之多僻，政之多權。官事荒蕪，剿其墨翰。惟作佐隸，舊字是刪。草書之法，蓋先簡略。應時諭旨，周於卒迫。兼功並用，愛日省力。純儉之變，豈必古式？

梁武帝《草書狀》亦云：

> 蔡邕云：昔秦之時，諸侯爭長。簡檄相傳，望烽走驛。以篆隸之難，不能救速，遂作赴急之書。蓋今草書是也。

從實用的觀點看，草書比篆書隸書簡略，易於書寫，節省時間，用此來解釋草書的產生是不錯的，但以此解釋草書的興盛卻顯得片面。正如趙漢壹《非草書》所言：「且草書之人，蓋伎藝之細者耳。鄉邑不以此較能，朝廷不以此科吏，博士不以此講武，四科不以此求備，徵聘不問此意，考績不課此字。徒善字，既不達於政；而拙草，無損於治。」會不會草書，對一個人的貴賤窮通毫無關係，但士大夫如癡如狂學習草書，以至「鑽堅仰高，忘其罷勞。夕惕不息，昃不暇食。十日一筆，月數丸墨。領袖如皂，唇齒常黑。雖處衆座，不遑談戲。展指畫地，以草劌壁。臂穿皮刮，指爪摧折。見鰓出血，猶不休輟」。可見，士大夫喜愛草書，並不是爲了

---

46 《佩文齋書畫譜》卷 71《晋王羲之十七帖》。

愛日省力，而是甘願爲之受苦，頗有獻身精神。個中原委，大概是書法衆體之中，草書最富表現性，易於抒寫情意，最接近詩歌，才受到士大夫的青睞。行書的表現性僅次於草書，亦是抒發情意的良好形式。在唐代詩人的詠書詩中，詠草書的最多，足可反映詩人的喜尚。

詩向畫傳送情意便產生了詠畫詩，詩向書傳送情意也產生了詠書詩。在魏晉南北朝，詠書詩開始出現，詠筆墨紙硯等文房四寶的詩也開始出現。曹植有一首《樂府》云：

> 墨出青松煙，筆出狡兔翰。古人感鳥迹，文字有改判。[47]

和唐代詠書詩相比，這首詩自然顯得單薄而稚拙，但開山之功，終不可沒。顏之推《顏氏家訓》引江南諺論書法云：

> 眞草書亦微須留意。江南諺雲：尺牘書疏，千里面目。

詠筆詩有梁武帝蕭衍和徐摛等人所作，今錄徐詩如下：

> 本自靈山出，名因瑞草傳。纖端奉積潤，弱質散芳煙。
> 直寫飛蓬牒，橫承落絮篇。一逢提握重、寧憶仲升捐。

我們追尋魏晉南北朝藝術家的足迹，對詩書畫的關係作了一番考察。這是少男少女間情竇初開時的戀情，雖然很美，但內容不太豐富；到隋唐五代，它們的關係進入青年人戀愛階段，搖曳生輝，多采多姿；到宋元時期，它們正式結合，共度蜜月，光輝燦爛，如醉如癡。它們之間關係的發展，影響了各自的發展道路，是形成了中國藝術獨特的民族性格和風貌的重要因素。歷史地考察它們之間關係的發展變化，是中國文化史研究的重要內容。筆者不揣謭陋，願與海內外學人共同進行這個領域的研究，幸大方之家不吝賜教。

---

47 《先秦漢魏晉南北朝詩》魏詩卷六，陳思王曹植。

略論江淹《恨》《別》二賦之對偶

韋金滿

前言

江淹 (444–505) ，字文通，乃六朝有名賦家之一。據嚴可均《全上古三代秦漢三國六朝文》一書載錄，文通存賦凡二十餘篇，尤以《恨賦》、《別賦》二篇，最爲後世所稱道。大抵該二篇匪惟主題鮮明，條理清晰，且又聲色相矜，藻繪相飾。吾今試從對偶一端，比合而論析之，冀將二篇之美之所在，及二者之優劣得失，能作一不偏不頗之檢討者也。

對偶界說

對偶，又名對仗。劉勰《文心雕龍》有言：

> 造化賦形，支體必雙，神理爲用，事不孤立。夫心生文辭，運裁百慮，高下相須，自然成對。唐虞之世，辭未極文，而皋陶贊云：罪疑惟輕，功疑惟重；益陳謨云：滿招損，謙受益；豈營麗辭，率然對爾。[1]

換言之，對偶亦即麗辭，乃我國文學獨具之特色。凡上下兩句，字數相等，句法相侔，則稱之爲對偶。對偶之用也，古今學者無不稱之贊之。劉勰曰：

---

1 語見劉勰《文心雕龍・麗辭篇》，卷七。

> 體植必兩，辭動有配。左提右挈，精味兼載。柄爍聯華，鏡靜含態。玉潤雙流，如彼珩珮。[2]

近人張正體又云：

> 對仗是文學創作技巧之重要手法，……對仗工整，可使讀者的精神，轉移到詞藻的精巧上，引導讀者進入另一境界。[3]

近人董季棠亦云：

> 對偶句的好處是：勻稱、平衡、圓滿，還有映襯作用。……因爲偶語騈聯，很容易紅花綠葉，互相輝映。有時候還覺得它像八駿同馳，氣勢雄壯；百官齊列，場面堂皇顯赫。[4]

近人黎運漢、張維耿亦謂：

> 對偶的作用主要是借助整齊的句式及和諧的音調，把事情之間的對稱、對立乃至相關的意思鮮明地表現出來，以加强感人的力量。……對偶句形式整齊勻稱，語言簡潔凝煉，音調和諧悅耳，便於記憶和傳誦。[5]

然則，對偶之於文學作品，其用也大矣重矣。惜乎對偶之體，言人人殊，莫衷一是。劉勰擧「四對之說」：言對、事對、正對、反對；[6] 上官儀倡爲「六對說」：正名對、同類對、連珠對、雙聲對、疊韻對、雙擬對；[7] 皎然《詩議》更發爲「八對法」：的名對、異類

---

2 語見劉勰《文心雕龍・麗辭篇》，卷七。

3 語見張正體《詞學》。

4 語見董季棠《修辭析論》。

5 語見黎運漢、張維耿《現代漢語修辭學》。

6 語見劉勰《文心雕龍・麗辭篇》，卷七。

7 引見宋魏慶之《詩人玉屑》，卷七。

對、雙聲對、疊韻對、聯綿對、雙擬對、迴文對、隔句對；[8]日人金剛峯寺禪念沙門弘法大師(遍照金剛)又根據元兢《髓腦》、皎公《詩議》、崔氏《唐朝新定詩格》所論，創爲「二十九對」；的名對、隔句對、雙擬對、聯綿對、互成對、異類對、賦體對、雙聲對、疊韻對、迴文對、意對、平對、奇對、同對、字對、聲對、側對、鄰近對、交絡對、當句對、含境對、背體對、偏對、雙虛實對、假對、切側對、雙聲側對、疊韻側對、總不對對；[9]近人王力則分爲三類：工對、鄰對、寬對[10]；黎運漢、張維耿又分爲三種：正對、反對、串對；[11]黃慶萱分爲四種：句中對、單句對、複句對、長對；[12]而黃永武則又分爲四種：當句對、單對、偶對、長偶對。[13]由此可見，對偶之體，諸家分類，非過於繁瑣，即流於簡略也。

吾觀乎江淹《恨賦》、《別賦》二篇，從其形式而論，其對偶之體，約有下列十種：當句對、的名對、互成對、異類對、同類對、聯綿對、事類對、流水對、顏色對、數字對。從其句式而論，則又可分五種：三字句、四字句、五字句、六字句、七字句。

《恨》《別》二賦之對偶

一、當句對

當句對者，即一句之中，詞彙自相對仗者也。洪邁有云：

> 唐人詩文，或於一句之中，自成對偶，謂之當句對。[14]

---

8 引見宋魏慶之《詩人玉屑》，卷七。
9 語見《文鏡秘府論》。
10 語見《漢語詩律學》。
11 語見《現代漢語修辭學》。
12 語見《修辭學》。
13 語見《字句鍛鍊法》。
14 語見《容齋隨筆》。

又云：

當句對，蓋起於楚辭，蕙烝蘭藉，桂酒椒漿，桂櫂蘭枻，斵冰積雪。齊梁以來，江文通、庾子山諸人亦如此。[15]

《恨賦》一文，屬當句對者凡八處：如：

(1) 千秋萬歲
(2) 名辱身寃
(3) 拔劍擊柱
(4) 弔影慚魂
(5) 裂帛繫書
(6) 含酸茹歎
(7) 銷落湮沈
(8) 煙斷火絕

至於《別賦》一文屬當句對者共九處，如：

(1) 龍馬銀鞍
(2) 朱軒繡軸
(3) 割慈忍愛
(4) 離邦去里
(5) 負羽從軍
(6) 服食還山
(7) 明月白露
(8) 意奪神駭
(9) 心折骨驚

二、的名對

的名對，又名正名對，又名正對，又名切對。日人遍照金剛

15 語見《四六叢談》。

曰：

> 的名對者，正也。凡作文章，正正相對。上句安天，下句安地；上句安山，下句安水；上句安東，下句安西；上句安南，下句安北；上句安正，下句安斜；上句安遠，下句安近；上句安傾，下句安正。如是之類，名爲的名對。[16]

《恨賦》一文，屬的名對者，僅三處，如：

(1) 華山爲城，紫淵爲池。

案：上句華山乃山名，下句紫淵乃水名，是其對也。

(2 薄暮心動，昧旦神興。

案：上二句中，旦暮是其對。

(3) 左對孺人，右顧稚子。

案：上二句中，左右是其對。

若乃《別賦》一文，屬的名對者，亦有十處，如：

(1) 舟凝滯於水濱，車逶遲於山側。

案：上二句中，山水是其對。

(2) 日下壁而沈彩，月上軒而飛光。

案：上二句中，上下是其對。

(3) 遼水無極，雁山參雲。

案：上句言水，下句言山，是其對也。

(4) 日出天而耀景，露下地而騰文。

案：上句安天，下句安地，是其對也。

(5) 怨復怨兮遠山曲，去復去兮長河湄。

案：上句安山，下句安河，亦其對也。

(6) 君居淄右，妾家河陽。

---

16 語見《文鏡秘府論》。

案：上句淄右，指川之西；下句河陽，指川之北，則右陽是其對矣。

(7) 同瓊珮之晨照，共金爐之夕香。

案：上句安晨，下句安夕，正正相對，故名爲的名對也。

(8) 夏簟淸兮晝不暮，冬釭凝兮夜何長。

案：上句安晝，下句安夜，是爲的名對也。

(9) 術旣妙而猶學，道已寂而未傳。

案：上句用猶，下句用未，正正相對，故名爲的名對也。

(10) 摹暫離之狀，寫永訣之情。

案：上句安暫，下句安永，是其對也。

三、互成對

互成對者，日人遍照金剛謂：

> 互成對者，天與地對，日與月對，麟與鳳對，金與銀對，臺與殿對，樓與榭對。兩字若上下句安，名的名對；若兩字一處用之，是名互成對，言互相成也。詩曰：天地心間靜，日月眼中明。麟鳳千年貴，金銀一代榮。又曰：歲時傷道路，親友念東西。[17]

觀乎《恨賦》一文，屬互成對者，率皆闕如。至若《別賦》一篇，屬互成對者，亦僅三處而已，如：

(1) 況秦吳兮絕國，復燕宋兮千里。

案：上一句，秦在西北，吳在東南；下一句，燕在東北，宋在西南。然則，上列二句，乃互成對也。

(2) 琴羽張兮簫鼓陳，燕趙歌兮傷美人。

---

17 語見《文鏡秘府論》。

案：上句琴羽一處，下句燕趙一處，二字不在兩處用之，是互成對也。

(3) 左右兮魂動，親賓兮淚滋。

案：上句左右，下句親賓，二字一處用之，是亦互成對也。

四、異類對

日人遍照金剛嘗曰：

> 異類對者，上句安天，下句安山；上句安雲，下句安微；上句安鳥，下句安花；上句安風，下句安樹；如此之類，名爲異類對。非是的名對，異同此類，故言異類對。詩曰：天淸白雲外，山峻紫微中。鳥飛隨去影，花落逐搖風。[18]

試觀《恨賦》一文，屬異類對者共十處，如：

(1) 別艷姬與美女，喪金輿及玉乘。

案：上句艷姬與美女，俱指妃嬪，屬人倫門；下句金輿及玉乘，則指車馬，屬器物門；是亦異類也。

(2) 紫臺稍遠，關山無極。

案：上句安臺，屬宮室類；下句安山，屬地理類，非是同類也。

(3) 隴雁少飛，代雲寡色。

案：上句安雁，屬鳥獸類；下句安雲，屬天文類，是亦異類也。

(4) 脫略公卿，跌宕文史。

案：上句公卿指人倫，下句文史指文學，要非同類也。

(5) 濁醪夕引，素琴晨張。

案：上句指酒，屬飲食類；下句指琴，屬文具類，是亦異類也。

(6) 鬱青霞之奇意，入脩夜之不暘。

案：上句安霞，屬天文類；下句安夜，屬時令類，故名異類對也。

---

18 語見《文鏡秘府論》。

(7) 黃塵匝地，歌吹四起。

案：上句黃塵指車馬，屬器物類；下句歌吹指舞樂，屬人事類，是亦異類也。

(8) 春草暮兮秋風驚，秋風罷兮春草生。

案：上句安草，屬草木類；下句安風，屬天文類，故名異類對也。

(9) 綺羅畢兮池館盡，琴瑟滅兮丘壟平。

案：上句綺羅指衣飾，下句琴瑟指文具，是亦異類相對也。

(10) 騎疊跡，車屯軌。

案：上句騎字指馬，屬鳥獸類；則與下句車字，屬器物類，其類不同，故亦異類對也。

反觀《別賦》一篇，屬異類對者，亦有十二處，如：

(1) 或春苔兮始生，乍秋風兮蹔起。

案：上句安苔，屬草木類；下句安風，屬天文類，是異類也。

(2) 櫂容與而詎前，馬寒鳴而不息。

案：上句安櫂，屬器物類；下句安馬，屬鳥獸類，是異類也。

(3) 掩金觴而誰御，横玉柱而霑軾。

案：上句金觴指酒盃，屬器物類；下句玉柱指琴瑟，屬文具類，要非同類也，故名之爲異類對。

(4) 知離夢之躑躅，意別魂之飛揚。

案：上二句中，夢屬人事門，魂屬形體門，其類不同，故亦異類對也。

(5) 劍客慚恩，少年報士。

案：上句安恩，屬人事門；下句安士，屬人倫門，是異類也。

(6) 閨中風暖，陌上草薰。

案：上句安風，屬天文類；下句安草，屬草木類，是異類相對也。

(7) 可班荆兮贈恨，唯尊酒兮叙悲。

案：上句荆屬草木類，下句酒屬飲食類，是亦異類也。

(8) 值秋雁兮飛日，當白露兮下時。

案：上句安雁，屬鳥獸類；下句安露，屬天文類，是亦異類對也。

(9) 慚幽閨之琴瑟，晦高臺之流黃。

案：上句琴瑟，屬文具類，下句流黃指絲織，屬衣飾類，是亦異類相對也。

(10) 春草碧色，春水綠波。

案：上句言草，屬草木類；下句言水，屬地理類，亦異類也。

五、同類對

同類對亦稱同對，日人遍照金剛嘗曰：

> 同對者，若大谷、廣陵、薄雲、輕霧，此大與廣，薄與輕，其類是同，故謂之同對。同類對者，雲霧、星月、花葉、風煙、霜雪、酒觴、東西、南北、青黃、赤白、丹素、朱紫、宵夜、朝旦、山岳、江河、臺殿、宮室、車馬、途路。[19]

試觀《恨賦》一文，屬同類對者，凡五處，如：

(1) 蔓草縈骨，拱木斂魂。

案：上句安草，下句安木，同屬草木類。

(2) 情往上郡，心留雁門。

案：上二句中，情與心，同屬人事類，故謂之同類對。

(3) 秋日蕭索，浮雲無光。

案：上句安日，下句安雲，同屬天文門，是亦同類對也。

(4) 搖風忽起，白日西匿。

案：上句安風，下句安日，同屬天文類。

(5) 孤臣危涕，孽子墜心。

案：臣與子，同屬人倫類，故亦謂之同對也。

若乃《別賦》一篇，屬同類對者，共有十二處，如：

---

19 語見《文鏡秘府論》。

(1) 巡層楹而空揜，撫錦幕而虛涼。

案：上句楹字，下句幕字，同屬宮室類，故名爲同類對也。

(2) 珠與玉兮艷暮秋，羅與綺兮嬌上春。

案：珠玉與羅綺，同屬衣飾類，是亦同對矣。

(3) 瀝泣共訣，抆血相視。

案：上句共字，與下句相字，同屬連介詞，故爲同對也。

(4) 春宮閟此青苔色，秋帳含茲明月光。

案：上句宮字，即閨也，與下句帳字，同屬宮室類，是亦同對也。

(5) 織錦曲兮泣已盡，迴文詩兮影獨傷。

案：上句安曲，下句安詩，俱屬文學門，二者是亦同類者也。

(6) 守丹灶而不顧，煉金鼎而方堅。

案：上句丹灶，下句金鼎，二者同屬器皿類，故亦同對也。

(7) 駕鶴上漢，驂鸞騰天。

案：上二句中，鶴與鸞，同屬鳥獸類，亦同對也。

(8) 芍藥之詩，佳人之歌。

案：上二句中，詩與歌，同屬文學門，故謂之同對。

(9) 桑中衛女，上宮陳娥。

案：上二句中，衛與陳，同屬地名；女與娥，同屬人倫門，是亦同對也。

(10) 秋露如珠，秋月如珪。

案：上二句中，露與月，同屬天文類；珠與珪，同屬珍寶類，故名爲同類對。

(11) 金閨之諸彥，蘭臺之羣英。

案：上二句中，金閨與蘭臺，同屬宮室類，故亦名爲同類對。

六、聯綿對

聯綿亦稱重言，[20]即今之所謂疊字。日人遍照金剛有曰：

聯綿對者，不相絕也。……朝朝、夜夜、灼灼、菁菁、赫赫、輝輝、汪汪、落落、素素、蕭蕭、穆穆、堂堂、巍巍、訶訶，如此之類，名聯綿對。[21]

觀乎江淹二賦，使用此類對仗極少，只《別賦》一篇獨用一次而已，如：

風蕭蕭而異響，雲漫漫而奇色。

案：上句蕭蕭，下句漫漫，要皆重言，是名爲聯綿對也。

七、事類對

事類，又稱用典，或曰用事。據劉勰所謂：

事類者，蓋文章之外，據事以類義，援古以證今者也。[22]

觀乎《恨賦》一篇，使用事類凡十三次，其能互相成對者共有六次，[23]如：

(1) 架黿鼉以爲梁，巡海右以送日。

案：上一句用周武王事，典出《竹書紀年》；下一句用周穆王事，典出《列子》。

---

20 語見馬建忠《馬氏文通》。

21 語見《文鏡秘府論》。

22 語見《文心雕龍．事類篇》。

23 篇中：「秦帝按劍，諸侯西馳。」二句用秦始皇事，典出《史記．秦始皇本紀》；「趙王既虜，遷於房陵。」二句用趙王遷事，典出《史記．趙世家》；「李陵降北，名辱身冤。」二句用李陵事，典出《史記．李將軍列傳》；「裂帛繫書，誓還漢恩。」二句用蘇武事，典出《漢書．李廣蘇建傳》；「明妃去時，仰天太息。」二句用二昭君事，典出《漢書．元帝紀》；「敬通既抵，罷歸田里。」二句用馮衍事，典出「後漢書．桓譚馮衍傳》；「中散下獄，神氣激揚。」二句用嵇康事，典出《魏氏春秋》。以上七事，要非成對也。

(2) 閉關卻掃，塞門不仕。

案：上一句用趙壹事，典出《續漢書・趙壹傳》；下一句用張昭事，典出《三國志・吳志・張昭傳》。此二句移用於馮衍也。

(3) 遷客海上，流戍隴陰。

案：上一句用蘇武事，典出《漢書・李廣蘇建傳》；下一句用婁敬事，典出《史記・婁敬傳》。

至若《別賦》一文，使用事類凡二十次，其能相對者竟多達十六次，[24]如：

(1) 帳飲東都，送客金谷。

案：上句用疏廣事，典出《漢書・疏廣傳》；下句用晉石崇事，典出石崇《金谷詩序》。

(2) 驚駟馬之仰秣，聳淵魚之赤鱗。

案：上句用伯牙鼓琴事，典出《荀子・勸學篇》；下句用瓠巴鼓瑟事，亦典出《荀子・勸學篇》。

(3) 韓國趙廁，吳宮燕市。

案：上二句共用四事。上一句「韓國」指聶政刺殺韓相事，典出《史記・刺客列傳》；「趙廁」指豫讓謀刺趙襄子事，典出《史記・刺客列傳》；至於下一句「吳宮」則指專諸刺殺吳王僚事；「燕市」指荊軻刺秦王事，皆典出《史記・刺客列傳》。

(4) 金石震而色變，骨肉悲而心死。

案：上句用武陽與荊軻入秦事，典出《史記・刺客列傳》；下句用聶政刺殺韓相事敗，其姊聶縈伏屍痛哭事，典出《史記・刺客列傳》。

---

24 篇中：「一赴絕國，詎相見期。」二句用雍門周以琴見孟嘗君事，典出《琴道》；「可班荊兮贈恨，唯尊酒兮敘悲。」二句用伍舉與聲子遇於鄭郊事，典出《左傳・襄公二十六年》；「織錦曲兮泣已盡，迴文詩兮影獨傷。」二句用竇滔妻蘇氏織錦為迴文詩贈滔事，典出《晉書・列女傳》；「華陰上士，服食還山。」二句用修羊在華陰山下服黃精不知所之事，典出《列仙傳》。以上四事，要非成對也。

(5) 淵雲之墨妙，嚴樂之筆精。

案：此二句共用四事，皆典出《漢書》。上句「淵雲」，乃指王褒與揚雄；下句「嚴樂」，乃指嚴安與徐樂。

(6) 賦有淩雲之稱，辯有雕龍之聲。

案：上一句用司馬相如作《大人賦》事，典出《史記‧司馬相如列傳》；下一句用鄒奭事，典出《史記‧孟子荀卿列傳》。

八、流水對

所謂流水對者，則上下二句對仗，一意相承，不能顛倒者也。

試觀《恨賦》一文，屬流水對者，共四處，如：

(1) 人生到此，天道寧論。

案：此二句，從形式而言屬異類對，惟從內容而論，則爲流水對也。

(2) 秦帝按劍，諸侯西馳。

案：此二句，從形式而言屬同類對，惟從內容而論，則爲流水對也。

(3) 雄圖旣溢，武力未畢。

案：此二句，從形式而言屬的名對，惟從內容而論，二句同歸一義，故爲流水對也。

(4) 望君王兮何期，終蕪絕兮異域。

案：此二句，從形式而言屬異對類，但從內容而論，二句同詠王昭君遠別漢元帝，卒死於匈奴事，亦流水對也。

若夫《別賦》一篇，其屬流水對者，亦有四處，如：

(1) 造分手而銜涕，感寂寞而傷神。

案：此二句，從形式而言屬同類對，但從內容而論，二句同詠別離之悲哀，故亦爲流水對也。

(2) 驅征馬而不顧，見行塵之時起。

案：此二句，從形式而言屬異類對，但從內容而論，二句同寫刺客驅馬而去之情狀，故亦屬流水對也。

(3) 方銜感于一劍，非賣價于泉里。

案：此二句，從形式而言屬異類對，但從內容而論，二句同寫刺客銜恩感遇而慷慨赴義之情，故亦爲流水對也。

(4) 有別必怨，有怨必盈。

案：此二句，從形式而言屬同類對，惟從內容而論，二句皆寫怨別，故亦爲流水對也。

九、顏色對

所謂顏色對者，即指上下二句皆用顏色字以相對者也。

試觀《恨賦》一篇，絕無以顏色字相對之例。反觀《別賦》一文，屬顏色對者，亦僅有兩處，如：

(1) 見紅蘭之受露，望青楸之離霜。

案：上句言紅，下句言青，是爲顏色對也。

(2) 鏡朱塵之照爛，襲青氣之氤氳。

案：此二句中，朱與青同爲顏色字，故亦爲顏色對也。

十、數字對

所謂數字對者，即指上下二句皆用數字以相對者也。

綜觀《恨賦》一篇，其用數字相對之者，空空如也。至於《別賦》一文，其屬數字對者，亦僅有兩次而已，如：

(1) 別雖一緒，事乃萬族。

案：上句用一，下句用萬，故名之爲數字對。

(2) 蹔遊萬里，少別千年。

案：上句安萬，下句安千，是亦數字對也。

《恨》《別》二賦對偶之比較

從上所述，固知江淹《恨賦》與《別賦》使用對偶之梗概矣。今試從句式、次數、種類及技巧等四方面，比較分析該二賦之優劣異同如下：

一、句式方面

《恨賦》一文，全篇共九十句：三言三句，四言七十三句，五言一句，六言八句，七言五句。其中三言相對者兩句，四言相對者四十四句，六言相對者八句，七言相對者四句。

至於《別賦》一文，全篇凡一百三十二句：四言五十四句，五言八句，六言五十四句，七言十六句。其中四言相對者四十一句，五言相對者八句，六言相對者五十句，七言相對者十二句。茲列表說明如下：

篇名／句式、內容	恨賦			別賦		
	總數	數偶句數	百分率%	總數	對偶句數	百分率%
三言	3	2	66.6	0	0	0
四言	73	44	60.3	54	41	75.9
五言	1	0	0	8	8	100
六言	8	8	100	54	50	92.6
七言	5	4	80	16	12	75

從上表可知，《恨賦》以四言對偶者居多，次爲六言，而五言者則闕如；至於《別賦》則以六言對偶者居多，次爲四言，而三言者皆闕如。至於使用比率方面，《恨賦》較喜用六言，佔百分之百，次爲七言，佔百分之八十；若夫《別賦》，較喜用五言，佔百分之百，次爲六言，佔百分之九十二強。然則，二者句式之異同，可得而見之者矣。

二、次數方面

《恨賦》一文，使用對偶共三十三次，其中三言句一次，四言句二十六次，六言句四次，七言句兩次；至於《別賦》一篇，使用對偶凡六十次，其中四言句二十五次，五言句四次，六言句二十五次，七言句六次。換言之，《別賦》使用對偶之次數，較諸《恨賦》多近一倍也。

三、種類方面

綜上所述，固知《恨》《別》二賦之對偶方式，多寡不同，喜惡有別也。玆爲明白清晰起見，特列表說明如下：

種類＼內容＼篇名	恨賦		別賦	
	次數	百分率％	次數	百分率％
當句對	8	24.2	9	15
的名對	3	9.1	10	16.7
互成對	0	0	3	5
異類對	10	30.3	11	18.3
同類對	5	15.2	12	20
聯綿對	0	0	1	1.7
事類對	3	9.1	6	10
流水對	4	12.1	4	6.7
顏色對	0	0	2	3.3
數字對	0	0	2	3.3
總計	33		60	

由上觀之，《恨賦》使用對偶之方式，只得六類，而《別賦》則有十類，此二者多寡之不同也；此外，《恨賦》較喜使用異類對，次爲當句對，而互成對、聯綿對、顏色對及數字對四類則率付闕如；至於《別賦》，多使用同類對，次爲異類對，而聯綿對、顏色對及數字對三類，亦只得一二次而已。然則，二者使用對偶之方式，愛惡亦各有不同也。

四、技巧方面

昔劉勰嘗言：

> 麗辭之體，凡有四對：言對爲易，事對爲難，反對爲優，正對爲劣。言對者，雙比空辭者也；事對者，並舉人驗者也；反對者，理殊趣合者也；正對者，事異義同者也。長卿《上林賦》云：「修容乎禮園，翱翔乎書圃。」此言對之類也；宋玉《神女賦》云：「毛嬙鄣袂，不足程式；西施掩面，比之無色。」此事對之類也；仲宣《登樓賦》云：「鍾儀幽而楚奏，莊舄顯而越吟。」此反對之類也；孟陽《七哀》云：「漢祖想枌榆，光武思白水。」此正對之類也。

細審劉氏之言，對偶分爲言對事對，而二對各有正反，總爲四對。四對之中，言對爲易，事對爲難，反對爲優，正對爲劣。今試依劉氏之說，就當句對與偶句對二方面，比較分析江淹《恨》《別》二賦對偶之優劣難易如下：

甲、當句對

(1) 言對──《恨賦》一文，使用對偶凡三十三次，屬當句對者八次，均見前引，約佔全篇百分之二十四，皆爲正對之類，其「事異義同」者也。至於《別賦》一篇，使用對偶凡六十次，屬當句對者九次，約佔全篇百分之十五，亦全屬正對之類，其「事異義同」者也。

(2) 事對──觀乎《恨》《別》二賦之當句對，絕無屬事對之例者。

乙、偶句對

(1) 言對──《恨賦》一文，偶句對凡二十五次，其屬言對者共二十二次，約佔全篇百分之六十七，而其爲正對之類，則有十五次，譬如：

蔓草縈骨，拱木斂魂。

紫臺稍遠，關山無極。

孤臣危涕，孽子墜心。

遷客海上，流戍隴陰。

騎疊跡，車屯軌。

黃塵匝地，歌吹四起。

綺羅畢兮池館盡，琴瑟滅兮丘壟平。

若此例句，皆「事異義同」者也。其爲反對之類者則有七次，譬如：

雄圖旣溢，武力未畢。

情往上郡，心留雁門。

搖風四起，白日西匿。

左對孺人，右顧稚子。

脫略公卿，跌宕文史。

濁醪夕引，素琴晨張。

春草暮兮秋風驚，秋風罷兮春草生。

若此例句，皆「理殊趣合」者也。

若乎《別賦》一篇，偶句對共五十一次，而屬言對者，亦達四十五次，約佔全篇百分之七十五。其爲正對之類者，則有三十二次，譬如：

況秦吳兮絕國，復燕宋兮千里。

舟凝滯於水濱，車逶遲於山側。

造分手而銜涕，感寂寞而傷神。

瀝泣共訣，抆血相視。

織錦曲兮泣已盡，迴文詩兮影獨傷。

淵雲之墨妙，嚴樂之筆精。

金閨之諸彥，蘭臺之羣英。

若此例句，皆「事異義同」者也。至於反對則有十三次，譬如：

日下壁而沈彩，月上軒而飛光。

別雖一緒，事乃萬族。

劍客慚恩，少年報士。

方銜感於一劍，非賣價于泉里。

遼水無極，雁山參雲。

閨中風暖，陌上草薰。

日出天而耀景，露下地而騰文。

君居淄右，妾家河陽。

同瓊珮之晨照，共金爐之夕香。

夏簟清兮晝不暮，冬釭凝兮夜何長。

術既妙而猶學，道已寂而未傳。

暫遊萬里，少別千年。

摹暫離之狀，寫永訣之情。

若此例句，皆「理殊趣合」者也。

(2) 事對——《恨賦》一篇，屬事對者，只得三次，約佔全篇百分之九，譬如：

架黿鼉以為梁，巡海右以送日。

閉關卻掃，塞門不仕。

遷客海上，流戍隴陰。

上列三對皆為正對之類也。

至若《別賦》一文，屬事對者，亦得六次，約佔全篇百分之十，例如：

帳飲東都，送客金谷。

驚駟馬之仰秣，聳淵魚之赤鱗。

韓國趙廁，吳宮燕市。

金石震而色變，骨肉悲而心死。

淵雲之墨妙，嚴樂之筆精。

賦有凌雲之稱，辯有雕龍之聲。

上列六對亦皆為正對之類也。

茲綜上所述，列一簡表明之如下：

類別/次數/篇名/百分率	當句對				偶句對				總計
	言對		事對		言對		事對		
	正對	反對	正對	反對	正對	反對	正對	反對	
恨賦	8	0	0	0	15	7	3	0	33
百分率(%)	24	0	0	0	45	22	9	0	
別賦	9	0	0	0	32	13	6	0	60
百分率(%)	15	0	0	0	53	22	10	0	

從上表得知，《恨》《別》二賦多使用言對，鮮用事對，蓋取易不取難者也。劉勰有言：

> 凡偶辭胸臆，言對所以爲易也；徵人之學，事對所以爲難也。[26]

此外，《恨賦》一文使用反對者，止得七次，而《別賦》則有十三次，則二者之優劣庶可想知。況夫《恨賦》一文以事類相對者，只得三次，而《別賦》則有六次，其難易亦昭然若判者矣。

結論

從上所述，蓋可想見江淹《恨》《別》二賦使用對偶之梗概及其優劣異同。劉師培嘗曰：「西漢之時，雖屬韻文，而對偶之法未嚴；東漢之文，漸尚對偶。若魏代之體，則又以聲色相矜，以藻繪相飾。」[27] 孫梅亦云：「左陸以下，漸趨整鍊，齊梁而降，益事妍華，古賦一變而爲駢賦，江鮑虎步於前，金聲玉潤，徐庾鴻騫於

---

25 語見劉勰《文心雕龍・麗辭篇》，卷七。
26 語見劉勰《文心雕龍・麗辭篇》，卷七。
27 語見《論文雜記》。

後。」[28] 然則，江淹《恨》《別》二賦之遣詞造句，務能字字相稱，句句相儷以成文者，殆亦流風之所尚也。[29] 竊嘗以爲對偶之要，貴乎自然，使人讀之，不覺情爲之移，神爲之往。設若勉强湊句，雕琢儷辭，終必流於「駢枝」之病。[30] 試觀上舉江淹二賦之對句，近乎合掌之類者，爲數不少，況復以同義字相對，[31] 是求工過甚之故也。誠如王力所謂：「求工太過，就往往弄到同義相對，如『室』對『房』，『別』對『離』，『懶』對『慵』，『同』對『共』等，兩句話差不多只有一句的意思。……所以，工對最好是『妙手偶得之』，其次是在不妨礙意境的情形下，儘可能求其工。」[32] 然則江淹《恨》《別》二賦主題雖切，聲調雖美，條理雖明，惟其對偶，則似有雕琢過甚之弊，是亦盡美而未盡善者也。

---

28 語見《四六叢談》。

29 《恨賦》一文共九十句，其用對偶者，凡五十八句，約佔全篇百分之六十四；《別賦》一文共一百三十二句，其用對偶者，凡一百一十句，約佔全篇百分之八十四。

30 劉勰《文心雕龍・麗辭篇》云：「張華詩稱遊雁比翼翔，歸鴻知接翮；劉琨詩言宣尼悲獲麟，西狩泣孔邱。若斯重出，即對句之駢枝也。」

31 《恨賦》：「千秋萬歲」之「秋」對「歲」；「隴雁少飛，代雲寡色」之「少」對「寡」：「閉關卻掃，塞門不仕」之「閉」對「塞」；「銷落湮沈」之「落」對「沈」；「煙斷火絕」之「斷」對「絕」。《別賦》：「風蕭蕭而異響，雲漫漫而奇色」之「異」對「奇」；「見紅蘭之受露，望青楸之離霜」之「見」對「望」；「驚駟馬之仰秣，聳淵魚之赤鱗」之「驚」對「聳」；「瀝泣共訣，抆血相視」之「共」對「相」；「值秋雁兮飛日，當白露兮下時」之「值」對「當」；「同瓊珮之晨照，共金爐之夕香」之「同」對「共」；「春宮閟此青苔色，秋帳含茲明月光」之「此」對「茲」；「春草碧色，春水綠波」之「碧」對「綠」；「明月白露」之「明」對「白」；「淵雲之墨妙，嚴樂之筆精」之「妙」對「精」；「摹暫離之狀，寫永訣之情」之「摹」對「寫」。

32 語見《漢語詩律學》。

論顏延之對鮑照的貶評

鄺健行

《南史》三十四《顏延之傳》云：「延之每薄湯惠休詩，謂人曰：『惠休製作，委巷中歌謠耳，方當誤後生。』」鍾嶸《詩品》下《齊惠休上人》等人條載顏延之詆譭鮑照，「立休鮑之論」。顏延之既休鮑並提，則批評惠休的話應可加到鮑照身上。那就是說：鮑照作品是委巷中歌謠，算不得是詩。

甚麼是委巷中歌謠？《晉書》八十四《王恭傳》：

> 會稽王道子嘗朝士，置酒於東府。尚書令謝石因醉爲委巷之歌，恭正色曰：「居端右之重，集藩王之第，而肆淫聲，欲令羣下何所取則？」

《北堂書鈔》卷一百六引徐野民《晉記》，改「委巷之歌」爲「吳聲」，改「淫聲」爲「妖俗之音」。這麼看來，顏延之口中的委巷中歌謠，就是謝石唱的委巷之歌，也就是吳聲，即是當時的南方民歌。

再從「淫聲」和「妖俗之音」兩詞看，「淫」「妖」「俗」等字，晉宋人總是拿來說吳聲的。《世說新語・言語》：「桓玄問羊孚，何以共重吳聲？羊曰：當以其妖而浮。」《宋書》十九《樂志》一載王僧虔在宋順帝昇平二年上表朝廷說：「今之清商，實由銅雀。魏氏三祖，風流可懷，京洛相高，江左彌重。……而情變改聽，稍復零落，十數年間，亡者將半。自頃家競新哇，人尚謠俗，務在噍危，不顧律紀，流宕無涯，未知所極。排斥正典，崇長煩淫。」《南齊書》四十六《蕭惠基傳》：「自大明（宋孝武帝年號）以來，聲伎所尚，多鄭衞淫俗，雅樂正聲，鮮有好者。惠基解音律，尤好三祖曲及相和歌，每奏，輒賞悅不能已。」《宋書》中的「煩淫」，《南齊書》中的「鄭衞淫俗」，顯然指和魏三祖曲及相和歌相對立的吳聲西曲來說的。既然「淫聲」、「妖俗之音」等於吳聲，而王恭口中的淫聲就是委巷之歌，那麼委巷之歌指吳聲，自屬必然。

本來南渡以後，流行於江左的民歌，除了土生土長的吳聲外，還有從北方傳來的相和歌等漢魏舊曲。可是後者在宋代已被視爲「風流可懷」的「雅樂正聲」，從而跟「淫」字拉不上關係。事實上我們看東晉南朝人提到漢魏舊曲時，絕沒有用「淫」字作貶詞的。「淫」字只用於吳聲。

南方民歌雖則早已存在並在民間流行，但受到上層人士的正式肯定，恐怕要在齊梁之世。沈文季在齊高帝宴會上歌《子夜》(《南齊書》二十三《王儉傳》)，齊武帝「令長沙王晃歌《子夜》之曲」(梁元帝《金樓子・箴戒》)，王仲雄在齊明帝前鼓琴作《懊儂曲》(《南齊書》二十六《王敬則傳》)，梁代君臣大量模擬吳聲西曲作詩，都不受到譏評，便是明證。至於宋代和東晉，大家賤近貴遠的觀念一時還轉不過來，對「委巷之歌」的吳聲，大體上抱不接受和輕視的態度。有些文學史家籠統地說東晉和南朝在音樂方面吳聲西曲取代了相和歌等漢魏舊曲地位，其實只說對了一半。然則顏延之間接用「委巷中歌謠」幾個字評鮑照詩，無疑是含有貶意的。

湯惠休今存詩十一首，樂府詩佔九首。其中《楊花曲》三首和《白紵歌》三首[1]屬南方民歌系統，吳聲的比重很大；顏延之「委巷中歌謠」的斷語看來確有所據。至於鮑照樂府詩屬於南方民歌系統的，有《吳歌》三首、《採菱歌》七首、《代白紵舞歌辭》四首、《代白紵曲》二首等。以首數計，比湯惠休的作品多；以比例言，則只佔他全部樂府詩的五分之一左右，遠沒有湯惠休樂府詩所佔的比例

---

1 據逯欽立《先秦漢魏晉南北朝詩》。丁福保《全漢三國晉南北朝詩》中的《白紵歌》作兩首。

大。於是有人覺得從吳聲這個角度來說明休鮑並稱，似乎相當的牽强；意思是說鮑照吳聲擬作的數量偏少，涵蓋性不强，顏延之意中恐怕不是用這小部分作品來作整體性批評的。顏延之不滿意鮑照詩那種民歌體的俚俗，還應該從鮑照擬作的部分相和歌辭和雜曲歌辭去考慮。[2]

我對此意見稍稍不同。我認爲鮑照數量偏少的吳聲擬作，正好說明問題。鍾嶸引羊曜璠的話，說「是顏公忌照之文，故立休鮑之論」。要注意話中的「忌」字。這句話應該這樣理解：顏延之覺得鮑照的詩寫得好，心有所忌。所謂「好」，自是從顏延之的標準來看的，當然不是那些委巷中歌謠式的作品。顏延之根本瞧不起那些作品，那裏會稱許？還可以推想：鮑照的「好」詩應該不止一兩首，而是數目很多，這樣才能招顏延之之忌。這樣看，鮑照的吳聲擬作實際上不會很多。倘使很多，顏延之只會輕蔑，像對惠休那樣，何忌之有？再進一步，顏延之既心有所忌，於是想辦法挑剔鮑照的不是——他心中以爲的不是，加以貶抑。恰好鮑照有一小部分作品模倣當時還見輕於世的吳聲寫成，跟勇於利用吳聲進行創作的湯惠休相同，便拿兩人相提並論。顏延之「委巷中歌謠」的貶語，本對惠休而發，原因何在，難以詳悉，也許惠休詩作以模擬吳聲爲主之故。此雖推測之詞，但從今存惠休作品在散佚之餘，吳聲擬作仍佔很大比例的事實看，其中消息，儘可窺見一二。鮑照雖也模倣吳歌，但這類作品不構成他的詩作的主要部分，顏延之便拉他來作惠休的陪襯，「立休鮑之論」。如果鮑照寫的委巷中歌謠佔了絕大的比重，顏延之既無所忌，而指責的矛頭也會直接向他而不是向湯惠休了。

倘使拿鮑照擬作的部分相和歌辭和雜曲歌辭來說明問題，其間頗有窒礙之處。相和歌到了宋代，早已成爲「正曲」和「雅樂正聲」，

---

2 曹道衡《論鮑照詩歌的幾個問題》，載《中古文學史論文集》，北京：中華書局，1986年，頁218。

再無俗的成分。顏延之本人便寫過《從軍行》、《秋胡行》、《挽歌》[3]等屬於相和歌辭的詩作，又奉宋文帝詔擬《樂府北上篇》(即《苦寒行》)。[4]其中《挽歌》一題，鮑照也寫過。顏延之要說鮑照的相和歌辭俗，有可能等於說自己也寫俗詩；他怎麼會這樣做？還有，說鮑照模擬相和歌辭和雜曲歌辭的作品俗，那麼《宋書》和《南史》鮑照傳中說他「嘗爲古樂府，文甚遒麗」的褒詞，便不好理解了。古樂府正是指相對於吳聲西曲等今樂府的漢魏以來的民歌而言。事實上，正是這些古樂府，特別是其中的雜曲歌辭，爲一些名家所稱許和取資的。

鍾嶸《詩品序》拿鮑照「戍邊」和曹王諸家的「五言警策」篇章並列。鮑照集沒有以「戍邊」爲題的作品，各注家均以爲指《代出自薊北門行》，那是一首樂府雜曲歌辭之作。江淹《雜體詩》三十首，模擬各家最突出最成功的作品，擬鮑照之作的小標題爲《戎行》。這樣的內容鮑照的徒詩沒有，倒是爲《樂府詩集》歸入雜曲歌辭的《代出自薊北門行》和《代陳思王白馬篇》二作性質與之相近。而江淹《別賦》中的「暫遊萬里，少別千年」，也顯然變自屬雜曲歌辭的《代昇天行》當中的兩句：「暫遊越萬里，少別數千年」。《詩品》下謝超宗諸人條雖說「大明泰始中，鮑休美文，殊已動俗」，然而江淹鍾嶸兩人，不能算作「俗」品，爲他們所稱許取資的，與其說是「動俗」的「美文」，不如說是「古樂府」的「遒麗之作」來得更貼切。就事實觀察，鮑照的古樂府，齊梁之時，恐怕已有被看成不那麼合時的了。《詩品序》便提過一些輕薄之徒「謂鮑照爲羲皇上人」，接下去舉的例子，則爲《代結客少年場行》中的「日中市朝滿」；《代結客少年場行》也屬雜曲歌辭。可見像這類樂府，已趨入「正典」一途，而和《南齊書·文學傳論》所說的「鮑照之遺烈」——發唱驚挺，操調險急，雕

---

3 《挽歌》，丁本無，逯本補。

4 《南史》本傳。

藻淫艷，傾炫心魄——大不相同的。

《擬行路難》十八首也屬雜曲歌辭，一些學者指出一樣被時人所輕，視爲俚俗，那是因爲原作「不曾入樂，也未經文人加工」，有欠典雅之故。[5] 不過事實是否如此，似乎仍可討論。我們分析一下跟《行路難》有關的資料，也許有所幫助。《世說新語・任誕》注引《續晉陽秋》：

> 袁山松善音樂，北人舊歌有《行路難》，曲辭頗疏質[6]，山松好之，乃爲文其章句，婉其節制，每因酒酣從而歌之，聽者莫不流涕。初，羊曇善唱樂，桓伊能《挽歌》，及山松以《行路難》繼之，時人謂之三絕。[7]

《行路難》最初期的「原作」入不入樂雖不可知，不過看引文中的「曲」，應該就是「協聲律，播金石，而總謂之曲」[8] 的曲；再加上「婉其節制」這句話，則《行路難》南傳時是否已經入樂，頗堪考慮。又引文把《行路難》、唱樂和《挽歌》並舉，有表示三者性質相同或類似之意。「唱樂」就是合樂歌唱；《挽歌》老早就入了樂的。《樂府詩集》卷二十七錄曹操《薤露》及《蒿里》後，均補充說：「右一曲，魏樂所奏。」《薤露》和《蒿里》就是《挽歌》，見《薤露》題下說明。然則推測跟「唱樂」及《挽歌》並舉的《行路難》入樂，也不能說毫無根據。

另一方面，從《續晉陽秋》的文字觀察，看不出袁山松對《行路難》有鄙薄之意。他嫌《行路難》疏質是事實，可是經他整理之後，無論節奏或文辭，肯定不再疏質了。據《晉書》卷一百《孫恩傳》，袁山松卒於晉安帝隆安五年，時代遠早於鮑照。我們誠然不知鮑照依

---

5 同注 2，頁 224。

6 余嘉錫《世說新語箋疏》及徐震堮《世說新語校箋》二句均讀作「北人舊歌有《行路難》曲，辭頗疏質」，此處據曹道衡的文章斷句。

7 《張湛好於齋前種松柏》節。

8 《樂府詩集・雜曲歌辭》題解中語。

據的是原來的還是經整理後的《行路難》。袁山松的《行路難》旣婉且文，已經文人加工，再無俗的成分，不必說了。南傳的《行路難》，從音樂的角度看，所謂「疏質」，只是指不合當時的耳朵，不一定等於俗。因爲「疏質」的相反面「煩淫」，正是俗樂的特點。如果說原來的《行路難》俚俗，似乎只能從文詞的疏質方面說。即使事實如此，也跟鮑照的擬作沒有關係。擬作的十八首詞采華美，跟他的別的古樂府的「遒麗」沒有兩樣，想來距離原來的形貌已遠，按理也不會招俚俗之評的。

我看顏延之不滿鮑照，主要在鮑照模倣南方民歌這一點上；其他的推論，不見得能站得住腳。

徐庾文學平議

王仲鏞

在中國文學發展的歷史長河中，有一個相當重要的階段，長期爲人們所忽視，甚至還嚴加指責，那就是蕭梁後期大同以後的文學。史家曾議其「淫放」、「輕險」，斥爲「亡國之音」。(《隋書・文學傳論》、《南史・文苑傳論》)徐陵、庾信就是這段時期的代表作家，也被史家貶之爲「辭賦罪人」。(《周書・庾信傳論》)近年學術界對南北朝文學提出了重新評價的問題，作了很多認眞的硏討，似乎有一種看法，蕭梁前期的文學是進步的，因而出現了《文心雕龍》、《詩品》、《文選》這些有價值的著作，對後世影響很大。而後期則走向了反面，對於徐、庾這樣的作家，只承認他們有一些較好的作品可供鑒賞誦讀，別的方面，皆無足稱。

我們認爲，這種看法是不恰當的，這段時期的文學，並非全無可取，其影響後世也不爲不大。而徐、庾二家的文學活動，融通南北，承先啟後，確曾發揮過重要的作用。

一

首先談談徐庾體。《北史・庾信傳》說：

> 父肩吾爲梁太子中庶子，掌書記，東海徐摛爲左衛率，子陵及信並爲抄撰學士，父子在東宮，出入禁闥，恩禮莫與比隆，旣文並綺艷，故世號爲「徐庾體」焉。當時後進，競相模範，每有一文，都下莫不傳誦。(《周書・庾信傳》同)

在這裏，我們可以看出，所謂徐庾體，包括有徐摛父子和庾肩吾父子四人在內，而不只是徐陵、庾信兩人。其時徐陵年二十六歲，庾信才十九歲。徐庾體的特點是「綺艷」，這實際是當時以尚爲太子的簡文帝蕭綱，和尚爲湘東王的梁元帝蕭繹爲中心的文士集團，所倡導的文風。這時，梁武帝蕭衍在位已三十年，自以爲承平無事，方留心於儒經釋典，昭明太子蕭統主持文運，不久前逝世。蕭綱繼立爲皇太子，他本不滿於前段時期的京師文風，有《與湘東王書》云：

比見京師文體，懦鈍殊常，競學浮疏，爭爲闡緩。玄冬脩夜，思所不得，既殊比興，正背《風》《騷》。

當時京師文體的代表主要是任昉。梁初，任昉與沈約齊名，任昉長於章表書奏，而不長於詩，沈則詩文兼工，時人有「沈詩任筆」之稱。「昉聞，甚以爲病，晚節轉好著詩，欲以傾沈，用事過多，屬辭不得流便，自爾都下士子慕之，轉爲穿鑿。」(《南史·任昉傳》)《文選》選沈詩十三首，文四首；任文十八首，詩只二首。足見取捨各有所重。鍾嶸《詩品》雖把任昉、沈約同列中品，仍不能不說他「動輒用事，所以詩不得奇。少年士子，效其爲此，弊矣。」據史載：「嶸嘗求譽於沈約，約拒之。」所以《詩品》中故意貶抑他。(《南史·鍾嶸傳》)對他所著的詩，要「剪除淫雜」，論及沈約所創的聲律說，則以爲「但令清濁通流，口吻調利，斯爲足矣。至平上去入，則余病未能。蜂腰鶴膝，閭里已具。」本來，鑽研聲律，提出四聲、八病之說，乃是齊永明以來的新學。劉勰具有對文學較全面的認識和新事物的敏感，首先承認了它。在《文心雕龍》中寫了《聲律》篇，闡說聲律的重要性。有人認爲是他爲了求得賞識，討好沈約，或不盡然。但這門新學，起初不大容易爲人所理解和接受，確是事實。與沈約同爲竟陵八友的蕭衍，就是如此。《梁書·沈約傳》載：

又撰《四聲譜》，以爲在昔詞人，累千載而不寤，而獨得胸襟，窮其妙旨，自謂入神之作，高祖雅不好焉。帝問周捨曰：「何謂四聲？」捨曰：「天子聖哲」是也。然帝竟不遵用。

這與鍾嶸對聲律說的態度，也可能有關。所以他又說：「今既不被管弦，亦何取於聲律耶！」

蕭綱兄弟喜歡引納一批文學之士，相與游讌，吟詠唱酬，遠師魏文帝曹丕兄弟南皮、西園之游，近則實從齊永明中竟陵王蕭子良所開創的風氣而來。史載：「子良少有清尚，禮才好士，居不疑之地，傾意賓客，天下才學，皆游集焉。善立勝事，夏月客至，爲設瓜飲及甘果，著之文教。士子文章及朝貴辭翰，皆發教撰錄。」(《南齊書・竟陵王子良傳》)所謂「竟陵八友」，梁武帝蕭衍即居其一。此外，王融、謝朓、任昉、沈約、陸倕、范雲、蕭琛七人，各有所長，其詩文皆爲一時之選。在文學史上，是永明文學的代表作家。蕭綱令徐陵撰《玉臺新詠》，蕭繹令僚屬撰《西府新文》，(《隋書・經籍志》：「《西府新文》十一卷並錄，梁蕭淑撰。」)這種作法，看來也是從蕭子良之撰錄「士子文章及朝貴辭翰」學來。特別值得注意的，是竟陵八友的文學活動中，喜歡分題詠物，取材或以節物氣候，或以鳥獸花木，或以樂器用具，寫作短小精工的詩賦。今天可見的賦，如蕭子良的《梧桐賦》，沈約也有《桐賦》，還有《高松賦》、《反舌賦》，謝朓也有《高松賦》，還有《杜若賦》、《野鵞賦》、《七夕賦》、《擬風賦》，王融也有《擬風賦》、《應竟陵王教桐樹賦》等等；詩如王融的《詠琵琶詩》、《詠幔詩》、《藥名詩》、《星名詩》、《詠池上梨花詩》、《詠梧桐詩》、《詠女蘿詩》、《離合賦物爲詠詠火》，謝朓則有《秋夜詩》、《詠風詩》、《詠竹詩》、《詠落梅詩》、《詠牆北梔子詩》、《詠薔薇詩》、《詠蒲詩》、《詠兔絲詩》、《游東堂詠桐詩》、還有《雜詩》三首——詠鏡臺、燈、燭，《同詠樂器・琴》，王融也有《詠琵琶》，沈約有《詠篪》，《同詠坐上玩器・烏皮隱几》——沈約也有《詠竹檳榔盤》，《同詠坐上所見一物・席》——柳惲同詠，王融有《詠幔》，盧貞有《詠簾》、《詠竹火籠》、《詠瀉鵜》等；蕭衍有《詠舞》、《詠燭》、《詠筆》、《詠笛》諸詩；范雲則有《詠井》、《悲廢井》、《詠桂樹》、《詠寒松》、《園橘詩》、《詠早蟬詩》；任昉也有《同謝朏花雪詩》、《詠池邊桃詩》，至於沈約，則這類詠物詩多達四十餘首，不可能一一列舉了。而這種作法，在蕭綱兄弟與周圍文人所進行的文學活動中，還在繼續，如蕭綱、蕭繹和徐陵、庾信集中，都有《鴛鴦賦》，蕭綱還有《舌賦》、《舞賦》、《筆賦》、《金錞賦》、《列燈賦》、《對燭賦》、《眼明囊賦》、《梅花賦》、《脩竹賦》、《鵁鶄賦》等等，蕭繹和庾信也有《對燭賦》，庾信還有《燈賦》、《象戲賦》、《七夕賦》、《竹杖賦》、《邛竹杖賦》、《鏡賦》等。詠物的詩，不僅蕭綱兄弟和徐、庾父子，就是同時其他作家，這類作品，也寫得不少。徐摛的詩，今只存五首，除一首《胡無人行》是樂府舊題外，其餘四首：《詠筆》、《詠橘》、《壞橋詩》、《賦得簾塵》，全是詠物詩。在宮體詩中，這種詠物詩要佔相當的比重。唐太宗喜歡寫宮體詩，所寫詠物詩今天還可見者有二三十首。這類詩，在篇制上是四句，八句，至多爲十句，一般是刻劃物形，摹寫物態，運以巧思，加之華藻。所以，宮體詩並不完全等於豔詩。不過也必須看到，在蕭綱兄弟的倡導下，宮體詩確是以描摹男女之情的豔詩爲主要內容，即使詠物，也多注意婦女身邊所用的器物，並以此生發起與婦女生活有關的聯想。這恐怕和蕭衍就喜歡寫這樣的詩有關，而當時在文壇上名望最高，年歲也活得最長的沈約更起了重要作用。今《玉臺新詠》中載蕭衍的《詠舞》、《詠燭》、《詠筆》、《詠笛》四首詩，就顯示了這種傾向。而沈約的一些詩，亦復如此。尤其值得注意的，沈約的十詠，《玉臺新詠》錄存二首，所詠的是《領邊繡》、《腳下履》，這種題材，連《玉臺新詠》中也不多見，只有蕭驎《詠袙複》一首。此外，他還有《六憶》詩，《玉臺新詠》也只選錄了四首，這些比較露骨的「淫豔」之作，《玉臺新詠》所載並不多，還有所選擇，說明徐陵《玉臺新詠序》中所云：「曾無忝於《雅》《頌》，亦靡濫於風人」的宗旨，還是有所遵循的。《玉臺新詠》中載沈約詩達三十一首，爲蕭氏父子以外選錄最多的作家，而這些詩，除《詠月》一首，《文選》題作《應王中丞思遠詠月》選入以外，其餘無一首相重，足見兄弟二人的鑒選標準，截然不同。

推崇沈約，接受了他以男女風情入詠的艷詩，同時也接受了他所創的聲律新學。由此以構成他們改革京師「儒鈍殊常，競學浮疏，爭爲闡緩」的文體，即學習任昉「用事過多，屬辭不得流便」的文風而創造的新體，其理論根據，就是蕭子顯所謂的「新變」。蕭子顯也是蕭綱所推崇的文學前輩之一。史稱：「太宗素重其爲人，在東宮時，每引與促宴，子顯嘗起更衣，太宗謂坐客曰：『嘗聞異人間出，今日始知是蕭尙書。』其見重如此。」(《梁書・蕭子顯傳》)他在所寫《自序》中說：「追尋平生，頗好辭藻，雖在名無成，求心已足。若乃登高目極，臨水送歸，風動春朝，月明秋夜，早雁初鶯，開花落葉，有來斯應，每不能已也。」這和蕭綱認爲文學應當以「吟詠情性」、「操筆寫志」爲主，而不當「遲遲春日，翻學《歸藏》；湛湛流水，遂同《大傳》」(《與湘東王書》)的主張，也適相契合。子顯認爲：

> 五言之制，獨秀衆品，習翫爲理，事久則瀆，在乎文章，深患凡舊，若無新變，不能代雄。(《南齊書・文學傳論》)

這就是說：文學發展，隨時而變，既要有新的內容，也要有新的形式。除了特別注意辭藻以外，還必須嚴格講求聲律的協調。這就是當時實行「新變」的主要作法。史家姚思廉在《梁書・庾肩吾傳》中把這個問題講得十分淸楚：

> 初，太宗在藩，時肩吾與東海徐摛、吳郡陸杲、彭城劉遵、劉孝儀，儀弟孝威，同被賞接。及居東宮，又開文德省，置學士，肩吾子信，摛子陵、吳郡張長公、北地傅弘、東海鮑至等充其選。齊永明中，文士王融、謝朓、沈約文章始用四聲，以爲新變，至是轉拘聲韻，彌尙麗靡，復踰於往時。

他毫不含糊地把宮體詩說成是永明詩風的繼續，只不過是「踵其事而增華，變其本而加厲」(《文選序》)罷了。我們知道，因與創，本是事物辯證發展的普遍規律。如果說，自從接受了四聲、八病之說以後，使駢體文得到了更進一步的發展，至此更趨成熟；爲律體詩開闢了道路，使之在永明諸人的基礎上，有所前進的話，則徐庾體之功，是不可埋沒的。

明代的楊愼精研六朝、三唐詩學，他的《五言律祖》，采庾信詩二十首以上，徐陵、蕭綱、蕭繹各十首以上。《千里面譚》首舉蕭綱《春情》詩，以爲「七言律之濫觴」。《絕句衍義》亦以蕭衍、蕭綱、蕭子顯居首，以爲七絕所祖。駢體文於辭藻、用事之外，還講究聲律、對偶；律體詩因此逐步成型，讓華夏單音字的形式美和音樂美，得到充分的發揮，尤其是律詩、絕句，至今還有着一定的生命力。從文學發展的角度來看，蕭梁後期的文學，並不曾走向歷史的反面，是可以肯定的。

從上面的探討可以看出；蕭梁後期，即大同以後的文學，是以蕭綱爲首的宮體詩人活動爲中心，其代表作家爲徐、庾父子。所謂徐庾體，即指他們在東宮(太子宮)參加當時的文學活動中所作詩賦，最能體現「新變」的特色。這類作品，唐代一些史家每病其「綺艷」、「輕華」，(《梁書·簡文帝紀》)貶之爲「淫放」、「輕險」，(《周書·庾信傳論》)「新巧」，(《周書·文苑傳論》)大抵貶斥居多，肯定者少。所謂「亡國之音」，其實是以政治成敗爲依據來評論文學。劉肅的《大唐新語》有一段記載：

> 太宗謂侍臣曰：「朕戲作艷詩。」虞世南便諫曰：「聖作雖工，體制非雅。上之所好，下必隨之。此文一行，恐成風靡。而今而後，請不奉詔。」太宗曰：「卿懇誠如此，朕用嘉之。羣臣皆若世南，天下何憂不理。」乃賜絹五十疋。先是，梁簡文帝爲太子，好作艷詩，境內化之，浸以成俗，謂之宮體。晚年改作，追之不及，乃令徐陵撰《玉臺集》，以大其體。永興之諫，頗因故事。

其實，從《全唐詩》中就可以看到虞世南也寫有《奉和詠風》、《初晴應教》、《春夜》、《詠舞》、《詠螢》、《蟬》、《秋雁》這類以詠物為題的宮體詩，他之所以諫止太宗，主要還是從政治方面出發。當時修史，是魏徵這樣一些大臣在主持，對宮體詩，自然會力加貶斥。至於王通所說「徐陵、庾信，古之夸人也，其文誕。」(《文中子・事君》)這種純從道德觀念出發，不著邊際的評論，就更不足信了。何況《文中子》一書，本身還有問題呢！後來杜甫說：「清新庾開府」(《春日憶李白》)，元稹稱杜甫詩「雜徐庾之流麗」(《杜工部墓係銘》)，皮日休說：「宋廣平《梅花賦》，清便富艷，得南朝徐庾體。」(《桃花賦序》)這些詩人作者，才眞正指出了以徐庾體為代表的宮體詩賦的特色，是「清新」、「流麗」、「清便富艷」。說明當日蕭綱等人作意改革京師「浮疏闡緩」、「不得流便」之體，是有成績的。今天所能見到的徐陵、庾信在東宮所作的詩賦，已寥寥無幾，從二人同有的《鴛鴦賦》來看，比之永明時期蕭子良等人所作的詠物小賦，辭采情韻，都大有不同，前者是極意體物，過求形似，不免顯得有些沈滯。而後者則體物而不滯於形象刻劃，每從空際落想，但求神似，而且句度變化，雜以五、七言詩句，調子輕快流利得多了。徐陵賦僅存此一篇。庾信前期的賦，還有《春賦》、《七夕賦》、《燈賦》、《對燭賦》、《鏡賦》等篇，體物瀏亮，緣情綺靡，其成就在同時諸人之上。至於現存他們在東宮時所作的詩和樂府，儘管為數已經不多，無論是詠物寫景，言情擬古之作，其中清辭麗句，閒見疊出，像徐陵的「竹密山齋冷，荷開水殿香」(《奉和簡文帝山齋》)，李白「風動荷花水殿香」之句(《口號吳王舞人半醉》)，得以取資；庾信的「路高山裏樹，雲低馬上人」(《詠畫屏風》)，李白「山從人面起，雲傍馬頭生」一聯，又由此脫化(《送友人入蜀》)。特別是《詠畫屏風》二十四首，連章寫景，讀來彷彿和杜甫的《陪鄭廣文游何將軍山林十首》、《重過何氏五首》，展示在同一個畫面之上。窺豹一斑，也可知盛唐詩家，玩索有素了。至若《烏夜啼》、《燕歌行》這些言情樂府名篇，更是諷高歷賞，完全達到蕭繹所提出的「綺縠紛披，宮徵靡曼，唇吻適會，情靈搖盪」的最高藝術境界了。清代的劉熙載在《藝概》中說：「庾子山《燕歌行》開唐初七古，《烏夜啼》開唐七律。」已經正確指出了它在詩歌發展史上的重要作用。

二

其次，談談《玉臺新詠》。

關於《玉臺新詠》的成書年代問題，過去研究者說法很多，一般根據《大唐新語》的記載，以爲蕭綱晚年悔其爲太子時所作艷詩，因令徐陵撰集此書，(已見前引)但徐陵以太淸二年(548)出使東魏，隨即發生侯景之亂，留而未歸，其撰集必在出使以前。而旣云「晚年改作」，則當在出使前數年間，對其具體年代作過種種推斷，但認爲《玉臺新詠》是蕭綱爲太子許多年以後編成的，則是基本一致的看法。

我們認爲劉肅所謂：蕭綱晚年悔其少作，始令徐陵撰《玉臺集》，這一說法是並不可信的。按《新唐書·藝文志》：「《大唐新語》三卷，元和中江都主簿劉肅撰。」他的生活時代，已在中唐。由於唐初有虞世南、魏徵等人諫諍太宗不作宮體詩的事實，因而產生了連蕭綱也曾晚年改作的傳說。據說其撰集《玉臺新詠》的目的，是爲了「以大其體」，尤不易解。難道自已悔而改作，還要尊大其體，以擴大影響嗎？比他早半個世紀以上生活在天寶年間的李康成，說法就不一樣。他說：

> 昔陵在梁世，父子俱事東朝，特見優遇，時承平好文，雅尚宮體，故采西漢以來詞人所著樂府艷詩，以備諷覽。(晁公武《郡齋讀書志》卷二，「《玉臺新詠》十卷」下引)

這個說法，與徐陵的《玉臺新詠序》中所云：「但往世名篇，當今巧製，分諸麟閣，散在鴻都，不藉篇章，無由披覽。於是燃脂暝寫，弄墨晨書，撰錄艷歌，凡為十卷。」完全相合。據《全唐詩》李康成小傳：「天寶中，與李、杜同時。其赴使江東，劉長卿有詩送之。(《嚴陵釣臺送李康成赴江東使》，見《劉長卿集》卷十)嘗撰《玉臺後集》，自陳後主、隋煬帝、江總、庾信、沈、宋、王、楊、盧、駱而下二百九人，詩六百七十首，彙為十卷。自載其詩八首，今存四首。」這四首詩是《江南行》、《采蓮曲》、《玉華仙子歌》、《自君之出矣》，從題材、內容到詩的格調，都近於宮體，也即是徐庾體。《玉臺後集》宋代猶存，《郡齋讀書志》著錄：「《玉臺後集》十卷，右唐李康成采集蕭子範迄唐張赴二百九人所著樂府歌詩六百七十首，以續陵編。《序》謂：『名登前集者，今並不錄，惟庾信、徐陵仕周、陳，既為異代，理不可遺』云。」唐人最重《文選》，有「《文選》爛，秀才半」的說法，家習其書，續《文選》者，不乏其人，而《玉臺新詠》的流傳，似乎也比較普遍，為廣大文士所愛好，所以李康成才有《玉臺後集》之作。他既然長期寢饋於其間，則其所述《玉臺新詠》的成書情況，自較劉肅的記載為可信。

此外，我們還可以拿蕭繹令僚屬撰《西府新文》的年代，作為旁證。《顏氏家訓・文章篇》：「吾家世文章，甚為典正，不從流俗，梁孝元在藩邸時撰《西府新文》，訖無一篇見錄者，以不偶於世，無鄭、衛之音故也。」梁元帝蕭繹於普通七年(526)，「出為……西中郎將，荊州刺史。中大通四年(532)，進號平西將軍。」其軍府駐在荊州，在京師建康(今南京)之西，故稱「西府」。前面已經提到，蕭綱、蕭繹兄弟之所以一撰《玉臺新詠》，一撰《西府新文》，是學習竟陵王蕭子良對「士子文章，朝貴辭翰，皆發教撰錄」的做法，則其作意撰集，二書時間必不甚相遠。蕭綱以中大通三年(532)立為皇太子，其時蕭繹正在「西府」；到了大同五年(539)，他即「入(建康)為安西將軍、護軍將軍，領石頭戍軍事」，不在西府了。大同六年(540)，又「出為……鎮南將軍，江州刺史。」(以上並見《梁書・元帝紀》)故知其撰集《西府新文》，必在大同五年以前。以此推之，即《玉臺新詠》的撰集，不出中大通三年至大同五年之間。

又按照舊本(明翻宋刻)《玉臺新詠》，本書編次：大抵爲第一至四卷，撰錄宋、齊以前所謂的「往世名篇」；五、六兩卷，收梁代已故詩人之作；七卷則皇室蕭氏父子；八卷爲當世作者；九、十兩卷，古今混編。其八卷以下所列當世作者中，蕭子顯卒於大同三年(537)，(見《梁書・蕭子顯傳》)王訓卒年，據《梁書・王暕傳》載：「(訓)年十六，暕亡憂毀。」暕卒在普通元年(520)，而「(訓)以疾終於位，時年二十六」推算，當爲大同二年(536)。綜合以上諸端，則《玉臺新詠》之成書，我們如果把它定在大同二年前的一二年間，庶幾可能近乎事實吧！

關於《玉臺新詠》的撰錄標準，在前舉它與《文選》所載沈約詩的截然不同，已有所涉及。其差別就是《文選》所錄，主張「事出於沈思，義歸乎翰藻」，而務求典正，無取豔科。蕭統以陶淵明的《閑情賦》爲「白璧微瑕」，(見蕭統《陶淵明集序》)即其明證。一也。又《玉臺新詠》撰錄婦女作品，「往世作者」有班婕妤、烏孫公主、甄皇后、劉勳妻王氏、賈充李夫人、桃葉、鮑令暉七人，梁代作者有劉令嫻、范靖婦(沈滿願)、王叔英妻劉氏三人。《文選》只載班婕妤《怨歌行》一首，雖以蔡琰《悲憤詩》，載在《後漢書》，亦所不錄。二也。《玉臺新詠》撰錄《吳歌》、《西曲》，和桃葉《團扇歌》、《丹陽孟珠歌》、《錢塘蘇小歌》乃至傳爲吳興妖神所作的詩，以及流傳在民間的《孔雀東南飛》這樣的長篇紀事詩。而《文選》只取樂府古辭，不錄民間歌曲。三也。再者，《玉臺新詠》不僅撰錄「往世名篇」，而並取「當今巧製」。《文選》所集，雖云「遠自周室，迄於聖代」，而梁文只取逝者，在世諸家，一概不錄。四也。今天看來，若論雅正精嚴，撰錄屈宋以來佳作，《文選》自屬巨觀。若從上舉四個方面來看，《玉臺新詠》也算是「寸有所長」。特別是對婦女作品和民間歌曲的采錄，尤其可貴。至於所錄「當今巧製」，多爲東宮唱酬之作，是宮體詩的主體。加上「往世名篇」和梁代前輩作家篇什，即所謂「以大其體」(《大唐新語》)了。這部分詩，誠如徐陵《玉臺新詠序》所說：「雖復投壺玉女，爲歡盡於百驍；爭博齊姬，心賞窮於六箸。無怡神於暇景，惟屬意於新詩，可得代彼萱蘇，微蠲愁疾。」屬於東宮中娛樂消閑的作品，思想意義是談不上的。他們挖空心思，完全是從藝術技巧上著眼，所謂「新變」，在篇制、辭藻、聲律諸方面爭新鬬巧，無非是爲了滿足自己美感享受而作的努力。孔子說：「飽食終日，無所用心，難矣哉。不有博弈者乎，爲之猶賢乎已。」(《論語・陽貨》)文學藝術的功能，本來就有供人娛樂消閑的一面，今天還是如此。根據唐代史臣所修《梁書》的記載，蕭氏父子或稱其：「歷觀古昔帝王人君，恭儉莊敬，藝能博學，罕或有焉」，「勤於政務，孜孜無怠」，「治定功成，遠安邇肅」，「三四十年斯爲盛矣」，「自魏晋以降，未或有焉。」(《武帝紀》)或稱其「器宇寬弘，未嘗見慍喜」，「讀書十行俱下，九流百氏，經目必記，篇章辭賦，援筆立成」，「及後監撫，多有弘宥，文案簿領，纖毫不可欺。引納文學之士，賞接無倦，恒討論篇籍，繼以文章。」(《簡文帝紀》)連蕭繹也是「不好聲色，頗有高名，與裴子野、劉顯、蕭子雲、張纘及當時才秀爲布衣之交，著述文章，多行於世。」(《元帝紀》)父子三人著書各數百卷。《梁書》、《隋志》，俱有著錄。他們所以寫宮體詩，主要是在和周圍的文士一起，共同作文藝的遊戲，頗有似於歐洲十七世紀所出現的文藝沙龍。正如蕭綱教兒子蕭大心所說的：「立身之道，與文章異，立身先須謹重，文章且須放蕩。」(《藝文類聚》卷二十三引梁簡文帝《誡當陽公書》)由此可以看到當時他們好作豔詩，自我內心中所持的態度。明白了這一點，對於我們理解後來文學發展史上所出現的香奩詩、花間派、西崑體，以及一些婉約詞和宋元間所編《樂府補題》中的詠物詞之類，都大有好處。至於《文選》不錄存者的做法，可免牽於愛憎，自有其穩妥愼重的一面，後世選家奉行，幾成通例。但對眞正優秀的作家是不公道的。一些有價値的作品，也會遭到埋沒。司空圖在《擢英集述》中說：「自昭明妙選，振起斯文，榮雖著於方將，恨皆纏於既往。當西施之玩鏡，不賞蛾眉；豈伯樂之停車，空收駿骨。乃使盛時才子，翻銜泣玉之冤；異代沈魂，祇擲凌雲之譽。九原誰詫，千載徒懸。」唐人對此，已經感到不無遺憾了。

由於有了《玉臺新詠》作爲《文選》的補充，使我們對於漢魏六朝的詩歌發展，得覩其全貌。而且自它流傳以後，影響深遠，隋唐以下，無論是詩歌、詞、曲都多有沾溉，這已是文學史家所公認的了。

這個問題，在徐陵的名下，可以記上一功。他的《玉臺新詠序》，驚才絕艷，已經成爲千古傳誦的名篇。

三

談談徐、庾的後期文學及其在中國文學史上應有的地位。

徐、庾後期文學指梁朝侯景之亂，他們同留北方以及徐陵回南以後的文學。這段時期，徐陵的重大成就是駢文。而庾信則主要在於他的「暮年詩賦」；駢文成就，亦與徐陵各據一方，互相輝映。

徐陵是太清二年(548)出使東魏的。其年八月，侯景於壽陽擧兵反，自是「留北不遣」，直到敬帝紹泰二年(555)方得南歸。留北期間，凡有七年。南北朝是一個南北民族大融合的時代，北魏孝文帝拓拔宏自太和十二年(494)遷都洛陽，積極推行漢化政策以後，已歷半個世紀，在文學領域裏，南方居於領先的地位，北方文人，都向往著南方。當時北方的大名士邢邵、魏收，一學沈約，一學任昉，就是人所共知的事實。(見《顏氏家訓・文章篇》、《北齊書・魏收傳》)徐陵初到東魏，魏收想在賓筵上嘲弄他，結果三言兩語，便被壓倒。據說還被宰相高歡怪他丢了面子，囚禁好幾天。(見《南史・徐陵傳》)劉禹錫詩：「北朝文士重徐陵。」(《洛中寺北樓見賀監草書題詩》)看來他在留北的幾年間，是受到尊重的。這幾年間，梁朝發生了翻天覆地的動亂，父親徐摛和家人，尚在江陵。接著，高歡的兒子高洋逼受魏禪，建立北齊；梁元帝已在江陵稱帝，並與北齊通使。徐陵屢次請還，俱被拘留不遣。於是，他寫了慷慨陳辭的《與齊尚書僕射楊遵彥書》。這封書信，與他前期所寫的《玉臺新詠序》，同爲亘古常新，傳誦人口的名篇。是有別於晉宋駢文而顯示了齊梁新貌的代表作，也爲後來唐朝「四六」作出了最佳的典範。《玉臺新詠序》是宮體的精華，麗藻聯翩，音情婉美，跌宕生姿。唐代盧照鄰《樂府雜詩序》、韓偓《香奩集序》、韋莊《又玄集序》、司空圖《擢英集述》、歐陽炯《花間集序》等等，遠承沾溉，還可見其流風遺韻。而《與楊遵彥書》則別開新境，風格大變。書中先設八難，逐一解答，情意愷切，宛轉周至。然後，他又說：「吾奉違溫凊，仍屬亂離，寇虜猖狂，公私播越。蕭軒靡御，王舫誰持，瞻望鄉關，何心天地！自非生憑廩竹，源出空桑，行路含情，猶共相憫。」希望用骨肉天倫之理，打動對方。接著，更訴思鄉之切：「歲月如流，人生何幾！晨看旅雁，心赴江淮；昏望牽牛，情馳揚越。朝千悲而下泣，夕萬緒以迴腸，不自知其爲生，不自知其爲死也。」最後說：「若一理存焉，猶希矜眷，何必期令吾等，必死齊都，足趙、魏之黃塵，加幽、幷之片骨。遂使東平拱樹，長懷向漢之悲；西洛孤墳，恒表思鄉之夢。干祈以屢，哽咽增深。」像這樣慷慨激越，沈痛悲涼的情調，幾乎與庾信的《哀江南賦》可以媲美了。此外，他還有《在北齊與宗室書》、《與王僧辯書》、《與王吳郡僧智善書》等，抒發羈旅懷歸之情，無不於纏綿悱惻之中，寓以淸剛之氣。說明他在北方生活有了變化，已經不再像前期所謂的徐庾體那樣，唯以「淸便富艷」爲美了。其後代貞陽侯蕭淵明與王僧辯、陳霸先諸書，也有此特色。回南以後，由於他的名高望重，凡朝廷大手筆，多命撰作。制誥、碑銘、書啟各體，皆高華典麗，而不失流美自然。《陳書・徐陵傳》云：

> 自有陳創業，文檄軍書及禪授詔策，皆陵所製，而《九錫》尤美。爲一代文宗，亦不以此矜物，未嘗詆訶作者。其於後進

之徒，接引無倦。世宗、高祖之世，國家有大手筆，皆陵草之。其文頗變舊體，緝裁巧密，多有新意。每一文出手，好事者已傳寫成誦，遂被之華夷，家藏其本。

「頗變舊體」即指出他的後期文體，與在東宮時期，有所不同。「其於後進之徒，接引無倦」，「每一文出手，好事者已傳寫成誦，遂被之華夷，家藏其本」，更見他的影響既深且廣，已不限於南朝了。

庾信入北以後，駢文成就，亦與徐陵相埒。北周滕王宇文逌《庾開府集序》云：「信降山岳之隆，縕煙霞之秀，妙善文詞，尤工詩賦。窮緣情之綺靡，盡體物之瀏亮。誄奪安仁之美，碑有伯喈之情，箴似楊雄，書同阮籍。」可見其各體俱工，見重當時。他以梁元帝承聖三年(554)聘於西魏，江陵陷落，遂留長安。最初也有一個與北方文士互相認識的過程，唐張鷟《朝野僉載》：「梁庾信從南朝初至北方，文士多輕之，信將《枯樹賦》以示之，於後無敢言者。」《枯樹賦》也是詠物小賦，由於身到北方，生活改變，與東宮賦詠，情調已迥然不同。《僉載》又云：「時溫子昇作《韓陵山寺碑》，信讀而寫其本。南人問信曰：『北方文學何如？』信曰：『唯有韓陵山一片石堪共語，薛道衡、盧思道堪把筆，自餘驢鳴狗吠，聒耳而已。』」溫子昇、魏收、邢邵同時齊名；薛、盧年輩稍晚，入隋始負重名，子山對他們的文學活動，已有所賞會。說明他的文體變化，與北方風氣，亦復有關。《隋書・文學傳論》云：「江左宮商發越，貴於清綺；河朔詞義貞剛，重乎氣質。」《枯樹賦》詞采清麗，情意悽惻，而潛氣內轉。寄託身世之感，寓以鄉關之思。其中「若乃山河阻絕，飄零離別，拔本垂淚，傷根瀝血。火入空心，膏流斷節。橫洞口而欹倒，頓山腰而半折，文斜者百圍冰碎，理正者千尋瓦裂。載瘿銜瘤，藏穿抱穴，木魅睒睗，山精妖孽。」一段，處處說的是樹，實際處處都在說人，把自己的苦難遭遇，傷痛感情，全都裝了進去。接著又說：「況復風雲不感，羈旅無歸，未能采葛，還成食薇；沈淪窮巷，蕪沒荊扉，既傷搖落，彌嗟變衰。」直將身世之感，和盤托出。最後，一連用古語，歌詞和巧妙編成的一個故事情節作結，把鬱勃翻騰的情感，推向高潮，戛然而止。親切、明麗，筆勢健爽，餘韻悠然。有人說它是當時庾信在北方文壇的奠基之作，是不錯的。其關鍵所在，當如《隋書・文學傳論》論南北好尚，互有異同所說的：「若能擷彼淸音，簡茲累句，各去所短，合其所長，則文質彬彬，盡善盡美矣。」徐陵、庾信在後期所進行的文學活動，隨其生活的巨大變化，雖然分路揚鑣，有其異，亦有其同。所同者，是他們都爲南朝文學最有代表性的作家，又都能在新的生活環境中，「各去所短(傷於華麗)，合其所長(並重氣質)」，這是最主要的一面。庾信在北朝，「位望通顯」(《周書・庾信傳》)，不亞徐陵之在南朝。宇文逌在《庾開府集序》中說他當時的情況是「齒雖耆宿，文更新奇。才子詞人，莫不師效，王公名貴，盡爲虛襟。」《周書・庾信傳》也說：「明帝、武帝並雅好文學，信特蒙恩禮，至於滕、趙諸王，周旋款至，有若布衣之交。」滕王爲他編《集》並作《序》。趙王宇文招「好屬文，學庾信體」，(《周書・文閔明武宣諸子傳》)有文集十卷，庾信爲他作《序》，稱讚他「發言爲論，下筆成章，逸態橫生，新情振起，風雨爭飛，魚龍各變」；又能「斟酌《雅》《頌》，諧合律呂。」(《趙國公集序》)知其所作，亦非復「綺艷」之體了。

由此，我們是否可以提出這樣一個看法，對於徐陵、庾信的文學，應當分淸他們前期(在東宮時)和後期(侯景之亂以後)的不同，同時必須肯定他們後期的文學，是在前期已有成就的基礎上，繼續發展，不斷完善，結合生活現實，兼取北方文學「重乎氣質」之長，把駢文、詩、賦推向了更高的境界，而且，創作了各種內容、形式不同的典範作品。兩個少年時期在東宮共事的文學伙伴，時世動亂，南北分離，晚年僅得一面，留下了庾信兩首語短情長的小詩：《徐報使來止得一見》、《寄徐陵》。然而，他們的文學努力方向是一致的。其時，南北經學，各有傳授，畫然分爲兩派，《隋書・儒林傳》所載甚詳。至於文學，則由於徐、庾兩大文宗，起點相同，趨捨不異。隋唐後，南北統一，文學實際上仍然是循著這條道路，向前發展，無論是蘇綽爲文摹擬《大誥》也好，李諤上書請正文體也好，主張改革文風者，大有人在，卻成效甚微。唐初修史諸家，衆口一聲，都在譴責齊梁，特別是梁大同以後的文風，尤以魏徵主修的《隋書·文學傳論》，措辭激烈。(《南史·文苑傳》本之)他說：

> 梁自大同以後，雅道淪缺，漸乖典則，爭馳新巧，簡文、湘東啓其淫放，徐陵、庾信分路揚鑣。其意淺而繁，其文匿而采，詞尚輕險，情多哀思，格以延陵之聽，蓋亦亡國之音乎！周氏吞併梁、荊，此風扇於關右，狂簡斐然成俗，流宕忘反，無所取裁。

明代的張溥對此提出了異議，他說：「夫唐人文章，去徐、庾最近，窮形盡態，模範是出。而敢於毀侮，殆將諱所自來，先縱尋斧歟？」(《漢魏百三家集·庾開府集題辭》) 這的確是一個比較費解的問題。《隋書》所謂「周氏吞併梁、荊，此風扇於關右，狂簡斐然成俗，流宕忘反」，實際上是南北合流，共同前進；大同以後所開創的文風，發展勢頭，更爲巨大了。隋煬帝和唐太宗都愛宮體，亦爲風氣使然。開國諸臣反對宮體，斥爲「亡國之音」，卻並不反對徐、庾後期之所作。從《陳書·徐陵傳》中所說「其文頗變舊體(指宮體)，緝裁巧密，多有新意」可證。虞世南反對宮體，他與唐太宗親如一體，是當代名臣，也是太宗的文學知己。史載：「太宗爲詩一篇，追述往古興亡之道，既而歎曰：『鍾子期死，伯牙不復鼓琴，朕之此詩，將何以示？』令起居郎褚遂良詣靈帳讀訖焚之，冀世南神識感悟。」而世南的文學宗尚，卻是徐陵。他在陳隋之際，「好屬文，常祖述徐陵，陵亦言世南得己之意。」(以上均見《舊唐書·虞世南傳》)而褚遂良也是太宗的文學名臣，共論書法，遂良寫有庾信《枯樹賦》傳世。都可說明，唐初諸人，鑒於梁室禍亂亡國，歸咎宮體，嚴加指責；而對於由此而推進的駢文、詩賦，卻並不因有蘇綽、李諤諸人所發起的復古思潮，有所遏制，相反，卻變本加厲，大肆提倡了。終唐一代，朝廷的制誥、奏議，選舉進士的律賦、五言律詩，制科的策問，吏部選人所試的書判，以及日常應用的牋啓雜文，碑文墓誌，始終是以駢文作爲主要文體。進而形成「四六」。儘管韓愈、柳宗元諸人發起的古文運動，在日常應用雜文和碑文墓誌方面進行改革，取得顯著成績，被譽爲「文起八代之衰」(蘇軾《韓文公廟碑》)；但是，在整個社會中，仍然沒能改變以應用駢文爲主的局面。淸編《全唐文》中，古文所佔比重很小，近代地下出土大量碑文墓誌，用駢體寫成者，更是絕對多數。元和以後，還出現了不少優秀駢文作家和作品。直到五代和北宋初年，駢文還曾風靡一時。這自然是八代以來文學不斷發展，傳統勢力的總和所造成的結果；卻不能輕估徐陵、庾信在融通南北、承先啓後中所發揮的重大作用。

庾信的「暮年詩賦」，經過詩聖杜甫的品題而名高千古。前人論者已多。這裏，我們只簡單談一點粗淺的看法。我們認爲：杜甫對於庾信的認識，是逐步加深的。陳寅恪在《讀哀江南賦》文中說過一段很精闢的話。他說：

> 蘭成作賦，用古典以述今事。古事今情，雖不同物，若於異中求同，同中見異，融會異同，混合古今，別造一同異俱冥、古今合流之幻覺，斯實文章之絕詣，而作者之能事也。(《金明館叢稿初編》)

他把詩文用事，提到能夠別造一種新的藝術境界的高度來認識，比之前人「據事以類義，援古以證今」之說(《文心雕龍・事類》篇)，大大進了一步。杜甫《詠懷古跡五首》，詠懷而述古人陳跡，其手法即出於《哀江南賦》。第一首：

> 支離東北風塵際，飄泊西南天地間。三峽樓臺淹日月；五溪

衣服共雲山。羯胡事主終無賴，詞客哀時且未還。庾信平生最蕭瑟，暮年詩賦動江關。

吳汝綸評云：「首以庾信自比。而通首渾言，末二句始出其名。崢嶸飛動，磊砢不平。」(《高步瀛《唐宋詩舉要》引)「崢嶸」二語，即指詩中「同異俱冥、今古合流」所造成的藝術新境。其餘四首，亦復如此。《哀江南賦》追述昔時出使被留，則云：「鍾儀君子，入就南冠之囚；季孫行人，留守西河之館」；言及今日羈旅懷鄉，則云：「豈知灞陵夜獵，猶是故時將軍；咸陽布衣，非獨思歸王子」；提到梁武帝餓死臺城，簡文被害，梁室危亡，自己出奔乞援的往事，則云：「探雀鷇而未飽，待熊蹯而詎熟！乃有車側郭門，筋懸廟屋。鬼同曹社之謀，人有秦庭之哭」；敘及梁人被掠入關，家人分離之慘，悲歎自己身留異國，欲歸不得之情，則云：「況復君在交河，妾在青波，石望夫而逾遠，山望子而逾多。才人之憶代郡，公主之去清河。栩陽亭有離別之賦，臨江王有節士之歌。別有飄颻武威，羈旅金徽，班超生而望返，溫序死而思歸」。引古事以表今情，風雨雜沓，魚龍百變，彷彿展示出一幅幅歷史故事的連環畫，而作者的感情、氣慨，卻貫注其中。讀之使人棖觸無端，流連不已。杜甫早年頗學陰鏗、何遜，即不廢齊、梁，對庾信詩賦，賞其「清新」(《春日憶李白》)；安、史之亂以後，飽嘗流離飄泊之苦，「憶昔開元全盛時」(《憶昔行》)，正和庾信從梁朝全盛「五十年間，江表無事」的日子經歷過來一樣(《哀江南賦》)；因而，深深領會了庾信後期文學所發生的重大變化，作出了「庾信文章老更成」的定評。他所見到的已經不只是「清新」，而轉爲沈雄悲涼，「凌雲健筆氣縱橫」了(《戲爲六絕句》)。

庾信後期的文學思想：「窮者欲達其言，勞者須歌其事」，於杜老平生宗旨，適相契合。其「不無危苦之辭，唯以悲哀爲主」(《哀江南賦》)的基調，尤與杜老夔州以後七律諸作，笙磬同音。嘗自言：

「哀傷同庾信」(《風疾舟中伏枕書懷》)。後來李商隱學杜有得，主要也是從這個方面，下了功夫。「此曲哀怨何時終」(杜甫《歲晏行》)，也成爲舊時代的許多多愁善感的詩人、詞客，從事創作，共有的基調了。

徐陵論

道坂昭廣

徐陵和庾信同是六朝末期的文學家，並稱爲「徐庾」。他們的文學體裁稱爲「徐庾體」，出現了很多摹仿者。

徐庾體在《周書·庾信傳》中是指他們在梁簡文帝的宮廷文人的時候所作的文學，而一般理解爲貫穿他們一生的文學，特別是指駢儷文。我也是這樣認爲的。然而從侯景的叛亂起，經過連續的混亂，一面是北朝，一面是南朝，他們在各自的王朝下渡過了後半生。庾信後期的文學也就有了很大的變化和發展，這已成了文學史的定論。

那麼，徐陵的文學是怎樣的呢？除了短期在北朝的羈留生活外，徐陵主要是在南朝渡過的。和庾信比起來，其生活的變化很少。可是，混亂之中，由梁向陳的王朝更替沒有對他的文學帶來甚麼和庾信不同的變化嗎？

作爲簡文帝近側文人相互給予影響的徐陵和庾信二人，在不同的地域渡過的後半生有著怎樣的變化呢？拙論擬從向來不太論及的徐陵一方出發進行探討，敬乞諸位先生教正。

一

現在我們能夠見到的徐陵的作品，幾乎都是侯景叛亂以後創作的。其中《陳書·徐陵傳》全文揭載的他被拘留時寫給楊遵彥的書信(《在北齊與楊遵彥書》)，和同樣在傳中記載的「自有陳創業，文檄軍書及禪授詔策，皆(徐)陵所制，而九錫尤美」(《陳公九錫文》)，可以看作是他在叛亂以後創作的代表作品。

兩篇作品都是長文的駢儷文，大部分由對仗構成。不過，注意一下對仗，就會感覺到，那種對仗的形式相當少見。例如《陳公九錫文》大部分的對仗是單對(在二句之中成對的)的。四字句的單對最多，六字句次之。與此相比，數量少的是隔句對(四句之中，有一句和三句，二句和四句成對的)。這種對仗是四字句和四字句的隔句對有十四例，四字句和六字句的隔句對有八例。其他七字句的單對比較多(九例)，只是五字句，六字句的單對，四字句和五字句，四字句和七字句的隔句對相當少見。大體上，對仗有四個種類。

隔句對，四字句和六字句的比四字句和四字句的少，以四字句爲中心，偶爾替換六字句。在某種意義上，不能不說是相當整齊的駢儷文。

以四字句和六字句的爲中心，字數不同的二句和二句對仗的技巧，是從徐陵和庾信的時候逐漸開始的。因此徐陵作品的這種對仗的數量和他前後時期的文學家的作品相比，或許可以說是比較多的。但從文的長度來考慮，比重不能說很大吧。並且，這種傾向，是與徐陵在侯景叛亂以後的全部作品相吻合的。

也就是說，有四字句和六字句的隔句對，但隔句對是以四字句和四字句爲主流的，而且單對也是以四字句爲中心的。就對仗來說可以說是徐陵文章的特色。

爲了進一步考察對仗的多樣性，特別是隔句對使用的多寡問題，我們試和庾信的文章作一比較。

二

庾信的駢儷文也是以四字句爲中心，加上六字句，構成單對和隔句對，基本的構成和徐陵沒有差異。當然，不限於他們，就如駢儷文也被稱爲四六文似的，它基本上是由這樣字數的句子構成的。

如果仔細地調查庾信的駢儷文，就會注意到一些和徐陵不同之處。一是，庾信的文章從整體上和徐陵相比，隔句對的比率比較大。其中特別是他寫給他的保護者的信，例如《謝趙王示新詩啓》和《謝明皇帝賜絲布等啓》等，出現了以隔句對成爲文章基本形式的例子。進一步說，其隔句對和徐陵文章中很多四字句和四字句的組合一樣，四字句和六字句的對也經常使用。還有，隔句對是以這兩種對仗形式爲主，但實際上也是多樣字數的組合。這是和徐陵的駢儷文不同的第二點。特別是其中一句和三句的字數比二句和三句的字數多的隔句對的數量也佔很大比重。可是徐陵的文章中，此種對仗卻相當少見。徐陵的駢儷文中，這種隔句對只有以下三例。

六字句和四字句：

雖傷仁義之俗，非敢有私；期和與國之情，猶冀無失。（《爲護軍長史王質移文》）

遠即十數年中，決知惻惻；近即三五歲內，空唱如何。（《諫仁山深法師罷道書》）

五字句和四字句

承三寶之力，制彼窮兇；豎般若之幢，天魔自款。（《諫仁山深法師罷道書》）

四字句以外，同一字數成爲隔句對的還有五字句：

若漢武好少，則微臣已老；若周文愛老，則有此羣才。（《讓左僕射初表》）

開織成之帙，見過去之因；擿琉璃之卷，驗當來之果。（《諫

仁山深法師罷道書》)[1]

與此相比，庾信在四字句和四字句、四字句和六字句之外，實際上使用了四字和八字、五字和四字，五字和六字、五字和七字、六字和四字、六字和五字、六字和六字、六字和七字、七字和四字、七字和七字、八字和四字等多樣字數組合的隔句對。

庾信的駢儷文具有奔放般的多樣的對仗，而且還用得非常之多。跟他相比，徐陵的駢儷文大概由四字句、六字句構成的，算得上規範的吧，然而，另一方面，也使人感到單調和厭倦。

徐庾是並稱的兩位文學家，就其文學成就而談，徐陵比不過庾信。歷來認爲那是因爲庾信將鄉關之思寫進作品之故。可是，在構成文章的對仗技巧方面，也許可以說徐陵不及庾信。

三

徐陵的駢儷文和庾信相比，對仗的種類也不多，其使用頻率，特別是隔句對不能說很高。可是，這也顯示了徐陵和庾信文學能力之差呢？

徐陵的駢儷文作品，除了上面提到的兩篇外，《玉臺新詠序》評價很高，而且也是我們現在能夠看到的他爲數很少的侯景叛亂以前的作品。如果我們以對仗爲中心的文章構成的觀點看《玉臺新詠序》的話，可以發現這與他在侯景叛亂以後創作的作品有很大的不同。

舉具體的數字來說，這篇文章的對仗，有四字句的單對爲十例，六字句的有八例，七字句有兩例。隔句對，四字句和四字句的有九例，四字句和六字句的有十四例，四字句和七字句有一例。隔句對的種類並不多，但從文章的長度來考慮，使用如此高比率的隔

1. 也許這裏有並不嚴密對偶的例子，可是對徐陵來說，卻有對仗的意味。

句對，在別的文章中是沒有的。如果只看這一點。相反竟會給人徐陵和庾信的文章相近的印象。徐陵在梁簡文帝近側文人的時期，已經創作了當時凝具了最新技巧的作品。這充分顯示了徐陵的文學實力，也證明了他的創作決不亞於庾信。

且不論當時其他的文學家，比較一下徐陵和庾信的文章，就能感覺到徐陵，特別是他在侯景叛亂以後的文章中，並沒有那麼執著地使用隔句對。而且他也沒有像庾信在創作組合多種字數的對仗努力探討新的表現方面那麼熱心。然而，在侯景叛亂之前，他已經創作了像《玉臺新詠序》那種的駢儷文，並且也有像庾信那種在考究各種隔句對的形式方面，發展自己的文學的可能性。

可是，徐陵比起頻繁使用多種的隔句對，追求駢儷文的新的表現的可能性來說，他選擇了創作以四字句爲基調的文章裏，加進六字句，並以這些句子爲中心的整然且安定的駢儷文的方向。在上面我們提到的《陳公九錫文》一文中，對仗的部分，不用說，散句的部分也大概遵守了平仄交替的原則。這是給他的作品以安定感的理由之一，同時也讓人感受到了他的文學力量。

從以上的問題來考慮，我們只能夠說徐陵，特別是在隔句對方面，他不是不能夠像庾信那樣多使用隔句對，並且使用多種的對仗來創作駢儷文，而是沒有創作的。那麼，爲甚麼徐陵沒有創作呢？

四

四字句和四字句、四字句和六字句的組合的隔句對的使用，大概是從徐陵和庾信同時作爲梁簡文帝近側文人那一時期開始逐漸自覺地使用起來的。然而，他們中一個人相當地運用隔句對，並使其多種化。另一個人相反地卻可以看作墨守這一形式了。這種不同，以侯景叛亂爲界，徐陵的立場發生了很大的變化，或許這是其中的一個原因吧。

侯景叛亂以後，徐陵做過蕭淵明、王僧達的幕僚，後來又支持了陳朝。這個時期，他的作用，例如《陳書》中所說：「世祖、高祖之世，國家有大手筆，皆(徐)陵草之。」王朝每逢有各種儀式等重要場合，都由他來起草文章。那決不是像在梁簡文帝近側文人時期創作《玉臺新詠序》那樣，致力於文章表現的、娛樂的文學，而是爲了高揚王朝的權威，演出儀式莊嚴的文學。這樣的文學，與新的表現的開拓相比，重點在於以往既定的表現上進一步雕琢。徐陵的整齊的駢儷文，不就是從他的這種立場上產生出來的嗎？

對於徐陵這種文學創作的態度，不是也顯示了對所謂宮廷文人的文學的意識的變化嗎？六朝時代的宮廷文學者具有爲皇帝或權力者的個人消遣而服務的側面。也就是說，是爲娛樂而創作的。梁簡文帝近側文人時代的徐陵、庾信的態度也是這樣。可是，侯景叛亂以後的徐陵，卻沒有像以往的宮廷文學者那樣只是一味地贊美王朝，而是更直接地關聯政治。換句話說是把文學作爲王朝政治的一環而創作的。

這樣的態度並不是直線式地變得强烈起來的。但卻隨著他以後宮廷文人的出現逐漸鮮明起來。我們不是可以從徐陵的創作上看到漢以來逐漸形成的宮廷文人的一個完成嗎？在這一意義上，《駢體文鈔》把《陳公九錫文》稱爲「遂成臺閣文字濫觴」，可說是銳利的批評吧。

魏晉南北朝散文研究的重要性

王更生

前言

魏晉南北朝歷時四百年，[1] 在五千年的政治演進上不謂不長；但在中國散文發展的長河裏，它不過是一個階段，或則說是一個過渡。沒有魏晉南北朝這個大開大闔的過渡時期，則先秦兩漢就無法和隋唐兩宋銜接。所以談中國文學，自不可忽略魏晉南北朝，研究中國散文發展，尤必須重視魏晉南北朝。

回顧與展望

自來論魏晉南北朝文學者，莫不以詩歌、辭賦、駢文爲主，而忽略其散文。殊不知它在和韻文分道揚鑣的當時，有爲數衆多的作家，從不同的觀點，揮灑著如椽之筆，爲風狂雨驟的國難、變亂紛乘的政局、荒淫昏暴的政客、窮苦無告的百姓，寫下血淚交迸的鴻文，給我們留下豐富的遺產，並且有些作品，至今尚口誦心惟，耳熟能詳，成爲我們當前立身、治事、欣賞和學習的重要資源。追究造成忽略散文的原因，《昭明文選》應該是這個事件的導火線。

梁昭明太子蕭統，集合近二十位東宮學士，化費五年左右的時

1　東漢末年獻帝建安元年 (196) 算起，到隋文帝開皇九年 (589)，歷時約四百年，爲我國文學史家通常稱謂的魏晉南北朝時期。

光，撰成《文選》三十卷，[2] 選錄了自東周以迄梁八百年之間的各體文章。在他所選的一百三十位作家和七百五十二篇作品中，魏晉六朝多達八十六家，五百九十三篇，幾乎佔了全數的五分之四。由於他以「沈思」「翰藻」為選文的標準，經典、諸子、史傳皆在摒斥之列，[3] 因此，後來奉《文選》為拱璧的人們，便誤以為魏晉六朝為詩歌、辭賦、駢文的獨擅時代，給讀書人烙下了不可磨滅的印象。

接著選學派的專家們加以推波助瀾：如宋王銍著《四六話》、明王志堅有《四六法海》、清孫梅集各家成說，成《四六叢話》；李兆洛繼《文選》之後，而有《駢體文鈔》；阮元作《文言說》、劉師培作《論文雜記》，皆大張昭明「沈思」「翰藻」的文學觀。影響所及：一、是選本的編輯標準，二、是文學史的撰寫內容。

影響選本編輯標準方面，筆者略舉兩個實例來證明。例如清初吳楚材和從孫調侯合編的《古文觀止》，由周至明在入選的二百二十二篇文章中，連同諸葛亮的前後《出師表》，魏晉六朝只選了八篇。又姚鼐將一生講學心得，分類編成《古文辭類纂》七十五卷，從戰國到清代，共得文章七百篇，唐宋八大家佔了三百七十三篇，超過總篇數的二分之一；反觀魏晉六朝入選的作品，只有諸葛亮、王粲、張華、張載、潘岳、劉伶、袁宏、陶潛、鮑照九家。九家之作又限於箴銘、頌讚、辭賦有韻之文。從上述兩事，可以推想選家的心理，總認為魏晉南北朝文多麗辭，無散文可選。言念及此，就不難想像唐代韓愈在《答李翊書》中，所以强調：「非三代兩漢之書不敢觀」的癥結所在了；那就是暗示魏晉南北朝沒有眞正值得一讀的古文，否則，他這句話便屬無的放矢。

---

2 昭明太子編纂《文選》的時期及編者，詳見何融《〈文選〉編撰時期及編者考略》，載《近代文史論文類輯》，臺北：臺灣學生書局。

3 昭明選文標準，詳《文選序》云：「贊論之綜緝辭采，序述之錯比文華，事出於沈思，義歸乎翰藻，故與夫篇什，雜而集之。」

影響文學史撰寫內容方面：中國文學史的撰寫，應當記述中國文學發展演進的大勢，研討歷代作家的成就，分析過去重要作品的內容，從各種不同層面，來探討文學演變的背景、特質、影響，和各種價值判斷的得失，以尋求將來在文學思想上、形式上發展的啓示。魏晉南北朝是中國散文發展的轉折點，其背景、特質，自當受到文學史家的關注。但檢閱手邊通行的著作：如林傳甲、汪劍餘、曾毅、謝無量、顧實、胡適、胡雲翼、趙景琛、林庚、錢基博、劉大杰以及柳存仁和臺灣光復書局發行的《中國文學史》，不僅對魏晉南北朝散文不設專門的章節討論，就是間或涉及的時候，也大多一筆帶過。至於像譚正璧、楊蔭深、鄭振鐸和黃錦鋐、王忠林等八位教授合編的《中國文學史初稿》，雖然設有章節討論，但內容簡略，可足稱述的地方不多。總的說來，現在文學史的編者，仍舊堅守著文學狹義說的壁壘，根本不把論說章表奏啓議對書記方面的作品當成眞正的散文看。

事實上，就《文選》的內容來說，其所選之文大別分爲辭賦、詩歌、雜文三大類、辭賦、詩歌爲韻文，雜文部分則是駢散合選，並無輕重之見存乎其間。像李斯《諫逐客書》、鄒陽《獄中上書》、司馬相如《諫獵疏》則介乎駢散之間，司馬遷《報任少卿書》、楊惲《報孫會宗書》、諸葛亮《出師表》、漢武帝《賢良詔》等純屬散體；尤其任昉的《奏彈劉整》一文，不但是散體，更接近口語。

魏晉南北朝散文之所以受到後世學者的忽略，《文選》雖是問題的導火線，但責任不在昭明與東宮學士，自有其歷史的因素。當前之急務，是我們應如何修正觀念上的偏差，塡補文學史上的空白，來彰顯魏晉南北朝散文在學術研究上的重要性，才是我們於檢討之後，應該努力的新方向。

研究重點的分析

魏晉南北朝散文研究在當前的必要性既明，則散文在魏晉南北朝長達四百年的歲月裏，加上漫天烽火和激烈的政治鬥爭，其演化變遷之跡，可謂錯綜複雜。以下特就我們今後可能研究的重點，略作說明。相信亦為讀者所樂聞。

(一)背景的研究：孟子說：「頌其詩，讀其書，不知其人可乎？是以論其世也。」[4] 這對研究作品產生內在的個人因素，與外在的客觀環境，提出了重要條件。所以背景的研究，是我們應首先措意之事。劉勰《文心雕龍・時序》篇說：「文變染乎世情，興廢繫乎時序，原始以要終，雖百民可知也。」他抓住「世情」和「時序」兩個尺度，來衡量魏晉六朝文學，說「正始餘風，篇體輕澹。」「晉雖不文，人才實盛，並結藻清英，流韻綺靡。」「中朝貴玄，江左稱盛，因談餘氣，流成文體。」「宋武愛文，英采雲構，爾其縉紳之林，霞蔚而飆起」此處劉勰用「輕澹」評正始作品的特質，用「綺靡」說明西晉作品的特質，用「因談餘氣」衡量東晉作品的特質，用「霞蔚飆起」，形容宋代作品的特質。其所以如此者，一言以蔽之，時代不同，背景不同，背景不同，文風各異之故。

近人研究魏晉南北朝文學發展的背景，而又以專門著作名世者，首先是劉師培。劉氏因彥和有「蔚映十代，辭采九變」及「後漢才林，可參西京；晉世文苑，足儷鄴都；魏時話言，必以元封為稱首；宋來美談，亦以建安為口實」[5] 之論，著《中古文學史》，並參考史乘羣書，旁徵文章各體，對劉勰未盡之意多加恢廓。尤其於「漢魏之際文學變遷」，「魏晉文學變遷」，「宋齊梁陳文學概略」等重

4 見《孟子・萬章》下。

5 此處兩引彥和之言，分別見於《文心雕龍・時序》及《才略》篇。

要環節，皆獨立成篇，專門討論。雖然書中不乏卓見，但內容似多偏於各家作品體勢的比較和流派的考述。從背景研究的角度來看，這部名著只能說是《文心雕龍・時序》篇的注疏而已。

所以研究魏晉南北朝散文變遷的背景，不僅要注意內在個人因素，也要考察客觀環境的成因。如透過政治背景，來探測在這國難時艱、兵燹匝地的時代，給文學帶來的影響；透過思想背景，來探測清談與玄學，這個天下大亂時的特殊產物，給文學帶來的影響；透過社會背景，來探測門閥勢力，九品中正官人的制度，給文學帶來的影響；透過宗教背景，來探測道教興起，佛教內傳後的種種反應，給文學帶來的影響；透過地理背景，來探測南北氣候不同，生態各異的情況下，給文學帶來的影響；透過風俗習慣，文人氣節，來探測它帶給文學的影響。也可以透過文學自身發展的規律，從以文為學的觀點，來探測它帶給文學的影響；甚或透過某些族羣對某些事物共同的好惡、品味，來探測它給文學帶來的影響。我們相信，研究魏晉南北朝散文時，如能考慮到背景的複雜性，從多角度、全方位的方式進行，則其前承後繼的演化眞象，必定會得出系統完備的成果。

(二)作品的研究：有人曾說：「一代之興，即有一代之治；一代之治，即有一代之學；一代之學，即有一代之書。」又說：「文雖小道，實與時代而變遷。」居今想知道魏晉南北朝時代散文的特質，則作品研究自不可忽略。而作品研究的方式，或作單篇的研究，或作多篇的比較，或同代作家的分析，或隔代作家的衡論，從內容、形式、取材、篇幅、風格、理趣等，都可以做深入而廣泛地探索。但是，當我們打開魏晉南北朝散文的著作目錄時，不但這方面系統性研究的論著缺乏，就是近人編注的散文選本，也相當的單薄。以手邊可見的資料為例：如陸維釗《三國晉南北朝文選》(正中書局，1936年)、王文濡評注《秦漢三國文讀本》、《南北朝文讀本》(臺北：廣文書局，1981年)，皆依體分類，駢散雜揉，姑且置而不論。論其純以散文入選的讀本，計有陳中凡《魏晉六朝散文選註》(臺北：河洛出版社，1980年)，《漢魏六朝散文選注》(上海：上海古籍出版社，1983年)，高步瀛《魏晉文舉要》(北京：新華書店，1989年)。這三個選本，一個選了二十一篇，一個除去兩漢五篇作品不計外，魏晉以下共得十四篇；高氏選錄了二十五篇；三書合計，芟其複重後，只選註了五十三篇作品。拿這個篇數和嚴可均編輯的《全三國文》、《全晉文》、《全宋文》、《全齊文》、《全梁文》、《全陳文》、《全後魏文》、《全北齊文》、《全北周文》加以對照，眞可謂滄海一粟。這樣看來，魏晉南北朝散文作品的研究，目前尚形同荒原，尤其評、校、注釋方面的基礎工程，距離理想的目標還很遠。

(三)流派的研究：魏晉南北朝散文，經過長達四百年的演化過程，其間分門別類，形成不同流派，自屬必然的趨勢；不過，長久以來，學者們對此看法頗有差距。如陳柱《中國散文史》，從作品內容偏重的不同，將崇尚藻麗的潘岳、陸機歸入「藻麗派」，將雜帖書法名家的王羲之、王微之，歸入「帖學派」，將放情田園生活的陶淵明，歸入「自然派」，將學重名理，論辯精微的范縝、沈約，歸入「論難派」，將模山範水的名家廬山道人、陶淵明、陶宏景、吳均、酈道元等，歸入「寫景派」。郭預衡《中國散文史》純粹以時代先後爲標準，分爲「漢魏之際的散文家」，然後是「南朝：宋、齊、梁、陳」，「北朝」又分三節，即「北方正統的學者」、「由南入北的名家」、「兩部專門著作」；此外，郭先生又在餘論中，附列「史家之文」、「小說家之文」、「文論家之文」以及「傳統的名篇」等。張仁青《魏晉南北朝文學思想史》以爲：「當駢文獨秀之時，有若干作家冥心孤往，別樹一幟，不逐波揚瀾，輒以散文之筆出之。」遂以作家之所長，分爲經學家的散文，如魏之何晏解《論語》、吳之陸璣疏《毛詩》；史學家的散文，如晉陳壽的《三國志》、宋范曄的《後漢書》；子學家的散文，如魏劉劭的《人物志》、晉葛洪的《抱朴子》；

詩學家的散文，如晉時陶潛、宋時鮑照；駢文家的散文，如魏時曹丕、晉時潘岳、宋時謝靈運、梁時沈約；此外，在附錄中又增列書法家的散文、地學家的散文、清談家的散文、名家的散文和躭情禪悅的佛學家散文。

蓋流派不同，作品也大異其趣。甚至同一流派的作家，其個別之間也有顯著的差異。例如三曹父子，以及圍繞在他們周圍的鄴下諸子們，雖然共同營造了「漢魏風骨」或「建安風力」，但其個別之間如曹丕、曹植，雖同是手足，薰陶漸染，聲氣理應同調；但試觀曹丕與吳質兩書，和曹植的《與楊德祖書》、《與吳季重書》，同爲書信之體，而前者飽含感情，流連哀思，讀之催人淚下；後者卻靡麗恣肆，意氣風發，不可羈勒。

又吳均、陶弘景同爲梁代箋記小品的作家，用相同的體裁爲文，如吳均的《與宋元思書》、《與顧章書》，陶弘景的《與梁武帝啓》、《答謝中書書》。兩兩比較，前者被後人評爲：「移江山入畫圖，縮滄海於尺幅，寥寥百餘言，有漂碧千丈，滄波萬頃之狀，可以作宗氏臥遊圖，可以作柳子山水記。」後者被評爲：「清氣逼人，餘暉照座，山川奇景，寫來如畫；詞筆高欲入雲，文思清可見底。」[6] 二人雖同是模山範水，但究其作品的風神，不僅雙方指涉的重點不同，就是在詞筆與文思之間，也有繁略隱顯之別，不容混爲一談。

其他，像同爲章表之體的如曹植的《求通親親表》、《求自試表》、《陳審擧表》、《謝初封安鄉侯表》、《封鄄城王表》、《改封陳王謝恩表》等，劉勰評爲：「體贍而律調，辭清而志顯，應物製巧，隨變生趣。」[7] 如果拿它和李密《陳情表》、諸葛亮《出師表》相較，雖

6　此處所引前後兩評語，見王文選註的《南北朝文評註讀本》，臺北：廣文書局。
7　見《文心雕龍・章表》篇。

然同屬膾炙人口，傳誦千古的佳作，但由於背景不同，學養有別，其文采的鋪陳，情志的抒發，顯然又是「各師成心，其異如面」了。

可見流派之間，和同一流派的作者之間，彼此常因時代的變遷；境遇的不同，才性的各異，在行文造語時，形成不同的作風與格調，所以在這方面值得我們作比較研究的空間很大。

(四)對文壇影響的研究：魏晉南北朝散文對當時及後世文壇的影響至為深遠，也很值得我們去整紛理亂，從事研究。

魏晉南北朝時，由於單篇作品的大量湧現，個人文集的不斷集結，給文學帶來了獨立自主的意識。於是文筆兩分的文體論便應運而生。此即劉勰所指：「今之常言，有文有筆。……無韻者筆也，有韻者文也。……別目兩名，自近代耳。」[8] 可是顏延年在文筆以外，又增「言」類，認為：「筆之為體，言之文也，經典則言而非筆，傳記則筆而非言。」[9] 劉勰卻反對這種「文」「筆」「言」三分法，尤其反對視經典為無文之「言」，視傳記為有文之「筆」。因而提出反駁說：「《易》之《文言》，豈非言文，若筆果言文，不得云經典非筆矣。」又說：「予以為出口為言，屬翰曰筆，常道曰經，述經曰傳。出言入筆，筆為言使，可強可弱。六經以典奧為不刊，非以言筆為優劣也。」[10] 所謂：「非以言筆為優劣」，指的就是文學問題。當時顏延年從文學的立場看，認為經典是語言的紀錄，缺乏文學性：傳記已經擺脫語言的樸實，富有文學性。劉勰從宗經的角度著眼，對顏氏的說法不能苟同。他以為語文有口頭語和書面語之別，由口頭語化做書面語之後就是文，可以使它文采章明，也可以樸實無華。經典是我國百世不刊的寶典，它的價值不能拿言筆的優劣衡量。可

---

8 見《文心雕龍・總術》篇。

9 顏延年說，見《文心雕龍・總術》篇。

10 見《文心雕龍・總術》。

見，文筆兩分的文體論，在魏晉南北朝文壇曾出現過不同程度的爭議，並使中國文學的封域，從此劃然分疆。

文筆兩分的文體論對當代文壇的影響，旣如上述；其對後世的影響至少可由駢散分合和文體分類兩點進行探索。

先談駢散分合：自魏晉南北朝以文筆兩分法衡定文體之後，時人以爲有韻者爲文，無韻者爲筆；形成重「文」輕「筆」的風氣，唯六朝但有文筆之分，而無駢散之目。唐宋以後，古文運動興起，遂演爲累數百年而不休的駢散之爭。直到清代，駢散的論辨更變本加厲，桐城派宗法唐宋，儀徵派祖述文選，兩派相峙，勢同水火。其實，駢文散文各有短長，言宜散體單行者，不宜講求偶對；語宜駢體偶對者，又何須乎單行。千載以下，追根究柢，都和魏晉南北朝文筆兩分的文體論脫不了干係。

再談文體分類：唐宋以降，有韻的文指詩、詞、曲、賦，無韻的文即古文，介乎韻、散之間的就是駢文。其中韻文、駢文、散文，各代又有各代的風貌，各代的體制，各代的界說。體制旣多，界說愈細。作者行文往往拘於體裁的要求，不得不剜肉補瘡，削足適履，於是產生了畫蛇添足，生吞活剝的毛病。[11] 很多學者注意到這個爲文辨體的重要而思有所建樹，像綜合古今，提出各體特點、源流與寫作準則者，有明代吳訥的《文章辨體》、徐師曾的《文體明辨》、賀復徵的《文章辨體彙選》。民國以來又有蔣伯潛的《文體論纂要》、薛鳳昌的《文體論》等，都對文體分類及其重要性，抒發己見。認爲「漢魏以上之文多創體，漢魏以下之文多因體。」文筆兩分的文體論，剛好介乎其間，居於承先啓後的地位，故談文體分類，斷不能不對它多加注意。

至於在思想方面的影響；魏晉之際，天下大亂，羣雄爭霸，民

---

11 此處言作者行文往往拘於體裁的要求一事，請參閱清章學誠《古文十弊》。

無寧日，當權者只知自私自利，往往不以道義爲重，以致篡弒頻仍，生靈塗炭。曠達之士目睹國難時艱，世衰道微，爲求自保，乃崇尚老莊，任天率眞，遂開清談風氣。晋室播遷江左之後，由清談再變而爲玄學。而談玄之士多與釋子往來，談玄的內容，又與佛理相通，因而構成了魏晋六朝的獨特思想。這種思想不僅當世的作者和作品受其影響，就連隋唐以後有些文人學士的思想和清談玄學，也大有關係。所以魏晋南北朝時期的思想與散文發展，對後世文學思想的影響究竟如何？很有研究的必要。

在文論方面的影響：魏晋南北朝時期的文論，在中國文學理論史上，最是光耀史乘。蓋先秦兩漢的文學理論，雖然微言大義極具價値，但畢竟東鱗西爪，不夠圓融。魏晋以降，先有曹丕的《典論・論文》、曹植的《與楊德祖書》、摯虞的《文章流別志論》、陸機的《文賦》等，雖已粗具規模，但仍欠明備的系統。齊梁之際，於文有劉勰的《文心雕龍》，於詩有鍾嶸的《詩品》，於總集有蕭統的《文選》。《詩品》《文選》姑且不論，單就劉勰《文心雕龍》言，其「體大慮周，籠罩羣言」的成就，對後世散文理論的影響十分深遠。清黃叔琳說它是「藝苑之秘寶」，認爲「綴文之士，苟欲希風前秀，未有可舍此而別求津逮者」。所以研究魏晋南北朝散文，又何能忽視當時文論對後世的影響呢！

在作法方面的影響：魏晋南北朝散文，充分呈現時代風貌，他們在作法方面的成就，供後人參考的地方頗多。例如校練名理的議論文，模山範水的寫景文，據事類義的記敍文，流連哀思的抒情文，無一不情文相生，獨秀文壇。茲單就抒情小品言，於魏如曹丕的《與朝歌令吳質書》；於蜀如諸葛亮的《出師表》；於晋如李密的《陳情表》；王羲之的《蘭亭集序》；晋宋之際如陶潛的《與子儼等疏》；於梁如陶弘景的《答謝中書書》、吳均的《與宋元思書》、丘遲的《與陳伯之書》，劉峻的《送橘啓》等，他們在文字上的錘煉，語法上的工穩，謀篇上的得體，轉折上的靈活，音節上的和諧，氣勢上的完足，典故上的自然，意境上的曠達，眞是千姿百態，把散文創作藝術提昇到一定的高度，對後世文章寫作起了示範性作用。所以研究魏晉南北朝散文，其寫作方法影響文壇的情形如何，給予特別的關注，是有必要的。

(五)其他：魏晉南北朝時期以散文成書的專門著作於今而仍享盛名的很多，對當時及後世有過不小的貢獻，具有相當的研究價值，茲舉其中的犖犖大者。史傳方面：如陳壽的《三國志》、范曄的《後漢書》、沈約的《宋書》、魏收的《魏書》、酈道元的《水經注》、楊衒之的《洛陽伽藍記》；思想方面：如徐幹的《中論》、劉劭的《人物志》、葛洪的《抱朴子》、蕭繹的《金樓子》、顏之推的《顏氏家訓》；實業方面：如賈思勰的《齊民要術》；小說方面：如干寶的《搜神記》、王嘉的《拾遺記》、劉義慶的《幽明錄》、葛洪的《西京雜記》、劉義慶的《世說新語》等。其中有些著作，有人正在從事或已作過校注工作，有的進行過局部性研究，有的作過整體性研究，有的雖經過研究，但對其散文藝術缺乏說明；事實上，大部分的作品，恐怕還停留在原始風貌，等待我們去探索。

結語

通過說明，我們旣知魏晉南北朝散文研究的重要性，及其進行研究的重點所在，但研究成敗的關鍵，又胥以研究者的觀念、態度以爲斷。因此，筆者特將個人幾點淺見，提供同道們參考，並作爲本文的結束：(一)在文學義界方面，希望參酌本國學術文化發展的特殊情況，採取折衷的定義，擴大散文活動的範疇。(二)在散文作品方面，兩漢以前的作品莫不散駢自如，並無嚴格區劃。可見「沈思」「翰藻」實非駢文所獨享。(三)在研究依據方面：研究魏晉南北朝散文，最好拿嚴可均的《全上古三代秦漢三國六朝文》爲藍本，然後再取明張溥的《漢魏六朝百三家集》和《四部叢刊》中附見的各家文集做參考，如此，才能得其全。(四)在基礎工作方面：因爲魏晋南北朝散文，除少數單篇作品外，其他大多乏人問津，所以校、注的工作亟待加强，爲進一步研究打下基礎。(五)在文學史寫作方面：爲了塡補魏晋南北朝散文的空白，和銜接秦漢與唐宋散文的發展，希望文學史的學者們，在撰寫或修正魏晋南北朝文學時，能注意此一過渡時期的重要性，分別從思想、背景、作家、作品、影響等幾個角度，來闡明散文發展的眞象。至於文中所舉的研究重點，以及引書、引說的地方，但求其有，不求其全；因爲本文寫作的目的，只在强調魏晋南北朝散文研究的重要性，和引發讀者從事研究的動機而已。由於筆者所見不廣，所知有限，掛漏的地方，肯定很多，希望學界先進指教。

《水經注》之寫景藝術研究

方麗娜

緒論

盈天地之間，最鉅夥者，莫如水也。其經紀法界，浸漑萬靈，厥功至偉，譬諸人身，津液精血，流貫注伏，皆是物也。有漢一代，司馬子長，號爲艮史，書止河渠，蠡測一勺，後之作者，竟無述焉，世所憑依，俾見天地血脈者，則唯《水經》一書而已。降及後魏，酈道元(字善長)注之，補其未備，旁引百家，時發雋語，流涇之外，贅行紀異，博雅之士，倚以爲談；考其所載，引枝流數千條，審遠近之端，詳大小之勢，源委之吐納，沿路之經過，纏絡枝煩，條貫系夥，搜渠訪瀆，靡或遺漏。故凡過歷之皋維，環閒之亭郵，跨俯之城隅，鎮被之巖嶺，迴注之谿谷，瀕枕之鄉聚，聳映之樓館，建樹之碑碣，沈淪之基落，靡不旁萃曲收，左摭右採，誠可謂包舉華夏，囊括古今，俾學者足不必踰戶庭，天下經流原委，瞭若指掌，乃濟《水經》而爲編者也。而注中所載，指核希怪，狀寫物靈，暢探荒極，理驗遷圯，裁量利害，有豐富之史料，妙絕之文學，奇譎之故事，詳審之佛跡，更有宏博之碑刻廟觀。舉凡地理研究，故事傳說，金石之事，文學之資，經籍之校勘，夷狄之調查，均可獨立門戶，整理考究，實係爲地學、史學、農學、水利學、考古學，乃至民俗學，辭章學等等之鉅著也。

《水經注》一書，繁稱博引，並雜神佛，有唐一代，學者忽之。[1]五代之亂，缺佚多卷，《崇文總目》止三十五卷，而錢曾《讀書敏求記》元祐二年跋，則謂蜀本止三十卷，及何聖從本出，校正蜀本，始復四十卷之舊觀，[2]然經注之淆亂，自此始矣。宋代雖重酈書，然乏專治者，至若諸家撰述，則頗多稱引。明儒好古，酷愛酈注，點編校刊，不遺餘力，惜方法未精，間有亥豕也。有清一代，考據風熾，頗合科學方法，治《水經》者，不乏其人。自顧炎武、顧祖禹、閻若璩、胡渭等而後，治酈書者甚夥，或博採史傳，斟酌衆說，或援據辨證，繩愆糾謬；至全祖望、趙一清、戴震並起，箋校精詳，益臻完備，殆還酈氏舊物。清末，王先謙合校於前，楊守敬纂疏於後，遂使千百年混淆訛漏之書，豁然可通。今《水經注》可讀，實清儒積年努力之結果，非一代一人所能幸致也。民國以來，宋明《水經注》殘卷，迭有發現，而《永樂大典》本《水經注》，亦佚而復出，誠如胡適之所言，此則近代學者之福也。[3]本篇凡稱引《水經注》原文，以王先謙合校《水經注》（臺灣中華書局，1982 年 10 月）為底本，取其收錄完備，刊刻精緻，經注分明，開卷瞭然，便於翻檢也。

《水經注》為書之旨，原本山川而作，其敍事也尚實，故書中每有遷就地理方位，郡邑流變等等之記載，因而易流於徑率寡味之失，方望溪《答程夔州書》一文云：

> 散體文惟記難撰結。論辨書疏，有所言之事；誌傳表狀，則行誼顯然；惟記無質幹可立，徒具工築興作之程期，殿觀樓

---

1 《水經注》在唐代，名不甚著。《新唐書．經籍志》載李吉甫刪《水經》十卷，蓋以酈氏繁稱博引，雜採神佛，其書久佚，不知取捨如何。唐儒如顏師古、魏王泰、李賢、司馬貞諸人皆不重酈注。

2 參見錢曾《水經注四十卷跋》一文，見《水經注釋》附錄下。

3 參見《胡適手稿》第一集研究第三則。

臺之位置，雷同鋪設，使覽者厭倦，甚無謂也。[4]

方氏所言，蓋謂此也。夫宣物莫大於言，存形莫善於畫。《水經注》兼擅言、畫之長，蓋善長以淹雅之才，發攄文筆，撰注《水經》，水道之外，觸類引申，因川源之派別，知山勢之逶迤，高高下下，不失地功，奇幽詭勝，搜剔無遺，乃《禹貢》之忠臣，班志之畏友，亦爲山水文學之宗師。其寫景文字，姸麗多彩，模山範水，冠絕古今，明鍾惺曰：「酈道元遍具山水筆資，其法則記，其材其趣則詩也。」[5]明朱之臣亦曰：「酈氏每于景色，只一二字點綴，最工，其筆其韻，未易追也。」[6]清趙一清云：「其造語驚人，遣辭則古，六朝文士終當斂手避席，自可成一家之言。」[7]而翁同書亦云：「酈氏敍述山水，工於語言，實在柳子厚上。」[8]諸家於酈注，可謂推崇備至矣。以下茲分「摹景方式」與「修辭技巧」兩項，探究《水經注》之寫景藝術焉。

本論

一、摹景方式

酈注之作，摹山範水，記文寫物，隨內容所需，或純寫景，或兼抒情。鋪寫景物，牢籠百態，各具神貌，眞切自然，歷歷在目。約而言之，其摹景之法，殆分二端。

(一)淡墨素描

淡墨素描者，指作者以簡括之筆墨，因名寫形，以形證名，於

---

4 參見方望溪《答程夔州書》一文，載《方望溪先生全集》，卷六頁 89，商務印書館四部叢刊初編集部。

5 參見明鍾惺《水經注鈔》序文。

6 參見明朱之臣《水經注刪》敍文。

7 參見清趙一清《水經注釋》自序。

8 參見清翁同書《水經注摘鈔》跋文。

文中夾敍數句寫景文字也。酈注書中，快筆寫景之文，隨手可摭，或奇或偶，句數不一，例如汾水注「汾水出太原汾陽縣北管涔山」條，注文寫溫溪云：

> 汾水又南與東西溫溪合，水出左右近溪，聲流翼注，水上雜樹交蔭，雲垂煙接，自是水流潭漲，波襄轉泛。(卷六頁一)

此段文字，道元以寥寥數語，勾勒溫溪林密水清之景象，頗有情致。又如汾水注「又南過冠爵津」條，注文寫冠爵津云：

> 汾，津名也，在界休縣之西南，俗謂之雀鼠谷。數十里間，道險隘水，左右悉結偏梁閣道，纍石就路，縈帶巖側，或去水一丈，或高五六尺，上戴山阜，下臨絕澗，俗謂之爲魯般橋，蓋通古之津隘矣，亦是今之地險也。(卷六頁七)

此段文字，作者以「纍石就路」「縈帶巖側」二語，描繪閣道之難行，惟妙惟肖，突現特徵。又如易水注「東過范陽縣南，又東過容城縣南」條，注文寫濡水故瀆云：

> 其水之故瀆南出，屈而東轉，又分爲二瀆。一水逕故安城西側，城南注易水，夾塘崇峻，邃岸高深，左右百步，有二釣臺，參差交峙，迢遞相望，更爲佳觀矣。(卷十一頁三)

此段注文，記濡水故瀆之佳觀，作者以「崇峻」、「高深」等語狀其形勢，有如筆端畫出，宛在目前。大抵而言，酈注書中，淡墨素描之寫景文字，不事鋪排，不假重色，三言兩語，而極肖物狀。其襯托景觀，雖無成篇之氣勢，然亦字字珠璣，使讀者瞻言而見貌，膾炙人口，餘味蕩漾焉。

(二)工筆臨摹

工筆臨摹者，指就湖光山色，風景妍麗之處，精細刻劃，鋪寫纖密，庶幾可獨立爲一小品佳構也。[9] 例如河水注「又南過河東北屈縣西」條，注文寫孟門津云：

> 河水南逕北屈縣故城西，西四十里有風山，上有穴如輪，風氣蕭瑟，習常不止。當其衝飄也，略無生草，蓋常不定，衆風之門故也。……此石經始禹鑿，河中漱廣，夾岸崇深，傾崖返捍，巨石臨危，若墜復倚。古之人有言，水非石鑿而能入石，信哉。其中水流交衝，素氣雲浮，往來遙觀者，常若霧露沾人，窺深悸魄。其水尚崩浪萬尋，懸流千丈，渾洪贔怒，鼓若山騰，濬波頹疊，迄於下口，方知愼子下龍門，流浮竹，非駟馬之追也。(卷四頁一、二)

此段文字，道元以二百餘言，描繪孟門山之方位、物產、淵源及歷史背景等等，行文有條不紊，一氣呵成。其可貴者，尤在以簡練之文，敍難寫之景，自上口出，層層排宕，千丈洪流，飛騰而下，雄邁之姿，扣人心弦；且復能掌握充耳之山鼓波疊，讀之不覺心悸動矣！又如河水注「又南至華陰潼關，渭水從西來注之」條，寫華山云：

> 又南出一里至天井，井裁容人，穴空迂迴，頓曲而上，可高六丈餘。山上又有微涓細水，流入井中，亦不甚沾人。上者皆所由陟，更無別路，欲出井望空，視明如在室窺窗也。出井東南行二里，峻坂斗上斗下，降此坂二里許，又復東上百丈崖，升降皆須扳繩挽葛而行矣。南上四里路，到石壁，緣旁稍進，逕百餘步。自此西南出六里，又至一祠，名曰胡越

---

9 所謂小品文者，乃寥寥片語以至洋洋千言左右之完整文章。包括散文、駢文、賦等，內容不論閒適、個人筆調、性靈之有無，出之以抒情、寫景、敍事、議論均可。

> 寺，神像有童子之容。從祠南歷夾嶺，廣裁三尺餘，兩箱懸崖數萬仞，窺不見底，祀祠有感，則雲與之平，然後敢度，猶須騎嶺抽身，漸以就進，故世謂斯嶺爲搦嶺矣。度此二里，便屆山頂，上方七里，靈泉二所，一名蒲池，四流注於澗，一名太上泉，東注澗下。上宮神廟，近東北隅，其中塞實雜物，事難詳載。自上宮東北出四百五十步，有屈嶺，東南望巨靈手跡，惟見洪崖赤壁而已，都無山下上觀之分均矣。(卷四頁十)

此段注文，描述華山前瀕黃河，後接秦嶺，奇峯突兀，巨石嶙峋，四面陡峭，有壁立千仞之勢。其內容係根據晋郭緣生《述征記》及《華山記》二書，演繹而成。道元以簡練之文，記敍遊人攀登之苦，又以詼諧之筆，傳達神靈信仰之跡，興味盎然，尤爲難得。郭著兩書，早已散佚，幸賴酈注存其鱗爪，是知酈注此文，不僅提供有關「華山自古一條路」之歷史資料，亦可視爲饒富情趣之遊記也。

二、修辭技巧

(一)屬對精裁

對偶亦稱對仗，爲文章修辭法之一。「仗」字之義，蓋自「儀仗」而來；「儀仗」爲兩兩相對，故兩兩相對之辭句謂之對仗，亦謂之對句。散文之對仗，但求用字相等，句法相似，意義相對足矣。所謂意義相對云者，兩句意義相同可，兩句意義相反可，兩句不足以達意，又益以三句、四句、五句，……而成排比句法，亦無不可也。道元撰注《水經》之時，六朝駢文，如日中天，影響所及，酈注書中，亦巧其屬對，運筆有法，駢偶片語，精彩絕倫，不可勝數，此亦其修辭特色之一。茲遴載一二，俾知其凡。例如河水注「又南過河東北屈縣西」條：

> 河中漱廣，夾岸崇深，傾崖返捍，巨石臨危，若墜復倚。

……其水尚崩浪萬尋，懸流千丈，渾洪贔怒，鼓若山騰，濬波頹疊，迄於下口。(卷四頁一、二)

此段注文，以多句對，描繪孟門津之景象。又如河水注「又東過砥柱間」條：

河水翼岸夾山，巍峯峻舉，羣山疊秀，重嶺干霄.。(卷四頁二三)

此段注文，以四句對，寫千峭山之景象。又如巨洋水注「又北過臨朐縣東」條：

至若炎夏火流，閒居倦想，提琴命友，嬉娛詠日，桂筍尋波，輕林委浪，琴歌既洽，歡情亦暢，是焉棲寄，實可憑衿。(卷二六頁五)

此段注文，以多句對，寫臨朐縣地區之景象。若此之例，酈注書中，展卷可得。它如卷六汾水注：「鳥雀不棲其林，猛虎常守其庭」，卷八濟水注：「單椒秀澤，不連丘陵以自高；虎牙桀立，孤峯特拔以刺天」，卷九淸水注：「南峯北嶺，多結禪棲之士；東巖西谷，又是刹靈之圖」，卷十五洛水注：「猨徒喪其捷巧，鼯族窮其輕工」，卷十六穀水注，「竹柏蔭於層石，繡薄叢於泉側」，卷二六淄水注：「澎贔之音，驚川聒谷；漰渀之勢，狀同洪井」，卷二七漢水注：「嶂遠谿深，澗峽嶮邃；氣蕭蕭以瑟瑟，風颼颼而飀飀」等等，皆是其例。夫爲文之道，文詞姸麗，艮由屬對之能，筆札雄通，實因安施之巧，詩文對偶，旨在求美也。觀乎善長之寫景文字，每綴以排比之句，間以婀娜之聞，使文句意脈聯貫，音節和諧，有利於諷誦記憶，而其語勢矯健，含章蘊藻，流韻綺靡，工麗遒整，義必相輔，表裏相資，山水秀句，交輝映彩，殆皆深造有得之故也。

(二)譬喻明事

譬喻者，以彼喻此之謂也，亦曰比喻，俗謂比方。就心理學觀之，取譬之法，乃建立於「類化作用」之基礎上，借用彼此具有類似點之他物，或以舊經驗引起新經驗，或以易知說明難知，或以具體說明抽象，以表達原意象之修辭法也。譬喻之類別，諸家分法不一，而要歸於明喻與暗喻而已。[10]

明喻者，以甲物比乙物，正文和譬喻間，分明並揭，而用「猶」、「若」、「如」、「似」、「同」等喻詞連結之。道元爲文，善狀物情，其窮形盡相，無所避之，而形容宛肖，亦無異寫眞。茲就狀寫形態、色彩、聲籟、溫度等項說明如下。

(1) 狀寫形態。《水經注》書中，摹山範水，記文寫物，最善譬喻，其狀寫山勢之例，如聖水注「巨馬河出代郡廣昌縣淶山」條寫藏刀山云：

> 淶山又南逕藏刀山下，層巖壁立，直上干霄，遠望崖側，有若積刀，鐶鐶相比，感悉西首。(卷十二頁六)

此段注文，以積刀譬喻藏刀山之形態。又如伊水注「又東北過陸渾縣南」條，注文寫崖口山峽云：

> 伊水歷崖口山峽也，翼崖深高，壁立若闕。(卷十五頁十五)

此段注文，以闕形譬喻崖口山峽之形勢。又其寫水之例，如沔水注「又東過成固縣南，又東過魏興安陽縣南，涔水出自旱山，北注之」條，注文寫寒泉云：

> 水東出寒泉嶺，泉湧山頂，望之交橫，似若瀑布，頹波激

10 譬喻辭格乃由喻體、喻依、喻詞三者配合而成。凡三者俱備者，謂之明喻；凡省略喻體喻詞，僅有喻依者，謂之暗喻。詳參黃慶萱《修辭學》，第十二章，頁227。譬喻之種類，此處依王夢鷗《文學概論》之說，第十四章，頁141。

> 石，散若雨聲，勢同厭源風雨之池。（卷二七頁九）

此段注文，寫寒泉嶺水交橫之狀，道元以「瀑布」「雨聲」等語，譬喻泉湧之勢。又如淮水注「淮水出南陽平氏縣胎簪山，東北過桐柏山」條，注文寫雞翅山瀑布云：

> （雞翅）山有一水，發自山椒下數丈，素湍直注，頹波委壑，可數百丈，望之若霏幅練矣。（卷三十頁二）

此段注文，以幅練譬喻雞翅山瀑布委壑直注之狀。又其寫石之例，如鮑邱水注「又南至雍奴縣北，屈東入於海」條，寫燕山下石鼓云：

> （柘水）南逕燕山下，懸巖之側，有石鼓，去地百餘丈，望若數百石困，有石梁貫之。鼓之東南，有石援桴，狀同擊勢。（卷十四頁十二）

此段注文，以數百石困譬喻石鼓去地百餘丈之形勢。又如濡水注「又東南過海陽縣西，南入於海」條，寫碣石云：

> 漢武帝亦嘗登之，以望巨海，而勒其石於此。今枕海有石如甬，道數十里，當山頂有大石，如柱形，往往而見立於巨海之中。（卷十四頁十九、二十）

此段注文，以柱形譬喻大石之壯觀。莫不靈活多變，掌握特徵，突顯物像，有畫龍點睛，餘韻無窮之妙也。

(2) 狀寫色彩。《水經注》書中，狀寫色彩之例，如巨馬水注「巨馬河出代郡廣昌縣淶山」條，寫白澗溪云：

> 淶水又逕三女亭西，又逕樓亭北，左屬白澗溪，水有二源，合注一川。川石皓然，望同積雪，故以物色受名。（卷十二頁五）

此段注文，以積雪譬喻山石皓然。又如沅水注「沅水出牂柯且蘭縣，爲旁溝水，又東至鐔成縣爲沅水，東過無陽縣」條，注文寫陽欺崖云：

溪源有陽欺崖，崖色純素，望同積雪。（卷三七頁十五）

此段注文，以積雪喻陽欺崖色純素也。又如贛水注「又東北過石陽縣西」條，寫石陽城中井云：

城中有井，其水色半清半黃，黃者如灰汁，取作飲粥，悉皆金色而甚芬香。（卷三九頁十）

此段注文，以灰汁喻水色黃，按王校本此條下云：「朱箋曰：《異物志》云：廬陵城中有一井，中有二色，水半青半黃，黃者灰汁，取作糜粥，皆作金色，土人名灰汁爲金，因名爲金井。」是知灰汁者，金色也。

(3) 狀寫聲籟。酈注書中，寫聲籟之例，如河水注「又南過河東北屈縣西」條，寫孟門津云：

其水尙崩浪萬尋，懸流千丈，渾洪贔怒，鼓若山騰。（卷四頁二）

此段注文，以鼓若山騰喻孟門津水湍湃之聲響。又如丹水注「又東南過商縣南，又東南至於丹水縣，入於均」條云：

城南門外，舊有郡社，柏樹大三十圍，蕭欣爲郡伐之，言有大蛇從樹腹中墜下，大數圍，長三丈，羣小蛇數十隨入南山，聲如風雨。（卷二十頁十八）

此段注文，以風雨喻羣蛇隨行之聲勢。又如沅水注「又東北過臨沅縣南」條云：

(沅水)又東帶綠蘿山，綠蘿蒙冪，頹巖臨水，實釣渚漁詠之勝地，其迭響若鐘音，信爲神仙之所居。(卷三七頁十七)

此段注文，以鐘音喻漁詠之迭響。又如湘水注「又東北過陰山縣西，洣水從東南來注之，又北過醴陵縣西，漉水從東南來注之」條云：

長沙醴陵縣有大山，常鳴如牛呴聲。(卷三八頁八)

此段注文，以牛呴聲喻大山之常鳴。道元善用狀聲詞，佳例頗多，或幽咽，或悠揚，宛轉傳神，栩栩如生，吟誦之際，如聞其聲，其文妙合天工，誠不可多得也。

(4) 狀寫溫度。《水經注》書中，狀寫溫度之例，每見於敍述泉水之時，例如滱水注「滱水出代郡靈邱縣高氏山」條云：

其水又南逕候塘，川名也。又東合溫泉水，水出西北暄谷，其水溫熱若湯，能愈百疾，故世謂之溫泉焉。(卷十一頁九)

此段注文，以熱湯喻暄谷泉水之沸湧。又如滍水注「滍水出南陽魯陽縣西之堯山」條云：

縣有湯水，可以療疾。湯側又有寒泉焉，地勢不殊，而炎涼異致，雖隆火盛日，肅若冰谷矣。(卷三一頁一)

此段注文，以冰谷喻寒泉之炎涼。又如溳水注「又南過江夏安陸縣西」條云：

溫水出竟陵之新陽縣東澤中，口徑二丈五尺，垠岸重沙，端淨可愛，靖以察之，則淵泉如鏡，聞人聲，則揚湯奮發，無所復見矣。其熱可以爓雞，洪瀏百餘步，冷若寒泉。(卷三一頁十九)

此段注文，以寒泉喻洪瀏之水冷。凡此所舉，皆運用譬喻，以明其溫度者也。

暗喻乃較明喻更簡化進步之修辭技巧，略去設喻之喻詞，如「猶」、「若」、「如」、「似」、「同」等等，而作直接之譬喻，故其重點，不在正文，反在新起之意象。例如渭水注「又東過陳倉縣西」條云：

> 水發南山西側，俗以此山爲吳山，三峯霞舉，疊秀雲天，崩巒傾返，山頂相捍，望之恆有落勢。(卷十七頁十四)

此段注文，「崩巒傾返，山頂相捍」是正文，「恆有落勢」爲譬喻，其間少一喻詞「如」字，若爲明喻則當作「崩巒傾返，山頂相捍，望之如恆有落勢」，又「崩巒傾返」一句，謂崩陷之峯巒，似即將傾塌，而「山頂相捍」者，言山峯若有互相推擠之勢，二句亦爲暗喻也。故知隱喻之例，其辭雖無喻詞，其義仍可循而得之。又《水經注》運用暗喻之另一特色，即展示畫面之二喻，濃縮成四字句，而省略喻詞，例如河水注「又南過赤城東，又南過定襄桐過縣西」條，寫呂梁洪云：

> 其水西流，歷於呂梁之山，而爲呂梁洪。其山巖層岫衍，澗曲崖深，巨石崇竦，壁立千仞，河流激盪，濤湧波襄，雷淁電洩。(卷三頁十五)

按此段注文，其中「雷淁電洩」，即由「聲如雷動，勢若電洩」濃縮而成，四字二喻，凝練簡潔，音節鏗鏘。蓋譬喻能寫物以附意，颺言以切事，辭不迫切，而意已獨至，故爲修辭法之一，道元爲文，亦多用之。

(三)援引證說

凡綜採經史舊籍中之前言往行，或據事類義，以增風趣，或援古證今，而影射難言，或摭拾鴻采，令文章典雅者，皆謂之援引，或稱引用。援引之法，大別有二：一用古事，二用成辭；用古事者，援古事以證今情也；用成辭者，引彼語以明此義也。素來論修辭之書，以引用是否說明來歷，而分「明引」「暗引」二類。

道元為文，抒情寫景，每引用詩、賦、謠諺或成語典故，增加藝術感染力，以收言簡景彰之效果。茲舉江水注「又東過巫縣南，鹽水從縣東南流注之」條，寫長江三峽云：

> 此山漢和帝永年十二年崩，晉太元二年又崩，當崩之日，水逆流百餘里，湧起數十丈，今灘上有石，或圓如簞，或方似屋，若此者甚衆，皆崩崖所隕，致怒湍流，故謂之新崩灘。其頹巖所餘，比之諸嶺，尙為竦桀。其下十餘里，有大巫山，非唯三峽所無，乃當抗峯岷峨，偕嶺衡疑，其翼附羣山，並概青雲，更就霄漢，辨其優劣耳。神孟涂所處，《山海經》曰：夏后啓之臣孟涂，是司神于巴，巴人訟於孟涂之所，其衣有血者，執之是請。生居山上，在丹山西。郭景純云：丹山在丹陽，屬巴丹山，西即巫山者也。又帝女居焉。宋玉所謂天帝之季女，名曰瑤姬，未行而亡，封巫山之陽，精魂為草，寔為靈芝。所謂巫山之女，高唐之阻，旦為行雲，暮為行雨，朝朝暮暮，陽臺之下。旦早視之，果如其言，故為立廟，號朝雲焉。其間首尾一百六十里，謂之巫峽，蓋因山為名也。自三峽七百里中，兩岸連山，略無闕處，重巖疊嶂，隱天蔽日，自非停午夜分，不見曦月。至於夏水襄陵，沿泝阻絕，或王命急宣，有時朝發白帝，暮到江陵，其間千二百里，雖乘奔御風，不以疾也。春冬之時，則素湍綠潭，迴清倒影，絕巘多生怪柏，懸泉瀑布，飛漱其間，清榮峻茂，良多趣味。每至晴初霜旦，林寒澗肅，常有高猿長嘯，屬引淒異，空谷傳響，哀轉久絕，故漁者歌曰：巴東三峽巫峽長，猿鳴三聲淚沾裳。（卷三四頁二、三）

此段注文，描寫三峽沿岸之風光，作者以夏啓封孟涂，至巴郡爲神起筆，穿插楚王游高唐與神女相會之事，是描摹景色之餘，兼記神話傳說，收錄風土民情。文中於典故之徵引，恰當復自然，絕無濫引示博，牽强生硬之弊；或采明典而陳辭，如援引《山海經》、郭景純、宋玉《高唐賦》、《巴東三峽歌》等等即是；或用暗典以含蘊，如漢和帝永元十二年山崩之事，即出自《後漢書．五行志》，而「春冬之時，則素湍綠潭」以下所言，則暗用盛弘之《荊州記》之文也。

(四)疊字摩神

疊字又名重言，是以兩個或兩個以上相同之字，重疊使用，以摹擬物情，物聲或物態之謂。疊字如運用得體，最能集字成勢，有文勢貫珠之妙，既可使語氣充足，意義完整，且能增加聲律之美，以臻摹景入神，天籟自鳴之妙境。《水經注》書中，重言運用之例，如河水注「又東過陜縣北」條云：

> 翁仲頭髻常出，水之漲減，恆與水齊，晋軍當至，髻不復出，今惟見水異耳。嗟嗟有聲，聲聞數里。(卷四頁十九)

此段注文，「嗟嗟」描寫水流之聲貌。又如沁水注「又東過野王縣北」條云：

> 水北有華嶽廟，廟側有攢柏數百根，對郭臨川，負岡蔭渚，青青彌望，奇可翫也。(卷九頁十一)

此段注文，「青青」描寫草木峥嶸葱鬱之氣象。又如睢水注「東過睢陽縣南」條云：

> 睢水又東南流，歷於竹圃，水次綠竹蔭渚，菁菁實望，世人言梁王竹園也。(卷二四頁五)

此段注文，「菁菁」喻綠竹茂密之狀。又如沔水注「又東過西城縣南」條云：

> 漢水又東逕嵐谷北口，嶂遠溪深，澗峽險邃，氣蕭蕭以瑟瑟，風颼颼而飀飀，故川谷擅其目矣。(卷二七頁十一)

此段注文，「蕭蕭」「瑟瑟」「颼颼」「飀飀」等語，殆皆寫淒涼冷清之貌也。道元遣詞精鑿，匠心獨具，其疊字運用，切意入情，摹寫傳神，由此見焉。

(五)擬人生趣

將無知事物，寄以靈性，託爲有情，稱之爲擬人法。此類「句眼」，全屬動詞。《水經注》書中，摹山範水，下筆有情，故亦長於擬人法之修辭。例如汾水注「汾水出太原汾陽縣北管涔山」條云：

> 汾水又南與東西溫溪合，水出左右近溪，聲流翼注，水上雜樹交蔭，雲垂煙接，自是水流潭漲，波襄轉泛。(卷六頁一)

此段注文，「聲流翼注」之注，「雜樹交蔭」之交，「雲垂煙接」之垂、接，皆是擬人法之句眼。又如涑水注「又南過解縣東，又西南注於張陽池」條云：

> 其西則石壁千尋，東則磻溪萬仞，方嶺雲回，奇峯霞舉，孤標秀出，罩絡羣山之表。(卷六頁二三)

此段注文，「奇峯霞舉」者，意謂奇峯高聳雲霞之上，極言其高峻，句中「舉」字，爲擬人法之句眼，而「罩絡羣山之表」之罩絡，亦爲擬人修辭法，謂奇峯籠罩於羣山之上也。又如渭水注「又東過陳倉縣西」條云：

> 汧水又東會一水，水發南山西側，俗以此山爲吳山。三峯霞舉，疊秀雲天，崩巒傾返，山頂相捍，望之恒有落勢。(卷十七頁十四)

此段注文，「崩巒傾返，山頂相捍」者，謂崩陷之峯巒似將傾塌，山峯則若有互相擊推之勢，將峯巒寄以靈性，託爲有情，其中「返」「捍」二字，爲擬人法之句眼也。上舉諸例，其「句眼」，或在句首，如「罩絡羣山之表」者，即是其例；或在句中，如「雲垂煙接」者是；或在句末，如「山頂相捍」者是。其靈巧運用，駕筆如神，使物染我情，壯闊之景，已在目前，語妙意曲，饒生遠韻，縮短物我間之距離，營造氣氛，且亦令文句精警靈動也。

(六)換字避縏

古人綴辭屬文，最忌複沓，是故善爲辭者，恆務變文，以戒同字相犯。道元自謂爲書之恉，在因水以證地，即地以存古，是故遷貿畢陳，故實駢列。其爲書也，規模弘遠，千山萬水，包舉一編，然則其造句遣詞，亦力避重複也。[11]

酈注書中，描寫瀑布之辭藻，各式各樣，如「懸溜」「懸水」「懸波」「懸澗」「懸瀑」「飛瀑」「飛清」「飛泉」「飛水」「湍湍」「湍澗」「激素」「傾流」「頹波」等等，要皆瀑布之同義詞也。又其摹繪水勢飛瀉之情狀，有「懸洪五丈，飛流注壑」，「揚波北注，懸流奔壑」，「瀑布乘巖，懸河注壑」；或「飛湍濬急」，「練垂桀立」，「崩浪震山」等等，無不語語生動，維妙維肖，令人歎爲觀止也。又如刻劃山勢，有「亭亭桀豎，競勢爭高」，「巖層岫衍，巨石崇竦」，「嶄絕孤峙，虎牙桀立」，「崩巒傾返，山頂相捍」，「方嶺雲迴，奇峯霞舉」，「高巒截雲，層陵斷阜」，亦有「壁立天固」，「攲疊若城」，「重嶺干霄」，「輕崖秀舉」等等，皆綴以不同之筆觸，換字避縏，可謂駕筆如神，

11 酈注規模弘遠，千山萬水，包舉一編，然則幅廣地多，疲於應接，著語不免自相蹈襲，遂使讀者每興數見不鮮之歎。錢鍾書《管錐篇》云：「前舉酈注形容處，幾有匡格，他如河水：孟津……水流交衝，素氣雲浮，常若霧露沾人。清水：黑山瀑布……散水霧合。淇水：激水散氛，曖若霧合。渭水：崩巒傾返，山頂相捍，望之恆有落勢。沮水：盛弘之云，危樓傾崖，恆有落勢。延江水：傾崖上合，恆有落勢。」頁1457。按此匡格，固惟即目所見，不避雷同也。

逼天壓地，嬉霞戲霧，令人目不暇給。而山勢之高、廣、闊、拔、奇、秀、孤、連，亦皆栩栩躍現。其語詞搭配，細緻入微，以奇制勝，肖貌傳神，可以入文，更宜入詩，故得助行文之波瀾也。

(七)敷彩設色

渲染事物，妥用色彩，足使辭章華美，意象鮮明。唯色彩之濃艷淡雅，與詩文之意境內涵，須相配合，若能繁濃而不肥俗，簡淡而不枯瘦，則各有韻致矣。《水經注》書中，敷彩摹境，美化風景之例，展卷可得。例如沮水注「沮水出漢中房陵縣淮水，東南過臨沮縣東」條云：

> 稠木傍生，淩空交合，危樓傾崖，恆有落勢，風泉傳響于青林之下，巖猨流聲於白雲之上，遊者常若目不周翫，情不給賞。(卷三二頁十一)

又如江水注「又東南過夷道縣北，夷水從佷山縣南，東北注之」條云：

> 北有湖里淵，淵上橘柚蔽野，桑麻闇日，西望佷山諸嶺，重峯疊秀，青翠相臨，時有丹霞白雲，遊曳其上。(卷三四頁八)

又如湘水注「又北過羅縣西，溦水從東來流注」條云：

> 湘川清照五六丈，下見底石，如樗蒲矢，五色鮮明，白沙如霜雪，赤崖若朝霞，是納瀟湘之名矣。(卷三八頁十一)

酈注書中，色彩妍麗，種類多樣，有「青」「白」「素」「赤」「丹」「黃」「濁」「金」「玄」「翠」「綠」「紫」「霜」等等，以其用之適切，故文氣朗暢，詞約意豐，草卉奪彩，雲霞姿媚，日月流光，光彩耀目，而素色沈淨，搖曳澄瀠，風華映人，更添清雅韻致，山水之美，宛然見焉。

(八)誇張聳動

凡客觀存在之事物，因乎主觀，加以渲染，使事增其實，辭溢其眞，令讀者愜心快意，聳動聽聞，滿足好奇者，皆謂之誇張。《水經注》爲文，模山範水，窮形盡相，亦擅於誇張，其最常見者，乃數字之運用也。例如江水注「又東南過僰道縣北，若水淹水合，從西來注之，又東，渚水北流注之」條云：

> 山多猶猢，似猴而短足，好遊巖樹，一騰百步，或三百丈，順往倒返，乘空若飛。(卷三三頁九)

此段注文，以「一騰三百丈」及「乘空若飛」喻猶猢靈巧善跳，此用夸飾，不唯曲盡其意，亦且煒爗生趣也。又如淮水注「又東至廣陵淮浦縣，入於海」條云：

> 游水東北入海，舊吳之燕岱常泛，巨海憚其濤險，更沿溯是瀆，由是此。(卷三十頁六)

此段注文，以「巨海憚其濤險」極言舊吳燕岱之水患，形象生動，極騁辭鋒，令人驚心動魄。又如涑水注「又南過解縣東，又西南注於張陽池」條云：

> 其西則石壁千尋，東則磻溪萬仞，方嶺雲回，奇峯霞舉，孤標秀出，罩絡羣山之表。(卷六頁二三)

此段注文，以「石壁千尋」「磻溪萬仞」刻劃峯高谷深之景色，千尋與萬仞，極言其高峻也。又如河水注「又南過河東北屈縣西」條云：

> 其水尙崩浪萬尋，懸流千丈，渾洪贔怒，鼓若山騰，濬波頹疊，迄於下口。(卷四頁二)

此段注文，以「崩浪萬尋」「懸流千丈」描繪孟門津水勢迅急奔騰，繪聲繪影，動人心魄。《水經注》善於以誇張法，突顯物象，其辭夸而不溢，飾而不誣，符合情理，頗能引發讀者之想像，洵妙筆生花，不可多得之作也。

結論

夫《水經注》者，史家地理志之流也。然其爲文，模山範水，筆筆精工，刻劃入微，湖光山色，躍然紙上。考其制作，駢散兼收，屬對精巧，譬喻明事，援引證說，鍊字警奇，或疊字以摩神，或擬人以生趣，或換字以避繁，或誇張以聳動，儒雅雍容，架構前賢，明察時要，體物寫志，應山川之靈，成千古之作。其睿智所成，萬流仰鏡，文人墨客，追風趨步，莫不同祖，故唐陸龜蒙詩稱：「高抱相逢各絕塵，水經山疏不離身。」[12] 宋蘇東坡詩云：「嗟我樂何深，《水經》亦屢讀。」[13] 明楊愼《丹鉛總錄》亦曰：「《水經注》所載事，多他書傳未有者。其敍山水奇勝，文藻駢麗，比之宋人卧遊錄，今之玉壺冰，豈不天淵？予嘗欲抄出其山水佳勝爲一帙，以洗宋人卧遊錄之陋，惜未暇也。又其中載古歌謠，如《三峽歌》云：巴東三峽巫峽長，猿鳴三聲淚沾裳。又云：朝見黃牛，暮見黃牛，三朝三暮，黃牛如故。又云：灘頭白勃堅相持，倏忽淪沒別無期。記《僰道謠》云：楢溪赤水，盤蛇七曲，盤羊烏櫳，勢與天通。皆可以入詩材。」[14] 是知《水經注》者，沾漑學圃，衣被詞人，洵難以辭逮，誠爲寫景文章之模範，山水遊記之宗師也。

---

12 語出陸龜蒙《和襲美寄懷南陽潤卿詩》，參見《全唐詩》卷六百二十六，陸龜蒙十，頁 7193。

13 語出蘇軾《寄周安孺茶詩》，參見《蘇東坡全集》，卷一，頁 26。

14 參見明楊愼《升庵外集》，卷五二，頁 10。

陶淵明對王安石的影響

王晋光

鍾嶸《詩品》稱陶淵明爲「古今隱逸詩人之宗」，自此以後，那些在作品中流露隱逸思想的詩人，總要涉獵一下陶詩，從中吸取營養。唐代詩人王維、孟浩然，在遭時不遇的情形下隱居田園，與陶淵明有點相似，以淵明自擬，不足爲奇，但是宋代許多詩人半生混跡宦海，也跟著陶淵明唱同一調子，不免使人驚訝。不過，從孔子志不獲伸而隱居，到莊子竭力頌揚隱居不仕的作風，顯示儒道兩家都肯定了退隱閒居的積極意義，遂使漢魏文人逐步建立了隱居山林的崇高形象，這對於唐宋人言行不一的作風也就可以理解了。士人在官場上失意的時候，想想陶淵明罷官前後的氣節和隱居的逍遙，往往不自覺地以陶爲榜樣，而最能把自己和陶淵明聯繫在一起的，莫過於仿擬其千載不朽的作品了。王安石（1021-1086）是宋代受陶淵明影響比較明顯的一個詩人，這篇文章想通過分析王安石的作品，來討論陶淵明影響後世詩人的一些情況。

一、慕其人、賞其詩

王安石《示俞秀老》詩云：「君詩何以解人愁，初日紅蕖碧水流。未怕元劉妨獨步，每思陶謝與同游。」[1] 這首詩既盛讚俞秀老詩的高逸，同時也表達了作者對陶淵明和謝靈運的欽慕。《宋史》卷

---

1 李壁《王荊文公詩註》，朝鮮古活字本，卷四十三。以下所引王安石詩均用此本。按「何以」，元大德本作「何似」。

三三一《沈遼傳》云：

> 遼字叡達，幼挺拔不羣，長而好學尚友，傲睨一世。……遼故受知於王安石，安石嘗與詩，有「風流謝安石，瀟灑陶淵明」之稱。[2]

安石稱讚沈遼有謝安之才、淵明之風，這當中自然也含有安石對他們兩人景仰之意。

在《題致政孫學士歸來亭》詩中，安石說：「彭澤陶潛歸去來，素風千載出塵埃。」(卷三十)對陶淵明的高風亮節，極為尊崇。安石有一首題為《五柳》的詩，據李壁說，那是把甥婿龔原的住宅比作陶廬：

> 李柳柴桑宅，三楊白下亭。
> 往來無一事，長得見青青。(卷四十)

這自然也是出於對陶淵明景仰的緣故。都穆《南濠詩話》云：

> 如《飲酒》其五云：「結廬在人境，而無車馬喧。問君何能爾？心遠地自偏。」王荊公謂「詩人以來，無此四句」。[3]

「詩人以來，無此四句」，雖是誇大之語，卻可以看出王安石對淵明的作品和人品均推崇備至。安石《移柳》詩云：

> 移柳當門何啻五，穿松作徑適成三。
> 臨流遇興還能賦，自比淵明或未慚。(卷四十一)

這可看出安石不僅在居住環境方面，而且在文學創作方面也以模仿

---

2 《宋史》點校本，北京：中華書局，1977 年，頁 10652。

3 丁福保《歷代詩話續編》，北京：中華書局，1983 年，頁 1342。

陶淵明爲榮。我們不妨具體探討一下，陶淵明對於王安石的詩歌創作究竟有哪些影響。

二、借詞、改句、取意、擬調

陶淵明對王安石的影響，首先可以從四個方面去考察。這四個方面是借詞、改句、取意和擬調。

1. 借詞

安石《歲晚懷古》一詩全用陶語：

先生歲晚事田園，魯叟遺書廢討論。
問訊桑麻憐已長，按行松菊喜猶存。
農人調笑追尋壑，稚子歡呼出候門。
遙謝載醪祛惑者，吾今欲辯已忘言。(卷廿六)

其中先生、田園、魯叟、問訊桑麻、已長、松菊猶存、尋壑、稚子候門等詞或詞組大部分取自《五柳先生傳》、《歸去來辭》、《歸園田居》等詩文；「欲辯已忘言」和「載醪祛惑」則來自《飲酒二十首》。儘管詞語多借自陶詩，語氣風格與陶淵明詩尚有一點距離。又《懷古二首》則拿陶語來對佛經：

日密畏前境，淵明欣故園。
那知飯不僞，所喜菊猶存。
亦有床坐好，但無車馬喧。
誰爲吾侍者，稚子候柴門。(其一)

長者一床室，先生三徑園。
非無飯滿缽，亦有酒盈樽。
不起華邊坐，常開柳際門。
謾知談實相，欲辯已忘言。(其二，卷廿二)

故園、菊猶存、車馬喧、稚子候柴門、三徑園、酒盈樽、柳際門、欲辯已忘言等語，都是套用或改動淵明詩文句子。李壁說：「此詩逐句對用維摩、淵明事。」毫無疑問，安石在模仿陶詩的同時，還利用陶詩詞語與《維摩詰經》詞語匹對來炫耀工巧。

安石《山行》詩云：「暮嶺已佳色、寒泉仍好音。誰同此眞意，倦鳥亦幽尋。」（卷廿二）佳色、好音、眞意、倦鳥，都出於陶詩。[4]

以上可以窺見安石借用陶詩詞語之一斑，借用的詞語大部分來自《歸去來辭》。

2. 改句

陶淵明《歸去來辭》給王安石提供了一些寫詩的材料，陸游《老學庵筆記》[5]卷四曾經指出：「荊公多用淵明語而意異，如『柴門雖設要常關』、『雲尚無心能出岫』。」[6]按淵明原句是「門雖設而常關」和「雲無心以出岫」，安石略爲增字轉意而已；安石《和微之林亭》「中園日涉非無趣」（卷三十五）則是改動「園日涉以成趣」句而成。

至於陶淵明詩中佳句給安石借用的就更多，例如安石《張氏靜居院》詩「問侯何能爾」句（卷十九），只改了陶淵明《飲酒》詩「問君何能爾」句一字；《祈澤寺見許堅題詩》云：「藹藹春風入水村」（卷四十七），恐是融合《歸園田居五首》之一「曖曖遠人村」與《和郭主簿》詩「藹藹堂前林」句，《次韻約之謝惠詩》云：「地偏人罕至，心遠境常寂」（卷五）乃析用陶詩《飲酒》「心遠地自偏」句，李壁已先言之。

從以上例子可以看到安石詩句受陶詩影響之一斑。陶淵明文顯

4 《飲酒二十首》：「秋菊有佳色」、「此中有眞意」，《歸鳥》：「好音時交」，《歸去來兮辭》：「鳥倦飛而知還」，見《陶淵明集》卷三、一、五，北京：中華書局，1979年，頁86–88，32，159–164。

5 《陶淵明集》，頁50。

6 上句出自安石《與北山道人》詩，見《王荊文公詩註》卷四十四，下句出自《招楊德逢》，卷四十二。

然也是安石汲取養份的重要來源。

3. 取意

安石詩《霹靂溝》:「隨意入桃花」(卷四十),《春郊》詩:「青秧漫漫出初齊,雞犬遙聞路卻迷。但見山花流出水,那知不是武陵溪」(卷四十一),全用《桃花源記》故事。

《雜詠四首》其四「柴荊常自閉」(卷四十)用《歸去來辭》「門雖設而常關」語意。

4. 擬調

至於安石詩情調、神韻之仿效淵明,從《泊舟姑蘇》可以看出一些端倪:

朝遊盤門東,暮出閶門西。
四顧茫無人,但見白日低。
荒林帶昏煙,上有歸鳥啼。
萬物皆有託,而我無安棲。

讀者不難看出:安石最後兩句詩襲改了陶詩「萬族各有託,孤雲獨無依」[7] 語意。就整首詩的情調來說,它似乎更加接近下列一詩:

迢迢百尺樓,分明望四荒;
暮作歸雲宅,朝爲飛鳥堂。
山河滿目中,平原獨茫茫,
古時功名士,慷慨爭此場。
一旦百歲後,相與還北邙;
松柏爲人伐,高墳互低昂,
頹基無遺主,游魂在何方!

7 《詠貧士七首》其一,《陶淵明集》卷四,頁 8-10。

榮華誠足貴，亦復可憐傷。(陶潛《擬古九首》其四)

安石詩前四句刻意描寫一個孤獨低沈的人處於一種蒼涼寂寞的自然景色之中，而陶詩前八句也是描寫低徊無奈的詩人處身浩瀚蒼涼之象；安石詩後半慨嘆無處可棲，其實是哲人在茫茫無盡的宇宙中找不到自我的歎息，這與陶詩所問英雄志士魂遊何方，有異曲同工之妙。所不同的，王詩以傷感結，陶詩以化境收。在看破世情方面，安石詩中有時還略帶執著，似乎未能達到像陶公那樣至少在表面上看不出痕跡之「忘我」境界。

安石《與望之至八功德水》，嚴復亦以為「似陶矣」，[8] 詩云：

念方與子違，讜怳夜不眠。
起視明星高，整駕出東阡。
聊為山水遊，以寫我心悁。
知子不餔糟，相與酌雲泉。

案呂望之，字嘉問，熙寧十年(1077)遭構陷貶知江寧府，安石詩即作於此一期間，情調頗為蒼涼哀傷。我們說這首詩的風格似淵明，還因為它的單純樸素的筆調——淺易平實的語言、誠懇自然的語氣，使人讀起來覺得就像讀陶詩。

三、志節、懷抱

除了上述情形之外，王安石至少還在下列兩方面受陶淵明影響：

一、陶淵明不願為五斗米折腰，因而辭官歸里，這其實是寧及身而退而不願降志辱身的表現，王安石在執政後期，苦於理想無法

8 嚴復《侯官嚴氏評點王荊公詩集》，臺北：藝文印書館影印本，1970年，卷一。

實現——新法不能推行，故毅然辭職隱居，這和陶淵明的做法本質上是一樣的。

二、陶淵明辭官以後，表面上甘於淡薄，安於現狀，似乎與現實政治脫節，對世事不聞不問，而事實上內心仍未平伏，他自己說：「猛志逸四海，騫翮思遠翥。」[9] 又說：「形夭舞干戚，猛志固常在。」[10] 在在可見其內心痛苦。王安石罷政以後，留連鍾山，表面上亦與世無爭，不聞朝政，事實又如何呢？清人吳之振在其所編選的《宋詩鈔》裏論王安石詩云：『論者謂其有工緻，無悲壯，讀之久則令人筆拘而格退。余以爲不然，安石遣情世外，其悲壯即寓閒澹之中，獨是議論過多，亦是一病爾。』[11] 安石詩議論過多是早年的事，而「悲壯寓閒澹之中」卻是晚年詩的特徵；安石晚年的作品一般表面不著聲色而字裏行間卻淒愴暗湧，這種寫法相信是從陶淵明處學來的。

這裏舉一個例子，可以瞭解安石晚年詩平淡中如何飽含蒼涼。《謝微之見過》云：

> 此身已是一枯株，已託交朋八九無。
> 唯有微之來訪舊，天寒幾夕擁山爐。（卷四十八）

王哲字微之，元豐八年路過金陵，特地探訪安石，相聚幾天。安石此時罷官隱居已近十年，官場多翻覆，昔日朋友或死或忙，再無人理會這個孤獨靜寂的老人，世人也幾乎都忘記了這個失勢多年的老相國，唯獨王微之尚記得王安石，老遠跑來探望他。這平淡直敘的幾句話，完全沒有造作修飾，而讀者卻不難感受到，當中其實包含了多少滄桑，多少惆悵，多少感慨！

---

9 《雜詩十二首》其五，《陶淵明集》卷四，頁 117 。

10 《讀山海經十三首》其十，《陶淵明集》卷四，頁 138 。「形夭」一作「刑天」。

11 《宋詩鈔·臨川詩鈔》，北京：中華書局， 1986 年，頁 564 。

看看下面三首詩：

香火因緣寄北山，主恩投老更人間。
傷心蹭躅岡頭路，明日春風自往還。（《北山有懷》，卷四十二）

明州城郭畫中傳，尚記西亭一檥船。
投老心情非復昔，當時山水故依然。（《觀明州圖》，卷四十四）

杖藜隨水轉東岡，興罷還來赴一床。
堯桀是非猶入夢，因知餘習未全忘。（《杖藜》，卷四十一）

讀者從文字之間瞭解詩人內心隱約流動著一股悵惘、感傷但壯氣仍存的情懷，雖不容易很具體地剖析其中的事事物物，但讀者仍能感受得到，在閑澹的詩中包含了對於時間流逝的歎息，對於往日功業的欷歔，還有更多的是在今昔對比中那種說不出的無可奈何的鬱結和苦澀沈吟！這大概就是在平淡之中掩飾不了的悲壯慷慨的情懷。

再如安石《與呂望之上東嶺》，也有陶淵明那種平淡中帶著些許悲涼的情調：

靖節愛吾廬，猗玗樂吾耳；
適野無市喧，吾今亦如此。
紛紛舊可厭，俗子今掃軌。
使君氣相求，眷顧未云已；
追隨上東嶺，俯仰多可喜。
何以況清明，朝陽麗秋水；
微雲會消散，豈久汚塵滓。
所懷在分襟，藉草淚如洗。（卷二）

呂嘉問遭到構陷，與安石自己的家事有某些關係，[12] 而呂嘉問調職的決定既出自神宗，安石只能在無可奈何中沁出絲絲不平的情緒，讀者惟有再三咀嚼，才能體味安石詩中的悲愴。詩人隱居以後，精神狀態漸與陶淵明相似——對於現實政局既無能爲力，但也無法完全忘懷國家安危，暗伏心靈深處的是蒼生和公義始終揮之不去的痛苦，他把這種情懷融入詩中，形成晚年詩歌在平淡中顯出深沈悲涼的風格。

四、結語

王安石在詩歌創作中，詞語、句子、典故和情調都受了陶淵明若干程度的影響。值得一提的是，陶淵明對王安石這幾方面的影響並不完全出自詩歌，《歸去來辭》、《桃花源記》、《五柳先生傳》等文章所佔的分量也相當大，從某個角度來看，陶淵明的散文作品裏蘊藏了豐富的詩歌創作素材。

而爲一般人忽略的是，安石晚年之寄情山水，與陶淵明之徘徊田園頗有相似之處：陶淵明於天下事無能爲力，安石於天下事則筋疲力盡。他們不甘心於人間無助，但也別無辦法，唯有將無可奈何之悲愴隱藏於心底，進而滲透於筆尖，在有意無意間溶注於詩歌字裏行間。因此安石罷相以後，他的精神懷抱逐漸接近陶淵明，終於在詩歌風格上受到陶淵明的某些影響。

---

12 李燾《續資治通鑑長編》卷二九三，元豐元年冬十月壬寅朔「觀文殿大學士集禧觀使王安石言：『江東轉運判官何琬奏江寧府禁勘臣所送本家使臣俞遜侵盜錢物事已經年，呂嘉問到任根治累月，案始具。今深恨俞遜翻異，故加以論訴不干己罪。如琬所言，則是嘉問爲臣治遜，獄事有姦，臣與嘉問親厚交利而已。竊恐陛下哀憐舊臣，不忍暴其污行，故不別推究，如此則臣與嘉問常負疑謗，不能絕琬等交鬥誣罔。望特指揮，以江寧府奏劾俞遜事下別路差官重鞫。』詔送樞密院，下兩浙轉司鞫之。」臺北：世界書局影印本，1974 年，新頁碼 3090。

《文心雕龍》「比興」觀念析論

顏崑陽

一、問題的提出與解決的態度、方法

在本論文之前，有關《文心雕龍》「比興」觀念的研究，已不乏其篇[1]。大體而言，主要的問題集中在：(一)《文心雕龍》所謂「比興」，甚麼是「比」？甚麼是「興」？「比」與「興」有何差別？(二)爲何「比顯而興隱」？上述二個問題常被視爲具有相關性。(三)《文心雕龍》中所說的「比興」，在文學創作活動中，究竟有何理論上的意義？也就是它們是二種修辭法？或表現方法？或思維方法？或藝術形象？(四)《文心雕龍》的「比興」之說，在觀念史上，有何所承？又有何所變？(五)《文心雕龍》「比興」之說在理論上有何價值？在觀念史上又有何價值？

上列前四個問題是詮釋性的問題，而後一個問題則是評價性的問題。而前四個問題之中，第一、二個問題在《文心雕龍・比興篇》的文本中，其實已表述出來。學者之所以將它視爲主要的研究問

---

1 例如黃侃《文心雕龍札記・比興第三十六》，上海：中華書局。詹鍈《劉勰與文心雕龍》第七節第四目《比興篇》，北京：中華書局。陸侃如、牟世金合著《劉勰論創作》譯注部分《比興》，安徽人民出版社。王元化《文心雕龍創作論》下篇《釋比興篇擬容取心說》，上海：上海古籍出版社。繆俊杰《文心雕龍美學・擬容取心，斷辭必敢——劉勰論「比興」手法的特點》，北京：文化藝術出版社。張文勛、杜東枝合著《文心雕龍簡論・關於形象思維和比興手法》，北京：人民文學出版社。周振甫《文心雕龍注釋・比興篇》，臺北：里仁書局。其他論文尚多，不具引。

題，是因爲文本語言非常簡括，而造成文字訓詁上的不確定，以及概念表述上的留白。前者例如「依微以擬議」，「微」是何義？周振甫《文心雕龍注釋》訓爲「隱微的含意」[2]，李曰剛《文心雕龍斟詮》訓爲「微物，小物也」[3]。「擬議」是何義？周振甫訓爲「比擬」，而李曰剛訓爲「擬度議論」。又如「環譬」，周振甫在譯文中訓爲「委婉的譬喻」，而趙仲邑《文心雕龍譯注》[4]則訓爲「圍繞所取譬的事物」。這都是關鍵性的詞彙，訓詁既異，必然造成對第一、二問題詮釋上的差異。後者例如，劉勰在《比興篇》中提出「比顯而興隱」的說法，以爲區分「比」、「興」的判準，但他對此一概念的表述，卻僅此簡括一句，而未再進一步詳確地說明，以致留下許多等待解釋的空白。基於上述的原因，第一、二個問題的研究目的，乃是依藉訓詁的精確與理解的補白，而爲劉勰將前述兩個問題說明得更符合現代學術在概念明確與系統完密上的要求。

第三個問題，在《文心雕龍．比興篇》的文本中並未表述出來，但卻隱涵著，可以說是一個衍生而相關性的問題。因爲劉勰雖然並沒有直接去表述「比興」在文學活動中，究竟有何作用？但是，在他爲第一、二個問題進行表述時，所謂「附理者，切類以指事；起情者，依微以擬議」，所謂「比則蓄憤以斥言，興則環譬以託諷」；甚至，在他批判漢代以來辭賦，「諷刺道喪，故興義銷亡」，而「日用乎比，月忘乎興，習小而棄大」。在這些判斷中，都已隱涵了他對上述第三個問題所預設的答案。由於劉勰並未在《比興篇》的文本中對此一問題作直接論述，因此它是從後設性研究中所衍生出來的相關性問題，其解答有待研究者的詮明。

2 周振甫《文心雕龍注釋》，臺北：里仁書局，頁 860。

3 李曰剛《文心雕龍斟詮》，臺灣國立編譯館。

4 趙仲邑《文心雕龍譯注》，臺北：木鐸出版社，頁 239。

假如說上述三個問題是理論上的問題，那麼第四個問題便是觀念史上的問題，主要在於將《文心雕龍》的「比興」之說置入此一觀念發展的歷史進程中，去觀察他的承變。劉勰在《比興篇》中並沒有明確地表述自己的「比興」觀念，那些是繼承前代，那些是自己的創見。但他是一個歷史意識非常強烈的文論家，「比興」又是一個已具有歷史性的文學觀念。因此，他論述「比興」一則承受了若干前代的觀念，一則因應當代文學思潮與自己的理論體系而有所變革。其所承爲何？其所變爲何？劉勰既未自己表白，也就有待學者的詮釋。

第五個問題，是在上述四個問題的詮釋基礎上，分別就理論的本身與它在觀念史上的價值給予評估。

以往，學者們對於上述問題都各自提出若干的解答，而獲致相當程度的研究成果。然而，上述問題卻並沒有因此而得到已夠清楚、明確的答案，甚至孳生了若干觀念上的混淆。所以，《文心雕龍》的「比興」觀念，仍然是有待繼續研究。本文就是在前人的研究基礎上，針對上述問題，一方面接受若干確當的答案，一方面對於不夠確當或未被論及之處，嘗試提出可能的解答。

綜觀前人的論述，其所以不能有效地解答上列問題，原因在於下述幾個偏差：

第一，前二個問題，研究的目的，在於詮釋文本已被表述而又不夠明確的意義。意義的詮釋固然無法完全避免主觀性的理解，但卻也不能罔顧文本語言的客觀性限制。由於「比興」是一個在歷史中開放而不斷演變的觀念，因此學者在沒有對《比興篇》文本的語義進行比較嚴密的訓詁與理解之前，便可能不自覺地操持一種在劉勰之前或之後所產生的觀念，去詮釋文本，而強謂之曰：「這就是劉勰

---

5 有人主張「比興」就是「形象思維」之說，見張文勛、杜東枝《文心雕龍簡論》第四章第三節《關於形象思維和比興手法》，頁 79。

所說的比興。」甚至，有些學者更脫離中國文學觀念的意義脈絡，而移植現代西方的某種文學觀念，例如「形象思維」、「隱喻」等，而謂之曰：「劉勰所說的比興就是(或類近)形象思維」[5]，「劉勰所說的『興』就是『隱喻』」[6]。既然「比興」是個開放性的觀念，我們當然不能說這些學者的詮釋絕對錯誤，但是否相對地切合於劉勰所謂的「比興」？在缺乏對文本進行比較正確訓解與論證之前，卻很難讓人信服。

針對這種偏差，本文的態度是：我們並不只顧自己想了甚麼，說了甚麼，因此先不做任何理論的預設，而進入文本內在的觀念脈絡中，對《比興篇》本身的語義做比較詳密的訓詁、解析。然後再從通篇大旨上，甚至參照《文心雕龍》其他篇章所共構的觀念體系，而做一綜合的解悟。

第二，有關前述第三個問題。由於「比興」本是一種非常複雜的觀念，它不是某一文學理論家所規創的邏輯系統性的理論，而是古代諸多文士，對宇宙、作者、讀者、作品諸因素互涉的人文活動經驗，所產生的體悟與言說。因此，「比興」的內在觀念實質地涵具了上述諸因素，以及諸因素間互涉的關係。但古人對它所生的體悟與言說，由於立場——「觀」的角度——此一選擇性的限制，以及言說——工具性乘載功能——此一不可避免的限制。所以各人之所說，或就宇宙言，或就作者言，或就讀者言，或就作品言，其實都是「比興」片面的相對義。這也就是為甚麼從觀念史的全視域來看，「比興」是一個開放性、演變性的觀念。因此，它並沒有一個絕對的意義。其意義的確當性，都必須回歸到言說者所選擇的觀點與文本語言所乘載的涵義。《文心雕龍》中所說的「比興」，在文學活動中，

6 「興」是「隱喻」之說，見王元化《文心雕龍創作論》下篇《釋比興篇擬容取心說》及四篇附錄。

究竟是一種修辭法？或表現方法？或思維方法？或藝術形象？對這種問題的回答，有些學者一方面仍然只顧自己想了甚麼而說了甚麼，卻不顧劉勰在文本中說了甚麼而想了甚麼？另一方面，多認爲答案只能有一個，是修辭法就不是表現方法或其它。因此，便彼此是其所是而非其所非，相持不下。[7]

針對這種偏差，我們的態度，一方面是同樣從文本的訓解中去回答問題，而不是以自己的理論預設去給定答案。另一方面則是，我們不應該只是去選擇單一固定的答案，而是假如文本所顯示涉及二種以上的答案，那麼其彼此之間，在理論上我們可以爲他做怎樣合理的解釋。

第三，有關四、五個問題。這就涉及到整個觀念史比較客觀而正確的理解，並且我們必須明白一種觀念在理論本身與觀念史上，它所涵具的價值並不必然一致，因此在評價上應該加以區分。以往有些學者對這兩個問題，有的對觀念史缺乏客觀而正確的理解，因此對《文心雕龍》「比興」之說，在觀念史上的承變，就不免誤斷。[8]而由於對價值的判準，缺乏清楚的區分，在評估上，也就不免失當了。

針對這種偏差，我們的態度是，除了正確了解《文心雕龍》的「比興」觀念之外，還要切實對此一觀念史進行比較客觀而正確的理解。並在價值判準上，能做確當的區分。

以下就是依循上述所提出的問題以及討論的態度、方法，一一詳作論證。

---

7 同註 5，見張文勛所做之論辯。又同註 6，見王元化書中《再釋比興篇擬容取心說》一文所做之論辯。

8 陸侃如、牟世金合著《劉勰論創作》，頁 178。我們將在後文中引述並加以辨析。

二、《文心雕龍》所謂「比興」，甚麼是「比」？甚麼是「興」？「比」與「興」有何區別？

《文心雕龍》所謂「比興」，甚麼是「比」？甚麼是「興」？此一提問，是爲了詮釋《文心雕龍》在《比興篇》中，對「比」、「興」所做的一般性界義。一般性界義所指涉的常是一個「詞」最大外延的概念。

劉勰在《文心雕龍．序志篇》中，嘗自述所採用的方法，有所謂「釋名以章義」，大體用之於上篇對各文類之名稱的界義，例如《明詩篇》：「詩者，持也，持人情性。」《詮賦篇》：「賦者，鋪也。」這顯然是由訓詁字義，而界定某「詞」的一般性概念。這種方法，其實也施用於下篇某些篇章，《比興篇》是顯著的例子。他對「比」、「興」的確做了一般性界義，云：

> 比者，附也；興者，起也。

這是《文心雕龍》對甚麼是「比」？甚麼是「興」？所做最一般概念性的回答。《說文》解「比」字的本義是「密」；「附」應該是它的引伸義。「附」，則有「依」、「託」等義。「興」字，《說文》解其本義爲「起」，引伸而有「引」、「生」等義。

劉勰便以這二個字的訓詁義，做爲「比」、「興」在文學觀念上的基本概念，它指涉了二種不同的「動作」形態，一種是「依附」，一種是「引生」。而文學在本質上是人的主觀情意活動。因此，他進而指出，這二種「動作」所涉及的對象，一是「理」，一是「情」。合起來說，「比」、「興」分別是文學上二種不同形態的情意活動，前者是「理的依附」，劉勰稱之爲「附理」；後者是「情的引生」，劉勰稱之爲「起情」。

從理論上來說，文學活動整個過程可以區分爲(一)宇宙(包括自然與人文的世界)→作者，指作者使用語言構造作品之前，面對宇宙而產生種種情意活動；(二)作者→作品，指作者使用語言，將前一階段所產生的情意，賦予特定的形式，而具現為作品；(三)作品→讀者，指讀者閱讀作品，依循作品的語言形式，而產生種種情意活動；(四)讀者→宇宙，指讀者由於前一階段的情意活動而導致他形成某種特殊的宇宙觀。[9]

所謂文學活動過程，當然是對文學活動所做貫時性的階段區分。另外，當我們取消時間歷程，而從它並時性的橫面來思考時，便可以理解到，文學活動所涉及的主要因素是：宇宙現象、作者情意、語言構造、讀者情意，而一切文學理論也就是在解釋諸因素的性質、發生、作用及相互關係。

我們在前文述及，「比興」是一種非常複雜的觀念，因為它包括了上述文學活動貫時性與並時性的諸多意義。古人對這一觀念提出言說之時，往往只是站在過程中的某一階段或只涉及某一個因素，因此都是「比興」片面的相對義。很少能「一言以蔽之」，為「比興」做一本質的、普遍的界說。

劉勰所謂「附理」、「起情」二語，假如不連接下文「切類以指事」、「依微以擬議」來看，的確已從本質上為「比興」做了最普遍性的界說。因為「附理」、「起情」，它所指涉正是構成文學的二種不同性質的因素——理與情，以及它們發生、作用的形態——依附與引生。而在這裏，所謂理、情都只是一般抽象概念，並未給定具體事實的經驗內容，也未繫屬特定主體——作者或讀者，甚至某一作者或某一讀者。而所謂「依附」、「引生」也未特定指涉是主體的思維活動或作品語言構造形式所產生的效用。而就文學貫時性的活動過程而言，「附理」與「起情」從它內涵的概念而言，也未限定為某一階段的情意活動。

綜合言之，劉勰以「附理」、「起情」界說「比」、「興」，的確能有

9 參見劉若愚《中國文學理論》，臺北：聯經出版事業公司，頁12-16。

效地給出包攝文學活動各階段及諸因素的一般性概念，而使「比興」具備了文學一般理論上涉及文學本質的原理性意義。

在這一認識的基礎上，我們就可以進一步比較明確地理解，劉勰所謂「比」是甚麼？「興」是甚麼？「比」、「興」有何差別？

本節中，我們只作一般概念的討論，暫時不涉及「切類以指事」、「依微以擬議」這項限定。因爲加上這項限定，「比興」的意義便被界定在由「作者」到「作品」這一階段，成爲文學創作理論上有關語言構造的原則了。這將留待下一節再詳作論述。

在一般概念上，我們要爲劉勰做更明確解釋的地方是：(一)甚麼是「理」？甚麼是「情」？也就是「理」、「情」各是甚麼不同性質的文學因素？(二)「理」何以「附」？「情」何以「起」？也就是在文學活動中，這兩種不同性質的因素，爲甚麼必然要有不同的發用形態？

在理論上，文學內容所涉及的「理」，必是一方面即實在之「事物現象」，而一方面即主觀之「意念」的「理」。因此，在文學內容上，無離「事物」以言「理」者，亦無離「意」以言「理」者。換言之，它不是一種絕對客觀的純粹理性的產物。就主體而言是「意」，就對象之實跡而言是「事象」或「物象」，就此「事象」或「物象」之「所以然者」而言是「理」。意、事物現象、理，三者共成一種完整的文學性思維活動。

準此，則所謂「理」，就文學內容而言，指的就是在文學思維活動中，主體即事物現象所發生之經驗，以主觀之意念加以反思而具體解悟其所以然的概念內容。

文學中的「理」具有相對於主觀意念的客觀性，必須即「事物」而具存，故往往與「事」合義成辭。《文心雕龍》中，常用「事理」一詞。[10]

---

10 例如《銘箴篇》：「曾名品之未暇，何事理之能閑哉！」《雜文篇》：「仲宣七釋，致辨於事理。」《議論篇》：「煩而不慁者，事理明也。」《指瑕篇》：「若夫注解爲書，所以明正事理。」

而《比興篇》中，雖未用「事理」一詞，但在不同句子中，循其上下文的意義脈絡加以理解，卻顯然「事」、「理」二義互涵，例如「附理者，切類以指事」，則所附之「理」涵於所指之「事」中，故「理」不離「事」而獨立。

當然，「理」又具有相對於客觀事物的主觀性，它必須依主觀意念之解悟，才能發而顯之。因此，它是「意」內之物。《比興篇》中，前文云：「附理者，切類以指事」，後文對「比」再作分解性說明時，又云：「且何謂爲比？蓋寫物以附意，揚言以切事者也。」前謂「附理」，是就客觀性說，後謂「附意」，是就主觀性說，而就完整的文學思維來說，「理」與「意」其實是互涵而足義。

由於文學上的「理」，不離「事物現象」而獨立，所以當其發用之時，必然依附於事物現象。事物現象對於「理」不是外緣引觸的媒介，而是相即爲理之具體內容。以劉勰在《比興篇》中所舉的例證來說：「金錫以喻明德。」其例出於《詩．衛風．淇奧》：「有匪君子，如金如錫，如圭如璧。」匪者，斐也，指其德行之光彩。朱熹《詩集傳》云：「金錫，言其鍛鍊之精純；圭璧，言其生質之溫潤。」則這些詩句所要表現的「理」，是所謂「明德」。但「明德」不是一種離開「事物現象」而獨立的抽象概念，它依附於「事物現象」而存在，這些「事物現象」就人而言，是「君子」的種種行爲表現，就相類似的「物」而言，是金、錫的鍛鍊精純、圭璧的生質溫潤。而反過來說，這種種「事物現象」的特徵，也就相即爲理的具體內容。

準此，從「理」必依附「事物現象」而顯這一點來說，「附」可以說是「理」之發用(動而顯發)的必然形態。

接著我們要問「情」是甚麼？《荀子．正名篇》曾爲它做過很一般性的界說：

> 性者，天之就；情者，性之質也。……性之好惡喜怒哀樂謂之情。

「天之就」，也就是自然生成如此。人之自然生成如此的質性，就是所謂「氣質性」。但「氣質性」是甚麼？當它沒有發用成爲具體的經驗之前，其自身之存有只能爲抽象概念所把握。而當它發用爲具體的經驗之時，其實質內容之一，就是「情」；「質」者，實也。「性之質」，就是性的實質內容。因此，「性」之被實在地認識到，必須以其發用所現之「情」爲經驗材料。而說「情」，亦是一統括的概念，再分解地說，其內容便是好、惡、喜、怒、哀、樂。然而，性如何發用？也就是「情」如何而生？《樂記》有一段話作了確當的解釋：

> 夫民有血氣心知之性，而無哀樂喜怒之常，應感起物而動，然後心術形焉。

「術」者，《說文》解其本義爲「邑中道」，指的就是一個區域之內的道路。因此，所謂「心術」就是「心的動向」，也就是上文所謂「哀樂喜怒」，那便是「情」了。因此，「性」動而生情。但「性」如何動？所謂「應感起物」，正指出「性」動必須以「感物」爲緣起條件。王充《論衡‧本性篇》引劉向之言曰：「性，生而然者也，在於身而不發。情，接物而然者也，形於外。」其說與《樂記》相同。

準此，則所謂「情」，若就其一般性概念，指的就是吾人氣質之性由於接觸外物而引生的內在感覺經驗。在此，我們暫且不去分解所謂「外物」，指的是自然物色、現實生活之物質或人文現象，因此也就不爲「情」再作特殊經驗內容的規定，只視爲「喜怒哀樂」的一般感覺經驗狀態。

劉勰在《文心雕龍》各篇中，所用的「情」字甚多，有的是一般概念，有的是具有特殊內涵的概念。他對於「情」的一般概念，與上述《荀子》、《樂記》及劉向的觀念相近。《明詩篇》云：

> 人稟七情，應物斯感。感物吟志，莫非自然。

七情，就是喜怒哀樂好惡欲，此乃生稟而得，也就是性內之所具。

但它的發用，卻必須是「應物斯感」。

從這「情」的一般概念而言，它與前面所謂「理」的差別，便是：(一)「情」乃直接的感覺經驗，而「理」則是對於經驗再作反思所獲致的解悟概念。(二)「情」的發生雖必須以「事物現象」爲外緣引觸的媒介，但它本質上是主體性內所具，故其內容不受外緣引觸的事物現象所決定。而「理」已如前述，它必須依附於「事物現象」而具存，並且事物現象對於「理」不是外緣引觸的媒介，而是相即爲理之具體內容。

由於「情」是性內之所具，故本質上純然是內在主觀。它與外在客觀事物現象的關係，不是「依附」，而是「引生」。因此，「引生」可以說是「情」之發用(動而顯發)的必然形態。

綜合上述，則「比」、「興」的分別，在一般概念上，實有二端：(一)這二個詞各自從本質上指涉了理、情二種不同性質的文學因素。其性質之不同，已如上述。(二)它們又同時指涉了這二種性質各異的文學因素不同的發用形態。

三、《文心雕龍》所說「比興」，在文學創作活動中，有何理論上的意義？

劉勰在《比興篇》中，爲「比」、「興」分別做了「附理」、「起情」的一般界義之後，緊接著便再分別加上一項限定：

> 附理者，切類以指事；起情者，依微以擬議。

在這項限定之下，「比興」便被安置於作者→作品這一階段，而涵具了文學在語言構造理論上的意義。

《比興篇》的論述重點，很顯然是集中在語言構造這一層面。《文心雕龍》整體的理論系統本就是以「文體」觀念爲基礎。「文體」是有關文學語言的結構形式與風格範型的觀念。在這一觀念系統中，

「比興」被安置於語言構造的層面，去思考它在理論上所具備的意義，這毋寧是《文心雕龍》整體理論系統之下，所必然導致的限定。

「比興」與文學語言的構造有關，這是詮釋《文心雕龍・比興篇》所要掌握的基本觀點。然而，「語言構造」是一概指性的觀念，它所指涉的是文學創作中一切構作營造語言的活動本身及活動所依循的規律，古人總謂之「法」。而所謂「法」，分解地說，又有基本性原則，總體性方式，局部性技術等不同的層級。基本性原則，所指示的往往是由構成活動規律之原理所衍生出來的基本法則，它是一普遍性的抽象概念，而非有確定規則的方式，例如《文心雕龍》中，《定勢》、《情采》所論就是文學創作上語言構造的基本性原則。總體性方式，所指示的是與全篇的立意、結構、韻律有關，而有確定規則的方式，也就是古人所謂的「謀篇」之法，例如《文心雕龍》中，《鎔裁》、《聲律》所論即是。至於局部性技術，所指示的就是與局部的章節、句聯、字詞有關的操作技術，一般所謂「修辭法」屬於這一層次。例如《文心雕龍》中，《章句》、《麗辭》、《夸飾》、《事類》、《練字》等篇所論即是。

那麼，「比興」屬於哪一種層級的「法」？若依《比興篇》安排在《麗辭》之後來看，則劉勰顯然只將「比興」視爲局部性技術，只是兩種不同的修辭法而已。

然而，從整個「比興」觀念史來說，劉勰這樣的觀點，實已矮化了「比興」在文學理論上的位置。並且，假如我們如今重新省察劉勰在《比興篇》中之所論，則可以發現，「比興」在理論意義上實不應該放在這樣低的位置上。關於這一點，後文再詳作評價。

在本節中，我們要討論的是「比興」在文學創作活動中，有何理論上的意義？這項討論，將分爲二個層次來進行。一是對於《比興篇》文本的訓解，這一層次的討論，應該盡量尊重文本的原義。二是將訓解所得的意義，置入文學創作活動中，去判定它在語言構造上所具備的理論性意義。這一層次的討論，可能對劉勰的原意會有所修正。但這種修正，必須是基於對文本的正確理解與理論上客觀的判準。

何謂「切類以指事」？「切」字，有人訓爲「切取」[11]，有人訓爲「切合」[12]。「類」字，做爲形容詞是「相似」的意思，這點並無歧義。但做爲名詞指的是甚麼，就有些不同的說法，有的說「類似的例子」[13]，有的說「同類的事物」[14]，有的說「不同事物間相類似的關係」[15]。將「切」訓爲「切取」，只是指涉了「選取材料」的意思，卻不能指涉「比」在語言構造上必要的準則——兩種事物相似性的「切合」，故其義不當。「切」，有迫近、貼合之義。《比興篇》云：「比類雖繁，以切至爲貴」，明白指出「比」的構造準則是「切至」。「切至」，就是「非常切合」的意思。故所謂「切」，以訓「切合」爲當。至於「類」，具有「相似」一義。但其所指爲何？依照《比興篇》將「比」看作譬喻的修辭法，則「類」是指「喻體」與「喻依」。喻體是指被比的對象，喻依是指用來比喻的材料。因爲兩者都出現在文句中，同屬經驗材料，故將它說成「例子」，其義不當。至於有人說成「同類的事物」；「事物」確是做爲創作的經驗材料，其義恰當，但說「同類」則非也。「同類」是指不同個體在「類」的屬性上相同，而所謂類的屬性一般指的是較爲客觀實在的特徵，例如「人」的每一個體都具有「兩足無毛」的客觀實在特徵，故不同個體都是同類。但在文學中的「比」，卻以「異類相似」爲常態。從理論上說，一切「類比」的目的，都是爲了藉由某物與他物的比較，使我們對某物的認識更多，至少是更清楚。因此，它必然建基在兩者之間有同有異的現象上。若無

11 見李曰剛《文心雕龍斠詮》。

12 見陸侃如、牟世金合著《劉勰論創作》，頁 180。

13 見詹鍈《劉勰與文心雕龍》，頁 79。

14 見繆俊杰《文心雕龍美學》，頁 215。

15 見趙仲邑《文心雕龍譯注》，臺北：木鐸出版社，頁 239。

相同處，則無從比較。若無相異處，則比較只是一種重複，根本不會產生新的認識；故「同類相比」，爲顯其「殊異性」，「異類相比」，則爲顯其「相似性」。文學中，譬喻的「類比」，都是「異類相比」。而從例證來看，劉勰在《比興篇》中已舉出許多例子都是「異類相比」，不具引。綜上所述，「不同事物間相類似的關係」一說最爲恰當。但是，語義仍不夠完密，應該在「類似」之下加一「性」字，而修正爲「不同事物間相似性的關係」。合起來說，「切類」，就是：將不同的事物依照彼此相似性的關係切合在一起。

「指事」：「指」是「示」的意思，《爾雅・釋言》：「指，示也。」「事」，依據上文的討論，「理」必依附「事物」而具存，故「事」者，「事理」也。「指事」就是指示所要表達的事理，此即譬喻中的「喻意」。

「附」，是「比」在一般理論上用以指涉「理」與「事物現象」之關係的概念，也就是「理」在發用上必然的型態。而「切合」則是由「理」之「依附」性質所衍生出來的概念，是在語言構造上所適宜採用的一種方式。這種方式一方面基於「理」之依附事物現象而存的性質，另一方面基於對「理」的表現上，「兩種不同事物類比」是能夠獲致最有效認識的一種方式。因此這種「方式」在理論上被承認「足以爲法」。

「切類以指事」這一語句結構上所涵的意指，「切類」是工具性意義，是語言構造的方式；而「指事」則是目的性或效用性意義。從作者主觀的表現意圖而言，是目的。從「切類」這一語言構造方式本身功能所達到的效果而言，則是效用。但我們前面論及，「比」所涉之「理」，不但「依附」於「事物現象」，並且與主觀之「意」亦無二致。準此，則在「切類」的語言構造方式中，不但工具本身已涵具了一定效用，並且由語言工具而來的效用與作者主觀的意圖也有一致性。

何謂「依微以擬議」？這一句在字詞的訓解上，歧義頗多；而且雖經諸多學者詮釋，全句所涵具的理論性意義，仍然含糊不清，有必要再做精確的討論。

在詞義訓解上，「依微」的「依」字或解爲「依照」、「根據」[16]，或解爲「依託」[17]。「微」字，或解爲「微小」[18]，或解爲「隱微」、「曲折微妙」[19]。這一句與上句「切類以指事」對偶，故其意義結構形態也應相同。「依微」就如「切類」一樣，是指語言構造的方式，也就是材料的選擇與安排，還不涉及到作者表現意圖。而「依託」則已包涵了表現意圖，並與下面的「擬」字重複。故當以「依照」、「根據」爲恰切，指涉了作者對於材料客觀性質的判斷與安排。至於「微」字，固然可以和下文「稱名也小」一語照應，而訓解爲「微小」。「興」的語言構造，若以《三百篇》的作品爲例，是有取材於「微小之物」的現象，例如劉勰所擧的《關雎》篇的「雎鳩」、《鵲巢》篇的「尸鳩」。然而「微小」只是就其所涉之物的外表而言，「興」義眞正能夠成立，主要並不依賴「物之微小」這一條件，而是依賴這「微小之物」在「情意活動」上的特性，以《關雎》而言，就是朱熹《詩集傳》所謂「生有定偶而不相亂，偶常並遊而不相狎」。由於這不是外表明顯可見的「形式特徵」，而是內在隱微難知的「精神特徵」，故「微小」不是「興」之所以成立的要義，「隱微」才是。其實，再照應前文「比顯而興隱」來看，此處「微」字訓爲「隱微」或「曲折微妙」，就更可以確定了。當然，它不妨也可以包含「小」義，卻不能以「小」義爲充要。

「擬議」的「擬」或訓爲「擬度」[20]，或訓爲「比擬」、「寄託」[21]。

---

16 「依」解爲「依照」，見周振甫《文心雕龍注釋》。解爲「根據」，見趙仲邑《文心雕龍譯注》。

17 「依」解爲「依託」，見李曰剛《文心雕龍斟詮》。

18 「微」解爲「微小」，見李曰剛《文心雕龍斟詮》。又詹鍈《文心雕龍義證》下冊，上海：上海古籍出版社，頁 1339。

19 「微」解爲「隱微」，見周振甫《文心雕龍注釋》。解爲「曲折微妙」，見趙仲邑《文心雕龍譯注》。

20 「擬」訓爲「擬度」，見李曰剛《文心雕龍斟詮》。

21 「擬」訓爲「比擬」或「寄託」，同註 19。

「議」或訓爲「議論」[22]，或訓爲「意義」、「意思」。「擬度」所指涉的是一種揣測思量的心理活動。假如再連接下面「議」字訓解爲「議論」，則「擬度」所指的是對自己所要表達的議論加以揣測思量，這顯然是在寫「議論文」時的構思活動了。但「擬議」與上文「指事」對照來看，指的是作者的表現意圖及由「依微」的語言構造方式所具備的效用。再照應後文所謂「託諷」、「託諭」來看，「擬」字解爲「比擬」、「寄託」最爲恰當。連帶的所謂「議」字，解爲「議論」也就顯然不正確了。「興」體的作品，絕不直接議論。因此，訓爲「意義」、「意思」，籠統言之，可也。但若要更明確地說，則是「諷諭之意」。「議」有「諫諍」之義，故「諫議」複合爲詞，古更有「諫議大夫」之官職。在「詩言志」的觀念系統中，作品題材表面意義之外，皆寄託有作者「諷諭之意」，這就是所謂「作者用意」。劉勰在《隱秀篇》中，稱它叫「重旨」、「複意」，云：「隱也者，文外之重旨者也」，「隱以複意爲工」。

學者之所以對這一句的訓解、詮釋含糊不清，是由於對劉勰所說的「興」，進而對觀念史中所謂的「興」，缺乏理論意義上明晰的思辨。其實解釋局部字句的意義與解釋全篇意義及整體觀念系統，是一種相互循環的理解過程。這一句對照上一句「切類以指事」，同樣都是包涵了從語言構造方式到工具性效用及主觀表現意圖相互對應的概念。「依微」是一種語言構造方式，指的是對材料的選擇、安排。「依」之訓爲「依照」，已如上述。「微」之訓爲「隱微」、「曲折微妙」，也可以確定。但是，「隱微」是一種狀態的描述，所指涉的是甚麼？將「微」字解釋爲「微小」的學者，說是「微小的事物」。「事物」一詞，固屬籠統。而把「微」字解釋爲「隱微」的學者，例如周振甫說是「隱微的含意」、趙仲邑說是「事物間曲折微妙的關係」，也同樣不

---

22 「議」訓爲「議論」，見李曰剛《文心雕龍斟詮》。

清楚。因爲所謂「含意」，指的是語言本身或說話者所指示的意義，它已經是取擇經驗材料而以主觀思維統整並加以符號化之後所構成的產物了。在文學創作而言，講「含意」所指的都是「材料」已被賦予特定語言形式，而成爲作品之後所具有的意義。但「依微」所指涉的卻是「作品」未完成之前，對材料的選擇與安排。這時，「材料」仍在「對象」的階段，它本身有其客觀性。因此，這時所謂「隱微」不是指「含意」，而是指材料特性。假如就二種材料特性的相關情況來說，可以如趙仲邑所說的「關係」。但「關係」只是「形式」義，是很抽象的概念，並不能明確表示出構成「關係」的「實質內容」是甚麼。我們前面說過，「興」是「起情」，它所涉及的是「直接內在感覺經驗的引生」。所謂「內在的感覺經驗」，指的不是由外在感官如眼、耳等對色彩、聲音諸表象所起的經驗，而是指內在心靈對宇宙萬物生命存在價值的感受，例如《關雎》所涉及的就是生命存在價值中「愛」的感受，這種種感受，我們可以稱之爲「情意經驗」。「情意經驗」是主觀的，是內含的，是心理的，是個殊的。它不像「比」所涉及的是「依附」於事物現象而客觀的、外現的、質性的、普遍的「理」。這也就是「興」義之所以「隱」而不易有確解的原因。因此，這裏所謂「微」，明確地說，就是指「事物隱微的情意經驗」。萬物間，「情意經驗」會有其「相似性」，這就是「共感」，例如君子有求淑女的情意經驗，鳥也有求偶的情意經驗，故見到鳥的情意經驗可以引生吾人的情意經驗。「比」之所以成立，是依照事物間客觀的「形態或質性相似」，而「興」之所以成立，是依照事物間主觀的「情意經驗相似」。「興」之所以往往帶「比」，就因爲「起興者」與「被興者」之間具有「相似性」，但它之不同於「比」之爲「比」，也就因爲它的「相似性」必是繫屬主觀情意經驗（包括創作主體與閱讀主體），而不繫屬於對象客觀的形態或質性。綜上所述，可知「依微」，其明確的意義，便是指語言構造活動中，在方式上，是「依照事物（材料）間隱微的情意經驗的相似關係去安排」。

「擬」之有「比擬」的義涵，當然是由於前述「依微」所見事物間情意經驗之相似而來。因此，可視為語言構造本身的工具性效用。而「擬」之有「寄託」義涵，則是屬於作者主觀的表現意圖。二者是否一致？這是「興」的觀念，從理論到實際批評上最大的難點，留待後文詳論。

對於「議」的意義，諸家所解含混不明，多因為未能分辨在劉勰「興為託諭」的觀念中，「興」體的作品具有二層「意」。一是「題材涵意」，也就是題材表面所顯示的意義。此意內涵於作品語言構造本身，故稱為「言內意」。它所達到的表現效用，就是上述所謂「工具性效用」。二是「作者用意」，也就是作者針對某種特殊經驗情境，懷抱某種特殊寫作目的而形成的意義。從漢代以來的觀念史而言，這層「意」往往與「政教諷諭」有關，因此「議」在實質義涵上有「諫諍」之義。此「意」並不內涵於作品語言構造本身，而是隱藏於言外，故稱為「言外意」，劉勰稱它為「重旨」、「複意」。它所要達到的表現效用，就是上述所謂「作者主觀意圖」。因為它不是由語言涵義直接表述出來，反而是「言在此而意在彼」，語言只是做為「寄託」其「用意」的媒介而已，故云「寄託」。合而言之，所謂「擬議」，便是「比擬並且寄託作者所懷抱諷諭的志意」。

綜合以上對於「切類以指事」、「依微以擬議」的詞義訓詁與理論概念的理解，應該可以明確而客觀地詮釋了文本中，「比」、「興」在語言構造層次上的義涵。接著，我們要判斷這種義涵，從文學創作活動而言，具有甚麼理論上的意義。劉勰在《比興篇》的文本中，終結地是將「比」、「興」分別視為局部性的修辭法及整體性的篇法。然而，在他的論述過程中，說到「切類以指事」、「依微以擬議」為止，其理論性的意義，卻不止於此。假如我們從理論上為他再作一判斷，將會發現，「附理者，切類以指事；起情者，依微以擬議」，在語言構造的理論層次上，其實具有「基本原則」上的意義。

依循前文所論，「附理」與「起情」二個一般性概念，的確能有效地包攝文學活動各階段及諸因素的性質，因此具有涉及文學本質的原理性意義。而「切類以指事」、「依微以擬議」，便是在這種原理性意義的基礎上引伸出來，，而落實在作者→作品這一階段，做爲語言構造的基本原則。一切行動的基本原則，必然是依合理性的普遍概念而成立，不依事實性的個別狀況而成立。並且其概念中，也必包含了行動的普遍目的以及一般方式。「切類以指事」、「依微以擬議」，從前文的分析來看，正是這種合乎原理，包含了語言構造這一行動的普遍目的及一般方式的概念。依照這樣的基本原則，可以運用爲各種不同的技法，不管是全篇的立意、結構，或局部章句的修辭，都是此一「基本原則」的發用。這是文本中，「比興」在語言構造上的第一義。

然而，《比興篇》從「比則蓄憤以斥言，興則環譬以託諷」開始，卻由語言構造理論上的抽象概念急轉而爲具有特定解釋立場的觀念史意義；這種意義顯然是來自漢代的「詩經學」。本來，「比興」做爲語言構造理論上的基本原則，並不依事實性的個別狀況而成立，因爲事實性的個別狀況涵有個殊的、具體的經驗，雖然使抽象概念涵有實在的內容，卻同時由於內容的個殊性，而縮小它的外延，並失去抽象概念的普遍有效性。漢儒以「美刺諷諭」的具體內容去詮釋「比」、「興」概念，實有其特殊的時代文化經驗，從觀念史的發展進程而言，必須承認爲「比興」觀念中的一種特定意義，卻絕非「比興」在理論上的普遍性概念。

從此以下，由劉勰所舉各種例證來看，他的確是將「比」視同「明喻」，只是出現在局部句子中的修辭技術。並且由於是「明喻」，不管是「比類」也好，「比義」也好，喻體、喻依、喻意都包含在語言的構造之內，它的「理」完全是「依附」於所描寫的「事物現象」本身的外在形態或內在質性。「理」依「外在形態」而見，是「比類」，依「內在質性」而見，是「比義」。但不管哪一種，其「喻意」完全由「喻體」與「喻依」的「切類」方式所決定，它不是作者或讀者很主觀而個殊的

「情意經驗」，故從語言所描寫的「事物現象」所具備的客觀性形態或性質，便可以獲致其「意義」。語言之外，便沒有因「作者」個人「用意」所隱涵的「重旨」了。因此，劉勰頗爲貶低這種局部性的修辭技術，對於詩、騷之後，漢賦作品只顧大量用「比」，而很少使用託諭的「興」，甚爲不滿，云：「辭賦所先，日用乎比，月忘乎興，習小而棄大。」

至於「興」，劉勰則將它視爲「總體性方式」。這種方式，不是局部句子的修辭，而是「謀篇」之法，也就是與全篇的立意和形式構造有關的一種語言運作方式，劉勰稱之爲「環譬」或「託喻」。從形式設計而言，是「婉而成章」，從內容用意而言，是「託諷」。

何謂「環譬」？周振甫說是「委婉的譬喻」，趙仲邑說是「圍繞所取譬的事物」。趙說不足以表明「興」此一譬喻的特徵，這種訓解於義不切。周氏之說，呼應下文「婉而成章」，可以描述出「興」之譬喻的特徵，比較確當。然而，「環譬」除了此義之外，應該再增一義：環者，周也，有「整體」的意思。「環譬」，從其形態而言，是全詩整體設譬；從其意託言外的表現作用而言，是「委婉」。合而言之，就是一種「整體而委婉的設譬方式」。在劉勰來看，這種方式，才能眞正達到意在言外，寄託作者的志意，而對政教具有諷諭的效用，故謂之「託喻」。因此，他特別推崇「興」義。這種依作者個人在政教上的特殊用意而構成，並且「意在言外」的所謂「託喻」，實不等同於現代修辭學上所謂隱喻、暗喻的一般修辭技法。

討論至此，我們可以獲致一個判斷，文本中所謂「比」、「興」在語言構造的層面來說，「比」是一種局部修辭技術的「明喻」。而「興」則是「總體性構造方式」的「環譬」或「託喻」。這是「比興」在語言構造理論上的第二義，乃是第一義基本原則發用之後所形成的二種個殊方式或技法。

上述第二義是劉勰在《比興篇》文本中，對「比興」觀念終結性的論斷。而第一義則是論述過程中，文本語言本身所涵的概念，它在理論上所具備的意義，劉勰本意未必有清楚的自覺。但我們可以經過文本語義的解析與對整個比興觀念的理解，而加以詮釋及判斷出來。

最後，我們順帶解答爲何「比顯而興隱」？這個問題，若依劉勰的觀念來回答，簡括地說，就是因爲「比」是「明喻」，而「興」是「託喻」。假如我們依循前面的論述，還可以做出概念更爲精確的說明：(一)從本質上說，「理」有客觀性與普遍性，依附事物現象(形態或質性)而具存，有比較明顯而確定的判斷依據；而「情」則是主觀性、特殊性，爲個人內在心理經驗，沒有明顯而確定的判斷依據。(二)從語言構造的方式來說，劉勰將「比」視爲局部修辭的「明喻」，喻體與喻依同時出現在句中，其「喻意」便在兩者的相似性，存於言內，明顯可解。而「興」則被劉勰視爲全篇語言構造的「託喻」，言內並無「喻體」與「喻依」明確的對應關係，其「喻意」——即作者情志，隱藏在言外，故難以索解。

四、《文心雕龍》「比興」觀念應有的評價

首先，我們從觀念史的視點來討論這樣的問題。《文心雕龍》的「比興」觀念，相對於漢代「詩經學」，有所承亦有所變，這是學者一致的定論。但是，究竟他所繼承的是那些觀念內容以及得自於那位漢儒之說？這便有不同的論斷了。

那麼，他的「比興」觀念，那些內容是繼承前代者？陸侃如與牟世金合著《劉勰論創作》，認爲「比者，附也；興者，起也。附理者，切類以指事；起情者，依微以擬議」，這個觀念是「對漢人解說的總結」；而「比則蓄憤以斥言，興則環譬以託諷」，這個觀念「把比興方法與思想內容的表達密切聯繫起來，這是劉勰論比興的重要發

展」。[23] 然而有些學者所持的看法，卻與陸、牟之說正好相反。[24]

假如我們對劉勰之前的「比興」觀念史能做比較精確的理解，便可以看出上述二種論斷孰是孰非。總觀漢儒解說「比興」，主要有四家：

(一)何晏《論語集解》在《陽貨篇》「詩可以興」句下引孔安國說：「興，引譬連類。」

(二)《周禮・春官》「大師教六詩」句下，鄭玄注引鄭衆曰：「比者，比方於物；興者，託事於物。」

(三)同上，鄭玄注云：「比，見今之失，不敢斥言，取比類以言之。興，見今之美，嫌於媚諛，取善事以喻勸之。」又《周禮・春官》「大司樂以樂語教國子」句下，鄭玄注云：「興者，以善物喻善事。」

(四)劉熙《釋名》卷六《釋六義》云：「事類相似，謂之比。興物而作，謂之興。」

綜合上述四家之言，可看出漢儒的「比興」之說，主要有下列三個概念：(1) 孔安國、鄭衆、鄭玄都將「比」、「興」視爲文學語言構造的方式(其中孔氏只言及興)，且與比喻有關。就這一層面而言，鄭衆已經從「類比」與「寄託」區分兩者在方式上的差異。(2) 鄭玄則很特別地，更從作品實際內容之或善或惡，與作者用意之或「美」或「刺」，去區分「比」、「興」的差異。(3) 劉熙所說，最具有概括性，他並不將「比」、「興」限定在語言構造層面來說。「事類相似」、「興物而作」，可以是指語言構造之前的經驗現象。它包括了做爲對象的事物，以及主體的二種思維活動。第一種就是「類比」的思維，能

---

23 見《劉勰論創作》，頁 178。

24 例如葉嘉瑩《中國古典詩歌中形象與情意之關係例說》，收入《迦陵談詩二集》，臺北：東大圖書公司，頁 140。又蔡英俊《比興物色與情景交融》，臺北：大安出版社，頁 157–158。

認知事物之間的類似性。以此用於文學創作，便是「比」。第二種是「感觸」的思維，「興物」便是對物有所感觸。以此用於文學創作，便是「興」。因此，劉熙的「比興」之說，實已超越語言構造層面，而碰觸到經驗材料與思維方式的問題，而給予「比興」一般概念的界說。

透過對漢儒「比興」觀念內容切實的理解。我們就可以看出，劉勰的「比興」觀念與前代的承變關係了。

第一，就劉勰將「比」、「興」都視爲語言構造上的比喻方式，這個基本概念，與漢儒大體上沒有甚麼不同。

第二，就「比」是「類比」性之喻，而「興」是「寄託」性之喻，這個概念也是與鄭衆相近，故黃侃認爲劉勰「比興」之分，妙得「先鄭」之意[25]。

第三，就「比」是刺惡，而「興」是美善，所謂「比則蓄憤以斥言，興則環譬以託諷」，這個由作品內容與作者用意來區分「比」、「興」的概念，明顯是來自鄭玄。其中「比則蓄憤以斥言」，「刺惡」之義頗爲確定。但「興則環譬以託諷」，「美善」之義卻不夠清楚。「環譬」只是語言形式之義，而「託諷」雖涉及內容義，但「諷」字之義可訓爲「諫」，「諫」是「勸過」。如此，則「興」便未必是「美善」了。綜而言之，以作品內容與作者用意來區分比、興，這個概念大體是來自鄭玄，故范文瀾除了承認黃季剛「妙得先鄭之意」的判斷之外，又認爲劉勰解「比興」，兼用「後鄭」之說。[26]不過，在局部的涵義上，劉勰似乎並沒有明確地認定「興」必然是「美善」。

第四，就「興」是「起情」這一概念而言，則與劉熙「興物而作」之說頗爲接近。其實，「興」與「感物」有關，這種觀念從劉熙以下，便可能已被一般文論家所接受，晉代摯虞《文章流別論》同樣說：「興

25 見黃侃《文心雕龍札記・比興第三十六》。

26 見范文瀾《文心雕龍注》卷八《比興篇》之註三。

者，有感之辭也。」

從上述四項比較來看，劉勰「比興」觀念大體來說，都是承繼漢代而來。從情意本質的一般概念，到作品具體內容與作者用意，到語言構造方式，其觀念基礎並沒有多大的改變。因此，前述陸侃如、牟世金將它分爲二部分而說前者爲承，後者爲變，這種判斷顯然偏差。

那麼，從觀念史的角度來看，劉勰的「比興」觀念，究竟有甚麼演變？理論上，對於同一種觀念範圍，後代相對於前代，可能有下列幾種演變：(一)基本範圍不變，只就其中局部的內容，或消極性地修正謬誤，或積極性地增補缺漏，或就原有內容採取不同的陳述方式，而使它更清楚而嚴密。(二)基本範圍不變，但在理論的建構上，提高它的概念層級，而尋求更根本的理據或詮釋更深層的意義。(三)基本範圍不變，但對它的本質意義的提法完全不同，也就是整個理論的基本立場及思維方式完全改變了。

假如以上述三種演變的形態來看，劉勰「比興」觀念相對於漢代，大約只是以第一種爲主，而略及第二種。從第一種而言，他對漢儒「比興」之說的內容，並無糾謬之舉，例如鄭玄以「刺惡」、「美善」區分「比」、「興」，從《三百篇》的作品，便可反證出此說的誤謬，[27]但劉勰卻仍承之而不疑。至於增補缺漏或讓原有概念被陳述得更清楚而嚴密，最顯著的地方，就是提出「理」，以指涉「事類相似」之「比」的經驗內容性質，又提出「情」以指涉「興物而作」之「興」的經驗內容性質。更提出「附」與「起」，以指涉這二種經驗發用的不同形態。並用「微」去突顯「興」所涉「情意經驗」隱微不明的特性。這的確是漢儒雖已粗略觸及，但在概念上不夠充分與清楚的地

27 例如《毛傳》標《鄘風》之《牆有茨》一首爲「興」，其內容是以惡類惡，故鄭說實不可信。孔穎達在《毛詩正義》卷一即辨駁曰：「其實美刺俱有比興者也。」

方，劉勰將它補充並且陳述得更加明確。而從第二種來說，在理論建構上，劉熙之說已經超過語言構造的層次，而觸及經驗材料及思維方式的問題，但「事類相似」與「興物而作」仍然是「用」這一層級的概念；必待劉勰提出「理」與「情」，才在理論上將「比」、「興」提高到「體」的概念層級了。

綜合上述，劉勰「比興」觀念大體上是繼承漢儒之說，但是在局部的概念內容上，的確對漢儒有所補充，在陳述上也較爲明確。至於理論建構上，則已將「比」、「興」提升到具有文學本質上的原理性意義了。因此，葉嘉瑩認爲「劉勰實已探觸到『比』、『興』在感發性質方面有著根本的區分」[28]，這項判斷比較能指出劉勰「比興」觀念承繼漢儒之外所作的發展。然則，從觀念史的立場來評估，劉勰的「比興」之說，其價值是在理論上的「繼末以探本」之功了。

這種觀念史的價值，當然也可以說是具有理論上的價值。但是，理論上的評價，假如要求它的精確性，就不能僅從觀念史上的創發性來判斷。我們還需要進入理論的內部結構中，去分析它對於一種知識是否能提出最具本質意義的說明，以及他的說明，在概念的結構上是否具有完整的系統性。

依據前面的論述，劉勰對於「比興」這一觀念的思考起點，能夠擺脫漢儒歷史文化經驗的限制性觀點，而從「比」、「興」二字的一般詞義，去獲致它的普遍性概念。這樣的概念是抽象的，超越特殊歷史經驗內容的限定，因此也最具有概括性。而以「附理」、「起情」去界說「比」、「興」，兼得體用之義，的確能詮明「比」、「興」在文學本質上原理性的意義。到此爲止，從「比者，附也」、「興者，起也」，再推出「附」是「附理」，「起」是「起情」，不但對「比」、「興」知識，能提出本質意義的說明，並且概念的結構也有其一致性。這無疑是很

---

28 見《迦陵談詩二集》，頁 140。

確當的理論基準。

然而，從「起情者，依微以擬議」這一項推論開始，他的理論在內部的概念結構上，便出現了邏輯上的非必然性判斷。前文討論過，「依微以擬議」在語言構造的理論上，具有「基本原則」的意義。基本原則必然依於合理性的普遍概念而成立，不依個別事實狀況而成立，因爲個別事實狀況都是偶有的，非必然的。從這個理論基準來看，「起情」概指了人之一切內在直接感覺經驗及發用形態。則「依微以擬議」既然是「起情」所衍生出來的語言構造基本原則，便應該適用於對一切「情意經驗」的表現與感發。「依微」做爲一種語言構造方式，所運用的材料包括了一切事物隱微的情意經驗，因此語言構造本身的工具性效用，是普泛的，也就是可以引生所有讀者共感性的情意經驗。然而，「擬議」所寄託的卻是作者個別的、主觀的意圖，這個「意圖」所涉及的「情意經驗」，從性質上來說，特別限定在「政教」上，相對於人之普遍性情意經驗，它是偶有的，非必然的。從事實上來說，它又是作者個人特別針對某一些固定的讀者對象所懷抱的「意向」，因爲所謂「諷諫」，是一種具有特殊「用意」的寫作，它本身就隱涵著特定作者、特定讀者、特定事件與特定主題的「特定關係」。這樣一個完全是個殊的主觀性目的，與語言構造中由經驗材料而來的普遍性工具效用，便很難取得明確的一致性。這也就是爲甚麼，在漢儒及劉勰觀念中，「興」的作品，其「託意」往往非一般讀者從「依微」所構作的意象，就能直接「引生」而得，必待「權威性的批評家」費心地「發注而後見」。以《關雎》爲例，本來由「關關雎鳩，在河之洲」的物象引生「窈窕淑女，君子好逑」的一般男女情意經驗，這是所有讀者都可能從語言構造本身的工具性效用獲致的閱讀結果。同時，它也可能就是作者的主觀表現意圖。因此，即使「情意經驗」比較隱微不明，也可以建立在人類共感經驗的基礎上，而達到主客相即不離的一致性。然而，一旦有所謂作者針對特定對象、事件的「託意」時，《關雎》特指讚美「后妃之德」，甚至特指讚美

「文王之妃大姒之德」，如此則果然非要毛、鄭這樣「別具心眼」的「權威批評家」才能知解其意了。

因此，劉勰從「起情」而推衍出「擬議」，限定了「情意經驗」內容，以「用」的偶有性事實(而不是概括性原則)，去對應「體」的普遍性，「體用」遂失去「相即不二」的活性關係，當然也就減損了「依微以擬議」在語言構造理論上的原則性意義了。

本來，六朝對於「感性主體」，以及此一主體所對的自然「物色」，都已形成清楚的觀念。[29] 劉勰在《文心雕龍・物色篇》中也明確地論述到：

> 春秋代序，陰陽慘舒，物色之動，心亦搖焉。……歲有其物，物有其容，情以物遷，辭以情發。……春日遲遲，秋風颯颯，情往似贈，興來如答。

這是「感性主體」由自然「物色」所引生的「情意經驗」，從內容上來說，實有異於由「政教」的人文現象所引生的「情意經驗」。換句話說，這是不同於漢代的一種「情」的新觀念。以這個觀念為基準，應該可以產生一種脫離漢代「政教諷諭」觀念系統，而以「直覺美感經驗」為特質的「興」義。但這個新的「興」義，劉勰不僅沒有將它置入「比興」觀念史中，以取代舊說，而構成上述所謂本質意義提法完全不同的演變。甚至，也沒有將它綜合到舊說中，以擴增「情」的內涵意義，讓它不致被漢儒「政教諷諭」之說所限定。這無疑是劉勰「比興」觀念在理論建構上很大的缺憾。同時，也讓以「直覺美感經驗」為基準的「興」義，遲到唐代，才擺脫漢儒舊說，而得以完成。關於這一點，蔡英俊有詳確的論述。他認為「興」字所蘊涵的創作上情、景交感的問題，在六朝這個階段是以「物色」或「形似」的詞語出現。

---

29 參見蔡英俊《比興物色與情景交融》第一章及第三章。

因此，「興」的內容與意義就必須留待唐朝才有更進一步的發展。[30]

「依微以擬議」做爲語言構造的基本原則，既然已在理論的概念上出現對「情意經驗」內容與表現意圖的特殊限定，接著便導致在實際運用層面上，劉勰只接受了毛、鄭箋詩所構成的「託喻」一種方式。另外，在「切類以指事」的「比」，其理論概念上雖沒有缺失，但接著將「比」的情意限定在「蓄憤」，也同樣破壞了理論概念的普遍性。甚至，於實際運用層面上，其舉例始終限於局部修辭一種，在舉例未能包攝各類的情況下，也就不可避免地造成「以偏概全」的誤斷，而萎縮了理論上一種基本原則所涵具的普遍效用。

綜合言之，劉勰「比興」觀念，從理論內部概念結構來看，雖能在文學本質上提出原理性的一般概念，並循此而建立語言構造的基本原則，但是在論述過程中，卻又雜入歷史偶有性的觀念，以及實用偶有性的情況，舉類不全，造成理論概念系統上的自我解構。這當然也就減損了他的「比興」觀念在理論上的價值了。

五、結論

綜合以上的分析論證，我們可以獲致以下幾項判斷：

第一、《文心雕龍》以「附理」、「起情」界說「比」、「興」，的確能有效地給出包攝文學活動各階段及諸因素的一般性概念，而使「比興」具備了文學一般理論上涉及文學本質的原理性意義。「比」與「興」各自指涉了構成文學的二種不同性質的因素——理和情，以及它們發用的形態——依附與引生。而所謂「理」，就文學內容而言，指的就是在文學思維活動中，主體即事物現象所發生之經驗，以主觀之意念加以反思而具體解悟其所以然的概念內容。由於文學上的

30 見《比興物色與情景交融》，頁 141。

「理」，不離「事物現象」而獨立，當其發用之時，必然依附於事物現象而具存，故「依附」是「理」之發用的必然形態。至於所謂的「情」，就文學內容而言，指的就是吾人氣質之性由於接觸外物而引生的內在感覺經驗。因爲「情」是性內之所具，故本質上純然是內在主觀，它與外在客觀事物現象的關係，不是「依附」而是「引生」。所以「引生」可以說是「情」之發用的必然形態。「理」與「情」在內容性質與發用形態的差別，也就是「比」、「興」根本的差別。

第二、《文心雕龍》所說「比興」，就文學創作活動層面而言，涵具了語言構造理論上的意義。劉勰將「比興」安排在《麗辭篇》之後，本意是將「比興」視爲二種不同的修辭法。然而，假如我們從現代文學理論的觀點上去省察他的「比興」觀念，則其所具備理論上的意義並不止於此。「切類以指事」與「依微以擬議」，可以視爲二種語言構造的基本原則。「切類以指事」就是原則上，在語言構造活動中，將不同的事物依照彼此相似性的關係切合在一起，以指示所要表現的事理。「切類」是語言構造方式，而「指事」包括了語言構造本身的工具性效用與作者主觀的表現目的。所謂原則，就是包含了行動方式與效用、目的之間的確當關係。「依微以擬議」就是原則上，在語言構造活動中，依照事物間隱微的情意經驗的相似關係去安排，以比擬並且寄託作者所懷抱諷諭的志意。但劉勰並未自覺到此一語言構造的基本原則意義，只將「比」視爲一種局部修辭的技術——明喻；將「興」視爲一種整體構造篇章的方式——託喻，也就是整體委婉設喻以寄託作者志意。同時，就因爲「比」所涉之「理」客觀地依附事物現象而具存，並以「明喻」表顯之，故「顯」。而「興」所涉之「情」主觀地隱藏於個人的心中，並以「託喻」暗示之，故「隱」。

第三、從觀念史的觀點來看，《文心雕龍》「比興」之說大體都是承繼漢儒的觀念，從情意本質的一般概念，到作品具體內容與作者用意，到語言構造方式，其觀念基礎並無多大改變。劉勰就在這基礎上，提出「理」以指涉「事類相似」之「比」的經驗內容性質，而「情」

以指涉「興物而作」之「興」的經驗內容性質。更提出「附」與「起」以指涉這二種經驗發用的不同形態，又用「微」去突顯「興」所涉「情意經驗」隱微不明的特性。相對於漢儒的「比興」觀念，在局部的內容上，劉勰的確作了若干的補充，並且陳述得比較明確。而在理論上，也將「比」、「興」提升到具有文學本質的原理性意義。然而，就其理論內部的概念結構而言，「起情」本質地概指了人之一切內在直接感覺經驗及其發用形態，但依此概念所推衍出來的表現目的「擬議」，卻是很個殊性的「政教諷諭」志意，這就限定了「情意經驗」的內容，以「用」的偶有性事實(不是概括性原則)，去對應「體」的普遍性，當然也就減損了「依微以擬議」在語言構造理論上的原則性意義。同時，這樣的限定，也使得六朝所產生以「直覺美感經驗」爲基準的新的「興」義，被排除在「比興」觀念系統之外。接著在實際運用層面，由於舉類不周而以偏概全，也造成理論概念系統上的自我解構。這當然就減損了他的「比興」觀念在理論上的價值。

「文心」與「雕龍」
有關《文心雕龍》文章美學的探索

馮春田

劉勰(約 456- 約 532)把他所著的中國古代文章學巨著題爲《文心雕龍》。「文心」與「雕龍」二者之間的關係，體現了《文心雕龍》文章美學的精髓。拙文擬從此書「文」、「章」等概念的闡釋入手，對劉勰的文章美學觀及其歷史潛質或民族特點等相關問題作嘗試性探索。

書面語言無疑是思想的載體。瑞士語言學家費爾廸南・德・索緒爾 (Ferdinand de Saussure, 1857-1913) 認爲：語言是一種符號系統，由能指 (signifiant) 和所指 (signifié) 兩部分組成；能指就是聲音的心理印迹或音響形象，所指就是概念。[1]我們還相信，語言中表示具體概念的詞匯，滲透著民族的思維或文化等方面的因素。所以，通過詞語及其所表示的概念的相關問題的思考，對《文心雕龍》進行探討，也許可以更淸楚地了解劉勰的文章美學觀點，並且可能在中國古代文論的民族特性等問題上獲得某種啓示。

一、《文心雕龍》「文」的相關概念

《文心》一書的「文」以及由「文」組成的詞語總況，可參見岡村繁

1 索緒爾著《普通語言學教程》，北京：商務印書館，漢譯世界學術名著叢書，1985年，頁102 、106 、146 、170 。

編《〈文心雕龍〉索引》等書。[2]假如拋開文字、文學(文章之學)之類概念的「文」不提，就完全可以拿《原道》一篇作代表。本篇「文」或「章」的主要概念有三。[3]

[1]天地及動植萬物的形象、姿色：

(1) 文之爲德也大矣，與天地並生者何哉？夫玄黃色雜，方圓體分，日月疊璧，以垂麗天之象；山川煥綺，以鋪理地之形；此蓋道之文也。

(2) 傍及萬品，動植皆文；龍鳳以藻繪呈瑞，虎豹以炳蔚凝姿；雲霞雕色，有逾畫工之妙；草木賁華，無待錦匠之奇；夫豈外飾？蓋自然耳！

(3) 故形立則章成矣，聲發則文生矣。夫以無識之物，鬱然有彩；有心之器，其無文歟？

以上引文中的「文」或「章」表示麗天之象、理地之形，及動物的藻繪之瑞、炳蔚之姿和雲霞的雕色、草木的賁華(花)——即自然形成的美的形象、色彩。

[2]和諧如樂的聲音：

(1) 至於林籟結響，調如竽瑟；泉石激韻，和若球鍠。

(2) 故形立則章成矣，聲發則文生矣。

「文」表示自然界事物發出的調和如樂的響、韻。

[3]人情志所發而形成的文章作品：

(1) (人)爲五行之秀，實天地之心；心生而言立，言立而文明；自然之道也。

---

2 岡村繁編《文心雕龍索引》，日本：采華書林，1982 年。

3 范文瀾《文心雕龍注》，北京：人民文學出版社，1978 年。下同。

(2) 夫以無識之物，鬱然有彩；有心之器，其無文歟？

(3) 原道心以敷章，研神理而設教。

《原道》篇「文」表示文章的概念，其例尙多，不繁擧。可見，《原道》篇「文」的概念包括：自然界萬物的形象和色彩；如同音樂的聲響；人類的文章。

如果從大的方面看，《原道》中「文」的三種概念也就是《情采》篇所說的形文、聲文和情文。劉勰說：

> 故立文之道，其理有三：一曰形文，五色是也；二曰聲文，五音是也；三曰情文，五性是也。五色雜而成黼黻，五音比而成韶夏，五情發而爲辭章：神理之數也。

《原道》「文」的概念[1]即此處的形文，[2]即此處的聲文，[3]即此處的情文。

不過，劉勰認爲形文、聲文、情文都是文，所以這三種文有時只是一個概念。例如：

(1) 文之爲德也大矣，與天地並生者何哉？(《原道》)

(2) 人文之元，肇自太極；幽贊神明，《易》象惟先。

(3) 取象乎河洛，問數乎蓍龜，觀天文以極變，察人文以成化。

(4) 龍圖獻體，龜書呈貌；天文斯觀，民胥以效。

(5) 立文之道，其理有三。(《情采》)

「文之爲德」和「立文之道」的文，包括形、聲、情三種文。所謂人文，即詩、書、禮、樂之類(見《易・賁》「觀乎人文以化成天下」孔穎達疏)；所謂天文，即日月星辰之象(見《易・賁》虞翻注)。而例中《易》象、取象之象以及龍圖、龜書之類，在劉勰看來，旣屬天文，又屬人文。

總之，在《文心雕龍》中，文或章有形文、聲文和情文三個界限分明的概念，但是它們都可名之爲文，並且劉勰有時只把它們作爲一個概念看待。

二、「文」及相關概念的歷史上的民族心理因素

劉勰論述文章學或文學理論問題，把形文、聲文、情文統謂之文。但是，人類的文章(情文)與事物的形象、自然界和諧的音響或音樂又有何關係？把這些都作爲文豈不是非科學？《文心》研究界對此的確曾有不少議論，甚至至今也不能說我們都淸楚了其內層或歷史的因素，影響了對劉勰文章美學觀的探討。

形文、聲文、情文之所以都是文，這與漢民族語言「文」和有關概念的民族心理因素有關。詞語所表示的具體概念是民族心理和文化等因素的結晶，它在民族語言的發展過程中是具有繼承性的。新的詞語、新的概念在古代，也往往是基於舊詞或已有的概念而生發出來(形成所謂同源詞)。由漢民族這種詞源或概念之間的關係，我們可以考察文、章及其相關概念的歷史的或民族的審美心理因素。

[1]文——《說文》曰：「錯畫也，象交文。」段注引《考工記》：「青與赤謂之文。」[4] 因此，紋理交錯、色彩相配，即爲文。顯而易見，中華民族的先民認爲紋理或色彩交錯、呈現變化的是文——這可以擴大到對一切事物形象的觀察，因而在社會的發展中以文的基本概念爲核心繁衍出一些新的概念或同源的詞。例如，馬有文即文馬，稱之爲駁(見《說文》)，繒帛有文即文繒，稱之爲紋(見《玉

4 段玉裁《說文解字注》，上海：上海古籍出版社，1981年。下同。
文中引《禮記》以及《周易》、《尚書》、《毛詩》、《左傳》、《論語》、《爾雅》均據阮元校刻的《十三經注疏》，北京：中華書局影印，1979年。文中引諸子文均據《諸子集成》本。

篇》，「凡錦綺黼黻之文皆曰紋」)；又雲文爲雯(見《廣韻》，《集韻》：「雲成章曰雯。」)等等。因文最初爲紋理、花紋，所以一切事物的形象自然都是文。

漢民族的情文(文章)出現得很早，但這一概念的獲得則來源於文的紋理、花紋義；因爲情文在我們的先民看來，是如同五彩組合、花紋交織一樣富有美感，故仍謂之文。其區別，只在一是形象的體現，一是情志的體現。但概念是相通的。當文作爲情文或文章的概念獲得獨立的地位時，至少到漢代就造了一個彣字，試圖用來專指情文(見《說文》，段注：「是則有彣彰謂之彣。」)但是，這個字未能通行沿用下來，我們一直還是用文表示情文或文章的概念。

可見，文的情文概念脫胎於它的花紋、色彩的概念，是由於歷史上民族心理的美感因素。同樣值得注意的是，除歷史上專爲情文創造的書寫符號彣未得通行外，以文的花紋義爲核心而滋生出的同源詞的書寫符號，另如紋(文繒，即綾)大約遲至南朝才出現(首見於梁陳間顧野王《玉篇》，書成於梁大同九年，543)、雯(彩雲)大約遲至隋唐才出現(首見《廣韻》，其前身是《唐韻》和隋陸法言的《切韻》)，而許多其他與紋理、花紋有關的概念在漢語歷史文獻中始終以文指稱。在同源詞中，某詞的書寫符號(字)的別造，是爲求分別，以便書面語言的交際。但文擔當諸多相關概念的書寫符號而在相當長的歷史過程中未能用異形符號分而代之，這從另一個方面透視出，在漢民族先民的心理上，文所指稱的概念之間的關係是何等密切！

[2]「章」——《說文》：「樂竟爲章」，但現存古文獻未得書證。又《禮記・曲禮》下：「既葬，讀祭禮，喪復常，讀樂章。」[5]「章」指

5 見黃維樑《精雕龍與精工甕》，載《文心雕龍研究薈萃》，上海：上海書店，1992年。

樂書篇章，雖與「樂」相關，但並不直接。根據古文獻常見例，章除明的概念外，又有紋理、彩色。《尚書・皐陶謨》：「天命有德，五服五章哉！」《詩・大雅・棫樸》：「追琢其章。」《左傳》昭公二十五年：「五章以奉五色。」注：「黼黻文章，皆色之美者。」章的概念與文的紋理、彩色極相似。而章的情文(文章)的概念，亦脫胎或譬類於其紋理、彩色的概念。並非巧合的是，當章表示另一與文相同的概念——寫成的文章時，它起初與文曾試圖寫成彣一樣而試圖寫成彰。《說文》：「彰，彣彰也。」段注：「謂成文章。」但表示這一概念的彰和彣一樣未能通行。應該注意的還有，在文章表示情文的概念時，古人爲和花紋、彩色區別，才另造符號彣彰。但是，因爲古代文章表示情文的概念胎脫或譬類於其原有的花紋、彩色的概念，新概念仍帶有原有概念的心理印迹，所以即使是別造新的符號，卻仍擺脫不了花紋、彩色的心理因素，新造的符號所加的區別性部件彡仍舊與畫文(紋)有關——《說文》：「彡，毛飾畫文也！」

這樣，我們可以明白：作爲情文的文或文章的概念，由於心理的因素——認爲概念之間有某種共同特徵，而譬類於花紋、彩色的文或章；這種共同的特徵，就是都具有某種美感。此外，文和章起初在語源上毫無關係，但是概念相近，當它們指稱情文時，卻都來源於其花紋或彩色的概念。所以，情文和形文在概念上相通的民族心理因素是極爲明顯的。

[3]采——《說文》：「捋取也。」此義與文采無關。另《詩・秦風・蒹葭》：「蒹葭采采，白露未已。」毛傳：「采采，衆多也。」又《曹風・蜉蝣》：「蜉蝣之翼，采采衣服。」毛傳：「采采，猶萋萋也。」采表示繁盛、色彩鮮麗以及彩色(後世寫作彩)。《說文》段氏注於毛傳釋《詩》采采爲萋萋下認爲：「凡文采之義本此。」段說是。采表示文采即來源於其色彩的概念。而采之色彩與文之花紋、章之彩章概念相近，而同樣由色彩引申譬類而爲文采，並又與文組合而爲文采一語。這同樣也體現了采的形文(色彩)和情文(文采)兩種概

念在民族心理上是相通的。

[4]藻——本是一種有色彩的水草(據《說文》,《左傳》稱爲「草藻」),而後來亦喻指文采,也同樣說明了藻和文采兩種概念在古人審美心理上有相通之處。僅《文心》即有「揄揚以發藻,汪洋以樹義」(《頌讚》)、「理不謬搖其枝,字不妄舒其藻」(《議對》)、「平子淹通,故慮周而藻密」(《體性》)等藻指文采例,且有表示文采的「藻繪」(《序志》繪即形文,《原道》藻繪即形文)、「文藻」(《書記》)、「辭藻」(《時序》)等詞語。

[5]在這裏我們也談到聲文,即音樂及自然界發出的和諧如樂的聲音。但是,聲文何以也謂之文?音樂是由音協比而成的,紋彩交錯爲文,音聲協比自然也可以稱爲文。《禮記・樂記》說:「人心之動,物使之然也。感於物而動,故形於聲;聲相應,故生變;變成方,謂之音;比音而樂之,及干戚羽旄,謂之樂。」又說:「凡音者,生人心者也;情動於中,故形於聲,聲成文,謂之音。」可見音聲變化、協比則成爲文,即劉勰《情采》篇所謂「五音比而成韶夏」。樂之謂文,同樣是由於音聲變化、協比而給人以美感。據《論語》所載,孔子聞韶樂,三月不知肉味,可見雅樂之美,絕不亞於黼黻文章。

通過對「文」及其相關的幾個概念所作的歷史的分析,可以看到情文和形文的概念在民族審美心理上本是相通的,而情文的概念脫胎或譬類於形文的概念;形文、聲文和情文之所以都是文,這與漢民族先民的審美心理有關——不論是形象彩繪,還是音樂、文章,它們都是美的,故總稱爲文。

三、劉勰「情文」論中體現的民族審美心理因素及其文章美學觀

劉勰提出了形文、聲文和情文的概念,在理論上把情文、即文章從文的大概念中獨立出來,這表明了中國古代文學或文章學理論

的成熟。但是，又因爲情文、聲文同形文一樣給人以美感，所以又都稱爲文。這實際上就體現了民族審美意識的歷史因素，在上文這已經得到了證明。現在，我們再專門就劉勰的情文論來看其中的民族審美因素問題，由此可以使我們對劉勰的文章美學觀點得到更切實的了解。

在劉勰的時代，情文在中華民族燦爛的文化史上早已寫下了無數的輝煌篇章，關於文學辭章的獨立概念早已形成了。但是，由於民族審美心理因素的作用，在劉勰的情文論中始終貫穿著形文、聲文和情文的共同美感因素。

《原道》篇提出的形文如麗天之象、理地之形、龍鳳藻繪之瑞、虎豹炳蔚之姿、雲霞的雕色、草木的賁華，是美的；聲文如調如竽瑟的林籟結響、和若球鍠的泉石激韻，也是美的；而「夫以無識之物，鬱然有彩；有心之器，其無文歟！」用無識之物的有彩，來證明人類的有文，說明情文自然也是美的。

《情采》篇專論情文的情采關係。但是劉勰開篇便說：「聖賢書辭，總稱文章，非采而何？」論者或以爲此語難以把握。因爲，依現代人的觀念，書辭自然可稱爲文章，是不是采與是否稱爲文章沒有關係。實際上，在劉勰的情文論中，文章是具有美感特徵的文；所謂文章即須有綺麗、藻飾之美。因此劉勰說：既然聖賢的書辭，統稱爲文章，那就是采！又《事類》篇說：「事類者，蓋文章之外，據事以類義，援古以證今者也。」依現代人的意識，事類(即用典)本是文章中事，豈能說「文章之外」呢？事實上，文章在這裏側重於文采，突出情文文采美的特徵。可見，文章的美感特徵或對文學辭章的民族審美意識，在劉勰的情文論中有著强烈的反映；文和美是不可分離的，不美則無以謂文。我們再來看劉勰在《情采》篇中一段極具典型性的論述：

聖賢書辭，總稱文章，非采而何？……若乃綜述性靈，敷寫器象，鏤心鳥迹之中，織辭魚網之上，其爲彪炳，縟采名矣。

原來，文章述情寫象、鏤心織辭，需雕畫藻飾，所從事者如虎豹的形象紋理炳蔚綺麗，因而就有了所謂「縟采」這一名稱。這說明劉勰認爲文采美是文的本來屬性。

形文、聲文、情文的共同特徵是美的。而情文畢竟是語言的藝術，情文美在劉勰的理論體系中又具有特定的標準。《徵聖》篇說：

(聖文)雖精義曲隱，無傷其正言；微辭婉晦，不害其體要。體要與微辭偕通，正言共精義並用；聖人之文章，亦可見矣。顏闔以爲：「仲尼飾羽而畫，徒事華辭。」雖欲訾聖，弗可得已。然則聖文之雅麗，固銜華而佩實者也。

聖文之美(雅麗)，是內容和形式都美好的統一體(「銜華而佩實」)。這就是劉勰情文美的理想標準。而在一般性的理論上，劉勰所謂情文美的觀點也具有特定的含義。如《情采》篇論道：

夫水性虛而淪漪結，木體實而花萼振；文附質也；虎豹無文，則鞟同犬羊，犀兕有皮，而色資丹漆，質待文也。……老子疾僞，故稱「美言不信」，而五千精妙，則非棄美矣。莊周云：「辯雕萬物」，謂藻飾也；韓非云：「艷采辯說」，謂綺麗也。綺麗以艷說，藻飾以辯雕，文辭之變，於斯極矣。

在這裏，劉勰本於形文、情文均具美感之理，以淪漪、花萼、虎豹之文(紋)、丹漆之類形文美，而喻情文美。尤其值得注意的，是文附質、質待文的觀點。淪漪的結和花萼的振，是依附於「水性(虛)」和「木體(實)」的，無質則無文；「虎豹無文，則鞟同犬羊；犀兕有皮，而色資丹漆」，本於《論語‧顏淵》：「文猶質也，質猶文也；虎豹之鞟，猶犬羊之鞟。」說明質需要文來體現，質無文則無以爲體。從這個意義上說，也確實是「質猶文」、「文猶質」。劉勰的情文論，指的就是附於質或作爲質的體現的文。劉勰所謂情文美，是就這一意義上的文而言的。依此爲前提，「綺麗以艷說，藻飾以辯雕」是情文美的極致。

此外，在劉勰的情文論中，又包括文章的整體美。《鎔裁》篇說：「夫美錦制衣，修短有度，雖翫其采，不倍領袖。」以「美錦制衣」爲喻，强調文章的整體美。《附會》篇則提出文章應「首尾周密，表裏一體」，要「棄偏善之巧，學具美之績」。而《章句》篇又這樣論述說：

> 夫裁文匠筆，篇有大小；離章合句，調有緩急；隨變適會，莫見定準。句司數字，待相接以爲用；章總一義，須意窮而成體；其控引情理，送迎際會，譬舞容迴環，而有綴兆之位；歌聲靡曼，而有抗墜之節也。

劉勰認爲文章在整體上應如「舞容迴環」、「歌聲靡曼」，應「外文綺交，內義脈注，跗萼相銜，首尾一體」，亦即在整體上是美好的。

總之，劉勰的情文論非無源之水、無本之木。相反，民族審美意識的歷史因素在劉勰的文章美學觀點上有著强烈的反映，並且得到了理論上的昇華，形成了《文心雕龍》富有特色的文章美學觀。

但是，我們不認爲這種民族審美意識只體現在劉勰的情文論中。事實上，中國文學發展到魏晋南北朝，文學作品的審美已經發生了由直觀的美感而上升到作品的實踐和品鑒的轉變。除泛議文意的一些文論著述外，如這一時期出現的永明聲律論，就是追求詩歌語言的音樂美(劉勰也有《聲律》一篇)。再如，南朝文學由質樸漸趨藻麗，遂有文、筆之分。蕭繹《金樓子·立言》說：「吟咏風謠，流連哀思者謂之文。」又說：「至如文者，惟須綺縠紛披，宮徵靡曼，脣吻遒會，性靈搖蕩。」[6]此前的裴子野《雕蟲論》，則說文是「事出於沈思，義歸乎翰藻」。[7]這都是說文（指詩歌辭賦）應有文采美和語言形式音樂美。當然，這與劉勰情文論的美學觀點不能等同（劉氏也對文、筆之分不以爲然）。但從大的範圍看，文應該是美的這一觀點卻是一致的。

四、「文心」與「雕龍」

現在，我們再回到文心與雕龍的問題上來。《序志》篇說：

> 夫文心者，言爲文之用心也。昔涓子《琴心》，王孫《巧心》，心哉美矣，故用之焉。古來文章，以雕縟成體，豈取騶奭之羣言雕龍也？

文心即爲文之用心（如論者所說，此即本於陸機《文賦》「余每觀才士之所作，竊有以得其用心。」）劉勰題其書名爲文心雕龍，取意於爲文用心如同雕龍，[8]這只是字面上的理解。實際上，文心與雕龍的關係，跟上文所談到的文的形文、情文之間的關係反映出來的民族審美心理因素是一致的，即：在文心雕龍這一概念組合中，文和龍是以龍喻文，文爲文章或情文，龍爲雕繪或形文；而爲文用心之需雕琢藻飾以求其美，就好像雕刻神龍之姿。因此，這仍然是反映了情文的文采美和形文的紋彩美相通的民族審美意識。劉勰《序志》篇說得很明白：自古以來，文章均「以雕縟成體」——即以雕琢藻飾成

---

6 知不足齋本《金樓子》卷四。

7 《全梁文》卷五十三。

8 《史記・孟子荀卿列傳》集解引劉向《別錄》：「騶奭修衍之文，飾若雕鏤龍文，故曰『雕龍』。」蔡邕《故太尉喬公廟碑》：「文繁雕龍。」《後漢書・崔傳》：「崔爲文宗，世禪雕龍。」《文選・任昉〈宣德皇后令〉》：「文擅雕龍。」見楊明照《文心雕龍校注拾遺》，頁 74。

篇，這與龍是由雕刻彩繪成體是相通的。

爲文用心(「文心」)與「雕龍」在民族觀念上相通，這又可以從形文和情文與其他詞語的組合關係上得到證明。

雕琢、雕畫，雕字本作彫，謂在金、玉等物體上雕刻而爲文(形文)。《說文》:「彫，琢文也。」段注:「凡琱琢成文曰彫。」《漢書·董仲舒傳》:「良玉不瑑(琢)。」師古注:「謂雕刻爲文也。」《左傳》宣公二年:「厚斂以彫牆。」注:「彫，畫也。」《廣雅·釋詁》四:「彫，畫也。」可見雕琢、雕畫謂在物體上雕繪形文，實與雕龍爲同一大的範疇。而情文亦稱雕琢、雕畫。現舉《文心》之例如下:

(1) 雕琢情性，組織辭令。(《原道》)
(2) 故童子雕琢，必先雅制。(《體性》)
(3) 使文不滅質，博不溺心，正采耀乎朱藍，間色屏於紅紫，乃可謂雕琢其章，彬彬君子矣。(《情采》)
(4) 寫物圖貌，蔚似雕畫。(《詮賦》)
(5) 若夫鎔鑄經典之範，翔集子史之術，洞曉情變，曲昭文體，然後能孚甲新意，雕畫奇辭。(《風骨》)

除(4)雕畫以形文比況情文外，其他各例雕琢、雕畫皆對情文而言。

又刻鏤本謂刻木鏤金而爲形文。《說文》:「刻，鏤也。」《爾雅·釋器》:「金謂之鏤，木謂之刻。」《廣雅·釋詁》四:「刻，畫也。」《禮記·哀公問》:「器不刻鏤。」《荀子·富國》:「故爲之雕琢刻鏤，黼黻文章。」皆刻鏤而爲形文例。現再舉《文心》情文用刻鏤例如下:

(1) 自揚馬張蔡，崇盛麗辭，如宋畫吳冶，刻形鏤法，麗句與深采並流，偶意共逸韻俱發。(《麗辭》)
(2) 夫神思方運，萬塗競萌，規矩虛位，刻鏤無形。(《神思》)

《麗辭》刻鏤用於情文例，出自《淮南子・修務》，而後者「刻形鏤法」原本又恰是指刻鏤形文而言的。

這樣的例子還有很多，不繁舉。總之，情文需要雕琢，如同形文需要雕琢；在前者爲求文采美，在後者則爲求紋彩美。而心哉美矣，愛美之心自古而然。所以，文心——爲文用心追求情文美，則如雕龍爲求形文美，亦勢所必然。所以說，「文」與「龍」的關係，即情文與形文的關係，在美感或審美角度說，二者相通。劉勰用「文心」和「雕龍」組合而爲其書命名，在客觀上體現了歷史上漢民族的審美意識以及情文本脫胎或譬類於形文的歷史潛質。又如上文所述，劉勰的情文美學觀基於歷史上的民族審美意識，同時又形成了他的富有科學性的文章美學理論。因此可以說，文心雕龍之名就集中體現了劉勰文章美學理論的精髓。

文與龍或文心與雕龍在概念上(即形文和情文)相通，這是很顯然的了。由這種在民族心理上概念相通的事實，使我們對劉勰所謂形文與情文的關係及其文章美學理論獲得了較爲清晰的認識。但是，概念與概念的相通，即使是同一民族，如果時代距離遙遠，在心理上也並不完全一致。例如上文提到的《情采》篇「聖賢書辭，總稱文章」和《事類》篇「蓋文章以外」的文章。又如術，在上古表示路，因爲路是行走而到達目的地的途徑，所以又用來表示做事的途徑或方法。這種概念之間的相通關係，如不進行一番考察，現代一般人並非可以輕易所能明白。

概念與概念相通，在不同的民族來說，心理上相異處更多。比如說，像炮口、鋸齒、瓶頸、菜心等等，分別以原指人、動物的某一部分或器官的口、齒、頸、心等爲喻而指稱事物，幾乎是世界大多數民族都有同感的。但是，像針眼這一漢語和英語 (the eye of a needle) 都有的概念，在法語和德語裏卻都不能用；山腳 (the foot of a mountain) 在漢語和歐洲語言裏都很自然，可是在美諾米尼語和別的一些語言裏卻是荒謬的；英語裏所謂「穀子的耳朵」(an ear of grain ，漢語穀穗），在漢語裏也是不容易理解的。[9]

因此，中國古代文章學巨著《文心雕龍》中的「文」或「章」表示形文、情文，甚至聲文，由於古今心理上的差異，現代人是不免疑惑的，或指責爲非科學、概念混亂。至於非漢民族的外國學者，這種心理差異就更大一些。前幾年一位西歐學者到齊魯進行學術交流，當談到文心雕龍、即文心與雕龍之間的關係體現出的民族審美心理因素時，這位學者對文章（情文）與雕龍（形文）在概念上的相通竟感到困惑！而外國學者翻譯《文心雕龍》也常常爲找不到對應的合適概念所困擾，這恐怕也有民族心理差異反映在概念上的因素。

黃維樑說：「《文心雕龍》體大慮周，是文學批評的傑構，不但在中國文學批評史上光芒萬丈，在世界文學批評史上，也應該有尊貴的地位。要評定《文心雕龍》的世界性地位，必須拿它和西方重要的文學批評論著比較。」[10] 黃先生所言極是。我們主張應重視概念在古與今、中與外的心理差異，而持有歷史的或民族的觀念來探討《文心雕龍》[11] ，這不但是爲使研究更近於正確和深入，同時也是爲眞實地反映其民族特點而與西方文論比較和溝通，或使《文心雕龍》理論更容易爲西方學者所了解。比如，古今的、民族的心理因素反映在概念上，有同有異。而大多數概念，正所謂「自其異者視之，肝膽楚越也；自其同者視之，萬物皆一也。」（《莊子・德充符》，另見《淮南子・俶眞》篇，「楚越」作「胡越」）。且拿《文心雕龍》形文、聲文、情文皆稱爲文而論，假設以情文（文章）的概念譬類或源於花紋、彩色（形文）的概念獨漢民族所有，即其異；但如果說形

---

9 見布龍菲爾德 (Leonard Bloomfield) 著《語言論》，北京：商務印書館，漢譯世界學術名著叢書， 1985 年，頁 180−181 。

10 黃維樑《精雕龍與精工甕》。

11 王更生在給筆者的一封信中，曾特別强調了對《文心雕龍》一書中的詞語或概念進行闡釋探源研究的重要性。

文與情文以及聲文皆稱爲文，是因爲它們無論在形象色彩上、在音聲和諧上、在文學作品中，都能給人以美感，卻是古今、中西都相同的。無論中西，都有雕塑繪畫、音樂、文學作品(可分別視同劉勰所謂形文、聲文、情文)，其總稱藝術，非美而何？從這一角度看，豈非「自其同者視之」而「萬物皆一」也？所以，我們持古今、民族(或中外)之異的觀點來研究《文心雕龍》，並非爲著執異，而是爲了更好地溝通。

《文心雕龍》修辭理論對後世的影響

蔡宗陽

前言

劉勰《文心雕龍》是一部體大思精，光耀古今的奇書，不僅是中國最早的文學理論與批評的專書，也是修辭理論的著作。正如日本島村抱月《新美辭學》說：「到梁劉勰的《文心雕龍》，中國才有一部完全的修辭學。」又說：「中國修辭學的祖師是劉勰。」[1]

《文心雕龍》有關修辭理論的闡述，以往有學者涉及，如王忠林《文心雕龍所述辭格析論》，[2] 詹鍈《文心雕龍的修辭學》，[3] 駱小所《劉勰文心雕龍的修辭論》，[4] 沈謙《比興、夸飾、用典、隱秀——文心雕龍論修辭方法》，[5] 蔡宗陽《文心雕龍的修辭技巧》，[6] 但多半側重《文心雕龍》的修辭理論，很少析論《文心雕龍》對後世修辭理論的影響。本文擬以《文心雕龍》的修辭理論爲經，現代修辭理論爲緯，闡論常用、常見辭格的名稱、意義、產生、原則、作用、分

1 蔡宗陽《文心雕龍的修辭技巧》說：「劉勰不止在《文心雕龍》上闡述修辭理論，也將自己的修辭理論運用在《文心雕龍》上，更有很多《文心雕龍》上的技巧，暗合了現代修辭學的理論。」見日本九州大學中國文學會主編《文心雕龍國際學術研討會論文集》，臺北：文史哲出版社，1992 年 6 月，頁 145。

2 王忠林《文心雕龍所述辭格析論》，原刊《南洋大學學報》，後收入王更生編《文心雕龍研究論文選粹》，育民出版社。

3 詹鍈《文心雕龍的修辭學》，載《劉勰與文心雕龍》，北京：中華書局。

4 駱小所《劉勰文心雕龍的修辭論》，載《古籍整理研究》。

5 沈謙《比興、夸飾、用典、隱秀——文心雕龍論修辭方法》，原刊《幼獅學誌》第十六卷第二期，後收入《文心雕龍之文學理論與批評》，臺北：華正書局。

6 同注 1。

類，或多或少，莫不受《文心雕龍》的影響。

《文心雕龍》論修辭技巧者，有《麗辭》論對偶，《比興》論譬喻，《夸飾》論夸飾，《事類》論引用，《諧讔》論雙關，《練字》論類疊、頂針、回文，《章句》論感歎，《隱秀》論婉曲、警策。此外，《文心雕龍》其他篇章與修辭技巧，也有密不可分的關係。因篇幅所限，僅闡析對偶、譬喻、夸飾、引用、雙關。茲依次論述之。

對偶

所謂對偶，是指在語文中，凡是同句中的上下兩個短語以及上下兩個、四個、六個或六個以上短句中的奇句與偶句，字數相等，句法相似，詞性相同，平仄相對的一種修辭技巧。由於漢、魏、南北朝的駢文中對偶句甚多，所以對偶又叫駢麗、麗辭，民間卻俗稱爲對子。[7]對偶也叫對仗，是文章修辭法的一種。「仗」字的意義，是從「儀仗」而來，「儀仗」是兩兩相對，所以兩兩相對的辭句叫做對仗，也稱爲對句。[8]對偶又稱儷辭，見於譚正璧《修辭新例》：「對偶法，在有的修辭學書上，叫做儷辭法。」[9]還有宋文翰《國文修辭學》，也是同樣說法。徐芹庭《修辭學發微》、蔣金龍《演講修辭學》也都認爲對偶叫儷辭。張嚴《修辭論說與方法》以爲對偶又叫對耦。[10]現代修辭學的書籍，採用「對偶」一詞，如陳望道《修辭學發凡》、陳介白《修辭學講話》、徐芹庭《修辭學發微》、宋文翰《國文修辭學》、黃慶萱《修辭學》、蔣金龍《演講修辭學》、董季棠《修辭析論》、鄭頤壽《比較修辭》、王希杰《漢語修辭學》、黃民裕《辭格匯

---

7 參閱成偉鈞、唐仲揚、向宏業主編《修辭通鑒》，北京：中國青年出版社，1991年6月，頁598。張志公《修辭概要》：「所謂對子，……修辭上叫作『對偶』。」北京：中國青年出版社，1952年11月，頁91。

8 參閱張仁青《駢文學》，臺北：文史哲出版社，1984年3月，頁95。

9 譚正璧《修辭新例》，棠棣出版社，1953年3月，頁169。

10 參閱蔡宗陽《陳騤文則新論》，臺北：文史哲出版社，1993年3月，頁317。

編》、高葆泰《語法修辭六講》、程希嵐《修辭學新編》、宋振華、吳士文、張國慶、王興林主編《現代漢語修辭學》、錢覺民、李延裕《修辭知識十六講》、季紹德《古漢語修辭》、黎運漢、張維耿《現代漢語修辭學》、李維琦《修辭學》、路燈照、成九田《古詩文修辭例話》、鄭頤壽、林承璋主編《新編修辭學》、唐松波、黃建霖主編《漢語修辭格大辭典》、吳桂海、鮑慶林主編《語法修辭新論》、沈謙《修辭學》、劉煥輝《修辭學綱要》、周靖《現代漢語語法修辭》、鄭文貞《篇章修辭學》、成偉鈞、唐仲揚、向宏業主編《修辭通鑒》、馬鳴春《稱謂修辭學》、胡性初《實用修辭學》；[11] 也有採用「儷辭」一詞，如唐鉞《修辭格》、黃永武《字句鍛鍊法》、高登偉《第一流修辭法》；[12] 但以採用「對偶」者為最多，採用「儷辭」者比較罕見。綜觀「對偶」的異稱，有駢麗、麗辭、對子、對仗、對句、儷辭、對耦，皆名異實同。其中「麗辭」，源於《文心雕龍》篇名。採用「儷辭」者，可能受《文心雕龍·麗辭》篇名的影響。沈謙《文心雕龍之文學理論與批評》說：「麗辭者，駢儷之辭也，即對偶之修辭方法也。」「麗辭」與「儷辭」，是息息相關，密不可分。

劉勰認為對偶的原則，是本乎自然，《文心雕龍·麗辭》說：

> 夫心生文辭，運裁百慮，高下相須，自然成對。

所謂「自然」，是當然而然，不知其所以然而然，自己本有，不假外求。「自然」是不必勉强，如畫家描繪自然之妙，可以著手成春。對偶是自然成對，並非有意媲配，誠如黃永武《字句鍛鍊法》說：「原始的對句，是出於自然而不勞經營的。」[13] 黃慶萱《修辭學》也說：「好的對偶，應該是自自然然。」[14] 如韋應物《淮上喜會梁州故

---

11 《陳騤文則新論》，頁 317–319。

12 《陳騤文則新論》，頁 319。

13 黃永武《字句鍛鍊法》，臺北：洪範書店，1986 年 1 月，頁 64。

14 黃慶萱《修辭學》，臺北：三民書局，1975 年 1 月，頁 465。

人》：「浮雲一別後，流水十年間。」「浮雲」比喻兩人行蹤不定，「流水」比喻兩人年華消逝。文意一貫，字字相對，最爲自然。現代修辭學論對偶的原則，也是本乎自然，這是受《文心雕龍》所說「自然成對」的影響。

劉勰論對偶的分類，分爲四對，他在《文心雕龍．麗辭》中說：

> 麗辭之體，凡有四對：言對爲易，事對爲難；反對爲優，正對爲劣。

劉勰將對偶分爲言對、事對、反對、正對四種。現代修辭學論對偶的分類，或以形式分，或以內容分，或以文體分，見仁見智，各有特色。就內容分，一般分爲正對、反對、串對三種，再細分若干小類，如人名對、地名對、方位對、顏色對、干支對，數目對等。顯而易見，正對、反對是受《文心雕龍》的影響。主張對偶分爲正對、反對兩種，僅宋文翰《國文修辭學》。[15] 主張對偶分爲正對、反對、串對三種，有高葆泰《語法修辭六講》、黃民裕《辭格匯編》、錢覺民、李延裕《修辭知識十八講》、程希嵐《修辭學新編》、鄭頤壽《比較修辭學》、宋振華、吳士文、張國慶、王興林《現代漢語修辭學》、黎運漢、張維耿《現代漢語修辭學》、李維琦《修辭學》、吳桂海、鮑慶林主編《語法修辭新論》、唐松波、黃建霖主編《漢語修辭格大辭典》、武占坤主編《常用辭格通論》、劉煥輝《修辭學綱要》、周靖《現代漢語語法修辭》。[16] 所謂串對，又叫流水對，是指上下兩句在意義上具有承接、轉折、因果、條件、假設等關係的對偶。「串對」於《文心雕龍》中未曾論述，而《文心雕龍》所說的「言對」、「事對」，現代修辭學則未談到。一言以蔽之，現代修辭學所謂正對、反對，是受《文心雕龍．麗辭》的影響。

---

15 見宋文翰《國文修辭學》，新陸書局，1971 年 11 月，頁 30。

16 《陳騤文則新論》，頁 317−319。

現代修辭學談對偶(又叫儷辭)的名稱、原則、分類，多多少少受《文心雕龍·麗辭》的影響，這是不容置疑的。

譬喻

譬喻，又叫比、譬、比喻、打比方，現代修辭學多半採用「譬喻」或「比喻」。[17] 所謂譬喻，是一種「借彼喻此」的修辭方法。劉勰所謂「比」，就是「譬喻」，《文心雕龍·比興》說：

> 比者，附也。……附理者，切類以指事。……何謂爲比？蓋寫物以附意，颺言以切事者也。

所謂「比附」，是採用近似者互相比喻，採取類似點來指明事實。所謂「寫物以附理，颺言以切事」，藉描述外在的事物來譬喻內在的事理。現代修辭學不論採用「譬喻」，或是「比喻」，就意義而言，都是受《文心雕龍·比興》的影響。採用「譬喻」一詞者，有陳介白《修辭學講話》、陳望道《修辭學發凡》、鄭業建《修辭學》、譚正璧《修辭新例》、徐芹庭《修辭學發微》、宋文翰《國文修辭學》、黃慶萱《修辭學》、蔣金龍《演講修辭學》、董季棠《修辭析論》、吳正吉《活用修辭》、曾忠華《作文津梁》、沈謙《修辭學》、蔡宗陽《論譬喻的分類》。[18] 採用「比喻」一詞者，有夏宇衆《修辭學大綱》、倪寶元《修辭》、高葆泰《語法修辭六講》、趙克勤《古漢語修辭簡論》、黎運漢、張維耿《現代漢語修辭學》、吳士文《修辭格論析》、姚殿芳、潘兆明《實用漢語修辭》、蔣希文《修辭淺說》、程祥徽、田小琳《現代漢語》、張靜、鄭遠漢《修辭學教程》、劉煥輝《修辭學綱要》、鄭文貞《篇章修辭學》、馬鳴春《稱謂修辭學》、胡性初《實用修辭學》

17 《陳騤文則新論》，頁 209−210 。

18 《陳騤文則新論》，頁 241−242

等。[19] 大陸地區修辭學專家學者多半採用「比喻」，臺灣地區修辭學者多半採用「譬喻」，但採用「譬喻」較佳，以免與「比擬」混淆。

譬喻的原則，劉勰認爲以切至爲貴，《文心雕龍·比興》說：「比類雖繁，以切至爲貴，若刻鵠類鶩，則無所取焉。」所謂「切至」，就是譬喻必須貼切，要把握兩件事物的相似之處，做到恰到好處的譬喻。黃季剛《文心雕龍札記》又申論說：「切至之說，第一不宜沿襲，第二不許蒙籠。」陳望道《修辭學發凡》也說：「要用譬喻，約有兩個重要點必須留神；第一、譬喻和被譬喻的兩個事物必須有一點極相類似；第二、譬喻和被譬喻的兩個事物必須本質上極其不同。倘缺第一要點，譬喻當然不能成立；若缺第二個要點，修辭學上也不能稱爲譬喻。」譬喻假如不能互相類似，便會蒙籠而不貼切，也會變作「刻鵠類鶩」。倘若在本質上相同，兩件事物互相沿襲，不僅不能彼此譬喻，也不能發揮譬喻的作用。[20] 黃慶萱論譬喻的消極原則，首先是「不可太類似」；[21] 又論譬喻的積極原則，認爲「喻體與喻依在本質上必須不同」。[22] 譬喻固然要有一點類似，但不可太類似，如「柳橙像橘子」、「荔枝像龍眼」、「酒瓶像醬油瓶」，這種「太類似」，不但平淡無奇，也不能算好的譬喻。陳、黃二氏之說，合乎「切至」，因此現代修辭學論譬喻的原則，與《文心雕龍·比興》所闡析的譬喻原則，極有密切關係。

劉勰論譬喻的分類，分爲比義、比類兩種，《文心雕龍·比興》說：

金錫以喻明德，珪璋以譬秀民，螟蛉以類教誨，蜩螗以寫號

19 《陳騤文則新論》，頁 242–244。

20 參閱王忠林《文心雕龍所述辭格析論》，見王更生《文心雕龍研究論文選粹》，育民出版社，1980 年 9 月，頁 522–523。

21 黃慶萱《修辭學》，頁 242。

22 黃慶萱《修辭學》，頁 249。

呼，澣衣以擬心憂，卷席以方志固；凡斯切象，皆比義也。至如麻衣如雪，兩驂如舞，若斯之類，皆比類者也。

劉勰列舉六個例證來闡述比義。所謂比義，是指用具體的事物來譬喻抽象的義理。劉勰又列舉兩個例證來闡明比類。所謂比類，是指用具體的事物來譬喻具體的形貌。劉勰就作用來分譬喻的類別，將譬喻分爲比義和比類兩種。譬喻的作用，在於「說明」、「形容」。正如黃慶萱所說：「譬喻可以用作『說明』。意義難於了解的，可以易知的比方說明它；意義抽象的事理，也可以具體的事物來比方說明。譬喻還可以用來『形容』。」[23] 其中「意義抽象的事理，也可以具體的事物來比方說明」，正是劉勰所說的「比義」。黃氏論述譬喻的作用，與劉勰所闡析的「比義」，有些相關。至於現代修辭學論譬喻的分類，不受《文心雕龍》影響。

劉勰論譬喻的意義、名稱、原則，或多或少，都影響了現代修辭學。但劉氏論譬喻的分類，卻影響了現代修辭學論譬喻的作用，並未影響譬喻的分類。現代修辭學論譬喻的分類，多半分爲明喻、隱喻(又叫暗隱)、借喻三種；或加略喻，成爲四類；又加假喻或博喻或合喻，成爲五類。[24] 譬喻的分類，大陸學者有分爲二十四類，筆者分爲五大類、四十五小類。[25] 現代修辭學論譬喻的分類，似乎與《文心雕龍》論譬喻的分類，毫無關係。

夸飾

所謂夸飾，是指在語文中，誇張鋪飾超過客觀事實的一種修辭方法。郭晉稀《文心雕龍譯註十八篇》說：「夸飾照今天的說話，就

---

23 黃慶萱《修辭學》，頁 242。

24 《陳騤文則新論》，頁 228–230。

25 《陳騤文則新論》，頁 231–232。

是夸張。創作上的夸張，不等於單純的夸大，而是指集中刻劃，修飾文辭，使形象鮮明突現出來。本文用《夸飾》命篇，兼『夸張』和『修飾』兩方面的意義。」夸飾是用誇張的手法來集中刻劃，這種方法本身就有一種修飾作用。[26] 夸飾的名稱，現代修辭學書，如楊樹達《漢文文言修辭學》稱爲「形容」，陳望道《修辭學發凡》叫做「鋪張」或「夸張」[27]，陳介白《修辭學講話》稱爲「誇張」，黃慶萱《修辭學》叫做「夸飾」。黃師採用「夸飾」一詞，是受《文心雕龍．夸飾》的影響。陳介白採用「誇張」一詞，是受《文心雕龍．通變》的影響。《文心雕龍．通變》說：「夫誇張聲貌，則漢初已極。」現在臺灣學者多半採用「夸飾」(也叫「誇飾」)，大陸學者多半採用「誇張」(又叫夸張)。不論是採用「夸飾」或「誇張」，都是受《文心雕龍》的影響。誠如鄭子瑜所說：「後人論修辭，當談到誇張辭的時候，每說《文心雕龍》之所謂『夸辭』，就是我們現在所說的『誇張』，這是沒有注意到《通變》篇已經用了『誇張』一辭的緣故。」[28] 其實，「夸飾」、「誇張」，《文心雕龍》都有採用，只是《夸飾》係篇名，比較醒目。

夸飾的原則是甚麼？劉勰在《文心雕龍．夸飾》中說：

> 飾窮其要，則心聲鋒起；夸過其理，則名實兩乖。若能酌《詩》、《書》之曠旨，翦揚馬之甚泰，使夸而有節，飾而不誣，亦可謂之懿也。

劉勰認爲美文固然要夸飾，但必須有節度。「夸過其理，名實兩乖」，這是避免夸飾的毛病。「酌《詩》、《書》之曠旨，翦揚馬之甚

---

26 王忠林《文心雕龍所述辭格析論》，頁 523。

27 陳望道《修辭學發凡》版本甚多，內容稍異，採用「鋪張」一詞，是上海開明書店，1932 年，頁 202；香港大光出版社，1981 年 1 月，頁 131；臺北文史哲出版社，1989 年 1 月，頁 131。採用「夸飾 」一詞，是上海人民出版社，1976 年 7 月，頁 115；上海教育出版社，1979 年 9 月新一版，頁 128。

28 鄭子瑜《中國修辭學史》，文史哲出版社，1990 年 2 月，頁 122。

泰」，這是夸飾的典範，也是夸飾的警惕。眞正夸飾的原則，是「夸而有節，飾而不誣」。所謂「夸而有節」是指夸飾運用得恰當，即《夸飾》所說的「壯辭可得喻其眞」，「因夸以成狀，沿飾而得奇」。所謂「飾而不誣」，是指夸飾不要使人誤會，流於欺騙，即《夸飾》所謂的「事義睽剌」，「夸過其理」，「曠而不溢，奢而無玷」。[29] 陳望道《修辭學發凡》論夸飾的原則有二：(一)主觀方面須出於情意之自然的流露；如《古文苑》裏名爲宋玉作的《大言賦》、《小言賦》，完全出於造作，可說毫無意義。(二)客觀方面須不致誤爲事實，如「白髮三千丈」，決不致誤爲事實，倘不說「三千丈」而說「三尺」，那便容易使人誤爲事實。如被誤爲事實，那便不是修辭上的鋪張，只是實際上的說謊。陳介白《修辭學講話》則提出夸飾的三點原則：(一)須使感情豐富顯著，(二)須使人不起疑惑之感，(三)須有適當的音調以保持情感。陳介白提出音調的配合，這是利用聲音來加强夸飾的氣氛。其餘兩點原則和陳望道的主張是一致的。陳望道論夸飾原則的第一項，是劉勰「夸而有節」的申論。「夸而有節」，就是夸飾得當。如何才能夸飾得當？不僅要出之於情意的自然流露，也要「爲情而造文」，充分發揮夸飾的效用，才能呈現作者要表達的眞情實感。因此，「夸而有節」不但與陳望道論夸飾的第一項原則有關，與陳介白論夸飾的第一點原則也有密切的關係。陳望道論夸飾的第二項原則與陳介白論夸飾的第二點原則，即劉勰所說「飾而不誣」。[30] 正如鄭子瑜《中國修辭學史》說：「既然用了誇張辭，便應該誇張到底，不必再顧到合於邏輯與否；如果誇張得不夠，讀者不知其在用誇張的修辭法，反會發生誤解哩。」[31]

---

29 參閱沈謙《文心雕龍與現代修辭學》，益智書局， 1990 年 6 月初版，頁 293－294 。

30 《文心雕龍與現代修辭學》，頁 294－295 。

31 鄭子瑜《中國修辭學史》，頁 121 。

劉勰雖未明言夸飾的種類，但他在《文心雕龍．夸飾》中，列舉夸飾的八種例證，約略可以歸納夸飾的種類。「嵩高極天」，形容高山陡險，高聳到雲霄；這是「空間的夸飾」，也是「放大的夸飾」。「河不容舠」，形容河川狹窄，浮不了小船；這是「空間的夸飾」，也是「縮小的夸飾」。「子孫千億」，形容子孫衆多；這是「數量的夸飾」，也是「放大的夸飾」。「襄陵舉滔天之目」，描述洪水漲上山陵，水漫了蒼天；這是「空間的夸飾」，也是「放大的夸飾」。「倒戈立深杵之論」，描繪敵人的敗退，死傷慘重，說是血流漂杵；這是「物象的夸飾」，也是「放大的夸飾」。「鴞音之醜，豈有泮林而變好」，描敘貓頭鷹叫聲難聽，難道牠吃了學宮旁的桑葚，聲音就變得好聽了嗎？這是夸飾學宮的感化力量，屬於「物象的夸飾」，也是「放大的夸飾」。「荼味之苦，寧以周原而成飴」，敘述荼菜的味道很苦，怎麼會因爲生長在岐山的原野就化作甜菜呢？這是夸飾周朝前人恩澤的浩大，屬於「物象的夸飾」，也是「放大的夸飾」。一言以蔽之，八種例證運用了「放大的夸飾」、「縮小的夸飾」、「空間的夸飾」、「數量的夸飾」、「物象的夸飾」。沈謙《修辭學》論夸飾的種類，依類材對象分，可分爲五種：空間的夸飾、時間的夸飾、物象的夸飾、人情的夸飾、數量的夸飾。依表達方式，可分爲放大、縮小兩種。[32] 除了時間的夸飾、人情的夸飾之外，其他各種夸飾，劉勰在例證中，都已運用了。

現代修辭學論夸飾的名稱、原則、種類，或多或少都與《文心雕龍》有關。此外，夸飾的產生因素也跟《文心雕龍》有關。夸飾產生的因素有二：(一)主觀因素是「語不驚人死不休」，作者想要「出語驚人」。(二)客觀因素是「愛奇者聞詭而驚聽」，「俗人好奇，不奇，言不用也」，讀者的好奇心理。[33] 其中「愛奇者聞詭而驚聽」，

32　參閱沈謙《修辭學》上册，國立空中大學，1991 年 2 月，頁 164。

33　沈謙《修辭學》上册，頁 165。

見於《文心雕龍·知音》，因此夸飾的產生因素與《文心雕龍》也有密切關係。

引用

劉勰《文心雕龍·事類》說：「事類者，蓋文章之外，據事以類義，援古以證今者也。」所謂「事類」，就是引事比類，也是古時候所謂「用典」，現代修辭學所謂「引用」。[34] 張仁青《駢文學》說：「夫典，事也。所謂典故，古之事也，亦即歷史之事也。是以典之定義，凡引證歷史中事實及前人言語入於文者，皆曰典故，前者謂之『用事』，後者謂之『用語』。」[35] 由此可見，引用又叫事類、用典、用事、用詞。此外，引用又叫重言。正如黃慶萱《修辭學》說：「所謂『重言』，就是重複地位重要者之言論，以期受人重視的意思，也就是本文所稱之『引用』。」[36] 就意義而言，不論引用、用典、用事、用詞、重言，與事類都有息息相關。

所謂引用，是指劉勰撰寫《文心雕龍》時，徵「引」古人的事跡，以證驗意義；援「用」前賢的文辭，以闡明事理的一種修辭方法。鄭子瑜說：「《事類》篇是古今第一篇專論『引用』辭格的文章，全篇沒有一個字不是談論引用辭格。……他(指劉勰)稱引用爲事類。他替這個辭格下定義說：『事類者，蓋文章之外，據事以類義，援古以證今者也。』陳望道先生的《修辭學發凡》，替每個辭格下定義，用的也正是這個方法。」[37] 由此可見，引用的定義對現代修辭學的影響。

引用的方式，蓋有二端：一是「略舉人事，以徵義」，這是「略

34 《駢文學》，頁 138 。

35 《駢文學》，頁 137 。

36 黃慶萱《修辭學》，頁 100 。

37 鄭子瑜《中國修辭學史》，頁 123 。

引」；二是「全引成辭，以明理」，這是「全引」。前者是略舉古人的事跡，以徵驗意義；後者是完全援引前賢的文辭，以闡明事理。劉永濟《文心雕龍校釋》說：「文家用典，亦修辭之一法。用典之要，不出以少字明多意。其大別有二：一用古事，二用成辭。用古事者，援古事以證今情也；用成辭者，引彼語以明此義也。援古事以證今情之類，約有四端：一曰直用，二曰渾用，三曰綜合，四曰假設。……用成辭以明今義之類，亦約分四項：一曰全句，二曰隱括，三曰引證，四曰借字。」[38] 鄭子瑜說：「他(指劉勰)指出屈原、宋玉作《離騷》，雖然援引古事，卻並未照抄原文。這我們稱之爲『暗引』的修辭法。至如賈誼的《鵩賦》，引用《鶡冠子・世兵》篇的語句；司馬相如的《上林賦》，引用李斯《諫逐客書》的語句……等。這我們稱之爲『明引』法。」[39] 綜觀所述，劉勰雖未明言引用的種類，但他在《文心雕龍・事類》已論及「全引」、「略引」、「明引」、「暗引」(又叫「暗用」)。陳望道《修辭學發凡・引用》說：「引用故事成語，約有兩個方式：第一，說出它是何處成語故事的，是明引法；第二，並不說明，單將成語故事編入自己文中的，是暗用法。」其實引用故事或引用成辭都可以分爲明引、暗用，不限於故事。黃慶萱《修辭學》將引用分爲明引、暗用兩大類。明引又分爲全引、略引兩種。暗用又分爲全用、略用兩種。[40] 現代修辭學專家學者，將引用分爲明引、暗用，有陳望道、譚正璧、黃慶萱、錢覺民、李延裕、黃民裕、程希嵐、沈謙、董季棠等人。[41] 將引用分爲明引、暗引者，有張嚴、吳正吉、季紹德、王德春、鄭文貞等人。[42] 綜觀所述，現代修辭學論引用的分類，多半受《文心雕龍》

---

38 劉永濟《文心雕龍校釋》，臺北：華正書局，1981 年 10 月，頁 146−149。

39 鄭子瑜《中國修辭學史》，頁 124。

40 黃慶萱《修辭學》，頁 102−106。

41 《陳騤文則新論》，頁 264。

42 《陳騤文則新論》，頁 264。

的影響。

劉勰認爲引用故事或成辭的作用，在於「明理引乎成辭，徵義舉乎人事」。引用成辭可以明理，列舉人事可以徵義。其實不論引用成辭或列舉人事，都有明理徵義的作用。明理，是指表明事理。徵義，是指證成其說。陳介白《修辭學講話》：「設如選擇爲人所易了解或適當的名著故事或成語，則極能增加文辭的力量而使讀者相信。」[43] 引用成辭或故事，不止可以明理則理更明，徵義則義更達，也可以增强文辭表達的力量，增加說服力。[44] 現代修辭學論引用的作用有三：(一)引用權威或經典著作或他人言論，使論據確鑿、充分，增强說服力。(二)能使表達含蓄深刻，富於啓發性。(三)使語言簡煉，生動活潑，富於表現力。[45] 其中第一、三項與劉勰論述有關，因此現代修辭學論引用的作用與劉勰《文心雕龍·事類》有密切的關係。

引用的原則，劉勰在《文心雕龍·事類》中說：

> 是以綜學在博，取事貴約，校練務精，據理須覈，衆美輻輳，表裏發揮。

引用的原則，在於學識要求廣博，取事貴求要約，校練務須精細，據理必須明覈，如此才能「理得而義要」。黃慶萱認爲引用的消極原則有六：(一)引用不正確的意見，當加案語。(二)引用不可失其原意。(三)不可使用僻典。(四)引用當據原文，不可輾轉抄襲。(五)避免艱深賣弄的引證。(六)引用文字不可破壞全文語調的統一性。黃慶萱又提出引用的積極原則有四：(一)必須訴之於合理的權威。(二)提供一種簡潔而形象化的文字。(三)儘可能使引用成爲一種委

43 見陳介白《修辭學講話》，信誼書局，1978 年 7 月，頁 119。

44 王忠林《文心雕龍所述辭格析論》，頁 530–531。

45 浙江省修辭研究會編著《修辭方式例解詞典》，浙江教育出版社，1990 年 9 月，頁 284。

婉含蓄的語言。(四)儘可能在新舊融會中產生喜悅和滿足。[46] 簡直就是劉勰談引用原則的申論，並且十分翔實。

現代修辭學談引用的名稱、意義、種類、作用、原則，與劉勰《文心雕龍．事類》，或多或少，都有密不可分的關係。

雙關

黃慶萱認爲劉勰《文心雕龍．諧讔》論雙關的功能，在於「大者興治濟身，其次弼違曉惑」；雙關的心理基礎，則是「意生於權譎，而事出於機急」。[47] 所謂雙關的功能，是雙關的作用。所謂雙關的心理基礎，是雙關的產生。如何使「雙關」能「振危釋憊」，而不致「德音大壞」，黃慶萱以爲必須注意三項原則：(一)要蘊藉，(二)要風趣，(三)要鮮活。[48] 黃師指出「雙關」的原則，必須本著劉勰《文心雕龍．諧讔》所說：「古之嘲隱，振危釋憊。雖有絲麻，無棄菅蒯。會義適時，頗益諷誡。空戲滑稽，德音大壞。」

現代修辭學論雙關的產生、原則、作用，與劉勰《文心雕龍．諧讔》所闡述的內容，極有密切關係。

劉勰《文心雕龍．麗辭》論對偶，與現代修辭學談對偶的名稱、原則、分類有關：《比興》論譬喻，與現代修辭學論譬喻的名稱、意義、原則、作用有關：《夸飾》論夸飾，與現代修辭學論夸飾的名稱、原則、種類有關；《事類》論引用，與現代修辭學論引用的名稱、意義、種類、作用、原則有關；《諧讔》論雙關；與現代修辭學論雙關的產生、原則、作用有關。總而言之，劉勰《文心雕龍》修辭學論對現代修辭學的影響，至深且鉅。

---

46 黃慶萱《修辭學》，頁114－118。

47 黃慶萱《修辭學》，頁306。

48 黃慶萱《修辭學》，頁137。

《文心雕龍》作家論略析

陳志誠

夫《文心雕龍》之作，旨在論文。故五十之篇，或極文之樞紐，或論文而叙筆；或探研文術，或窺覘文理。其評騭作家，歷觀羣才者，僅《才略》一篇耳。然詳翫全書，推類而求，細繹端緒，以圖一貫；則知詮衡具在各篇，條理粲於衆論也。視《詩品》之以論人為主而判作者於三品，顯優劣於上下者，固自相異；然評才論士，辨章清濁，斟酌乎體性之間，抑揚乎瑜瑕之際，又可別為卓裁，自成體例，非必拘牽於三品，而强分乎上下也。於彥和之所論，宜推矩以求方，尋規而得圓，則其體要亦得而明者也。

一、對作家評論所持之態度

彥和論文，力求中肯，《序志》篇即强調「擘肌分理，唯務折衷」。至其評論作家，亦採此客觀之折衷態度。對著名作家，除肯定其成就與優點之外，復指出其作品之瑕累，分析其缺點所在。如對漢代文學大家揚雄之評論，即為一例。揚雄為文之特點，乃學力豐厚，而深於思考，劉氏即能就此而論其特殊成就：

> 子雲屬意，辭人最深，觀其涯度幽遠，搜選詭麗，而竭才以鑽思，故能理贍而辭堅矣。(《才略》)
>
> 揚雄自稱心好沈博絕麗之文，其(不)事浮淺，亦可知矣！(《知音》)
>
> 子雲沈寂，故志隱味深。(《體性》)
>
> 揚雄覃思文闊(閣)，業深綜述。(《雜文》)

夫子雲之才，而自奏不學，及觀書石室，乃成鴻采。(《事類》)

揚雄以奇字纂訓，並貫練雅頌(頡)，總閱音義，鴻筆之徒，莫不洞曉。(《練字》)

由上評論，知《文心雕龍》頗稱賞揚雄沈博味深之優點；然揚子雲之作品，亦有其缺點在，劉氏並無輕忽，嚴爲指出：

揚雄之誄元后，文實煩穢。(《誄碑》)

揚雄弔屈，思積功寡，意深文略，故辭韻沈膇。(《哀弔》)

此外，於《夸飾》篇亦指出其《羽獵賦》飾詞之不當而勸人「剪揚馬之泰甚」，可知其對揚雄之評論，褒而不沒其劣，貶而無掩其優；且優得其所，劣有其理，實有裨乎持平之論也。試觀劉氏以外，後漢桓譚及北齊顏之推俱有評論揚雄之言，桓譚譽之而無貶，顏之推則僅揚惡而遺善。桓譚《新論》云：

揚子雲才智開通，能入聖道，卓絕於衆，漢興以來，未有此人也。(《閔友第十五》)

而《顏氏家訓》則曰：

或曰揚雄曰：吾子少好賦，曰：然。童子雕蟲篆刻，壯夫不爲也。余竊非之曰：虞舜歌《南風》之詩，周公作《鴟鴞》之詠，吉甫史克，雅頌之美者，未聞皆在幼年累德也。孔子曰：不學詩無以言，自衞返魯，樂正，雅頌各得其所，大明孝道，引詩證之。揚雄安敢忽之也。若論詩人之賦麗以則，辭人之賦麗以淫，但知變之而已，又未知雄自爲壯夫何如也。著《劇秦美新》，妄投於閣，周章怖慴，不達天命，童子之爲耳。桓譚以勝老子，葛洪以方仲尼，使人歎息。此人直以曉算術、解陰陽，故著《太玄經》，爲數子所惑耳。其遺言

餘行，孫卿屈原之不及，安敢望大聖之淸塵，且《太玄》今竟何用乎？不啻覆醬瓿而已。（《文章》）

此眞對揚雄「乏善足陳」之論也。以公允言，實不及劉彥和。如顏之推以爲乃「童子之爲」之《劇秦美新》，劉氏則有較公平之論以論之：

觀《劇秦》爲文，影寫長卿，詭言遁辭，故兼包神怪。然骨掣靡密，辭貫圓通，自稱極思，無遺力矣。（《封禪》）

旣具道其失，亦兼陳其得。觀乎桓、顏二氏之論，相背如斯，則劉彥和之態度，可稱客觀而合乎「唯務折衷」之旨矣！

又如陳思王曹植，劉氏旣盛讚其天才，一再云：「陳思，羣才之英也。」（《事類》）「陳思之文，羣才之俊也。」（《指瑕》）然於其瑕累，又歷歷指陳，具論而不苟。茲先引《文心雕龍》數則，以見劉氏對曹植各體文成就之稱譽：

兼善（四言及五言詩）則子建仲宣。（《明詩》）
子建士衡，咸有佳篇。（《樂府》）
唯陳思《誥（詰）咎》，裁以正義矣。（《祝盟》）
陳思《七啟》，取美於宏壯。（《雜文》）
陳思之表，獨冠羣才，觀其體贍而律調，辭淸而志顯，應物掣（制）巧，隨變生趣，執轡有餘，故能緩急應節矣。（《章表》）
子建思捷而才儁，詩麗而表逸。（《才略》）

此外，於《時序》篇亦稱其：

陳思以公子之豪，下筆琳琅。

而於《聲律》篇亦提及其成就：

若夫宮商大和，譬諸吹籥。……籥含定管，故無往而不壹，陳思潘岳，吹籥之調也。

然曹植雖才高而成就大，且譽隆當世，惟作品中之瑕累，實亦不鮮。劉氏絕無輕忽，具爲指出，即用事遣詞，亦嚴予辨究。如云：

陳思所綴，以《皇子》爲標，陸機積篇，惟《功臣》最顯，其褒貶雜居，固末代之訛體也。(《頌讚》)

陳思叨名，而體實繁緩，《文皇誄》末，旨(百)言自陳，其乖甚矣。(《誄碑》)

至於陳思《客問》，辭高而理疎，……斯類甚衆，無所取裁矣。(《雜文》)

曹植《辨道》，體同書抄，言不持正，論如其已。(《論說》)

陳思《魏德》，假論客主，問答迂緩，且已千言，勞深勣寡，飈燄缺焉。(《封禪》)

陳思，羣才之英也。《報孔璋書》云：葛天氏之樂，千人唱，萬人和。聽者因以蔑韶夏矣。此引事之實謬也。按葛天之歌，唱和三人而已。相如《上林》云：奏陶唐之舞，聽葛天之歌，千人唱，萬人和，唱和千萬人。乃相如接人(一作推之)，然而濫侈葛天，推三成萬者，信賦妄書，致斯謬也。……夫以子建明練，……而不免於謬。曹仁(仁當作洪)之謬高唐(實爲陳琳之作)，又曷足以嘲哉！(《事類》)

陳思之文，羣才之俊也。而《武帝誄》云：尊靈永蟄。《明帝頌》云：聖體浮輕。浮輕有似於蝴蝶，永蟄頗疑於昆蟲，施之尊極，豈其當乎！(《指瑕》)

此等評論，極爲詳細，具體而有徵，嚴格而不苟；足見劉氏目光之下，雖盛名如曹植，其作品之缺點亦歷歷可陳，斯豈非《知音》篇所謂「平理若衡，照辭如鏡」者歟！

匪特此也，於曹植優劣評騭之外，劉氏復察於舊談，觀乎俗情，而審其當否。《才略》篇云：

> 魏文之才，洋洋清綺，舊談抑之，謂去植千里，然子建思捷而才儁，詩麗而表逸，子桓慮詳而力緩，故不競於先鳴，而樂府清越，《典論》辯要，迭用短長，亦無懵焉。但俗情抑揚，雷同一響，遂令文帝以位尊減才，思王以勢窘益價，未為篤論也。

詳審文意，劉氏非在抑植揚丕，甚亦以為植之「思捷才儁，詩麗表逸」非丕所及，特以丕「慮詳而才緩，不競於先鳴」之特點，自有與植不同之成就，不應抑此揚彼，强為軒輊，至令「文帝以位尊減才，思王以勢窘益價」也。劉氏所不苟同者，蓋在此「謂去植千里」之舊談，及「雷同一響」之俗情耳！《序志》篇云：「有略乎前論者，非苟異也，理自不可同也。」此處可為其論調之註腳。必如此，然後對曹植於文學史之地位，始得一全面之認識及評價。

又如陸機，劉氏論之，亟稱其巧，而病其繁亂。其言曰：

> 陸賦巧而碎亂。(《序志》)
>
> 陸機才欲窺探，辭務索廣，故思能入巧，而不制繁。(《才略》)
>
> 陸機之《弔魏武》，序巧而文繁，降斯以下，未有可稱者矣！(《哀弔》)
>
> 及陸機斷議，亦有鋒穎，而諛辭弗剪，頗累文骨，亦各有美，風格存焉。(《議對》)
>
> 陸機自理，情周而巧，牋之為善者也。(《書記》)
>
> 士衡矜重，故情繁而辭隱。(《體性》)
>
> 至如士衡才優，而綴辭尤繁，士龍思劣，而雅好清省，及雲之論機，亟恨其多，而稱清新相接，不以為病，蓋崇友于耳。夫美錦製衣，脩短有度，雖翫其采，不倍領袖，巧猶難

繁，況在乎拙，而《文賦》以爲榛楛勿剪，庸音足曲，其識非不鑒，乃情苦芟繁也。(《鎔裁》)

觀其於陸機之評論，自才性至作品之表現，俱認爲其勝於巧而失諸繁，斯所謂「表裏必符」者也。若其有不繁之制，劉氏即稱美之，如《檄移》篇云：「陸機之移百官，言約而事顯，武移之要者也。」是其例也。

至於陸機作品其他方面之優劣瑕累，與文學史之地位，劉彥和亦能全面顧及，茲舉以見之：

晉世羣才，稍入輕綺，張潘左陸，比肩詩衢，采縟正始，力柔於建安，或析文以爲妙，或流靡以自妍。(《明詩》)

子建士衡，咸有佳篇。(《樂府》)

陸機積篇，惟《功臣》最顯，其褒貶雜居，固末代之訛體也。(《頌讚》)

唯士衡運思，理新文敏，而裁章置句，廣於舊篇，豈慕朱仲四寸之璫乎？(《雜文》)

至於晉代之書，繁乎著作，陸機肇始而未備。(《史傳》)

陸機《辯亡》，效《過秦》而不及，然亦其美矣。(《論說》)

陸機《園葵》詩云：庇足同一智，生理合異(各萬)端。夫葵能衞足，事譏鮑莊，葛藟庇根，辭自樂豫；若譬葛爲葵，則引事爲謬。若謂庇勝衞，則改事失眞，斯又不精之患。夫以……士衡沈密，而不免於謬，曹仁(仁當爲洪)之謬高唐，又曷足以嘲哉！(《事類》)

昔陸氏《文賦》，號爲曲盡，然汎論纖悉，而實體未該，故知九變之貫匪窮，知言之選難備矣！(《總術》)

觀劉氏所評，大則總論其才，細而分析其篇章之得失，甚至作品中之遣辭用事，諸端並舉，則陸機之成就，亦可得而論定矣！

除揚雄、曹植、陸機外，《文心雕龍》對其他重要之作家，亦莫不顯優辨劣，力求至公，再例舉數家以明之。

如論桓譚，劉氏《文心》書中，每引其成說，用證己論，如《正緯》篇云：

> 是以桓譚疾其虛僞。……四賢博練，論之精矣。

《哀弔》篇云：

> 及相如之《弔二世》，全爲賦體，桓譚以爲其言惻愴，讀者歎息，及平(卒)章要切，斷而能悲也。

《通變》篇云：

> 桓君山云：予見新進麗文，美而無採，及見劉揚言辭，常輒有得。此具驗也。

《定勢》篇云：

> 桓譚稱文家各有所慕，或好浮華而不實覈，或美衆多而不見要約。

可知劉氏頗重視桓君山之理論。然於其辭賦，則直評其無才，《才略》篇即指出：

> 桓譚著論，富號猗頓，宋弘稱薦，爰比相如，而《集靈》諸賦，偏淺無才，故知長於諷論，不及麗文也。

又如論潘岳，劉氏對其哀辭之成就，於書中稱道者再三：

> 潘岳敏給，辭自和暢，鍾美於《西征》，賈餘於哀誄，非自外也。(《才略》)
>
> 祭奠之楷，宜恭宜哀。……潘岳之《祭庾婦》，奠祭之恭哀

也，舉彙而求，昭然可鑒矣。(《祝盟》)

潘岳構意，專師孝山，巧於序悲，易入新切，所以隔代相望，能徵厥聲者也。(《誄碑》)

建安哀辭，惟偉長差善……及潘岳繼作，實踵其美，觀其慮善辭變，情洞悲苦，敘事如傳。結言摹詩，促節四言，鮮有緩句，故能義而文婉，體舊而趣新，《金鹿》《澤蘭》，莫之或繼也。(《哀弔》)

然潘安仁雖擅於哀辭，而即就其哀文中，亦不免瑕累，《指瑕》篇具為指出：

潘岳為才，善於哀文，然悲內兄，則云感口澤；傷弱子，則云心如疑。禮文在尊極，而施之下流，辭雖足哀，義斯替矣。

是瑜中之瑕，劉氏亦無忽略也。

由上所見，知劉氏於重要作家之評論，類能全面顧及，優劣兼陳，具見其態度之謹嚴，而非故在攻訐別人之短也。固然，倘瑕累輕而鮮者，劉氏亦但稱其成就，譽其優點而已。如對王粲之評論，即為一例。其對王仲宣極為賞識，《才略》篇明顯指出：

仲宣溢才，捷而能密，文多兼善，辭少瑕累，摘其詩賦，則七子之冠冕乎！

故全書有關王粲之評論，俱褒美之，其言曰：

兼善則子建仲宣。(《明詩》)

及仲宣靡密，發端必遒。(《詮賦》)

仲宣所制，譏呵實工。(《哀弔》)

仲宣《七釋》，致辨於事理。(《雜文》)

傅嘏王粲，校練名理。……詳觀蘭石之《才性》，仲宣之《去

> 代》。(代一作伐)……並師心獨見，鋒穎精密，蓋人倫(鈴木云：《御覽》、《玉海》人倫作論一字)之英也。(《論說》)
> 仲宣舉筆似宿搆。……雖有短篇，亦思之速也。(《神思》)
> 仲宣躁銳，故穎出而才果。(《體性》)

若斯之論，俱爲王仲宣「文多兼善，辭少瑕累」之徵也。

要之，劉氏之評論作家，褒貶臧否，貴徵於實，優劣並舉，棄偏求全。然此特劉氏評論作家之一面耳！至另一態度，則爲重視作家之特殊成就，蓋「人稟五材，修短殊用，自非上哲，難以求備。」(《程器》)是故兼善之才少，偏美之作繁，其有片善者，當亦不遺，此劉氏評論作家之別一態度也。如論孔融、禰衡：

> 孔融氣盛于爲筆，禰衡銳思于爲文，有偏美焉。(《才略》)

又如論蔡邕，《文心》於其碑銘之成就，稱譽特隆，且具爲論析，其言曰：

> 蔡邕銘思，獨冠古今，橋公之鉞，吐納典謨；朱穆之鼎，全成碑文，溺所長也。(《銘箴》)
> 自後漢以來，碑碣雲起，才鋒所斷，莫高蔡邕。觀揚賜之碑，骨鯁訓典，陳郭二文，詞無擇言，周乎衆碑，莫非清允，其敘事也該而要，其綴采也雅而澤，清詞轉而不窮，巧義出而卓立，察其爲才，自然而至。(《誄碑》)

又如論劉劭，則特譽其《趙都賦》：

> 劉劭《趙都》，能攀於前修。(《才略》)
> 劉劭《趙都賦》云：公子之客，叱勁楚令歃盟，管庫隸臣，呵强秦使鼓缶。用事如斯，可稱理得而義要矣！(《事類》)

論應璩，則重其《百一詩》：

休璉風情，則《百壹》標其志。(《才略》)

若乃應璩《百一》，獨立不懼，辭譎義貞，亦魏之遺直也。(《明詩》)

論潘勗，則賞其錫命：

潘勗憑經以聘才，故絕羣於錫命。(《才略》)

潘勗《九錫》，典雅逸羣。(《詔策》)

昔潘勗錫魏，思摹經典，羣才韜筆，乃其骨髓畯也。(《風骨》)

論庾亮，則稱其表奏：

庾元規之表奏，靡密以閑暢。(《才略》)

庾公之《讓中書》，信美於往載，序志顯類，有文雅焉。(《章表》)

論胡廣、左雄，則曰：

前漢表謝，遺篇寡存，及後漢察舉，必試章奏，左雄奏議，臺閣爲式，胡廣章奏，天下第一，並當時之傑筆也。觀伯始謁陵之章，足見其典文之美焉。(《章表》)

論鍾會、桓溫則曰：

鍾會檄蜀，徵驗甚明，桓公檄胡，觀釁尤切，並壯筆也。(《檄移》)

論張敏、郭躬、程曉等則曰：

若乃張敏之斷輕侮，郭躬之議擅誅，程曉之駁校事，司馬芝之議貨錢，何曾蠲出女之科，秦秀定賈充之謚，事實允當，可謂達議體矣！(《議對》)

此外，於《才略》篇遍論羣才時，劉彥和多採此態度，除上所引外，又如：

> 王朗發憤以託志，亦致美於序銘。
>
> 琳瑀以符檄擅聲；徐幹以賦論標美；劉楨情高以會采；應瑒學優以得文；路粹楊修，頗懷筆記之工；丁儀邯鄲，亦含論述之美，有足算焉。
>
> 成公子安選賦而時美，夏侯孝若具體而皆微，曹攄清靡於長篇，季鷹辨切於短韻，各其善也。

上舉各例，俱劉氏重視作家特長之證，是則片善可採，亦無棄焉。斯蓋別棄偏求全，優劣兼評外之又一態度也。此一態度，尤多施於名氣非高之作家。

於此，可爲吾人注意者，乃劉彥和曾指出其瑕病之作品，每屬之負盛名大作家，而於若干成就較低之作家，則僅揚其美善而已，豈高手之多疵病，而低手反少瑕累乎？非也，蓋別具用意焉。如上文曾論及之曹植，劉氏指出其作品之瑕病時，先强調：「陳思之文，羣才之俊也。」(《指瑕》)然後方述其瑕所在；於《事類》篇亦然，先稱道：「陳思，羣才之英也。」然後方指出其引事之謬誤。至評潘岳時亦如此。劉氏頗稱美其哀辭之作，《指瑕》篇中亦先云：「潘岳爲才，善於哀文。」惟繼即指出其用辭之瑕累，劉氏似故意於善處尋瑕，堅處覓隙，實則其意蓋在警惕後學，羣才之英、羣才之俊者尚且有瑕，況凡衆羣才乎？況不逮於羣才者乎？善於哀文者尚如此，況其不善者乎？是舉要可以概餘，執一可以馭萬也。《事類》篇云：

> 夫以子建明練，士衡沈密，而不免於謬，曹仁(仁當作洪)之謬高唐，又曷足以嘲哉？

是此意之明證也。

二、總論及分論之融貫問題

《文心雕龍》之論作家，異於《詩品》，蓋《詩品》專注於品第高下，是以逐家而評，以人爲主。一家優劣，具爲論定，故首尾自圓，其論易見。《文心》則旨在論文，因文標目，五十之篇，除《才略》歷覽羣才，《時序》、《體性》二篇多作通論以外，其於諸家之評騭，則散入各篇，隨機分論。故於某一家之評，需自諸篇繹取，方見條貫，而總論之與分論，其間條理，亦可得而知矣！

今觀《文心》全書，所論作家，大小逾百，總評分論，俱條貫自屬，若可相合。固知總評乃分論之歸納，分論實總評之細繹。其於作家，蓋有卓裁定見者也。如總評揚雄云：

> 子雲沈寂，故志隱而味深。（《體性》）
> 子雲屬意，辭人最深，觀其涯度幽遠，搜選詭麗，而竭才以鑽思，故能理贍而辭堅矣！（《才略》）

是彥和以「深博」言揚雄，其他分論，亦從此旨，如云：

> 子雲《甘泉》，構深瑋之風。（《詮賦》）
> 揚雄弔屈，思積功寡，意深文略，故辭韻沈膇。（《哀弔》）
> 揚雄覃思文闊（閣），業深綜述。（《雜文》）

又如總評班固云：

> 孟堅雅懿，故裁密而思靡。（《體性》）

而分論之，亦同其評：

> 孟堅《兩都》，明絢以雅贍。（《詮賦》）
> 班固《賓戲》，含懿采之華。（《雜文》）
> 班固《典引》，事非鐫石，而體因紀禪。……《典引》所叙，雅有懿乎（乎當作采）。（《封禪》）

知其論班固，無分整散，俱以「雅懿」屬之也。總論張衡、蔡邕，則一爲「通膽」，一爲「精雅」，其言曰：

張衡通贍，蔡邕精雅，文史彬彬，隔世相望，是則竹柏異心而同貞，金玉殊質而皆寶也。(《才略》)

平子淹通，慮周而藻密。(《體性》)

而分論其作品，則曰：

張衡《應間》，密而兼雅。(《雜文》)

張衡《七辨》，結采綿靡。(《雜文》)

張衡指摘於史職，蔡邕詮列於朝儀，博雅明焉。(《奏啟》)

自後漢以來，碑碣雲起，才鋒所斷，莫高蔡邕。觀揚賜之碑，骨鯁訓典，陳郭二文，詞無擇言，周乎衆碑，莫非清允，其叙事也該而要，其綴采也雅而澤，淸詞轉而不窮，巧義出而卓立，察其爲才，自然而至。(《誄碑》)

總論賈誼，謂其「體淸」，且特譽其議對及賦作品之成就：

是以賈生俊發，故文潔而體淸。(《體性》)

賈誼才穎，陵軼飛兎，議愜而賦淸，豈虛至哉！(《才略》)

而於分論中，亦特別提及：

賈誼《鵩鳥》，致辨於情理。(《詮賦》)

自賈誼浮湘，發憤弔屈，體同而事覈，辭淸而理哀，蓋首出之作也。(《哀弔》)

自兩漢文明，楷式昭備，藹藹多士，發言盈庭，若賈誼之遍代諸生，可謂捷於議也。(《議對》)

總論陸機，稱其「巧」而病其「繁」：

士衡矜重，故情繁而辭隱。(《體性》)

陸機才欲窺深，辭務索廣，故思能入巧，而不制繁。(《才略》)

至如士衡才優，而綴辭尤繁。(《鎔裁》)

至論及其作品時，亦扣緊此旨：

陸機之弔魏武，序巧而文繁，降斯以下，未有可稱者矣！(《哀弔》)

及陸機斷議，亦有鋒穎，而諛辭弗剪，頗累文骨，亦各有美，風格存焉。(《議對》)

陸機自理，情周而巧，牋之爲善者也。(《書記》)

夫美錦製衣，脩短有度，雖翫其采，不倍領袖，巧猶難繁，況在乎拙，而《文賦》以爲榛楛勿剪，庸音足曲，其識非不鑒，乃情苦芟繁也。(《鎔裁》)

陸賦巧而碎亂。(《序志》)

總論潘勗，亟稱錫命作品之能「憑經」：

潘勗憑經以騁才，故絕羣於錫命。(《才略》)

而《風骨》篇及《詔策》篇亦闡論之：

昔潘勗錫魏，思摹經典，羣才韜筆，乃其骨髓畯也。(《風骨》)

潘勗《九錫》，典雅逸羣。(《詔策》)

此外，如總論郭璞云：

景純艷逸，足冠中興，《郊賦》既穆穆以大觀，《仙詩》亦飄飄而凌雲矣！(《才略》)

而《明詩》篇即曰：「江左篇製，溺乎玄風，嗤笑徇務之志，崇盛亡機之談，袁孫已下，雖各有雕采，而辭趣一揆，莫與爭雄，所以景純仙篇，挺拔而爲俊矣！」《詮賦》篇亦言：

景純綺巧，縟理有餘。

總論應璩，特及其《百一》詩：

休璉風情，則《百壹》標其志。（《才略》）

《明詩》篇乃論之曰：

若乃應璩《百一》，獨立不懼，辭譎義貞，亦魏之遺直也。

由上之論，知《文心雕龍》對作家之評論，於《體性》、《才略》諸篇所作之總評，與見於其他各篇中分論之語，其旨俱同，文殊趣合；可謂條理有貫，卓裁一定者也。

三、與舊談前論之異同問題

《序志》篇云：「及其品列成文，有同乎舊談者，非雷同也，勢自不可異也。有異乎前論者，非苟異也，理自不可同也。同之與異，不屑古今，擘肌分理，唯務折衷。」至其品評作家，亦緣此旨，每引舊談前論之成說，或主贊同，或持異議。異同之間，可見其觀點所在。茲先略舉其「同乎舊談」之說者以明之，如關於司馬遷《史記》之評論云：

爾其實錄無隱之旨，博雅弘辯之才，愛奇反經之尤，條例踳落之失，叔皮論之詳矣！（《史傳》）

知其於《史記》之評論，乃採之班彪之成說。又如班固《漢書》，其言曰：

至於宗經矩聖之典，端緒豐贍之巧，遺親攘美之罪，徵賄鬻筆之愆，公理辨之究矣！(《史傳》)

可知其對班固《漢書》之品評，亦採仲長統之成說。又如《章表》篇云：

琳瑀章表，有譽當時，孔璋稱健，則其標也。

此本於曹丕《與吳質書》:「孔璋章表殊健，微爲繁富。」
《書記》篇云：

魏之元瑜，號稱翩翩。

《時序》篇云：

元瑜展其翩翩之樂。

此亦本於曹丕《與吳質書》:「元瑜書記翩翩，致足樂也。」
《時序》篇云：

德璉綜其斐然之思。

此亦本於曹丕《與吳質書》:「德璉常斐然有述作意。」
《體性》篇云：

嗣宗倜儻，故響逸而調遠，叔夜雋俠，故興高而采烈。

此本於《魏志・王粲傳》:「阮瑀子籍，才藻艷逸，而倜儻放蕩。……時又有譙郡嵇康，文辭壯麗，好言老莊，而尚奇任俠。」
又如《才略》篇云：

故揚子以爲文麗用寡者長卿，誠哉是言也。

揚雄之言，見於《法言・君子》篇，而此處所論，蓋首肯於揚雄評司馬相如之成說也。若斯之類，全書之例甚繁，不必具引，蓋皆「同乎舊談」者也。至「異乎前論」，亦有說焉。如《辨騷》篇歷舉漢代評論《離騷》之諸大家之言論，然後提出異議：

> 四家舉以方經，而孟堅謂不合傳，褒貶任聲，抑揚過實，可謂鑒而弗精，翫而未覈者也。

其意見顯與兩漢諸家不同。又如關於曹植及曹丕之比較，「俗情抑揚，雷同一響」，劉氏乃於《才略》篇持相反之論，認爲舊談之抵曹丕爲不當，「文帝以位尊減才，思王以勢窘益價。」乃「未爲篤論」者，論點亦有其獨到之處，前已論及，茲不再贅。

此外，如關於班彪、班固父子，劉向、劉歆父子之評論，亦指出舊說之不當，《才略》篇云：

> 二班兩劉，弈葉繼采，舊說以爲固文優彪，歆學精向，然《王命》清辯，《新序》該練，璿璧產於崑岡，亦難得而踰本矣！

可見其目光所在，亦見其「徵言於實」而爲論者也。又如對劉楨之評論有云：

> 公幹牋記，麗而規益，子桓弗論，故世所共遺，若略名取實，則有美于爲詩矣。(《書記》)

具見其評論之並非隨俗浮沉、人云亦云者也。

觀其評斷與舊談前論之異同，益知其所以同者蓋在「勢自不可異」，其所以異者則在「理自不可同」。而其異同之取舍，則先在乎「擘肌分理」之分析，然後方下以「唯務折衷」之結論。

水火意象與儒道佛的虛靜說

有關《文心雕龍・養氣篇》一個問題的考察

黎活仁

引言

劉勰(約 465 －約 532)《文心雕龍・養氣篇》贊說:「水停似鑑,火靜而朗。」[1] 水鏡的比喻,許多書都有註釋,但「火靜而朗」一句,則向來沒有進一步的說明。本來水火的意象,在儒道與佛教而言,頗有不同,儒道一般以水爲譬喻,但在佛教而言,則火意象極其重要。近年以玄學或佛教角度研究《文心雕龍》者逐漸增加,成績斐然,本文也準備在從火與佛教的關係,給研究者提供另一線索。

儒道兩家有關水的思想——兼談水鏡與虛靜說

中國古代思想家於五行之中,似乎最重視的是水。蜂屋邦夫(Hachiya Kurio) 於上古神話以至晉代有關水的哲學思維方式,作了系統的探索。[2] 蜂屋氏論文引述頗爲豐富,其中可引爲談助的,則加以點列,文義或可延伸發揮者,則用[活仁案]以資識別:(1)古代共工、鯀、禹神話之中的洪水傳說,顯示治水成爲古代人一個

---

1 范文瀾(1893-1969):《文心雕龍註》,北京:人民文學出版社,6 版,1978年,頁 647。

2 《中國有關水的思想》,載《理想》(水的思想特輯) 614 號,1984 年 7 月,頁 73-82。

重要事業，因爲長期與洪水搏鬥，水於是給人一個負面的印象；(2)治水能力後來與學習政治結合起來，這種思想的演變以《管子·水地篇》最爲重要；[活仁案]黃釗(1939－)於《管子》「水爲萬物之源」的學說有較長篇論述，並認爲較諸古希臘哲學家泰利斯(Thales，約624 B.C.－547 B.C.)水是世界本原的學說，《管子》所論尤爲豐富。[3]泰利斯認爲萬物皆從水產生，最後又復歸於水；按管子(管仲，770 B.C.－476 B.C.)生存年代較泰利斯晚五十年左右，《水地篇》一般認爲是代表管子思想的作品。

一、儒家把水與最高道德標準相提比論

儒家和道家都把水對象化，用以比附自己的哲學思想，例如(3)孔子曾經說過：「知者樂水。」(《論語·雍也》)在河邊觀水時則說：「逝者如斯夫，不舍晝夜。」[4]。其後《孟子·離婁(下)》加以敷衍，說：「源泉混混，不舍晝夜，盈科而後進，放乎四海。」[5]，《韓詩外傳》於「知者樂水」之論又加以引伸：「夫水緣理而行，不違小間，似有智者，動而之下。」[6]，再者《荀子·宥坐篇》說孔子到大河邊必往觀看，是因爲水有義、道、勇、法、正、察、善化等德目；[7]《禮記·表記》則有「君子之接(交)如水。」[8]以上各例都是把水與最高道德標準相提並論。

二、道家對水的尊崇和水鏡虛靜之法

(4)《老子》一書也經常見到水的比喻，例如「上善若水，水善利萬物而不爭，處衆人之所惡，故幾於道。」(8章)「知其雄，守其

3 《道家文化研究》2輯，1992年8月，頁337-347。

4 楊伯峻《論語譯注》，北京：中華書局，1980年，頁62，92。

5 楊伯峻《孟子譯注》，北京：中華書局，1980年，頁190。

6 許維遹《韓詩外傳集釋》，北京：中華書局，1980年，頁110。

7 楊柳橋《荀子詁釋》，濟南：齊魯書社，1985年，頁819。

8 《十三經注疏·禮記正義》，臺北：商務印書館；清嘉慶20年(1815)江西南昌府學雕版阮元監刻本，卷54，冊5，頁24a/919。

雌，爲天下谿。」(谿，山中的流水。28 章)「天下之至柔，馳騁天下之至堅，無有入無間，吾是以知無爲之有益。」(43 章)「天下莫柔於水，而攻堅强者莫之能勝，吾是以知無爲之有益。」(43 章)「天下莫柔於水，而攻堅强者莫之能勝，以其無以易之。」(78 章)[9]《莊子・德充符》則有水鏡之說：「人莫鑑於流水，而鑑於止水，唯止能止衆止。」《天道篇》認爲聖人靜止時成爲天地萬物的鏡：

> 聖人之靜也，非曰靜也善，故靜也，萬物無足以鐃心者，故靜也。水靜則燭鬚眉，平中準，大匠取法焉。水靜猶明，而況精神！聖人之心靜乎！天地之鑑也，萬物之鏡也。夫虛靜恬淡寂漠無爲者，天地之本，而道德之至，故帝王聖人休焉。[10]

[活仁案]：《莊子》水鏡的妙喻，與中國的文學理論關係密切。《養氣篇》「水停似鑑」句，以至《神思篇》的虛靜說(「陶鈞文思，貴在虛靜。」)，[11] 都可引這段話爲注脚。後來佛教的虛靜說，也以水鏡爲喻，如僧佑(445 − 518)《弘明集序》發端說：「覺海無涯，慧境圓照。」日文《弘明集研究》的注者意譯爲智慧如鏡那樣圓照。[12]

以上引蜂屋氏大文，論證儒道二家於水至爲尊崇。但是佛教卻又以火爲至爲尊崇的。

---

9 陳鼓應《老子註釋及評介》，香港：中華書局，1987 年，頁 89，178，237，350。

10 《莊子今注今譯》，陳鼓應譯注，北京：中華書局，2 版，1985 年，頁 145，337。

11 《文心雕龍註》頁 493。

12 a. 牧田諦亮 (Makita Tairyu，1912)《弘明集研究》，京都：京都大學人文科學研究所，1974 年，卷中(譯注篇上)，頁 1；

b. 鏡與中國文化思想，並參樂黛雲：《中西詩學中的鏡子隱喻》，載《欲望與幻象——東方與西方》，南昌：江西人民出版社，1991 年，頁 219-229。

佛教的正面意象是火而不是水——日本學者論文的啓示

蜂屋氏論文初刊於《理想》「水的思想」特輯(1984),同一輯另有一位評論家H氏的文章,則是討論佛教中的火水意象(ひろさちや[Hirosachiya]),[13]H氏比對了水火意象在中日兩國思想和佛教文化的分歧,認爲印度佛教的思維方式一般與火結合,印度佛教中國化之後,才出現不少與水有關的比喻,讀來饒有興味。現在引述兩節作一簡介:

一、佛教的正面意象不是水而是火

佛教的正面意象不是水而是火,H氏引《南傳大藏經》卷15「燃燒」一節爲言,釋迦牟尼在象頭山講道時說:一切都在燃燒,色(物體)正在燃燒,眼在燃燒,眼接觸到的地方在燃燒,是因何故燃燒?是因爲貪、瞋、愚、生、老、死、愁、苦、憂、惱而燃燒。釋迦牟尼隨著又說我們的耳、舌、身、意都在燃燒。要讓火熄滅,一般的想法是用水,但佛陀不是用水的,他認爲把柴薪拿開就行。

二、涅槃與火

佛教的彼岸世界是涅槃。涅槃的本來意義是「火熄滅的狀態」,煩惱的火熄滅之後,頓悟智慧而獲得涅槃。涅槃不是以水滅火而獲得的。涅槃應該是寂靜,是因爲薪火燃燒淨盡,然後冷卻下來的狀態。[活仁案]:關於印度民俗與火的儀禮,尚可參考久野昭的《火的思想》。[14]

原始佛教以事物的生滅與薪火的關係作一比喻。[15]原始佛教以緣起說解釋世界萬物起源,世界不是神創造的,一切的現象都是

---

13 《水,火和血》,同注2,頁83-88。

14 《火の思想》,東京,理想社,1983年。

15 梶山雄一(Kajiyama Yuichi,1925)等著《般若思想》,許洋主譯,臺北:法爾出版社,1989年,頁71。

因緣起而生滅。就好像兩塊木頭磨擦生火，木塊燃盡之後火就熄滅一樣。[16]

佛教以燃燒爲喻的譬如「火宅」、「火聚」。佛教以「火宅」比喻充滿衆苦的三界(慾界、色界、無色界)，而「火聚」往往比喻爲燃燒著的思維。[17]

般若、智慧和涅槃

《文心雕龍・論說篇》在一筆帶過「崇有貴無」的玄學論爭之後，就提到一個佛教名辭「般若」——「然滯有者，全繫於形用；貴無者，專守於寂寥，徒銳偏解，莫詣正理；動極神源，其般若之絕境乎。」[18]，以上幾句話是說崇有貴無二論，都有所偏蔽，唯有般若才能達到佛家的最高境界(神源)，如范文瀾注引《大智度論》(卷43)云：「般若者，秦言智慧」[19]。衆所周知，僧肇(384 / 374-414)的《不眞空論》以緣起不生不滅說解釋有無。解決了紛爭；現代有關「崇有貴無」論爭的書籍頗多，茲不贅[20]。火與光的意象，在《文心雕龍》也相當明顯，我曾經在一個研討會上發表過文章，加

16 a. 任厚奎、羅中區主編《東方哲學概論》，成都：四川大學出版社，1991年，頁58-59；b. 平川彰等著《佛學研究入門》，許明銀等譯，臺北：法爾出版社，1990年，頁144-146；c. 高崎直道主編《佛教・イニド思想辭典》〈緣起〉條目，東京：春秋社，1987年，頁41-42。

17 李明權《佛教典故滙釋》，杭州：浙江古籍出版社，1990年。「火宅」，頁114-115，「火聚」，頁117-118。

18 《文心雕龍註》頁327。

19 高楠順次郎(Takakusu Junjiro 1866-1945)等編《大正新修大藏經》，東京：大正一切經刊行會，1927年，卷25，1926年，頁370b。

20 a. 張立文(1935-)《中國哲學範疇史(天道篇)》，北京：中國人民大學出版社，1989年，頁480-482；b. 許抗生(1937-)《三國兩晋玄佛道簡論》，濟南：齊魯書社，1991年，頁266-270。

以討論。[21]《文心雕龍》的光或照，大部分可理解爲火光，因爲佛教的思維與燃燒關係密切。譬如前述「火聚」，李明權《佛教典籍滙釋》引《大智度論》(卷 16)云：

> 是寶智慧，四邊叵捉，如大火聚，亦不可觸。法不可受，亦不應受。[22]

李氏釋義云是指般若智在烈火中，把「邪見」燒盡。[23]佛教的智慧，不是一般聰明才智之謂，而是一種神秘直觀方式，萬物皆因緣起，不生不滅，萬物種種形相，都是不眞實的，現象都是假的，事物的本質是「空」的，唯有般若才能照見無相。這就是僧肇的「般若無知」論。[24]石壘很早就以佛教教義解釋《文心雕龍》，他認爲《肇論・般若無知論》的虛靜說，與《文心雕龍》相當接近：[25]

> 聖人虛其心而實其照，終日知而未嘗知也。故能默耀韜光，虛心玄鑒，閉智塞聰，而獨覺冥冥者矣。然智有窮幽之鑒，而無知焉；神有應會用，而無慮焉，故能獨王於世表；智無知，故能玄照於事外。[26]

合般若、智、照的表現方式，《文心雕龍》的確是以佛理建設全書的架構。

---

21 《光與智——從比較文化角度分析「文心雕龍」與佛教的關係》，載《法言》3 卷 2 期，1991 年 4 月，頁 64-68。

22 《大正新修大藏經》頁 104。

23 同注 17。

24 方立文《中國古代哲學問題發展史》，北京：中華書局，1990 年，上册，頁 675-681。

25 石壘《文心雕龍與佛儒二教義理論集》，香港：龍門書店，1977 年，頁 124。

26 塚本善隆 (Tsukamoto Zenryu，1899-1980) 編《肇論研究》，東京：法藏館，1972 年，頁 24。

結論

《文心雕龍・養氣篇》「水停似鑑，火靜而朗」的話，依佛教的教義，重點還在後面的一句。「火靜而朗」是結合虛靜修為，以智慧獲得涅槃的進程。

曹植：思捷才俊，詩麗表逸
《文心雕龍》作家論探析之二

李瑞騰

前言

劉勰在《文心雕龍》中點名評述的作家，以評文多寡來看，曹植在所評二百八十一位作家中排名第二，僅次於司馬相如，與楊雄並列，總計有二十一次之多。[1]這樣的數字，可以說明曹植在劉勰的文評體系中極具重要性。[2]而觀其評文，有褒有貶，而褒者居多，如能綜合討論，詳加分析，應可藉此認識曹植，且印證劉勰的文評理論及其實踐。

俊才雲蒸

在劉勰有關曹植的評語中，「才」字最爲重要[3]，一方面表現在整體描述建安作家之際，一方面表現在對曹植的個別討論上，這裏先論前者。《時序》篇有一段對於建安文學的概括性敘述常爲人所津

---

1 關於《文心雕龍》作家論的概況及統計數字，詳拙文《陸機：理新文敏，情繁辭隱——〈文心雕龍〉作家探析之一》，載中國古典文學研究會編，《文心雕龍綜論》，臺北：臺灣學生書局，1988年5月。

2 前揭文說：評文的所謂「重要性」，一方面可能指較高的評價，另一方面表示值得爭議、談論的地方特別多，不管怎樣，至少是比較受到劉彥和的重視。

3 王金凌《文心雕龍文論術語析論》統計「才」字在《文心雕龍》中總八十幾次，凡有五義：正義、個性、典型、才能與才人，「主要還是指才能，其次指才人」。臺北：華正書局，1981年6月。

津樂道：

> 自獻帝播遷，文學蓬轉。建安之初，區宇方輯。魏武以相王之尊，雅好詩章；文帝以副君之重，妙善辭賦；陳思以公子之豪，下筆琳琅。並體貌英逸，故俊才雲蒸。

所謂「體貌英逸，故俊才雲蒸」是指三曹以其尊其重而能禮賢下士，所以一時之間人才輩出。這些人才包括王粲(仲宣)、陳琳(孔璋)、徐幹(偉長)、劉楨(公幹)、應瑒(德璉)、阮瑀(元瑜)、路粹(文蔚)、繁欽(休伯)、邯鄲淳(子叔)、楊修(德祖)等，都各有其生命處境以及文學活動之形態，劉勰說：「觀其時文，雅好慷慨，良由世積亂離，風衰俗怨，並志深而筆長，故梗概而多氣也。」這樣的觀察，從時代環境和文學創作的互動著眼，頗能道出建安文學的特色，所謂「志深而筆長」，正指作家能掌握社會脈動，以其深遠之用心，寫用意深遠之文章，終能成就「梗概而多氣」的時代文體。

從詩這個魏晋時代的主要文類來說，建安初期，五言體在建安作家的筆下揮灑自如，得到了很好的發展，劉勰說：「暨建安之初，五言騰踴。文帝陳思，縱轡以騁節；王徐應劉，望路而爭驅。並憐風月，狎池苑，述恩榮，叙酣宴，慷慨以任氣，磊落以使才。造懷指事，不求纖密之巧；驅辭逐貌，唯取昭晰之能。此其所同也。」(《明詩》)這一段文字寫盡建安詩人的生活與寫作情況，包括作品的題材及詩表現主題的共同取向等，其中「慷慨以任氣，磊落以使才」，一「使才」一「任氣」，指明建安詩人的激昂豪邁，實在是胸懷廣大的客觀環境、心繫自我生命處境所造成的，不過如若不是才氣縱橫，恐怕也難有這樣的表現。

羣才之英

在如此衆多有才華的作家之中，曹植及其文學堪稱「獨冠羣才」

(《章表》)、「羣才之英」(《事類》)、「羣才之俊」(《指瑕》)，這就讓我們想起謝靈運有關「才高八斗」的說法：「天下才有一石，曹子建獨占八斗，我得一斗，天下共分一斗。」[4] 以及鍾嶸《詩品》所說的「陳思爲建安之傑」。

劉勰另外說曹植「思捷而才俊」(《才略》)，應該是可信的。所謂「思捷」指的是聰明、反應靈敏，表現在寫作上當然就是文思泉湧、下筆駿快，所謂「援牘如口誦」(《神思》)、「援筆立成」[5] 正是指此，傳說中「七步成詩」的故事似也呼應著這種狀況。[6]

「思之速」是一種特殊的才能，劉勰在《神思》篇中特舉淮南王劉安之作騷、枚皐之作賦以及曹植、王粲、阮瑀、禰衡等快筆爲例，說他們是「駿發之士」，其寫作情況是「心總要術，敏在慮前，應機立斷」。與此相對的即是「思之緩」，是「覃思之人」，而導致曹植困厄以終的哥哥曹丕，則是「慮詳而力緩」：

> 魏文之才，洋洋清綺，舊談抑之，謂去植千里。然子建思捷而才俊，詩麗而表逸；子桓慮詳而力緩，故不競於先鳴。而樂府清越，典論辯要，迭用長短，亦無懵焉。但俗情抑揚，雷同一響，遂令文帝以位尊減才，思王以勢窘益價，未爲篤論也。

---

4 《三曹資料彙編》引《說郛》第十二，臺北：木鐸出版社，1981 年 10 月，頁 95。

5 《郡齋讀書志》介紹《曹植集》一卷時說：「(植)善屬文，援筆立成，自少至終，篇籍不離於手。」(卷四)見趙幼文《曹植集校注》附錄二：《版本卷帙、舊序、舊評錄》，本文有關曹植的作品主要參考本書。

6 《三曹資料彙編》引《世說新語・文學篇》：「文帝嘗令東阿王七步中作詩，不成者行大法。應聲便爲詩曰：『煮豆持作羹，漉菽以爲汁。其在斧下燃，豆在斧中泣。本自同根生，相煎何太急？』帝深有慚色。」(頁 96)此詩本集不載，校注本題爲《七步詩》，文略有小異。

思慮周詳則不太可能是快筆，「力緩」當指其筆力而言。劉勰之「篤論」正因他的「慮周」[7]，他從才略和構思的角度將曹丕和曹植對比而定性，實是就文學而論文學，不過他所反對的是認爲曹丕「去植千里」的「舊談」，是「文帝以位尊減才，思王以勢窘而益價」的「俗情」，總體而言，他給曹植的評價仍高於曹丕。

詩麗而表逸

對於曹植的文學表現，在文類論方面，劉勰在《明詩》、《樂府》、《頌讚》、《祝盟》、《誄碑》、《雜文》、《諧讔》、《論說》、《封禪》、《章表》各篇皆有所述論，或言特色，或指其瑕；有渾言一類，也有單篇批評，以下簡單加以討論。

在《明詩》中，劉勰總論建安之詩風；在《樂府》中，除引述「陳思稱左延年閑於增損古辭，多者則宜減之，明貴約也。」更並舉曹植和陸機，說他們「咸有佳篇，並無詔伶人，故事謝絲管，俗稱乖調，蓋未思也」，劉勰很顯然具有歷史發展的眼光，承認樂府詩發展到魏晋已有不合樂的了，而且「咸有佳篇」，俗稱之爲「乖調」，乃是「未思」，不過他沒有指出到底那一些是佳篇，難以覈驗，實在可惜。

在《頌讚》中，劉勰講到「魏晋雜頌，鮮有出轍」時，舉出「陳思所綴，以皇子爲標」，卻認爲「其褒貶雜居，固末代之訛體」。這篇作品是《皇子生頌》，作於魏明帝太和五年（231），藉皇子殷出生以歌曹叡（明帝）。曹植於頌之餘，關懷國計民生，於時政頗多批評，「喁喁萬國，岌岌羣生，稟命我后，綏之則榮」正是說明天下蒼生困苦不安，亟需救濟，而百姓之死生繫乎曹叡一人。頌是正面的頌

---

7 「體大而慮周」是章學誠（實齋）對《文心雕龍》的概括性評語，語見《文史通義·詩話篇》。

揚，辭必細密委婉，而曹植語含期待，貶意甚明，所以劉勰評之爲訛變之體。

《祝盟》中說：「至如黃帝有祝邪之文，東方朔有罵鬼之書，於是後之譴咒，務於善罵，唯陳思誥咎，裁以正義矣。」「誥咎」即《誥(詰)咎文》，曹植在這篇文章裏反對「五行致災」爲「應政而作」，有破除迷信之意，理正辭嚴，所以說「裁以正義」。

《誄碑》中批評曹植所寫的《文帝誄》，在千餘言中，篇末有百餘字都在爲自己說話，違背了「誄之爲制，蓋選言錄行，傳體而頌文，榮始而哀終。論其人也，曖乎若可覿；道其哀也，悽焉如可傷」，很顯然曹植是藉此發抒內心長期存在的愁怨，劉勰說他「叼名」(虛有名聲)，「體實繁緩」(繁指辭藻，緩指文氣)，是純就文類的要求而言。

《雜文》中說曹植的《客問》「辭高而理疎」，《七啓》「取美於宏壯。」前文已佚，後文是枚乘《七發》以降「七林」之名篇[8]，是配合曹操求賢的政治目的而寫的，他虛擬玄微子和鏡機子而使之對話，前者隱居不仕，後者從肴饌、服飾、羽獵、宮館、聲色、豪門、王道等七事勸之，結果玄微子因王道「攘袂而興」，「願反初服，從子而歸」。此文文采粲然，有宏壯之美。

《諧讔》中談到從隱語發展成謎語，提及魏文陳思也有這方面的作品，「約而密之」是指其在製作上雖簡約卻精密。這方面的作品散佚了，無法談論。

《論說》中批評曹植的《辨道論》「體同書抄」，主要是針對他羅列許多史實和現象，缺乏論證和分析而言。但其實本文是因曹操爲鞏固政權聚方術之士於鄴下而作，有其明顯的政治目的，其中多所引

---

8 枚乘《七發》創作以後仿作甚多，梁代卞景編成《七林》十卷，《隋志》總集類有《七林》三十卷。

述，難以避免，而且也不到「體同書抄」的地步，劉勰之評似有太過。

《封禪》談陳思《魏德論》，說：「假論客主，問答迂緩，且已千言，勞深勣寡，飆燄缺焉。」意思是說他假設主客問答方式，但不論是問或答，都不太緊湊，缺乏逼人之氣，結果是用力深但效果不大，整體來說，缺乏光芒。

《章表》中總論曹植之表，給予高度評價，全文是：「陳思之表，獨冠羣才。觀其體贍而律調，辭清而志顯，應物掣巧，隨變生趣，執轡有餘，故能緩急應節矣。」表作為一種文類，是臣下向國君「陳情」用的，也就是劉勰所謂的「所以對揚王庭，昭明心曲」，由於有「心」有「情」，其所表現，面對的又是絕對的威權，於是「必雅義以扇其風，清文以逞其麗」，「必使繁約得正，華實相勝」，曹植的表有三十幾篇，可以知他所需上陳之情何其多，有名的《求自試表》、《求通親親表》，文辭清新凱切，情志自然顯露，內容豐富而聲律協調。它們之所以受到高度肯定，最重要的原因是其中有曹植的生命特質。寫表之際，一方面是內情外放，另一方面則必須考慮如何表達？如何自我節制？簡單的說，曹植控制得宜。

劉勰在《才略》篇說曹植「詩麗而表逸」，「逸」在這裏作脫俗、超越解，是曹植之表的概括評語。至於「詩麗」，這個「麗」字是「清麗」[9]，《明詩》篇說：「四言正體，則雅潤為本；五言流調，清麗居宗。」雅、潤、清、麗是四種風格美，有人「偏美」，而劉勰說曹植「兼善」，說明在劉勰的觀念裏，曹植之辭非常豐富，具有多元性，不過，主要應該是「雅麗」。

---

9 王金凌云：「文質既是比較的、相對的，用在辭采方面又頗空泛，因此得假藉其他辭語作確定的表達，麗便是其中之一，也是辭采術語中用得最多的詞彙。」王氏將「麗」字的用法分成事義美與視覺美，劉勰所用大部分是後者。《文心雕龍文論術語析論》頁 184 。

豈其當乎

《文心雕龍》從第二十六篇《神思》以下到《總術》第四十四可稱之爲「文術論」，這就是《序志》篇所說的「剖情析采」部分，談的全是創作方法。有關曹植方面，或言其某種創作特點，或指其表現上的缺失，或引述曹植有關的言論，於此先述前二者，後者稍後再論。

《神思》篇以曹植「援讀如口誦」爲「思之速」之一例，前面已經說過；《聲律》篇認爲曹植(和潘岳)的作品自然合律；《事類》篇舉曹植《報孔璋書》中的「葛天氏之樂，千人唱，萬人和，聽者因以蔑韶夏矣」，說「此引事之實謬也」，因爲「葛天之歌，唱和三人而已」，劉勰說以子建之「明練」，「而不免於謬」；《指瑕》篇直指曹植也有用辭不當之誤，引例是《武帝誄》中的「尊靈永蟄」和《冬日獻襪頌》(明帝頌)中的「聖體浮輕」，劉勰的意思是說：「『浮輕』有似蝴蝶，『永蟄』頗疑於昆蟲，施之尊極，豈其當乎！」前者是說曹操的靈魂永久潛藏，即崩逝之意；後者文已殘缺不全，從頌前之「表」可知其時有冬至獻履貢襪的習俗，主要是迎祥納歲，而曹植乃藉履以頌明帝，所謂「履和稻貞」，言「祥」說「祿」等，無非祝福之意，而劉勰所指，前後之文是：「南窺北戶，西巡王城。翱翔萬域，聖體浮輕」，前既「翱翔」，則後之「浮輕」乃指輕如毛羽，可以是蝴蝶，當然也可以是其翼若乘天之雲、翱翔千萬里的大鵬，劉勰之所指摘，似不完全契合原意。

至於有關曹植的言論之引述或評論並不多，也不僅見於論文術部分：

> 陳思稱左延年閑於增損古辭，多者則宜減之，明貴約也。(《樂府》)
>
> 陳思亦云，世之作者，或好煩文博採，深沈其旨意；或好離言辨白，分毫析釐者。所習不同，所務各異，言勢殊也。(《定勢》)

> 故陳思稱揚馬之作，趣幽旨深，讀者非師傅不能綜其理，豈直才懸，亦抑字隱。（《練字》）
>
> 及陳思論才，亦深排孔璋；敬禮請潤色，歎以為美談；季緒好詆訶，方之於田巴，意亦見矣！（《知音》）

除後者見於《與楊德祖書》以外，餘皆不可考。第一則稱美左延年增損古辭使就音樂，能夠以約為貴；《定勢》篇所引主要是說明「所習不同，所務各異」，有人喜歡博采繁文，使文意深沈；有人卻喜歡斟酌字句，讓事物理則清楚顯現，這種表現傾向上的差異，一方面與性情經驗有關，而文學體制也是主要的導因。

《練字》篇討論寫作過程中如何精練文字的問題，揚雄與司馬相如的作品，「趣幽旨深」，由漢到魏，沒有老師講解已經不能整體掌握其肌理脈絡了，曹植的結論是：不只是根本的才學有所懸殊，同時，原來在驅遣文字時已經是比較艱澀難解的了。這個理解是對的，閱讀上所產生的困難，原因往往是非常複雜的。

《知音》篇的引文涉及文人關係與批評現象，談到曹植在《與楊祖德書》中述及陳琳（孔璋）、丁廙（敬禮）、劉脩（季緒）的情況，這一段原文是這樣寫的：

> 以孔璋之才，不閑於辭賦，而多自謂能與司馬長卿同風，譬畫虎不成，反為狗也……。昔丁敬禮嘗作小文，使僕潤飾之。僕自以才不過若人，辭不為也。敬禮謂僕：卿何所疑難？文之佳惡，吾自得之，後世誰相知定吾文者耶！吾嘗歎此達言，以為美談。……劉季緒才不能逮於作者，而好詆訶文章，掎摭利病。昔田巴毀五帝、罪三王、訾五霸於稷下，一旦服千人。魯連一說，使終身杜口。劉生之辯，未若田氏；今之仲連，求之不難，可無歎息乎！

單獨看這一段文字，曹植講的頗有幾分道理，關於陳琳部分，主要是批評他自我膨脹；丁廙的部分，主要是說他謙虛；劉脩的部分，主要是說他缺乏批評者應有的條件。而劉勰旨在說明知音之難，所以像曹植這樣，劉勰認為他「才實鴻懿，而崇己抑人」，恰是文人相輕、知音難尋的例證。

對於整篇《與楊德祖書》，作為一篇「臧否當時之才」(《序志》)的文論，劉勰對它的評語是「辯而無當」(能言善辯，卻有所不當)，「無當」之處到底何在？很可能是針對曹植以辭賦為小道，「固未足以揄揚大義，彰示來世也」而言，不過，劉勰有一些觀念和曹植有相呼應之處，譬如曹植說：「蓋有南威之容，乃可以論於淑媛；有龍泉之利，乃可以議於割斷。」而劉勰則說：「凡操千曲而後曉聲，觀千劍而後識器，故圓照之象，務先博觀。」(《知音》)二者都是從批評者必須具備充分條件而言，說法雖異，卻有其內在的聯繫。

結語

總的來說，劉勰論曹植，一方面把他納入建安作家羣體之中去定位，一方面把他納入整個文論體系，去討論曹植諸種文學形式的特質，以及個別作品的優劣得失，同時針對值得討論的表現方式加以評析。

在這裏，曹植的才華被高度肯定，無疑是時代之「英」之「傑」。不過，劉勰以文類特徵和某種創作方法為標準時，針對曹植的作品提出不少針砭，大體來說還算持平，當然也有一些偏失或可議之處，前面已有簡單辯解，茲不贅言。

六朝文論札記三則
對某些詞語、句子的理解

楊　明

一、《文選序》「事出於沈思，義歸乎翰藻」

蕭統《文選序》云：

> 至於記事之史，繫年之書，所以褒貶是非，紀別異同，方之篇翰，亦已不同。若其讚論之綜緝辭采，序述之錯比文華，事出於沈思，義歸乎翰藻，故與夫篇什，雜而集之。

關於「事出於沈思，義歸乎翰藻」兩句，學者多有討論。朱自清《〈文選序〉「事出於沈思，義歸乎翰藻」說》認爲「事」「義」即事類，亦即引事見義；而二句不外乎「善於用事，善於用比」之意。其解釋似過於狹窄，後來諸家多不取其說。

殷孟倫《如何理解〈文選〉編選的標準》認爲二句可直譯爲：「寫作的活動和寫成的文章是從精心結構產生出來的；同時，文章的思想內容終於要通過確切如實的語言加工來體現的。」他將「事」譯爲「寫作的活動和寫成的文章」，而將「義」理解爲「文章的思想內容」。

日本小尾郊一在《昭明太子的文學論——以〈文選序〉爲中心》[1]中舉了《文心雕龍》中「事」「義」對舉的文句加以分析。他在分析《銘箴篇》「夏鑄九牧之金鼎，周勒肅愼之楛矢，令德之事也；呂望銘功於昆吾，仲山鏤績於庸器，計功之義也」時說：「在這裏，『事』和

1　原文載《廣島大學文學部紀要》27 卷 1 號，1967 年 12 月。

『義』的用法完全相同。」其結論是：《文選序》這兩句話中，「『事』和『義』說的只是同一事物，是指讚論序述文章本身，是指說它們的內容。若勉强分開來說，則以文章包含的內容爲中心，稱之爲『事』；以貫穿文章的思想感情爲中心，稱之爲『義』。」

清水凱夫《昭明太子〈文選序〉考》一文舉出蕭統、王筠、沈約、任昉、蕭綱、蕭子範文章中「事」「義」對舉者共十例。結論是：「在《文選》編輯的當時，作爲對舉使用的「事」和「義」，一般是表示事實、事情、內容和貫穿其中的道理、思想、意義。」《文選序》這兩句話，應該解釋爲「內容出自『沈思』，其意思歸於『翰藻』的表現。」[2]

我以爲殷孟倫將「事」解釋爲寫作活動，或寫成的文章，是非常正確的。[3] 小尾郊一指出「事」「義」對舉時可以只是指同一事物，也很重要。清水凱夫廣泛搜集當時人的用例，對於探討這一問題當然也很有益。不過，小尾、清水二位先生對於「事」、「義」的解釋，殷先生對於「義」字的解釋，都不脫乎內容、思想、意思之類，因此，對「義歸乎翰藻」一句，總是釋爲「文章的內容、思想最終須通過翰藻即加工過的語言予以表達」一類意思。

我則認爲「事」正如殷先生所說，應釋爲寫作活動或寫成的文章，而「義」的意思與「事」一樣，也是指寫作活動。「歸」乃歸屬之意。「翰藻」當然是指藻采，即經過加工的美麗的語言，而聯繫上下文，也可說是特指「篇翰」、「篇什」，即運用藻采的單篇文章。「歸乎翰藻」不是說「通過藻采予以表現」，而是說「歸屬於講究藻采的單篇文章一類」。因此，「若其讚論之綜緝辭采，……故與夫篇什，雜而集之」數句，可譯爲：「至於讚論序述，乃是組織、運用辭采文華的作品，其寫作出之於精心結撰，與寫作篇翰屬於同類，因此與那

2 原見《學林》第 2 期，1983 年 7 月。又見《六朝文學論文集》，韓基國譯，重慶：重慶出版社，1989 年 5 月。

3 《南齊書・文學傳論》云：「屬文之道，事出神思。」「事出神思」之「事」正與「事出於沈思」之「事」相同，乃指寫作活動即「屬文」這件「事」而言，而不是指文章中所寫的事而言。

些單篇文章，編集在一起(指編入《文選》)。」昭明認爲，史書的寫作不甚講究文辭之美，與「篇翰」不同；而其中的讚論序述則與「篇翰」同類，故「與夫篇什，雜而集之」。《文選序》還曾說，賢人忠臣謀夫辯士的議論，「雖傳之簡牘，而事異篇章」。「事出於沈思，義歸乎翰藻」的「事」、「義」，也就是「事異篇章」之「事」的意思。賢人謀夫等發表口頭議論，與寫作「篇翰」不是一回「事」，故不取；寫作讚論序述與寫作「篇翰」是同一類「事」，故取之。

關鍵大約在於「義」字的解釋。一般總容易將它與思想內容、意義等相聯繫。但我們可以舉出不少例子，證明「事」「義」對舉時，「義」的含義往往與「事」差不多，只是指「事情」而已，並不涉及思想內容、意義等。

〔1〕王充《論衡·超奇》:「漢氏治定久矣，土廣民衆，義興事起。華葉之言，安得不繁？」

「義興事起」，泛言漢朝統治者興辦各種事情，「義」即「事」。有的注釋本將「事」譯爲「事業」，而將「義」釋爲「禮義」或「道義」，恐怕不必。

〔2〕杜預《春秋序》:「或先經以始事，或後經以終義。」

「先經以始事」，謂《春秋經》中載某年有某事，而《左傳》在此之前先載其事發生的緣由。如魯隱公元年，經文無「即位」字樣。而《左傳》在此之前先記載了惠公(隱公之父)娶宋仲子、宋仲子一生下來手上便有「爲魯夫人」字樣那件事。杜預說，惠公因此而想要傳位於仲子所生之子。惠公死後，隱公雖因仲子之子尚幼而攝政，但考慮到父親的願望，便不行即位之禮。由於《左傳》先交代了惠公娶於宋那件事，讀者便明白《春秋》爲何不書隱公「即位」了。杜注云，這是《左傳》「爲經元年不書即位傳。」此即「先經以始事」。「後經以終義」，謂《春秋經》載某年有某事，而《左傳》在那以後又有記事交代該事的結果。如經文於昭公二十二年云：「王室亂。」《左傳》於十八年後的定公八年，載「劉子伐盂以定王室。」讀者因此而知道「王室亂」那件事的結果。杜注云：「《傳》終王室之亂。」此即「後經以終義」。顯然「終義」的「義」，也就是「事」、「事件」的意思。[4]

〔3〕沈約《宋書．謝晦傳》：「史臣曰：夫拏戮所施，事行重釁；左黜或用，義止輕愆。」

謂刑罰之事，施行於犯重罪者；左遷黜免之事，用於犯輕微過失者。「義」即「事」，二字完全可以互換。

〔4〕同書《隱逸傳序》：「賢人之隱，義深於自晦；荷蓧之隱，事止於違人。」

謂賢人之隱，乃混迹於常人之中，深自韜晦；而如《論語》中荷蓧丈人之隱，乃故意違異於人，以表現其離羣脫俗的高世之美而已。

〔5〕沈約《內典序》：「尚矣哉，羣生之始也。義隱三藏之外，事非二乘所窺。」[5]

謂羣生初始時是怎麼一回事，佛家經籍、大小乘教義均不曾記載、說明。

〔6〕沈約《武帝集序》：「事同觀海，義等窺天，觀之而不測，遊之而不知者矣。」

謂奉讀梁武帝文章，其事如觀海窺天，莫可測其端倪。乃自謙語。後來歐陽詢《藝文類聚序》云：「事同遊海，義等觀天。」其用法亦同。

---

4 此處所舉「先經以始事」、「後經以終義」之例，據孔穎達疏。

5 此條書證，清水凱夫《昭明太子〈文選序〉考》已曾加以引用。下文〔9〕、〔11〕、〔13〕、〔14〕四例亦同。

〔7〕蕭衍《淨業賦序》：「波浪逆流，亦四十里，至朕所乘舫乃止，有雙白魚跳入艗前。義等孟津，事符冥應。」

謂舉兵乘舟而下時，所逢之事與周武王伐紂所遇者同（指白魚入舟事），乃冥中神應而祐之。

〔8〕劉勰《文心雕龍·正緯》：「原夫圖箓之見，乃昊天休命。事以瑞聖，義非配經。」

謂圖箓的出現，那樣的事乃是作爲聖人的祥瑞而發生，並非爲配合經典而造作。「義非配經」不必解爲「圖箓的內容、意義並不配合經典」，而是說圖箓出現之事並非「配經」。

〔9〕蕭統《答湘東王求文集及〈詩苑英華〉書》：「得疏，知須《詩苑英華》及諸文製。發函伸紙，閱覽無輟。雖事涉烏有，義異擬倫，而清新卓爾，殊爲佳作。」

湘東王（蕭繹）原書已佚。據昭明此文，必是其書中有稱頌蕭統之語，故昭明曰：雖然那樣稱頌有似於虛構，那樣做違反了「擬人必於其倫」（《禮記·曲禮》下）的古訓，但其書中文字卻清新可誦。「事涉烏有，義異擬倫」似乎也可譯爲：蕭繹書中的內容是子虛烏有的，不合「擬人必於其倫」之訓，但恐不如理解爲蕭繹那樣做有似虛構、異於擬倫更爲確切。

〔10〕任昉《梁武帝初封諸功臣詔》：「草昧權輿，事深締構；康俗成務，義在庇民。」

謂國家草創，諸事須花費許多締造之功；安天下、成大業，其事乃在於保護人民。

〔11〕王筠《上太極殿千夫表》：「四海爲家，義存威重；萬國來朝，事惟壯觀。」

謂帝王君臨四海，其事須顯示威嚴；萬國來朝，其事惟求壯觀。

〔12〕王僧孺《初夜文》:「夫遠自無始，至於有身。生死輪驚，塵轢莫之比；明暗遞來，薪火不能譬。……蓼蟲習苦，桂蠹喜甘。大睡劇於據梧，長昏甚於枕麴。義非他召，事實己招。……唯以勢位相高，爭驕華於一旦；車徒自盛，競馳騖於當年。」

「義非他召，事實己招」，謂世人沈溺於俗情，不能解脫，這樣的事、這樣的情形，乃自取其咎，而非他人所致。

〔13〕蕭綱《昭明太子集序》:「借書治本，遠紀齊攸；一見自書，聞之闞澤。事唯列國，義止通人。未有降貴紆尊，躬刊手掇。」

「借書治本」，指西晋齊王司馬攸向人借書必刋正其謬之事。「一見自書」，指三國時吳國闞澤好學抄書之事。蕭綱謂歷史上雖有那樣的美事雅談，但只是列國之君或通人所行者，未有如蕭統那樣以太子之尊而躬自讎校的。

〔14〕蕭子範《求撰昭明太子集表》:「魏擊之悟篋衣，事關戰國；孫登之愛田苗，義屬偏霸。各稱小善，靡擅雕蟲。」

魏擊事指魏文侯太子擊受其父所賜之篋，打開後見有衣而顚倒置放，遂悟文侯欲召見他。孫登事指孫權長子登射獵時遠避畏田，不踐苗稼。蕭子範謂這兩件事情是戰國或偏霸之國的太子的事，他們只是小善而已，也並不擅長文章。

〔15〕盧思道《從駕大慈昭寺詩序》:「課虛引寂，仍發詠歌。雖事比擊轅，義同叩角，亦以雍容盛烈，述贊休美。」

「事比擊轅」二句，謂從駕諸臣作詩，有如樵夫牧豎擊轅而歌，又如甯戚飯牛扣牛角而歌。乃自謙之語，猶言所作皆下俚之曲。「義同叩角」之「義」，謂羣臣作詩這件事，不是指所作詩的內容。甯戚叩角而歌，齊桓公聞之，舉以爲相。其歌乃啼飢號寒、刺時求進之語（據《史記・鄒陽傳》《集解》引應劭曰）。盧思道當時所作詩尚存，乃描寫建築物、歌功頌德語，其內容與叩角之歌略無相似之處。

以上皆唐以前用例，且絕大部分爲蕭統齊梁時代的例子。在駢文中，「事」、「義」對舉是相當普遍的句式，以下再舉初唐數例：

〔16〕魏徵《議明堂制度》：「凡聖人有作，義重隨時；萬物斯睹，事資通變。」

此例較特殊。其語係用《易・文言》「聖人作而萬物睹」，《隨卦・彖辭》「隨時之義大矣哉」以及《繫辭》上「通變之謂事」、韓康伯注「變而通之，事之所由生也」等成語。但熔鑄爲「義重隨時」、「事資通變」二句，也還是受長期以來駢文句式影響。而其意思也就是說：凡帝王有所興作，皆爲萬民所觀瞻，應該隨時代而變化，方能取得成功。若「義」「事」二字互易，雖與《周易》中成語不合，但於瞭解文義，卻也並無妨礙。

〔17〕婁師德《契苾府君碑銘》：「原夫仙窟延祉，吞雹昭慶。因白鹿而上騰，事光圖牒；遇奇峯而南逝，義隆縑簡。」

此數語述契苾氏先祖事。「事」「義」二字亦同意。謂其事記載於圖牒縑簡。

〔18〕楊炯《爲劉少傅等謝勅書慰勞表》：「洛京朝市，義協於省方；秦地山河，事資於監守。」

劉少傅即太子少傅劉仁軌。謂高宗東幸洛陽（按事在永淳元年），其事與古代明君省方、觀民、設教之舉相合；而監撫關中，其事有賴於皇太子之留守。

〔19〕褚無量《陳意見上表》：「周以蕃屏爲約，事在繼代；漢以山川

爲誓，義存長久。」

謂周朝封建親戚，其事在於要繼世而理；漢代分封功臣，其事是爲了保持長久的統治。

以上諸例，「事」「義」的含意、用法均相同。若一定要加以區別，則或者有時「義」可作較抽象的理解，即解釋成「事」中所包含的意義、道理。如〔4〕「賢人之隱，義深於自晦」，可解釋爲賢人隱居之事，其意義在於深自韜晦。但這樣區別實沒有多大意思，因諸例中「事」「義」二字均可互易位置；互換後全句意義並無改變。「事出於沈思，義歸乎翰藻」，若一定要將「義」字作較抽象的解釋，則應譯爲：寫作讚論序述，那樣的事，按道理說，應與寫作篇翰同類。而不應譯爲：讚論序述的內容，最終要以藻采加以表現。

其實即使單用「義」字，有時也只須理解爲「事」即可，未必一定要理解成抽象的「意義」、「道理」。如《詩大序》之「詩有六義」，就很難說是指意義、道理。孔《疏》云：「賦比興是詩之所用，風雅頌是詩之成形，用彼三事，成此三事，是故同稱爲義。」便「事」「義」混言之。又如齊王融《永明九年策秀才文》：「漢文缺三推之義。」謂漢文帝未行躬耕籍田之事，「義」也可徑譯爲「事」。

總之，《文選序》這兩句話，若要精確地翻譯，則應將「事」「義」都理解爲寫作讚論序述之事較好，因爲這樣理解符合當時駢文句式的通例。

自阮元拈出這兩句話後，凡言《文選》選錄標準，都以「沈思」、「翰藻」爲言。這並不錯。但若聯繫上下文，毋寧說「綜輯辭彩」、「錯比文華」比「翰藻」二字表述得更明白，是不應略而不提的。

二、蕭綱《與湘東王書》「瞻鄭邦而知退」

蕭綱此書中「握瑜懷玉之士，瞻鄭邦而知退」的用典和含義，曾爲學者所討論，今試述我的看法。原文如下：

> 故玉黴金銑，反爲拙目所嗤；《巴人》《下里》，更合郢中之聽。《陽春》高而不和，妙聲絕而不尋。……是以握瑜懷玉之士，瞻鄭邦而知退；章甫翠履之人，望閩鄉而嘆息。……文章未墜，必有英絕，領袖之者，非弟而誰？每欲論之，無可與語，思吾子建，一共商榷。辯茲清濁，使如涇渭；論茲月旦，類彼汝南。……使夫懷鼠知慚，濫竽自恥。

羅根澤《中國文學批評史》第三篇一章八節論蕭綱此書，云「蕭綱鼓吹『鄭邦』文學」。其意蓋以「鄭邦」爲鄭聲，言蕭綱公然以「鄭聲」的創作者自居而鼓吹之，爲宮體詩張目。按蕭綱固然有爲宮體詩張目的言論，但並非見於此書中。日本小川環樹說羅先生此處乃「千慮之一失」，[6] 確實如此。其實「鄭邦」、「閩鄉」都是貶意，猶如上文所謂「拙目」、「郢中」，都是指蕭綱所不滿的「京師文體」。「握瑜懷玉之士」、「章甫翠履之人」才是比喻像他那樣的具有優異的文學趣味、創作才能的人。那麼，他用的是甚麼典故呢？

「章甫翠履」云云，顯然是用《莊子・逍遙遊》和《韓非子・說林》上的故事，謂越人斷髮跣行，無所用其冠履；以此感嘆優秀的作品、作者不能爲那些庸劣的作者所接受。至於「握瑜懷玉」云云，我以爲與下文「使夫懷鼠知慚」一樣，用的是玉璞、鼠璞的典故。意謂「鄭邦」之人不識美玉，故懷玉欲售者只能瞻望而退。按《尹文子・大道》下：

> 鄭人謂玉未理者爲璞，周人謂鼠未腊者爲璞。周人懷璞，謂鄭賈曰：「欲買璞乎？」鄭賈曰：「欲之。」出其璞視之，乃鼠也，因謝不取。

事又見《戰國策・秦策三》。但讀者必有疑問：這個故事是稱讚鄭賈

---

6 《書評：羅根澤著〈中國文學批評史〉》，載《中國文學報》第 22 冊，京都大學文學部中國語學中國文學研究室編。

有見識，能識別玉璞與鼠璞，不爲虛名所誤。如果蕭綱是說「鄭邦」之人不識美玉，豈不正與故事相反？須知古人用此典故，正有與《尹文子》、《戰國策》相反者。茲得三例：

〔1〕《後漢書・應劭傳》：「昔鄭人以乾鼠爲璞，鬻之於周。宋愚夫亦寶燕石，緹緗十重，夫睹之者掩口盧胡而笑。」

《後漢書注》於前者，引《尹文子》，指出傳文與《尹文子》、《戰國策》所載不同，但亦未能舉出傳文之所據。於後者，引《闕子》，云宋人得燕石，寶愛之，以示周客，周客盧胡而笑，云與瓦甓不殊。應劭所述爲何與《尹文子》、《戰國策》不同？或許是因爲下面所引燕石故事中原涉及周人，其周人乃識寶者。二者並用，遂將前一典故中的識玉者誤記爲周人了。也可能不是誤記，而是書傳有異辭。

〔2〕《文選》任昉《王文憲集序》：「昉行無異操，才無異能，得奉名節，迄將一紀。一言之譽，東陵侔於西山；一眄之榮，鄭璞踰於周寶。」

任昉自謙，云因得到王儉的稱讚顧眄，遂身價百倍。東陵指盜跖，西山指夷、齊。關於鄭璞、周寶，李善注引《戰國策》及高誘注語，又云：「《尚書》曰：弘璧琬琰在西序。孔安國曰：皆歷代傳寶。」這給人一種錯覺，似乎「鄭璞踰於周寶」是說鄭賈的璞玉勝過周王朝所藏的歷代傳寶。五臣劉良注云：「鄭人謂玉未理者爲璞，周人謂鼠未腊者爲璞。」又云任昉自謙濫叨顧眄，「亦猶鄭璞過於周寶也」。[7]大約也認爲「鄭璞」是指玉。其實任昉原意，顯然是說鄭人的鼠璞超過了周人的玉璞。其用法正與《戰國策》相反而與應劭相同。

〔3〕劉知幾《孝經老子注易傳議》：「至梁阮氏《七錄》，而有子夏《易》六卷。……歲越千齡，時經百代，其所著述，沈翳不

7 據日本《足利學校祕籍叢刊》影明州刊本六臣注《文選》。

行。豈非後來，假憑先哲。亦猶石崇謬稱阮籍，鄭璞濫名周寶。必欲行用，深以爲疑。」

劉知幾認爲所傳子夏《易傳》爲後人僞託，猶如人品汚下的石崇謬稱高賢，鄭之鼠璞濫叨周人玉璞之名。「鄭璞」句很可能是用任昉文中語。

上舉三例可以證明：雖然《尹文子》、《戰國策》的故事中鄭璞指玉，周璞指鼠，但也有反過來，以鄭璞指鼠的說法。蕭綱《與湘東王書》當亦是如此。這三例中用此典故，都有以劣爲優、以假爲眞之意。《應劭傳》中將它與宋人寶燕石並用，是說愚者敝帚自珍，無自知之明。蕭綱也是說「鄭邦」之人以其鼠璞爲寶，並頑固地拒絕、排斥眞正的寶玉。「握瑜懷玉」，同時也是用《九章．懷沙》語：「懷瑾握瑜兮，窮不知所示。」屈原嘆其內美不爲人所理解，蕭綱亦感嘆優秀的文學作品和作者不爲庸劣者所接受。

三、魏晉南北朝時代「文學」一語的含義

關於「文學」一語的含義，郭紹虞稱先秦時「文學」乃兼文章、博學而言，與學術分不開；兩漢則以「文學」指學術、博學，以「文章」指屬文著述(包括辭賦、奏議、論說、記敘等)；而魏晉南北朝人則將「文章」與「文學」合而爲一，「以『文學』作爲屬綴文章的學問，而以『文章』爲文學的作品。……所以『文章』、『文學』只是一件事的兩種看法」[8]。郭先生的觀點大概可以用下列公式表述：先秦，「文學」即學術；兩漢，在以「文學」指學術的同時，又以「文章」專指寫作；六朝，尤其是南朝，「文學」即「文章」，專指寫作，不包括學術、學問。

郭先生這一論斷頗有影響，國內外不少著作均沿襲其說。不過

8 郭紹虞《中國文學批評史》，上海：上海古籍出版社，1979 年 12 月，頁 70。

也有所修正。如敏澤《中國文學理論批評史》(上)認爲，六朝人使用「文學」一語，有時是指文章寫作，但有時「仍襲舊說」指學術。這就比郭先生所說來得全面。《中國大百科全書．中國文學》中杜書瀛撰寫的「文學」條目，也與敏澤看法相同。

日本興膳宏有《「文學」與「文章」》一文，[9] 認爲先秦、漢代所謂「文學」是指學問，而六朝時的「文學」概念中，則「文章」與「學問」二者並存。文中列舉《世說新語．文學》和蕭子顯《南齊書》、姚思廉《梁書》、《陳書》的《文學傳》等爲據，說明當時所謂「文學」不外乎「文」與「學」之意。所舉《梁書．徐摛傳》記載的蕭衍之語「文學俱長，兼有行者」，尤其明白地說明了「文學」即「文」與「學」。

我非常同意興膳宏的意見。郭先生欲從「文學」語義的變遷看出文章寫作的發展，可謂見微知著，可惜解釋尚不夠準確。興膳宏的說法則準確而全面：六朝人所謂「文學」，並未等同於「文章」，而是始終包含「學問」之意在內。

不過，在當時人使用「文學」的例子中，有時可清楚地看成是分指「文」與「學」(如蕭衍所說「文學俱長」)，有時則頗覺籠統；有時似偏指文章，有時又似偏指學術。因此，綜觀這許多用例，是否還可這樣表述：「文學」乃是泛言文教，泛言文化修養，並非專指寫作。但因自漢代以來，文章日益重要，故「文學」漸漸包含了文章寫作之義，在一定的語言環境中，甚至是偏重於指文章寫作。但無論如何，只是偏重，而非等同。以下即觀察一些用例，加以說明：[10]

〔1〕吾諸子中有不好武而好文學，將以次與之(指刀)。(《藝文類聚》刀部引《魏武帝令》)

9 原文載《佐藤匡玄先生頌壽論集》，1988 年。該文亦即作者《中國的文學理論》一書中《六朝時期文學觀的展開》一文的第一、二章，1988 年。

10 《「文學」與「文章」》一文已從《南齊書》、《梁書》、《陳書》的《文學傳》中舉過的例證，此處不再重複。

「不好武而好文學」，「文學」與「武」相對，是泛指。

〔2〕帝好文學，以著述爲務，自所勒成垂百餘篇，又使諸儒撰集經傳，隨類相從，凡千餘篇，號曰《皇覽》。（《三國志·魏文帝紀》）

「好文學」之下即言「著述」，其「文學」當然包括寫作。但其實仍是泛稱。編纂類書《皇覽》，即偏於學問之事。同書《諸夏侯曹傳》注引《魏略》，云桓範「以有文學，與王象等典集《皇覽》」，其「文學」也只需作寬泛理解。

〔3〕始文帝爲五官將，及平原侯植，皆好文學。（《三國志·王粲等傳》）

曹丕、曹植固然愛好文章，所羅致交好者如王粲、劉楨、陳琳、徐幹、應瑒等人，亦以文章著稱，但諸人亦自愛好學問。同傳裴注引《魏略》云，邯鄲淳「博學有文章」。「時五官將博延英儒，亦宿聞淳名，因啟淳欲使在文學官屬中。會臨淄侯植亦求淳。」以下即記載曹植與邯鄲淳初次見面情形。曹植自我表現，侃侃而談，論及宇宙天地、政治軍事，亦「頌古今文章賦誄」，「誦俳優小說」。可知丕、植之「好文學」，羅致文學人才，不應僅理解爲愛好文章寫作，而亦包括愛好學問在內。《文心雕龍·時序》云：「自獻帝播遷，文學蓬轉。」緊接著便述曹氏父子「雅愛詩章」，「妙善辭賦」，「下筆琳琅」，「並體貌英逸，故俊才雲蒸」。若僅就此處觀之，其「文學」甚易使人以爲僅指文章之士。其實若將其語置於大背景上理解，則仍解作具有文化素養的博學能文之士較確。

〔4〕潛心圖籍，文學之宗；敷藻載述，良史之表。（阮籍《與晉王薦盧播書》）

此例可與《三國志·劉劭傳》「文學之士，嘉其推步詳密」、「文章之士，愛其著論屬辭」並觀。「文學」與「敷藻」、「文章」對舉，應理解爲偏指學問。不過這只是特定場合的用例。

〔5〕散騎以從容侍從，承答顧問，掌讚詔命，平處文籍，故前世多參用文學之士。議郎華嶠，有論議著述之才。其以嶠爲散騎常侍，兼與中書共參著作事。（司馬炎《以華嶠爲散騎常侍詔》）

「讚詔命」、「著述」是文章之事，「承答顧問」、「論議」是學問之事。「參用文學之士」，既取其長於作文，亦取其博學多識。

〔6〕德行、文學者，君子之本也。（《抱朴子外篇・循本》）

「文學」泛指文教素養，並非專指寫作，當然也可包括寫作。

〔7〕（劉）義康不好文學。（沈約《宋書・袁淑傳》）

泛言劉義康無文化素養，不是專指他不愛文章。同書《武二王傳》：「義康素無術學」，其意相近。

〔8〕五都復而事庠序，四民富而歸文學。（王融《永明十一年策秀才文》）

「文學」亦泛指文教。

〔9〕引納文學之士，……恒討論篇籍，繼以文章。（《梁書・簡文帝紀》）

此例也曾作爲「文學」等同「文章」之例。其實恰表明「文學」不等於「文章」：「討論篇籍」主要是學問之事，「繼以文章」則指寫作詩文。簡文並不只是好作文章，同時也甚喜學問。

〔10〕時杜龕爲吳興太守，專好勇力。其所部多輕險少年，元帝患之，乃使晃管其書翰，仍勅龕曰：「卿年時尚少，習讀未晚。

顏晃文學之士，使相毗佐，造次之間，必宜諮稟。」(《陳書・文學・顏晃傳》)

該傳稱顏晃「好學，有辭采。」而梁元帝使晃管杜龕書翰，並不僅因晃長於作文，可爲之起草文件，還因他富於學問，可供諮詢，以匡杜龕之不足。所謂「文學之士」，應這樣理解。

〔11〕齊世有席毗者，清幹之士，官至行臺尚書，嗤鄙文學，嘲劉逖云：「君輩辭藻，譬若榮華，須臾之翫，非宏才也。」(《顏氏家訓・文章》)

此事載於《文章》篇，則所謂「辭藻」，主要是指文章寫作而言。但「嗤鄙文學」之「文學」，實泛指學問、口辯、作文等文化修養而言。席毗長於吏事，認爲高深的文化修養於吏事無用。同書《名實》稱東萊王韓晋明「篤好文學」；他考察某士人，令其賦詩，又問以《禮記》中事典。「篤好文學」之「文學」，也是泛指，既不專指文章，也不專指學術。

〔12〕枚乘二葉，俱得遊梁；應貞兩世，並稱文學。我求才子，鯁慰良深。(蕭繹《手敕報顏之儀》)

顏之儀獻《神州頌》，蕭繹乃手敕報之。此處「文學」偏指寫作。但仍應理解爲富於文化教養，只是突出其中的寫作才能而已。

綜觀以上諸例，六朝時「文學」一語並未專指文章；似乎也不必分爲指文章的新義和指學問的舊義兩類，因爲在大部分情況下，它只是一個寬泛的概念，即泛指文教、文化修養而已。其實自先秦兩漢以來，「文學」的基本意義是一以貫之的，就是這樣一種寬泛的意義。不過，先秦時文章寫作的地位很不突出，故「文學」使人感到只是指學術、學問。漢代文章寫作的地位漸漸突出，但畢竟尚未普遍，尚未被認爲是士人必不可少的素養，故「文學」仍未包含寫作之意；若需要專指寫作時，便用「文章」一語。至六朝，寫作漸成極普遍之事，寫作能力幾乎成爲士人文化修養中不可少的部分，故「文學」也就常常包括了寫作之意。但只是包括，而非等同。等同者大約只有一個特例，即宋文帝立四學，內有謝元之「文學」，即文章之學。但那「文學」二字乃偏正關係，與「儒學」、「玄學」、「史學」的結構一樣，與一般用例中「文」「學」二字並列的情況其實不是一回事的。

六朝時「文學」的含義，旣承襲先秦兩漢，又在其具體內容中添加了新的成分，於是成爲可以理解成兼包文章與學問兩方面意義的概念。這有其深刻的原因，是時代風氣的反映。很多學者已指出，這是文章寫作日益發達的結果。這裏還想從另一側面强調一下，即「學問」也始終是文人修養、文人生活中的重要方面。

先從文人修養方面舉些例子：大家稱頌文人時，常是兼從學和文兩方面而言。漢代已有此種情況。如《漢書・賈誼傳》：「以能誦《詩》《書》屬文稱於郡中。」《終軍傳》：「以辯博能屬文聞於郡中。」《楚元王交傳》：「宣帝循武帝故事，招選名儒俊才置左右。更生(劉向)以通達能屬文辭，與王褒、張子僑等並進對。」「(劉歆)少以通《詩》《書》、能屬文召見成帝。」所謂「能誦《詩》《書》」、「辯博」、「通達」、「通《詩》《書》」，都可說是指學問而言。又如同書《東方朔傳》載漢武帝語，說朝中文臣公孫弘、董仲舒、司馬相如、司馬遷等人，「皆辯知閎達，溢於文辭。」至蔡邕等人稱桓彬「有過人者四」，其一爲「學優文麗，至通也」。(《後漢書・桓彬傳》)，便將「學」「文」二字對應並列。六朝時，這種稱頌方式不勝枚舉，幾乎成爲一個套式。如：

〔1〕(張衡)學爲人英，文爲辭宗。(夏侯湛《張平子碑》)

〔2〕(褚淵)眇眇玄宗，萋萋辭翰。義旣川流，文亦霧散。(王儉《褚淵碑文》)

按：玄宗、義，都指學問而言。當時人硏習學問，甚重玄學。「義」

的意思，大致即相當於「學」。時人喜清談；善於清談，便是富於學問的重要表現。而談論學問，謂之「談義」。彼時典籍中常見「文義」一語，意即「文學」。《世說新語・文學》記事約百則，前六十餘則有關於「學」，後面約四十則有關於「文」。而前六十餘則中，除前四則言漢人注經等事外，以下約六十則均述魏晋人士(主要爲晋人)長於玄學和清談論辯之事。可與此則並觀，知「談義」乃是指談論學問。

〔3〕(殷沖)有學義文辭。(沈約《宋書・殷淳傳》)

按：「學義」亦即學問。

〔4〕伏惟殿下……牢籠文圃，漁獵義河。(蕭綱《上皇太子玄圃園講頌啟》)

按：「牢籠文圃」言擅長作文，「漁獵義河」言學問廣博(這裏亦包括佛學)，蕭綱所上的頌稱蕭統「漣漪義水，照耀文華」，頌序稱其「搦管摛章，既嫓娟錦褥；清談論辯，亦參差玉照」，其意亦同。

〔5〕方今皇帝(蕭衍)……文麗日月，學究天人。(鍾嶸《詩品序》)

〔6〕(江總)辭宗學府，衣冠以爲領袖。(陳叔寶《授江總尚書令册文》)

〔7〕(徐陵)耕耘書圃，弋獵文場。(江總《特進光祿大夫徐陵墓誌銘》)

〔8〕(庾肩吾)文宗學府。(宇文逌《庾信集序》)

〔9〕(辛德源)「枕藉六經，漁獵百氏；文章綺豔，體調清華。(劉逖《薦辛德源表》)

〔10〕(盧詢祖)下學上達，鑽幽洞微，九流百氏，異軫同歸；文成鐘律，韻響珠璣，麗詞泉湧，壯思雲飛。(盧思道《盧記室誄》)

按：前四句稱其「學」，後四句稱其「文」。

〔11〕今歲所貢秀才李德林者，文章學識，固不待言。（高湝《遺楊遵彥書》）

〔12〕學綜流略，慕孔門之游、夏；辭窮麗則，擬漢日之卿、雲。（盧思道《勞生論》）

按：孔門四科，「文學子游、子夏」，其「文學」實乃學術之意，盧氏此處即用以指「學」。

這種從「學」與「文」兩方面稱頌人物的方式，影響及於後世，甚爲深遠。雖說幾乎成了一個套式，但足以見出在人們心目中，學問和作文，是文人修養中不可缺一的重要內容。故如王褒教訓幼輩云：「若乃玄冬修夜，朱明永日，肅其居處，崇其牆仞，門無雜糅，坐闕號呶，以之求學，則仲尼之門人也；以之爲文，則賈誼之升堂也。」（《幼訓》）蕭繹《金樓子・立言》還有如下一則記載：

> 魏長高有雅體，而才學非所經。初官出，虞存嘲之曰：「與卿約法三章：談死，文筆刑，商略抵罪。」魏怡然而笑，無忤於色。更覺長高之爲高，虞存之爲愚也。

所謂「談」，即清談；「文筆」，即作文；「商略」，當指商討學問等。三者亦即「文」、「學」兩個方面。魏長高不長於作文，又少學問，故爲虞存所嘲笑，謂魏若作文論學，將使人不堪忍受。而魏有雅量，面無慍色，故受到蕭繹稱讚。不過從虞存的話中可看出，學和文二者，確被當時人視爲士人必須的修養。

再從文人生活方面說。對於六朝士人而言，談論學問和寫作詩文，同爲生活中的重要內容。談論、研習學問，不僅是實際的功利的需要，與利祿有關，而且成爲一種娛樂，是精神生活的需要。文學史上盛稱曹氏父子兄弟、南齊蕭子良、梁朝蕭氏兄弟以至陳叔寶等王公貴族招徠文士，聚會作文。其實他們不但好文，亦好學；聚會時不但作文，亦論學。只要翻閱史傳中有關記載，便不難明白。這裏只略舉當時人若干詩文爲例：

〔1〕應瑒《公宴詩》：「巍巍主人德，佳會被四方。開館延羣士，置酒於斯堂。辯論釋鬱結，援筆興文章。」

「辯論」二句，即概括地寫出鄴下文人聚會時以「學」和「文」二者娛樂心志的情景。

〔2〕王僧孺《太常敬子任府君傳》：「時乃高闢雪宮，廣開雲殿。……聿茲遊客，朋來旅見。辭人才子，辯圃學林，莫不含毫咀思，爭高競敏。」

南齊竟陵王蕭子良「開西邸，招文學」，任昉爲其「八友」之一(《梁書·武帝本紀》)，而王僧孺「亦遊焉」(《梁書·王僧孺傳》)。上引數句，即王氏描述當時文學之士聚會時情景。「辭人才子」以下四句，寫到了作文和論學兩個方面。

〔3〕劉孝綽《司空安成康王碑銘》：「義府文場，詞人髦士。波瀾莫際，牆仞難窺。」

安成康王即蕭衍之弟蕭秀，也喜招聚文人，曾使劉孝標撰《類苑》。王僧孺、陸倕、劉孝綽、裴子野等皆遊其門。「義府文場」也說到了兩個方面：「義」即學問，「文」指寫作。

〔4〕王筠《昭明太子哀册文》：「總覽時才，網羅英茂。學窮優洽，辭歸繁富。或擅談叢，或稱文囿。」

也從「學」與「文」兩方面稱道蕭統所招攬的文人賓客。「談叢」猶言言談藪澤，謂博學而善於談論。

〔5〕蕭映《答王心要書》：「仰承觀矚於章華之上，或聽訟於甘棠之下。未嘗不文翰紛綸，終朝不息；清論玄談，夜分乃寐。春華之客，登座右而升堂；秋實之賓，應虛左而入室。文宗義府，於焉總萃。唯此最樂，實驗茲辰。」

所述爲蕭綱招聚文學士的情況。「文宗義府」，猶文宗學府。「唯此最樂」，表明作文論學，都是他們生活中的精神享受，是取樂之具。

總之，文章和學問，是六朝文人修養和生活中的兩大重要內容。當時「文學」一語的含意，正反映了那樣的時代風氣。分析其含意，一方面可以窺見文章寫作獲得重大發展的事實，一方面又使我們想到中國古代詩文作者普遍具有學者化的傾向。不少人後世以詩文著稱，其學問爲其文名所掩，其實當日同時也是學者。當然，所謂學者，不是說他們都有高深的學術造詣，但總之都讀書甚多，記誦甚博。古代詩文之大量用典，與這種學者化傾向是分不開的。

魏晉南北朝的文原論

鄧國光

探求「文體」的淵源謂之「文原」，爲中國古代文體論的重要範疇。魏晉南北朝林林總總的文論著作，泰半關涉文體，而文原論更見顯著，於六朝文論的研究，是一項值得重視的課題。

一、促動文原意識發展因素的考察

文原論發展的促成因素，可從三方面加以考察。

首先，文論是民族思維特性的體現，探討一種批評方法，實際上涉及思維的特點。華夏民俗重視「愼終追遠」的民族生命的尋根和認同的意識，經歷漫長世代的文化沈澱而衍孕出追本溯源的思維定勢。就六朝文論所見，如曹丕《典論·論文》「本同末異」的說法，陸機《文賦》所謂「因枝振葉，沿波討源」，《文心雕龍·序志》的「原始以表末」等言論，顯然爲逆溯式的思維在文論範疇上的輻射。

其次，目錄學急遽的發展所引帶的誘生作用。劉向《七略》「剖析源流，各有其部」[1]，把種種紛亂的文化現象納入系統之間，疏理事物的源流發展而顯示全體具貌，其中《詩賦略》系統而全面統理秦、漢以來的文學面貌，除了無作者可考的辭賦併入於「雜賦」類外，所謂「屈原賦」、「陸賈賦」、「孫卿賦」三系[2]，指出漢人辭賦源頭所在，從而把六十六家凡七百七十一篇作品部勒其間，顯示辭賦

1 《隋書·經籍志》「簿錄篇」序。北京：中華書局，1973 年，頁 992 。

2 《隋書·經籍志》經部總序謂班固《漢書·藝文志》「並依《七略》而爲書部」，頁 906 ，《七略》雖佚，猶據《漢志》得其大體。

發展的整體脈絡。《詩賦略》可說是文原的權輿。六朝文原論大宗如西晉的摯虞和梁代的任昉，都精湛於目錄之學，而「辨章學術，考鏡源流」的史源意識，亦滲染於六朝文原的追溯。

最後，鄭學的誘導作用也是值得注意的促動力量。魏晉南北朝經學以禮為大宗，基本上為鄭學所壟斷，鄭玄的經說於六朝學術思想實深具主宰性質的影響。六朝人每視文論為極嚴肅的學術活動，審視《文章流別集》和《文心雕龍》的撰述宗旨已可知一二，則學術主潮於文論內涵的激宕誘發，自不能忽視。以文原而論，鄭玄亦早著先鞭，《詩譜序》結筆謂：

> 欲知源流清濁之所處，則循其上下而省之；欲知風化芳臭氣澤之所及，則傍行而觀之，此《詩》之大綱也。舉一綱則萬目張，解一卷而衆篇明，於力則鮮，於思則寡，其諸君子亦有樂於是歟！[3]

鄭玄意識到以一種客觀可循的方法閱讀《詩三百》的重要意義，從循其上下而省察源流清濁的歷時尋探，到傍行而觀覽風化的共時性體驗，縱橫二軸互綜而得以體會《詩三百》每一篇的內涵，鄭玄認為這種簡截的門徑省減無數精力和時間，達到以簡馭繁而又全面周至的效果。以這種高屋建瓴的姿態研讀作品，確是方法論和認識論上的重要突破，於爾後六朝文論的發展，其影響力是不言而喻的。《文章流別集》至《文心雕龍》一系列的文原追溯，實為《詩譜序》「欲知源流清濁之所處，則循其上下而省之」的具體落實，而六朝文原論終以《五經》為結穴，非止如羅根澤所言的權威的依從，[4] 實因為六朝

3 孔穎達《毛詩正義》卷首引《詩譜序》。臺北：藝文印書館影印阮刻《十三經注疏》本，1976 年，頁 7。

4 羅根澤《中國文學批評史》第一冊第三章七節〈諷諫說的作用和價值〉。上海：上海古籍出版社，1984 年，頁 101。

文論和鄭學存在深層的關係，而文原論則為兩者的精神紐帶。

二、文原內涵之一：原文於《經》

原文於《經》遠祧於漢，班固《兩都賦序》起筆引「或曰」的「賦者古詩之流」已見端倪；魏桓範《世要論・讚象篇》論讚象為「《詩・頌》之末流」，但仍僅限一體的論述。摯虞《文章流別集》論詩體源流，涵蓋始廣。

> 《詩》之流也，有三言、四言、五言、六言、七言、九言。古詩率以四言為體，而時有一句兩句雜在四言之間，後世演之，遂以為篇。[5]

《四庫提要》視之為推本文章句法於《六經》的權輿[6]。摯虞所述，廣為六朝人採納，蕭統《文選序》謂「少則三言，多則九言，各體互興，分鑣並馳」[7]，以及蕭子顯《南齊書・文學傳論》所謂「吟詠規範，本之雅什，流分條散，各以言區」，[8]都認為《詩三百》為後世詩體的母胚。至劉勰《文心雕龍》，始把一切文體納入《五經》的範疇，《序志》所謂「詳其本原，莫非經典」[9]，《宗經》明確表示：

> 論說辭序，則《易》統其首；詔策章奏，則《書》發其源；賦頌歌讚，則《詩》立其本，銘誄箴祝，則《禮》總其端；紀傳盟檄，則《春秋》為根。[10]

---

5 《藝文類聚》卷五十六，汪紹楹校本。香港：中華書局，1973年，頁1018。

6 《四庫全書總目》卷一九五集部詩文評類一《文則》提要。北京：中華書局影印文瀾閣本，1981年，頁1787。

7 蕭統《昭明文選・序》，北京：中華書局影印胡克家校刊本，1977年，頁2。

8 蕭子顯《南齊書・文學傳》，北京：中華書局，1972年，頁907。

9 王利器《文心雕龍校證》，上海：上海古籍出版社，1980年，頁294。

10 《文心雕龍校證》，頁12。

梁任昉《文章緣起》亦謂「《六經》爲文章始名之始」[11]，顏之推《顏氏家訓．文章篇》起筆推原文章體式說：

> 夫文章者，原出《五經》。詔命策檄，生於《書》者也；序述論議，生於《易》者也；歌詠賦頌，生於《詩》者也；祭祀哀誄，生於《禮》者也；書奏箴銘，生於《春秋》者也。[12]

以《五經》爲一切文章體式的原始，乃視《五經》爲文化的本源。《五經》爲原點，構築了文體源流的五條氣脈，把後世各式文章容受其中，顯示文體發展的宏觀格局，正是目錄學精神的折射，宋人陳騤《文則》和明人黃佐《六藝流別》，溯源《五經》以疏理文體，這種「體大思精」的文論，實爲六朝文原論的餘波。

如果以爲文原論僅止於此，則紀昀「臆創」之評，[13] 並非過苛。的確，即使從體式淵源比較，劉勰和顏之推所推究的結論亦頗有差異，例如「奏」一類，《文心》入《書》而《家訓》以爲出自《春秋》，「銘」和「箴」於《文心》檔次於《禮》，惟《家訓》欄入《春秋》，「檄」於《文心》置列《春秋》下，而《家訓》謂本於《書》。至於「說」、「辭」、「章」、「讚」、「祝」、「紀」、「傳」、「盟」凡八體爲《家訓》所未論列，而「述」、「議」、「命」、「詠」、「祭」、「祀」、「哀」、「書」共八體亦《文心》所未議。《春秋》所出，二者所述全異。二書同列，僅爲《易》的「論」、「序」，《書》的「詔」、「策」，《詩》的「賦」、「頌」、「歌」，《禮》的「銘」共八體而已。這種出入，不能視爲偶然，實反映體式溯源上所存在的隨意性特點。若就體式名目一一指涉所出，肯定不爽，自

---

11 嚴可均《全上古三代秦漢三國六朝文》之《全梁文》卷四十四。北京：中華書局影印王毓藻校刊本，1958 年，頁 3202。

12 王利器《顏氏家訓集解》，上海：上海古籍出版社，1980 年，頁 221。

13 《四庫全書總目》卷一九二集部總集類存目二之《六藝流別》提要謂：「劉勰作《文心雕龍》，始以各體分配諸經，指爲源流所自，其說已涉於臆創。」頁 1746。

難辭「臆創」的抨擊。不過，進一步深究文原於《經》的裏層意義，則文原論所展示的活躍生機，體式名目的差異便顯得極爲次要了。

三、文原內涵之二：原文於情志

先秦以來的詩賦評論，歸宿於作者的情志，關懷人的因素更甚於文辭體式的問題，這可以說是中國古代文學批評的稟性。在這種傳統氛圍中開展的文原探索，亦終以作者的內在心靈世界爲鵠的。溯源於情志，基於對人的心靈活動的一種感知的認識。《文心雕龍・明詩》謂：「人稟七情，應物斯感；感物吟志，莫非自然。」[14] 鍾嶸《詩品・序》亦說：「氣之動物，物之感人，故搖蕩性情，形諸舞詠。」[15] 都在說明人的情志具有「感」的特質；這種「感」的心靈稟賦是物而作者而篇翰的文學創作過程中的關鍵力量，也就是創作的大源所在。《文心雕龍・原道》說到「心生而言立，言立而文明，自然之道也」，[16] 統言之則爲「心」，具言之是爲「情志」，就其用而言「感」。溯而求之，文以心始，劉勰稱之爲「自然」，即不假外力而不得不如是的活動。情志旣屬稟賦，有感而動，形諸文辭則爲文章；推而論之，文學的存在，自必源遠流長，沈約《宋書・謝靈運傳論》起筆便說：

> 民稟天地之靈，含五常之德，剛柔佚用，喜愠分情。夫志動於中，則歌詠外發，……然則歌詠所興，宜自生民始也。[17]

原詩於情志，詩旣屬與生俱來的精神活動，亦自然推出「自生民始」的結論。蕭子顯《南齊書・文學傳》謂「文章者，蓋情性之風標，神

14 《文心雕龍校證》，頁 34。

15 陳延傑《詩品注》，北京：人民文學出版社，1980 年，頁 1。

16 《文心雕龍校證》，頁 1。

17 沈約《宋書・謝靈運傳》。北京：中華書局，1974 年，頁 1778。

明之律呂」[18]，所論涵蓋一切文章的共源，又更進一步了。事實上，曹丕《典論・論文》「本同末異」的說法已見端倪，「本」喻作者稟賦氣性，視之爲文章的根柢，「本同」已表示文章本質的原點共性；「末異」以條幹況各種體式因應施用而呈現的不同風貌，即所謂「奏議宜雅，書論宜理，銘誄尚實，詩賦欲麗」。[19]本末俱屬樹體，前者喻文章共源而後者譬體格。從曹丕開始，魏晋南北南朝的文體論已從這「本」和「末」二端開展，文原論針對本的共源問題，體式論(即今一般所言文體論)乃就文章體式而發。於《文心雕龍》全書的結構，實透露了這種本末意識。所謂樞紐的五篇，即《原道》、《徵聖》、《宗經》、《正緯》、《辯騷》，爲本原論所屬；上篇自《明詩》以下至《書記》二十篇，則屬「末異」的體式論範疇；而下篇綜論創作原理，首冠《神思》，正呼應體原的所出，次《體性》，辯體貌異態的根由，雖縷舉才、性、學、習爲說，而終以內在精神要素爲結穴，所謂「八體屢遷，功以學成，才力居中，肇自血氣；氣以實志，志以定言，吐納英華，莫非情性」，[20]於情性的關懷，始終貫串全書，劉勰以「文心」名書，實恉歸所在。

四、《文心雕龍》與《詩品》文原意識的審視

劉勰於六朝文原論之所以超邁他人，關鍵在提昇理論的層次，突破同時代歸源情志的直驗，把問題結合「道」這一最極的意念，於是擺落流於單純個人血氣情志的拘限，於文原的推究，提供了一至廣至闊的天地。先秦溯源極至之論，一爲《易傳》「太極」之說，[21]

---

18 蕭子顯《南齊書・文學傳》，頁 907。

19 《昭明文選》卷五十二，頁 720。

20 《文心雕龍校證》，頁 191。

21 《易繫辭》謂：「是故《易》有太極，是生兩儀，兩儀生四象，四象生八卦。」孔穎達《正義》說：「即《老子》云『一生二』是也。」《周易正義》卷七。臺北：藝文印書館影印阮刻《十三經注疏》本， 1976 年，頁 156。

一爲《老子》「道生一、一生二、二生三，三生萬物」。[22]「太極」、「道」所指，俱宇宙的原生點。劉勰運用了《易》與《老子》的原生衍化程序的意識，從理論的層面確定「文」的本質，認爲「文之爲德也大矣，與天地並生」，[23]所稟受於道者爲德，文是爲道的呈現，道無不在，文亦無不在，所以說與天地並生。人既爲「五行之秀，實天地之心；心生而言立，言立而文明，自然之道也」。[24]這人文原生的程序論，較沈約《宋書．謝靈運傳論》黏著於個體性質的「宜自生民始也」的推斷更爲深刻有力。劉勰又進一步肯定庖犧氏至孔子一系列聖人在人文型塑過程中所發揮的重要作用，視聖人的心爲體道的典型，於是逕用《古文尚書》「道心」一詞以範概聖人的精神活動，[25]所謂「莫不原道心以敷章，研神理而設教」，[26]「道心」與「神理」互文見義，同指聖人的心性，《宗經》謂「道心惟微，聖謨卓絕，牆宇重峻，而吐納自深」，[27]說明了聖人《五經》以那隱微的「道心」爲大源。《原道》、《徵聖》、《宗經》三篇終歸於「道心」，這正是《文心》之

---

22 高亨《老子注譯》第四十二章。鄭州：河南人民出版社，1980年，頁98。案：《老子》此章所謂「一」、「二」、「三」，俱非自然數，乃借此三字表示宇宙間生生不息之理。具言之，此章接下所言「萬物負陰而抱陽」，是爲「一」；「沖氣以爲和」之「沖氣」是爲「二」，而「和」則爲「三」。必須擺落數字的觀念，方能直溯《老子》此章本旨。

23 《文心雕龍校證》，頁1。

24 《文心雕龍校證》，頁1。

25 《古文尚書．大禹謨》：「人心惟危，道心惟微，惟精惟一，允執厥中。」《尚書注疏》卷四，臺北：藝文印書館影印阮刻《十三經注疏》本，1976年，頁55。此「道心」一語所出，雖然閻若璩《尚書今古文疏證》考出源於《荀子．解蔽篇》所引《道經》（見第三十一〈言「人心惟危、道心惟微」純出《荀子》所引《道經》〉。上海：上海古籍出版社影印乾隆十年眷西堂刻本，1987年。頁244-249），但自從《古文尚書》通行之後，在這文獻基礎上衍孕的理念，都是先儒嚴肅的思考和體會的成果，不必因後出之書而一筆抹殺，甚至於對碩學如朱子亦加以嘲弄，此不僅爲學術上之粗暴，亦傲岸無知的表現。

26 《文心雕龍校證》，頁2。

27 《文心雕龍校證》，頁12。

所確指。因此，劉勰原文於經典，本意在取範聖賢的用心，而非句模字擬的仿效，所謂宗經「六義」，是原聖人道心而體現於辭章的風貌，實爲劉勰審美標準的極則。樞紐論的《辨騷》剖析屈賦獨步根由，關鍵在「雖取鎔經旨，亦自鑄偉辭」，[28] 可說是宗經的理想典型。宗經本意既從情志而不在文辭言，則體式的追溯，象徵性質的意義遠多於徵實的考察，因而，諸家究論文章體式名目的淵源，有所出入是必然的結果，並不能簡截譏以「臆創」而加以率爾的否定。《四庫提要》認定「文本於《經》之論，千古不易，特爲明理致用而言」，[29] 這是宋、明以來經世意識的自覺流露，非盡六朝尤其是劉勰原文於《經》的本旨，但從爲文用心這角度審視問題，不囿於體式的繁瑣糾纏，高屋建瓴，卻與六朝文原論精神相契合。

一直與劉勰並稱的鍾嶸，標榜的是「直尋」和「自然」，於《詩品》中爲三十多位漢、晉以來五言詩人推溯大體，統歸國風、小雅和楚辭三系：小雅系推阮籍一人，出於國風者十四，包括曹植、陸機、謝靈運、顏延之等在詩史上起關鍵作用的詩人，而隸屬楚辭一系凡二十二人。統言之則爲《詩經》和《楚辭》兩系。鍾嶸這樣處理詩人的承傳問題，惹來兩種極端的評價：章學誠《文史通義》稱「深從六藝溯流別」，是「思深慮遠」的表現；[30]《四庫提要》譏評「若一一親見其師承者，則不免附會」，[31] 雖各有理據，但終未道破《詩品》源出之論的本質。事實上，準《詩》、《騷》論文，漢初已啓端緒。《史記・屈賈列傳》謂「《國風》好色而不淫，《小雅》怨誹而不亂，若《離

28 《文心雕龍校證》，頁 28。

29 同注 13。

30 葉瑛《文史通義校注》之〈詩話〉。案：章學誠又譽鍾嶸說：「如云某人之詩其源出於某家之類，最爲有本之學，其法出於劉向父子。」北京：中華書局，1985年，頁 559。

31 《四庫全書總目》卷一九五集部詩文評類一之《詩品》提要，頁 1780。

騷》者，可謂兼之。」[32] 確定自「怨」所生的《離騷》並兼《國風》和《小雅》的大體。獨取孔門「羣」、「怨」之旨的鍾嶸歸源五言詩人於《國風》、《小雅》和《楚辭》，與史公所論顯非偶然相契，推衍的蹤跡十分明顯。值得注意的，是那曾拒鍾嶸求譽而遭《詩品》降列中品的沈約，在《宋書．謝靈運傳論》論漢、魏「文體」遞變的軌轍說：

> 自漢至魏，四百餘年，辭人才子，文體三變：相如巧為形似之言；班固長於情理之說；子建、仲宣以氣質為體，並標能擅美，獨映當時。是以一世之士，各相慕習。原其飆流所始，莫不同祖《風》、《騷》，徒以賞好異情，故意製相詭。[33]

把四百年「文體」的衍變總歸於「莫不同祖《風》、《騷》」，《詩品》的溯源，從文原的角度說，與沈約的推究沒有本質上的分別；沈約在《宋書．樂志》暢論歌詩根源的情性，指出其具有「不學而能，不知所以然而然者」的特點，[34] 這是六朝人所遣「自然」一詞最典切的解釋，是對情志與文章之間的生發過程的時代共識，鍾嶸「自然英旨」的提倡，並非一家的獨創。稍後於鍾嶸的蕭綱在《與湘東王書》中抨擊梁代文壇弄舞事典的弊病，謂「既殊比興，正背《風》、《騷》」，[35] 從正面講，歸本《風》、《騷》，才是體現比興的惟一途徑；而《詩品》端重比興之旨，與溯源於《詩經》、《楚辭》，實為內在不可分的理論關係。無獨有偶，沈約、鍾嶸、蕭綱俱標榜「吟詠情性」，主張詩歌為內在情性因感於遭逢或物色的自然流露，「莫不同祖《風》、《騷》」的推源，無論泛說如沈約，抑或是確實指涉如鍾嶸，與其說是一種

---

32 瀧川龜太郎《史記會注考證》卷一八四。臺北：宏業書局影印本，1979 年，頁 983。

33 沈約《宋書．謝靈運傳》，頁 1778。

34 沈約《宋書．樂志一》，頁 548。

35 嚴可均《全梁文》卷十一，頁 3011。

徵實的考察所得，不如說是爲特出《詩序》「吟詠情性」而尋究楷模的直觀依據。過份苛求《詩品》源出之論的確切性，與追究《文心雕龍・宗經》文章體式的淵源問題同科，只屬末節的執持，因爲這都不是文原論關懷的重心。

五、結語

魏晉南北朝的文原追溯，涵蓋了原文於《經》和原文於情志這體式和體要的層次，而以後者爲關鍵，《文心雕龍》和《詩品》所論最爲典型。可以說，以內在的情志爲文章大本，是這時期最普遍不過的認識，從這一方面而言，諸家所論基本相同。而劉勰和鍾嶸的分野，若套用《詩序》「發乎情，止乎禮義」爲說，則鍾嶸「發乎情」而止，所追求的是眞誠不僞的自然流露；至於劉勰，在「發乎情」的基礎上，更要求提昇和超越，「止乎禮義」雖說是簡截的講法，卻是《文心雕龍》「道心」的理性歸宿。無一例外，六朝文原的推究，每多針對文壇的時弊，可以說是治時的鍼劑。推極原點，是擺脫積弊束縛的有效途徑，迻用郗中書《奉法要》的一句話：「反流歸根，任本則自暢。」[36] 文原論正是在情性這原點的基礎上，開拓更廣闊的創作空間，以《經》爲體式根本，不外是扶順的點撥而非文章之道的歸宿。原文而及於人，把人的因素置於首位，正體現了中國文化的根本精神。研究六朝文原論所得的啓示，事實上已經超越文藝的範疇了。

36 僧祐《弘明集》卷十三，上海：上海古籍出版社影印宋磧砂版《大藏經》本，1991年，頁90。

操斧伐柯
試論《文賦》所帶出的詮釋矛盾

朱耀偉

在魏晉這個「文學的自覺時代」[1]，文學的觀念漸漸淨化，而有系統地審視「文學」的理論及批評遂在這個時候紛紛出現。陸機之《文賦》作爲中國文學批評史上第一篇系統地論述文學創作問題之著作，實在有其重大的理論意義。本文企圖從另一角度檢視《文賦》所帶出的問題，爲詮釋傳統中國文評的方法提供一個新視點，並希望藉此揭示傳統中國文評那種高度自覺的特色。

誠如郭紹虞在《關於〈文賦〉的評價》中所指出，陸機在《文賦》中是抱「言不盡意」的主張的。這一點可輕易從《文賦》的序看得出來。陸機開宗明義地點出「恆患意不稱物，文不逮意」的問題，而以「文不逮意」作爲論述創作過程的提綱，本身可說已帶著濃烈的矛盾色彩。可是，筆者將會在下文指出《文賦》對此矛盾呈現出高度自覺，而這種自覺更可說是超越「恆患」的途徑。此外，當我們詮釋陸機對創作過程之論述時，我們也可說被置於一種「後設矛盾」之中。以下我將嘗試從這個「矛盾」的脈絡翻出《文賦》的另一種聲音。

我們且先由「言不盡意」的「意」開始，爲《文賦》中所帶出的矛盾定下詮釋的基礎。據郭紹虞的解釋，陸機所言「意不稱物，文不逮意」之所謂「意」可以有三種不同的含義：

一、意義之意；

1　羅根澤《中國文學批評史》，上海：古籍出版社，1982 年，頁 121。

二、構思之意；

三、思想傾向性的意(即思想內容)。[2]

郭紹虞進一步指出陸機所强調的是第二種意，即「構思之意」。在對「意」的詮釋這個問題之上，陸侃如有著相當不同的看法。陸氏認爲陸機用「意」、「義」、「思」等字是代表作品的思想內容，而「文」、「辭」、「言」等字則是藝術形式。[3]可是，我認爲用內容與形式之二分來將「意」撥歸「內容」之範疇是不盡合適的。將「意」、「義」及「思」圈死在「內容」的範圍不但忽視了郭紹虞所提出之「構思」，也有將「意」局限爲「意義」之嫌。陸氏之看法似乎仍囿於柏拉圖式的「理體中心」說，堅持著理念——物——意(義)——文這種層次。

此外，趙盛德在《〈文賦〉的理論結構及其「意」》一文中提出了另一種看法。趙氏指出郭紹虞把「意」看作意與辭通過構思而統一之「意」是偏頗的：

> 倘若按照郭教授的解釋，他所講的「即意與辭」中的「意」，應該指一般思想內容，而「統一」的「意」才是指中心思想，只有中心思想才能把意與辭，內容與形式有機地統一起來。[4]

我想「有機地統一」的說法很有值得商榷的地方。正如我在文章開頭所指出，魏晋是文學開始淨化的時期，「內容」與「形式」本不曾有清晰的區分。既未區分，何來統一？這種所謂「統一」也許可說是後世批評家從本身的區分中所詮釋出來的統一。因此，把「意」分割爲「中心思想」及「思想內容」，並以「中心思想」統一內容與形式的做法對我們分析《文賦》並無好處。再者，趙盛德並進一步指出《文賦》中

---

2 郭紹虞《論陸機〈文賦〉中之所謂「意」》，《文學評論》，1961年4月，頁9。

3 陸侃如《陸機〈文賦〉二例》。《文學評論》，1961年1月，頁105–106。

4 趙盛德《〈文賦〉的理論結構及其「意」》。趙盛德編《中國古代文學理論名著探索》，南寧：廣西師範大學出版社，1989年，頁102。

的七個「意」字大抵可有兩種解釋，即「中心思想」及「作家的意念、思緒」。[5]這種說法似乎抵觸了陸機所擔憂的「意不稱物，文不逮意」，彷彿認定「中心思想」可以統一內容與形式，並且可以逮意。假若我們進一步分析《文賦》中「意」與「言」的關係，我們當可更清楚陸機之「意不稱物，文不逮意」之問題非其所論述之創作過程所能克服，而是「恆患」。而「意不稱物，文不逮意」這個「恆患」的重點正在於點出了「言不盡意」的問題卻有賴以「言」逮「意」的論述去指出的這個矛盾。

陸機於提出「意不稱物，文不逮意」這個問題之後，又寫道「若夫隨手之變，良難以辭逮。」于光華將此句解釋為「言巧不可傳」是合理的，[6]但問題的重點正在於「巧」之不可「傳」乃因「言」不可盡「意」。方廷珪之注更能點出此兩句之重點：

> 變，作文之運用。逮，及也。難以辭逮，謂不可以言顯者。此是心可得知，口不可得言，所云巧也。[7]

所以我們可說陸機所提出之「意不稱物，文不逮意」會使「巧」不可傳，因而「法」自然可變。因此，「意不稱物，文不逮意」也誠如孫月峯所說，乃自「書不盡言，言不盡意」而來的。[8]

當我們將「文不逮意」之「意」與「言不盡意」之「意」拉上關係之後，我們可進一步確認陸機之「意」不單是「內容」，更不是「意義」的意，而是在「言不盡意」的基礎之上開展的那種不能言傳，不能詮釋的「意」。要得此「意」乃得自悟，因巧不可傳。再者，正如錢鍾書所

---

5 同注 4，頁 100-101。

6 于光華《文選集評》。引自張少康《文賦集釋》，上海：上海古籍出版社，1984年，頁 11。

7 方廷珪《昭明文選大成》。引自《文賦集釋》，頁 11。

8 孫月峯評《文選瀹注》。引自《文賦集釋》，頁 5。

指出的，「能『逮意』即能『稱物』」，[9] 創作之「恆患」便解決。但假使我們强將「中心思想」與「一般思想內容」區分，我們便會囿於形上理念之死角，把理念高於物高於意高於文的等級暴力地圈死。這樣的做法無異於將陸機之那種不可言傳的意强硬地解釋爲一種特定的「意義」，而再將此「意義」與「巧」及「法」並列。實際上這種解釋只會壓倒性地將「意」圈死在封閉的系統之下，決不能解決，充其量只是避開了「文不逮意」的問題。

因此，我深信陸機所言「意不稱物，文不逮意」乃貫穿全文的總綱，但這個總綱卻得以「言不盡意」定位，而在「言不盡意」的基礎之上，我們該領會到陸機所論述之創作過程是在肯定了「文不逮意」之矛盾的情況下開展的。陸機似乎高度自覺到其對創作過程之論述未必能克服「意不稱物，文不逮意」的問題(否則也不會稱之爲「恆患」)，因爲其本身之創作過程也無可避免地要面對「文不逮意」的問題。故陸機在論述了創作的四要五病之後，令人意外地嘆道：

> 若夫豐約之裁，俯仰之形，因宜適變，曲有微情。或言拙而喻巧，或理朴而辭輕。或襲故而彌新，或沿濁而更清。或覽之而必察，或研之而後精。譬猶舞者赴節以投袂，歌者應絃而遣聲。是蓋輪扁所不得言，故亦非華說之所能精。

我之所以援引整段文字，乃在於我發覺這段文字具體地呈現出陸機對創作過程之論述乃在矛盾之基礎之上開展，而又企圖超越這個矛盾。郭紹虞註此節曰：「上文從作文之利害所由再講到文章之病，此節則講文章變化，非法度能所能限。」[10] 此註鮮明地點出了陸機在論述創作之四要五病後，居然承認文章變化非其所立之法度所能

9 錢鍾書《管錐編》，第三册，北京：中華書局，1979 年，頁 1180。

10 郭紹虞編《中國歷代文論選》第一册，上海：上海古籍出版社，1979 年，頁 183。

限。就此可見陸機完全自覺到「文不逮意」與以文逮意地點出四要五病之矛盾，並企圖將那不可言傳，非法度所限之「變」通過莊子的寓言而超越語言（華說）本身的限制，而讓那種「變」自己活潑地呈現在其論述之中。且讓我以莊子的寓言再說明在「言不盡意」之下又如何可以達到「得意忘言」。

在《莊子》中，輪扁斲輪之術之要在於「不徐不疾，得於手而應於心，口不能言也，有數存焉其間。臣不能以喻臣之子，臣之子亦不能受之於臣，是以行年四十而老斲輪。」（《莊子・天道篇》）換言之，斲輪之技乃「口不能言」，「臣不能以喻臣之子」的。因此陸機所言之「法」也非「言」可逮，亦不能以之傳給讀者。所以我們應該可以看出陸機所論述之「四要五病」實在不足以作為法則般傳給讀者，而在「言不盡意」的情況下，那種「有數存焉其間」的「意」乃得由讀者自己領悟。

假若我們針對這一點再分析下去，我們應知道陸機所强調之「四要五病」並不為一種以之喻讀者的創作法則，而要克服「文不逮意」也決非詮釋「四要五病」並了解其「意義」可以為之。詮釋並非「得法」之途徑。故站在詮釋者的立場，我們不應該將《文賦》之「意」限定為「意義」的「意」，並再進一步去認定「四要五病」乃陸機論述創作過程之「意」。我還是較為傾向郭紹虞之解釋，認為「意」乃通過構思所形成的「意」，但更重要的是此「意」乃「言」不可傳，「法」不能限的。假若我們讓現代批評的「意義」這個範疇壓倒性地詮釋陸機之所謂「意」，我們就變相壓抑了陸機《文賦》中那自我呈現的「巧」及「變」，切斷了由「言不盡意」之矛盾下所開展的不同聲音，而自滿於一種所謂合「理」的解釋。這種「理」與「意」不同，可說是以現代批評之「理」支配了陸機之「意」。而在郭紹虞看來，「理」和「意」沒有多大分別，[11] 而原因正在於意乃統一之意，而非如趙盛德所言，是有著不同意思的。[12] 趙盛德之所以認定「意」與「理」不能劃上等號之原因乃在於他所强調的「理」乃在將「意」釋爲「意義」的有限範疇之下的「理」，是偏頗而局限的。要「意能稱物，文能逮意」不在於取法「四要五病」。張少康的意見也是合理的：

> 【陸機】進一步說明了「言不盡意」的道理，强調不要拘泥於《文賦》前面所說的各項具體論述，而應當按照每篇文章的不同特點考慮運用不同的方法去寫作。[13]

我對張氏的意見卻還有一點補充。陸機看來並沒有「說明」言不盡意的道理，而是通過「言不盡意」也得要以文逮意才能道出的矛盾去讓它自我呈現的。而張氏此處所云「不同的方法」與歷代學者詮釋陸機那個「取法」於古人的主張有不謀而合的地方。我在此有需要進一步闡述「取法」的意思，爲我們重新了解《文賦》序所提到的「操斧伐柯」定位，才再進而處理陸機論述「言」及「意」關係的特點。

歷代註者皆傾向於將「操斧伐柯」解釋爲「取法於古人」，如方廷珪便註曰：「作文而取法於古之文。」[14] 而李善則註曰：「伐柯必用其柯，大小長短，近取法於柯，謂不遠也。」[15]「操斧伐柯」出自《毛詩》之「伐柯伐柯，其則不遠」。「其則不遠」之「則」乃「法」，當無爭議。但我們若從上面分析「意」之脈絡，以及「操斧伐柯」下文提到之「若夫隨手之變，良難以辭逮」綜合來看，這裏所謂「法」當另有深意。于光華註「若夫隨手之變，良難以辭逮」爲「言巧不可傳」，而瞿

11 郭紹虞《論陸機〈文賦〉中之所謂「意」》，頁 10–11。

12 趙盛德《〈文賦〉的理論結構及其「意」》，頁 101。

13 張少康《文賦集釋》，頁 156。

14 方廷珪《昭明文選大成》，引自《文賦集釋》，頁 10。

15 李善《文選註》，引自《文賦集釋》，頁 10。

式耜則道：「古人之法雖不遠，而變化則非言所能盡。」[16] 換言之，「取法」的過程是不能言傳的，而陸機以其「言」傳「取法」之用，已經是一矛盾。陸機深明此一矛盾，而從他嘆道「艮難以辭逮。蓋所能言者，具於此云」便可見他並不奢望「言」可逮「意」。方竑註《文賦》序曰：「離去言詮，方臻勝境」[17]，可說最得陸機之心。但「操斧伐柯」畢竟還得用「言」來表達；「言」既難盡忘，又不能盡意，「操斧伐柯」便可說隱含了這種矛盾。

劉若愚已曾卓見地指出「斧柄」在陸機《文賦》中是充滿矛盾色彩的：

> 用詩的語言去描寫詩的藝術，陸機就正如用木柄的斧頭去伐下樹枝，以之再做另一把斧柄。[18]

在這個「矛盾」之基礎上，我們才能明白陸機為何在論述「應感之會」之後，竟叫人意外地承認「吾未識夫開塞之所由也。」劉若愚評析此段時有以下的意見：

> 我們很難想到一個比這段文字更為顯著的例子去說明「矛盾的詩學」(因為陸機在這裏的滔滔之言看來是有強烈靈感的，可是這種滔滔之言卻是用來說出那種看來不能言傳之巧妙)。[19]

換言之，我們得從「矛盾」的基礎去理解「操斧伐柯」，而所謂「取法」也因此不是指詮釋古人的方法並加以模倣，因為那並未能離開言

---

16 瞿式耜批《文選音注》，引自《文賦集釋》，頁 11 。

17 方竑《文賦繹意》。引自《文賦集釋》，頁 12 。

18 James J.Y. Liu, *Language, Paradox, Poetics*, New Jersey: Princeton University Press, 1988, p.41 。筆者中譯。

19 同注 18 ， P.42 。筆者中譯。

詮。要離開言詮我們得從自己親自體驗創作過程，經歷「文不逮意」的矛盾，才可冀望於矛盾之下展開「否定——肯定」的超越，突破「文不逮意」的限制。因此陸機所謂「他日殆可曲盡其妙」也得要以「矛盾」爲基礎去理解，才能眞正曲盡其妙。錢鍾書將「他日」詮釋爲「昔日」，並批評李善註乃「拘攣一句之中，未涵泳上下文」。[20]可是，我們也得注意劉若愚所指出的重要一點：「他日」作「來日」解並不一定與上下文相抵觸，因爲陸機是按其「矛盾的詩學」而開展其論述的。[21]張少康與劉若愚有類似的意見，認爲「陸機文藝思想中本來有此矛盾：他既承認和肯定『言不盡意』，又希望《文賦》能把創作問題論述得『曲盡其妙』。」[22]

這個說法看來相當合理，但我們也得注意到錢鍾書所指出的「矛盾」未必全然是「矛盾」。就張少康所言，「老莊就存在著一方面主張『言不盡意』，另一方面仍然用語言文字來宣傳他們的觀點」的矛盾。[23]在此且讓我以「輪扁」爲例再去重新闡釋「矛盾」的重要性。

輪扁謂斲輪之術乃在「得於手而應於心，口不能言也」。問題的癥結所在乃陸機要以「言」去道出此「得於手而應於心」之術，故說其矛盾。在此段之前陸機提出五種文病：「應」、「和」、「悲」、「雅」、「艷」。這五種文病的一個共通點乃以音樂來比喻寫作，與劉勰於《知音篇》所說之「操千曲而後曉聲」可說異曲同工。要克服文病，作者就得做到「應和悲雅艷」，但正如劉勰所言，「故外聽之易，絃以手定，內聽之難，聲與心紛，可以數求，難以辭逐。」(《聲律篇》)這些「文病」也可說是「難以辭逐」的。換言之，要克服文病非靠言傳

20 錢鍾書《管錐編》，頁 1180–1181。

21 Liu, *Language, Paradox, Poetics*, p.41。

22 張少康《文賦集釋》，頁 10。

23 張少康《文賦集釋》，頁 10。

之法，而在於「操千曲」之親身體驗，方能悟到「數求」之法。創作過程在陸機而言正是如此：不完全在於取「法」，而在於「取」法。作者非經「操千曲」而體驗到「取」法的過程，他決難領略到「得於手而應於心」之術。這種「非華說所能精」之術有賴作者得意忘言，得魚忘筌，對言語所道出之限制要隨說隨掃，方能超越「矛盾的詩學」。

我們再以此為基礎去詮釋「操斧伐柯」的話，便可以知道「操斧伐柯」之矛盾色彩只有在創作過程中的「悟」中才被超越。李善註「操斧伐柯」為「喻自古人之法不遠」，于光華則註曰「言作文去法」，此註釋與下文「艮難以辭逮」之矛盾實際上是在於註者把「取法」中的「法」支配了「取法」的過程。後世學者大多傾向所取之法乃「活法」之說法，而忽略了「取法」的過程才是「活」的。「活法」之詮釋便一直作為支配性論述壓抑了「取法」的過程，而把「取法」之妙處圈死在「言傳」的範圍之中，無法突圍。實際上陸機本身在寫其《文賦》時也面對「操斧伐柯」的矛盾。他本身作為一個作家（批評家）也得要以言逮意，卻又面對著「言不盡意」的困難，所以親身體驗他揭示的矛盾。而這個「矛盾」可說是「活」在其《文賦》之中。

在這個「矛盾」的脈絡之中，陸機要將文學批評與其創作經驗完全統一，讓其對創作過程之論述活潑地呈現於字裏行間。換言之，《文賦》在論述寫作問題之餘，本身也同時呈現著同樣的問題，而不是以「後設語言」把問題以支配性的聲音壓抑下去。這種混然自在的「統一」（「統一」可能有點誤導的性質，因在《文賦》中創作與批評似乎從無區分）為我們帶來了一個「後設矛盾」：假如我們以我們的詮釋去闡明陸機的論述，我們又是否已經壓抑了「操斧伐柯」的矛盾？作為另一羣「操斧伐柯」的人，我們似乎已經以我們的言去逮陸機之意，恰好呈現了陸機所提出之問題，因此可以說是變相壓抑了陸機所憂慮的「矛盾」，也錯過了《文賦》所呈現的不同聲音。實際上不同的聲音在《文賦》中可說起著「抗衡」的作用，使主導論述之「取法」不會僵死為固定之「法」，而是活生生，難以辭逐卻又自我呈現於《文賦》的論述中的「法」。筆者雖然也在「操斧伐柯」，卻希望藉翻出《文賦》中被壓抑的矛盾來讓被壓抑了的聲音再自我呈現，使對《文賦》的論述不至於限定於主導論述之中，而變成了以支配性的聲音完全壓倒性地掩飾了語言的矛盾，卻其實是困在「語言」的疇畛，不能得意忘言，實不能得陸機之意。

綜觀來說，《文賦》所呈現的不單爲對文學之高度自覺，也有著對創作所要面對之矛盾，以至對本身論述之自覺。我想我們以此角度去重新閱讀《文賦》——以至魏晋時期的文評——能有助於翻出更多被歷來之主導論述所壓抑了的聲音，也可更新傳統，使其論述再活生生地呈現，並對現代文評作建設性的回應。本文乃希望以閱讀《文賦》爲例，提供另一種角度去處理傳統中國文評，不再以封閉的系統去壓抑傳統中國文評對一些現代批評十分關注的問題（如「言」與「意」的關係）所呈現的「活」法，避免受到我們現在的語言系統之播散對其展開壓倒性侵略。《文賦》的例子叫我們知道不應以片面之「理」去壓抑文中呈現的的矛盾，使《文賦》囿於「四要五病」、「取法」，甚至流爲「形式主義」。從「矛盾」來理解《文賦》，那就知道「文賦」對言意之矛盾的高度自覺才是重點。而本文對《文賦》之閱讀還「奢望」最後不單提供另一種閱讀策略，也爲傳統中國文評打開封閉的系統，朝著開放之論述系統與現代文論對話。唯此才能如陸機所言：

恢萬里而無閡，通億載而爲津。

六朝小說與《晉書》之關係初探

王國良

一、引言

唐太宗貞觀十五年(641)因王隱、虞預、何法盛等十八家晉史未盡完善，命房玄齡、褚遂良、許敬宗等重撰《晉書》[1]，又命李淳風修《天文》、《律曆》、《五行》三志，敬播等考證類例，太宗自撰宣帝、武帝、陸機、王羲之四論。新修《晉書》於貞觀二十年完成，[2]總計為：帝紀十、書志二十、列傳七十、載記三十，凡一百三十卷。

唐中宗景龍四年(710)劉知幾撰成《史通》，對於國初新修《晉書》已頗有微詞。其《採撰》篇云：

> 晉世雜書，諒非一族，若《語林》、《世說》、《幽明錄》、《搜神記》之徒，其所載或恢諧小辯，或神鬼怪物。其事非聖，揚雄所不觀；其言亂神，宣尼所不語。皇朝新撰《晉史》，多採以為書。夫以干、鄧之所糞除，王、虞之所糠粃，持為逸史，用補前傳，此何異魏朝之撰《皇覽》，梁世之修《徧略》，務多為美，聚博為功，雖取說於小人，終見嗤於君子矣。[3]

---

1 《晉書》開修時間，據《北史・序傳》，在唐太宗貞觀十五年；惟《舊唐書・房玄齡傳》，則云貞觀十八年。今從李延壽之說。

2 唐貞觀二十年閏三月，太宗頒下《修晉書詔》，依楊家駱的說法，此時「書實已成」。新校本《晉書》卷首，《晉書述要》案語，臺北：鼎文書局。

3 《史通通釋》，頁116-117，臺北：九思出版公司，1978年。

又《雜說上》云：

> 夫編年敘事，混雜難辨；紀傳成體，區別異觀。昔讀《太史公書》，每怪其所採多是《周書》、《國語》、《世本》、《戰國策》之流。近見皇家所撰《晋史》，其所採亦多是短部小書，省功易閱者，若《語林》、《世說》、《搜神記》、《幽明錄》之類是也。如曹、干兩氏《紀》，孫、檀二《陽秋》，則皆不之取。故其中所載美事，遺略甚多。若以古方今，當然則知史公亦同其失矣。斯則遷之所錄，甚爲膚淺，而班氏稱其勤者，何哉？[4]

又《雜說中》云：

> 夫學未該博，鑒非詳正，凡所修撰，多聚異聞，其爲踳駁，難以覺悟。案應劭《風俗通》載楚有葉君祠，即葉公諸梁廟也。而俗云孝明帝時有河東王喬爲葉令，嘗飛鳧入朝。及干寶《搜神記》，乃隱應氏所通，而收流俗怪說。又劉敬叔《異苑》稱晋武庫失火，漢高祖斬蛇劍穿屋而飛，其言不經。致梁武帝令殷芸編諸《小說》，及蕭方等撰《三十國史》，乃刊爲正言。既而宋求漢事，旁取令升之書；唐徵晋語，近憑方等之錄。編簡一定，膠漆不移。故令俗之學者，說鳧履登朝，則云《漢書》舊記；談蛇劍穿屋，必曰晋典明文。摭彼虛詞，成茲實錄。語曰：「三人成市虎。」斯言其得之者乎！……宋臨川王義慶著《世說新語》，上敘兩漢、三國及晋中朝、江左事。劉峻注釋，摘其瑕疵，僞迹昭然，理難文飾。而皇家撰《晋史》，多取此書。遂採康王之妄言，違孝標之正說。以此書事，奚其厚顏！[5]

---

4 《史通通釋》，頁 456-457。

5 《史通通釋》，頁 480-482。

劉氏完全是從史料的採輯取捨上立論，因此才會對《晉書》喜好採用小說──「雜書」、「短部小書」上的異聞虛詞，提出諸多的批評。《舊唐書》卷六六《房玄齡傳》所謂：「史官多是文詠之士，好採詭謬碎事，以廣異聞；又所評論，競爲綺艷，不求篤實，由是頗爲學者所譏。」[6]「學者」一語，恐怕正指劉知幾之流而言。

宋潘本盛嘗云：「唐修晉史，作者皆詞人，好出詭異，以廣見聞。如貶晉之將亡也，有曰『鰲墜三山，鯨吞九服』。貶惠帝之失馭，有曰『溽暑之旦方開，淫時之言罕記』。文多駢麗，有失體裁。」[7]顯然是針對館臣因襲六朝文風餘習，好爲麗詞奇句而發。

有關《晉書》的文體部分，非本篇急欲處理之範圍，可略而勿論。今但從其與六朝小說之關涉處著手，稍加分疏探討，或能爲讀史者之助乎！

二、六朝小說的屬性

從先秦以來，「小說」通常被拿來做爲「大道」的反義詞，泛指那些形式簡短，內容駁雜，無關乎國計民生的瑣碎記錄。六朝時期[8]，曾有不少文人才士或佛道二教的信徒，積極從事稗官野史短書之撰述。近代學者大抵將這批作品，粗分成志人與志怪兩大類。[9]

---

6 新校本《舊唐書》，頁 2463，臺北：鼎文書局，1976 年。

7 《廿五史述要》，轉錄自臺北：成偉出版社，頁 89。原出處待考。

8 此處所云，係指文學史上的「六朝」，即自魏晉算起，迄於隋末。參看明張溥《漢魏六朝百三名家集》，清嚴可均《全上古三代秦漢三國六朝文》兩部書。

9 使用「志怪」、「志人」這一組詞彙來區分六朝小說主要類別，目前所知當以周樹人(魯迅)《中國小說的歷史的變遷》長篇專文第二講：「六朝時之志怪與志人」爲最早。該篇講稿，在民國十三年曾由西北大學出版部印入《國立西北大學、陝西教育廳合辦暑期學校講演集》(二)，1957 年，香港中流出版社曾排印單行。此後，孟瑤《中國小說史》(民國五十五年，臺北文星書店)、北京大學中文系《中國小說史》(1978 年，北京人民文學出版社)、宋慶浩等《中國古代小說史十五講》(1985 年，北京出版社)、徐君慧《中國小說史》(1991 年，南寧廣西教育出版社)等書，都沿襲未改。當然，也有不少學者使用「清言」、「軼事」來替代「志人」一詞，茲不贅述。

所謂志怪小說，大抵是指那些以神怪精靈、方術異聞爲主的作品，如：《列異傳》、《博物志》、《搜神記》、《幽明錄》、《續齊諧記》等；同時又包括了不少以勸善懲惡爲宗旨的宗教文學書，如：《神異記》、《觀世音應驗記》、《宣驗記》、《冥祥記》等。[10]志人小說則專門描繪歷史人物的言行擧止、記錄下他們的生活片段或逸聞趣事，如《語林》、《郭子》、《世說新語》、《俗說》等書；此外，也包含了一些詼諧幽默的小故事，如：《笑林》、《啓顏錄》等。[11]當然，這只是一種大概的分法。事實上，有不少的載籍，兼收並蓄，人事鬼物混雜，每每呈現出志怪與志人互見的情形，譬如殷芸《小說》即是其中重要代表作品。[12]

上述這些我們已耳熟能詳的書籍，在六朝隋唐時期，它們在學者心目中以及在圖書目錄裏所佔的位置，到底如何？還有在檢討其史料價值的高低優劣，特別是與史學或者其他學科之關係的時節，似乎有必要重新省視其屬性問題。

《隋書・經籍志》史部，基本上是以阮孝緒《七錄》的《記傳錄》爲藍圖，重加調整編輯而成。原來在《七錄・記傳錄》中，不但著錄了魏晋宋齊文士所撰的地方先賢、耆舊、風俗等雜傳，並且蒐羅了數十種搜異志怪、冥通感應之著作，單獨成類，另稱爲「鬼神部」。唐初修撰《隋書・經籍志》，史部雜傳類即合併了《七錄・紀傳錄》的雜傳、鬼神兩部而成。因此，著錄了一大批自魏晋以來即流傳的志怪書。[13]

---

10 魯迅《中國小說史略》，頁 47–64，臺北：明倫出版社，1969 年。《觀世音應驗記》，宋傅亮撰，周氏未見。今有日本牧田諦亮校注本，京都：平樂書店，1970 年。

11 《中國小說史略》，頁 65–74。

12 殷芸《小說》，梁武帝敕撰。原書不傳，近代學者魯迅、余嘉錫、唐蘭等皆曾從事輯校。周楞伽輯注《殷芸小說》，上海：上海古籍出版社，1984 年。

13 梁阮孝緒《七錄》，原書亡佚，今僅存《七錄序》及《古今書最》收錄於唐釋道宣《廣弘明集》卷三。

關於六朝的志怪書的性質與歸類，《隋書・經籍志》雜傳類小序云：

> 古之史官，必廣其所說，非獨人君之舉。……自公卿諸侯，至於羣士，善惡之迹，畢集史職。……魏文帝又作《列異》，以序鬼物奇怪之事；嵇康作《高士傳》，以敍聖賢之風。因其事類，相繼而作者甚衆，名目轉廣，而又雜以虛誕怪妄之說。推其本源，蓋亦史官之末事也。載筆之士，删採其要焉。[14]

魏徵、長孫無忌等人，振振有詞地將《列異傳》、《搜神記》、《冤魂志》等書載入雜傳類，推測其緣由，除了删併《七錄・記傳錄》鬼神部的情勢使然；(其中似乎有不雅馴的顧慮！)兩晉、南北朝時期，史家傳記勃興，志怪書受其影響，率以史傳形式出之，依其體裁所近，歸入史部，與耆舊、高隱、孝子、良吏、仙佛等傳同列，似乎也算是合理的安排！事實上，將志怪材料吸收引用到史書，在六朝時代本是常見的現象，當時的文人學士，大多數也把它看成史學著作的一部分。近人逯耀東《魏晉志異小說與史學的關係》一文，嘗云：

> 《漢書・藝文志》所列舉的中國古代小說十五家，同時也說明了中國古代小說發展的兩個不同的階段。但不論其爲第一階段的近似子史的先秦小說，或是第二階段，出於方士之手的漢代小說，和史學都有密切的關係。……漢魏之際，儒家思想衰退，史學與文學漸漸掙脫原有的桎梏，向獨立的領域過渡，這時也是繼承漢代小說傳統的魏晉志異形成的時期。由於中國古代小說原來與史學的親密關係，於是便將這類新興

---

14 影印新校本《隋書》，頁 981−982 ，臺北：史學出版社， 1974 年。

的寫作形式，納入了史學的領域。[15]

逯氏基本上從《漢書・藝文志》「諸子略・小說家」所著錄著作的內涵，確定它們與史學有密切關係。因此，史家把志怪作品歸入史部，似乎順理成章。這又是另一種解釋。

唐五代之際，志異作品的遭遇與地位並無變化。《列異傳》以下二十幾部書，《舊唐書・經籍志》仍劃歸史部雜傳類。[16] 北宋仁宗時，王堯臣奉詔編次《崇文總目》，梁吳均《續齊諧記》、北齊顏之推《還冤記》(按：即《寃魂志》)兩種，開始出現在子部小說類。稍後，歐陽修根據唐《開元四部書目》等資料，編成《新唐書・藝文志》，[17] 原列在史部雜傳類的志怪書，整批改隸於子部小說類，這一次全面性的改變，與宋太宗太平興國年間，李昉等人奉敕編輯《太平廣記》，將先秦以下至唐五代時期的稗官雜說、野史筆記統統納入書中，相信不無關係。[18] 此後，志異作品隸屬於子部小說家即成定局，迄於清代，絲毫未曾改變。

《隋書・經籍志》子部雜類，著錄了張華《博物志》、《張公雜記》、沈約《俗說》、無名氏《因果記》、王延秀《感應記》。其中《博物志》、《張公雜記》、《因果記》、《感應記》，屬於志異性質，《俗說》則劃歸志人範圍。《隋志》雜類小序云：

---

15 《食貨月刊》復刊十二卷四、五期，頁 144 ，1982 年。

16 《舊唐書・經籍志》係根據唐開元毋煚所撰《古今書錄》删削而成，分類一依毋氏之舊，絲毫未改。因此，《舊唐志》所反映的，實際是唐開元時代之小說觀念。

17 宋仁宗詔儒臣重修《唐書》，宋祁撰列傳，歐陽修撰紀、志、表等，前後歷時約二十餘年。《藝文志》四卷，後世並題歐陽修撰。

18 宋太宗太平興國二年 (977) 三月，詔李昉等人取歷代野史稗官雜說，輯爲《太平廣記》五百卷，三年八月書成。所收古籍約有三百五十種。《新唐書・藝文志》小說家所錄《列異傳》、《博物志》、《搜神記》、《甄異傳》、《述異記》、《志怪》、《靈鬼志》、《幽明錄》、《齊諧記》、《續齊諧記》、《冥祥記》、《寃魂志》(即《還寃記》)、《旌異記》等十三種，並見《太平廣記》。

> 雜者，兼儒墨之道，通衆家之意。以見王者之化，無所不冠(貫)者也。古者，司史歷記前言往行，禍福存亡之道。然則雜者，蓋出史官之職也。放者爲之，不求其本。材少而多學，言非而博，是以雜錯漫羨而無所指歸。[19]

魏徵等人對於「雜」類的認識，大體上承襲了《漢書・藝文志》「諸子略・雜家」小序的觀點，卻把其源流所出，由「議官」改爲「史官」。如此，固然讓它們和史學有了密切關係；另一方面，則又將發生與雜史、雜傳、小說等類混淆不清之情況。

南宋鄭樵《通志・校讎略》云：「古今編書所不能分者五：一曰傳記，二曰雜家，三曰小說，四曰雜史，五曰故事。凡此五類之書，足相紊亂。」[20] 這是鄭氏編《通志・藝文略》所獲得的經驗談。明胡應麟《少室山房筆叢・九流緒論》曰：

> 小說，子書流也。然談說道理，或近於經，又有類注疏者；記述事，或通於史，又有類志傳者。……至於子類雜家，尤相出入。鄭氏謂古今書家所不能分有九，而不知最易混淆者小說也。[21]

胡氏發揮了鄭樵的觀點，又另作補充，而雜家和史部之關係，又將因「小說」纏夾其間而不可分了。

《隋書・經籍志》子部小說類，著錄《燕丹子》、《雜語》以下二十五部書。六朝時期的作品，如：《郭子》、《瑣語》、《笑林》、《笑苑》、《解頤》、《世說》、《小說》，就是今日被列入志人小說內的幾部。當然還有不少書籍，我們覺得無法完全同意。不過《隋志》對「小說」的觀念，基本上仍是沿襲《漢書・藝文志》：「小說家者流，

---

19 影印新校本《隋書》，頁 1010。

20 《通志略》卷廿二，頁 124，臺北：商務印書館，1968 年。

21 《少室山房筆叢》，頁 374，臺北：世界書局，1963 年。

蓋出於稗官。街談巷語、道聽塗說者之所造」而來，又加上《古今藝術》、《座右方》、《水飾》等不易歸類的書，使得小說類變得更加蕪雜，而且影響到後世的各種官私目錄。

歷史上最早爲小說進行分類的，大概是唐代史學家劉知幾。《史通・雜述》云：

> 偏記小說，自成一家，而能與正史相參，其所由來尙矣。爰及近古，斯道漸繁。史氏流別，殊途並鶩，榷而爲論，其流有十焉。一曰偏記，二曰小錄，三曰逸事，四曰瑣言，五曰郡書，六曰家史，七曰別傳，八曰雜記，九曰地理書，十曰都邑簿。……國史之任，記事記言，視聽不該，必有遺逸。於是好奇之士，補其所亡，若和嶠《汲冢紀年》、葛洪《西京雜記》、顧協《瑣語》、謝綽《拾遺》，此之謂逸事者也。街談巷議，時有可觀，小說卮言，猶賢於已。故好事君子，無所棄諸，若劉義慶《世說》、裴榮啓《語林》、孔思尙《語錄》、陽玠松《談藪》，此之謂瑣言者也。……陰陽爲炭，造化爲工，流形賦象，於何不育？求其怪物，有廣異聞，若祖台《志怪》、干寶《搜神》、劉義慶《幽明》、劉敬叔《異苑》，此之謂雜記者也。……大抵偏紀小錄之書，皆記即日當時之事，求諸國史，最爲實錄。然皆言多鄙樸，事罕圓備，終不能成其不刊，永播來葉，徒爲後生作者削稿之資焉。逸事者，皆前史所遺，後人所記，求諸異說，爲益實多。及妄者爲之，則苟載傳聞，而無銓擇。由是眞僞不別，是非相亂。如郭子横之《洞冥》，王子年之《拾遺》，全構虛辭，用驚愚俗。此其爲弊之甚者也。瑣言者，多載當時辨對，流俗嘲謔，俾夫樞機者藉爲舌端，談話者將爲口實。及蔽者爲之，則有詆訐相戲，施諸祖宗，褻狎鄙言，出自牀笫，莫不昇之紀錄，用爲雅言，固以無益風規，有傷名敎者矣。……雜記者，若論神仙之道，則服食鍊氣，可以益壽延年；語魑魅之途，則福善

禍淫，可以懲惡勸善，斯則可矣。及謬者爲之，則苟談怪異，務述妖邪，求諸弘益，其義無取。[22]

劉氏所分的十類中，今人認爲是小說的，只有逸事、瑣言、雜記三類。其中，雜記類全部及逸事類的一小部分(如：《漢武洞冥記》、《拾遺記》)是今日所謂的志怪小說：逸事類大部分與瑣言類全部，則是志人小說。子玄既然在《史通》上用不少的文字來討論屬於「小說」內容的書籍，顯然在他的心目中，這些都是廣義的歷史資料無疑，唯一該注意只是「書有非聖，言多不經，學者博聞，蓋在擇之而已。」

北宋以後，六朝時完成的野史稗說，無論是志怪或者志人，都劃入子部小說類，很少例外。明萬曆前後，胡應麟慨嘆小說之繁夥，派別又多，於是綜其大凡，析分它們爲：志怪、傳奇、雜錄、叢談、辨訂、箴規六類；[23]清乾隆中，紀昀等纂修《四庫全書總目》，又將傳統小說區分作：敍述雜事、記錄異聞，綴輯瑣語三大類。[24]分法固然有所不同，六朝小說的內容卻都相當穩定。

六朝時期出現的小說，目前大都散佚不全，無法窺其全貌。不過，我們除了以一種觀賞娛樂的眼光來閱讀之外，仍然可以自其中選取採掇不少資料片段，做爲探討當代民風習俗、口語方言、中西文化交流等方面的根據；至於提供某些珍貴的事實，相互參證，用以補足史傳的缺漏，也是時有所聞，不宜等閒視之。

三、六朝小說與《晉書》

在一千二百八十多年前，劉知幾已經公開指陳：唐太宗貞觀年間，史臣奉敕修撰《晉書》，曾將魏晉南北朝文士所編的「短部小書」

---

22 《史通通釋》，頁 273–276 ，臺北：九思出版公司。

23 《少室山房筆叢》，頁 374 。

24 《四庫全書總目》卷一四〇，頁 2733 上，臺北：藝文印書館， 1969 年。

——小說上的材料，吸納到各帝紀、志書、列傳與載記之中。今檢點遺編，仍可確知其關係密切者，計有：《語林》、《郭子》、《世說新語》、《俗說》(以上志人之屬)、《列異傳》、《博物卷》、《搜神記》、祖台之《志怪》、《搜神後記》、《異苑》、《甄異傳》、《靈鬼志》、《幽明錄》、孔氏《志怪》、《述異志》、《冥祥記》、《續齊諧記》、《寃魂志》(以上志怪之屬)十八種。[25] 爲了評估劉氏所言的實際情況，以下試依「原文照舊」、「稍加增删」、「多所更易」三項，分别引用《晋書》與六朝小說相關資料，並列比對，然後稍做說明。

一、原文照舊

[1a](阮裕)在剡，曾有好車，借無不給。有人葬母，意欲借而不敢言。後裕聞之，乃歎曰：「吾有車，而使人不敢借，何以車爲？」遂命焚之。(《晋書》卷四九《阮裕傳》)

[1b]阮光錄在剡，曾有好車，借者無不皆給。有人葬母，意欲借而不敢言。阮後聞之，歎曰：「吾有車，而使人不敢借，何以車爲？」遂焚之。(《世說新語·德行》)

按：兩則僅有二三字出入，《晋書》殆取材自《世說新語》。

[2a]王導以勳德輔政，成帝每幸其宅，嘗拜導婦曹氏。侍中孔坦密表不宜拜。導聞之曰：「王茂弘駑痾耳！若卞望之之巖巖，刁玄亮之察察，戴若思之峯岠，當敢爾耶！」(《晋書》卷七十《卞壼傳》)

[2b]孔坦爲侍中，密啓成帝不宜往拜曹夫人。丞相聞之曰：

25 根據本人粗略的統計，《語林》42 則、《郭子》25 則、《世說新語》350 則、《俗說》2 則；《列異傳》1 則、《博物志》3 則、《搜神記》59 則、祖台之《志怪》2 則、《搜神後記》5 則、《異苑》22 則、《甄異傳》1 則、《靈鬼志》4 則、《幽明錄》21 則、孔氏《志怪》1 則、《述異記》2 則、《冥祥記》3 則、《續齊諧記》1 則、《寃魂志》6 則。《世說新語》不計，其他各書共有 200 則；唯其中部分條目，曾在兩種書上同時出現。

「王茂弘駑痾耳，若卞望之之巖巖，刁玄亮之察察，戴若思之峯距，當敢爾不？」(《古小說鉤沈・語林》)

［2c］王丞相云：「刁玄亮之察察，戴若思之巖巖，卞望之之峯距。」(《世說新語・賞譽》)

按：「峯距」，《晋書》作「峯岠」。距、岠通用，拒斥也。陳僅《捫燭脞存》卷十二云：「峯距、猶嶽峙也。言其高峻，使人不可近。」[26]《晋書》蓋取材自《語林》，而不從《世說》。

［3a］(謝安)嘗與王羲之登冶城，悠然遐想，有高世之志。羲之謂曰：「夏禹勤王，手足胼胝；文王旰食，日不暇給。今四郊多壘，宜思自效，而虛談廢務，浮文妨要，恐非當今所宜。」安曰：「秦任商鞅，二世而亡，豈淸言致患邪？」(《晋書》卷七九《謝安傳》)

［3b］王右軍與謝太傅共登冶城，謝悠然遠想，有高世之志。王謂謝曰：「夏禹勤王，手足胼胝；文王旰食，日不暇給。今四郊多壘，人人自效，而虛談廢務，浮文妨要，恐非當今所宜。」謝答曰：「秦任商鞅，二世而亡，豈淸言致患邪？」(《世說新語・言語》)

按：兩則僅二三字之出入，《晋書》當取材自《世說》。清姚鼐嘗考證《世說》本則記事之妄，兼評唐修《晋書》史臣之乏學識云。[27]

［4a］初，杜預拜鎭南將軍，朝士畢賀，皆連榻而坐。(羊)琇與裴楷後至，曰：「杜元凱乃復以連榻而坐客邪？」遂不坐而去。(《晋書》卷九三《羊琇傳》)

［4b］杜預拜鎭南將軍，朝士悉至，皆坐連榻；羊稚舒後至曰：「杜元凱乃復以連榻而坐客？」不坐而去。(《古小說鉤沈・郭子》)

［4c］杜預拜鎭南將軍，朝士悉至，皆在連榻坐，時亦有裴叔則。羊稺舒後至，曰：「杜元凱乃復連榻坐客？」不坐便去。杜請裴

---

26 本則轉引自余嘉錫《世說新語箋疏》，頁 453，臺北：華正書局，1984 年。

27 《惜抱軒筆記》卷五，臺北：廣文書局，1973 年。

追之，羊去數里住馬，旣而俱還杜許。(《世說新語・方正》)

按：《晉書》與《郭子》、《世說》文字小有出入，惟與《郭子》所錄較接近。然同書卷卅四《杜預傳》載預拜鎮南在赴荊之後，恐朝士無緣悉至。是兩傳互有違舛處。[28]

以上志人之屬。

[5a] 武帝泰始初，衣服上儉下豐，著衣者皆厭褄，此君衰弱，臣放縱，下掩上之象也。至元康末，婦人出兩襠，加乎交領之上，此內出外也。爲車乘者，苟貴輕細，又數變易其形，皆以白篾爲純，蓋古喪車之遺象也。夫乘者，君子之器。蓋君子立心無恒，事不崇實也。干寶以爲晉之禍徵也。(《晉書》卷二七《五行志上》)

[5b] 晉武帝泰始初，衣服上儉下豐，著衣者皆厭腰。此君衰弱，臣放縱之象。至元康末，婦人出兩襠，加乎交領之上，此內出外也。爲車乘者，苟貴輕細，又數變易其形，皆以白篾爲純，蓋古喪車之遺象。晉之禍徵也。(《搜神記》卷七)

按：《晉書》與《宋書・五行志》皆取材自《搜神記》，唯二書多出「夫乘者……事不崇實也。」一小段評論，疑通行本《搜神記》删削之。[29]

[6a] 武帝嘗問摯虞三日曲水之義，虞對曰：「漢章帝時，平原徐肇以三月初生三女，至三日俱亡，邨人以爲怪，乃招攜之水濱洗祓，遂因水以汎觴，其義起此。」帝曰：「必如所談，便非好事。」皙進曰：「虞小生，不足以知，臣請言之。昔周公成洛邑，因流水以汎酒，故逸詩云：『羽觴隨波』。又秦昭王以三日置酒河曲，見金人奉水心之劍，曰：『令君制有西夏。』乃霸諸侯，因此立爲曲水。二漢相緣，皆爲盛集。」帝大悅，賜皙金五十斤。(《晉書》卷五一《束皙傳》)

28　新校本《晉書》，頁 1028，臺灣：鼎文書局，1976 年。

29　《搜神記》，頁 94，第 180 則，汪紹楹校注〔三〕，北京：中華書局，1979 年。

[6b]晉武帝問尚書郎摯仲治：「三月三日曲水，其義何指？」答曰：「漢章帝時，平原徐肇，以三月初生三女，至三日俱亡。一村以爲怪，乃相攜至水濱盥洗，因流[水]以濫觴。曲水之義，蓋起此矣。」帝曰：「若如所談，便非嘉事也。」尚書郎束皙進曰：「仲治小生，不足以知此。臣請說其始。昔周公城洛邑，因流水以泛酒，故逸詩云：『羽觴隨波流。』又秦昭王三月上巳，置酒河曲。見金人自河而出奉水心劍曰：『令君制有西夏。』及秦霸諸侯，乃因此處，立爲曲水。二漢相緣，皆爲盛集。」帝曰：「善。」賜金五十斤，左遷仲治爲陽城令。(《續齊諧記》)

按：兩則文字大體相同，《晉書》蓋取材自《續齊諧記》。三月上巳祓禊之緣起，晉周處《風土記》謂肇自漢末。[30]蓋由民間口傳，各記見聞，彼此歧異，故是尋常事。

[7a]淳于智字叔平，濟北盧人也。有思義，能《易》筮，善厭勝之術。高平劉柔夜臥，鼠嚙其左手中指，以問智。智曰：「是欲殺君而不能，當爲君使其反死。」乃以朱書手腕橫文後三寸，作『田』字，辟方一寸二分，使露手以臥。明旦，有大鼠伏死手前。(《晉書》卷九五《藝術傳》)

[7b]淳于智字叔平，濟北盧人也。性深沈，有思義。少爲書生，能《易》筮，善厭勝之術。高平劉柔夜臥，鼠嚙其左手中指，意甚惡之以問智。智爲筮之，曰：「鼠本欲殺君而不能，當爲使其反死。」乃以朱書手腕橫文後三寸，爲「田」字，可方一寸二分，使夜露手以臥，有大鼠伏死於前。(《搜神記》卷三)

按：本事亦見《太平御覽》卷三七〇引王隱《晉書》。王隱殆取材自《搜神記》；唐新修《晉書》，又沿用王氏書，惟文字略有增減改易。

---

30 《太平御覽》，卷三十，葉九 a，臺北：明倫出版社，1975 年。

[8a]太武殿畫古賢悉變為胡，旬餘，頭悉縮入肩中。(《晉書》卷一〇六《石季龍傳上》)

[8b]石虎時，太武殿圖賢人之像，頭忽悉縮入肩中。(《幽明錄》)

按：《晉書》「頭悉縮入肩中」句，全本《幽明錄》。趙翼《廿二史箚記》卷八《晉書所記怪異》篇，曾對此事表示存疑。[31]

以上志怪之屬。

二、稍加增刪

[1a]先是，熒惑入太微，尋而海西廢。及帝登祚，熒惑又入太微，帝甚惡焉。時中書郎郗超在直，帝乃引入，謂曰：「命之修短，本所不計，故當無復前日事邪？」超曰：「大司馬臣溫方內固社稷，外恢經略，非常之事，臣以百口保之。」及超請急省其父，帝謂之曰：「致意尊公，家國之事，遂至於此！由吾不能以道匡衞，愧歎之深，言何能喻？」因詠庾闡詩云：「志士痛朝危，忠臣哀主辱。」遂泣下霑襟。(《晉書》卷九《簡文帝紀》)

[1b]初，熒惑入太微，尋廢海西；簡文帝登祚，復入太微，帝惡之。時郗超為中書郎，在直，引超入曰：「天命修短，故非所計，當無復近日事不？」超曰：「大司馬方外固封疆，內鎮社稷，必無若斯之慮。臣為陛下保之。」簡文因誦庾仲初詩曰：「士痛朝危，臣哀主辱。」其聲甚悽愴。郗受假還東，帝曰：「致意尊公，家國之事，遂至於此！由身不能以道匡衡，思患豫防。愧歎之深，言何能譬？」因泣下。(《古小說鉤沈．郭子》)

[1c]初，熒惑入太微，尋廢海西；簡文登祚，復入太微，帝惡之。時郗超為中書，在直，引超入曰：「天命脩短，故非所計。政當無復近日事不？」超曰：「大司馬方將外固封疆，內鎮社稷，必無若此之慮。臣為陛下以百口保之。」帝因誦庾仲初詩曰：「志士痛朝危，忠臣哀主辱。」聲甚悽厲。郗受假還東，帝曰：「致意尊公，家國之事，遂至於此！由是身不能以道匡衞，思患預防。愧歎之

深，言何能喻？」因泣下流襟。（《世說新語・言語》）

按：《晉書》敘述簡文帝誦庾闡《從征詩》，時間先後與《郭子》、《世說》稍有不同。《世說》殆錄自《郭子》，《晉書》又取材於《世說》而稍作變易增刪。

［2a］（石）崇、（王）愷爭豪。……武帝每助愷。嘗以珊瑚樹賜之，高二尺許，枝柯扶疏，世所罕比。愷以示崇，崇便以鐵如意擊之，應手而碎。愷既惋惜，又以爲嫉己之寶，聲色方厲。崇曰：「不足多恨，今還卿。」乃命左右悉取珊瑚樹，有高三四尺者六七株，條幹絕俗，光彩曜日，如愷比者甚衆。愷怳然自失矣。（《晉書》卷三三《石苞傳》附）

［2b］石崇與王愷爭豪，窮極綺麗，以飾車服。晉武帝，愷甥也，每助愷。以珊瑚高三尺許，枝柯扶疏，世間罕比。愷以示崇。崇視訖，以鐵如意擊之，應手瓦碎。愷聲色俱厲，崇曰：「此不足恨。」乃命取珊瑚，有三尺光彩溢目者六七枚。愷悵然自失。（《語林》）

［2c］石崇與王愷爭豪，並窮綺麗，以飾輿服。武帝，愷之甥也；每助愷。嘗以一珊瑚樹，高二尺許賜愷，枝柯扶疏，世罕其比。愷以示崇。崇視訖，以鐵如意擊之，應手而碎。愷既惋惜，又以爲疾己之寶，聲色方厲。崇曰：「不足恨，今還卿。」乃命左右悉取珊瑚樹，有三尺四尺，條幹絕俗，光采溢目者六七枚；如愷許比者甚衆。愷惘然自失。（《世說新語・汰侈》）

按：三則所記大同小異，惟《晉書》、《世說》文字相近。

［3a］初，鑒值永嘉喪亂，在鄉里，甚窮餒，鄉人以鑒名德，傳共飴之。時兄子邁、外甥周翼並小，常携之就食。鄉人曰：「各自饑困，以君賢，欲共相濟耳，恐不能兼有所存。」鑒於是獨往，食訖，以飯著兩頰邊，還，吐與二兒，後並得存，同過江。邁位至護軍，翼爲剡縣令。鑒之薨也，翼追撫育之恩，解職而歸，席苫心喪三年。（《晉書》卷六七《郗鑒傳》）

[3b]郗公值永嘉喪亂，在鄉里，甚窮餒。鄉人以公名德，傳共飴之。公常攜兄子邁及外生周翼二小兒往食，鄉人曰：『各自饑困，以君之賢，欲共濟君耳，恐不能兼有所存。』公於是獨往食，輒含飯著兩頰邊，還，吐與二兒。後並得存，同過江。郗公亡，翼為剡縣，解職歸，席苫於公靈牀頭，心喪終三年。(《世說新語·德行》)

按：兩則文字，小處稍有出入。《晉書·郗鑒傳》既襲用《世說》此則，乃與本傳所述鑑分州中士資贍所得以卹宗族鄉里事相矛盾，因此余嘉錫《世說新語箋疏》疑此則非事實也。[32]

[4a]王渾妻鍾氏，字琰，潁川人，魏太傅繇曾孫也。既適渾，生濟。渾嘗共琰坐，濟趨庭而過，渾欣然曰：「生子如此，足慰人心。」琰笑曰：「若使新婦得配參軍，生子故不翅如此。」參軍，謂渾中弟淪也。(《晉書》卷九六《列女傳》)

[4b]王渾與婦鍾氏共坐，見武子從庭前過，渾謂婦曰：「生兒如是，足慰人意。」婦笑曰：「若使新婦得配參軍，生兒故可不翅如此。」參軍是渾中弟，名淪，字太沖，為晉文王大將軍，從征壽春，遇疾亡，時人惜焉。(《郭子》)

[4c]王渾與婦鍾氏共坐，見武子從庭過，渾欣然謂婦曰：「生兒如此，足慰人意。」婦笑曰：「若使新婦得配參軍，生兒故可不啻如此。」(《世說新語·排調》)

按：三則文字，略有出入；《郭子》、《世說》稍近。清李慈銘批校《世說》，對於鍾氏「顯對其夫，欲配其叔」之語，斷定為齊東妄言，不足取信。其意見可供參考。[33]

以上志人之屬。

---

31 《校證補編廿二史箚記》，頁 157，臺北：華世出版社，1977 年。

32 臺北：華正書局影印本，頁 25，1984 年。

33 見《世說新語箋疏》頁 789 引李慈銘批校語。

[5a]元帝永昌元年，甘卓將襲王敦，既而中止。及還，家多變怪，照鏡不見其頭。此金失其性而爲妖也。尋爲敦所襲，遂夷滅。(《晉書》卷二八《五行志上》)

[5b]元帝永昌元年，丹陽甘卓將襲王敦，既而中止。及還，家多變怪。自照鏡不見其頭，乃視庭樹，而頭在樹上，心甚惡之。先時歷陽陳訓私謂所親曰：「甘侯頭低而視仰，相法名爲盼刀；又目有赤脉，自外而入，不出十年，必以兵死。不領兵，則可以免。」至是果爲敦所襲。(《異苑》卷四)

按：《異苑》叙事詳細，《晉書》節取以入《五行志》及《甘卓傳》。[34]

[6a](王)悅字長豫，弱冠有高名，事親色養，導甚愛之。……先是，導夢人以百萬錢買悅，潛爲祈禱者備矣。尋掘地，得錢百萬，意甚惡之，一皆藏閉。及悅疾篤，導憂念特至，不食積日。忽見一人，形狀甚偉，被甲持刀，導問：「君是何人？」曰：「僕是蔣侯也。公兒不佳，欲爲請命，故來耳！公勿復憂。」因求食，遂噉數升。食畢，勃然謂導曰：「中書患，非可救者。」言訖不見，悅亦殞絕。(《晉書》卷六五《王導傳》附)

[6b]王丞相茂弘夢人欲以百萬錢買大兒長豫，丞相甚惡之，潛爲祈禱者備矣。作屋得一窖錢，料之，百，萬億大懼，一皆藏閉，俄而長豫亡。(《古小說沈鉤·幽明錄》)

[6c]中書郎王長豫有美名，父丞相導至所珍愛。遇疾轉篤，導憂念特至；正在北床上坐，不食已積日。忽見一人，形狀甚壯，著鎧持刀，王問：「君是何人？」答曰：「僕是蔣侯也。公兒不佳，欲爲請命，故來耳！勿復憂。」王欣喜動容，即求食，食至數升，

---

34 新校本《晉書》云：「卓逕還襄陽，意氣騷擾，舉動失常，自照鏡不見其頭，視庭樹而頭在樹上，心甚惡之。」卷七十，頁1865。與《異苑》卷四本則前半段文字大致相同。

內外咸未達所以。食畢，忽復慘然，謂王曰：「中書命盡，非可救者。」言終不見也。(同前)

按：《晉書》蓋據《幽明錄》兩則記載，略加刪併而成。

[7a](干)寶父先有所寵侍婢，母甚妬忌，及父亡，母乃生推婢於墓中。寶兄弟年小，不之審也。後十餘年，母喪，開墓，而婢伏棺如生，載還，經日乃蘇。言其父常取飲食與之，恩情如生。在家中吉凶輒語之，考校悉驗，地中亦不覺爲惡。既而嫁之，生子。(《晉書》卷八二《干寶傳》)

[7b]干寶字令升，其先新蔡人。父瑩，有嬖妾。母至妒，寶父葬時，因生推婢著藏中。寶兄弟年小，不之審也。經十年而母喪，開墓，見其妾伏棺上，衣服，如生。就視猶煖，漸漸有氣息。輿還家，終日而蘇。云寶父常致飲食，與之寢接，恩情如生。家中吉凶輒語之，校之悉驗。平復數年後方卒。(《搜神後記》卷四)

[7c]干寶父有嬖人，寶母至妬，葬寶父時，因推著藏中。經十年而母喪，開墓，其婢伏棺上。就視猶煖，漸有氣息；輿還家，終日而蘇。說寶父常致飲食，與之接寢，恩情如生。家中吉凶輒語之，校之悉驗。平復數年後方卒。(《古小說鉤沈・孔氏志怪》)

按：三則文字互有詳略，《搜神後記》所載較完整。唐修《晉書》，或轉錄諸家《晉書》，或參酌《搜神後記》、《孔氏志怪》而撰成，因文獻不足，其詳無從確知。

[8a]時有遠方比丘尼，(失)名，有道術，於別室浴，(桓)溫竊窺之。尼倮身，先以刀自破腹，次斷兩足。浴竟出，溫問吉凶，尼云：「公若作天子，亦當如是。」(《晉書》卷九八《桓溫傳》)

[8b]桓溫內懷無君之心，時比丘尼從遠來，夏五月，尼在別室浴，溫竊窺之。見尼裸身，先以刀自破腹，出五藏，次斷兩足，及斬頭手。有頃浴竟，溫問：「向窺見尼，何得自殘毀如此？」尼云：「公作天子，亦當如是。」溫惆悵不悅。(《幽明錄》)

[8c]晉大司馬桓溫，末年頗奉佛法，飯饌僧尼。有一比丘

尼，失其名，來自遠方，投溫爲檀越尼。才行不恆，溫甚敬待，居之門內。尼每浴，必至移時；溫疑而窺之。見尼裸身揮刀，破腹出臟，斷截身首，支分臠切。溫怪駭而還。及至尼出浴室，身形如常。溫以實問。尼答云：「若遂淩君上，刑當如之。」時溫方謀問鼎，聞之悵然。故以戒懼，終守臣節。尼後解去，不知所在。(《古小說鉤沈・冥祥記》)

按：《冥祥記》叙事稍詳，《晉書》、《幽明錄》兩則文字較接近。《世說新語・尤悔》劉注引檀道鸞《續晉陽秋》云：「桓溫既以雄武專朝，任兼將相，其不臣之心，形于音迹。」蓋劉宋時期猶盛傳桓溫圖謀篡位之事也。

以上志怪之屬。

三、多所更易

[1a]（劉伶）嘗渴甚，求酒於其妻。妻捐酒毀器，涕泣諫曰：「君酒太過，非攝生之道，必宜斷之。」伶曰：「善！吾不能自禁；惟當祝鬼神自誓耳。便可具酒肉。」妻從之。伶跪祝曰：「天生劉伶，以酒爲名。一飲一斛，五斗解酲。婦兒之言，愼不可聽！」仍引酒御肉，隗然復醉。(《晉書》卷四九《劉伶傳》)

[1b]劉靈字伯倫，飲酒一石，至酲復飲五斗。妻責之，曰：「卿可致酒五斗，吾當斷之。」妻如其言。靈呪曰：「天生劉靈，以酒爲名，一飲一石，五斗解酲。婦人之言，愼莫可聽！」(《語林》)

[1c]劉伶病酒，渴甚，從婦求酒。婦捐酒毀器，涕泣諫曰：「君飲太過，非攝生之道，必宜斷之！」伶曰：「甚善！我不能自禁，唯當祝鬼神自誓斷之耳。便可具酒肉。」婦曰：「敬聞命。」供酒肉於神前，請伶祝誓。伶跪而祝曰：「天生劉伶，以酒爲名，一飲一斛，五斗解酲。婦人之言，愼不可聽！」便引酒進肉，隗然已醉矣。(《世說新語・任誕》)

按：三則文字互有出入，《晉書》、《世說》所記此較接近。《世說》則本於戴逵《竹林七賢論》。[35]

[2a](庾)懌嘗以白羽扇獻成帝，帝嫌其非新，反之。侍中劉劭曰：「柏梁雲構，大匠先居其下；管弦繁奏，夔牙先聆其音。懌之上扇，以好不以新。」後懌聞之，曰：「此人宜在帝之左右。」(《晉書》卷四三《庾亮傳》附)

[2b]庾翼爲荊州都督，以毛扇上成帝，帝疑是故物，侍中劉劭曰：「柏梁雲構，工匠先居其下；管絃繁奏，夔牙先聆其音。翼之上扇，以好不以新。」季恭聞之曰：「此人宜在帝左右。」(《語林》)

[2c]庾稺恭爲荊州，以毛扇上武帝，武帝疑是故物。侍中劉劭曰：「柏梁雲構，工匠先居其下；管弦繁奏，鍾、夔先聽其音。稺恭上扇，以好不以新。」庾後聞之，曰：「此人宜在帝左右。」(《世說新語・言語》)

按：庾懌，《語林》、《世說》並作「庾翼(稺恭)」，劉孝標注《世說》指出當屬之庾懌，《晉書》編者已經參考劉氏說法改正。

[3a]孫盛字安國，太原中都人。……年十歲，避難渡江。及長，博學，善言名理。于時殷浩擅名一時，與抗論者，惟盛而已。盛嘗詣浩談論，對食，奮擲麈尾，毛悉落飯中，食冷而復暖者數四。至暮忘餐，理竟不定。盛又著醫卜及《易象妙於見形論》，浩等竟無以難之，由是遂知名。(《晉書》卷八二《孫盛傳》)

[3b]孫安國往殷中軍許共語，往反精苦，賓主無間。左右進食，冷而復暖者數四。彼我奮擲麈尾，毛悉墮落，滿飡飯中。賓主遂至暮忘飧。殷方語孫卿曰：「公勿作强口馬！我當併卿控。」孫亦曰：「卿勿作冗鼻牛，我當穿卿頰。」(《郭子》)

[3c]孫安國往殷中軍許共論，往反精苦，客主無間。左右進食，冷而復煖者數四。彼我奮擲麈尾，悉脫落滿餐飯中。賓主遂至

---

35 見《世說新語・任誕》劉孝標注。

莫忘食。殷乃語孫曰：「卿莫作强口馬，我當穿卿鼻！」孫曰：「卿不見決鼻牛，人當穿卿頰！」(《世說新語・文學》)

[3d]殷中軍、孫安國、王、謝能言諸賢，悉在會稽王許。殷與孫共論《易象妙於見形》。孫語道合，意氣干雲。一坐咸不安孫理，而辭不能屈。會稽王慨歎曰：「使眞長來，故應有以制彼！」即迎眞長，孫意己不如。眞長旣至，先令孫自叙本理。孫粗說己語，亦覺絕不及向。劉便作二百許語，辭難簡切；孫理遂屈。一坐同時拊掌而笑，稱美良久。(同前)

按：《晋書》此段，大抵承襲何法盛《晋中興書》[36]，並且參考《郭子》、《世說》，删併移易，再加上劉孝標注引《續晋陽秋》等資料撰成。

以上志人之屬。

[4a]或云：「(陶)侃少時漁於雷澤，網得一織梭，以挂于壁。有頃，雷雨，自化爲龍而去」。又夢生八翼，飛而上天，見天門九重，已登其八，唯一門不得入。閽者以杖擊之，因墜地，折其左翼。及寤，左腋猶痛。又嘗如厠，見一人朱衣介幘，斂板曰：「以君長者，故來相報。君後當爲公，位至八州都督。」有善相者師圭謂侃曰：「君左手中指有豎理，當爲公。若徹於上，貴不可言。」侃以針決之見血，灑壁而爲「公」字，以紙裛手，「公」字愈明。及都督八州，據上流，握强兵，潛有窺窬之志，每思折翼之祥，自抑而止。(《晋書》卷六六《陶侃傳》)

[4b]釣磯山者。陶侃嘗釣於此山下，水中得一織梭，還掛壁上。有頃，雷雨，梭變成赤龍，從空而去。其山石上，猶有侃迹存焉。(《異苑》卷一)

[4c]陶侃夢生八翼，飛翔沖天，見天門九重，已入其八，惟一門不得進。以翼搏天。閽者以杖擊之，因隨地，折其左翼。驚

36 《太平御覽》，卷六一七，卷二 b 引《晋中興書》，臺北：明倫出版社。

悟，左腋猶痛。其後都督八州，威果振主，潛有闚擬之志，每憶折翼之祥，抑心而止。(《異苑》卷七)

[4d]陶侃曾如廁，見數十人，悉持大印。有一人朱衣平上幘，自稱：「後帝以君長者，故來相報。三載勿言，富貴至極。」侃便起，旋失所在。有大印作「公」字，當其穢處。(《異苑》卷五)

[4e]陶侃左手有文，直達中指上横節便止。有相者師圭謂侃曰：「君左手指中有豎理。若徹於上，位在無極。」侃以針挑令徹，血流彈壁，乃作「公」字。又取紙裛，「公」迹愈明。(《異苑》卷四)

按：《晉書》編者旣參考王隱《晉書》、何法盛《晉中興書》，[37]並據《異苑》所錄數則，刪削潤飾而撰就此段文字。淸趙翼《廿二史箚記》卷七，曾對此段敍述之不恰當表示意見。然《異苑》之記載，卻可能眞實地反映了晉末宋初部分人士對陶侃所以發迹及胸懷異志的一種看法。

[5a](陳)安善於撫接，吉凶夷險與衆同之。及其死，隴上歌之曰：「隴上壯士有陳安，軀幹雖小腹中寬，愛養將士同心肝。驪驄駮馬鐵瑕鞍，七尺大刀奮如湍；丈八蛇矛左右盤，十盪十決無當前。戰始三失交蛇矛，棄我驪驄竄巖幽，爲我外援而懸頭。西流之水東流河，一去不還奈子何！」(劉)曜聞而嘉傷，命樂府歌之。(《晉書》卷一〇三《劉曜傳》)

[5b]河間王顒旣敗於關中，有給使陳安者，甚壯健；常乘一赤馬，俊快非常；雙持二刀，皆長七尺；馳馬運刀，所向披靡。關西爲之歌曰：「壟上健兒字陳安，頭細面狹腹中寬，丈八大矟左右盤。」(《古小說鉤沈・靈鬼志》)

按：《晉書》所載歌謠較詳，殆取材自崔鴻《十六國春秋・前趙錄》；[38]崔氏則本於荀氏《靈鬼志》。唯今《靈鬼志》輯本疑非完帙，

---

37 見新校本《晉書》第五册，《九家舊晉書輯本》，頁 314 、434 。

38 見新校本《晉書》第六册，《十六國春秋輯補》，頁 55-56 。

故文字小有殘缺。

以上志怪之屬。

本節選錄《晉書》廿一段原文，然後再找尋六朝小說中相對應的各種資料，排比對照，並引用相關文獻，略做解說。雖然所佔的比例，大約僅及總數的廿五分之一，我們仍可從中看出唐初史官編修《晉書》，如何廣泛地採用小說做為原料，以及刪削增飾的情況。

四、結語

唐朝初期，國史館官員參考了存世的十八家晉史，以及諸多載籍，完成了一部新舊融合的《晉書》。它當然有些特色，也免不了一些瑕疵。

清代紀昀《四庫全書總目》卷四五論《晉書》云：「其所褒貶，略實行而獎浮華；其所採擇，忽正典而取小說，波靡不返，有自來矣。……其所載者，大抵宏獎風流，以資談柄。取劉義慶《世說新語》與劉孝標所注，一一互勘，幾於全部收入，是直稗官之體，安得目曰史傳乎？」[39] 吳士鑑《晉書斠注・序》云：「李唐初葉，十八家之史，存者無幾。虞、朱、謝、蕭諸家，見於《書鈔》、《類聚》、《御覽》者，不及王、何、臧三家之多。故唐臣載筆，頗采三家，而亦時有同異；干、鄧、徐、曹諸紀，取材更尠。惟孫氏《陽秋》評騭人物，列傳每依據之。若夫瑣語碎事，則劉義慶、郭澄之、裴啓之書，參互錯綜，略有耑緒。」[40]

紀氏以考證實學的觀點爲基準，對修《晉書》諸人深致不滿；吳氏經由校勘比對的工夫，頗能體會初唐館臣剪裁之用心。因此，兩人的看法稍有不同。也許我們必須從史料甄別取捨的角度，重新檢

39 《四庫全書總目》，頁 976 下，臺北：藝文印書館。

40 臺北：新文豐出版公司影印本， 1975 年。

討《晉書》的優劣得失；至於史家「舍舊謀新」[41]之苦衷，吾人雖能理解，卻無法讓它成為撰史者的護身符。

41 呂思勉《讀史札記·論晉書七》，頁929，臺北：木鐸出版社，1983年。

陳郡陽夏謝氏
六朝文學士族之個案研究

程章燦

一、序論

陳寅恪在《金明館叢稿初編・崔浩與寇謙之》中指出：

> 東漢以後學術文化，其重心不在政治中心之首都，而分散於各地之名都大邑。是以地方大族盛門乃爲學術文化之所寄托。……而漢族之學術文化變爲地方化及家門化矣。故論學術，只有家學之可言，而學術文化與大族盛門常不可分離也。

此語雖爲總括東漢以後之學術文化而言，對於研究六朝文學尤其是考察六朝士族與文學之關係，亦有相當貼近之針對性與啓示意義。[1]

陳寅恪所謂大族盛門，在六朝史上即是所謂門閥、門第，所謂

---

1 劉知幾《史通・煩省篇》：「降及東京，作者彌衆，至如名邦大都，地富才良，高門甲族，世多髦俊。」其意略同，可備參觀。

世家大族，通常又有世族、勢族、士族、氏族等稱呼。[2]此四者形異音同，所指亦大體相等，惟各自著眼之點與側重角度稍有差別。概略言之，世族著重其世代承襲與家族綿延，勢族强調其政治權位與經濟富足面，氏族著眼於因血緣流別而生之姓氏分辨，而士族則偏重其學術傳統與文化特性。本文屬於文學與文化研究之範疇，故論及六朝學術文化史上此類重要家族集團與士人羣體時，概以士族稱之。

唐代譜學大家柳冲曾將漢魏六朝士族分作僑姓、吳姓、郡姓、虜姓四大類，「過江則爲僑姓，王、謝、袁、蕭爲大。」(《新唐書》卷一九九《柳冲傳》)。縱觀魏晋南朝四百年歷史，王、謝又較勝於袁、蕭，在四族中佼佼領先，研究六朝士族尤其僑姓士族，最適合、最值得提出作個案考察者，亦非此二姓莫屬。迄今爲止，中外學者曾就吳姓之朱、張、顧、陸，僑姓之太原王氏及瑯琊王氏作過個案研究，但多注目於社會、政治與經濟諸層面，尚未及對士族文學作深入探討。[3]六朝士族之所以能夠冠蓋綿延，歷數百祀而不墜，究其原因，操縱選舉以博取高官優爵，考究婚姻以壟斷高門清譽，以莊園經濟爲後盾，以部曲門生爲奥援，此諸端屬犖犖大者，

---

2 《左傳・隱公八年》:「官有世功，則有官族。」世族之名，取義於此。《晋書・許邁傳》:「家世士族。」(卷八〇)《宋書・恩悻傳序》:「郡縣掾史，並出豪家，負戈宿衞，皆由勢族。」(卷九四)《新唐書・柳冲傳》記柳冲之説曰:「氏族者，古史官所記也。昔周小史定繫世，辨昭穆，故古有《世本》，錄黃帝以至春秋時諸侯、卿、大夫名號繼統。左丘明傳《春秋》，亦言天子建德，因生以賜姓，胙之土，命之氏，諸侯以字爲氏，以謚爲族。」(卷一九九)史籍中此種稱謂極爲繁雜，實難備舉，毛漢光《兩晋南北朝士族政治之研究》卷上頁一曾羅列二十七個稱呼加以分析，可參看。然毛氏所搜尚非靡無孑遺，此暫不贅論。

3 何啓民撰有《中古南方門第——吳郡朱張顧陸四姓之比較研究》，載《中古門第論集》；毛漢光撰有《中古大士族之個案研究——瑯琊王氏》，載《中國中古社會史論》；日本學者守屋美都雄有《六朝門閥的研究——太原王氏系譜考》(日本出版會社，1951年)。

學人論之已多；[4]至於士族在學術文化上之精深造詣與突出成就，有助於擴展其社會聲譽，鞏固個人與家族地位，前輩學者亦有所揭示。[5]文學爲六朝文化最輝煌之一部分，六朝士族普遍愛尚文義，其羣體趣味與個體性情在文學活動和詩文創作中皆有表露，反過來，其性情與趣味又不能不影響其文學思想與創作實踐，在全面開展士族與六朝文學研究之前，選擇陳郡陽夏謝氏之文學作一個案考察，相信可以爲整個研究提供生動的參照和堅實的基礎。

陳郡陽夏謝氏崛起於東晉朝政多事之秋，謝尙、謝安、謝萬、謝玄、謝石諸人各展才抱，德行事功與文采風流並重，標名一時。《晉書》卷七九《謝尙傳》史臣曰：「建元之後，時政多虞，巨猾陸梁，權臣橫恣。其有兼將相於中外，繫存亡於社稷，負扆資之以端拱，鑿井賴之以晏安者，其惟謝氏乎！」自晉迄陳二百餘年，謝家雅道相傳，人才繁盛，江左罕有其匹，而「各擅一時，可謂德門者矣。」(《南史》卷一九史臣論)[6]正所謂「條繁林彌蔚，波清源愈濬。」(《文選》卷二五謝瞻《於安城答靈運詩》)謝晦臨終作《悲人道》，自述家世云：「懿華宗之冠冑，固清流而遠源。樹文德於庭戶，立操學於衡門。」(《宋書》卷四四《謝晦傳》)可見文學本爲謝氏家學之崇尙，門風所內涵。前人論六朝文學士族，每津津樂道瑯琊

4 這一方面較深入的研究已有王伊同《五朝門第》、何啓民《中古門第論集》等，可參看。

5 錢穆《略論魏晉南北朝學術文化與當時門第之關係》論此事甚精到，請參看。原載《新亞學報》五卷二期，後收入《中國學術思想史論叢(三)》。

6 《晉書》卷七九，《南史》卷一九、二〇皆爲謝家人物合傳，王伊同《五朝門第》附《五朝高門世系婚姻表》之四爲《陳郡陽夏謝氏》，從中可見謝家人才輩出盛況之一斑。但王氏所制表尙有疏失，如漏列幾卿兄才卿，璟子微，舉兄子僑、札等。

王氏、彭城劉氏、蘭陵蕭氏等，[7]此固據實之論，但謝氏一門，即以誕育謝混、謝靈運、謝惠連、謝莊、謝朓等人而言，已堪稱一流文學士族，足以與上述諸姓比肩而無愧，更何況在此數人外，謝家善屬文者尚大有人在。《隋書經籍志》著錄陳郡謝氏的別集有：《國子祭酒謝衡集》二卷，《晋太守謝鯤集》六卷（梁二卷），《衞將軍謝尚集》十卷，錄一卷，《晋散騎常侍謝萬集》十六卷（梁十卷），《晋太傅謝安集》十卷（梁十卷，錄一卷），《車騎司馬謝韶集》三卷，《車騎長史謝朗集》六卷，錄一卷，《車騎將軍謝玄集》十卷，錄一卷，《晋驃騎長史謝景重集》一卷，《晋左僕射謝混集》三卷（梁五卷），《晋江州刺史王凝之妻謝道韞集》二卷，《宋豫章太守謝瞻集》三卷，《宋司徒參軍謝惠連集》六卷（梁五卷，錄一卷），《宋太常謝弘微集》二卷，《宋臨川內史謝靈運集》十九卷（梁二十卷，錄一卷），《太尉諮議參軍謝元集》一卷，《宋金紫光祿大夫謝莊集》十九卷（梁十五卷），《齊東海太守謝顥集》十六卷，《謝瀹集》十卷，《齊吏部郎謝朓集》十二卷，《謝朓逸集》一卷，《謝朏集》十五卷，《晋安太守謝纂集》十卷，《謝綽集》十一卷，[8]計二十四部，一百八十七卷。《隋書經籍志》未

---

7 《五朝門第》上篇第三章《高門在政治上之優遇》第二節《仕途》（丁）梁：「瑯琊王筠，七葉之中，名德重光，爵位相繼，人人有集。彭城劉孝綽，兄弟羣從諸子侄，一時七十餘人，並能屬文。蘭陵蕭子恪，兄弟十六人，有文學者子恪、子質、子顯、子雲、子暉五人。」按：子質當是子範之訛，說見《梁書・蕭子恪傳》（卷三十五），中華書局排印本校勘記（三）。

8 見《隋書・經籍志》四。《車騎將軍謝玄集》原作《車騎將軍謝頠集》（卷三五）。按《晋書・謝玄傳》：「追贈車騎將軍，開府儀同三司。」（卷七九）姚振宗《隋書經籍志考證》：「案兩《唐志》，《謝朗集》五卷之後，次以《謝玄集》十卷。《唐志》無《謝頠集》，本志無《謝玄集》。此謝頠列謝朗之後，確爲謝玄之誤。遍檢《晋書》無謝頠，不知何以誤玄爲頠也。本志此處似脫誤一條（《通志藝文略》亦作謝頠，則北宋末已然矣）。」謝纂即《梁書・謝朏傳》所記朏之次子𥳑，纂與𥳑通（卷一五）。《隋書經籍志》又著錄有《太子洗馬謝登集》六卷，《宋金紫光祿大夫謝協集》三卷，《梁東陽郡丞謝瑱集》八卷，《梁通直郎謝琛集》五卷等四部二十二卷，因難以確認其屬於陳郡謝氏還是山陰謝氏，暫不計入。

收，張鵬一《隋書經籍志補》亦漏輯，而今天尚可考知的謝氏別集多達七部，即：《謝舉集》二十卷，[9]《謝藺集》，[10]《謝微集》二十卷，[11]《謝幾卿集》，[12]《謝僑集》十卷，[13]《謝嘏集》，[14]《謝貞集》。[15]總集類之謝氏著述，《隋書經籍志》著錄有十三部二百三十四卷：謝混撰《文章流別本》十二卷，[16]謝靈運撰《賦集》九十三卷，謝靈運撰《詩集》五十卷（梁五十一卷），謝靈運撰《詩集鈔》十卷（梁有《雜詩鈔》十卷，錄一卷，謝靈運撰），謝朏撰《雜言詩鈔》五卷，謝靈運集《詩英》九卷（梁十卷），謝靈運撰《迴文集》十卷，謝莊撰《讚集》五卷，謝莊撰《誄集》十五卷，謝靈運集《七集》十卷，謝莊撰《碑集》十卷，謝靈運撰《連珠集》五卷。由此可見，在五朝文學史上，陳郡陽夏謝氏人才濟濟，創作實績亦極爲可觀。

若我們將上述文學著述情況與王伊同所制《五朝高門世系婚姻表》之四《陳郡陽夏謝氏》比觀，對於謝氏子弟文才富盛之空間廣闊性與時間綿延性當有更具體而深入的體察。按謝安兄弟六人，除謝石一支人丁不旺後嗣先絕外，[17]其餘各支皆以文才挺出於世。謝靈運出自謝奕一支，謝朓產自謝據一房，謝安後嗣中有謝混，謝萬之後出現了謝莊，謝鐵一支穎脫出了謝惠連，在當時文壇上都是出

---

9 《梁書・謝舉傳》：「文集亂中亡逸。」（卷三七）《南史・謝舉傳》：「有文集二十卷。」（卷二〇）

10 《梁書・謝藺傳》：「藺所制詩賦碑頌數十篇。」（卷四七）《南史・謝藺傳》同。（卷七四）

11 《梁書・謝徵傳》：「友人瑯琊王籍集其文爲二十卷。」（卷五〇）中華書局排印本校勘記：「錢大昕《廿二史考異》：『徵當爲微之訛。』按《南史》作微。」《南史・謝微傳》：「文集二十卷。」（卷一九）

12 《梁書・謝幾卿傳》：「文集行於世。」（卷五〇）《南史・謝幾卿傳》同。（卷一九）

13 《南史・謝僑傳》：「集十卷。」（卷二〇）

14 《陳書・謝嘏傳》：「有文集行於世。」（卷二一）《南史・謝嘏傳》同。（卷二〇）

15 《陳書・謝貞傳》：「所有文集，值兵亂多不存。」（卷三二）

16 姚振宗《隋書經籍志考證》以爲書名當作《文章流別別本》，中脫一「別」字。

17 見《晉書・謝石傳》（卷七九），引文參見本文第五節。

類拔萃的人物。謝萬一門尤其突出，謝萬、謝韶、謝弘微、謝莊、謝瀹、謝舉、謝嘏，八世之中，七世皆有文集，文學傳統延續二百餘年。謝瀹兄弟五人，三人有集，也堪稱是一時之盛事。此外，祖孫三代皆有集的還有謝朗、謝重、謝瞻，父子皆有集如謝鯤與謝尚，謝璟與謝微。這些證明謝氏一門文人之盛，足以構成一個文學創作羣體。

其實，無論當時還是後代，他們自身或者旁人，都已認識到謝氏文學人才的這種羣體性特徵。《世說新語・賢媛》云：

> 王凝之謝夫人既往王氏，大薄凝之。既還謝家，意大不說，太傅慰釋之曰：「王郎，逸少之子，人材亦不惡，何以恨乃爾？」答曰：「一門叔父，則有阿大、中郎；羣從兄弟，則有封、胡、遏、末；不意天壤之中，乃有王郎！」[18]

據劉孝標注，封、胡、遏(《晋書》卷七九《謝萬傳》作「羯」)、末分別指謝韶、謝朗、謝玄、謝淵，又據余嘉錫《箋疏》，阿大、中郎即謝尚、謝萬。除謝淵傳記闕略，莫可究詰外，[19] 餘五人並善屬文，有集傳於世。瑯琊王氏爲其時一等高門，王凝之「人材亦不惡」，而謝夫人仍有怨艾者，大概就是因爲凝之本人文才平平，較之謝氏不免相形見絀罷。《宋書》卷五八《謝弘微傳》云：

> (謝)混風格高峻，少所交納，唯與族子靈運、瞻、曜、弘微並以文義賞會。嘗共宴處，居在烏衣巷，故謂之烏衣之遊，混五言詩所云「昔爲烏衣遊，戚戚皆親侄」者也。其外雖復高

---

18 此處引文據余嘉錫《世說新語箋疏》。徐震堮《世說新語校箋》「人才亦不惡」句作「人身亦不惡」，文異義同，於大旨無礙。《晋書・王凝之妻謝氏傳》轉錄此事，文較簡略。(卷九六)

19 謝淵，唐人避諱改爲泉，事迹僅見於《晋書・謝奕傳》：「三子：泉、靖、玄。泉早有名譽，歷義興太守。」(卷七九)此外無考。

流時譽，莫敢造門。[20]

顯然，謝混等人已經自然形成了一個謝氏文學羣體，其標格之高，聲譽之隆，當時勝流爲之聳動，卻無人能與之頡頏。作爲晚輩的沈約記錄這段史事時，字裏行間仍流露出嘆賞仰慕之情。杜甫《解悶》詩云：「孰知二謝將能事，頗學陰何苦用心。」宋濂《答章秀才論詩書》云：「元嘉以還，三謝、顏、鮑爲首。三謝亦本子建而雜參於郭景純。」總之，三謝、二謝、大小謝等並稱不僅寄托了人們對謝氏文彩風流的想慕之情，而且是對陳郡謝氏作爲文學士族的充分肯定。

文學家羣體之構成有多種方式，或彙聚某一藩邸，如竟陵八友；或依托某一權貴，如桓溫門下之文學集團；或追隨某一宗師，如蘇門六學士；或共有某種文學傾向，如前後七子。共時性是這些文學家羣體的共同特徵之一。文學士族陳郡謝氏所構成的文學家的家族羣體，則具有血緣聯繫、家族背景與歷時性等特徵，與上述諸種羣體截然不同，成爲一個富有特色的羣體存在。從文學家羣體研究的角度看，將陳郡謝氏作爲六朝文學士族的個案來處理，既考慮了它特殊的學術價值，更期望藉此進而發掘其中的文化史和文學史的獨特意蘊。

二、芝蘭玉樹生階庭

與弘農楊氏、瑯琊王氏相比，陳郡謝氏發家較晚。謝鯤「祖瓚，典農中郎將。父衡，以儒素顯，仕至國子祭酒。」(《晋書》卷四九《謝鯤傳》)雖然史稱謝衡「博物多聞」(《晋書》卷五一《王接傳》)，但因「衡爲謝氏發軔之初」，官位不顯，門地未尊，故「史略無其

---

20 《南史・謝弘微傳》略同，唯引混詩，「親侄」作「親姓」(卷二〇)。

事，並其字亦不傳也。」（姚振宗《隋書經籍志考證》卷三十九之四「梁又有《國子祭酒謝衡集》二卷，亡」條。）不出幾十年，到四世紀四十年代，謝安兄弟七人（包括謝尚）挺出，謝氏家族崛起，躍居江左一流士族之列，政事文章舉世推崇。[21] 這固然濫觴於謝衡所開創的儒素家風，亦歸功於謝氏子弟肯堂肯構，克紹箕裘。事實上，謝氏即使在確立了士族高門的地位之後，也難免遭遇庶族寒門側目而視和其他士族高門虎視耽耽的目光。《世說新語・方正》云：

> 韓康伯病，拄杖前庭消搖。見諸謝皆富貴，轟隱交路，嘆曰：「此復何異王莽時？」[22]

又《宋書》卷八五《謝莊傳》云：

> 時南平王鑠獻赤鸚鵡，普詔羣臣爲賦。太子左衞率袁淑文冠當時，作賦畢，賚以示莊，莊賦亦畢，淑見而嘆曰：「江東無我，卿當獨秀。我若無卿，亦一時之傑也。」遂隱其賦。[23]

雖然士族與庶族、士族與士族之間在政治和文化等方面的競爭態勢未必都是劍拔弩張，有時甚至是溫文爾雅，但這絲毫不減弱其尖銳性與激烈性。如何保持自己的高門地位和勝流清譽，是個頗具緊迫性的現實問題，每個士族都無法迴避。陳郡謝氏亦未能免俗。《世說新語・言語》：

> 謝太傅問諸子侄：「子弟亦何預人事，而正欲使其佳？」諸人莫有言者。車騎答曰：「譬如芝蘭玉樹，欲使其生於階庭

---

21 參看《晉書・謝尚謝安傳》及史臣論。（卷七九）

22 韓康伯與諸謝有夙怨，忌謝氏太盛，故挾私憤，肆行譭謗，詳參余嘉錫《世說新語箋疏》。

23 《南史・謝莊傳》記此事略同，又記宋孝武帝與顏延之及謝莊問答語，亦同類事，可參閱。（卷二〇）

耳。」

有佳子弟乃是光大家門之關鍵。謝車騎這句話反映了士族對子弟普遍寄托的一種殷切期望。六朝士人向稱曠達，善處功名利祿之際，唯獨在這一環節上最爲認眞執著，正是出於于維護家族地位和門庭聲譽的需要。因此，士族大姓都很重視對子弟言傳身教，使之成才。具體到陳郡謝氏而言，其傳教內容旣自有側重，施教方式也自有特色。《世說新語·言語》云：

> 謝公云：「賢聖去人，其間亦邇。」子侄未之許。公嘆曰：「若郗超聞此語，必不至河漢。」

又同書《假譎》云：

> 謝遏年少時，好著紫羅香囊，垂覆手，太傅患之，而不欲傷其意，乃假與賭，得即燒之。

《世說新語·言語》「晋武帝每餉山濤恆少」條及注引《謝車騎家傳》「孝武將講《孝經》」條，《品藻》「謝公與時賢共賞說」條、「謝遏諸人共道竹林優劣」條，《輕詆》「謝太傅謂子侄曰」條，所記都是謝安與子侄輩談論之事，從中可以看出，以平等的態度，啓發的方式，開展對話或交流，允許自由抒發不同意見，哪怕晚輩的行爲或觀點顯然錯誤，也不採用强制的手段，而是委婉地加以引導疏解，這正是謝安教育方法的特色。《世說新語·紕漏》「謝虎子嘗上屋薰鼠」條記謝安「虛托引已之過，以相開悟」，巧妙引導謝胡兒知錯而改，與上引《輕詆》所記謝遏事相類。作者給予這種教育方法以高度評價，稱爲「德教」。這種環境下成長起來的子弟無疑會有健全的心理和良好的素質。

從教育內容看，前文所舉都是人物品評玄言清談的事例，實際上，謝氏家族文學傳統源遠流長，謝安父祖衡、鯤二人皆有集傳世。在日常生活中，謝氏家族文學活動頻繁，有濃鬱的文學氣氛。《世說新語・言語》云：

> 謝太傅寒雪日內集，與兒女講論文義。俄而雪驟，公欣然曰：「白雪紛紛何所似？」胡兒曰：「撒鹽空中差可擬。」兄女曰：「未若柳絮因風起。」公大笑樂。即公大兄無奕女，左將軍王凝之妻也。」[24]

這實際上是在謝安主持下謝氏子弟的一次文學活動。先是「講論文義」，繼而以詠雪爲題，進行即景詠物的創作實習，後人甚至將其視作一首謝安唱韻、子侄賡歌的詠雪聯句，雖然從其原始意義和謝安之本意來看，這種理解未必正確。[25] 胡兒即謝朗，劉孝標注引《續晋陽秋》謂其「文義艷發」；兄女即謝道韞(或作蘊)，劉注引《婦人集》稱其「有文才」，二人並有文集行世。他們的文學才華正是在這樣的環境中被發現、培養、磨練、成長起來的，這也是這則軼事透露給我們的信息之一。《世說新語・文學》又云：

> 謝公因子弟集聚，問《毛詩》何句最佳？遏稱曰：「昔我往矣，楊柳依依；今我來思，雨雪霏霏。」公曰：「訏謨定命，遠猷辰告。」謂此句偏有雅人深致。[26]

這是謝安又一次集聚子弟「講論文義」。在當時人的心目中，《毛詩》是儒家的一部經典，但謝安與子弟的往來問答，所關注的顯然只是其文學意義，即在《詩經》中尋章摘句，根據各自的閱讀體會和文學

---

24 《晋書・王凝之妻謝氏傳》記此事，「撒鹽」作「散鹽」。(卷九六)

25 逯欽立《先秦漢魏晋南北朝詩・晋詩》卷十三輯錄此三句，即題作「詠雪聯句」。

26 《晋書・王凝之妻謝氏傳》：「叔父嘗問：《毛詩》何句最佳？道韞稱：吉甫作頌，穆如清風。仲山甫永懷，以慰其心。安謂有雅人深致。」(卷九六)二書所記或爲同一事之不同片斷，或傳聞有異辭。

觀念進行鑒賞批評，品第高下。宋以後的詩論家如嚴羽、何景明、薛蕙、楊愼、胡應麟、潘德輿等人曾爭論哪一篇詩爲「唐人七律第一」的問題，[27] 溯其濫觴，蓋源於謝氏子弟這一類的討論。如果說上一個事例的意義偏重於創作的練習，那麼，這個事例的意味則主要在於批評的嘗試。

「夫學之所益者淺，體之所安者深。閑習禮度，不如式瞻儀形；諷味遺言，不如親承音旨。」(《世說新語・賞譽》「太傅東海王鎮許昌」條記晉東海王越語)在六朝士族看來，身教與言傳同樣重要，其潛移默化的功效更比言傳顯著。《世說新語・德行》載：

> 謝公夫人教兒，問太傅：「那得初不見君教兒？」答曰：「我常自教兒。」

劉注引劉子眞之語曰：「吾之行事，是其耳目所聞見，而不放效，豈嚴訓所變邪？」並解釋道：「安石之旨，同子眞之意也。」謝安爲子侄輩樹立了怎樣的一個榜樣呢？下面這段文字可以使我們略知一二：

> 安先居會稽，與支道林、王羲之、許詢共遊處，出則漁弋山水，入則談說論文，未嘗有處世意也。(《世說新語・雅量》「謝太傅盤桓東山時」條注引《中興書》)[28]

今存《先秦漢魏晋南北朝詩・晋詩》卷一二、一三的王胡之《答謝安詩》、孫綽《贈謝安詩》、謝安《與王胡之詩》、《蘭亭詩》以及王羲之、孫綽等人的《蘭亭詩》，就是謝安等人當年「漁弋山水」、「談說屬文」的結果，猶能讓人想見其風雅遺韻。其後，優遊山水、講論

27 周勛初《從「唐人七律第一」之爭看文學觀念的演變》對此點有深入的討論。載《文史探微》頁 226-237。

28 余嘉錫《箋疏》：「先，景宋本作元。」

文義、構屬文章等項爲謝氏家族情有獨鍾，成爲謝氏門風與家學的組成部分。

值得注意的是，謝氏子弟自幼受家門文化傳統的薰陶，往往天資穎悟，卓爾不羣，風神雋美，傲視俗輩，與人交接時表現頗爲矜愼。如謝琰「宗中子弟惟與才令者數人相接」(《晉書》卷七九《謝琰傳》)，而謝混只與同宗彥秀謝靈運、謝瞻、謝曜、謝弘微等人作烏衣之遊，謝道韞更因出嫁瑯琊王凝之，失去與一門叔父羣從兄弟談論商榷之樂而「意大不說」。另一方面，謝氏子弟在相互交往中也增進了友誼，開闊了眼界，提高了藝術鑒賞力和創作水平。謝靈運與族弟謝惠連的深厚情誼最爲後人稱道，傳爲文苑佳話。鍾嶸《詩品》卷中《宋法曹參軍謝惠連》引《謝氏家錄》云：

> 康樂每對惠連，輒得佳語。後在永嘉西堂，思詩竟日不就，寤寐間忽見惠連，即成「池塘生春草」，故常云：「此語有神助，非我語也。」[29]

「池塘生春草，園柳變鳴禽」一聯究竟妙處何在，說詩者見仁見智；至於詩人神筆突來妙語天成之深長意味，竊以爲惠洪《冷齋夜話》卷三所言最中肯綮：「謝公平生喜見惠連，夢中得之，蓋當論其情意，不當泥其句也。」換言之，正是兄弟相處情誼之深，平居論文之樂，啓動了詩人的情感噴泉，觸發了他的創作靈感。

謝氏家學深湛，門地清貴，婚姻上又講門當戶對，故其母系親族也往往博學多才。謝安妻劉夫人是當時著名清談家劉惔之妹，通清言，能判別優劣；[30] 謝貞「母王氏，授貞《論語》、《孝經》。」

---

29 《南史・謝惠連傳》亦記此事，蓋即據《謝氏家錄》。(卷一九)

30 《世說新語・輕詆》：「孫長樂兄弟就謝公宿，言至款雜。劉夫人在壁後聽之，具聞其語。謝公明日還，問：昨客何似？劉對曰：亡兄門未有如此賓客！謝深有愧色。」

(《陳書》卷三二《謝貞傳》)可見有一定的經學修養;謝藺舅阮孝緒和謝貞從舅王筠分別是當時著名的學問家和文學家，或爲之授業解惑，或爲之播揚聲譽。[31] 於是，在謝氏子弟成長的道路上，又多了一股鼓勵和支持的力量。

謝氏子弟成長的另一優勢是家富藏書，有鑽研古典文化的良好條件。他們不僅愛書如命，而且好學成癖：

> 弘微家素貧儉，而所繼豐泰，唯受書數千卷，國吏數人而已，遺財祿秩，一不關豫。(《宋書》卷五八《謝弘微傳》)
>
> 僑素貴，[32] 嘗一朝無食，其子啓欲以班史質錢，答曰:「寧餓死，豈可以此充食乎?」

在他們看來，物質的匱乏、貧困乃至饑餓也許還可以忍受，沒有書，沒有讀書的條件，卻斷斷不可。不貪戀塵世浮華，而追求精神充實，形成了他們的人生志趣。

「數子勉之哉，風流由爾振。」(《宋書》卷五八《謝弘微傳》載謝混韻語)謝氏子弟確實沒有辜負父祖的殷切期望，一門之內，人物輩出，其文學才華普遍早熟，尤其引人注目。謝混「少有美譽，善屬文。」(《晋書》卷七九《謝混傳》)謝瞻「年六歲，能屬文，爲《紫石英贊》、《果然詩》，當時才士，莫不嘆異。」(《宋書》卷五六《謝瞻傳》;謝惠連「幼而聰敏，年十歲，能屬文。」(《宋書》卷五三《謝惠連傳》)謝莊「年七歲，能屬文。」(《宋書》卷八五《謝莊傳》)謝朓「少好學，有美名，文章清麗。」(《南齊書》卷四七《謝朓傳》)莊子朏「幼

---

31 《梁書・謝藺傳》:「少純孝，舅阮孝緒授以經史，過目能誦。」(卷四七)《陳書・謝貞傳》:「八歲曾爲《春日閑居》五言詩，從舅尚書王筠奇其佳致，謂所親曰:此兒方可大成，至如風定花猶落，乃追步惠連矣。由是名輩知之。」(卷三二)

32 原文如此，疑「貴」爲「貧」之訛。

聰慧，莊器之，常置左右。年十歲，能屬文。……瑯琊王景文謂莊曰：『賢子足稱神童，復爲後來特進。』」（《梁書》卷一五《謝朏傳》）莊孫舉「幼好學，能淸言。……年十四，嘗贈沈約五言詩，爲約稱賞。」（《梁書》卷三七《謝舉傳》）眞是羣星璀璨，後先輝映。至此，謝玄的願望可以說已經成爲現實；謝氏門庭之前，一株株芝蘭玉樹果然臨風搖曳，茁壯成長起來了。

三、玄風、佛學與文學

謝氏門風家學的內涵是多方面的，玄風和佛學則是其中最重要的內涵之一。玄學由魏晋玄儒交流發展到南朝玄佛融會，對六朝文學影響甚大。這裏著重討論謝家的玄風傳統和佛學修養及其對謝氏文學的影響。

謝氏家族崇尙淸言，玄風甚熾，可謂源遠流長。爰舉數例如下：

> 王右軍與謝太傅共登冶城，謝悠然遠想，有高世之志。王謂謝曰：「……今四郊多壘，宜人人自效，而虛談廢務，浮文妨要，恐非當今所宜。」謝答曰：「秦任商鞅，二世而亡，豈淸言致患邪？」（《世說新語・言語》）
>
> 萬善屬文，能談論。（《世說新語・文學》「謝萬作《八賢論》」條注引《中興書》）
>
> 玄能淸言，善名理。（同上「謝車騎在安西艱中」條注引《玄別傳》）
>
> 朗博涉有逸才，善言玄理。（同上「林道人詣謝公」條注引《中興書》）
>
> 舉少博涉多通，尤長玄理及釋氏義。（《梁書》卷三七《謝舉傳》）
>
> 齊文惠太子自臨策試，謂祭酒王儉曰：「幾卿本長玄理，今

可以經義訪之。」(《梁書》卷五〇《謝幾卿傳》)

由此看來，擅長淸言之道，重視玄學修養，確已成爲謝氏家族文化傳統，有些人如謝安還是當時玄風的領袖人物。

謝氏家族與佛教人士交往甚多，領悟佛理較早。謝安、謝玄、謝朗與支道林，[33] 謝超宗與慧休，[34] 都有往來。《廣弘明集》卷二六敍梁武帝斷殺絕宗廟犧牲事，載有謝幾卿《丹陽瑯琊二郡斷搜捕議》，反映了佛家戒殺生的思想。謝綽、謝舉並有《答釋法雲書難范縝〈神滅論〉》(《弘明集》卷一〇)，引用佛家義理反駁范縝。《陳書》卷三二《謝貞傳》載貞遺疏告族子凱曰：「氣絕之後，若直棄之草野，依僧家尸陁林法，是吾所願，正恐過爲獨異耳。」可知其思想與行爲均受佛家影響。謝氏子弟對佛學深有造詣者亦不乏其人。史稱謝舉「托情玄勝，尤長佛理，注《淨名經》，常自講說。」(《南史》卷二〇《謝舉傳》)謝靈運一生常與佛徒發生因緣，對佛理更有獨到的領悟，曾著《辨宗論》(《廣弘明集》卷一八)，申竺道生頓悟之說，折中儒釋以光大佛法。[35] 這些自然會在謝氏家族文人的文學創作中留下印迹。例如謝靈運《山居賦》「安居二時，冬夏三月，……非獨愜於予情，諒僉感於君子」一段，即詳細記敍了晉宋講經的情形，是珍貴的佛教史料。[36] 從現有文獻資料看，賦的自注雖然始於左思《齊都賦》，但在謝靈運之前，自注大抵不外乎對字詞音義和

---

33 參看前引《世說新語・雅量》「謝太傅盤桓東山時」條注引《中興書》；又同書《文學》「謝車騎在安西艱中」條；「林道人詣謝公」條。湯用彤《漢魏晉南北朝佛教史》第十三章《佛教之南流・世族與佛教》亦云：「陳郡謝氏之名人與佛教常生因緣。」

34 《南齊書・謝超宗傳》：「與慧休道人來往。」(卷三六)

35 參看前引湯用彤書第十三章《佛教之南流・謝靈運》，第十六章《竺道生・頓悟漸悟之爭》。

36 參看前引湯用彤書第五章《佛道・漢晉講經與注經》。

名物等的訓詁，形式較簡略，功能也較單純。謝靈運在《山居賦》中不僅大大擴充了自注的篇幅，而且轉而以釋事數典闡發意理爲主，與本文表裏發明，使自注擺脫了呆板和單一，獲得了新生。既然靈運精通佛學，推論他這一創造性的嘗試可能是從當時流行的佛經合本子注中得到啓廸，當非無稽之談。[37] 另外，謝惠連《雪賦》詠雪云：「值物賦象，任地班形。素因遇立，汚隨染成。縱心皓然，何慮何營。」細審諸句，其「判心迹爲二，迹之汚潔，於心無著，任運隨遇，得大自在，已是釋老之餘緒流風。」（錢鍾書《管錐篇》頁1296）。看來，佛學既影響了謝氏文學的創作形式，也影響了其文學內容。

援玄入佛是其時士流的風尚。玄學清言與佛家名理相互滲透，往往以一個整體對文化意識形態輻射影響。玄風佛學對謝氏家族文學羣體發生作用，也遵循此種模式。要之，這種作用主要表現在風格清新、善於持論和山水文學三個方面。

首先，玄風中人不但講究言談優雅清暢，而且追求風姿雋朗清潤。「淸」的標格正是貫通謝家子弟爲人作文的一個基點，因此他們的人格和風格在美學上趨同也就不足爲怪了。本來，「淸」常被用來品鑒人物，例如王衍曾被目爲「巖巖淸峙，壁立千仞。」（《世說新語・賞譽》「王公目太尉」條）謝氏文人亦多有「淸」譽，如謝尙「淸暢似達」（同上「世目謝尙爲令達」條）；謝顥「言辭淸麗」（《南史》卷二〇《謝顥傳》；謝幾卿「幼淸辯」（《梁書》卷五〇《謝幾卿傳》）；謝嘏「風神淸雅」（《陳書》卷二一《謝嘏傳》）。而在文學批評中，「淸」同樣意味著一種較高的評價，在品評風格時十分常用。鍾嶸《詩品》一書以「淸」評詩多達十五次，反映了六朝人對「淸」的詩風的推崇與認同。

---

37 拙著《魏晋南北朝賦史》第五章第二節之五《賦注：形態與意義》論此點較詳，請參閱。關於佛經合本子注，參看陳寅恪《金明館叢稿初編・支愍度學說考》。

謝家文人中，謝瞻、謝混等人以「務其清淺，殊得風流媚趣」居中品，謝莊以「氣候清雅」列下品。謝靈運向稱「才高詞盛，富豔難踪」(《詩品序》)，但同時人卻將其風格劃歸清新一類，湯惠休曰：「謝詩如芙蓉出水」(《詩品》卷中「宋光祿大夫顏延之」條)，就是對其清新詩風的形象描繪。梁簡文帝《與湘東王書》云：「謝客吐言天拔，出於自然。」也肯定了謝靈運詩的這一特色。在謝靈運以峻潔見稱的山水篇什中，這一點表現得尤其顯著。「初景革緒風，新陽改故陰。池塘生春草，園柳變鳴禽」(《登池上樓》)諸句，歷來被視為清新自然的佳句。雖然靈運才高詞富，藻采繁蕪，多少掩蓋了這一特徵，但大多數後人還是認為「為詩欲詞格清美，當看鮑照、謝靈運」(《竹莊詩話》卷一引《雪浪齋日記》)。史載謝朓「文章清麗」(《南齊書》卷四七《謝朓傳》)，當然詩賦都包括在內，《暫使下都夜發新林至京邑贈西府同僚》、《之宣城郡出新林浦向板橋》、《擬風賦奉司徒教作》、《高松賦奉竟陵王教作》等皆是其例。僅以詩而論，他的山水詩篇中多見奇章秀句，為人傳誦。「天際識歸舟，雲中辨江樹」，「大江流日夜，客心悲未央」，「餘霞散成綺，澄江靜如練」等，描繪自然景色，清新活潑，宛含深情。小謝的清麗詩風倍受後人矚目。輕易不低首認輸的唐代大詩人李白卻終生仰慕謝朓，稱服其清麗的詩風，再三見諸篇詠：「蓬萊文章建安骨，中間小謝又清發」(《宣州謝朓樓餞別校書叔雲》)；「諾謂楚人重，詩傳謝朓清」(《送儲邕之武昌》)。不過仔細分辨起來，謝氏文人的文章風格或清淺，或清拔，或清麗，或清雅，則又顯示了才性的差異。

玄風佛學的家世文化傳統，培養了謝氏子弟能清言、善談論的本領，他們的理論思辨能力在玄理析疑、人物商較、經說辯駁和佛義講釋中得到了鍛煉和開發。謝氏文人中，謝安、謝萬、謝玄、謝幾卿、謝舉等人長於言論思理，並見諸文獻記載，前文已徵引。而且，如前所述，在謝氏家族濃厚的文學氛圍裏，本來就含有交流創作經驗、切磋技藝和理論昇華等文學批評的因子。將玄佛思理移植到文學領域加以發揮，便塑造了更成熟的批評個性，同時也就誕生了更深刻的文學批評。只是他們在文學理論批評方面展現的不俗才華往往被他們在政治功業和文學創作上閃射的耀眼的光芒遮卻了，以至未能引起後人足夠的重視。例如謝朓本是一個長於論詩的人，鍾嶸曾說：「朓極與余論詩，感激頓挫過其文。」(《詩品》卷中「齊吏部謝朓」條)，可惜其完整的論詩篇章已蕩然無存。《詩品》卷下「梁常侍虞羲」條記謝朓曾嗟頌「子陽(虞羲)詩奇句清拔」，《南史》卷二二《王筠傳》記謝朓答沈約語曰：「好詩圓美流轉，如逐彈丸。」當是謝朓詩論之碩果僅存者。

《世說新語・文學》云：

> 庾仲初作《揚都賦》，以呈庾亮。亮以親族之懷，大爲其名價，云：「可三《二京》，四《三都》，於此人人競寫，都下紙爲之貴。」謝太傅曰：「不得爾。此是屋下架屋耳，事事擬學，而不免儉狹。」

《三都賦》之後，以京殿大賦爲典型代表的騁辭大賦漸次衰退。庾闡《揚都賦》囿於模擬，缺乏創新，實際上並沒有引起《二京》《三都》那樣的轟動效應，更不可能挽救騁辭大賦的頹勢。從賦史的角度看，謝安的評論實事求是，顯然比庾亮公正客觀，這體現了他對賦藝的精深體會和對賦史的宏觀把握，儘管謝安一生的精力並不專注於文學創作，更無一篇賦作傳世。[38] 謝靈運《擬魏太子鄴中集詩》體現了他對建安七子不同詩風的精微把握。他在一系列詩序、賦序中發表了自己的文學見解和對前人作品的評論。[39] 他還編纂了《賦集》、《七集》、《設論連珠》等賦體總集。這些行事足以證明他在文

---

38 參看拙著《魏晋南北朝賦史》第五章第三節《三都賦：騁辭大賦最後的輝煌》。
39 如《擬魏太子鄴中集詩序》、《山居賦序》、《歸途賦序》、《江妃賦序》等。

學批評上具有卓識。

謝氏文人擅長山水文學創作。東晉義熙間，謝混作山水詩，開始扭轉太元間詩壇流行的玄言詩風。謝靈運、謝惠連、謝莊都以山水文學知名。江淹《雜體詩三十首》選擇漢魏六朝名家詩作之精粹而擬作之，其中包括謝氏四家：謝僕射混遊覽，謝臨川靈運遊山，謝法曹惠連贈別，謝光祿莊郊遊，多與山水文學有關。這一點與謝氏門風家學大有關係。衆所周知，魏晉以後，隨著玄學的興起，老莊思想的盛行以及佛教教義在江左的傳播，山水自然逐漸成爲文藝領域自覺的審美對象。江南清新秀麗的自然山水，既體現玄學的清雋理想，又便於佛家離棄塵囂，能怡情養性，激發文思玄辯，是談玄作文、講說佛理的最佳所在。這種風尚也被帶進了謝氏家族內部，如謝安「又於土山營墅，樓館林竹甚盛，每携中外子侄往來遊集」，(《晉書》卷七九《謝安傳》)以此培養他們對山水情有獨鍾的性格。《宋書》卷六七《謝靈運傳》云：「(永嘉)郡有名山水，靈運素所愛好。……遂肆意遊遨，遍歷諸縣。……所至輒爲詩詠，以致其意焉。」他在《齋中讀書詩》中自述：「昔余遊京華，未嘗廢丘壑。矧乃歸山川，心迹雙寂寞。」無論仕隱，山水自然始終伴隨著他們的生活。《南史》卷二〇《謝莊傳》(《南齊書》卷四三《謝瀹傳》同)云：「五子：颺、朏、顥、㠑、瀹。世謂莊名子以風月景山水。」可見山水風月已滲透至其生活的每一角落。《梁書》卷一五《謝朏傳》(《南史》卷二〇《謝朏傳》同)亦云：「莊遊土山賦詩，使朏命篇，朏攬筆便就。」則遊覽山水又往往與文學創作相伴隨而發生。謝混、謝靈運的山水詩，謝靈運《山居賦》之類或多或少滲有玄思佛理的篇章也不罕見。「昏旦變氣候，山水含清暉。清暉能娛人，遊子憺忘歸。」(《石壁精舍還湖中作詩》)。謝氏清新文風的形成與這種生活作風當不無關係。山水對清談家及其文學創作的作用是如此顯著，難怪孫綽面對「此子神情都不關山水，而能作文」(《世說新語・賞譽》「孫興公爲庾公參軍」條)要感到驚愕。事實上，謝氏世代經營莊園別業，饒有林泉之致，「靈運父祖並葬始寧縣，並有故宅及墅，遂移籍會稽，修營別業，傍山帶江，盡幽居之美。」(《宋書》卷六七《謝靈運傳》)即是一例。這分產業固然是物質的財富，同時也是寶貴的精神財富，因爲它培養並提高了謝氏文人對山水自然的興趣和審美能力，從而參預了謝家文化傳統的建構。

四、謝氏文學之創新意識

作爲個體，謝氏多爲當時文壇的先進人物，或標新立異，如「叔源大變太元之氣」(《宋書》卷六七《謝靈運傳論》)；或領袖羣倫，如謝靈運號稱「元嘉之雄」，「五言之冠冕」(《詩品序》)，都能開風氣之先。作爲一個家族羣體，謝氏文人以突出的創新意識和在文學上的多重貢獻，奠定了自己在文學上的地位。

山水文學創作是謝氏文人的强項。以謝混、謝靈運、謝瞻、謝惠連、謝朓等人爲代表，他們在這一領域的藝術創造和貢獻見諸篇詠，載之史册，世人有目共睹。而謝氏文人在體裁、結構、形式、手法等方面表現出的創新意識也很顯著，值得重點審視。

謝惠連體是六朝一種著名的詩體。它的特點是詩句之間以頂針格蟬聯而下，造成音調聯綿迴環之美。[40]此名始見於梁簡文帝《戲作謝惠連體十三韻詩》(《玉臺新詠》卷七)，嚴格地說，它也並非謝惠連的發明，而早見於《詩・大雅・文王》。漢樂府詩《平陵樂》和《飲馬長城窟行》等詩也用此格，《文館詞林》卷一五七載郗超《答傅郎詩》六章，第二、三章，第四、五章，第五、六章之間，都以頂針格銜接，顯然也是謝惠連體的形式。雖然謝惠連現存詩中只有《西陵遇風獻康樂詩》第三章「靡靡即長路，戚戚抱遙悲。悲遙但自弭，路長當語誰？」(《文選》卷二五)略具此體特徵，但無疑，這種

40 參看王運熙《謝惠連體和西洲曲》，載《江海學刊》1991年第1期。

詩體到了謝惠連手裏才成熟、定型，也許謝惠連正是第一個自覺地向傳統形式學習並成功地寫作此體的詩人，因此後人在這種詩體前冠以他的名字，以表彰他的功績。這一點可以從同時人的酬贈和後代人的擬作中得到確定的證明。同見於《文選》卷二五的謝靈運的兩首詩，《酬從弟惠連詩》五章和《登臨海嶠初發疆中作與從弟惠連見羊何共和之詩》四章，每一章之間都頂針而下，相互聯綿。爲了與原作相呼應，並表示對對方的尊敬，在酬唱詩中使用與原唱相同或對方較常用的某種手法或格式，這幾乎是古詩創作中一條不成文的規定。在這裏，謝靈運就是這麼做的。這表明他認爲這種詩體最能代表謝惠連的創作個性，也適合表達自己的友于之情。同樣，江淹《雜體詩三十首・謝法曹惠連贈別》也作此體。由此可知，自宋迄梁，謝惠連的這一專利得到越來越廣泛的承認，其影響也不斷擴大。[41]

在辭賦創作上，謝氏家族也做出了創造性的貢獻。謝靈運是第一個致力於整理辭賦遺產、編纂辭賦總集的作家。《山居賦注》開創了一種辭賦自注的新文體。其中「若乃南北兩居，水通陸阻」一段的自注，文筆流麗輕靈，簡直就是一篇優美的山水遊記散文。北魏張淵《觀象賦注》和北齊顏之推《觀我生賦注》繼承了《山居賦注》開創的這一傳統，又各在不同的方面有所發揮，深化了這一新形式的合理性，豐富了它的生命力。謝惠連《雪賦》和謝莊《月賦》都是常見的題材，而用筆構思卻獨辟蹊徑。他們首先力圖擺脫建安以來詠物賦日益追求工巧形似的傾向，轉而以展現雪中月下人的心靈活動爲重點，著力描摹雪和月的神采，凸現情境，烘托氛圍，體現了遺貌取

---

41 《西洲曲》，《樂府詩集》卷七二列爲雜曲古辭，余冠英《漢魏六朝詩選》編在齊代，王運熙以爲當在齊梁之時。《西洲曲》可能經過文人的加工，其上下節轉韻每用頂針格銜接。唐溫庭筠曾擬作《西洲曲》，韋莊作《雜體聯綿》，均爲謝惠連體。

神棄物主情的審美趣味。《雪賦》尚稍嫌著迹，《月賦》「若夫氣霽地表，雲斂天末」一段，則「數語無一字說月，卻無一字非月，淸空澈骨，穆然可懷。」(《六朝文絜箋注》)其次，二賦分別假設梁王與賓客的兔園之會，陳王與仲宣的對答，以發端立局，在結構形式上融合了騁辭大賦和抒情小賦的特點和長處，揭示了晉宋以後賦史二體合流的走向。第三，二賦中分別繫歌二首，《雪賦》爲《積雪之歌》和《白雪之歌》，《月賦》爲《皓月之歌》和《落月之歌》，深情婉致，極盡唱嘆之妙，頓使全賦詩意盎然。這一做法也預示了南朝賦總體上詩化的趨勢。在賦史上，這些都是具有創新意義的。

沈約在《宋書》卷六七《謝靈運傳論》中指出：

> 夫五色相宣，八音協暢，由乎玄黃律呂，各適物宜。欲使宮羽相變，低昂互節，若前有浮聲，則後須切響。一簡之內，音韻盡殊；兩句之中，輕重悉異。妙達此旨，始可言文。……自騷人以來，多歷年代，雖文體稍精，而此秘未睹。至於高言妙句，音韻天成，皆暗與理合，非由思至。張、蔡、曹、王，曾無先覺；潘、陸、謝、顏，去之彌遠。

實際上，雖然還沒有直接的證據表明被沈約譏爲「去之彌遠」的謝靈運曾自覺追求四聲及雙聲疊韻等音韻效果，但其詩句中卻頗有「音韻天成」，「暗與理合」者。《觀林詩話」云：

> 謝靈運有「蘋苹泛沈深，菰蒲冒清淺」，上句雙聲疊韻，下句疊韻雙聲。後人如杜少陵「卑枝低結子，枝葉暗巢鶯」，杜荀鶴「胡盧杓酌春濃酒，艋舴舟流夜漲灘」，溫庭筠「廢砌翳薜荔，枯湖無菰蒲」，「老媼寶稿草，愚夫輸逋租」，皆出於疊韻，不若靈運之工也。

謝詩見《文選》卷二二，題爲《從斤竹澗越嶺溪行詩》。這篇詩中「逶迤傍隈隩，苕遞陟陘峴。過澗既厲急，登棧亦陵緬」等句以及《過白岸亭詩》中的「近澗涓密石，遠山映疏木」二句，或雙聲，或疊韻，並具音聲之美，大概也屬於天成偶得。唐人通曉音聲之道，在詩句中著意營造雙聲疊韻的效果，卻往往露了斧鑿的痕迹。上舉唐詩諸例，除了杜甫詩一聯外，杜荀鶴、溫庭筠的三聯都精巧得失去了自然美，這正是後人不及謝靈運之處。又查《高僧傳》卷七《慧睿傳》云：

> 陳郡謝靈運，篤好佛理，殊俗之音，多所達解。乃咨睿以經中諸字並衆音異旨，於是著《十四音訓敍》，條例梵漢，昭然可了，使文字有據焉。

《十四音訓敍》原作已佚，據保存在唐高宗時僧慧均所撰《大乘四論玄義記》(《大正藏》卷八四釋安然《悉曇藏》引)中的兩段逸文可知，謝靈運曾從居南天竺國的慧睿學習梵文，通曉梵漢音聲之異質，並以反切標記梵文音聲。[42] 由此可見，他對梵文和漢語的內在音律曾經作過苦心鑽研。考慮到永明四聲說之成立與當日佛經轉讀、梵唄新聲之關係，[43] 我們有理由推測，謝靈運對漢語聲韻之秘產生了強烈的探知欲，並可能形成了某些模糊的先覺。不管怎麼樣，「去之彌遠」的責備恐怕是過分了。

謝靈運之後，謝家又出了兩個知音識調的文學家。一個是謝莊。《宋書》卷六九《范曄傳》載曄《獄中與諸甥侄書》云：

> 性別宮商，識淸濁，斯自然也。觀古今文人，多不全了此處；縱有會此者，不必從根本中來。言之皆有實證，非爲空

---

42 參看興膳宏《〈宋書謝靈運傳論〉綜說》，載《六朝文學論稿》，彭恩華譯，岳麓書社，1986 年，頁 272−294。

43 此事陳寅恪《金明館叢稿初編・四聲三問》論析詳核，請參閱。

談，年少中謝莊最有其分。[44]

這幾句可以理解作謝莊善解音律，爲後進之翹楚。王融曾對鍾嶸說過：「宮商與二儀俱生，自古詞人不知之。唯見范曄、謝莊頗識之耳。」(《詩品序》)《南史》卷二〇《謝莊傳》載：「王玄謨問莊何者爲雙聲，何者爲疊韻。答曰：玄護爲雙聲，碻磝爲疊韻」，這就是謝莊求實而不務虛的證據之一。看來，那些謝靈運覺得朦朧不可捉摸的問題，其中一部分謝莊已經能夠澄清，並做出較確定的解釋了。其間相去不過幾十年的時間。

又過了幾十年，謝家另一個識別清濁的文學家謝朓成了永明詩壇的一員主將。《南史》卷四八《陸厥傳》(《南齊書》卷五二《陸厥傳》同)云：

> 〔永明末〕，盛爲文章，吳興沈約，陳郡謝朓、瑯琊王融以氣類相推轂，汝南周顒善識聲韻。約等文皆用宮商，以平上去入四聲，以此制韻，有平頭、上尾、蜂腰、鶴膝，五字之中，音韻悉異，兩句之內，角徵不同，不可增減。世呼爲永明體。

《梁書》卷四九《庾肩吾傳》(《南史》卷五〇《庾肩吾傳》同)云：

> 齊永明中，文士王融、謝朓、沈約文章始用四聲，以爲新變。至是轉拘聲韻，彌向麗靡，復逾於往時。

這四個人都是永明詩壇的關鍵人物，周、沈、王三人都曾就聲韻之道作過理論上的探討。[45] 然而，談到在詩歌創作中運用音韻原理

---

44 中華書局排印本《宋書》此處施以逗號，則當連下句「手筆差易，文不拘韻故也」讀。審文意，似施以句號爲佳。

45 周顒曾撰《四聲切韻》(《南史》卷三一本傳)；沈約曾撰《四聲譜》(《梁書》卷一三、《南史》卷五七本傳)；王融「欲造《知音論》，未就而卒」(《詩品序》)。

的實績，自不能不首推謝朓。他的詩最能體現永明新變體「轉拘聲韻，彌向麗靡」的特徵，是古詩向近體詩過渡的重要環節。其《玉階怨》、《金谷聚》等篇即屬於《滄浪詩話・詩評》所謂「全篇似唐者」。明胡應麟《詩藪》也舉過玄暉詩句調似唐人的幾個例子。此外，「洞庭張樂地，瀟湘帝子遊」(《新亭渚別范零陵》)；「徒念關山近，終知返路長。秋河曙耿耿，寒渚夜蒼蒼」(《暫使下都夜發新林至京邑贈西府同僚詩》)；「窗中列遠岫，庭際俯喬林」(《郡內高齋閒望答呂法曹》)等詩句，都已完全或基本合律。謝朓詩的名篇如《之宣城郡出新林浦向板橋》、《晚登三山還望京邑》、《宣城郡內登望詩》等篇都以詞藻淸麗、音聲瀏亮見長，無怪乎沈約稱其「調與金石諧，思逐風雲上」(《傷謝朓》)。在這一方面，當時人罕有能與之比肩抗衡的。可以說，謝朓在創作上也是以「好詩圓美流轉如逐彈丸」爲標準要求自己的。

從謝靈運、謝莊到謝朓，前後近百年，漢語音韻規律的探討及其在文學創作中的應用有了長足的進步，而謝氏文人一直居於時代的前沿，這是難能可貴的。對於文學發展的新動向始終保持高度敏感，善於融會新知，注意調整自己以適應文學史的新趨勢，敢於開創風氣，領導潮流，乃是謝氏文人作爲家族羣體的傳統和優勢之一。因而謝氏才能憑借得天獨厚的學識素養和藝術功底，在六朝士族激烈的文化競爭中立於不敗之地。本節所論，不過窺其一斑而已。

五、文學士族謝氏之式微

東晉中葉，謝氏鐵、石、萬、安、據、奕、尙兄弟七人並建功業，享盛名，蔚爲一時之盛。當時其子弟中尤彥秀者，則有謝韶、謝朗、謝玄、謝淵，即所謂封、胡、羯、末。晉宋之際，謝混與族子靈運、瞻、曜、弘微等相與遊處，作烏衣之遊，人才之盛，爲他姓所不及。劉宋之世，又有謝惠連、謝莊、謝朓、謝璟；梁世則有被稱爲「王有養、炬，謝有覽、舉」(《梁書》卷三七《謝舉傳》)的謝覽、謝舉兄弟，謝僑、謝札兄弟，謝微，謝超宗、謝幾卿；陳世，謝嘏以善文名，謝哲爲士君子所重。總之，無論從政治史還是文化史上看，陳郡陽夏謝氏都是六朝最重要的名族高門之一，其事業大致與六朝相終始。以謝莊一支爲例，上起其高祖謝萬，下至其曾孫謝嘏，八世之中，十三人以善文知名，其中十人當時有集行世；而在政治上，謝莊宋世再典選，其子瀹齊世兩掌吏部，其孫覽又三爲此職，淸要榮華，一時未有。然而，正如潮汐有漲有落，陳郡謝氏在六朝歷史上也有升沈起伏。東晉可以說是謝氏事業的上升階段，宋齊二代，處於相對平穩發展時期，侯景之亂後，就逐漸走下坡路了。梁陳二代，雖然謝家在政壇和文壇上依然活躍，但其作用和影響卻今非昔比。隨著陳朝的滅亡，六朝門閥政治體系徹底瓦解，士族文化傳統受到沈重打擊，謝家也在劫難逃。

隋唐以後，這一趨勢更加顯著，程度也加劇了。根據我們對《全唐詩》和《全唐文》所作的考察，在有唐三百年間，陳郡陽夏謝氏不僅沒有貢獻出一個詩壇名家(《全唐詩》包括《全唐詩逸》中甚至未能發現一個確定屬於陳郡謝氏的詩人)，[46] 也沒有產生過一個傑出

---

46 《千唐誌齋藏誌》一一七〇《謝觀誌》：「觀字夢錫，其先陳郡陽夏人，東晉太傅文靖公安十六代孫，五代祖偃仕隋爲記室參軍。……自曾祖塋於壽，因家於壽。」同書一一七二《唐秘書省歐陽正字故夫人陳郡謝氏墓誌銘》：「夫人姓謝氏，諱迢，字昇之，東晉太傅文靖公安十九世孫。……五世祖偃，仕隋爲記室參軍。……高祖諱元賓……曾祖諱景宣……大王父諱登……王父諱觀。」誌中並錄迢少作詩二句。按：《謝觀誌》爲觀自撰，《謝迢誌》爲迢長兄，觀長子承昭所撰。二誌所記謝氏世系頗爲紊亂，疑點甚多：其一、觀既自稱爲謝安十六代孫，則迢不應爲安十九世孫，其間相差兩代；其二、偃於觀爲五世祖，不應復爲迢之五世祖；其三，登於觀爲父，則於迢爲王父或大父。「大王父」一辭在唐代或指曾祖，或指祖父。《謝迢誌》稱登「大王父」尚無不可，至其下又稱「王父諱觀」，則未免不辨世系之譏。即此看來，觀、迢二人是否如其自稱爲陳郡謝

的散文作家，《新唐書．宰相世系表》中也不曾出現過陳郡謝氏的名字。與謝氏昔日在六朝政治史和文化史上的風光和榮耀相比，這一反差再强烈不過了。因此，當初唐詩人王勃在《滕王閣序》中自嘆「非謝家之寶樹」，當中唐詩人劉禹錫在《金陵五題》中感慨「舊時王謝堂前燕，飛入尋常百姓家」時，謝家這個他們所嗟嘆的對象，卻切切實實地已經成爲與烏衣巷、朱雀橋一樣的歷史名詞，留給後人以詠嘆和思索。

南朝末年世族政治體系和選舉制度的破壞，隋唐二代新的政治結構和選舉制度的建立，是陳郡謝氏衰微的大背景。在門閥政治下，高門世族操縱清議和選舉，壟斷清顯的權位，通過宗族、婚姻、地望等聯繫，結成一個龐大的關係網，互通聲氣，彼此交結，擁有入仕進身的便利。寒門塞路，華素懸隔。在此一潮流中，士族在仕宦中可以不專恃才能而仍然佔盡優勢，因而自許清流勝望，往往以談玄辨理相高，以詠詩作文自娛，以禮樂儒術傳家，重文輕武，鄙視庶務，導致「江左世族無功臣」的結局。[47] 反之，寒門則勇於任事，施展才能，夤緣時勢，際會風雲，或因軍功建立勛業，

氏之裔，實有疑問。

兩誌並以謝偃爲其先祖。考兩《唐書》，皆有《謝偃傳》。偃，衞州衞縣人，本姓直勒氏，祖孝政，北齊散騎常侍，改姓謝。偃仕隋爲散從正員郎，善爲賦，嘗作《塵》、《影》二賦，帝美其文。時李百藥工詩，時人稱爲「李詩謝賦」。按：謝偃年代與兩誌所記謝觀五世祖偃相同，行事亦相若，謝觀善賦，意者即得自先世家傳。頗疑謝觀等乃僞造家世籍貫，以致二誌舛譌，自相矛盾。其先實出衞縣謝氏，本姓直勒氏，與《北史》所謂「鮮虞縣公謝慶恩」蓋同爲漢化之胡姓也。（卷六五）

又《全唐詩》卷八六八輯有金車美人與陳郡謝翶贈答詩，出唐張讀《宣室志．補遺》及《太平廣記》卷三六四．稱翶好爲七字詩。擧進士，寓長安昇道里，庭中多牡丹，有美人乘金車來賞名花，與翶交好，有詩贈答。翌年春，下第東歸，重遇於新豐逆旅，後別去。翶還洛陽、不數日，以怨結卒。然此屬小說家言，且事涉神怪，恐未可據信。

47 參看趙翼《廿二史札記》「江左世族無功臣」條。（卷十二）

或以佞幸執掌機要，或憑借財富賄賂以求官爵，或以儒術文學之長而躋身高位。要之，寒門興起約始於宋齊，成於蕭梁。天監八年五月詔曰：「其有能通一經，始末無倦，策實之後，選可量加敍錄，雖復牛監羊肆，寒門後品，並隨才試吏，勿有遺漏。」(《梁書》卷二《武帝紀》中)可見，寒門的興起已經有力地衝擊了固有的門閥政治體系，迫使統治階級在政策上作適度的調整。[48] 南朝皇族彭城劉氏、蘭陵蕭氏和潁川陳氏本身就是通過靠軍事實力建立王朝而成爲士族的，擇才取士也容易不計高卑華素。「華族高門，棲逸物表，遵養時望，既不足恃，匹夫寒士，遂寄重任，亦大勢然也。」(王伊同《五朝門第》上編《私門政治之盛衰》戊《陳》)由此來看，並不是寒門崛起迫使高門世族退讓，而是士族的精力和興趣更多地轉向文化學術方面，主動將原來掌握在手的政治實權拱手相讓。五朝高門世族在初崛起時，也不乏政治、經濟、軍事等方面的實力和才幹，陳郡謝氏在東晉特別是淝水之戰中的作爲可爲例證。當其地位鞏固，聲勢漸大之後，即使政治興趣轉移，實際才幹萎縮，也不致於立即危及其社會政治地位和家門聲譽。士族政治色彩和經濟意味的減弱，伴隨著其文化色彩和學術意味的增强，這不但不會降低反而提高了家族的聲譽和地位，形成爲一個具有强大的慣性和推動力的傳統，使之在這條道路上越走越遠。因此，儘管梁陳二代謝家仍有一批子弟居高位要職，但他們在政治生活中的實際權力和作用已經打了折扣；相反，寒門出身的將帥權幸變成實權人物，重要性陡增。如此處太平之世尚可，若遇喪亂，則非但不能靖亂建功，挽狂瀾於既倒，甚而無力自保。東晉末年孫恩之亂中，謝琰及其二子肇、峻死難；梁末侯景之亂中，謝舉卒於圍城內，謝嘏亦遭受播遷之苦；

---

48 參看「廿二史札記」「南朝多以寒門掌機要」條(卷八)，方北辰《魏晉南朝江東世家大族述論》下篇第一章第三節《江東世家大族的衰落》。

結局類似，但前者處事積極主動，作風剛毅，後者則消極被動，作風柔順，是不能同日而語的。

這樣說會造成一個錯覺：六朝士族的衰落似乎只是因爲棄政從文所致。當然事實並非如此。自晋迄陳二百餘年間，陳郡謝氏一直處於封建政權的上層，難免要經常捲入政治鬪爭的漩渦中去，因而幾乎世代都有遭殺戮或滅門者。謝安兄弟六人，謝鐵一支傳至宋謝惠連，無子而終。謝石子汪早卒，「汪從兄冲以子明慧嗣，爲孫恩所害，明慧從兄喻復以子暠嗣，宋受禪，國除。」(《晋書》卷七九《謝石傳》)謝安有子二人：琰、瑤。琰一支陷孫恩亂，僅餘謝混，混後又因黨劉毅被誅；瑤一支宋以後無聞。謝據二子：朗、允。朗孫晦宋初謀反被殺，兄弟子侄株連被害，幾至滅門，謝瞻僅以身免。允子述，述子綜、約皆在范曄案中株連被戮，唯謝朓父緯以尚主免。謝奕傳子謝玄，玄孫靈運被加以謀反罪棄市，靈運子鳳、孫超宗也坐徙嶺南。[49] 只有謝萬一支不是如此多事，大概是因爲他們較早領悟到要與政治保持一定距離，激流勇退，才得以保全首領。[50] 宋初，謝晦權遇已重，賓客輻輳，門巷塡咽，兄瞻屢以冲退勸戒之。《宋書》卷五六《謝瞻傳》云：

> 時瞻在家，驚駭謂晦曰：「汝名位未多，而人歸趣乃爾。吾家以素退爲業，不願干豫時事，交遊不過親朋，而汝遂勢傾朝野，此豈門戶之福邪？」乃籬隔門庭曰：「吾不忍見此」。……晦或以朝廷密事語瞻，瞻輒向親舊陳說，以爲笑戲，以

---

49 參看《五朝高門世系婚姻表》之四《陳郡陽夏謝氏》。此述謝氏於五朝政爭中被難之情況，參據晋、宋、齊、梁各史及《南史》，傳文習見，不一一標列。

50 《宋書・謝弘微傳》：「弘微臨終，語左右曰：有二封書，須劉領軍至，可於前燒之，愼勿開也。書皆是太祖手敕。」(卷五八)可見弘微爲人之謹愼。此一家風，謝莊頗得其傳。史臣曰評弘微「簡而不失，淡而不流」，許爲「名臣」，蓋亦有見於此。弘微一門如此謹愼，疑與其體質多病弱有關，參看下文。

絕其言。晦遂建佐命之功，任寄隆重，瞻愈憂懼。

也許謝瞻對謝氏前代因干預時事而慘敗的教訓記憶猶新，或者他省察到了當時局勢中潛藏的刀光劍影，故而自覺地謹言愼行，以保全門戶。考之史傳，謝晦、謝述、謝朓等人所干預的時事主要是指皇帝廢立、王位繼承之類，謝混、謝靈運之死也與此間接有關。參與爭鬬的雙方都不遺餘力地拉攏謝氏加入自己的陣營，利用謝家的崇高聲譽和巨大的影響力，爲己方取勝添一法碼。可以說，在政爭的渦流中，謝氏家族有時也是身不由己的。

看來，除了家世的玄學傳統和瀟灑通脫的個性外，現實政治鬬爭的殘酷險惡確實也是謝家追求冲退玄遠不以塵務嬰心的原因之一。另一方面，謝家子弟生來養尊處優，體質大多羸弱，不堪繁劇的事務，也是其中的一個原因。《宋書》卷八五《謝莊傳》云：

家世無年，亡高祖四十，[51] 曾祖三十三，亡祖四十七，下官新歲便三十五，加以疾患如此，當復幾時見聖世，就其中煎懷若此，實在可矜。

謝莊以多疾，多次求免官去職。此節辭情危苦，洵非矯飾。謝氏「家世無年」是一個普遍現象，並不限於謝莊一門。據六朝史傳考察，謝氏一門享年五十以上者罕見。謝鯤四十三歲（《世說新語・文學》「衞玠始度江」條注引《鯤別傳》）；謝玄四十六歲（《晉書》卷七九本傳）；謝瞻三十五歲（《宋書》卷五六本傳）；謝惠連二十七歲（《宋書》卷五三本傳）；謝弘微四十二歲（《宋書》卷五八本傳）；謝莊四十六歲（《宋書》卷八五本傳）；謝藺三十八歲（《梁書》卷四七本傳）；謝

51 中華書局排印本校勘記：「按謝莊高祖謝萬卒年四十二，見《晉書》。此云四十，與《晉書》異。」今按：莊曾祖韶，祖恩。

覽三十七歲(《梁書》卷一五本傳)。[52] 此外，史稱早卒而年歲不詳者也不少，如謝石子汪、靈運子鳳、覽子罕等(傳記附見其父輩)。《梁書》卷五〇《謝徵(微)傳》云：「徵(微)幼聰慧，(父)璟異之，常謂親從曰：此兒非常器，所憂者壽，若天假其年，吾無恨矣。」謝微卒時年僅三十七歲。降至南朝末年，內則多疾無年，外則家門多難，終於使謝家的勢力明顯衰減。如果說門閥政治結構的瓦解在政治和文化上限制了謝家勢力的膨脹，那麼，政治災難和先天體弱則在物質和生理上削弱了謝氏的生命力。

初唐，北方士族即關中和山東郡姓在政權中佔了較大比重，吳姓、僑姓各族難免相形見絀，但這並不意味著南朝士族入仕之途的堵塞。事實上，唐代較為寬鬆的政治結構，廣開賢路的進士取士的選舉制度，一樣給南北士族地主提供了立身揚名、建功立業的機會。路不止一條，關鍵在於能否脫穎而出。蘭陵蕭氏、吳興沈氏、瑯琊王氏、太原王氏等在隋唐時代的政治舞台上都仍有表現，陳郡謝氏卻如黃鶴一去，音沈響絕。也許，在相同的大背景下，六朝高門特別是文學士族的盛衰之具體性與複雜性不盡相同。政治災難和先天體弱對其他士族的打擊可能不如謝氏那麼顯著、劇烈。入唐以後，謝氏在政治和文化舞台上一蹶不振，與六朝時期人才繁盛形成的反差也特別強烈、突出。因此，研究六朝士族文化與文學時，除了必須探討共性的規律外，還要注意辨析個性的差異。

對六朝士族來說，政治和文化二者是相互依存的關係。政治特權催生了文化優勢，而文化優勢又鞏固了政治特權。當政治特權鞏固、文化優勢奠定之後，這種依存關係在一個時期內會保持相對的穩定，只需借助慣性力就能向前發展。一旦原有的政治結構被打

---

52 不包括非正常死亡即在政治鬭爭中被殺者，如謝晦被殺時三十七歲，謝朓被殺時三十六歲。

破，致使政治特權被削弱，整個家族的勢力、作用和影響也就隨之衰滅，固有的文化優勢勢難再保持下去。一些舊士族衰微了，一些新士族崛起了，這是封建社會政治結構調整的必然結果。歷史需要通過這樣的調適、變動，以調動和發揮各階層、各羣體的才能和希望，激發全社會的朝氣和活力，推動人類文明的進步。在唐宋以後的社會政治體系中，這一類的變動並未斷絕，只不過形式略異，程度不等罷了。這也是謝氏家族的興衰給我們的啓示之一。

晉末宋初的政變和謝氏文學

佐藤正光

東晉後期的政治狀況

淝水之戰 (383) 二年後，謝安 (320−385) 一死，司馬道子 (364−402) 便開始專權。[1] 與司馬道子之間有隙的謝氏，本來由謝安的政治貢獻與擊破前秦軍的功勳而格外提高了其門第。然而因太元十三年 (388) 謝石、謝玄相繼去世，謝氏暫時從政界後退下來。取而代之，太原晉陽王坦之的第三子王國寶 (?−397) 憑著與司馬道子的姻戚關係，博得道子的信任而大振其權勢。[2] 謝安與王坦之是阻止桓溫簒奪東晉王朝的盟友。而且謝安之弟謝萬是王國寶的從母之夫，王國寶是謝安的女婿，謝氏與王氏有著牢固的姻戚關係。但是，王國寶並非是謝安的中意人物，爲此，謝氏與王國寶之間只是保持著較爲疏遠的關係。[3]

對道子的專橫有所憂慮的孝武帝爲了牽制道子，一方面將軍權

---

1 關於謝氏興隆到淝水之戰爲止的狀況，請參照田余慶《東晉門閥政治》陳郡謝氏與淝水之戰，北京大學出版社，1989 年 1 月，頁 197−252。安田二郎《褚太后的臨朝與謝安》，載《中國史與西洋世界的展開》，1991 年。金民壽《從桓溫到謝安的東晉中期的政治——以桓溫的府僚爲中心》，《史林》第 75 卷第 1 號，1992 年 1 月。

2 《晉書・王湛傳》附載《王國寶傳》:「從妹爲會稽王道子妃，由是與道子游處。」(卷 75)又《資治通鑒》孝武帝太元十四年條「道子勢傾內外，遠近奔湊……侍中王國寶爲以讒佞有寵於道子，扇動朝衆。」(卷 107 晉紀 29)

3 同注 2。《王國寶傳》:「國寶少無士操，不修廉隅。婦父謝安惡其傾側，每抑而不用。……遂間毀安焉。」

授給與皇后之兄王國寶不同派系的太原晋陽王恭(?−398)、陳郡殷仲堪(?−399)及高平金鄉郗恢(生卒年未詳)三人，並使之去地方赴任，[4] 一方面親自任命琅邪臨沂王珣等，使之執掌政務。[5]

其後，孝武帝死於意外，道子、王國寶便使安帝即位作爲傀儡，更由於誇示權勢，隆安元年(397)王恭終於拳兵，王國寶失腳。翌年(398)王恭、殷仲堪等爲追討司馬尚之而再度擧兵，但王恭因部下劉牢之(?−402)叛變而爲其所殺，充當殷仲堪先鋒的桓玄(369−404)等人因朝廷給予官位而退卻。第三年(399)朝廷給桓玄再加官位，誘發其與殷仲堪的樹立，最後桓玄擧兵，殷仲堪失敗而死。

此時、政權從道子移到了道子之子元顯的手裏，內外的不滿越加高漲。正當其時，在會稽一帶，勃發了信奉天師道的孫恩之亂，震撼了朝廷。孫恩屢進屢退，前後四年與官軍對抗，於元興元年(402)敗死。借此動亂之機，桓玄於同年發動政變，佔領了首都建康，殺了司馬道子和元顯父子。第二年(403)十二月廢去安帝而自已登上帝位。但是，義擧之旗遍於全國，元爲北府軍兵卒的劉裕於三年(404)奪回了首都，破了桓玄，義熙元年(405)劉毅完成了進攻桓氏的根據地江陵，保護安帝回到首都的大功。這樣，東晋後期的政治動搖迎來了一個新的局面，以後便進入了因劉裕而王朝交替的階段。

---

4 《晋書・王恭傳》:「其後帝將擢時望以爲藩屛，乃以恭爲都督兗青冀幽幷徐州晋陵諸軍事、平北將軍、兗青二州刺史、假節，鎭京口。」(卷 84)又同卷《殷仲堪傳》:「帝以會稽王非社稷之臣，擢所親幸以爲藩捍，乃授仲堪都督荊益寧三州軍事、振威將軍、荊州刺史、假節、鎭江陵。」又《郗鑒傳》附載郗恢傳:「擢恢爲梁秦雍司荊揚幷等州諸軍事、建威將軍、雍州刺史、假節，鎭襄陽。」(卷 67)。

5 《晋書・王導傳》附載《王珣傳》:「帝慮晏駕後怨隙必生，故出恭、恢爲方伯，而委珣端右。」(卷 65)又同傳:「俄而帝崩，哀册謚議，皆珣所草。」

要之，在大約二十年的時間裏，東晉王朝從由皇族之間的對立的朝廷內部的分裂引發了地方軍閥的分裂，由首都圈的內戰加急了民衆的不安，終於誘發了孫恩之亂。在其混亂之中，勃發了動搖門閥政治的桓玄的政變，從而帶來了門閥主義體制下下層階級出身的武將收拾其局面的重大的逆轉現象。

從謝安至謝混爲止的謝氏狀況

謝安最終官位是太保、衞將軍、開府儀同三司、建昌縣公、都督揚、江、荊、司、豫、徐、兗、青、冀、幽、并、寧、益、雍、梁十五州軍事、加黃鉞、揚州刺史，死後追贈爲太傅、廬陵郡公。[6] 其爵位由後代繼承，本傳裏還記有於其葬儀賜予許多金品。[7] 關於謝安的葬儀，有因謝安的推薦而成官僚的徐邈的貢勞。[8]《晉書・徐邈傳》中有如下記述。

> 及謝安薨，論者或有異同，邈固勸中書令王獻之奏加殊禮，仍崇進謝石爲尚書令，玄爲徐州。

王獻之是與謝安有親交的王羲之的最小的兒子，而且王獻之之兄王凝之之妻是謝玄之姐謝道韞。[9] 根據此段記事，徐邈不僅於謝安的葬禮，而且乃至謝石、謝玄的任官也爲之進言。

謝石據其本傳，在謝安死後繼襲了衞將軍，三年後死，追贈爲司空。謝玄於謝安死後，時時上疏，要求轉任地方，後來以散騎常

---

6 《晉書・謝安傳》，卷 79。

7 同注 6，《謝安傳》:「賜東園秘器、朝服一具、衣一襲、錢百萬、布千匹、臘五百斤。」

8 《晉書・儒林傳》附載《徐邈傳》:「及孝武帝始覽典籍，招延儒學之士，邈既東州儒素，太傅謝安舉以應選。」(卷 91)

9 《晉書・王羲之傳》附載《王獻之傳》，其中載有王獻之的上疏文，卷 80。

侍、左將軍、會稽內史而赴任會稽。[10] 謝玄的意圖在於想避開政情不安的朝廷而保全其家門。[11] 謝玄也與謝石死於同年，追贈爲車騎將軍。

謝安、謝玄、謝石三人都達到了人臣的最高品位，被授與公爵、開府儀同三司，他們的下一代都以高官厚位起家。[12] 其中謝琰繼承了謝玄編成的北府兵，作爲謝玄的後任轉任會稽內史，[13] 後歸任於朝廷，兼任尚書右僕射、散騎常侍等文官之職。不過，謝琰與王珣之間有爭執，甚至其影響及於政務。[14] 王珣官位高於謝琰，而且孝武帝的信任也深厚，爲此，在政治方面謝琰退居於後而軍事方面累積其功。先由鎮壓王恭舉兵的功績被任命爲衞將軍、徐州刺史、假節，後從孫恩之亂勃發始，被任命爲會稽內史、都督五郡軍事成爲會稽一帶的總指揮官。[15] 雖然在孫恩反亂的第二年 (400) 由於謝琰的疏忽大意，與二個兒子謝肇、謝峻一起戰敗而死，但累積了二十年的軍功收到了高度評價被追贈爲司空。[16]

---

10 《晋書・謝安傳》附載《謝玄傳》:「前後表疏十餘上，久之，乃轉授散騎常侍、左將軍、會稽內史。」(卷 79)

11 同注 10，《謝玄傳》中所引上疏文有云:「猶欲申臣本志，隆國保家，故能豁其情滯，同之無心耳。」「臣同生七人凋落相繼，惟臣一己，孑然獨存。……爲欲極其求生之心，未能自分於灰土。」

12 根據《晋書》本傳，謝琰爲著作郎、謝琰爲秘書郎(因爲早卒是初任官或是早期的官位)、謝澹「少歷顯位」。著作郎、秘書郎等是只有在父親是一品官的時候能授與的起家官。請參照中村圭爾『六朝貴族制研究』第 2 篇第 1 章九品官人法起家。風間書房，1987 年 2 月。

13 《晋書・謝琰傳》云:「尋遭父憂去官，服闋，除征虜將軍、會稽內史。」因爲服喪爲三年，故與謝玄的卒年相一致。

14 同注 13，《謝琰傳》:「又遭母憂，朝廷疑其葬禮。……先是，王珣娶萬女，珣弟珉娶安女，並不終，由是與謝氏有隙。珣時爲僕射，猶以前憾緩其事。琰聞恥之，遂自造車以葬，議者譏之。」

15 同注 13，《謝琰傳》。

16 同注 13，《謝琰傳》:「詔以父子隕於君親，忠孝萃於一門，贈琰侍中、司空，謚曰忠肅。」

謝安的長子謝瑤之子謝澹(生卒年未詳)在桓玄篡奪帝位之際(403)以太尉的身分與王謐一起把封册交給桓玄，在劉宋禪讓之時(402)又以太保的身分把封册交給劉裕，發揮了重要的作用。[17]可是，謝澹繼承其祖先謝鯤的遺風，是一位於標榜「任達」的西晋時期所能見到的那種具有異色的。在動亂的旋渦中，力求保身的典型性人物。

從淝水之戰到孫恩之亂爲止約二十年間，謝氏人材雖然相繼遭失，但是中間的謝琰爲過渡，到下一代的謝混，再到謝晦、謝靈運一代，還是沒有損失門閥的地位。

劉裕、劉毅的抗爭與謝混的政治作用

從上面所記經過可以知道，謝氏一族以謝安的家系爲中心成了爲人公讓的東晋末期的第一流的門閥。謝琰在會稽死於自己的疏忽，北府軍軍權轉移到其門下劉牢之、劉裕的手中，這倒成了謝氏從軍人門閥開始脱皮爲輩出文人官僚的門閥的機緣。

謝琰死後，成爲謝氏總領的是謝混(?–412)。因爲謝混在劉宋王朝建國的過程中，由劉裕的策謀作爲反叛者而被殺害，所以其詳細事跡未能得傳。但是，謝混特愛與其父謝琰有爭執的王珣的推薦，娶了孝武帝的長女，而且還繼承了父親的封爵，作爲門閥，其最高條件得天獨厚。[18]相對於父祖主要由軍功而獲得名譽，而謝混則由文學而知名，他是一位風流的貴公子。[19]根據《二十五史補編》所收「東晋將相大臣年表」，謝混於元興三年(404)三月就任中

17 《晋書・謝安傳》:「桓玄篡位，以澹兼太尉，與王謐俱齎册到姑孰。元熙中，爲光祿大夫，復兼太保，持節奉册禪宋。」

18 《晋書・謝安傳》附載《謝混傳》，卷79。

19 請參照拙論《謝混與風流》，載《東方學》第84輯，1992年7月。

書令，義熙二年 (406) 遷領軍將軍，六年 (410) 升尚書左僕射。[20]

謝混的從兄謝裕 (370–416) 不滿於司馬元顯的專權，到三十歲 (399) 爲止拒絕任官。[21] 任官後二年，殺死元顯的桓玄把謝裕加入到了自己的幕下。其後，桓玄敗於劉裕，謝裕進入了劉裕的幕下。原來，劉裕對謝安有所憧憬，故非常尊重繼承謝安遺風的謝裕。[22] 義熙五年 (409) 劉裕鎭壓了內亂，企圖北伐，當其時，在朝廷持支持態度的只有孟昶、臧熹、謝裕三人，由於謝裕的進言，劉裕下了決定。[23] 進而劉裕任命謝裕爲北伐中的政府監督。[24] 這時謝裕被任命爲吏部尚書。當時因爲謝混是左僕射，雖然有犯同姓不能相臨重任的制度，但由於劉裕的權威而被認可了。《宋書・謝景仁傳》有如下記載：

> 時從兄混爲左僕射，依制不得相臨，高祖啓依僕射王彪之、尚書王劭前例，不解職。

以劉毅爲中心的朝廷勢力，想阻止劉裕的權力擴張，義熙四年 (408) 借王謐之死，朝廷已經任命謝混爲揚州刺史作爲王謐的後任，想借以牽制劉裕。但因劉裕未曉其中曲折，結果劉裕順從了朝

---

20 《二十五史補編》第三册，中華書局，1955 年 2 月，頁 14–15。

21 《宋書・謝景仁傳》：「會稽王世子元顯嬖人張法順，權傾一時，內外無不造門者，唯景仁不至。」

22 《晉書・謝安傳》：「劉裕以安勳德濟世，特更封該弟澹爲柴桑侯，邑千戶，奉安祀。」(卷 79) 又：《宋書・謝景仁傳》：「高祖甚感之，常謂景仁是太傅安孫。」

23 《資治通鑑》義熙五年條：「三月，劉裕坑表伐南燕，朝議皆爲不可，惟左僕射孟昶、車騎司馬謝裕、參軍臧熹以爲必克。勸裕行。」(卷 115 晋紀 37) 又《宋書・謝景仁傳》：「景仁獨曰：『公建桓、文之烈，應天大之心，匡復皇祚。……』高祖納之。」

24 《宋書・謝景仁傳》：「及北伐，大司馬琅邪王，天子母弟，屬當儲副，高祖深以根本爲憂，轉景仁爲大司馬左司馬，專總府任。」

廷的任命。[25] 根據同傳，關於北伐，劉毅也强烈反對。

> 劉毅時鎮姑孰，固止高祖，以爲苻堅侵境，謝太傅猶不自行。宰相遠出，傾動根本。

尚書省謝氏的重任也可以在阻止劉裕專制的延長線上來考慮。謝混、謝裕同爲自殺的孟昶的後任。孟昶初時支持劉裕，而後抗議劉裕的專横，上表服毒自殺。《資治通鑑》卷 115 晋紀 37 義熙六年條下云：

> 昶知裕終不用其言，乃抗表自陳曰：「臣裕北伐，衆皆不同，唯臣贊裕行計，致使强賊乘間，社稷危逼，臣之罪也。謹引咎以謝天下。」封表畢，仰藥而死。

當時尚書省是政務的中樞，所以孟昶死後，劉毅派馬上任命謝混爲左僕射欲以牽制劉裕，與之相對，劉裕確保了孟昶兼任的吏部尚書。在史學方面，謝氏的這種重任作門閥優遇的象徵性的例子而常被引用。當時，因爲只限於名門出身者可以就尚書之任，所以謝裕被任命吏部顯示了謝氏家格的高貴，但是另一方面也是如上所述的派閥對立作用的結果。

當時的派閥抗爭，不僅在同族之間，甚至及於兄弟之間。謝裕之弟謝純 (?−412) 在劉毅幕下當參謀，結局與劉毅一起於義熙八年 (412) 戰敗而死。[26] 其最小的弟弟謝述 (390−435) 從謝純至江陵，嘗遍了千辛萬苦後回到都城。但其後得到劉裕的信任，讓他彭城王

---

25 《資治通鑑》義熙四年條「劉毅等不欲劉裕入補政，議以中領軍謝混爲揚州刺史，或欲令裕於丹徒領揚州，以內事付孟昶。……(劉)穆之曰：『……一失權柄，無由可得，將來之危，難可熟念。……』裕從之。朝廷乃徵裕爲侍中、車騎將軍、開府儀同三司、揚州刺史、錄尚書事，徐、兗二州刺史如故。」(卷 114 晋紀 36)

26 《宋書・謝景仁傳》附載《謝純傳》，卷 52。

義康的參謀謝曜 (?–427) 死後的後任，成爲義康的重要補佐官。劉裕對謝裕、謝述兄弟的信賴是建立在他們之間的婚姻關係上的。(參看後面所載系圖)

桓玄、劉毅、劉裕都是以武力作爲其背景的軍閥。從晋朝末期的情勢看，門閥諸氏不得不支持某一軍閥。然而，這並不等於說是歸屬於實力者。門閥主義體制的當時，門閥的身分遠比軍閥高貴，掌握著政治經濟的主導權。但是，皇族司馬氏暴政後，在王朝的命運凶吉未卜之中，門閥爲了保身而順從於軍閥。因此，朝廷或者軍府內的君臣關係，遠比我們想像的要淡薄得多。[27] 例如，謝晦(390–426) 在孟昶自殺時是參軍，劉裕時孟昶的人材編入自己的府下，而謝晦也隨之屬其幕下，後來謝晦受到劉裕的寵愛而發迹異常。[28] 再有，因爲劉裕自己也採取積極起用門閥出身者的懷柔政策，所以與謝混同調的謝方明也加入到了劉裕的幕下。《南史・謝方明傳》云：

> 丹陽尹劉穆之權重當時，朝野輻湊，其不至者唯混、方明、郗僧施、蔡廓四人而已。穆之甚恨。及混等誅後，方明、廓來往造穆之，穆之大悅，白武帝曰：「謝方明可謂名家駒，及蔡廓直置並台鼎人，無論復有才用。」(卷 19) [29]

---

27 請參照沈玉成《謝靈運的政治態度和思想性格》，載《社會科學戰線》1987 年第 2 期。又曹道衡、沈玉成編《南北朝文學史》第 1 章第 1 節。人民文學出版社，1991 年 12 月。

28 《宋書・謝晦傳》云：「晦初爲孟昶建威府中兵參軍。昶死，高祖問劉穆之『孟昶參佐，誰堪入我府？』穆之舉晦，即命爲太尉參軍。」又云：「高祖深加愛賞，羣僚莫及。」卷 44。

29 葉笑雪《謝靈運詩選》中已有所論述，古典文學出版社，1957 年 12 月，請參看《謝靈運傳》頁 152 、及注 45 ，頁 199。

可是，謝混與劉毅關係親密，想討伐劉裕，失敗而死。[30] 謝混的從兄謝澹對謝混的態度有如下評價：

> 初，澹從弟混與劉毅昵。澹常以爲憂，漸疎混，每謂弟璞、從子瞻曰：「益壽此性，終當破家。」[31]

謝混、孟昶以命相賭對抗劉裕的理由，沈約在《宋書》自序中歸納爲幾點：

> 吳隱、謝混、郗僧施，義止前朝，不宜濫入宋典。劉毅、何無忌、魏詠之、檀憑之、孟昶、諸葛長民，志在興復，情非造宋，今並刊除，歸之晋籍。（卷 100）

對謝混來說，父祖謝安、謝琰挽救了來自前秦的危機，而自己當然不能對有姻親關係的皇室的存亡袖手旁觀了。

劉毅的政變對謝靈運的影響

謝混在劉裕抬頭以前的隆安四年 (400) 至元興三年 (404) 這段時間裏，率其一族子弟舉行了稱爲「烏衣之遊」的文學賞會。[32] 這一舉動可以認爲是擬倣謝安的「土山之遊」，特別是招集的子弟們的父親都爲早逝，這是其共通之點。[33] 因此，對子弟們來說，謝混的存在具有非常大的意義。同時，由於爲父的不在也可以預想得到

---

30 《資治通鑑》義熙八年條：「裕素不學，而毅頗涉文雅，故朝士有清望者多歸之，與尚書僕射謝混，丹楊尹郗僧施，深相憑結。」(卷 116 晋紀 38）

31 《南史・謝晦傳》附載《謝澹傳》，卷 19 。

32 《晋書・謝混傳》：「混風格高峻，少所交納，唯與族子靈運、瞻、曜、弘微並以文義賞會。」又請參照拙論《關於陳郡陽夏謝氏的文學的環境》，載《二松學舍大學人文論叢》第 43 輯，1990 年 1 月。

33 同注 32，請參照拙論。此外關於謝曜、謝弘微之父謝思早逝的記事雖然沒有，但從其官位僅止於太守(五品)考慮，可以認爲是早逝。

其外祖父的影響之大。因此，下面將謝混與謝氏子弟的系圖與婚姻關係一起列表於下。

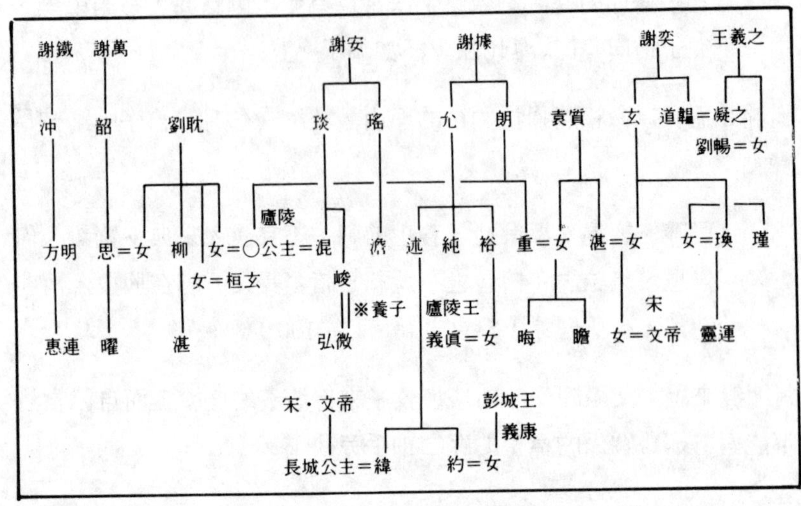

「烏衣之遊」招集的子弟可知名者爲謝靈運、謝澹、謝晦、謝弘微、謝曜。其中可以爲是最年長的是謝曜。[34] 關於謝曜在《晉書・謝安傳》附載謝韶傳中只有「曜、弘微皆歷顯位」一句及之，死於上述彭城王義康的長史任中，謝述作爲其後任繼承之。

謝瞻與謝靈運同生於太元十年 (385)，謝瞻似早生。[35] 據《宋書》本傳，謝瞻以桓緯的安西參軍、楚台的秘書郎起家。桓緯死於元興二年 (403)，同年八月桓玄以楚爲相國，十二月簒奪了帝位。

34 謝混《誡族子》詩云：「阿多(謝曜)標獨解，弱冠纂華胤」，可知當時已過二十歲。

35 顧紹伯《謝靈運集校注》謝靈運生平事迹及作品系年・太元十年條，中州古籍出版社，1987 年 8 月，頁 382。

[36]謝瞻的叔父袁湛於前年 (402) 被任命爲桓玄的參軍。[37]再有，叔母劉氏之父劉耽是桓玄的義父，桓玄一入朝，劉耽同時任尚書令(未拜)。[38]這樣，謝瞻作爲桓玄的幕下有其堅强的後盾。但是，因養育謝瞻的劉氏隨弟劉柳赴吳郡，謝瞻也隨往，回歸後仕於劉裕。弟謝晦受到劉裕的優遇，與之相對，謝瞻則保身爲要，未達顯官。[39]

謝靈運因父早逝，年輕時就繼襲了康樂縣公，按慣例，雖然授爲員外散騎侍郎，但未就，義熙元年 (405) 以琅邪王德文的大司馬行參軍起家。其時，謝瞻、謝弘微也被任命爲同樣的官位。這一年，王恭之亂、孫恩之亂、繼之桓玄之簒奪帝位等一系列的戰亂終於結束，安帝回到了首都。德文是安帝之弟，假如政權安定的話，謝氏子弟將有順當的仕官之道。而且，三人同時任官，難以認爲是出於偶然，也許是「烏衣之遊」時的親交所造成協調的環境。

然而，如前所述，劉裕與劉毅之間的爭執馬上開始了。謝靈運翌年 (406) 當了劉毅的參軍，到劉毅敗死爲止的七年時間一直在其幕下。

關於謝靈運的姻戚劉瑾，只知道他在桓玄的楚台裏作過尚書，別的事迹不詳。[40]叔母之夫袁湛也是謝瞻、謝晦的叔父。如前所述，初從桓玄，後桓玄討伐義擧一開始，便成了劉裕的幕下，也參加北伐，女兒爲宋文帝之皇后。[41]劉毅、謝混敗死後不久，謝靈運當了劉裕的參軍，就任秘書丞，關於這一點，不僅是劉裕的懷柔政策，同時也應該考慮到袁湛的存在吧。

36　《晋書・安帝紀》，卷 10。《桓玄傳》同，卷 99。

37　《宋書・袁湛傳》，卷 52。

38　《晋書・劉喬傳》附載《劉耽傳》，卷 61。

39　《宋書・謝瞻傳》，卷 56。

40　《晋書・桓玄傳》，卷 99。

41　《宋書・袁湛傳》，卷 52。

不過，對於謝靈運來說，這種變節似乎是非常痛苦的。在愛好文學的劉毅幕下七年之久，而其時謝靈運的詩文現在竟一篇也不存。只是義熙八年 (412) 在劉毅剛敗北後，寫給謝瞻的《答中書》一詩保存了下來。詩中眞實地表達了謝靈運前半生的心情。全詩八章中，其第二章是回憶「烏衣之遊」的。詩云：

伊昔昆弟，敦好閭里。我曁我友，均尙同恥。仰儀前修，綢繆儒史。亦有暇日，嘯歌宴喜。

此外，作爲司馬德文的參軍一同仕官，詩第四章回想此事寫道「中予備列，子贊時庸。偕直東署，密物遊從。」從這些詩可以看出，對謝靈運來說，從「烏衣之遊」到與族子一同仕官這段時間是有著難以忘懷的記憶的。不過，回視長達七年之久的地方官僚生活的結果，謝靈運後悔自己的奢侈和選擇的錯誤，寫道：「素質成漆，巾褐懼蘭。遷流推薄，云胡不嘆。」(三章)、「厚顏旣積，在志莫省。」(六章)，最後表述了隱遁的意念。

在昔先師，任誠師天。刻意豈高，江海非閑。守道順性，樂茲丘園。(八章)

對謝靈運來說，這不是模糊的理想，分明表示了謝玄的生活態度。《述祖德》詩其二如下：

賢相謝世運，遠圖因事止。高揖七州外，拂衣五湖裏。隨山疏浚潭，傍岩蓺枌梓。遺情舍塵物，貞觀丘壑美。

正因爲理想是具體的，所以對與理想相反的自己的狀況的不滿就强烈了。感嘆最初的仕官之誤的心情到底不會改變「違志似如昨，二紀及茲年。」(《過始寧墅》詩)「牽絲及元興，解龜在景平。負心二十載，於今廢將迎。」(《初去郡》詩)

謝靈運仕於劉毅的七年間是政情最不安定的時期，在那樣的非常時期裏，長達七年之久專仕於一個主君，這在名門子弟中是罕見的。從其後半生的言行來看，七年時間裏要求歸朝的願望一次也沒有表示過，簡直不可思議。從那裏，我們不能窺知謝靈運對謝混的信賴，和對劉毅的期待吧？

劉毅的派閥由劉裕之手擊潰之時，也正是把謝混擬作謝安，把自己比爲謝玄而以復興晋朝爲目標的謝靈運的夢想同時破滅之日。

南朝崇佛文學略論

蔣述卓

一

南朝時期，在諸朝皇帝的帶領與推崇之下，文人學士崇信佛教之風大盛，文學亦多受佛教影響，與佛教相關的崇佛文學大量出現，並在整個南朝文學中佔有較重的比例。僅就詩而言，《廣弘明集・統歸篇》中收入的就有122首，實際上還有許多尚未收入，如謝靈運，只收入了他的《臨終詩》，顯然是不夠的。從《藝文類聚》卷76所收內典詩歌來統計，其中未爲《廣弘明集》收入的還有38首，它與《廣弘明集》所收錄的詩歌加起來就有160首。再從逯欽立所輯的《先秦漢魏晋南北朝詩》來看，一些崇佛、宣揚佛教思想但又未被《廣弘明集》與《藝文類聚》收入的至少還有20餘首。還比如「論」，在嚴可均所輯《全上古三代秦漢三國六朝文》中僅僅就形神關係論述而闡揚佛教神不滅思想的論文就達68篇，其中明確標明「難范縝神滅論」的達65篇。錢仲聯在《佛教與中國古代文學的關係》一文中說，東晋南北朝一大段時間，除專門闡述佛學的理論文不計外，爲佛教寫作的文藝性文章不下三百數十篇之多。[1]如果扣除東晋的作品，加上詩、賦、論的話，整個南朝的崇佛文學恐怕得在600篇以上。

當然，這裏涉及到崇佛文學的概念問題。我認爲，崇佛文學是指文人學士以及僧人爲表現崇佛、頌佛、宣教、護教而創作的文學

---

1 《比較文學研究資料》，北京：北京師範大學出版社，1986年，頁596－615。

作品。它不包括佛經文學，在內涵上要比佛教文學窄。佛教文學可以是佛經文學與崇佛文學的總和。按照這一標準，只有那些宣揚了佛教思想或表現出對佛教虔誠禮拜之心的作品才可歸入，而那些雖與佛教題材相關但並不融匯佛教思想或表現崇拜佛教的作品則不能歸入，比如，同樣是登遊佛寺、佛塔的詩歌，梁簡文帝的《遊光宅寺》、《望同泰寺浮圖詩》，庾信的《登雲居寺塔》，何處士《春日從將軍遊山寺詩》，既寫景又表現出對佛教的崇敬心理，就是崇佛文學。而何遜的《登禪岡寺望和虞記室詩》、劉令嫻的《光宅寺詩》，只寫景而未融進佛理，也未透露出濃厚的崇佛心理，則只能算作一般的寫景詩，而不納入崇佛文學之中。本文所討論的崇佛文學依據的就是這一概念。

二

南朝崇佛文學幾乎涉及到南朝時所具備的所有文體，具體說來，它有如下文體：讚、頌、詩、賦、論、義、疏、願文、懺文、唱導文、序、書、碑、銘、誄、墓志、行狀、啓、詔、敕、令、檄魔破魔文、小說等。若按文體接近而歸類的話，則可分爲四大類，即詩(讚、頌)、賦、文(論、義、疏、願文、懺文、唱導文、序、書、碑、銘、誄、墓志、行狀、啓、詔、敕、令、檄魔破魔文)、小說等。之所以這樣歸類，有以下三點理由：一是根據當時的實際情況，把廣義的文章歸於文一類。在當時，這些文之中，有許多是以駢文形式寫的，或者在散行之中又夾雜著駢文。按照當時有韻者爲文、無韻者爲筆的文體概念，這些文是可以算作文學作品的。二是讚、頌基本上是以詩的形式來讚美頌揚佛教人物或佛教義理的，所以可以歸入詩一類。三是南朝的輔教小說不少，也是崇佛文學中的重要一支，理應專門列爲一類。

統觀這一時期的崇佛文學，總的特點是演繹佛理，宣揚佛教思想，讚頌與嚮往佛教的人物與涅槃境界，表現了崇佛禮佛的虔誠心理。雖然在藝術的表達方面略嫌粗糙，有的作品在佛理的表達上還顯得枯燥生硬，但就總體而言，在將佛理與中國文學相溝通方面還是作出了開創性的貢獻。當然，各類崇佛文學又有各種不同的特點，在佛理與藝術形式的結合上也有不同的表現。

下面試就各類崇佛文學的特點作一簡要論述。

(一)詩(讚、頌)

讚、頌體以中國詩的形式讚頌佛之人物美德，實摹仿佛典中長行敘述結束時所作的偈語或偈頌而來。漢譯佛典在譯這些偈語或偈頌時往往採用四言或五言體來翻譯，但是，譯經僧人在譯這些偈語時一般卻用普通口語去譯，而較少雕琢詞藻，講求文華。而中國僧人創造出來的崇佛文學的讚、頌體，則是將偈語的形式與中國詩的形式(尤其是玄言詩的形式)相融合，從而使讚、頌形成了一種具有中國文學色彩的崇佛文體。讚、頌之所以與玄言詩相關，是因爲它們多是說理，有的通篇都是佛教教理的直接表達。因此，從東晉支遁所作的讚以來，多數的讚都類似於「理過其辭、淡乎寡味」的玄言詩，有的讚、頌中甚至夾雜玄言。如支遁、慧遠的佛理詩都有這種現象。當然，有些讚、頌由於採用了佛教的象喻，加之加入了較多的文采，因而顯得較有藝術性。比如謝靈遠《維摩詰經中十譬讚》(《廣弘明集》卷15)中的「聚沫泡合」一首：

水性本無泡，激流遂聚沫。
即異成貌狀，消散歸虛壑。
君子識根本，安事勞與奪。
愚俗駭變化，橫復生欣怛。

以水性無泡與聚沫成貌而最終消散爲虛空進一步闡說了佛教般若學的空理。它採用了佛教大乘十喻中的譬喻，但又以中國詩的形式來加以藝術的表現。又如王融的《在家善門頌》(《藝文類聚》卷76)：

處塵貴不染，被褐重懷珠。
美玉耀幽石，曾蘭挺叢雛。
四民亦爲之，三界豈能渝。
諒茲親愛洙，寧以財利拘。
煩流舍智寶，榛路坦夷衢。
萬品竟何匹，烈火樹紅趺。

其中對在家居士處世間而不染塵俗的讚頌也採用了比較貼切的形象化譬喻。有些讚，因爲是讚頌具體的菩薩，也通過較簡練的語言刻劃出一定的形象，有一定的藝術價值。如傅亮的《文殊師利菩薩讚》(《全宋文》卷26)：

在昔龍中，今也童眞。乘化游方，罔識厥津。高會維那，研微盡神。發揮幽賾，道達天人。

該讚把文殊師利這一游方菩薩具有的特征以及會見維摩詰時對神理的高度發揮作了簡潔的描繪與概括，其文學性是較强的。

在詩當中貫通佛理、宣說佛理或者表現與崇佛、禮佛、聽經、受戒等題材，這在南朝最爲興盛。具體說來，這些崇佛詩歌有如下幾種題材：(1)直接宣說佛理的佛理詩，如梁武帝的《十喻詩》，就直接搬用佛教經論中的語言，像《幻詩》裏的「著幻是幻者，知幻非幻人」就是引用僧肇《不眞空論》的文字。又如一些宣講佛教生、老、病、死皆苦的悲生思想的《四城門詩》，也是很直接地宣傳佛教義理的。(2)表現懺悔的詩和臨終詩，如梁簡文帝的《蒙預懺直疏詩》、謝靈遠的《臨終詩》等。(3)描寫受戒場面的受戒詩。(4)描寫佛教法會與僧齋的詩。(5)迎舍利詩。(6)描寫聽講解佛經場景的詩。(7)遊山寺、望浮圖詩。這最後一種題材的詩是很有代表性的，是崇佛詩中最富文學性的詩，它把景物的描寫與佛理的闡釋以及對佛教的崇敬心情很好地結合起來，是南朝山水詩進一步發展的一種標志。因此，它既可以視作崇佛文學作品，也可以視作普通的文學作品。在研究南朝山水詩的發展時，不應該忽視它。它對唐及以後的遊寺塔詩產生了一定的影響，它的開創性貢獻是值得重視的。而且，這些遊山寺、望浮圖的詩，多以羣體唱和的形式出現，這種形式對以後的創作也發生了不可低估的影響。

較之於其他文體，南朝崇佛詩在表現佛理與文學的結合上是做得最成功的。

(二)賦

南朝賦中直接闡述佛教思想的不多，其中全篇以宣說佛理爲主旨的有梁武帝的《淨業賦》、《孝思賦》(《全梁文》卷1)、江總《修心賦》(《全隋文》卷10)。[2]這些賦雖然是以宣說佛理爲主，但卻因爲採取對句駢體，換句押韻形式，追求華麗詞藻，從而並不顯得枯燥寡味。一些佛教名詞典故鑲嵌在句中，也顯得很貼切。而且，其中還常出現許多形象描繪的句子，使其透露出較强的藝術感染力。如梁武帝的《淨業賦》：

> 觀人生之天性，抱妙氣而清靜；感外物以動欲，心攀緣而成眚；過恒發於外塵，累必由於前境；若空谷之應聲，似游形之有影；懷貪心而不厭，縱內意而自騁；目隨色而變易，眼逐貌而轉移；觀五色之玄黃，玩七寶之陸離；著華麗之窈窕，治容之逶迤。……至如意識攀緣，亂念無邊，靡懷善想，皆起惡筌。如是六塵，同障善道。……隨逐無明，莫非煩惱；輪迴火宅，沈溺苦海。長夜執固，終不能改。……外清眼境，內淨心塵；不染不取，不愛不嗔；如玉有潤，如竹有筠；如芙蓉之在池，若芬蘭之生春；淤泥不能染其體，重

---

2 江總由陳入隋，此賦大約作於陳時。逯欽立輯《先秦漢魏晋南北朝時》把江總列入陳。

> 昏不能覆其眞；霧露集而珠流，光風動而生芬；爲善多而歲積，明行動而日新；常與德而相隨，恒與道而爲鄰。

另外，釋眞觀的《夢賦》(《全隋文》卷34)[3]也很有特色，它借回答夢中人的提問，既表達了他出家修行的決心，又借機宣說了佛教視貪淫富貴如毒藥、妻子如桎梏、人生似羅網的人生觀以及出家修道脫離塵世後的蕭散優游、無欲無求、不臣天子、不事王侯的自由。

直接描寫梁代法會講經的盛況，表現出濃厚崇佛色彩的賦有蕭子雲《玄圃園講賦》(《全梁文》卷23)、蕭子暉《講賦》(《全梁文》卷24)。

另外，以寫山水和自然景物爲主，但貫串有佛教思想的賦還有謝靈運的《山居賦》(《全宋文》卷3)、王錫的《宿山寺賦》(《全梁文》卷59)、後梁宣帝蕭詧的《遊七山寺賦》(《全梁文》卷68)。謝賦主要以描寫山林景物爲主，但在表明自己對山居的看法的同時，也表達了「欽鹿野之華苑，羨靈鷲之名山；企堅固之貞林，希菴羅之芳園」的願望。賦中還描寫了佛教僧徒在冬夏二時，安居山林，講經說法的情況。王賦與蕭賦都以山寺爲描寫對象。王賦篇幅較短，以簡潔的筆墨勾勒了山寺的建築情況，將煙雲繚繞的山寺所表現出來的空靈與息心靜念的佛教思想融成了一體。蕭賦篇制較大，它極力鋪寫了寺院的華麗與其周圍地理條件的雄偉氣勢及其自然景觀，寫到了寺院僧徒的山寺生活，甚至還鋪寫到山寺周圍山間的各類飛禽走獸、奇草異果。此賦詞藻華麗，有濃厚崇佛感情，其描寫給人以較强的美學感染力。賦最後所抒發的感受，則透露出他那意欲流連山水而又不忘家國之隆恩的矛盾心理。可以說，在描寫寺院景色的篇什中，這篇賦是達到頂峯的了。

3 釋眞觀也見由陳入隋之人，與江總一樣，應算陳時人。此賦大約作於陳時。

(三)文

文一類當中文體多而雜，各具特點。

(1)論、義

論、義都是用來闡明佛教義理的文章。論，除了闡明佛教的某些義理之外，還兼有與外教論辯的作用；義，主要是佛教內部之間對某些歧義問題的討論。論、義之所以也可以當作崇佛文學來看，主要是它們在闡明義理時運用了較多的文學手段，比如駢體的語言形式、論辯語言中使用了比喻、誇張、對比等文學修辭手法。

(2)疏、願文、懺文、唱導文

疏，是記錄與禮佛、講經等有關事件並向佛教表示崇敬與奉獻的文體，如沈約《捨身願疏》(《全梁文》卷32)、沈君理《請釋智愷開講法華疏》(《全陳文》卷12)。有時又是文人代他人尤其是皇室成員所作，如沈約《爲文惠王太子禮佛願疏》、《爲齊竟陵王解講疏》、《爲南郡王捨身疏》(以上均見《全梁文》卷32)。願文、懺文，則是專門表示向佛教發願和懺悔的文體。願文，重在向佛的祈禱與誓願，如梁簡文帝的《千佛願文》、《四月八日度人出家願文》(以上均見《全梁文》卷14)。懺文，則重在懺悔作文人自己的罪孽與穢惡，而祈求到達善門與佛界的願望。如梁簡文帝的《六根懺文》(《全梁文》卷14)、沈約的《懺悔文》(《全梁文》卷32)。疏、願文、懺文的特點是開頭往往均以虔誠的態度報出自己的身分、姓名，表明自己是佛弟子，如「優婆塞沈君敬白」「弟子蕭王上白諸佛事尊」或「維年月朔日，皇太子某稽首和南十方諸佛」等等，有些疏文雖然在開頭沒有報出姓名，但在中間也明確標明「弟子某某」。如果是代作，則寫出「某某殿下」。願文在最後還要表明自己的願望，在結尾常標有「某某歸命敬禮」或「某某敬禮云云」等套句。懺文在最後要表示自己斷絕惡緣、禮佛從善的決心和誠心。唱導文主要是用於宣唱佛理，多用於講經說法時。《高僧傳・唱導論》:「唱導者，蓋以宣唱法理，開導衆心也。」《廣弘明集》卷15載梁簡文帝《唱導文》，內容是一邊宣唱佛理，一邊表示對佛德的讚頌。

(3)序

序文中數量最多的是經序，常在經典翻譯出來後所作，有時又作記，主要記述譯經緣起、時間、地點、譯者，並概括該經的主要思想，有的並且講述自己對該經的評價與稱頌，或借作序或記的機會發揮自己的觀點。這些經序對於研究佛經傳譯的流變以及中國佛教思想的發展是極珍貴的文獻。由於許多經序行文簡潔、文采較好，亦可作爲崇佛文學來研究。如釋道朗《大涅槃經序》(《全宋文》卷62)就極有文采，它的開頭部分對大般涅槃經所作的稱頌曰：「法身之玄堂，正覺之實稱，衆經之淵鏡，萬流之宗極。其爲體也，妙存有物之表，周流無窮之內；任運而動，見機而赴。任運而動，則乘虛照以御物，寄言蹄以通化；見機而赴，則應萬形而爲像，即羣情而設教。」此段以美好而簡潔的文辭指出了大般涅槃經的重要地位與作用。像這一類經序作爲文學作品來對待當然是可以的。

(4)書

崇佛文學中的書主要指那些就佛教教理進行質疑或應答的書信。如宗炳《答何衡陽書》(《全宋文》卷20)、王弘《與謝靈運書問辯宗論義》(《全宋文》卷18)、張融《答周顒書並答所問》(《全齊文》卷15)。當然，有些書並不專爲問答所作，屬崇信佛教之文人與僧人之間的書信來往，其中只表示對該僧人佛法高深的稱讚與向慕，如劉峻《與舉法師書》(《全梁文》卷57)、王筠《與東陽盛法師書》(《全梁文》卷65)等。

(5)碑、銘

碑、銘是刻於石上的。碑文主要爲寺或爲法師所立。爲寺所立的碑文描寫寺院的地勢、風景以及建築本身的雄姿，其中不無誇張之語，且有鋪張揚麗之舉。如梁簡文帝《善覺寺碑》、《神山寺碑》(以上見《全梁文》卷14)、梁元帝《鍾山飛流寺碑》、《曠野寺碑》(以上見《全梁文》卷18)。爲法師所立的碑文則是描述與稱讚法師的才德學識，這就比較接近誄文、墓志銘、行狀了。有時這些文甚至是交叉的，如沈約《比丘尼僧敬法師碑》(《全梁文》卷31)、裴子野《齊安樂寺律師智稱法師碑》(《全梁文》卷53)、徐陵《東陽雙林寺傅大士碑》(《全陳文》卷11)等。銘也有多種用法，有與寺碑結合一起使用的，如任孝恭《多寶寺碑銘》(《全梁文》卷67)，有鐘銘、塔下銘、佛像銘、法師碑銘等，如梁簡文帝《彌勒佛像銘》、《釋迦文佛像銘》(以上見《全梁文》卷15)，王僧孺《棲雲寺雲法師碑銘》(《全梁文》卷52)。銘的特點是以韻文形式稱頌佛教，宣揚佛理，其文辭優美，是崇佛文學中較有特色的一種。

(6)誄、墓志、行狀

這些文體實際上是在敍述人物的生平與佛法學識的同時，表現出對佛教人物的稱頌，接近於傳記，而帶有悼念的性質。

(7)啓、詔、敕、令

崇佛文學中的啓，主要是向皇帝陳述有關請求崇拜佛教事件的文章，如迎佛、開講、立浮圖、造銅刹，甚至發現佛教文物等值得報告的事件，都可撰文向上陳述。有的則是感謝皇上親自到佛寺看刹或聽講等的例文，其間亦表現出對佛的無限崇敬與禮讚的心理與態度。啓帶有公文性質，文學性較弱，但有些也寫得很好，如梁簡文帝《謝賚納袈裟啓四首》、《東宮上掘得慈覺寺鐘啓》(以上見《全梁文》卷10)等，其間行文講究駢儷用典，有一定的文詞之美。

詔、敕、令之中也有不少涉及佛教、表現崇佛禮佛題材的，其中文辭較麗者亦可歸入崇佛文學，但因爲屬公文，比較拘謹，文學性相對較少。

(8)檄魔破魔文

《弘明集》卷14收有釋寶林的兩篇檄魔破魔文，即《檄魔文》、《破魔露布文》，這是兩篇特殊的文章。文章描寫了惡魔大軍與佛菩薩大軍對壘作戰的情況，惡魔代表情慾、煩惱，佛菩薩大軍代表菩提佛性，最後以佛性戰勝惡魔而告結束。其間的描寫充滿戲劇性，描寫技巧較高，成爲後世俗文學的先導。這是兩篇很值得研究的崇佛文學。

(四)小說

南朝小說中屬崇佛文學的主要指那些輔教宣教的志怪小說，如劉義慶的《幽明錄》、《宣驗記》，傅亮《應驗記》，張演《觀世音應驗記》，王琰《冥祥記》、王曼穎《補續冥祥記》、陸杲《系應驗記》等。這些小說一般以宣明佛教因果應驗以及輪回轉世思想爲主，故事雖然追求離奇，但情節雷同，給人以單調之感。然而，少數故事具有比較新鮮奇特的幻想情節，尤其是關於佛法神力變化的各種幻想情節與幻想形式，讀起來頗爲有味，並爲後世的傳奇小說，神魔小說的藝術構思提供了藝術借鑒。

三

崇佛文學在將宗教性內容寓於一定的藝術形式中去加以表達方面進行了充分而大量的創作實踐，可以說，這些創作實踐實際上已構成南朝文學的一部分，對南朝文學的發展起到了一定的刺激與促進作用。它的價值及其貢獻具體表現爲下述四個方面。

(一)拓展了文學描寫的題材，開創了新的描寫領域。

崇佛文學給南朝文學注入了新的內容，進一步開拓了文學的描寫領域以及審美範圍。比如，在玄言詩的基礎上所出現的佛教義理詩，使佛教思想成爲文學直接表現的對象，使詩歌在哲理化方面的創作實踐與成就推進了一大步。像梁武帝的《十喻幻詩》，梁簡文帝的《十空如幻詩》等就以詩的形式直接演繹佛教的空理；像謝靈運的《石壁立招提精舍詩》、梁武帝《會三教詩》等在詩中直接表達了自己對佛教的崇敬和嚮往。又比如在山水詩的題材中進一步融進了佛理的內容，使其成爲深化山水詩意境的重要手段，進一步鞏固與發展了東晉支遁所開創的山水與佛理相結合爲描寫題材的文學形式。此外，崇佛文學中的銘、讚、頌、小說等形式，把佛教中的佛、菩薩以及佛教人物作爲文學直接描寫的對象，崇拜佛教的活動與造像、建寺、立塔、講經、受戒、法會、佛教僧人的日居生活、菩薩的神通變化、因果報應、地獄場景以及崇佛的感應等等，都進入了文學描寫的領域，從而使南朝文學在山水、詠物、宮庭生活以及美色的描寫以外，開闢了另一方審美的領域。

(二)擴大了文體及其表現功能。

崇佛文學不少是新的文體，如讚、頌，雖然在東晉時期支遁、慧遠就有創作，但在南朝才眞正發達起來，它將佛教偈頌形式與中國玄言詩形式相結合創造了一種較典雅的偏重說理的讚佛頌佛詩體。這種詩體有四言、五言，也有七言，同時講求押韻，文華燦爛。中國文學中哲理詩的傳統也由此而得以奠定。發願文、懺悔文、唱導文、檄魔破魔文也是在南朝這一崇佛最盛時期產生的新文體，它形成了一定的套式，不僅是佛教界進行禮拜儀式的必不可少的一種手段，而且也給中國文學帶來了新文體。經序的形式也使序的功能得以擴展，它的出現使序不僅僅局限在文序、詩序方面，而且伸展到佛教的經、律、論的翻譯方面，在表達內容與用詞上都與一般的文序、詩序有相當大的不同。其主要表現就是運用佛教的詞語來揭示所譯佛經的主旨，充滿著虔敬的崇佛感情。論、義、書的形式也有了新的表達方式。如論、書常以問答形式展開論述，層層駁斥對方觀點，陳述自己的主張。這種問答體顯得生動，具有吸引力，對後世的議論文產生過相當大的影響。像謝靈運的《與諸道人辨宗論》(《廣弘明集》卷18)，全篇以問答形式構成，每層意義的遞進通過每一問的深入來展開，層層駁難，從而闡述了他「至夫一悟，萬滯同盡」的成聖成道說，也表明了他讚同竺道生頓悟成佛說的立場與觀點，並對竺道生的觀點作了發揮。在義理上，它指出竺道生的新論乃是對孔、釋關於成聖成道學說的折中與調和，這是有創見的。文中的駁難旣透露出謝靈運的佛學功底，也顯示出了文章的論辯深度。湯用彤對謝靈運此文作出了高度評價，說：「（此文）顯示魏晋思想之一轉變，而下接隋唐禪門之學，故論文雖簡，而詔示於吾人者甚大矣。」[4]有些帶有論辯性質的書信，也採用問答形式，先將論敵觀點擺出，然後加以駁斥，如宗炳的《答何衡陽書》、《又答何衡陽書》(以上見《全宋文》卷20)、謝靈運《答綱琳二法師書》(《全宋文》卷32)等即是。

(三)在語言與聲律的運用及其技巧方面對南朝文學的發展有所貢獻。

(1)佛教詞語的輸入，使南朝文學增加了新鮮的色彩，它們出現於文章之中，給文章帶來了某種新奇感，甚至使其帶有異域風味。如般若、五蘊、眞諦、眞如、因緣、法界、果報、業、菩提、劫、瑜伽、涅槃、犍闥婆城、無常、幻化等等。

(2)在語言描寫的技巧上，吸收了佛教經典中重鋪排、重累積推進的 巧，使文章顯得氣勢宏大。如釋寶林的《檄魔文》，在寫到派出各路討伐大軍的時候，就不厭其煩地寫到了四天、六天、七天、九天、十三天都督等各路征魔大將軍的情況。這種手法實則摹仿佛經中的描述技巧，佛經中在描寫各路菩薩前來參加佛祖講經法會盛況時，爲突出其宏大場面，就在文中作大量鋪排與重複的描寫。

(3)論辯語言與技巧取得較大收獲，提高了議論文字的水平。比如圍繞著南朝時期的形神關係，佛教徒與外教之間展開了激烈的爭論。關於形神關係，在東晋慧遠的《沙門不敬王者論·形盡神不滅第五》(《弘明集》卷5)那裏就用薪與火之間的比喻來加以說明，慧遠之文內就說：「火本自在，因薪爲用」，以薪傳火，所以火理常在而不滅。范縝在齊代時著《神滅論》，鑒於薪火之喻已被佛教學者歪

4 湯用彤《辨宗論》書後，載《湯用彤學術論文集》，北京：中華書局，1983年。

曲利用，在說明形質神用時，就拋棄了它另找新的比喻，即用了「刀利之喻」，以刀喻形質，以鋒利喻神用。沈約則反對范縝的觀點，抓住這一比喻的弱點，寫了《難范縝神滅論》(《廣弘明集》卷22)。他就此比喻駁難道：「刀則唯刃猶利，非刃則不受利名。故刀是舉體之稱，利是一處之目。刀之與利既不同矣，形之與神豈可妄合邪？」又說：「神之與形，舉體若合」，而「利之爲用，正存一邊毫毛處耳」，故不宜用刀利關係比喻形神關係。沈約的論辯則促使了范縝形神論的不斷改進，所以范縝在梁代時重提「刃利之喻」，一字之改，則增强了論證的說服力和形象的表達力。另外，論辯中多用比喻、寓言爲例證，也促使了論辯語言的豐富性。如曹思文所作的《難范縝神滅論》(《全梁文》卷54)，爲了證明其「生則合而爲用，死則形留而神逝」的觀點，既引用了先秦典籍中趙簡子、秦穆公神游帝所的故事，季札關於「魂氣無不之」的言論，又引用了莊子夢蝶的寓言。范縝作《答曹思文難神滅論》(《全梁文》卷45)則對此作了回答。關於夢，他說：「夢幻虛假，有自來矣」，「神昏於內，妄見異物」，並非眞有莊生化蝶、趙簡登天之事。同時，又用蛩駏相資爲例，說明形神相即。曹思文則在《重難范縝神滅論》(《全梁文》卷54)裏，指出范縝所用的蛩蛩與駏驉一滅一存，此非形神相即之據，反而是形神合用之證，「子意本欲請戰，而定爲我援兵也。」但他只感到范縝提出的「舍刃則無利」的說法難以反駁，說「雅論據形神之俱滅，唯此一證而已。」由此可見，當時的論辯雙方通過不斷的論爭，在論辯技巧與語言上都得到極大的提高，這使得南朝議論文字具有非常鮮明的戰鬥性與形象性。

(4)駢文在崇佛文學中的具體運用，進一步推進了聲律學的發展。佛教對於聲律說的產生所起的推進作用，前輩學者如陳寅恪、饒宗頤以及日本的興膳宏都已有論述，我在拙著《佛經傳譯與中古文學思潮》第四章「四聲與佛經的轉讀」中也有所涉及，此處不再贅述。當聲律學形成以後，南朝文學則在進一步的實踐中完善了它，而駢體文在崇佛文學中的具體運用，也在一定程度上擴大了聲律學的影響，在進一步推進與完善聲律學的過程中起到了促進作用。像梁武帝《淨業賦》這類比較純的駢體賦，在聲律音韻方面自然是比較講究的，本文第二部分已引用過一段，從那裏可以看出這一點。而在一般記叙或議論性的崇佛文章裏，駢體也大量運用，形成漂亮的美文學。如沈約《佛記序》(《廣弘明集》卷15)中的一段：

> 大權弘曠，亡身以濟物；應眞耿介，標心非爲己。分踪或異，適末必同。神途詭互，難以臆辨；靈怪倜儻，言語斯絕。圖澄之龍見趙魏，羅什之鳳集關輔，犍陀近遊京洛，單開遠適羅浮，雖迹與俗同，而意無可察。途出玉門，法座不遠，七處九會，峨然在目。靈應肸蠁，遍富延澤以西；光景葳蕤，多見天山之表。

又如釋寶林《破魔露布文》(《弘明集》卷14)中一段描寫戰鬥場面的文字，也運用了駢文：

> 於是衆軍響應，萬途竟進。感動六合，聲震天地。雄未(案：《全宋文》作「夫」，爲正確)奮威浿奔。白刄之光，奪於曦曜。法鼓之音，亂於雷震。駜馬趁趠以騰擲，迅象飛控以馳驅。禪弓煙擧而雲興，慧箭雨灑以流虛。鞭以假名之策，蹴入無有之原。研以師子之吼，刺以苦空之音。揮干將而亂斬，動戈矛而競偃。橫塵屍以被野，流勞血於長川。崩痴山之嵯峨，竭愛水之洪流，窮僭於諸見之窟，挫高於七慢之巢。於是魔賊進無抗鱗之用，退無希脫之隱。慮盡路窮，迴徨靡據。

這些駢文形式在崇佛文學中的具體運用，於南朝文學在聲律之美的追求方面是一種推波助瀾，對進一步完善聲律學是極有益的幫助。

(四)崇佛文學中所透露出來的佛教人生觀、宇宙觀，進一步深化了文學描寫的內容與意義，使南朝文學呈現出深沈與悲愴的一面，從而豐富與深化了南朝文學的內涵。

前文說到，我是把南朝崇佛文學當作南朝文學之一部分的。從這點看，南朝崇佛文學在宣揚佛教人生觀、宇宙觀的方面，也對南朝文學的內涵作了新的開拓與深化。比如佛教人生無常的悲愴感在崇佛文學中的表現，就增加了南朝文學對人生意義與價值的思辯色彩，使其呈現出憂患與深沈的一面。一些佛理詩如梁武帝的《十喻幻詩》、梁簡文帝的《十空如幻詩》，梁皇太子、徐防、孔壽山、王臺卿等人唱和的《八關齋夜賦四城門詩》(《廣弘明集》卷30)以及謝靈運、沙門釋智愷的《臨終詩》(《廣弘明集》卷30)等作品，所表現出來的諸行無常、人生痛苦與人生空幻感，無疑加深了南朝文學中的悲劇意識。相對於那些描寫艷情美女以及宮庭享樂生活的作品來說，這些作品顯然更能促使人們進行更深沈的思考。在一些作品裏，南朝文人也用佛教的人生觀與宇宙觀來表述他自己的人生哲學，如梁簡文帝的《被幽述志詩》(《廣弘明集》卷30)：

> 恍惚煙霞散，颼飅松柏陰。幽山白楊古，野路黃塵深。終無千月命，安用九丹金。闕里長蕪沒，蒼天空照心。

又如沈約的《郊居賦》(《全梁文》卷25)：

> 敬惟空路邈遠，神踪遐闊，念甚驚飆，生猶聚沙。歸妙軫於一乘，啓玄扉於三達。欲息心以遣累，必違人而後豁。

一些懺文，願文更是明確宣揚佛教地獄及來生思想，表示接受佛教的人生哲學，嚮往超脫三界之苦，步入涅槃之境。此外，佛教中某些比喻、典故也滲透在作品之內，成爲陳述佛教人生哲學的手段。比如「虛蕉誠易犯，危藤復將嚙。一隨柯已微，當年信長訣。」(諸葛嶠《南城門老》，《廣弘明集》卷30)用了佛教芭蕉虛空身的喻象與鼠嚙危藤的典故，用以闡述人肉身的虛空與人生處於慾海之中危而不覺的思想。又如「方應捧馬出，永得離塵蒙」(庾肩吾《詠同泰寺浮圖詩》，《藝文類聚》卷76)，則用了佛本行經中太子出城修道的故事，用以表示對超脫塵俗的傾慕。佛教人生哲學思想在文學作品中的具體體現，也給讀者提供了某種警醒與啓示，從而深化了南朝文學的內涵。

陶淵明的歷史情懷和歷史述作

楊鍾基

中華民族是一個極其重視歷史的民族。魏晉南北朝是一個史學頗為發達的時代。處身於這個大時代，陶淵明怎樣看歷史，古人古事在陶詩中佔有怎樣的位置，以及陶公有沒有參與歷史的述作，都是饒有興味的問題。

在討論陶淵明怎樣看歷史之前，不妨先看看歷史家怎樣看陶淵明。在中國古代的文學家當中，陶淵明可能是最耐人尋味的一位。在不同的時代，人們對他有截然不同的評價；從不同的角度觀察，更有多彩多姿的發現。綜觀近人對陶淵明的研究，大多集中於他的思想和文學，而筆者所擬指出的，是陶淵明並不是以文學家或者詩人的形象展示於最早描畫他的歷史家筆下，而他的詩人朋友顏延之所欣賞的，也只是他的人格。顏延之在為陶淵明寫的誄詞中說：

> 有晉徵士尋陽陶淵明，南岳之幽居者也。弱不好弄，長實素心，學非稱師，文取指達。[1]

對他的文學造詣，只有「指達」的簡評。此外，值得注意的還有後文的一句「心好異書」，[2] 反映出陶公之博覽羣書。

其後，不論在《宋書》、《晉書》和《南史》，陶淵明的傳記都被置於《隱逸傳》，而隱逸以終的原因，《宋書》云：

---

1 見北京大學、北京師範大學中文系教師同學編《陶淵明卷》，北京，中華書局，1962 年 1 月，上篇頁 1。

2 《陶淵明卷》上篇頁 1。

> 潛弱年薄宦不潔去就之迹，自以曾祖晋世宰輔，恥復屈身後代，自高祖王業漸隆，不復肯仕。[3]

至昭明太子爲陶淵明集作序，除節引此段外，並論陶公之文章云：

> 其文章不羣，詞采精拔；跌蕩昭章，獨起衆類；抑揚爽朗，莫之與京。横素波而傍流，干青雲而直上。語時事則指而可想，論懷抱則曠而且眞。加以貞志不休，安道苦節，不以躬耕爲恥，不以無財爲病，自非大賢篤志，與道汙隆，孰能如此者乎！……嘗謂有能讀淵明之文者，馳競之情遣，鄙吝之意祛，貪夫可以廉，懦夫可以立，豈止仁義可蹈，爵祿可辭！不勞復傍游太華，遠求柱史，此亦有助於風教爾。[4]

這段話頗有値得注意之處，一則在「語時事則指而可想」，可見至少在蕭統眼中，陶公的作品頗涉時事，而那些時事是當時的人「指而可想」的；二則在其稱頌陶公爲「大賢」；三則在於他認爲陶詩「有助於風教」。讀陶集可以使人蹈仁義、辭爵祿，不必慕遊仙、溺老莊，可見蕭統以陶公爲儒者。可是，究竟陶集之中，哪些作品使蕭統得出上述的評價呢？

蕭統嘗稱：「有疑陶淵明之詩，篇篇有酒；吾觀其意不在酒，亦寄酒爲跡也。」[5] 其實陶詩用「酒」字僅 41 次，即使加上與飲酒有關的字，仍不足其集之半。但是試數其詩中所提及之古人名字，在 141 首詩中(連《讀史述》、《扇上畫贊》及《桃花源詩》計算)，共有 76 首提及古人 112 人 157 次，倘以平均於 141 首而言，可謂篇篇有古人，亦可謂藉古人以寄情懷也。

---

3 《陶淵明卷》上篇頁 4 至 5。

4 《陶淵明卷》上篇頁 9。

5 《陶淵明卷》上篇頁 9。

陶公好讀書，屢屢見於自道：

弱齡寄事外，委懷在琴書。被褐欣自得，屢空常晏如。[6]

息交逝閒臥，坐起弄書琴。[7]

既耕亦已種，時還讀我書。[8]

「心好異書」[9]和勤於閱讀的結果，是認識了許多古代的人和事，足以長其識見，申其懷抱：

得知千載上，正賴古人書。[10]

歷覽千載書，時時見遺烈。[11]

陶淵明的歷史意識和歷史情懷，可以試從下述幾個角度探討：

一、以「立德」、「立功」、「立言」垂名千古的「三不朽」觀念，早在春秋時代成爲中國歷史精神。陶淵明不相信肉身的永恒，也不甘心於沈緬醉鄉，在形影贈答之際，提出了他的「立善」觀點：

身沒名亦盡，念之五情熱。立善有遺愛，胡爲不自竭？[12]

立善留名，遺愛於後，正是傳統「三不朽」歷史意識的表現。雖然此一論點被設爲「神辨自然以釋之」[13]的一番話所否定，但只能顯示陶淵明思想上的矛盾，而正面的肯定卻屢見於詩中。例如《擬古》之二：

---

6 《始作鎮軍參軍經曲阿作》，見《陶淵明卷》下篇頁 113。

7 《和郭主簿》之一，《陶淵明卷》下篇頁 92。

8 《讀山海經》之一，《陶淵明卷》下篇頁 286。

9 《陶淵明卷》上篇頁 1。

10 《贈羊長史》，《陶淵明卷》下篇頁 102。

11 《癸卯歲十二月中作與從弟敬遠》，《陶淵明卷》下篇頁 133。

12 《影答形》，《陶淵明卷》下篇頁 32 至 33。

13 《形影神》序，《陶淵明卷》下篇頁 32。

> 辭家夙嚴駕，當往至無終。問君今何行？非商復非戎；聞有田子泰，節義爲士雄；斯人久已死，鄉里習其風。生有高世名，既沒傳無窮；不學狂馳子，直在百年中。[14]

斯人生爲士雄，死而名傳鄉里，可謂「立善有遺愛」。又例如《詠二疏》，結之以「誰云其人亡，久而道彌著。」[15]《詠荊軻》收句云「其人雖已沒，千載有餘情。」[16]都是此一意義。

二、鑑古知今，從歷史中汲取教訓，是中國史學的精神所在。陶淵明生逢亂世，議論時事者動輒得咎，或託於神話人物，或寄意於擬古之詞，乃昭明太子所謂「語時事，則指而可想。」茲舉數例如下：

> 巨猾肆威暴，欽䲹違帝旨；窫窳強能變，祖江遂獨死。明明上天鑒，爲惡不可履；長枯固已劇，鵕鶚豈足恃！[17]
>
> 巖巖顯朝市，帝者慎用才。何以廢共鯀，重華爲之來。仲父獻誠言，姜公乃見猜；臨沒告飢渴，當復何及哉！[18]
>
> 種桑長江邊，三年望當採；枝條始欲茂，忽值山河改。柯葉自摧折，根株浮滄海；春蠶既無食，寒衣欲誰待！本不植高原，今日復何悔。[19]

由於年代久遠，在蕭統的時代「指而可想」的「時事」，在後代的註家中眾說紛紜，在此不擬一一贅引；而必無爭論者，則在此三段分別申明「爲惡不可履」、「帝者慎用才」和「本不植高原」的歷史鑑戒。

---

14 《陶淵明卷》下篇頁 218。
15 《陶淵明卷》下篇頁 277。
16 《陶淵明卷》下篇頁 283。
17 《讀山海經》之十一，《陶淵明卷》下篇頁 287。
18 《讀山海經》之十三，《陶淵明卷》下篇頁 288。
19 《擬古》之九，《陶淵明卷》下篇頁 219。

三、文化的延續，繫於歷史的延續，在延續的過程中，相沿相關的事物，累積而爲文化傳統。在閱覽歷史的時候，對其間的傳統有所省察，當是歷史文化意識的表現。陶淵明「歷覽千載書」，頗能顯示其史識的，是在他的筆下分別展示了一個重農的系譜、一個貧士的系譜和一個隱士的系譜。

陶公服膺仁義之道，[20]尊稱孔子爲「先師」，可是對於農耕，則顯然與孔子所見有異。《癸卯歲始春懷古田舍》云：

> 先師有遺訓，憂道不憂貧。瞻望邈難逮，轉欲志長勤。[21]

而所謂「長勤」之事，即在農耕，此爲解決人生基本需求的要務。《庚戌歲九月中於西田穫早稻》云：

> 人生歸有道，衣食固其端；孰是都不營，而以求自安？[22]

《移居》之二又曰：

> 衣食當須紀，力耕不吾欺。[23]

而在《勸農》詩中，陶公更推陳此理，與古昔聖賢相契：

> 悠悠上古，厥初生民，傲然自足，抱樸含眞。智巧旣萌，資待靡因。誰其贍之，實賴哲人。
>
> 哲人伊何？時爲后稷；贍之伊何？實曰播殖。舜旣躬耕，禹亦稼穡；遠若周典，八政始食。……冀缺攜儷，沮溺結耦。

---

20 陶公服膺仁義之道，詳見筆者所撰《陶集引〈論語〉考——兼論陶潛之儒學思想》一文，刊於《香港中文大學中國文化研究所學報》第 19 卷，1988 年，頁 77 至 89。

21 《陶淵明卷》下篇頁 126。

22 《陶淵明卷》下篇頁 145。

23 《陶淵明卷》下篇頁 84。

……民生在勤，勤則不匱。[24]

陶公在此引用《詩經》、《尚書》、《左傳》、《論語》及儒家所肯定的后稷、舜、禹等聖王事蹟，建立了一個勤於農事的文化系譜。此外，集中亦一再提及其個人所選擇的農耕生活，與此歷史傳統遙遙相契。例如：

遙遙沮溺心，千載乃相關。但願長如此，躬耕非所歎。[25]

遙謝荷蓧翁，聊得從君棲。[26]

陶公筆下所展示的貧士系譜，以《詠貧士》七首最爲完整。七篇首以孤雲爲比興，喻貧士之無依幻滅，沒世無聞。繼以歸鳥自況，帶出知音不存之悲。次首細筆詳寫己身貧困之餘，復遭弟子和家人的不諒，而結以「何以慰吾懷，賴古多此賢。」[27] 的本旨。第三首至第七首則鋪述歷世貧士，所謂「重華去我久，貧士世相尋。」[28] 而於所敍貧士，夾叙夾議，處處申明一己衷懷，一擊兩鳴，頗見史筆。七篇之末，再申「誰云固窮難，邈哉此前修。」[29] 以示吾道之不孤。

至於隱士文化系譜，主要見於《集聖賢羣輔錄》，說詳後文。

小結前文，以上分別從立善垂名、以古爲鑑，以及建統立極三點，分析陶公的歷史識見，似與本題的歷史情懷未盡切合，而愚見以爲，歷史意識與歷史情懷一重於理一重於情，而情理之間，亦難於判然分劃，陶淵明作爲一位詩人，其論道酌理，筆端常帶感情，

---

24 《陶淵明卷》下篇頁 21 至 22。

25 《庚戌歲九月中於西田穫早稻》，《陶淵明卷》下篇頁 145。

26 《丙辰歲八月中於下潠田舍穫》，《陶淵明卷》下篇頁 148。

27 《陶淵明卷》下篇頁 265。

28 《陶淵明卷》下篇頁 265。

29 《陶淵明卷》下篇頁 265。

亦屬自然。下文所論數端，即純就其情懷申說。

四、論陶公的歷史情懷，首當體會的第一義，是他「發思古之幽情」，對古人古事悠然神往。陶公借五柳先生自道「好讀書，不求甚解；每有會意，便欣然忘食。」[30] 而他的讀書方法是「汎覽周王傳，流觀山海圖。」[31] 所謂「不求甚解」是不以其小而忽其大；「汎覽」的「汎」《說文》云：「浮貌。一任風波自縱也。」「流觀」的「流」，《說文》云：「水行也。」倘若結合《詩．柏舟》的「亦汎其流」去解釋，便可知「汎覽」、「流觀」的重點，是在於不加私意，不作主宰，「一任風波自縱」，流連俯仰，乃能入於書中的宇宙，有所會心。陶公本此法讀古人書，乃能悠然神往，與古人同歌同哭，例如《時運》之遠思沂水春風：

> 延目中流，悠想清沂，童冠齊業，閒詠以歸。我愛其靜，寤寐交揮；但恨殊世，邈不可追。[32]

此段剪裁曾點原句，增一「閒」字，著一「靜」字，境界全出，兼見卓識。此外如《詠三良》，結句曰「良人不可贖，泫然霑我衣。」[33] 與古人同聲一哭，《詠荊軻》終篇云：「其人雖已沒，千載有餘情。」[34] 更見文已盡而意有餘，深得風人之致。

五、歷史的構成，來自時間的延續；在某一有限的時段之中，歷史的舞臺上，所搬演的又似乎是不斷重覆而又瞬爾幻滅的連續劇，逝者如斯，憑今弔古，使人興慨。陶詩之中，不乏此種篇章。《擬古》之四：

---

30 《五柳先生傳》，《陶淵明卷》下篇頁 364 至 365 。

31 《讀山海經》之一，《陶淵明卷》下篇頁 286 。

32 《陶淵明卷》下篇頁 7 。

33 《陶淵明卷》下篇頁 279 。

34 《陶淵明卷》下篇頁 283 。

迢迢百尺樓，分明望四荒；暮作歸雲宅，朝爲飛鳥堂。山河滿目中，平原獨茫茫。古來功名士，慷慨爭此場。一旦百歲後，相與還北邙；松柏爲人伐，高墳互低昂，積基無遺主，遊魂在何方！榮華誠足貴，亦復可憐傷。[35]

王夫之評云：「此眞《百一詩》中傑作，鍾嶸一品，千秋論定矣。」[36] 鍾嶸品陶，謂「其源出於應璩，又協左思風力。」[37] 應璩有《百一詩》，譏切時事，左思有《詠史詩》，亦多借古以諷今，可見與陶公年代相近的批評家，所措意的是陶公的切事傷時之作。至於鍾嶸所亟賞者，尚有「日暮天無雲」之篇：

日暮天無雲，春風扇微和；佳人美清夜，達曙酣且歌。歌竟長歎息，持此感人多。皎皎雲間月，灼灼月中華，豈無一時好，不久將如何？[38]

驟眼觀之，此詩不外美人傷春之作，何可厠於詠史名家之列，而實不知其間所蘊的歷史情懷。溫汝能云：「宇宙間固有可久者，惟其不久，是以可歎。讀末二語，不覺百感交集。」[39] 明乎此意，當可以窺陶淵明詠史的悲憫情懷。

六、陶公論史，不無卓識，已見上文。可是他對於歷史，卻又充滿疑惑之情，《飲酒》之十一云：

顏生稱爲仁，榮公言有道，屢空不獲年，長飢至於老；雖留身後名，一身亦枯槁。[40]

---

35 《陶淵明卷》下篇頁 219。

36 《陶淵明卷》下篇頁 232。

37 《陶淵明卷》上篇頁 9。

38 《擬古》之七，《陶淵明卷》下篇頁 219。

39 《陶淵明卷》下篇頁 240。

40 《陶淵明卷》下篇頁 152。

立善垂名，無補於一身枯槁。又《和劉柴桑》云：

> 栖栖世中事，歲月共相疎；……去去百年外，身名同翳如。[41]

《歲暮和張常侍》云：

> 市朝悽舊人，驟驥感悲泉，明旦非今日，歲暮余何言！素顏斂光潤，白髮一已繁；闊哉秦穆談，旅力豈未愆！向夕長風起，寒雲沒西山，洌洌氣遂嚴，紛紛飛鳥還；民生鮮長在，矧伊愁苦纏，屢缺淸酤至，無以樂當年。窮通靡攸慮，顦顇由化遷，撫己有深懷，履運增慨然。[42]

人生無以過百年，倘若生不逢時，自必白首無成，身名同翳。陶詩之中，也就充滿此種生不逢時的哀歎，例如：

> 黃唐莫逮，慨獨在余。[43]
> 但恨殊世，邈不可追。[44]
> 余生三季後，慨然念黃虞。[45]
> 孟公不在茲，終以翳吾情。[46]

而最爲痛切的，當推《飲酒》之二十，錄其全篇如下：

> 羲農去我久，舉世少復眞。汲汲魯中叟，彌縫使其淳。鳳鳥雖不至，禮樂暫得新。洙泗輟微響，漂流逮狂秦，詩書復何

---

41 《陶淵明卷》下篇頁 88。

42 《陶淵明卷》下篇頁 107 至 108。

43 《時運》，《陶淵明卷》下篇頁 7。

44 《時運》，《陶淵明卷》下篇頁 7。

45 《贈羊長史》，《陶淵明卷》下篇頁 102。

46 《飲酒》之十六，《陶淵明卷》下篇頁 153。

罪？一朝成灰塵。區區諸老翁，爲事誠殷勤。如何絕世下，六籍無一親。終日馳車走，不見所問津。若復不快飲，空負頭上巾。但恨多謬誤，君當恕醉人。[47]

所謂「眞風告逝，大僞斯興。」[48]連孔子亦是生不逢時，如今更在絕世之下，六籍無親，雖欲快飲以保眞，而不免於多所謬誤，惟求覽者之恕而已。

七、生不逢時，世無知己，惟一的出路是尙友古人。陶公之引古人爲知己，蓋出於無比的寂寞。《詠貧士》之二云：

何以慰吾懷，賴古多此賢。[49]

對於種種歷史的疑惑，陶淵明確曾有過激烈的心靈交戰，其結果是攖而後寧，「道勝無戚顏」。[50]《飲酒》之二即是最佳例證：

積善云有報，夷叔在西山；善惡苟不應，何事立空言！九十行帶索，飢寒況當年。不賴固窮節，百世當誰傳。[51]

此詩首先質疑天之報施善人，善惡不應，空言何用？可是在篇末仍然再次肯定，唯有固窮之節足以流傳後世。同樣的懷疑和肯定，見於《有會而作》：

舊穀既沒，新穀未登，頗爲老農，而值年災，日月尙悠，爲患未已。登歲之功，既不可希，朝夕所資，煙火裁通；旬日已來，始念飢乏。歲云夕矣，慨然永懷，今我不述，後生何

---

47 《陶淵明卷》下篇頁 153。

48 《感士不遇賦》，《陶淵明卷》下篇頁 316。

49 《陶淵明卷》下篇頁 265。

50 《詠貧士》之五，《陶淵明卷》下篇頁 265。

51 《陶淵明卷》下篇頁 151。

> 聞哉！
>
> 弱年逢家乏，老至更長飢，菽麥實所羡，孰敢慕甘肥！惄如亞九飯，當暑厭寒衣，歲月將欲暮，如何辛苦悲。常善粥者心，深念蒙袂非；嗟來何足吝，徒沒空自遺。斯濫豈攸志，固窮夙所歸。餒也已矣夫，在昔余多師。[52]

此段有值得注意的兩點，其一是詩序有謂「今我不述，後生何聞。」可以窺其具有垂文以自見的歷史述作意識。其二是詩中陳說，在備極窮困，甚至有接受嗟來之食的誘惑之際，重新堅抱固窮之節，並在古人之中獲得助力。由此可見，陶淵明實有作爲歷史承傳者的自覺，繼此固窮之操，傳此貧士一脈，實踐歷史所賦予的使命。此外，倘若說歸返田園是一種在空間上歸根復命的表現，[53] 則回歸於歷史傳統的價值，也可以說是在時間上的歸根復命。「遙遙望白雲，懷古一何深。」[54] 陶公的懷古之思，實在是一種頗具內涵的歷史情懷。

綜合上文所論，分別就陶公對古人古事的悠然神往、悲慨感慨、疑惑不釋、以及切己體證，分析其歷史情懷的特色。下文則進論其歷史述作。

承接上文經已展開的討論，自數量而言，僅就詩中所見，提及古人者有 76 首，達 54% 。所提及之古人共 112 人達 157 次，平均每首達 2.07 次。自其淵源及特色而言，鍾嶸稱「其源出於應璩，又協左思風力。」而此二家都以指切時事及詠史爲本色。至於昭明太子所稱，亦在其「語時事則指而可想」，又謂讀其作品可以「有助於

---

52 《陶淵明卷》下篇頁 214 至 215 。

53 詳見拙著《論陶淵明之安身、立命與復命》，刊於霍韜晦編《安身立命與東西文化》，香港：法住出版社，1992 年 12 月，頁 441 至 455 。

54 《和郭主簿》之一，《陶淵明卷》下篇頁 92 。

風教」，則亦可能指陶公諷世詠史之篇。進就陶公的歷史識見與歷史情懷，知其慨想黃虞，遙宗孔氏，頗思有所述作，自謂「今我不述，後生何聞。」然則陶公所述所作有甚麼具體的篇章？這些篇章有甚麼特色？

陶公所詠古人古事，瓌瑰大觀，分述如下：

一、集中有四題以「詠」字領起之篇，《詠二疏》、《詠三良》、《詠荊軻》、《詠貧士》，分別代表陶公所嚮往的隱逸、忠臣、俠客和引為同調的貧士。四題共有詩十首。

二、《讀史述》九章、《扇上畫贊》八題，顯然屬於議述歷史人物之作，共十七題。

三、《述酒》是陶公著名的隱諷時事之作，雖然說解紛紜，而諸家對於其指切事情並無異議。筆者大致同意逯欽立的解說。

四、《讀山海經》十三首，所詠雖為神話人物，而陶公借以申己意，自亦無疑。

五、《命子》一篇，乃陶公之家史。

六、《勸農》一篇，敷陳儒家重農系譜，已見前文。

七、《癸卯歲始春懷古田舍》二首，題目申明為懷古之作。

八、《飲酒》二十首，其中第二及第十一首為論史之作，第十二及第十八首為述古人以自見之作。至於第二十首，更是一篇夾敘夾議的儒學史論。

九、《擬古》九首，第四首乃史論，第九首指切時事，已見前文。

粗略統計上列九項，所包詩篇已超逾全集三分之一。本文不擬詳析每首的史識和史筆。至於統計所得的 112 個名字，堪宜注意的有下述兩端：

一、嘗試為這些人物分類，出現次數較多的是貧士和隱士，神話人物也佔了不少的數量，這是在意料之中的。

二、可能使人略感意外的，是孔子有五次被提及，孔門弟子顏回、曾參、子夏、子貢、子路、原憲、樊須、子思，共被提及十四次，《讀史述》且有《七十二弟子》專章賦詠。相對於儒家人物的備受重視，道家的莊周，只在《擬古》之八出現僅有的一次，而「不見相知人，惟見古時丘。路邊兩高墳，伯牙與莊周。」[55]云云，乃用伯牙、子期，以及莊周、惠施之事，慨歎世無知己而已。在討論陶公思想時，儒家和道家所佔的比重，仍是爭論不休的問題；可是倘若以提及古人的頻度而論，卻可見陶公表現了強烈的對儒家的傾向。

小結前文，單就集中詩篇而論，已見大量懷古、論史，或藉古人以見己意的作品。不過嚴格地說，詠史詩似乎不能算是史學著作。在此，筆者嘗試進一步指出，現存的陶淵明集正有著足以稱爲歷史著作的《五孝傳》、《集聖賢羣輔錄》、《八儒》和《三墨》，可是這些篇章一直被人認爲是僞作而已。倘若能重新確認陶淵明的著作權，或會改變我們對陶淵明的認識和評價。

歷代以來，對上述篇章的質疑，主要來自陶澍[56]和《四庫全書總目提要》的作者。潘重規嘗撰《聖賢羣輔錄新箋》，[57]就前人所提的疑點一一解釋，斷以此篇應爲陶公所作。筆者對於潘師的觀點深表同意。在此不擬一一舉列文中的論點，而僅擬補充討論一個心理現象：歷代閱讀陶淵明全集的人，與其說是研精覃思找出此篇僞作之跡，不如說是根本不相信他們心目中的陶公竟會寫出如此貌似枯澀迂腐的作品。但是，正因爲這一點，我們也可以反證，倘若要僞託古人，也不應如此笨拙地選擇陶淵明爲對象。當然，上述的辯論也許永遠不能得出服人之心的答案。筆者所擬在本文畫蛇添足的，

55 《陶淵明卷》下篇頁 219。

56 見陶澍《靖節先生集・集聖賢羣輔錄序》，香港：中華書局香港分局，1973 年 3 月，卷九。

57 見《新亞書院學術年刊》第七期，香港：新亞書院出版，1965 年 9 月，頁 305 至 335。

是要求讀者以多聞闕疑的態度，看看《集聖賢羣輔錄》所提出的一個隱逸獨行之士的系譜，並且比較此中人物與詩文相同之處。

在《集聖賢羣輔錄》與陶淵明詩文均有出現的人物計有：「八師」、「三后」中的禹、稷，「殷三仁」中的箕子，「二老」中的伯夷，奄息、仲行、鍼虎等「三良」，「作者七人」中的長沮、桀溺和荷蓧丈人，「四科」、「四友」、「六侍」中的顏淵、子貢、季路、子夏，「三傑」中的韓信，「商山四皓」中的綺里季、夏黃公和角里先生，疏廣、疏受等「二疏」，求仲、羊仲等「二仲」，「袁氏四世五公」中之袁安、「二十四賢」中之韓融，以及不知姓名之「魯二儒」，共達二十六人之多，倘若僞作者爲取信於人，實有必要熟讀陶集。

其次，值得注意的是，在此一敘列聖賢輔弼而間及禍國元凶使「善惡聞於世」的系列中，雜有「二老」、「作者七人」、「商山四皓」、「二疏」、「二龔」（龔勝、龔舍，「皆治清節」）、「四子」（逢萌、徐房、李曇、王遵，「不仕亂世」）、「二仲」（求仲、羊仲，「挫廉逃名」）及「竹林七賢」等隱逸獨行之士，佔有頗爲重要的分量，這是合於陶公的性格和史觀的。

《集聖賢羣輔錄》的眞僞，固然莫衷一是，而尚有餘波的是其後所附的《八儒》、《三墨》。晁公武《郡齋讀書志》序錄陶集，於《五孝傳》及《集聖賢羣輔錄》未嘗置疑，而謂「獨《四八目》後《八儒》、《三墨》二條，似後人妄加。」[59] 然而使筆者頗感興味的，是《八儒》的兩段：

> 夫子沒後，散於天下，設於中國，成百氏之源，爲綱紀之儒。
>
> 居環堵之室，蓽門圭竇，甕牖繩樞，併日而食，以道自居

---

58 《陶淵明卷》上篇頁 100。

59 《陶淵明卷》上篇頁 99 至 100。

者，有道之儒，子思氏之所行也。」[60]

此段的人名，本據《韓非子·顯學》「儒分為八」之說，可是卻掉換了原來的次序，以子思居首[61]。如所周知，子思是陶公深表佩服，至以其名命子的人物，而此段描述，卻又似乎是作偽者想不出來的，活脫是陶公的自畫像。

總結全文，筆者認為，陶公《五孝傳》、《四八目》、《八儒》和《三墨》的著作權是應被尊重的，此說即使未獲認同，而陶詩詠史之作，斐然可觀，信或無疑也。

---

60 《陶淵明卷》下篇頁 405。

61 見《韓非子》校注組編《韓非子校注》，江蘇：人民出版社，1982 年 11 月，頁 683 至 684。《顯學》原文，「子張之儒」列於「子思之儒」之前。

論任昉在文學史上的地位

曹道衡

一

在齊梁文壇上，任昉曾佔有很重要的地位。在當時人看來，他的地位並不亞於謝朓、沈約，所謂「沈詩任筆」(《詩品》)或「謝玄暉善爲詩，任彥昇工於文章」(《梁書・沈約傳》)，是當時人普遍的看法。梁簡文帝蕭綱在給湘東王(元帝蕭繹)的信中，曾稱「至如近世謝朓、沈約之詩，任昉、陸倕之筆，斯實文章之冠冕，述作之楷模。」(《梁書・文學・庾肩吾傳》)即使在北朝，時人也認爲他是梁代作家的代表人物之一。如北魏濟陰王元暉業說：「江左文人，宋有顏延之、謝靈運，梁有沈約、任昉，我(溫)子昇足以陵顏轢謝，含任吐沈。」(《魏書・文苑・溫子昇傳》)所以北齊文人邢邵和魏收，一個愛慕沈約，一個取法任昉，還成了當時鄴城許多文人經常爭論的問題。可是在現代許多文學史著作中，卻很少提到任昉，至於有關任昉的研究論著，更是絕少見到。產生這種現象的原因，主要在於古今關於文學範疇的概念不同。在現代人看來，一些應用文字，一般不作爲文學作品看待，而在古代則從梁代蕭統的《文選》起，直至清代姚鼐的《古文辭類纂》和李兆洛的《駢體文鈔》，都大量地選錄了這類文章。據《梁書・任昉傳》說：「昉雅善屬文，尤長載筆，才思無窮，當世王公表奏，莫不請焉。」可見任昉的文才，主要表現在那些應用文字上。《隋書・經籍志》所著錄的《任昉集》有四十七卷之多，其中大部分可能都是這類文章。即以蕭統《文選》而論，所收任昉之作有十九篇之多，如果以入選篇目數說，和沈約相等，但其中詩歌只佔二首，其餘的都是應用文。這種情況大約是任昉作品在現代很少受人注意的一個重要原因。

但是，像任昉這樣一位文人，他在文學史上的作用，似乎並不限於他自己的創作，他還是當時某些文人的領袖，在提倡某種文風和獎掖許多後輩文人方面，有他的作用。《梁書》本傳云：「昉好交結，獎進士友，得其延譽者，率多升擢，故衣冠貴遊，莫不爭與交好，坐上賓客，恒有數十。」所以劉孝標在《廣絕交論》中說他：

> 遒文麗藻，方駕曹王；英特儁邁，聯衡許郭。類田文之愛客，同鄭莊之好賢。見一善則盱衡扼腕，遇一才則揚眉抵掌。蹈其閫閾，若升闕里之堂；入其奧隅，謂登龍門之坂。(見《文選》或《梁書．任昉傳》)

王僧孺在《太常敬子任府君傳》(見《藝文類聚》卷四十九引)中說到任昉所交遊的賓客云：「聿茲遊客，朋來旅見，辭人才子，辯圃學林，莫不含毫咀思，爭高競敏。」宋朝人葉適在《習學紀言》中說：「任昉在齊梁之間，爲一時宗主，然德義不足而文華有餘。」(卷三十二)葉適對任昉頗有不滿，但他並沒有否定任昉在文壇上的地位。

從任昉所結交的賓客看來，其中不少人不但頗享文名，而且其成名也多少和任昉的獎掖有關。如到溉、到洽兄弟，其作品現在雖多已亡佚，而在當時則頗有影響。據《梁書．到溉傳》載，梁元帝蕭繹曾贈詩給他們說：「魏世重雙丁，晋朝稱二陸，何如今兩到，復以淩寒竹。」把他們比作三國時的丁儀、丁廙和西晋的陸機、陸雲。《到溉傳》又說到氏兄弟「早爲任昉所知，由是聲名益廣。」殷芸是《殷芸小說》的作者；王僧孺更是梁代著名作家之一，他的詩文至今還存留不少篇，而他也自稱，「顧余不敏，則夫君子之末，可稱冥契，是爲神交。」(《太常敬子任府君傳》)任昉不但深受後輩文人的擁護，也在同時的作家中受到尊崇，如范雲的一些章表就曾請他代筆；而作爲「一代詞宗」的沈約，對他也「深所推挹」(《梁書．任昉傳》)。從這個意義上說，任昉在文學史上的地位，也很値得重視。

二

任昉在文學史上既然有過較大的影響，那麼在當時的文壇上，他所代表的究竟是哪一種文風呢？關於這一點，《梁書》本傳和梁簡文帝《與湘東王書》等，都只因他「長於載筆」而加以讚美，並未具體說到他文章的特色。至於鍾嶸《詩品》對他的批評，只限於詩歌：

> 彥昇少年爲詩不工，故世稱沈詩任筆，昉深恨之。晚節愛好既篤，文亦遒變，若銓事理，拓體淵雅，得國士之風，故擢居中品。但昉既博物，動輒用事，所以詩不得奇。少年士子，效其如此，弊矣。

從這段話看來，鍾嶸對任昉的駢文並無褒貶(鍾嶸論詩時，偶而也對一些人的駢文有所稱贊，如對王融和劉繪)，而對他的詩雖在思想內容方面有所肯定，而對他好用典的特點，則持否定態度。在《詩品序》的下篇中，鍾嶸又說：

> 近任昉、王元長等，詞不貴奇，競須新事，爾來作者，寖以成俗，遂乃句無虛語，語無虛字，拘攣補衲，蠹文已甚。

看來，鍾嶸對任昉作詩好用典的特點，批評頗爲激烈，他認爲當時詩風的弊病，還和任昉有較大的關係。從鍾嶸對他的批評看，任昉的詩風大致可以概括爲兩點：一是從思想內容方面說，似較近儒家的正統思想，不像沈約、謝朓等人已有一部分作品稍入綺艷，已多少爲後來的「宮體詩」導夫先路；一是他用典過多，對當時的詩風曾起過不良的影響。這兩個方面，在現存任昉的一些駢文中，似多少有些類似的表現。但在當時人包括鍾嶸看來，在駢文中用典，似乎不足爲病，因此也沒有受到他人的非議。

對任昉文風的批評意見中，隋代王通在《文中子中說・事君篇》

中有幾句話，似乎很値得注意。王通在這段文字中列舉了南北朝許多作家的名字如：謝靈運、沈約、鮑照、江淹、吳均、孔稚珪、謝莊、王融、徐陵、庾信、劉孝綽兄弟、蕭綱蕭繹兄弟、謝朓、江總等人都一一作了抨擊，指爲「古之不利人也」。唯獨認爲「顏延之、王儉、任昉，有君子之心焉，其文約以則。」這段話，從表面上看來，似乎只是一個正統的儒家對文人的偏見，和後來那些道學家之輕視文學並無不同。但王通這段話，並不完全是這樣，因爲從《中說·事君篇》看來，王通對一些古代作家並不完全抹殺。如他說：

子謂荀悅，史乎史乎；謂陸機，文乎文乎，皆思過半矣。

子曰：「陳思王（曹植）可謂達理者也，以天下讓，時人莫之知也。」

子曰：「君子哉思王也，其文深以典。」

在這裏，王通對曹植、陸機作了充分的肯定，這似乎可以把他對顏延之和任昉的贊揚聯繫起來看。因爲齊梁時代有一些人作詩取法陸機、顏延之，而又奉曹植爲共祖。即如鍾嶸《詩品》也認爲：「晉平原相陸機，其源出於陳思」；「宋光祿大夫顏延之，其源出於陸機」。至於任昉和顏延之的繼承關係，鍾嶸雖未明說，但在《詩品序》下篇中說到作詩用典之風，就先舉顏延之、謝莊，後舉任昉、王融，可見他認爲顏延之的詩風對任昉曾有很大影響。這種看法有一定根據。事實上主張作詩取法陸機和顏延之是齊梁文壇中不少人的主張。例如齊高帝蕭道成論詩，其觀點就是這樣的。據《南齊書·武陵昭王曄傳》載，齊高帝子武陵王蕭曄作詩學謝靈運體，並把所作詩給齊高帝看，齊高帝回信說：

見汝二十字，諸兒作中最爲優者。但康樂放蕩，作體不辨有首尾，安仁（潘岳）、士衡（陸機）深可宗尚，顏延之抑其次也。

齊高帝在信中所肯定的，正是陸機、顏延之諸人。這種意見在當時有一定的代表性。《詩品》卷下評南齊謝超宗等七個詩人時說：

> 檀(超)謝(超宗)七君，並祖襲顏延，欣欣不倦，得士大夫之雅致乎！余從祖正員(鍾憲)嘗云：「大明、泰始中，鮑(照)休(湯惠休)美文，殊已動俗，惟此諸人，傳顏陸體。用固執不移，顏諸暨(顏則)最荷家聲。」

這些人的詩，現在大多數已散佚，但從鍾嶸的論述看來，他們都和齊高帝一樣，推崇陸機和顏延之。不但如此，《詩品》卷下還把齊高帝和張永、王儉放在一起論述，認為：

> 齊高帝詩，詞藻意深，無所云少。張景雲雖謝文體，頗有古意。至如王師文憲，既經國圖遠，或忽是雕蟲。

鍾嶸對這些人的詩，基本上是不贊成的，但他也說到了他們的作品「詞藻意深」，「頗有古意」，與前面論謝超宗等人時所說的「得士大夫之雅致」有共通之處，而且在這裏也提到了王儉。這說明王通的肯定任昉，並把他和陸機、顏延之、王儉聯繫起來，實際上是繼承了齊梁以來某些文人的觀點。這種觀點，在當時代表著一個流派。這個流派在當時曾有不小的影響。據《南齊書．文學傳論》說到當時作家時，認為大略有三派：一派取法謝靈運；一派繼承鮑照；而還有一派，則並未說明其淵源所自，只說：「次則緝事比類，非對不發，博物可嘉，職成拘制。或全借古語，用申今情，崎嶇牽引，直為偶說。唯覩事例，頓失清采。此則傳咸五經，應璩指事，雖不全似，可以類從。」這裏所說的文風，大約就是指這些祖述陸機、顏延之的作家。這一派的詩歌，現在傳世者甚少，這大約和當時一些批評家與選本的編訂者大抵不大欣賞他們的詩作有關。但是不管我們今天怎樣看待這個流派，他們在歷史上曾有過一定的影響，而且其中像任昉等人在駢文方面的成就則是在文學主張方面和他很不一樣的蕭綱等人也是頗爲推崇的。因此我們在探討齊梁文風時，適當地對任昉作一些研究，應該是很必要的。

三

任昉的作品既然以駢文最爲馳名，那麼我們在評價他的文學成就時，自然也不能不首先探討這一方面的問題。但是，在今天來評價任昉這部分文章，卻必然會涉及到這些應用文究竟能不能算文學作品的問題。一般來說，古代的許多應用文如詔令、奏議之類，雖在古代被稱作「大手筆」，而在今天則似乎不大有人把它們當作文學作品來論述。然而，用這種狹義的文學概念來研究我國文學史，有時不免會遇到很多困難。因爲在我國古代的許多著名駢文家和散文家的文集中，這類文章都佔有很大的比重。有些歷來傳誦的文章名篇，其實本身就是應用文，如諸葛亮的《出師表》、李密的《陳情表》和丘遲的《與陳伯之書》，都是討論當時文學時所必須談到的。再說一些比較有名的雜文如王褒《僮約》、袁淑《雞九錫文》、孔稚珪《北山移文》、沈約《修竹彈甘蕉文》等，在形式上都採取了當時應用文的格式，而實質則爲遊戲文字。後來散文家韓愈的《毛穎傳》，甚至著名的《鱷魚文》，據說也是這樣。我們如果要探討這些雜文的問題，似乎不能不對當時的應用文有一定的理解。應用文和文學散文的界線，本難截然劃分。例如：書信、祭文等文體，本來也屬應用文的範疇，但古人有許多書信和祭文都爲絕妙的抒情文，爲文學史家所樂道。因此對於任昉的那些應用文，似亦可作具體的分析，看其中有沒有一定的文學意味，在命篇、修辭方面，有沒有作者的匠心。如果文章中確有這些成分，似乎也該加以適當的論列。

任昉的駢體應用文，現在還保存得不算太少，內容也多種多樣，其中很值得注意的是那些彈奏文章。這部分文章現在共存四篇：《奏彈曹景宗》和《奏彈劉整》二文見於《文選》；《彈蕭穎達疏》及《彈范縝疏》二文見於《梁書》。《彈范縝疏》純係趨附梁武帝的好惡，用意不足道，文字技巧亦不見特色，可以不予討論。《奏彈曹景宗》和《奏彈劉整》二文，一篇寫的是有關梁魏戰爭的大事；一篇則爲劉整叔嫂間的家庭糾紛，事由各異，風格也不相同。《奏彈曹景宗》可以說是情文並茂的名作。曹景宗是梁武帝在襄陽任雍州刺史時的舊部屬，在梁武帝代齊以後，被封爲縣侯，擢任平西將軍郢州刺史等顯職。在天監二至三年（503—504）梁魏間爆發戰爭時，魏軍圍攻梁司州刺史蔡道恭，曹景宗奉命率兵前往救援，他卻逗留不進，坐視司州被圍達十個月之久，以致蔡道恭病死圍城之中，而司州亦因此失陷。曹景宗聞訊後，不但沒有採取必要的補救措施，反而倉惶撤退，使梁軍遭受了更大的損失。任昉的彈劾文章，即針對此事而發。在文中，他使用了强烈的對比，來突出顯示曹景宗的罪責。他激昂慷慨地表彰了蔡道恭堅守孤城的功勳：

> 而司部懸隔，斜臨寇境，故使狡虜憑陵，淹移歲月。故司州刺史蔡道恭，率勵義勇，奮不顧命，全城守死，自冬徂秋，猶轉戰無窮，亟摧醜虜。方之居延，則陵（西漢李陵）降而恭（蔡道恭）守；比之疏勒，則耿（東漢耿恭）存而蔡亡。若使郢部救兵，微接聲援，則單于之首，久懸北闕，豈直受降可築，涉安啓土而已哉！

這裏寫蔡道恭的英勇抗敵，雖然著墨不多，卻給人以深刻的印象，覺得與晋潘岳《馬汧督誄》寫馬敦之堅守汧城時具體描述戰守經過很不一樣，但一詳一略，各盡其妙，使人讀來同樣虎虎有生氣。此文寫法顯然得力於顏延之的《陽給事誄》。因爲南朝宋初年的濮陽太守陽瓚，也是在與北魏作戰中困守孤城而陣亡。事跡既與蔡道恭相類，而任昉在詩風上既近於顏延之，那麼在寫作《奏彈曹景宗》時有意識地取法顏文，當屬可能。試看《陽給事誄》中也是把陽瓚的「誓命沈城，佻身飛鏃，兵盡器竭，斃於旗下」和其他將領之「列營緣戌，相望屠潰，士師奔擾，棄軍爭免」作了鮮明的對比。這種對比手法，頗為相似。不過，顏延之這樣寫是為了歌頌陽瓚，而任昉則意在表彰蔡道恭來突出顯示曹景宗的卑怯。所以蔡道恭這段文字僅敘事實，而任昉卻夾敘夾議，插上李陵、耿恭兩個典故，更起著畫龍點睛的作用。鍾嶸在反對作詩用典時曾說：「若乃經國文符，應資博古，撰德駁奏，宜窮往烈」，表示不反對應用文中用典。像任昉此文，可以說是文章中用典比較成功的一例。

此文對曹景宗的揭露，確實毫不留情。任昉認為曹景宗的罪責在於「按甲盤桓，緩救資敵」，在司州失陷後，「猶應固守三關，更謀進取，而退師延頸，自貽虧衂。」這是追究曹景宗縱敵之罪。接著他又指出曹景宗「擢自行間，遘茲多幸，指蹤非擬，獲獸何勤。賞茂通侯，榮高列將，負擔裁弛，鍾鼎遽列；和戎莫效，二八已陳。自頂至踵，功歸造化，潤草塗原，豈獲自已。且道恭云逝，城守累旬；景宗之存，一朝棄甲，生曹死蔡，優劣若是，惟此人斯，有靦面目。」這種指責雖十分嚴厲，卻毫不違反事實。任昉敢於這樣痛快淋漓地斥責梁武帝寵信的舊屬，表明他確有膽識。清人譚獻稱此文「可謂筆挾風霜」，實非過譽。在任昉的駢文中，此文可以算是代表作，在齊梁文中亦不失為優秀名篇。

《奏彈劉整》一文主要是彈劾劉整因爭家產和寡嫂范氏爭執以致鬬毆的事情。《文選》中所收此文，講到了劉整家中吵架的種種細節，有些是奴僕的證辭，全用當時口語，與任昉其他文章的駢四儷六，辭藻繁富很不一樣。據饒宗頤和日本斯波六郎、佐竹保子等考證，認為其中很大一部分是當時的案狀文字，本非《文選》原有，而是被注家竄入的[1]。這幾位先生關於文中哪些文字屬於後人竄入的意見雖不完全一致，但此文有竄入的部分則可以作為定論。我們在這裏只能就其中一些駢體的議論著眼，因為這些文字，大家都公認

1 佐竹保子《〈文選〉諸本任昉作品稱呼混亂與〈奏彈劉整〉的原貌》，見《文選學論集》，長春：時代文藝出版社，1992 年 6 月。

是任昉原作。文中指責劉整「理絕通問，而妄肆醜辭；終夕不寐，而謬加大杖。薛包分財，取其老弱；高鳳自穢，爭訟寡嫂，未見孟嘗之深心，唯傚文通之僞迹。昔人睦親，衣無常主；整之撫姪，食有故人。何其不能折契鍾庾而襜帷交質。人之無情，一何至此，實教義所不容，紳冕所共棄。」這段文字幾乎每句一典，使人覺得晦澀。例如以「理絕通問」代指叔嫂關係，已覺有欠醒豁；至於因東漢第五倫兄子有病，一夕十往的典故而把「終夕不寐」來代指叔姪，實在過於迂曲。駢文中一般不免要用典，但像這樣的例子，就很難爲讀者稱賞了。這篇《奏彈劉整》的內容，有同情弱者的一面，但所提倡的則爲儒家的道德規範。同樣地，在他的《彈蕭穎達疏》中指責蕭穎達「況乎伐冰之家，爭雞豚之利」，用的是《禮記・大學》中「畜馬乘不察於雞豚，伐冰之家不畜牛羊」的教義一樣。像這樣的文字，被王通譽爲「有君子之心焉」，就不足爲怪了。

四

任昉的不少駢文，是爲人代筆而作。代人作文一般很難成爲名篇，因爲文章所要表達的不是作者本人的思想感情，很難寫得自然眞切。然而任昉有些文章卻有其特殊性。例如他的《爲齊明帝讓宣城郡公第一表》，就是一篇很特別的文章。此文作於南齊海陵王延興元年（494），當時齊明帝蕭鸞已經通過政變手段攫取了南齊的大權，並廢黜鬱林王蕭昭業，暫時擁立海陵王蕭昭文爲傀儡，並爲自己登上帝位作好準備。他用朝廷的名義封自己爲宣城公並任侍中中書監驃騎大將軍等職，而又上表假意謙讓，原是裝點門面的一種手段。任昉作爲當時著名的文士，蕭鸞要他代作讓表，原是對他的拉攏。但任昉卻從封建的倫理出發，覺得朝廷中旣然發生了如此重大的變故，蕭鸞作爲宗室大臣，理應自責。因此他寫下了這樣的話：

臣本庸才，智力淺短。太祖高皇帝篤猶子之愛，降家人之

> 慈；世祖武皇帝情等布衣，寄深同氣。武皇大漸，實奉話言。雖自見之明，庸近所蔽，愚夫一至，偏識量已。實不忍自固於綴衣之辰，拒違於玉几之側，遂荷顧託，導揚末命。雖嗣君棄常，獲罪宣德，王室不造，職臣之尤。何則，親則東牟，任惟博陸，徒懷子孟社稷之對，何救昌邑爭臣之譏？四海之議，於何逃責。陵土未乾，訓誓在耳，家國之事，一至於斯，非臣之尤，誰任其咎？將何以肅拜高寢，虔奉武園！

這段文字寫得十分眞切沈痛，但它絕非蕭鸞本人的思想，而是任昉這樣一個篤信儒家道德規範的人心目中蕭鸞所應持的態度。這段文字出於代筆者之手，顯然成了對蕭鸞的公開指責。本來蕭鸞想要的只是一篇官樣文章，而任昉卻假戲眞做，觸到了他的痛處。所以《梁書》本傳說：「帝(齊明帝)惡其辭斥，甚慍，昉由是終建武中，位不過列校。」後來譚獻評此文云：「絕似血誠噴薄，而出自代言，反以獲咎，顚危之世不合以文字事人，君子愼之。」在今天看來，這段文字雖不免有封建的倫理思想，而文章確有一種感人的力量，並且在當時的環境下寫出這些話來，也可見任昉的剛直。

任昉所作代筆文章很多，他的《爲范始興作求立太宰碑表》，也是一篇很值得注意的文章。范始興即范雲；太宰即南齊竟陵王蕭子良。這篇表則作於齊明帝在位之際。我們知道，蕭子良和齊明帝蕭鸞是政敵。據《南齊書·王融傳》記載，在齊武帝臨死時，王融曾想擁立蕭子良爲帝，被明帝蕭鸞所挫敗，而蕭鸞因此獨攬大權，蕭子良爲之憂懼而死。蕭鸞登上帝位後，又大肆屠殺齊高帝和武帝的子孫。在這種情況下要求爲蕭子良立碑，這就頗難措辭。尤其任昉當時，曾爲作《爲齊明帝讓宣城郡公第一表》已得罪了明帝，因此執筆時不能不多所顧慮。但任昉還是寫出了一篇很出色的文章。他在文中對蕭子良的政績談得很簡略而抽象，以免再引起齊明帝的猜忌，文中所强調的卻是范雲和蕭子良的關係。他說：

> 臣里閭孤賤，才無可甄，值齊綱之弘，弛賓客之禁，策名委質，忽焉二紀。慮先犬馬，厚恩不答，而儆帷毀蓋，未蓐螻蟻；珠襦玉匣，遽飾幽泉。陛下弘獎名教，不隔微物，使臣得駿奔南浦，長號北陵。既曲逢前施，實仰覬後澤。

在這段話中所抒發的范雲對蕭子良感恩圖報之情，是很切合情理的。據《梁書·范雲傳》，范雲在齊高帝建元初年時就一直在蕭子良身邊，前後有十幾年之久，並且關係非同一般。文中先頌揚明帝「弘獎名教，不隔微物」，再自稱「既曲逢前施，實仰覬後澤」，純屬懇求的口吻，語氣十分委婉。顯然，任昉在寫出這些話時，該是字斟句酌，頗費苦心的。譚獻評此文云：「微婉之妙，任筆獨擅。」近人駱鴻凱在《文選學》中講到學古人文章時說：「喜辭令美妙之文，法任昉。」（頁 331）大約即指此類文章而言。這種「辭令美妙之文」，在我國古人評論散文和駢文時，常常被看作很重要的一體。歷來文人對這種文章頗多效法。因此我們在文學史研究中，也不應完全忽視。

五

任昉除了那些彈奏、章表等純屬應用文性質的文章外，還有一些傳狀文章，雖亦有實用目的，卻以寫某個人物爲主，文中如能寫出這些人的個性特點，就應該具有一定的文學意味了。例如《王文憲集序》，實際上是一篇王儉傳，和《齊竟陵文宣王行狀》題目雖然不同，性質卻比較相近。王儉和蕭子良都是南齊的大官，他們政治上都很難說有甚麼值得誇耀的功業，但他們卻都曾提倡學術文化，獎掖後進，以文采風流自名。這兩個人，一個出身於南朝第一流的名門望族；另一個則是南齊皇室的著名藩王。敘述這兩個人的生平，當然要化較多筆墨去記他們歷任的官職。但僅載這些內容，就無法使文章寫得生動精彩，更無法傳諸後世。因此任昉在寫這兩篇文章時，都很注意用簡賅的文字去傳達二人的性格特徵，給人以較深的印象。如他寫王儉：

> 公在物斯厚，居身以約，玩好絕於耳目，布素表於造次。室無姬妾，門多長者。立言必雅，未嘗顯其所長；持論從容，未嘗言人所短。宏長風流，許與氣類。雖單門後進，必加善誘，勗以丹霄之價，弘以青冥之期。公詮品人倫，各盡其用。居厚者不矜其多，處薄者不怨其少。窮涯而反，盈量知歸。

這段話很形象地突出了王儉這樣一個以「江左風流宰相」自名的高門士大夫的特點。「立言必雅」、「持論從容」等語，清楚地表現了魏晋六朝名士的風度和雅量。「在物斯厚，居身以約」等語，則具體地顯示了《南齊書·王儉傳》說王儉「寡嗜慾，唯以經國爲務，車服塵素，家無遺財」的作風。「詮品人倫」數句則專指王儉曾長期掌管吏部，主持官員的選拔事宜。歷來人對王儉曾有過不少非議。現在看來，他歷事宋、齊二代，本不足深責，但要論甚麼建樹卻也談不上。任昉此文對王儉雖旨在頌揚，尚無過多的虛美。所以譚獻說此文「雖甚敷腴，語必傅質」。我們今天閱讀此文，確能對王儉其人的性格有一個較深的印象。

同樣地，在《齊竟陵文宣王行狀》中，任昉也曾寫到蕭子良身上的某種名士風度，但其表現卻與王儉有顯著的不同：

> 公識道虛遠，表裏融通，淵然萬頃，直上千仞。僕妾不覩其喜愠，近侍莫見其傾弛。他人之善，若己有之；民之不臧，公實貽恥。誘接恂恂，降以顏色。方於事上，好下視己；而廉於殖財，施人不倦。

這裏蕭子良的性格在寬厚這一點上和王儉是類似的，但相比之下，王儉顯得更風雅，而蕭子良則似乎更爲仁慈。這一方面是王儉本來受儒家影響較深而蕭子良則篤信佛教；另一方面也因爲蕭子良是「帝子儲季」，曾經手握生殺予奪的大權，强調他有這種性格，實已達到了頌揚的目的。在《行狀》中還有一段文字頗可注意：

> 良田廣宅，符仲長之言；邙山洛水，協應叟之志。邱園東國，錙銖軒冕。乃依林構宇，傍巖拓架，清猨與壺人爭旦，緹幙與素瀨交輝，置之虛室，人野何辨。

這段文字寫得很瀟灑，文彩也很華美，可謂妙筆。這種園林之樂，確也是蕭子良生活的一個方面。任昉是「竟陵八友」之一，曾親身經歷過西邸的遊宴，寫來自然很有感情。這些文字，也說明任昉的傳狀之文，亦頗有其文學價值。

六

任昉除了駢文以外，也寫過一些詩賦。他的賦，現在僅存一篇《報陸倕賦》，見《梁書·陸倕傳》。這篇賦似很少特色。至於他的詩，現存者還有二十餘首。據鍾嶸《詩品》說，他的詩有用典過多的毛病。從現存的作品看，這缺點似不很明顯，這也許是經過時間的淘汰，那些缺點較嚴重之作已經散佚之故。他詩歌中比較有名的當數《文選》所錄的《出郡傳舍哭范僕射》。此詩在《文選》中作一首，而《詩紀》等書則分作三首。我們姑且引《詩紀》中作爲第一首的部分爲例：

> 平生禮數絕，式瞻在國楨。一朝萬化盡，猶我故人情。待時屬興運，王佐俟民英。結懽三十載，生死一交情。攜手遁衰孽，接景事休明。運阻衡言革，時泰玉階平。濬沖得茂彥，夫子值狂生。伊人有涇渭，非余揚濁清。將乖不忍別，欲以遣離情。不忍一辰意，千齡萬恨生。

這首詩感情很眞摯，也較少刻意雕琢。其中用「結懽三十載，生死一交情」二句來概括他和范雲的深厚交誼，尤屬從肺腑中流出，自是名句。但前人已曾指出在這首不太長的詩中，在押韻處用字頗多重複。如「情」字一共用了三次，「生」字用了二次。這不但在齊梁詩中，就是在不講究聲律的漢魏古詩中也很少類似之例。這或許是作者直吐胸臆，不去計較文字工拙之故。蕭統之有取於此，或亦此故。大體上說，任昉詩中不乏較好的寫景之句，並且也頗注意對仗。如《落日泛舟東溪》：

> 黝黝桑柘繁，芃芃麻麥盛。交柯溪易陰，反景澄餘映。吾生雖有待，樂天庶知命。不學梁甫吟，唯識滄浪詠。田荒我有役，秩滿余謝病。

這首詩有景，也有情。「交柯」二句寫景生動，屬對也很工整。「不學」二句從辭意來說是巧對，而在聲律方面卻很不講究。一般來說，詩至齊梁，雖尚未形成嚴格的律體，而平仄相對的要求，則大體都能做到。任昉此詩似與當時詩體頗有差別。他的另一首寫景詩《濟浙江》也有這些情況：

> 昧旦乘輕風，江湖忽來往。或與歸波送，乍逐翻流上。近岸無暇日，遠峯更興想。綠樹懸宿根，丹崖頹久壞。

這些詩如果單純從構思和遣辭來說，都不無可稱之處，但聲調方面不免使人感到拗口，與沈約所提倡的「易讀誦」、謝朓所主張的「圓美流轉如彈丸」的要求相去甚遠。其實永明詩人所發明的聲律說，本來也是從古人許多名作中總結出來的經驗。所以早在他們以前，像曹植、陸機等人的不少詩句，已與聲律說暗合。南齊的陸厥認爲沈約的發明是古已有之，大約即是此故。任昉詩過分忽視聲調，自然難於取得當時和後來讀者的讚賞。

任昉詩歌所以會出現這種現象，是否和他想獨闢一條蹊徑有關，根據現存的史料，尚難得出這結論。但有一點卻是肯定的，即任昉在年齡上雖較沈約爲輕，但比謝脁、王融則要大四歲和七歲。在永明體出現時，他在創作方面已養成自己的習慣，正如劉勰所說：「器成彩定，難可翻移」(《文心雕龍・體性》)了。

從任昉的經歷來看，也多少說明這問題。據《梁書》本傳載，早在永明初年，他就被王儉所賞識，「儉雅欽重昉，以爲當時無輩。」任昉自己在《王文憲集序》中，亦自稱「昉嘗以筆札見知」。關於王儉對詩歌的看法，據《南齊書・謝瀹傳》云：「世祖(齊武帝)嘗問王儉，當今誰能爲五言詩？儉對曰：『謝朏得父膏腴，江淹有意。』」這段對話的時間在永明體興起之時，而王儉所稱讚的卻是謝莊及其兒子，還有已被視爲「才盡」的江淹。其中謝莊尤其是被鍾嶸指爲作詩用典的代表人物。這說明任昉作詩好用典，可能是受到王儉的影響。我們再看任昉的爲人，除了擅長文學外，也以博覽典籍著名。《梁書》本傳說：「自齊永元以來，祕閣四部，篇卷紛雜，昉手自讎校，由是篇目定焉。」又說：「昉墳籍無所不見，家雖貧，聚書至萬餘卷，率多異本。昉卒後，高祖使學士賀蹤共沈約勘其書目，官所無者，就昉家取之。」他這種治學經歷，與王儉之「上表求校墳籍，依《七略》撰《七志》四十卷」，又撰定《元徽四部書目》(見《南齊書・王儉傳》)，頗爲類似。任昉所結交的朋友賓客以及當時推崇他的人，也常有類似情況。如認任昉爲「知己」的陸倕，據《梁書・陸倕傳》載，就曾「杜絕往來，晝夜讀書，如此者數載。」任昉在《報陸倕賦》中曾說他：「冠衆善而貽操，綜羣言而名學。折高戴於后臺，異鄒顏乎董幄。採三詩於河間，訪九師於淮曲。術兼口傳之書，藝廣鏗鏘之樂，時坐睡而梁懸，裁枝梧而錐握。既文過而意深，又理勝而辭縟。」可見是一個潛心典籍的人。《太常敬子任府君傳》的作者王僧孺，史稱「聚書萬餘卷，率多異本，與沈約、任昉家書相埒。少篤志精力，於書無所不覩。其文麗逸，多用新事，人所未見者，世重其富。」(《梁書・王僧孺傳》)稱任昉爲「哲人」的殷芸，也是「勵精勤學，博洽羣書」(《梁書・殷芸傳》)。任昉死後，作《廣絕交論》

對他備極推崇的劉孝標，也是當時被人目爲「書淫」的學者。據劉之遴《與劉孝標書》說他所作的《類苑》，「括綜百家，馳騁千載，彌綸天地，纏絡萬品，撮道略之英華，搜羣言之隱賾。」(《藝文類聚》卷五十八引)這些事實都說明任昉在當時文壇上是以學問爲詩，以博見爲文的一派人物的領袖之一。其特色既不同於趨向平易和强調聲律的謝朓、沈約；也不同於一味復古的裴子野。從鍾嶸到蕭綱對他的詩有所非議，而對他的文則又頗讚賞。這說明當時不少文人對詩和文的要求不大一樣。再看那些推崇任昉的人中，除王僧孺至今存留的詩較多外，陸倕、劉孝標的駢文成就都超過了詩。這也多少能說明任昉在當時的地位和作用。値得注意的是，到了南北朝末期，像徐陵、庾信等人作詩雖趨綺艷而不失淸新，與任昉之作迥異；但他們的駢文則用典繁富，仍與任昉有不少相似之處。金代王若虛曾批評庾信有些文句欠通順，這種毛病似乎與任昉在《奏彈劉整》中的「理絕通問」、「終夕不寐」等句的語病不無類似之處。因此任昉作爲當時一個著名作家，其創作中的優點和缺點，都曾對同時及後來某些文人有一定的影響，我們在探討南北朝文學史時，對這個人物，恐怕不能忽視。

詩緣情而綺靡
陸機《擬古》的美學意義

黃坤堯

陸機《擬古》十四首補佚

陸機 (261–303) ，字士衡，吳郡華亭(今上海市松江縣)人。陸機出身孫吳世族，十五歲 (275) 即分領父兵，吳亡後 (280) 退居鄉里，清泉茂林，蓴羹鶴唳，閉門勤學，譽流京華。晉武帝太康十年 (289) 入洛，深受張華的賞識，太傅楊駿辟爲祭酒。惠帝元康元年 (291) ，楊駿爲賈后所誅，陸機依附賈謐及藩國諸侯吳王晏、趙王倫、成都王穎等，捲入外戚楊、賈爭權及八王之亂的漩渦中。陸機曾任平原內史及前將軍前鋒都督等職，參與機密，軍敗被譖遇害，夷三族，卒年四十三歲，《晉書》有傳。[1] 陸機功名念重，智不逮言，生死由人，不克自拔。魏晉文人志氣抑鬱，遭難者多，唯情唯美，哀音似訴，未始不是時代的悲劇。今陸機集中有《擬古》十二首[2] ，模擬兩漢《古詩》，字仿句效，創新語言。雖襲取古人詩意，但次序重新安排，竟然產生意想不到的藝術效果，亦足以表達陸機幽隱曲折的詩心。身丁世亂，顛沛流離，阮籍的胸中壘塊故須酒澆

---

1 《陸機傳》，見《晉書》，唐・房玄齡等撰，北京：中華書局， 1974 年 11 月，卷五四，頁 1467 。

2 《陸機集》，金濤聲點校，北京：中華書局， 1982 年 1 月。參見郝立權《陸士衡詩注》，臺北：藝文印書館， 1971 年 9 月。

之[3]，則陸機借古抒懷，緣情言志，自然也有一定的時代意義了。而《古詩》所表現的生命情調，恰好也就是陸機的生活寫照，借擬古爲創新，推動五言詩的發展。陸機在太康詩壇上享譽甚隆，承先啓後，而《擬古》詩更備受時人的推崇，相信也是值得探討的文學現象了。

陸機集中《擬古》十二首，原見《文選》[4]。惟鍾嶸稱「陸機所擬十四首」[5]，則梁時已佚兩首了。近代吳汝綸及許文雨相繼指出所佚者即陸機集中《駕言出北闕行》及《遨遊出西城》兩首[6]。今先補出二詩，並跟《古詩》比較，俾成完帙，然後再作討論。

陸機《駕言出北闕行》	古詩《驅車上東門》
駕言出北闕，躑躅遵山陵。	驅車上東門，遙望郭北墓。
長松何鬱鬱，丘墓互相承。	白楊何蕭蕭，松柏夾廣路。
念昔徂歿子，悠悠不可勝。	下有陳死人，杳杳即長暮。
安寢重冥廬，天壤莫能興。	潛寐黃泉下，千載永不寤。
人生何所促，忽如朝露凝。	浩浩陰陽移，年命如朝露。
辛苦百年間，戚戚如履冰。	人生忽如寄，壽無金石固。
仁知亦何補，遷化有明徵。	萬歲更相送，聖賢莫能度。
求仙鮮克仙，太虛不可淩。	服食求神仙，多爲藥所誤。

---

3 《世說新語・任誕第二十三》，宋・劉義慶撰。四部叢刊影明嘉趣堂本，上海：商務印書館，卷下之上，頁 123。

4 《文選》，梁・蕭統編，唐・李善注，上海：上海古籍出版社，1986 年 8 月。

5 《詩品》，梁・鍾嶸著。今據汪中《詩品注》，臺北：正中書局，1969 年 7 月，頁 51。

6 許文雨《鍾嶸詩品講疏》引吳汝綸《古詩鈔》之說論云：「其駕言出北闕行，唐人《藝文類聚》於題下有『驅車上東門』五字，爲十四篇擬作之一甚明。毋勞以《選注》迂迴訂之。又其遨遊出西城，以辭氣考之，亦明是迴車駕言邁之作。吳鈔發其疑，而不指出陸氏所擬之篇，誠有遺憾已。」成都：成都古籍書店影本，1983 年 5 月，頁 32。

艮會罄美服，對酒宴同聲。	不如飲美酒，被服紈與素。
陸機《遨遊出西城》	古詩《迴車駕言邁》
遨遊出西城，按轡循都邑。	迴車駕言邁，悠悠涉長道。
逝物隨節改，時風肅且熠。	四顧何茫茫，東風搖百草。
	所遇無故物，焉得不速老。
遷化有常然，盛衰自相襲。	盛衰各有時，立身苦不早。
靡靡年時改，冉冉老已及。	人生非金石，豈能長壽考。
行矣勉艮圖，使爾修名立。	奄忽隨物化，榮名以爲寶。

根據詩意的比較，很明顯的可以看出陸機《駕言出北闕行》應該就是擬《驅車上東門》，而《遨遊出西城》就是擬《迴車駕言邁》了。前者古人認爲是樂府詩，例如《藝文類聚》將《古驅車上東門行》與陸機《駕言出北闕行》一起編作樂府古詩，陸題注加「驅馬上東門」五字[7]；《樂府詩集》雜曲歌辭亦將古辭《驅車上東門行》及陸機《駕言出北闕行》並列。[8]後者見於《藝文類聚》(卷 28，頁 501)，陸詩只有十句，比《古詩》少「所遇無故物，焉得不速老」兩句，惟其他各句一一對應。則鍾嶸所見陸機《擬古》十四首實未亡佚，我們研究陸機的《擬古》詩時自當合爲一組討論。至於昭明太子等爲甚麼會刪去這兩首詩呢？也許他們認爲陸機的擬作說理過多，文采不足，也就刪而不錄了。

---

7 《藝文類聚》樂部一，論樂，唐・歐陽詢撰，汪紹楹校，上海：上海古籍出版社，1982 年 1 月新 1 版，卷四一，頁 749。汪紹楹引馮校本云：「意是題下注，今混寫耳。」

8 《樂府詩集》雜曲歌辭一，宋・郭茂倩編撰。北京：中華書局，1979 年 11 月，卷六一，頁 889。

陸機《擬古》的文學地位

《古詩》可以說是五言詩成熟的標志。漢代文人寫詩一般沿用傳統四言的體制，雍容典雅；而民間的樂府則多採用新興的五言句式，活潑流麗。《古詩》處於四言、五言轉變的樞紐，可能是兩漢的失意文士游宦無成，感於世變，也就以民間熟悉的樂府音調唱出心中的鬱結，緣於哀樂，抒情寫意，無形中推動了五言詩的發展。建安詩人以五言詩唱出時代的强音，同時也爲五言詩奠下了不朽的根基。陸機《擬古》更引入大量排偶麗密的句式，變古調爲新聲，化質直爲典雅，緣情綺靡，面貌大變，雖骨氣稍弱，而體態華美，開六朝風氣，無愧大家本色。後代詩歌委靡不振，乃審美不同所致，時代思潮不是人力所可轉移的，更不能倒果爲因的歸罪於領導潮流的作家。文學批評要研究的是作家能不能爲文學增加新鮮的因子，指示發展的方向；任何踵事增華，變本加厲都可能造成干擾。[9]

鍾嶸所見的《古詩》約五十九首。《詩品》說：「其體源出於國風。陸機所擬十四首。文溫以麗，意悲而遠，驚心動魄，可謂幾乎一字千金。其外《去者日以疏》四十五首，雖多哀怨，頗爲總雜，舊疑是建安中曹、王所製。《客從遠方來》，《橘柚垂華實》，亦爲驚絕矣。人代冥滅，而淸音獨遠，悲夫。」(頁 51)大抵鍾嶸將《古詩》分爲兩組，一爲陸機所擬十四首，評價最高；一爲比較總雜的四十五首，合共五十九首。今除《古詩十九首》外，兩漢尚存九首，僅及鍾嶸所見的半數左右。[10] 至於陸機所擬的十四首，鍾嶸評價頗高，

---

9 丁嬿娜《陸機研究》論云：「所以名之曰《古詩》，自應以平淺樸實爲上。陸機全以駢儷句法爲之，已失去了《古詩》純樸的風格。若以完全客觀的眼光來看，自屬創新，但若抱著讀《古詩》的心情吟之，則就難免不以爲然了。」臺北：輔仁大學中國文學研究所碩士論文，1972 年 5 月，頁 49。

10 《先秦漢魏晋南北朝詩》，逯欽立輯校，北京：中華書局， 1983 年 9 月，頁 334。

而序中亦特別詡爲「五言之警策者也」(頁 34)。此外也有人認爲鍾嶸評《古詩》「一字千金」之語爲評陸機《擬古》者，或出誤會；[11] 惟鍾嶸竟然在評《古詩》之前插入「陸機所擬十四首」一句，用後代的擬作來映襯《古詩》，目的顯然是要提高《古詩》的地位，則空穴來風，未必無因。如果不是認爲陸機的《擬古》價值很高，大可不必提及，提了自然是說《擬古》的地位可以與《古詩》匹美，所以這一段話可能是用來兼評《古詩》十四首及《擬古》十四首的，這樣上下文意才顯得連貫。此外《文選》在詩中分出「雜擬」兩卷，而以陸機《擬古》十二首居首(頁 1426)，已見肯定之意。又如陶淵明集中有《擬古詩》九首，而《文選》僅取其「日暮天無雲」一首(頁 1432)，去取之嚴，可以想見。又《文選》輯錄陸機作品最多，包括賦二篇、詩五十二篇、文七篇、演連珠五十首，共四十四題，各體兼備；其他謝靈運、曹植二家選錄的數量遠不能跟陸機相比。

鍾嶸《詩品》將五言詩的作者按藝術源流分爲《國風》、《小雅》、《楚辭》三系。而在上品十二家中，鍾嶸最推崇的該是源出《國風》的曹植、陸機、謝靈運三家，例如評曹植說：「骨氣奇高，詞采華茂，情兼雅怨，體被文質，粲溢今古，卓爾不羣。」(頁 72)兼具風力和丹彩，最爲完美。鍾嶸評陸機說：「才高詞贍，舉體華美。氣少於公幹，文劣於仲宣。尙規矩，不貴綺錯，有傷直致之奇。然其咀嚼英華，厭飫膏澤，文章之淵泉也。」(頁 93)又評謝靈運說：「興多才高，寓目輒書，內無乏思，外無遺物，其繁富宜哉。然名章迥句，處處間起，麗典新聲，絡繹奔會，譬猶青松之拔灌木，白玉之映塵沙，未足貶其高潔也。」(頁 112)序中又稱「曹、劉殆文章

11 王瑤《中古文學史論集》云：「鍾嶸《詩品》言陸機所擬古詩十四首，幾乎一字千金，今《文選》中存十二首。」上海：上海古籍出版社，1982 年 10 月，頁 72。又王韶生序云：「擬古則一字千金。」見《陸機文學研究》，陳恩良著，香港：廣華書局，1969 年 2 月。

之聖，陸、謝爲體貳之才」(頁 28)，可見陸機雖然比不上曹植，可能還比不上謝靈運，稍遜骨氣和文采，但他卻是曹植到謝靈運之間五言詩轉變的樞紐，領導一代風氣。鍾嶸論詩特重詞采雅怨之作，「尚規矩」可能是說陸機的《擬古》步趨原作，其他作品亦少新變；「綺錯」義爲縱橫交錯，「不貴綺錯」或指陸機詩缺少跌宕的感情，雅怨不足；「有傷直致之奇」可能指陸機用事太多，與鍾嶸「觀古今勝語，多非補假，皆由直尋」(頁 22)的審美主張不同，故評價較曹、謝爲低。惟鍾嶸又說「咀嚼英華，厭飫膏澤」指陸機善於融化傳統，推陳出新;「文章淵泉」及「舉體華美」則是追求色澤研麗的藝術效果，似亦針對《擬古》十四首而發，而得與《古詩》並列上品了。

緣情說——陸機《擬古》的主題和結構

在文學傳承的過程中，古典作品一直會不斷或正或負的影響後代的作家。而文學發展到某一個階段的時候，也很自然的會有模擬的現象出現，例如西漢揚雄早年作《長楊賦》、《甘泉賦》、《羽獵賦》等即在形式上模擬司馬相如的《子虛賦》、《上林賦》等；其後又仿《論語》作《法言》，仿《周易》寫《太玄》，仿《爾雅》編《方言》，仿《蒼頡篇》撰《訓纂篇》等，都是以模擬爲創新，或可反映一時的風氣。又如十七世紀歐洲的古典主義也是主張創作上模仿古希臘、古羅馬的藝術形式，選用古典題材，重視詩歌格律，恪守戲劇三一律(情節、地點、時間必須保持完整一致)的創作原則，崇尚理性和自然，反映當時的社會現實；但缺點則是輕視個性特徵，忽略感情和想像，有較嚴重的保守性、抽象化及形式主義傾向等。十九世紀末葉又有所謂新古典主義者，借闡揚古典作家或某些文學傳統來表現自己的文學主張。這些不同時空出現的模擬理論無疑對創作及批評都會帶來一定的影響。魏晉詩歌的擬古風氣大概始於何晏，託古言志，表現平凡；而陸機則改寫《古詩》名作，自抒懷抱，格調一新。

此外唐代的古文運動、新樂府運動也是借復古為創新，宣揚寫實精神。凡此種種都可以看作古典主義的主張，指示創作方向，反抗不良的風氣，具有積極的現實意義。無論復古或擬古，其實都只是口號，不太重要，讀者最關心的當然是作品的表現。

關於《擬古》的創作年代，目前很多學者認為是陸機二十歲 (280) 吳亡後退居華亭舊里時模擬實習的少作。例如姜亮夫說：「審其文義，皆就題發揮，紬繹古詩之義，蓋模擬實習之作，且辭義質直，情旨平弱，即有哀感，哀而不傷，不類壯歲後飽經人事之作，疑入洛前構也。其中雖不無可以牽合身世際會之語，故國黍離之悲，究難認為中年後作也。」[12] 其實這段話並沒有解決問題，姜氏一方面說是少年習作，一方面又說有中年的寄託，雖有持平之義，終嫌自相矛盾。其實陸機集中模擬之作尚多，例如模擬古樂府的即有《婕妤怨》、《短歌行》、《苦寒行》、《燕歌行》、《挽歌三首》等，由於沒有具體的事義可供分析，恐亦難遽訂其創作年代。林文月云：「陸機的『擬古詩』十二首，其與『古詩』同中有異，異中有同的變化，也頗顯示出他逞才鬥能，與古人一較長短的傾向；換言之，亦未嘗不是一種藝高膽大的遊戲性或挑戰性動機之下的表現。如果這種說法可以成立，則陸機的『擬古詩』十二首既非學詩之作，其寫作時間也不必限定於年少入洛前之所構了。」[13] 林氏的分析比較可靠，因為陸機的《擬古》只是演繹《古詩》的文辭，並沒有增減《古詩》的詩意。他可以融合《古詩》的主題，借古抒懷；也可以改變《古詩》

---

12 《陸平原年譜》，姜亮夫著，上海：古典文學出版社，1957 年 7 月，頁 40。其後蔣祖怡、韓泉欣《陸機》即據姜說認為《擬古》是陸機少作，「看得出他像學畫一樣，從臨摹古典名作入手，雖則模擬的痕跡較深，但也有幾首清新可誦之作。」《中國歷代著名文學家評傳》第一卷，呂慧鵑、劉波、盧達編，濟南：山東教育出版社，1983 年 5 月，頁 360。

13 《陸機的擬古詩》，見《中古文學論叢》，林文月著，臺北：大安出版社，1989 年 6 月，頁 157。

的格調，創新境界。陳復興則指出陸機的《擬古》是入洛之後所作，「他的亡國破家之痛、懷土望鄉之思鬱結於心，最易在漢末一般士人所作的古詩中找到接合點與共鳴點。這種漢末士人所作古詩，多寫社會動亂，個人苦難，以及由此引起的傷懷別緒，幽思悲情。陸詩中若『王鮪懷河岫，晨風思北林，游子眇天末，還期不可尋』；若『怨彼河無梁，悲此年歲暮，跂彼無良緣，睆焉不得度』；若『故鄉一何曠，山川阻且難，沈思鍾萬里，躑躅獨吟嘆』，等等，無不是向往故土，懷念親友的佳句，都是陸士衡入洛後個人內心體驗與愁苦的表露。」[14] 也很能準確解釋詩人悽苦的詩心。其實望鄉的主題一再出現於陸機詩中，《赴洛》云：「羈遊遠遊宦，託身承華側。……思樂樂難誘，曰歸歸未克。憂苦欲何爲，纏綿胸與臆。仰瞻凌霄鳥，羨爾歸飛翼。」(其二)《又赴洛道中》云：「悲情觸物感，沈思鬱纏綿。佇立望故鄉，顧影悽自憐。」(其一)這兩首赴洛詩即跟《擬涉江采芙蓉》的情韻相似。陸機詩另一個常見的主題是羈宦，江淹《陸平原羈宦》云：

> 儲后降嘉命，恩紀被微身。明發眷桑梓，永歎懷密親。流念辭南澨，銜怨別西津。馳馬遵淮泗，旦夕見梁陳。服義追上列，矯跡廁宮臣。朱黻咸髦士，長纓皆俊人。契闊承華內，綢繆踰歲年。日暮聊揔駕，逍遙觀洛川。徂沒多拱木，宿草凌寒烟。遊子易感慨，躑躅還自憐。願言寄三鳥，離思非徒然。[15]

---

14 陳復興《江文通〈雜體詩三十首〉與蕭統的文學批評》，見《文選學論集》，趙福海主編，長春：時代文藝出版社，1992 年 6 月，頁 197。

15 江淹《雜體詩》三十首，見《文選》卷三一，頁 1462。鄧仕樑亦指出陸機的「悲情」有三：一則惘節序之推移，二則傷身世之飄泊，三則悲舊鄉之雍隔。見《兩晉詩論》，香港：香港中文大學，1972 年 1 月，頁 80-82。

此詩既擬陸機，亦寫陸傳；江淹引用陸詩的句意頗多，雖未及引用《擬古》的詩句，但詩的主題「羈宦」剛好就點出了《擬古》的原意。假如《擬古》只是少年習作，毫無眞情實感，則晋國王公嗤之以鼻，陸機又怎麼能譽流京華呢？假如陸機是借《古詩》的危懼感來抒發內心的抑鬱之情，恰巧這也反映了西晋後期朝臣憂生念亂，人事無常最自然的心態，自能引發共鳴。此外陸機又藉擬作掃除《古詩》拙樸平淡的口語，凸顯淸詞麗句的新腔；詩意完全相等，表現風格各異，這就給太康詩人提供創作上新的借鏡，同時也給後人指示詩歌發展的途徑。陸機《擬古》十四首，《文選》錄十二首，只删兩首；鍾嶸更一再揄揚《擬古》，可見諸詩在五言詩的發展史上自有一定的藝術成就，當爲陸機入洛以後羈宦生涯的寫實之作，深受時人的讚賞。

至於陸機《擬古》十四首的藝術特點，前人分析詳盡。林文月曾就《文選》所選的十二首指出篇幅與原詩句數一致者有六首，佔全部作品之半數；較原詩長者有五首，較原詩短者僅《擬明月皎夜光》一首，而且無論較原詩長或短，所增減之句數均爲二句，外型相近。陸機擬作皆是一韻到底，《古詩》除《行行重行行》換韻外，其他亦一韻到底；則用韻亦近原詩。又疊字各用二十一次；遣詞設句每多形似或神似，而偶句增多；時見直賦筆法等；這些都是陸機擬作與原作相同之處。林文月又指出其相異者爲陸機擅用委婉含蓄之烘襯譬喻技巧，典雅矜持，而減卻率眞磅礴之力；陸機又多取儷句改寫《古詩》原意，而形容詞之選用尤具慧心；陸機的擬作更多以典故入儷句等。陳頎、張帆統計《擬行行重行行》、《擬今日良辰會》、《擬涉江采芙蓉》、《擬青青陵上柏》、《擬東城一何高》、《擬西北有高樓》六首，認爲律句較多，黏對、押韻方面都近律詩。[16] 由於不是全面統計，數據不見得可靠；至於五言詩的律化傾向自是時勢使然，也是詩體發展的必然方向，然而對於陸機《擬古》來說略嫌過早。何成邦則認爲這組詩有兩大特點：一、原本古詩立意精神而風格趨於矜練雅重；二、步趨古詩字句結構而作法偏重排偶藻繪。此外，何氏又指出陸機化解擬詩板滯的方法是用自己的詩句演繹原意或重現詩境，改變擬詩句序，將原詩句一句化兩，刻意對偶。[17] 毛慶也歸納爲兩點，認爲陸機是在追求表現手法的創新，一種新的語言風格；在手法上看，陸機表現人物的思想感情和心理活動，講究含蓄、細膩；從語言方面看，陸機追求一種華麗的風格，而且對偶句也大量出現。[18] 大抵以上四家所論都可以代表八十年代以來研究陸機《擬古》諸作的成果，頗能認眞指出陸機《擬古》的藝術特點，分析陸詩的創作技巧，很多時還是直接跟《古詩》比較，探索陸詩的發展方向。此外，前人對於陸機《擬古》諸作的評價毀譽參半，頗見分歧。例如李重華《貞一齋詩說》：「陸士衡《擬古》詩，名重當世，余每病其呆板。」陳祚明《采菽堂古詩選評》：「士衡束身奉古，亦步亦趨，在法必安，選言亦雅，思無越畔，語無溢幅。」黃子雲《野鴻詩的》：「平原五言、樂府，一味排比敷衍，間多硬句，且踵

16 《陸機擬古詩新探》，載《理論學習月刊》1988 年第 12 期，頁 46–48。陳頎、張帆云：「我們將六首擬詩與相應的六首古詩的律句做了統計，六首古詩總句數是 90 句，其中律句是 49 句，約佔 54 %；而六首擬詩總句數爲 96 句，其中律句爲 67 句，佔 69.8 %。可以看出：擬詩的律句幾佔七成，古詩的律句只佔一半強。這說明古詩之出現律句是偶然的，而擬詩律句的出現則蘊含著作者刻意求工的自覺追求。」

17 《陸機文學論稿》，何成邦，香港中文大學碩士論文，1984 年 6 月，頁 310–321。

18 毛慶《怎樣評價陸機的擬古詩》，載《中州學刊》1987 年第 1 期，頁 77–79，70。

前人步伐，不能流露性情，均無足觀。」[19] 姚範云：「士衡《擬古》，蒙所未喻，其於前人章句，想倍誦有餘，何嘗詣深妙也。」方東樹：「《擬古》而自無所託意，特文人自多其能，導人以作僞詩而已。東坡和陶雖自有題，亦覺無味，殆與士衡同一才多之患耶！」[20] 王鍾陵則批評陸詩不及原作，「一不及其厚，二不及其樸。陸機擬作於意蘊之自然天眞淳茂渾成上，遠不及原詩。在意義上，陸機擬作無甚發揮，往往調換字面寫其原意，有的地方略有加詳而已。而在字面上，則求華艷，頗著人巧，不時見其針黹之跡。」[21] 以上六家均貶斥陸詩，指責陸詩的缺失有呆板步趨，缺少性情，無所託意，厚樸不足四點。或有讚賞陸詩者，王夫之云：「平原擬古，步趨如一。然當其一致，順成便爾，獨舒高調。一致則淨，淨則文，不問創守，皆成獨構也。」[22] 王闓運云：「陸擬詩面貌雖間有研鍊華筆之處，而氣骨直與古作契合。須觀其鋪叙中有回復，整密中有疏宕，每出兩句，皆苦心有得處。」[23] 二王所論指出陸詩一致順成，氣骨高古，語語實在，深味有得，值得我們注意。

《古詩》二十首與陸機《擬古》十四首的排列次序不同，就詩論詩，其實也足以說明陸機的創作苦心。《文選》的《古詩十九首》古今譽爲名作；其後徐陵《玉臺新詠》選枚乘《雜詩九首》，其中八首在十

---

19 李重華《貞一齋詩說》，見《淸詩話》，丁福保輯，上海：上海古籍出版社，1963年9月，頁935。又陳祚明《采菽堂古詩選評》，黃子雲《野鴻詩的》二家引自郝立權《陸士衡詩注》，頁159–160。

20 原見姚範《援鶉堂筆記》卷三八，方東樹《昭昧詹言》。今據《方東樹評古詩選》，汪中編，臺北：聯經出版事業公司，1975年5月，卷首，頁32。

21 《中國中古詩歌史》，王鍾陵著，南京：江蘇教育出版社，1988年5月，頁380。

22 王夫之《船山古詩評選・擬明月何皎皎》，見《重刊船山遺書》，臺北：國風出版社，1965年9月，卷四，頁24。

23 王闓運《八代詩選》，今引自汪中《詩品注》，頁98。

九首之中，而多《蘭若生春陽》一首；兩者合併，去其重複，即得二十首。又徐陵另選《古詩》八首，只有《凜凜歲云暮》、《冉冉孤生竹》、《孟冬寒氣至》、《客從遠方來》四首在十九首之中。[24]陸機《擬古》與枚乘《雜詩》九首完全相同，多屬《古詩》中的精品；其餘五首只見於《古詩十九首》中，沒有徐陵所選《古詩》八首中的詩。由於《古詩十九首》、枚乘《雜詩》九首及陸機《擬古》十四首的編次不同，我們無法估計《古詩》原來的次序。但從詩意觀察，《古詩》的編次混亂，各詩的創作年代、地域環境、甚至作者都可能不同，這是一批兩漢無名作品的總稱，除了憂患的主題比較一致以外，當然談不上甚麼內部聯繫了。陸機雖是襲用《古詩》的詩旨和意境，借題發揮，但卻按創作的構思重新排序，似能構成有機的組合。例如《文選》選錄《擬古》十二首，《樂府》十七首，宋人輯錄時即將這兩組作品合成一卷，《樂府》的次序稍見變動，而《擬古》則完全不變；[25]現在各個版本的《擬古》還是依照《文選》原來的次序。《玉臺新詠》也曾選錄陸機《擬古》七首，次序不同，[26]由於只佔陸機《擬古》作品的半數，也就更難看出箇中的原因了。我們現將《擬古》十四首合成一個整體結構，《擬行行重行行》借懷人起興，實寄鄉情；《擬今日良辰會》會友述志，不甘貧賤；《擬迢迢牽牛星》嗟歲暮無梁，不得引渡；《擬涉江采芙蓉》瓊蕊芳蘭，以寄鄉思；《擬青青河畔草》寫閨婦的相思，或可比喻為君臣關係；《擬明月何皎皎》則寫自己對月懷

24 《玉臺新詠箋注》，徐陵編，吳兆宜注，程琰刪補，穆克宏點校，北京：中華書局，1985年6月，頁17–21，又頁1–5。

25 《陸士衡文集》，四部叢刊影江南圖書館藏明正德覆宋本，上海：商務印書館，卷六。

26 《玉臺新詠》選《擬西北有高樓》、《擬東城一何高》、《擬蘭若生春陽》、《擬苕苕牽牛星》、《擬青青河畔草》、《擬庭中有奇樹》、《擬涉江采芙蓉》七首；卷三，頁95–100。又明本增收《擬行行重行行》、《擬明月何皎皎》兩首於卷末，注云：「宋刻不收，今附于後。」頁129–131。

想，遊宦無成，適與前詩遙應；《擬蘭若生春陽》望美人兮天一方，「隆想彌年月，長嘯入風飆。引頸向天末，譬彼向陽翹」四句，想望逼切；以上七首寫遊子思鄉，安處言志。《擬青青陵上柏》寫遠遊長安所見；《擬東城一何高》縱遊西山及京洛；又本文所補《遨遊出西城》及《駕言出北闕行》二詩似當插在這裏，前者遨遊西城，節序漸改，年時冉冉，而脩名不立；後者駕車出北闕，丘墓相承，興感無端；以上四首藉遠遊及歲暮抒發盛衰無常之感。《擬西北有高樓》思琴音而覓知音，遙應第二首《擬今日良宴會》；《擬庭中有奇樹》寫佳人不歸，而己志不渝，遙應第四首《擬涉江采芙蓉》；《擬明月皎夜光》以歲暮涼風宴友改聲遺情作結，遙應第三首《擬迢迢牽牛星》；以上三首譬喻失志，上文一切美好的願望頓成泡影，無限酸楚。古詩人的悲情剛好也就是陸機寂寞的心聲，千古同出一轍，自然容易引起讀者的同情了。沈德潛云：「古詩十九首，不必一人之辭，一時之作。大率逐臣棄妻，朋友闊絕，遊子他鄉，死生新故之感。或寓言，或顯言，或反覆言。初無奇闢之思，驚險之句；而西京古詩，皆在其下，是爲國風之遺。」[27] 這些都是人人所共有的心靈經驗，我們不必一一親歷，所謂生老病死，總會直接或間接的感受得到。《古詩》的意象涵蓋廣泛，感情亦深，讀者不一定會寫詩，但詩人自能搔到癢處，寫出讀者的心聲。陸機善於把握這些詩情，結合時代滄桑和個人身世，演繹詩境，融爲己出，自然也就寫出新意來了。《文選》亦收劉鑠《擬古》二首，即《擬行行重行行》及《擬明月何皎皎》（卷 31 ，頁 1444 ），也就是《古詩十九首》的頭尾兩首；何焯云：「注：世祖時進侍中司空，後以藥內食中，毒殺之。按：二詩亦懼孝武之猜忍而作。」[28] 案《玉臺新詠》載劉鑠《代古》四首，比

27 沈德潛說見《說詩晬語詮評》，蘇文擢著，香港， 1978 年 9 月，頁 120 。

28 《義門讀書記》，何焯著，崔高維點校，北京：中華書局， 1987 年 6 月，頁 937 。

《文選》多《代孟冬寒氣至》及《代青青河畔草》兩首。（卷 3，頁 127）《南史》云：「鑠字休玄，文帝第四子也。元嘉十六年，年九歲，封南平王。少好學，有文才。未弱冠，擬古三十餘首，時人以爲亞跡陸機。」[29] 劉鑠卒年二十三歲，其《擬古》諸作亦屬借古抒懷之類，隱約其辭，婉轉寄情。可見擬古不徒是模擬前人的作品，而是有感而發，抒情言志；因爲《古詩》的主題是現成的，同時也是大家所熟悉的，擬古可以演繹古人的情意，也可以表現個人的心聲，疑眞疑幻，撲朔迷離，託意悲情，千古如一，避免刻意的直述，創造緩衝的空間。陸機《文賦》稱「詩緣情而綺靡」，「緣情」是詩歌創作的主要動力，陸機在作品中也常常提到這個詞，《思歸賦》說：「悲緣情以自誘，憂觸物而生端。」（頁 19）《歎逝賦》說：「樂隤心其如忘，哀緣情而來宅。」（頁 25）所謂「緣情」實在是指憂生念亂的感覺，觸動詩人的意緒，不克自已。陸機的《擬古》剛好就是「緣情」的創作，喚起讀者對生命的共鳴。

綺靡說——陸機《擬古》的審美意義

模擬在文學上可能絕無出路，但如果在前人的基礎上推陳出新，求變求美，那又另當別論了。陸機《擬古》表現「綺靡」的風格，大概可以歸納爲四點：化俗爲雅，化簡爲繁，化樸爲華，化文爲詩，透過精緻的藝術包裝，而《古詩》也就給人耳目一新之感了。化俗爲雅是說陸機將《古詩》中的俚俗字句轉化爲典雅的語言。例如《青青河畔草》中前六句的叠字組合使佳人的形象飽滿突出，陸機擬詩望塵莫及，但《古詩》結四句作「昔爲倡家女，今爲蕩子婦。蕩子行不歸，空床難獨守。」雖說坦率可愛，但亦俗不可耐，跟上面六

29 《南史・宋宗室及諸王下》，唐・李延壽撰，北京：中華書局，1975 年 6 月，卷十四，頁 395。

句的雅言不大協調，似出兩人之手，勉强併合而成。陸機擬詩作「良人遊不歸，偏棲獨隻翼。空房來悲風，中夜起歎息。」改變人物形象，寫的當然是文士的感覺而不是小市民的心聲了；整體效果可能不及原詩活潑，但情調統一，佳人的容顏不容易留住，良人的羈宦生涯亦徒添酸苦而已，陸機用象徵手法烘托哀怨，感人亦深。《明月皎夜光》「不念攜手好，棄我如遺跡」兩句，直斥同門友之非，不事修飾；陸機改作「服美改聲聽，居愉遺舊情」，感情上可能不夠强烈，但對句含蓄閑雅，也有楚楚動人的魅力。又如陸機《擬蘭若生春陽》及《古詩》原作：

陸機《擬蘭若生春陽》	古詩《蘭若生春陽》
嘉樹生朝陽，凝霜封其條。	蘭若生春陽，涉冬猶盛滋。
執心守時信，歲寒終不彫。	願意追昔愛，情款感四時。
美人何其曠，灼灼在雲霄。	美人在雲端，天路隔無期。
隆想彌年月，長嘯入飛飆。	夜光照玄陰，長歎戀所思。
引領望天末，譬彼向陽翹。	誰謂我無憂，積念發狂癡。

原作前八句都是雅言，末二句突然說：「誰謂我無憂，積念發狂癡。」奔放熱情，出人意表；但前後雅俗亦不協調。陸機擬作前八句已將描寫愛情的主題變作表現個人的志節，貞信不彫，美人就象徵了識拔自己的人；末二句更是專心致志，含蓄莊重。詩不能純粹發洩感情，應該有所節制，陸機化悲怨爲雅重，深刻有力。徐柏青云：「這是反映詩人仕途坎坷之作，是詩人內心世界的自我表白。詩人借擬古和象徵的手法來寫，比直接抒發，顯得含蓄深沈，藝術效果也較好。」[30]

化簡爲繁指陸機或將原作增加兩句，以利表達，其實更重要的

---

30 徐柏青《重評陸機的詩》，載《湖北師範學院學報》1990 年第 3 期，頁 61 。

是增加意象，表現豐滿。例如《庭中有奇樹》本來是一首意象單一、簡單清新而又情意綿綿的佳作，陸機擬作吃力不討好，卻能別出心裁。

陸機《擬庭中有奇樹》	古詩《擬庭中有奇樹》
歡友蘭時往，迢迢匿音徽。	庭中有奇樹，綠葉發華滋。
虞淵引絕景，四節逝若飛。	
芳草久已茂，佳人竟不歸。	攀條折其榮，將以遺所思。
躑躅遵林渚，惠風入我懷。	馨香盈懷袖，路遠莫致之。
感物戀所歡，采此欲貽誰。	此物何足貢，但感別經時。

陸機的擬作意象紛繁，每兩句就是一組意象，詩由懷人起，增加感慨時光飛逝二句，芳草句借意鉤勒一番，林渚惠風，眼前適意之境，然後才以贈遠作結，寫心理感覺層層深入，遠較原作曲折。王闓運曰：「古詩難擬在澹。此芳草久已茂四句，愈澹愈秀，是神來之筆。」孫曠曰：「只演別經時一意，風度自佳，弟視原作，而貌不同，何必謂之擬？」[31] 可見陸詩有意求變，別具韻味。《青青陵上柏》描寫宛洛風光云：「洛中何鬱鬱，冠帶自相索。長衢羅夾巷，王侯多第宅。兩宮遙相望，雙闕百餘尺。」詩中的人物造形及宮殿第宅都只是平面化的敍述；陸機改寫長安：「名都一何綺，城闕鬱盤桓。飛閣纓虹帶，曾臺冒雲冠。高門羅北闕，甲第椒與蘭。俠客控絕景，都人驂玉軒。」不只增加一聯，講究練字和色澤，最重要的是一聯一意象，快速運動的鏡頭使人應接不暇。

化樸爲華是指陸機將《古詩》的樸素風格變得妍麗，後人多斥爲開六朝駢儷妍鍊的風氣，有傷古體樸厚的氣格。

陸機《擬行行重行行》	古詩《行行重行行》

31 《文選》，掃葉山房石印本，卷七。今據何成邦《陸機文學論稿》引，見注 17。

悠悠行邁遠，戚戚憂思深。	行行重行行，與君生別離。
此思亦何思，思君徽與音。	相去萬餘里，各在天一涯。
音徽日夜離，緬邈若飛沈。	道路阻且長，會面安可知。
王鮪懷河岫，晨風思北林。	胡馬依北風，越鳥巢南枝。
遊子眇天末，還期不可尋。	相去日已遠， (衣帶日已緩。)
驚飆褰反信，歸雲難寄音。	浮雲蔽白日，遊子不顧返。
佇立想萬里，沈憂萃我心。	思君令人老，歲月忽已晚。
攬衣有餘帶，循形不盈衿。	衣帶日已緩。
去去遺情累，安處撫清琴。	棄捐勿復道，努力加餐飯。

《行行重行行》首六句直抒胸臆，自然樸厚；陸機的擬作不但字面華麗，且用修辭頂眞手法，綿綿而下。此外陸機又將「相去日已遠」化爲「遊子眇天末，還期不可尋」，將「衣帶日已緩」變爲「攬衣有餘帶，循形不盈衿」，形象鮮明，次序也有所改變。而結尾「佇立想萬里，沈憂萃我心」及「去去遺情累，安處撫清琴」兩聯，端莊閑雅，亦多排偶句法，後來六朝詩日趨淫靡，唐詩大放異彩，都從這裏演變出去。創新與姸鍊互不排斥，陸機爲著名的《古詩》添加色澤應該是功而不是過。陸機對這首擬作似乎十分滿意，集中也有類似的表現，《贈尚書郎顧彥先》云：「感物百憂生，纏綿自相尋。與子隔蕭牆，蕭牆阻且深。形影曠不接，所託聲與音。音聲日夜闊，何用慰吾心。」(其一)《悲哉行》云：「傷哉客遊士，憂思一何深。目感隨氣草，耳悲詠時禽。寤寐多遠念，緬然若飛沈。願託歸風響，寄言遺所欽。」這兩首詩跟《擬行行重行行》的用韻相同，作意相似，前者運用頂眞技巧，後者講求字面色澤，也都足以淸楚反映陸機一貫的詩心。又《今日良宴會》云：「彈箏奮逸響，新聲妙入神。令德唱高言，識曲聽其眞。齊心同所願，含意俱未伸。」描寫歌聲及情誼，都很拙樸；陸機云：「齊僮梁甫吟，秦娥張女彈。哀音繞棟

宇，遺響入雲漢。四座咸同志，羽觴不可算。高譚一何綺，蔚若朝霞爛。」不但增加了一聯，整首詩鮮妍亮麗，音調鏗鏘，更完全是太康本色了。

化文爲詩是將直率純樸的口語提鍊爲意象鮮明及聲韻悠揚的詩語。所謂文語有時也可以是典雅的，呈現意象；這裏暫指口語，一種不大修飾的書面語。陳頎、張帆有關《擬古》律句的統計雖然只有六首，也可以看出端倪。此外更重要的是陸機改變《古詩》直述的傾吐方式，用意象來抒情，也就是間接的表達。有創意的詩人不妨多方試驗精鍊的詩語，開拓詩歌境界。例如《明月何皎皎》原是詩人一連串望月懷人的口語，直接傾訴情感，固然可以構成一首好詩；但陸機的擬作鍛鍊得更精采，現將兩詩排比列下以供比較：

陸機《擬明月何皎皎》	古詩《明月何皎皎》
安寢北堂上，明月入我牖。	明月何皎皎，照我羅床幃。
照之有餘暉，攬之不盈手。	憂愁不能寐，攬衣起徘徊。
涼風繞曲房，寒蟬鳴高柳。	客行雖云樂，不如早旋歸。
踟躕感節物，我行永已久。	出戶獨彷徨，愁思當告誰。
遊宦會無成，離思難常守。	引領還入房，淚下沾裳衣。

陸機擬作意象精美，有聲有色，照之二句亦詠月的神來之筆。陸機《又赴洛道中》云：「清露墜素輝，明月一何朗。撫枕不能寐，振衣獨長想。」(其二)也有過類似望月的描寫。擬作的結筆感時傷事，開拓意境，遊宦無成自是詩人一生的隱痛所在，不是原作普通的懷人情緒。這種隱痛也見於《爲顧彥先贈婦》：「借問歎何爲？佳人眇天末。遊宦久不歸，山川修且闊。」(其二)跟擬詩的主旨相同，亦足以深化意境。梁蔭衆評《擬明月何皎皎》云：「它通過詩中主人公的具體活動和借景托情來顯示其內心深處的感情波瀾，讀者憑借視覺(月光、安寢)、觸覺(涼風)、聽覺(寒蟬鳴)去體會品味，並借助自身的情感經驗去聯想，感受詩的內蘊，從而收到强烈的藝術效

果。」[32]陸機擬詩跟原作主題不同，語言表達方式亦有所區別，不必强分高下；但兩相比較，很容易就可以看出口語與詩語的不同效果，同時也可以體會詩歌語言的發展方向。此外《涉江采芙蓉》原作「采之欲遺誰，所思在遠道。還顧望舊鄉，長路漫浩浩。」陸機擬作「采采不盈掬，悠悠懷所歡。故鄉一何曠，山川阻且難。」一一對照，也可以看出二者異同之處；前者的口語是直述的，後者的詩語則是暗示的。又《廻車駕言邁》原有「所遇無故物，焉得不速老」兩句，只是乾癟的口語，頗嫌俗濫，不具詩意；陸機《遨遊出西城》刪去此聯，該是比較適當的處理手法。

擬古不是寫詩的唯一出路。有時陸機的擬作也不見得出色，例如上文所補《駕言出北闕行》及《遨遊出西城》兩首，由於是說理詩，兼多口語；陸機擬作一成不變，句句對應，既乏詩趣，內容亦欠新意，因而不能與其他十二首並存了。此外《擬迢迢牽牛星》、《擬東城一何高》、《擬西北有高樓》三詩，雖然傾力描寫，但始終比不上《古詩》自然樸厚的感人力量。又陸機《擬迢迢牽牛星》「牽牛西北廻，織女東南顧」一聯，重見於《擬明月皎夜光》「招搖西北指，天漢東南傾」及《梁甫吟》「招搖東北指，大火西南昇」兩詩，構句相似，詩意貧乏，因襲道來，幾成濫調。陸機這類例句尙多，可能也是敏捷之患。

對於陸機《擬古》的評價，前人意見紛歧，沈德潛論云：「士衡舊推大家，然通贍自足，而絢綵無力，遂開出排偶一家。降自齊梁，專工對仗，邊幅復狹，令閱者白日欲臥，未必非陸氏爲之濫觴也。所撰《文賦》云：『詩緣情而綺靡』，言志章敎，惟資塗澤，先失詩人之旨。」（頁 138 ）沈氏論詩認爲「言志」應居「緣情」之上，這是

---

32 《漢魏晋南北朝隋詩鑑賞辭典》，太原：山西人民出版社， 1989 年 3 月，頁 435 。

儒家的風教觀點；陸機「緣情」僅供塗飾，人工之美不及自然，高下立判，未免有些偏見。現在我們不妨從另一個角度來探討陸機《擬古》的美學意義。陸機《文賦》反對模擬，他說：「或藻思綺合，清麗芊眠。炳若縟繡，悽若繁絃。必所擬之不殊，乃闇合乎曩篇。雖杼軸於予懷，怵他人之我先。苟傷廉而愆義，亦雖愛而必捐。」(頁3)可見他的《擬古》不會盲目依從《古詩》。可能誦習日久，情見其中，身世之感，通於性靈；因將親切如話的《古詩》改成新體，而詩歌面貌一變。《文賦》稱「詩緣情而綺靡」，即指出詩歌創作必以情意爲依歸，配合精妙之言，而綺靡應該包括文采和聲音說的。陸機又論及文意和文辭的關係說：「其爲物也多姿，其爲體也屢遷。其會意也尚巧，其遣言也貴妍。暨聲音之迭代，若五色之相宣。」(頁3)這番話其實也可以看作陸機論詩緣情綺靡的注腳，而《擬古》則是最佳的實驗。意通於心，辭必新變，陸機利用間接經驗爲詩歌創作開闢新路，應該也是很有意義的。近人大多論定《文賦》爲陸機晚年之作，則《擬古》諸詩何獨不然；兩者參互觀摩，悟益必多。例如《文賦》開頭即說「佇中區以玄覽，頤情志於典墳」，即指讀萬卷書，是間接經驗；繼稱「遵四時以歎逝，瞻萬物以思紛」則是行萬里路，亦即直接經驗，而創作就是將直接經驗跟間接經驗相互配合，由靈感以立意，塑成意象，深化意境，這就是作品了。我們不能事事親歷，觸類旁通，靈感倍增，所以間接經驗自然也很重要。陸機的《擬古》未必超越《古詩》，但它證明了詩歌創作並不困難，而詩自然也是可學的。宋人論詩有「點鐵成金」及「奪胎換骨」之說，黃庭堅云：「自作語最難，老杜作詩，退之作文，無一字無來處；蓋後人讀書少，故謂韓、杜自作此語耳。古之能爲文章者，眞能陶冶萬物，雖取古人之陳言入於翰墨，如靈丹一粒，點鐵成金也。」又曰：「詩意無窮而人之才有限，以有限之才追無窮之意，雖淵明、少陵不得工也。然不易其意而造其語，謂之換骨法；窺入其意而形容之，謂之奪胎法。」[33] 點鐵成金是詩句的點化手法，融化傳統，推陳出新；換骨法變換古人的語言，奪胎法則是擴充前人的詩意。黃氏論詩雖有剽竊之嫌，實際上卻要詩人自鑄偉辭。1920 年代俄國的形式主義 (Russian Formalism) 解釋文學與社會的關係，認爲「文學不與生活發生直接切膚的關係，但由於文學的創作脫離不了文學的傳統，在傳統的陰影下，文學若求新生，則必有賴於推陳出新，也就是所謂『減低熟悉度』(defamiliarization)。在文字上，文人就必須重視語言的運用，甚至將日常語言變形 (deformation)，使得文學間接與生活發生了關係。」[34] 這兩種理論似都可以用來解釋陸機《擬古》的審美心理。成敗之幾，在神亦在貌，進退之際，在意亦在辭，詩可以反映現實，也可以表現自我，運用之妙，存乎一心，讀書有得，不宜妄議前人，而陸機《擬古》自然也可以給我們很多的美學啓示了。

---

33 前者見《答洪駒父書》，四部叢刊影宋本《豫章黃先生文集》卷十九。後者見釋惠洪《冷齋夜話》引黃庭堅語。

34 周英雄《結構、語言與文學》，見《結構主義的理論與實踐》，周英雄、鄭樹森合編，臺北：黎明文化事業公司，1980 年 3 月，頁 5。

魏晉南北朝文學國際研討會
程序表

香港中文大學中國語言及文學系主辦

一九九三年六月八日至十日

六月八日〔星期二〕 第一日 上午

9:00－9:30 報到

9:30－9:50 開幕儀式

文學院院長何秀煌教授致辭

中文系主任鄧仕樑先生致辭

籌委會秘書鄺健行博士報告

9:50－10:20 特邀演講

主席：鄧仕樑先生

主講：饒宗頤教授 從對立角度談魏晉南北朝文學發展的路向

11:00－12:30 第一節 〔每人報告時間不超過12分鐘，餘下時間討論，以下各節同〕

主席：吳宏一教授

1. 周勛初 郭璞詩爲晉「中興第一」說辨析
2. 洪順隆 論六朝叙事詩
3. 劉漢初 梁朝邊塞詩小論
4. 松岡榮志 陶淵明與白居易

5. 鄧仕樑　論謝靈運《擬魏太子鄴中集詩》

六月八日〔星期二〕　第一日　下午

2:00－3:30　第二節

主席：常宗豪先生

1. 屈守元　《文選序》疑義答問
2. 穆克宏　蕭統《文選》研究述略
3. 清水凱夫　《文選》編纂實況研究
4. 高桂惠　由京都賦之發展見魏晋京都之時代精神
5. 鄭良樹　出題奉作——曹魏集團的賦作活動

4:00－5:30　第三節

主席：趙令揚教授

1. 楊承祖　論謝朓的宣城情懷
2. 孫琴安　魏晋南北朝艷情文學的組成及其評價
3. 陳華昌　魏晋南北朝詩書畫之關係
4. 韋金滿　略論江淹《恨》《別》二賦之對偶

六月九日〔星期三〕　第二日　上午

9:00－10:30　第四節

主席：周英雄教授

1. 王仲鏞　徐庾文學平議
2. 道坂昭廣　徐陵論

3. 王更生　　魏晉南北朝散文研究之重要性
4. 方麗娜　　《水經注》之寫景藝術研究
5. 王晋光　　陶淵明對王安石的影響

10:40－12:00　第五節

主席：陳永明博士

1. 顏崑陽　　《文心雕龍》「比興」觀念析論
2. 馮春田　　「文心」與「雕龍」——有關《文心雕龍》文章美學的探索
3. 蔡宗陽　　《文心雕龍》修辭理論對後世的影響
4. 陳志誠　　《文心雕龍》作家論略析
5. 黎活仁　　水火意象與儒道佛的虛靜說——有關《文心雕龍・養氣篇》一個問題的考察

六月十日〔星期四〕　第三日　上午

9:00－10:30　第六節

主席：梁佳蘿博士

1. 李瑞騰　　曹植：思捷才俊，詩麗表逸——文心雕龍作家論探析之二
2. 楊　明　　六朝文論札記三則——對某些詞語、句子的理解
3. 鄧國光　　魏晉南北朝的文原論
4. 朱耀偉　　操斧伐柯——試論《文賦》所帶出的詮釋矛盾

11:00－12:30　第七節

主席：陳學霖教授

1. 王國良　六朝小說與《晉書》之關係初探
2. 程章燦　陳郡陽夏謝氏：六朝文學士族之個案研究
3. 佐藤正光　晉末宋初的政變和謝氏文學
4. 蔣述卓　南朝崇佛文學略論

六月十日〔星期四〕　第三日　下午

2:00－3:30　第八節

主席：左松超教授

1. 曹道衡　論任昉在文學史上的地位
2. 鄺健行　論顏延之對鮑照的貶評
3. 楊鍾基　陶淵明的歷史情懷和歷史述作
4. 黃坤堯　詩緣情而綺靡——陸機《擬古》的美學意義

4:00－5:00　總結、閉幕

與會學者名錄

方麗娜	臺南師範學院	陳志誠	香港城市理工學院
王仲鏞	四川師範大學	陳華昌	陝西人民出版社
王更生	臺灣師範大學	陳學霖	香港中文大學
王晋光	香港中文大學	程章燦	南京大學
王國良	東吳大學	黃坤堯	香港中文大學
木村守一	日本・東京學藝大學	馮曰珍	日本・東京學藝大學
左松超	香港浸會學院	馮春田	山東社會科學院
吳宏一	臺灣大學	道坂昭廣	日本・三重大學
李瑞騰	中央大學	楊　明	復旦大學
朱耀偉	香港浸會學院	楊承祖	東海大學
周勛初	南京大學	楊鍾基	香港中文大學
屈守元	四川師範大學	趙令揚	香港大學
松岡榮志	日本・東京學藝大學	劉漢初	臺北師範學院
洪順隆	中國文化大學	黎活仁	香港大學
韋金滿	香港浸會學院	蔡宗陽	臺灣師範大學
高桂惠	政治大學	蔣述卓	暨南大學
孫琴安	上海社會科學院	鄧仕樑	香港中文大學
常宗豪	香港中文大學	鄧國光	澳門大學
曹道衡	中國社會科學院	鄭良樹	香港中文大學
梁佳蘿	香港嶺南學院	穆克宏	福建師範大學
淸水凱夫	日本・立命館大學	鄺健行	香港中文大學
細川直美	日本・東京學藝大學	顏崑陽	中央大學
陳永明	香港浸會學院	饒宗頤	香港中文大學

（依姓氏筆畫簡繁爲序，筆畫相同則據部首排列）

魏晉南北朝文學國際研討會
工作人員名單

籌備委員會

主席：鄧仕樑主任
秘書：鄺健行博士
財政：楊鍾基先生
總務：蔣英豪博士
出版：黃坤堯博士

專責工作小組成員

論文印刷組：黃坤堯博士　　王晉光博士
資　料　組：蔣英豪博士
接　待　組：黃耀堃博士　　康寶文先生　　樊善標先生
膳食旅遊組：張雙慶先生
會場事務組：李銳清博士
程序編排組：鄺健行博士
財　政　組：楊鍾基先生

參與各項工作之助教

江影紅小姐　　吳茂源先生　　林　安先生　　周秉善先生
莫鉅智先生　　陳建樑先生　　巢立仁先生　　梁家榮先生
梁建輝先生　　黃婉冰小姐　　許子濱先生　　萬　波先生
鄧思穎先生　　潘慧如小姐

參與各項工作之同學

吳學忠	香致坤	楊昌俊	葉　勇	譚卓培	林若燕
洪若震	陳月平	施建鞏	郭必之	黎國泳	嚴宇樂

後　記

香港中文大學中文系舉辦的「魏晉南北朝文學國際研討會」是四十多年來海峽兩岸和港澳地區以魏晉南北朝文學爲主題召開的第一次學術性會議。出席宣讀論文和主持會議的學者共四十五人，沒有宣讀論文而註册和參與整個會議的香港和外地學者不計在內。假如說這次研討會進行了極大規模的學術交流、展示了極豐富的研究成果，似不爲過。

研討會上宣讀的論文涵蓋面相當廣泛，比較集中討論的有以下幾方面：一、文學理論和觀念；二、選學；三、各類文體；四、個別作家；五、本期文學和政治及社會。討論氣氛十分熱烈。根據大會《程序表》安排，每節自由討論時間爲半小時。然而與會學者踴躍發言，或者表示個人意見，或者跟講者討論，半小時遠遠不夠。很多時候爲了不致過分影響以後程序的進行，會場主席只好逼不得已宣佈會議結束。尤其難得的是：大家都抱著眞誠的態度表達意見，氣氛儘管熱烈，依然十分融洽。

另外，研討會上，各種舊論新見，均能自由深入發揮。有些原已存在的學術上老問題，會上再一次被提出討論，但是作了更深層次的探索，從而對將來問題的圓滿解決起更大的幫助作用。譬如《文選》的編纂問題和《文選序》「事出於沈思，義歸乎翰藻」兩句的不同意見的闡說交流，就是例子。另外一些文學上的問題，前人或者未曾注意或者注意得不夠，也有學者拈出；這對擴大這一時期文學的研究範圍無疑有積極作用的。譬如魏晉南北朝的散文該怎樣看待的問題就是例子。

總括說來，這次研討會無論從學術水平或程序安排看，都令人滿意。與會的學者都相信：香港中文大學召開了第一回魏晋南北朝文學會議，一定能加強其他地區主辦同樣性質會議的決心；這對這一時期文學研究的推動，肯定有積極的意義的。

本論文集計劃去年底編竣，結果延遲至今出版。很多學者曾經來信查詢出版情況，有勞大家關心，諸多不便，非常抱歉。

在本書的編輯過程中，我們曾經調整了論文的編排格式，例如刪去引文的尊稱，劃一注釋的體例等，盡量維持一致。此外，有些論文也經過學者個人的修訂，跟當日在會上宣讀的並不完全相同，有時連題目也有所訂正。本書的論文在二校時全經作者本人審閱一次。

饒宗頤教授的講稿，由楊利成先生整理筆錄。其他曾經協助編務的同事亦多，在此謹致由衷的謝忱。臺灣文史哲出版社的彭正雄先生推廣學術，大力支持本書的出版，尤所感銘。

編輯委員會

鄺健行、黃坤堯執筆